KB165131

변동성 스마일

변동성
스마일

추정호 · 주명식 · 손정복 옮김
이매뉴얼 더만 · 마이클 밀러 · 박주형 지음

i!i
에이콘

에이콘출판의 기틀을 마련하신 故 정완재 선생님 (1935-2004)

내 결론이 옳다고 다른 사람들을 설득하는 것이 내 일이라고 믿는다. 이를 위해 이론, 정형화된 사실, 시계열 데이터, 설문 조사, 자기성찰 등 다양한 방법을 사용할 것이다.

피셔 블랙^{Fischer Black}

옮긴이 소개

추정호(jhchu@hotmail.com)

KAIST에서 수학 및 기계 공학을 공부하고 이론 유체역학으로 박사 학위를 받았다. 증권사에서 퀀트로서 금융 공학 분야의 일을 하고 있으며, 클라우드 컴퓨터를 금융권에 도입했고 세계 인명사전에 등재됐다. 현실 세계를 수학으로 모델링한 후에 julia로 시뮬레이션하는 것을 좋아한다. 인공지능, 로보틱스, 음악 수학, 양자 컴퓨터에 관심이 많다. 삭막한 정서로 피아노를 연습하고 굳은 몸으로 단전호흡을 하고 있다.

주명식(astriker@gmail.com)

KAIST 물리학과를 졸업하고 NHN(현 네이버)에서 병역특례를 마쳤다. 2011년부터 미래에셋증권과 유안타증권에서 퀀트로서 일하고 있다. 금융 시장을 이해하고 지식을 쌓으려고 CFA를 취득했다. ELS 운용을 경험했고, 다수의 사내 파생 상품 시스템을 구축했다. ELS가 투자 자산군 중 하나로 굳건히 자리매김할 수 있도록 다양한 측면에서 노력하고 있다.

손정복(jbsohn0521@gmail.com)

아주대학교 금융 공학과 계산금융 연구실에서 학사 및 석사 학위를 취득했다. 증권사에서 퀀트로서 금융 공학 분야의 일을 하고 있으며, 금융파생 상품 설계, 가치 평가, 리스크 분석 그리고 헤지 수단까지 개발할 수 있는 능력을 갖춘 퀀트로 살아남고자 노력 중이다. 금융의 문제 해결을 위한 수치 방법론, 효율적 계산 시스템, 금융 인프라 구축에 관심이 많다. 아내와 함께 여행과 미식을 즐기며, 연희동에서 행복한 신혼생활을 보내고 있다.

옮긴이의 말

인간은 노력하는 한 방황한다.

— 괴테 J. W. von Goethe 『파우스트 Faust』

악마 메피스토펠레스 Mephistopheles가 하나님에게 파우스트가 신의 뜻에 충실할 것인가 아닌가에 대한 내기를 제안할 때 하나님이 하신 말이다. 『파우스트』 전체를 관통하는 이 말은, 금융 공학을 공부하는 우리에게도 전하는 메시지가 있다. 1987년 10월 '검은 월요일', 1997년 '아시아 금융 위기', 2008년 '서브프라임 사태', 2020년 3월 '코로나19 대폭락'까지 시장 참여자들의 '탐욕'은 언제나 크고 작은 위기를 가져왔고, 잘 작동하리라 믿었던 우리의 모델은 계속해서 조금씩 균열을 만들었다. 그럼에도 전 세계의 퀀트들은 끊임없이 새로운 시장을 설명하는 모델을 찾으려고 여전히 각자의 자리에서 노력하고 있다. 이 책은 이러한 방황의 결과를 일부 정리한 책이며, 새로운 시장이 나타날 때 어떤 원칙과 아이디어로 시장을 이해하는 모델을 개발해야 하는지 생각하게 한다.

이 책은 금융 공학 또는 금융 수학을 공부하는 학생들보다는 적절한 파생 상품 평가를 위해 현업에서 고생하는 퀀트와 트레이더를 대상으로 한다. 책의 주요 내용이 블랙-숄즈-머튼 모델의 결함 중 하나인 변동성 스마일을 옵션 가치 평가에 반영하고자 기존 모델을 어떻게 확장해 나갈 것인가에 대한 설명이기 때문이다. 대학에서는 BSM 모델을 중심으로 공부하지만 실무에서는 해당 모델이 결함이 있음을 자연스럽게 받아들이고 시장에 대응하고자 어떻게 모델을 수정할지 고민한다. 따라서 학생들보다는 퀀트와 트레이더가 이 책을 통해 생각해 볼 점이 많을 것이라고 생각한다.

시장 참여자를 설명하는 절대적 법칙이 금융 공학에는 없기 때문에 현실에서의 파생 상품 평가는 아직 해결해야 할 부분이 많다. 이 책은 이러한 해결되지 않은 문제 중 변동성 스마일이라는 주제를 주로 다룬다. 변동성은 장외 파생 상품의 가치 평가뿐만 아니라 헤지, 리스크 분석, 손익 분석 등 파생 상품과 관련된 업무 전반에 큰 영향을 미치는 요소이지만, 시장에서 직접 관찰이 불가능하다. 따라서 장외 파생 상품을 다루기 위해서는 변동성에 대한 모델이 필요하다. 1987년 10월 '검은 월요일' 이전에는 BSM 모델의 내재 변동성이 시장을 설명해 주는 변동성이었다. 하지만 이후에는 기존 모델로 설명할 수 없는 변동성 스마일이라는 개념의 등장과 함께 새로운 시장이 나타났다. 퀀트들은 이 개념을 설명하고자 BSM 모델을 확장하기 시작했고, 국소 변동성, 확률 변동성, 점프 확산 변동성이라는 세 가지 부류의 모델을 개발했다. 이 책에서는 각각의 모델을 어떻게 다뤄야 하는지에 대해 수학에 집중하기보다는 아이디어에 집중해서 다룬다.

부끄러운 고백이지만, 증권사에서 퀀트로서 일을 하면서 모델을 만들고 이를 활용해 본 경험은 전무하다. 모델을 만드는 것은 학계의 일이고, 현업에서는 이미 개발된 모델을 이해하고 시스템에 구현하면 된다는 핑계가 언제나 자리잡고 있기 때문이다. 하지만 퀀트로서 일을 하다 보면 시장이 바뀌고, 바뀐 시장에 맞게 모델을 수정하거나 개발해야 하는 순간이 있다. 그 순간에 저자의 바람처럼 이 책에서의 모델을 확장해 나가는 과정들이 자신만의 모델을 개발하고 사용하는 데 도움이 되길 옮긴이 또한 바란다.

끝으로, 매주 이 책으로 세미나를 진행하며 금융 공학의 지식을 깊이 있게 탐구할 수 있게 도와준 유안타증권 OTC운용팀 팀원들에게 감사하며, 흔쾌히 출판을 맡아주신 에이콘출판사의 권성준 사장님께 감사드린다.

옮긴이를 대표해
손정복

지은이 소개

이매뉴얼 더만 Emanuel Derman

콜롬비아 대학교 Columbia University의 교수이며 금융 공학 프로그램을 주관하고 있다. 남아프리카에서 태어났지만 대부분의 직장 생활을 맨해튼에서 보냈다. 소립자 상호작용의 통일장 이론에 대한 연구를 하면서 이론 물리학자로 시작했다. 1980년대 AT&T 벨 연구소에서 비즈니스 모델링을 위한 프로그래밍 언어를 개발했다. 1985년부터 2002년까지 월스트리트에서 일하면서 블랙-더만-토이 Black-Derman-Toy 이자율 모델과 국소 변동성 모델을 공동 개발했다. 이전 저서인 『퀀트』(승산, 2007)와 『Models.Behaveing.Badly.』(Free Press, 2012)는 모두 『비즈니스위크 BusinessWeek』의 연간 상위 도서 10위권에 들었다.

마이클 밀러 Michael B. Miller

노스스타 리스크 Northstar Risk Corp의 설립자이자 CEO이다. 노스스타를 시작하기 전에 트렘브랜트 캐피탈 Tremblant Capital의 최고 위험 책임자였으며 그전에는 포트리스 인베스트 그룹 Fortress Investment Group에서 정량적 위험 관리 책임자였다. 『Mathematics and Statistics for Financial Risk Management』(John Wiley & Sons Inc, 2013)의 저자이자, 릿거스 경영 대학 Rutgers Business School의 겸임 교수다. 금융 분야에서 경력을 시작하기 전에 파리 아메리칸 대학교 American University of Paris와 옥스포드 대학교 University of Oxford에서 경제학을 공부했다.

박주형 ^{Joo-Hyung (David) Park}

금융상품과 파생 상품 평가에 대한 풍부한 경험을 갖고 기업과 사모펀드 고객에게 비표준 파생 상품 평가에 관해 자문 서비스를 제공한다. 이런 상품에는 경영진에게 부여된 주식 옵션과 전환사채가 내재된 파생 상품, 맞춤형 채권, 주식 파생 상품을 포함한다. 그전에는 콜롬비아 대학교^{Columbia University}에서 금융 공학을 토론토 대학교^{University of Toronto}에서 물리학을 공부했다.

지은이의 말

지난 30년 동안 금융에 관한 책과 논문들은 매우 형식화됐고 공리, 정리, 보조정리로 가득 찼다. 이런 공리적 접근은 순수 수학 분야에서는 적합하지만 금융 분야에는 맞지 않다. 금융에서는 아이디어가 우선돼야 하며, 수학은 단순히 아이디어를 표현하고 그 결과를 설명하는 데 사용하는 언어에 불과하다.

금융 이론을 배우고 가르치는 가장 좋은 방법은 전통적으로 수학에 치중하는 학계와 수학은 쓸모없다는 고정 관념을 갖는 트레이더 사이에 균형을 잡는 것이다. 이 책은 모델에서 나오는 통찰과 실제 운용의 실용성을 결합해 변동성 스마일을 다루는 방법을 제시한다.

이 책의 처음 두 장은 책 전체에서 계속해서 언급하는 주제인, 모델링에 관한 이론과 가치 평가의 원칙을 자세히 설명한다. 3장에서 13장까지는 블랙-숄즈-머튼 옵션 가격 결정 모델을 살펴본다. 이 모델의 핵심에는 시장의 실제 거동과 상충하는 변동성 스마일이라는 모순이 있다. 이런 결함에도 모델 자체뿐만 아니라 모델이 기반으로 하는 원리를 사용하는 생산적인 방법이 있음을 보여 준다. 마지막으로 14장에서 24장까지는 변동성 스마일과 일치하는 고급 옵션 모델을 설명한다. 이런 모델은 국소 변동성, 확률 변동성, 점프 확산이라는 세 가지 형태로 분류할 수 있다. 새로운 모델은 블랙-숄즈-머튼 모델의 많은 단점을 해결하지만 여전히 불완전하다. 시장이 발전하고 트레이더가 경험을 쌓으면 이전 모델의 한계를 깨닫고 수정하거나 새로운 모델로 대체해야 한다. 독자들이 이 책의 원리를 이용해 자신만의 모델을 개발하고 사용할 수 있기를 바란다.

감사의 글

여러 해 동안 나는 이라즈 카니$^{\text{Iraj Kani}}$, 마이크 카말$^{\text{Mike Kamal}}$, 조 추$^{\text{Joe Zou}}$, 고故 피셔 블랙$^{\text{Fischer Black}}$, 피터 카$^{\text{Peter Carr}}$, 폴 윌모트$^{\text{Paul Wilmott}}$, 나심 탈레브$^{\text{Nassim Taleb}}$, 엘리 아야체$^{\text{Elie Ayache}}$, 짐 개서럴$^{\text{Jim Gatheral}}$, 브루노 듀파이어$^{\text{Bruno Dupire}}$ 등과 함께한 대화에서 많은 깨달음과 유익함을 얻었다. 특히 피터 카와 폴 윌모트의 작업은 이 책의 많은 곳에 영향을 줬다.

우리는 세바스티앙 보수$^{\text{Sebastien Bossu}}$, 제시 콜$^{\text{Jesse Cole}}$, 팀 레응$^{\text{Tim Leung}}$의 원고에 대한 유용한 논평에 감사한다.

이매뉴얼 더만

차 례

옮긴이 소개   6

옮긴이의 말   8

지은이 소개   10

지은이의 말   12

감사의 글   13

제 1 장   들어가며   **21**

      소개 21
      BSM 모델의 한계 22
      변동성 스마일 24
      금융 모델의 이해 26
      모델의 목적 29

제 2 장   복제 원리   **35**

      복제 35
      자산의 위험 모델 40
      투자의 핵심 질문 47
      파생 상품 59
      연습문제 59

제 3 장   복제   **61**

      정적 복제 61
      간단한 동적 복제 69
      연습문제 78

제 4 장   분산 스와프   **81**

변동성 민감도 81

변동성 스와프와 분산 스와프 84

변동성 스와프의 복제 88

옵션으로 복제 89

로그 계약 93

로그 계약의 공정가와 미래 실현 분산 97

VIX 변동성 지수 107

연습문제 108

제 5 장   헤지 전략의 P&L   111

블랙-숄즈-머튼 방정식 111

헤지 거래의 P&L 116

BSM 세계에서 헤지 효과 120

실현 변동성 헤지 P&L 121

실현 변동성 헤지 P&L의 경계 126

내재 변동성 헤지 P&L 127

연습문제 130

제 6 장   이산 헤지   133

복제 오차 133

보기 143

결론 144

연습문제 145

제 7 장   거래 비용   147

영향 147

효과 분석 154

연습문제 159

제 8 장   스마일   161

스마일, 기간 구조, 곡면, 스큐 161

스마일 그리는 방법 166

변수 선택의 중요성 168

델타와 스마일 170

델타와 행사가의 관계 171

다양한 시장에서 스마일 174

스마일의 영향 183

연습문제 184

제 9 장   스마일의 범위   185

무차익 범위 185

연습문제 194

제 10 장   스마일 모델들   195

스마일에 부합하는 모델 195

스마일로 인한 문제들 201

연습문제 205

제 11 장   내재 분포와 정적 복제   207

내재 분포 207

브리덴-리첸베르거 공식 212

정적 복제 219

BSM 위험 중립 확률 밀도 227

연습문제 233

제 12 장   약형 정적 복제   235

지금까지 요약 235

약형 정적 복제의 소개 236

경계 옵션의 정적 복제 238

상승소멸 콜옵션의 정적 복제 246

연습문제 258

제 13 장   이항 모델   259

주가 변동을 위한 이항 모델 259

옵션 평가를 위한 이항 모델 264

BSM 모델의 확장 269

연습문제 279

제 14 장 국소 변동성 I **281**

변수 변동성 281

국소 변동성을 갖는 이항 모델 282

국소 변동성과 내재 변동성의 관계 289

이항 모델의 어려움 295

읽을거리 296

연습문제 296

제 15 장 국소 변동성 II **299**

듀파이어 식 299

듀파이어 식 이해하기 300

이항 모델에서 듀파이어 식의 유도 305

듀파이어 식의 형식화된 증명 310

국소 변동성과 내재 변동성 사이의 관계 312

연습문제 321

제 16 장 국소 변동성 III **325**

헤지 비율 325

이색 옵션의 가치 328

연습문제 337

제 17 장 국소 변동성 IV **339**

국소 변동성 모델의 장단점 339

지수 옵션에 대한 모델 테스트 342

제 18 장 변동성 변화의 패턴 **345**

스큐 거동에 관한 관계 345

확률 변동성 모델로 353

연습문제 354

제 19 장 확률 변동성 모델 I **355**

확률 변동성 소개 355

BSM 모델로부터 발견적 접근 방식 357

연습문제 371

제 20 장 확률 변동성 모델 II   373

국소 변동성 모델 확장 373

BSM 모델의 확장 380

확률 변동성 모델에 대한 특성해 387

연습문제 389

제 21 장 확률 변동성 모델 III   391

가격도 고착 스마일 391

대칭 스마일 394

상태 2개인 확률 경로 변동성 398

GBM 확률 변동성 400

연습문제 405

제 22 장 확률 변동성 모델 IV   407

평균 회귀 속성 407

상관관계의 영향 413

헤지 비율 417

최적 헤지 비율 418

맺음말 419

참고 자료 420

연습문제 421

제 23 장 점프 확산 모델 I   423

점프 개요 423

순수 점프 모델링 427

연습문제 435

제 24 장 점프 확산 모델 II   437

점프와 확산 437

삼항 점프 확산 모델 441

점프 확산 모델에서 콜옵션 가치 평가 445

혼합 공식 447

스마일에 영향 451

간단한 근사식 452

추가 사항 458

연습문제 459

나가면서   **461**

부록   **463**

부록 A   BSM 모델의 유용한 미분   463

부록 B   역방향 이토 적분   465

부록 C   분산 스와프의 조각 선형 복제   475

해답   **479**

참고문헌   **549**

찾아보기   **553**

1장

들어가며

- 금융 위기에서 금융 모델
- 옵션 평가의 어려움
- 변동성 스마일에 대한 소개
- 금융 과학과 금융 공학
- 모델의 목적과 이용

소개

이 책의 주요 목표는 독자들에게 변동성 스마일^{volatility smile} 모델에 대해 가능한 한 이해하게 쉽게 소개하는 것이다. 1987년 세계 주식 시장 급락 이전에 블랙-숄즈-머튼 옵션 평가 모델^{Black-Scholes-Merton option valuation model}은 옵션 시장을 합리적으로 잘 설명하는 것처럼 보였다. 세계 주식 시장 급락 이후부터 지금까지 주가지수 옵션 시장은 변동성 스마일을 보여 왔는데, 이것은 BSM 옵션 평가 모델과 명백하게 모순이다. 그 후로 이 이상 현상을 설명하려고 전 세계의 퀀트^{quant}들은 새로운 모델 개발에 노력했다. 이 책에서는 옵션 평가 이론, BSM 옵션 평가 모델과 한계, 변동성 스마일과 일치하도록 BSM 옵션 평가 모델을 확장하는 것에 대해 자세히 소개한다. 책의 대부분에서 이에 관한 주제를 다루고 있다.

　이 책을 쓴 두 번째 동기는 모기지 부채 담보부 증권^{CDO, Collateralized Debt Obligation} 시장의 급락과 함께 시작된 2007~2008년 금융 위기에서 비롯됐다. 금융 공학^{financial}

engineering의 기술은 신용 구조화 상품을 평가하는 데 사용됐다. 위기가 시작됐을 때 일부 전문가들은 모기지 시장의 급락에 대해 금융 공학의 관행을 비난했다. 손자가 퀀트였던 폴 볼커Paul Volcker는 2009년에 한 연설에서 이렇게 언급했다.

> 약 1년 전, 제 딸은 제가 금융 공학에 대해 폄하하는 발언을 봤습니다. 딸은 평소에 연락을 잘 하지 않는 손자에게 그 발언을 전달했습니다. 손자는 제게 이메일을 보냈습니다. "할아버지, 우리를 비난하지 마세요. 우리는 상사의 지시를 따랐을 뿐입니다." 제가 할 수 있는 유일한 것은 손자에게 "뉘른베르크의 변명[1]을 받아들일 수 없다."라는 이메일을 보내는 것뿐이었습니다.

금융 공학자를 나치 전범과 비교하는 것은 극단적이지만, 실제로 금융 시장 붕괴에 대한 금융 공학자의 책임에 대한 의견은 그 후로 더욱 미묘해졌다. 미국과는 달리, 스페인과 아일랜드의 주택시장의 거품은 복잡한 금융 공학 상품이 키운 게 아니다. 폴 크루그먼Paul Krugman은 이 위기의 근본 원인이 1998년 외환 위기 이후 아시아에서 서방이 빠르게 자본을 철수했고 이는 이후 아시아 국가들이 수출, 저축, 비축에 집중해 투기를 부추기는 낮은 신용 금리를 형성한 것이라고 언급했다. 다른 설명들도 많다. 모든 복잡한 인간사와 마찬가지로 원인을 하나로 정확히 집어내는 것은 불가능하다. 그럼에도 모델은 위기의 발전에 한몫을 했다. 안전하지만 매우 낮은 채권 수익률로 인해, 잘못 설계된 금융 모델은 실제로 투자자들에게 높은 수익률을 약속하는 모기지 부채 담보부 증권을 (때로는 오도하고 기만적으로) 구매하도록 사용됐다. 우리는 모기지 증권보다는 옵션의 전문가이지만, 모델에 대한 분별력을 보여 주는 책도 쓰고 싶었다.

BSM 모델의 한계

이항 옵션 평가 모델binomial option valuation model과 위험 중립 평가 이론theory of risk-neutral valuation의 창시자 중 한 명인 MIT의 스티븐 로스Stephen Ross는 다음과 같이 말했다 (Ross 1987).

---

1. 독일의 뉘른베르크(Nüremberg)는 2차 세계 대전 직후인 1945년부터 1948년까지 나치 독일 전범들의 전쟁범죄를 처벌하려고 군사재판이 이뤄진 장소다. — 옮긴이

자료를 실증적으로 설명할 수 있는 능력으로 판단할 때 옵션 평가 이론은 금융뿐
아니라 모든 경제학에서 가장 성공적인 이론이다.

그러나 가장 성공한 이 모델조차도 완벽하지 않다.

상아탑 속의 학자들은 현재 옵션 평가에 관심이 거의 없고 해결된 문제라고 생각
한다. 그러나 주식과 채권, 통화, 원자재의 옵션 거래 데스크 또는 리스크 매니저, 모
델 감사인model auditor 등 실무자로 일하는 이 책의 독자들은 옵션 평가가 실제로 전혀
해결되지 않은 문제라는 것을 알게 될 것이다. 금융 시장 참여자들은 서로 의사소통을
위해 전통적인 BSM 공식을 언어로 사용할지라도 해당 공식의 결함을 알고 있고 전적
으로 의존하지 않는다. 파생 상품 증권, 특히 유동성이 적은 이색 파생 상품에 대해 거
래할 의사가 있고 가격을 제시할 책임이 있는 실무자는 매일 적절한 평가와 씨름한다.
그들은 BSM 모델Black-Scholes-Merton model의 가정을 따르지 않는 실제 시장에 대처하고
자 모델을 수정하는 방법을 파악해야 한다. 그리고 시장이 시간이 지남에 따라 거동을
바꿀 때 그에 따른 새로운 방법을 계속 찾아야 한다.

이 책은 BSM 모델과 그 모델에 대한 한계에 초점을 맞출 것이다. 어떤 의미에서
BSM 모델은 기적이다. 그전에는 증권의 가치를 그럴듯하거나 합의할 수 있는 방법으
로 구할 수 없었다. BSM 모델이 나온 후에 합리적으로 가치를 평가할 수 있게 됐다.

BSM의 플라톤 세계(정규 분포를 따르는 수익률과 주가에 대한 기하 브라운 운동, 무
제한 유동성, 지속적인 헤지hedge, 거래 비용이 없는 세계)에서 그들의 모델은 옵션을 동
적으로 합성하는 방법을 제공한다. BSM 모델은 존재하지 않는 상상의 세계에서만
동작하는 공학의 걸작품이다. 현실에서 시장이 BSM 모델의 모든 가정을 따르는 것은
아니다. BSM 모델은 기적이지만, 결국 현실이 아닌 모델일 뿐이다.

BSM 모델의 가정 중 어떤 것은 사소하고 또 어떤 것은 심각하게 현실과 맞지 않
는다. 거래 비용 없이 연속적으로 헤지를 할 수 있다는 가정은 보정할 수 있다. 뒤에서
이에 대해 설명한다. 숙련된 트레이더와 퀀트는 매일 추정과 직관으로 이런 작업을
수행한다. 예를 들어, 옵션 가격에 몇 달러를 추가하거나 BSM 공식에 일부 변동성을
추가해 거래 비용을 발견적 방법heuristics으로 반영할 수 있다. 이런 의미에서 BSM 모
델은 견고하다. BSM의 플라톤 세계에 미세한 변화를 줘서 실제 시장의 지저분함을
근사할 수 있다.

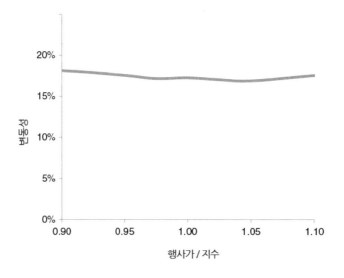

그림 1.1 1987년 이전에 전형적인 S&P 500 내재 변동성

현실을 위배하는 더 중요한 다른 BSM 모델의 가정이 있다. 예를 들어, 주가는 기하 브라운 운동^{GBM, Geometric Brownian Motion}을 실제로는 따르지 않는다. 주가는 점프를 가질 수 있고 분포는 두꺼운 꼬리^{fat tail}을 가지며, 변동성은 예측할 수 없을 정도로 다양하다. 이런 더 중요한 위반을 보정하는 것은 쉽지 않다. 이 책에서 여기에 따른 많은 어려움을 볼 것이다.

BSM 모델은 매우 합리적으로 보이고 모든 사람의 상상력을 강력하게 사로잡는다. 그래서 모델의 가정을 믿지 않는 사람들조차 거래할 가격을 제시하는 데 BSM 모델을 사용한다.

변동성 스마일

BSM 모델은 해당 주식에 대한 옵션의 행사가^{strike}와 잔존 만기^{time to maturity}에 무관하게 주식의 미래 수익률 변동성이 상수라고 가정한다. 모델이 정확하다면 같은 만기를 갖는 다양한 행사가의 옵션에 대한 BSM 변동성 그래프는 평평한 선이 될 것이다. 그림 1.1은 1987년 검은 월요일^{Black Monday}에 있었던 주식 시장 급락 이전에 잔존 만기가 3개월인 지수 옵션의 내재 변동성^{implied volatility}을 보여 준다.

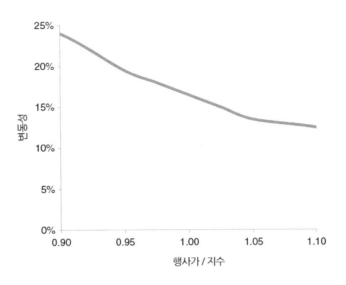

그림 1.2 1987년 이후의 전형적인 S&P 500의 내재 변동성

따라서 급락 이전에 BSM 모델은 적어도 행사가 변동에 따른 옵션 시장을 다소 잘 설명하는 것처럼 보인다. 그림 1.2는 1987년 급락 이후의 전형적인 잔존 만기가 3개월인 옵션의 내재 변동성을 보여 준다. 스마일^{smile}을 생성하는 데 사용된 모든 옵션이 동일한 기초 자산^{underlier}을 갖지만, 각 옵션은 서로 다른 내재 변동성을 갖는다. 내재 변동성이 하나의 값만 가져야 하는 실제 변동성^{actual volatility}에 대한 예측이라고 가정하는 BSM 모델과 일치하지 않는다. 옵션은 주식의 미래 변동성을 다양한 각도나 높이에서 찍은 사진으로 비유할 수 있다. 다른 지점에서 찍은 건물 사진은 다르게 보일 수 있지만 건물의 실제 크기는 그대로다. 비슷한 방식으로 BSM 모델이 진실이라면 어떤 옵션으로 주식의 내재 변동성을 구해도 주식의 내재 변동성은 동일해야 한다. 옵션 가격은 주가에서 파생되지만, 주식의 변동성은 옵션에 따라 달라져서는 안 된다.

스마일은 주가지수 옵션 시장에서는 1987년 급락 이후 매우 뚜렷하게 나타났지만, 통화 옵션 시장에서는 항상 약간 존재했다. 스마일은 문자 그대로 내재 변동성이 ⌣ 의 모양으로 행사가의 함수로 표시되는 것이다. 그림 1.2에서 볼 수 있는 것처럼 스마일은 실제로는 삐뚤어지거나^{skew} 능글맞게 웃는^{smirk} 모습에 가깝지만, 실무자들은 실제 모양에 관계없이 내재 변동성과 행사가 사이의 관계를 설명하려고 스마일이라는 단어를 계속 사용해 왔다.

1987년 급락 이후 스마일의 모습은 1929년 이후 처음으로 거대한 시장이 하루 만에 20% 이상 급락할 수 있다는 사실을 발견한 급락과 분명히 관련이 있다. 시장 참가자들은 즉시 투자자가 높은 행사가의 콜옵션$^{\text{call option}}$보다 낮은 행사가의 풋옵션$^{\text{put option}}$에 더 많은 비용을 지불해야 한다는 결론을 내렸다.

1987년 급락 이후 변동성 스마일은 (통화, 채권, 원자재 등을 포함한) 대부분의 다른 옵션 시장으로 퍼졌고 각 시장에서 스마일은 자신만의 독특한 형태와 모양을 갖게 됐다. 모든 금융 상품 영역에서 트레이더와 퀀트는 그들이 속한 시장에서 스마일을 모델링^{modeling}해야 했다. 많은 기업에서 각 프론트 오피스의 트레이딩 데스크뿐만 아니라 전사적 위험 관리 부서에도 고유한 자체 스마일 모델이 있다. 변동성 스마일 모델링은 금융 내에서 모델 위험이 가장 큰 것이다.

금융 모델의 이해

지난 20년 동안 계량 금융과 자산 가격 결정은 점점 더 형식화되고 공리화됐다. 많은 교과서는 금융에 대한 수학적 공리를 선정하고 그로부터 결과를 도출한다. 하지만 이 책은 금융 수학이 아니라 금융 공학에 관한 것이다. 아이디어와 모델은 수학만큼 중요하다. 수학을 많이 알면 알수록 좋지만 수학은 문장^{syntax}이지 의미^{semantics}가 아니다. 반입자의 존재를 처음 예측한 디랙 방정식의 발견자인 폴 디랙$^{\text{Paul Dirac}}$은 다음과 같이 말했다.

나는 증명에는 관심이 없고, 오직 자연이 하는 일에만 관심이 있다.

정리와 법칙

수학은 공리^{axiom}와 공준^{postulate}이 필요하며, 이로부터 수학자들은 결과를 논리적으로 유도한다. 예를 들어 기하학에서, 유클리드의 공리는 전체의 일부에서 자명한 관계를 설명하기 위한 것이고, 그의 공준은 더 나아가 점과 선의 자명한 속성을 설명한다. 유클리드 공리 중 하나는 공통되는 것과 같은 것은 서로 같다는 것이다.[2] 예를 들어, 유

---

2. $A = B$이고 $A = C$이면, $B = C$이다. — 옮긴이

클리드 공준 중 하나는 두 점 사이에 항상 직선을 그릴 수 있다는 것이다. 유클리드의 점과 선은 자연의 점과 선에서 추상화된 것이다. 추상화에 충분히 익숙해지면 그것들이 거의 실재하는^{tangible} 것처럼 느껴진다. 훨씬 더 난해한 추상화(예로서, 양자 역학의 수학적 기초를 형성하는 무한 차원 힐베르트 공간)는 수학자들에게 실제처럼 보이고, 시각화 가능하게 보인다. 그럼에도 수학의 정리^{theorem}는 추상화된 것들 사이의 관계이며 추상화에 영감을 준 실제 사이의 관계는 아니다.

수학과 달리 과학은 법칙^{law}을 형식화한다. 법칙은 관찰 가능한 것들의 거동에 관한 것이다. 이로써 우주가 작동하는 방식을 설명한다. 뉴턴의 법칙으로 로켓을 달로 보낼 수 있다. 맥스웰 방정식으로 라디오와 TV가 가능하다. 열역학의 법칙으로 열을 기계적 에너지로 변환하는 연소 엔진이 가능하다.

금융은 증권의 가치와 위험 간의 관계 그리고 이런 가치의 거동에 관심이 있다. 금융은 물리학, 화학, 전기 공학과 같은 실용적인 분야가 되기를 열망한다. 존 메이너드 케인스^{John Maynard Keynes}는 한때 경제학에 대해 다음과 같이 언급했다.

> 만약 경제학자들이 스스로를 치과 의사만큼 겸손하고 유능한 사람이라고 생각한 다면 그것은 **훌륭한** 것이다.

치과 의사들은 과학과 공학, 경험적 지식, 발견적 방법에 의존하며 치과 학문에는 정리가 없다. 마찬가지로 금융에서 이론보다는 법칙에 가정보다는 거동에 관심 갖기를 바란다. 정리를 이용해서 시장의 거동을 진지하게 서술할 수 없다.

그러면 금융과 금융 공학의 토대를 어떻게 생각해야 할까?

금융 공학

공학은 기계나 장치를 만드는 것이다. 장치는 구성된 초기 조건에서 시작해 해당 분야의 법칙을 따르고, 또 그렇게 하면서 유용한 것을 수행하는 다소 고립된 우주의 매우 작은 부분이다.

좀 더 친숙한 유형의 공학을 생각해보자. 기계 공학은 역학 원리(예: 뉴턴 법칙)를 기반으로 장치를 구축하는 것과 관련 있다. 첫 번째 원리에서 도출하기 매우 어려운 복잡한 힘(예: 마찰력)에 대해 경험적 규칙을 적절하게 결합한다. 전기 공학은 맥스웰 방정식과 양자 역학을 기반으로 유용한 전기 장치를 만드는 학문이다. 생명 공학은 생화학, 생리학, 분자 생물학의 원리를 기반으로 인공 기관과 생물학적으로 능동 장치를 만드는 기술이다.

역학, 전자기학, 분자 생물학 등의 과학은 일반적으로 환원적^{reductive}인 방법을 사용해 세상을 설명하는 기본 원리를 찾고자 한다. 공학은 이런 원리를 이용해 원하는 기능을 갖는 장치를 만드는 것이다.

금융 공학은 어떨까? 위와 일관되게 설명하면, 금융 과학의 견고한 기반 위에 놓인 금융 공학은 원하는 방식으로 작동하는 유용한 금융 장치(전환사채, 워런트, 변동성 스와프 등)를 만드는 방법을 연구하는 학문이다. 금융 공학은 (주식, 이자율, 또는 이론의 구성 요소로 사용되는 어떤 것이든) 금융의 연구 대상이 갖는 기본 법칙에 대한 연구인 금융 과학이 존재하는 것을 생각하게 한다. 그러나 금융 과학은 상상의 동물인 용^{dragon}에 불과하다.

금융 공학은 미적분학, 확률론, 확률 과정, 시뮬레이션, 브라운 운동의 수학 분야를 기반으로 한다. 이런 분야는 시장에서 다루는 불확실성에 관한 필수적인 특징을 일부 포착할 수 있지만, 금융 대상의 특징적인 거동을 정확하게 설명하지 못한다. 시장은 표준 금융 이론을 위반하는 이상 현상이 넘쳐나고 있다(더 정확하게 말하면 이론은 시장의 실제 거동을 체계적으로 설명할 수 없다). 예를 들어, 1987년 급락 당시 하루의 마이너스 수익률은 평균에서 (역사적 표준 편차에 비해) 너무 심하게 벗어났기 때문에 수익률이 정규 분포를 따른다면 평생 그런 일은 일어나지 않았을 것이다. 보다 최근에 JP모건은 런던 고래 사건[3]을 8-표준편차[4] 사건이라고 불렀다(JPMorgan Chase & Co., 2013). 많은 예 중 하나를 더 들면 주가의 변동은 브라운 운동이 아니다.[5] 따라서 금융 공학자는 수학적 기교는 화려하지만 올바른 과학 법칙을 (지금 그리고 아마 앞으로도 영원히) 갖고 있지 않다.

금융에서의 공리적 접근법은 올바른 법칙이 없어 문제가 있다. 공리화는 서로 모순되지 않는 공리들의 집합을 가정할 수 있는 기하학에서나 또는 공리로 간주할 수 있을 정도로 매우 정밀하게 성립되는 과학 법칙이 있는 뉴턴 역학에서나 적합하다.

---

3. 미국 투자은행 JP모건 체이스 런던지사가 파생 상품 거래에서 7조 원에 가까운 손실을 낸 사건. — 옮긴이

4. 높은 표준편차일수록 낮은 확률을 의미하며, 6-표준편차 수준이 0.002% 정도 의미한다. — 옮긴이

5. Mandelbrot(2004)와 Gabaix et al.(2003)을 참조하라.

그러나 금융 분야는 모든 실무자들이 알고 있듯이 현재의 공리가 그다지 좋지 않다. 폴 윌모트는 다음과 같이 언급했다(Wilmott, 1998).

> 지금까지 볼 수 있었던 모든 금융 공리는 명백히 잘못된 것이다. 진짜 문제는 얼마나 틀렸냐는 것이다.

따라서 공리로부터 서술한 이론은 과학보다 금융에서 훨씬 더 맞지 않는다. 금융이 무엇에 관한 것이라면 그 무엇은 우리가 살고 있는 지저분한 세계에 관한 것이다. 직관을 익힌 후에 공리를 배우는 것이 가장 좋다.

수학은 중요하다. 그리고 수학을 더 많이 알면 알수록 더 잘하게 될 것이다. 하지만 수학을 너무 사랑하지 마라. 금융 모델링 문제는 수학이라기보다는 개념적이다. 이 책에서는 먼저 개념 이해와 구현에 집중한 다음 수학을 도구로 사용한다. 그리고 수치적 정확성이나 계산 효율성보다 금융에 관한 아이디어를 명확하게 하는 것에 더 관심이 있다.

절대적으로 옳고 근본적인 자산 거동은 알려진 것이 거의 없다. 그들이 만족하는 엄격한 법칙들이 정말 있을까? 그 법칙들은 변하지 않을까? 가능한 한 적게 가정하고, 가능한 한 모델에 의존하지 않는 것이 가장 좋다. 그리고 모델에 의존할 때는 단순한 것이 더 좋다. 이를 염두에 두고 금융 모델링의 원칙을 간략하게 설명한다.

모델의 목적

모델링의 개념을 자세히 살펴보기 전에 가격^price과 가치^value를 구별해야 한다. 가격은 단순히 증권을 취득하고자 지불해야 하는 금액 또는 매도할 때 얻는 금액이다. 가치는 증권의 값어치^worth(또는 더 정확하게는 증권의 값어치라고 믿는 것)다.[6] 모든 사람이 가치에 동의하는 것은 아니다. 가격은 가치와 같을 때 공정한 것으로 간주한다.

---

6. price와 value는 가격과 가치로 번역해 나름 구분이 되지만, value와 worth는 둘 다 가치로 흔히 번역해 구분이 되지 않는다. 다음은 콜린스 코빌드 영영 사전의 설명이다. The value of something such a quality, attitude, or method is its importance or usefulness. If something is worth a particular amount of money, it can be sold for that amount or is considered to have that value. 일반적으로 price는 value와 무관할 수 있지만, value에 합당한 price를 worth라고 볼 수 있다. 그래서 여기서 값어치로 번역했다. — 옮긴이

그러나 공정한 가치는 무엇일까? 어떻게 추정할까? 가치를 추정하는 가장 간단한 방법도 모델이나 이론이 필요하다.

단순 금융 모델

금융 위기가 막 발생했다고 가정한다. 월스트리트^{Wall Street}는 사람들을 해고하고, 근처 배터리 파크^{Battery Park}에 있는 아파트들은 매일매일 주인이 바뀌지만, 대형 호화 아파트는 여전히 거래가 되지 않는다. 누군가 배터리 파크에 있는 방 2개짜리 아파트의 가격을 알려 준다면, 가격이 알려지지 않은 파크 애비뉴^{Park Avenue}에 있는 방 7개짜리 아파트의 가치를 어떻게 추정할까? 다음과 같이 하는 것이 합리적일 것이다. 먼저, 배터리 파크 아파트의 제곱피트^{square feet}당 가격을 구한다. 둘째, 파크 애비뉴 아파트의 제곱피트를 곱한다. 셋째, 위치, 전망, 조명, 직원, 시설 등에 대해 가치를 조정한다.

예를 들어, 방이 2개 있는 배터리 파크 아파트의 가격이 150만 달러이고 크기가 1,000제곱피트라 가정한다. 제곱피트당 1,500달러다. 방이 7개 있는 파크 애비뉴 아파트가 5,000제곱피트라 가정한다. 앞의 모델에 따르면 파크 애비뉴 아파트의 가격은 약 750만 달러여야 한다. 그런데 파크 애비뉴는 매우 좋은 위치이기에 배터리 파크보다 약 33%의 프리미엄^{premium}이 붙는 것으로 알려져 있다. 이로써 추정치를 1,000만 달러로 조정한다. 또한 대형 아파트는 희소성으로 자체 프리미엄이 있기에 추정치를 1,300만 달러로 더 올린다. 더 나아가 파크 애비뉴 아파트가 전망 좋고 전용 엘리베이터가 있는 높은 층에 있다면 추정치를 1,500만 달러로 올린다. 다른 한편으로 최근에 부모님이 돌아가신 가족이 40년 동안 보수하지 않은, 같은 파크 애비뉴 아파트를 팔고 있다고 가정해 보자. 그러면 많은 보수 공사가 필요하게 될 것이므로 추정치를 1,200만 달러로 낮춘다.

모델의 초기 매개변수에 제곱피트당 내재된 가격이 있다. 모델을 배터리 파크로 보정한 후에 이를 사용해 파크 애비뉴 아파트의 가치를 추정한다. 제곱피트당 가격은 아파트 가격에 내재^{implied}된 것이다. 1,500달러는 아파트 1 제곱피트의 가격이 아니다. 전망, 건축 품질, 이웃과 같은 다른 변수가 하나의 숫자에 포함돼 있기 때문이다.

위의 아파트 사례에서 배터리 파크 가격에서 파크 애비뉴 가격을 구하듯이 증권에서도 모델을 사용해 알고 있는 가격에서 모르는 값을 내삽 보간^{interpolate}하거나 외삽 보간^{extrapolate}해 구한다. 모델을 사용해 유동적인 증권의 알려진 가격을 기반으로 상대적으로 덜 유동적인 증권의 가치를 평가한다. 이것은 구조화 옵션 모델과 통계적 차익 거래 모델 모두 해당한다. 이런 의미에서 물리학 모델과 달리 금융 모델은 미래를 예측하지는 않는다. 뉴턴 법칙은 로켓의 초기 위치와 속도를 이용해 미래에 로켓이 어디로 갈 것인지 알려 주지만, 금융 모델은 현재의 다른 가격과 비교하는 방법을 알려 준다. BSM 모델은 주식과 무위험 채권의 현재 가격에서 주식과 채권의 포트폴리오로 간주하는 옵션의 현재 가치를 구하는 방법을 매우 정교하고 합리적인 보간법으로 알려 준다. 가격을 알고 있는 하나의 옵션에서 주식의 내재 변동성^{implied volatility}을 이용해 모델을 보정하면 행사가가 다른 옵션의 가치를 보간하는 방법을 알려 준다. 아파트 가격 모델의 제곱피트당 가격과 같이 BSM 모델의 변동성은 거래 비용, 헤지 오류, 사업 비용과 같은 모든 종류의 다른 변수들을 하나의 숫자에 포함하고 있다. 부동산 시장에서 제곱피트당 내재 가격을 사용하는 방식은 대부분의 금융 모델이 작동하는 일반적인 방식을 보여 준다.

모델의 추가 장점

모델은 유동성이 많은 옵션의 가격에서 유동성이 적은 옵션의 가치로 외삽하는 것 외에 많은 일을 한다.

증권 순위 평가　가격은 증권을 살 만한 값어치가 있는지 알려 주지 않는다. 가치가 가격보다 높으면 값어치가 있는 것이다. 그러나 때때로 유사한 증권들 중에서 어떤 증권을 매수하는 것이 가장 좋은지 알고 싶을 때가 있다. 투자자 또는 마케터^{salespeople}는 증권의 매력도^{attractiveness}를 평가하려고 모델을 자주 사용한다. 예를 들어 제곱피트당 내재 가격을 유사한 (그러나 동일하지 않은) 아파트 순위를 정하고 비교하는 데 사용할 수 있다. 아파트 예로 돌아가서 파이낸셜 디스트릭트^{Financial District}의 새 아파트에 관심이 있다고 가정한다. 이 아파트 가격은 1,500제곱피트에 300만 달러, 즉 제곱피트당 2,000달러로 배터리 파크 아파트의 제곱피트당 1,500달러보다 훨씬 높다. 이 차이는 무엇에 기인할 것일까? 아마도 파이낸셜 디스트릭트 아파트가 더 나은 기능을 갖고 있을 것이다. 한 단계 더 깊이 들어가 기능 자체에 대한 비교 모델을 구축하거나 기능과 면적 모두에 대한 비교 모델을 구축해 기능의 가격이 적정한지 확인할 수도 있다.

　제곱피트당 내재 가격은 가치로 아파트 순위 평가를 시작하는 간단한 1차원 척도^{scale}다. 제곱피트당 내재 가격으로 주어진 단일 숫자는 실제로 아파트의 가치를 반영하지 않는다. 이것은 출발점이며 그 후에는 다른 요소를 고려해야 한다. 유사하게, 채권의 만기 수익률$^{YTM,\ Yield\ To\ Maturity}$을 사용하면 수익률을 높음(매력적)에서 낮음(그다지 매력적이지 않음)까지의 선형 척도에 대응시켜 서로 다른 쿠폰, 만기, 채무 불이행 가능성을 갖는 유사한 (그러나 동일하지 않은) 많은 채권의 가치를 비교할 수 있다. 주식의 경우는 주가수익비율$^{PER,\ Price\ Earnings\ Ratio}$로, 모기지나 상환 가능 채권의 경우 옵션 조정 스프레드$^{OAS,\ Option\ Adjusted\ Spread}$로도 같은 작업을 수행할 수 있다. 이런 측정들은 증권의 다차원 우주를 1차원 눈금자에 투영하는 것이다. BSM 모델을 통해 가격을 필터링해 얻은 옵션의 내재 변동성은 (행사가, 만기, 기초 자산 등) 많은 특징을 갖는 파생 상품을 단일 값으로 축소하는 유사한 방법이다.

직관의 계량화   모델은 직관에 대한 진입점을 제공하고, 직관을 계량화한다. 모델은 직관으로 이해할 수 있는 선형 개수를 비선형 달러 값으로 변환한다. 아파트 모델은 제곱피트당 가격을 아파트의 추정 달러 가치로 변환한다. 아파트의 달러 가치에 대한 것보다 제곱피트당 가격의 변동에 대한 직관을 갖는 것이 더 쉽다.

앞에서 강조했듯이 물리학 이론은 미래를 예측하고, 금융 모델은 직관을 현재 달러 가치로 변환한다. 또 다른 예로, 주식 애널리스트는 경험을 바탕으로 합리적인 PER를 구성하는 요소에 대해 직관을 갖고 있다. 만기 수익률, 옵션 조정 스프레드, 부도 확률, 수익률 변동성에 대한 직관을 발달시키는 것은 제곱피트당 가격에 대해 생각하는 것보다 어려울 수 있다. 그럼에도 이런 모든 매개변수는 가치와 직접적으로 관련돼 있으며, 달러 가치 자체보다 판단하기 쉽다. 이것들은 직관적으로 파악할 수 있으며, 경험이 많을수록 직관이 풍부해진다. 모델은 단순하고 직관적인 개념(예: 변동성)에서 이를 설명하는 수학(GBM과 BSM 모델), 보다 확장된 개념(변동성 스마일), 경험에 기반한 직관(스마일 모양의 변화), 마지막으로 개념 확장을 통합하는 모델로 순차적으로 도약함으로써 발전한다.

모델링의 유형

아파트 모델은 상대 가치 평가$^{relative\ valuation}$의 한 예다. 상대 가치 평가를 이용하면 한 세트의 가격이 주어지면 모델을 사용해 다른 증권의 가치를 결정할 수 있다. 그리고 증권을 상대 가치 평가가 아닌 절대 가치 평가$^{absolute\ valuaton}$를 하는 모델을 개발할 수도 있다. 물리학에서 뉴턴의 법칙은 절대적인 법칙이다. 뉴턴의 법칙은 운동 법칙 $F = ma$와 만유인력의 법칙을 지정해 모든 행성의 궤적을 계산한다. 기초 자산(주식, 상품 등)의 거동에 대한 GBM 또는 더 정교한 다른 가설은 절대 평가 모델처럼 보이지만, 실제로는 자산 가격 거동을 물리적인 확산^{diffusion} 현상에서 유추한 것이다. 이것은 물리학의 이론이나 모델만큼 정확하지 않다. 물리학 이론은 방정식과 물리 현상 사이의 간극을 무시하고 싶은 생각이 종종 들 정도로 실제 세계를 잘 설명한다. 그러나 금융 모델은 우리가 살고 있는 세계와 거리가 상당히 먼 가상의 세계를 설명한다.

절대 가치 평가는 금융에서 그다지 잘 맞지 않기 때문에 이 책은 주로 상대 가치 평가 방법에 초점을 둔다. 상대 가치 평가는 소박하고 그래서 좋다. 상대 가치 평가는 특히 파생 상품의 가치 평가에 적합하다.

실무자들이 파생 상품 평가를 위해 상대 가치 평가에 집중하는 이유는 무엇일까? 파생 상품은 단순한 원자로 만들어진 분자와 매우 비슷하기 때문이다. 그래서 파생 상품의 거동을 구성 요소의 거동에 대해 상대적인 것으로 다룬다. BSM 모델의 위대한 통찰은 주식과 채권으로 파생 상품을 만들 수 있다는 것이다. 그러면 옵션 거래 데스크는 스스로를 제조업체로 간주할 수 있다. 주식과 채권과 같은 간단한 구성 요소를 구해 이로부터 옵션을 제조한다. 더 정교한 거래 데스크는 비교적 간단한 옵션에서 이색 옵션을 구성한다. 일부는 심지어 그 반대로도 한다. 이색 옵션에서 판매할 수 있는 더 간단한 구성 요소로 분해한다. 이 모든 경우 상대 가치가 중요하다. 거래 데스크는 투입물과 산출물의 가격 차이, 즉 구성 요소를 구입하는 데 필요한 비용과 완제품을 판매할 수 있는 가격의 차이를 기반으로 수익을 창출하는 것을 목표로 하기 때문이다.

상대 가치 평가에 대한 모델링은 매우 정교한 과일 샐러드 문제다. 사과, 오렌지, 배의 가격을 고려해 볼 때 과일 샐러드에 얼마를 청구해야 할까? 또는 반대 문제와 같다. 과일 샐러드, 사과, 오렌지의 가격이 주어지면 배의 내재 가격은 얼마일까? 이 질문과 유사한 상황에서 옵션에 대응하는 답을 찾는 것이 대부분의 옵션 평가 모델이라 생각하면 된다.

이 책에서는 주로 다른 사람들이 팔고 싶은 것을 사고, 다른 사람들이 사고 싶어 하는 것을 파는 트레이더나 마켓 메이커의 관점에서 설명을 진행할 것이다. 트레이더나 마켓 메이커는 원자재로부터 고객이 원하는 것을 만들어 내거나, 고객이 판매하는 것으로부터 재판매하거나 재사용할 수 있는 원자재로 분해해 꽤 안전한 이익을 얻는 것이 목적이다. 이런 생각을 갖는 거래 데스크의 경우 가치 평가는 항상 상대적인 개념이다.

문의

한국어판에 관한 질문이 있다면 에이콘출판사 편집 팀(editor@acornpub.co.kr)이나 옮긴이의 이메일로 문의하길 바란다. 한국어판의 정오표는 에이콘출판사 도서정보 페이지 http://www.acornpub.co.kr/book/volatility-smile에서 찾아볼 수 있다.

2장

복제 원리

- 일물일가 법칙
- 복제
- 주식 위험 모델
- CAPM
- 파생 상품 복제

복제

복제[replication]는 증권의 포트폴리오를 만들어 다른 증권의 거동을 비슷하게 모방하는 전략이다. 이 절에서는 증권의 가치 평가를 위해 복제를 어떻게 사용하는지 설명한다. 두 가지 방식의 복제를 정의하고 이런 가치 평가 방법의 장단점을 논의한다.

계량 금융의 법칙

유명한 유대인 랍비 힐렐[Hillel]은 한 발로 서 있는 동안 하나님 율법의 본질을 설명해 달라고 하는 이방인에게 이렇게 대답했다.

> 남이 나에게 하기를 원치 않는 행동을 남에게 하지 말라. 나머지는 부차적인 것 이다. 가서 배워라.

MIT의 앤드류 로^{Andrew Lo} 교수는 물리학에는 현상의 99%를 설명하는 세 가지 법칙이 있지만, 금융에는 3%만 설명하는 아흔아홉 가지 법칙이 있다고 말했다. 이것은 금융 전체를 모독하는 재미있는 농담이지만, 사실 금융에는 거의 모든 계량 금융의 근간이 되는 다소 신뢰할 수 있는 법칙이 하나 있다.

종종 다른 방식으로 언급되지만, 힐렐처럼 한 발로 서 있는 동안에 계량 금융의 본질을 다음으로 요약할 수 있다.

> 증권의 가치를 알고 싶다면 가능한 한 유사한 다른 증권들의 가격을 사용하라. 나머지 모든 것은 모델링이다. 가서 모델을 만들어라.

이것은 유추^{analogy}하는 것이다. 어떤 것의 가치를 평가하고 싶으면 이미 알고 있는 다른 것의 가격과 비교해 가치를 부여한다.

금융 경제 학자들은 이 원칙을 일물일가 법칙^{一物一價, law of one price}으로 표현한다.

> 두 증권이 가능한 모든 미래 시나리오에서 동일한 수익 구조^{payoff}를 가지면 두 증권의 현재 가격은 같다.

동일한 수익 구조를 갖는 두 증권(또는 증권 포트폴리오)의 가격이 다르면 더 싼 것을 사고 더 비싼 것을 매도할 수 있다. 그러면 차액을 즉시 챙기고 미래에 이익이나 손실이 발생하지 않는다. 매수와 매도의 수익 구조가 항상 정확하게 상쇄되기 때문이다.

실제로는 모든 시나리오에서 정확하게 동일한 복제 포트폴리오를 구성하는 것은 어렵다. 대부분의 시나리오에서 근사적으로 동일한 복제 포트폴리오에 만족해야 한다.

앞서 언급한 두 가지의 법칙이 암시하는 것은 아무런 위험 없이 이익을 보장받는 거래인 차익 거래^{arbitrage}가 불가능하다는 것이다. 따라서 일물일가 법칙을 무위험 차익 거래 불가능 원칙으로 표현할 수 있다.

> 모든 미래 시나리오에서 대해서 손실이 나지 않고 최소한 하나의 시나리오에 대해서라도 수익이 나는 증권을 비용 없이 얻는 것은 불가능하다.

이 원칙은 시장이 차익 거래 기회를 싫어하는 것을 의미하고 일물일가 법칙과 같다.

두 증권의 미래 수익 구조가 같지만 현재 가격이 다른 경우 더 싼 증권을 매수하고 더 비싼 증권을 매도하면 차익 거래가 된다.

　　시간과 정보가 충분하면 시장 참가자들은 결국 일물일가 법칙과 무위험 차익 거래 불가능 원칙을 시행하게 된다. 너무 싼 증권의 매수하고 너무 비싼 증권을 매도해 빠르게 이익을 추구하면 차익 거래 기회를 없애기 때문이다. 결국 유동성이 큰 시장은 일반적으로 일물일가 법칙이 성립한다. 그러나 일물일가 법칙은 자연 법칙이 아니다. 그것은 가격은 얼마여야 한다라는 법칙^{must}의 의미가 아니라, 가격은 얼마가 바람직하다라는 당위^{should}의 의미다. 실제로 단기적으로 유동성이 부족한 시장, 금융 위기, 공황 등의 경우 일물일가 법칙은 성립하지 않을 수 있다.

　　일물일가 법칙은 가능한 모든 미래 시나리오에 대해 동일한 수익 구조를 요구한다. 미래의 모든 시나리오를 상상하는 것은 실제로 불가능하다. 시장이 완전한 무작위^{random}가 아니어도 예상 밖의 변화가 너무 다양해서 몇 가지 생각, 문장, 방정식으로 모두 표현할 수 없다. 실제로 종종 극단적이고 상상할 수 없는 시나리오(예: 2001년 9월 11일)는 발생한 후에만 가능한 것으로 간주한다. 발생하기 전에 이런 사건은 가능성이 없는 것으로 간주할 뿐만 아니라 분포에서 완전히 제외한다.

복제로써 평가

가치를 결정하려면 일물일가 법칙을 어떻게 사용할까? 증권의 알려지지 않은 가치를 추정하려면 미래의 모든 상황에서, 평가하려는 증권과 동일한 미래 수익 구조를 갖는 복제 포트폴리오를 가격이 알려진 더 유동성 높은 증권으로 구성해야 한다. 그러면 평가하려는 증권의 가치는 간단하게 복제 포트폴리오의 알려진 가격이다.

　　모델은 어디에 들어갈까? 평가하려는 증권과 복제 포트폴리오가 모든 상황에서 동일한 수익 구조를 미래에 갖는다는 것을 입증하는 데 모델이 필요하다. 이를 입증하려면 (1) 각 증권에 대해 모든 상황이 갖는 의미를 정확하게 결정하고, (2) 각각의 미래 상황에서 평가하려는 증권과 동일한 수익 구조를 갖도록 복제 포트폴리오를 생성하는 전략을 찾아야 한다.

　　첫 번째 단계는 환원적이며, 과학과 관련 있다. 경제와 금융 시장과 같은 매우 복잡한 것들을 가져와서, 그것들의 미래 거동에 대한 잠재적 범위를 설명하는 수학의 방정식으로 환원시켜야 한다. 두 번째 단계는 건설적 또는 합성적이며, 대부분 공학과 관련 있다. 모든 미래 시나리오에서 평가하려는 증권의 수익 구조와 일치하는 수익 구조를 갖는 복제 포트폴리오를 유동성 높은 증권으로 만들어야 한다.

복제 방식

복제에는 정적 복제$^{static\ replication}$와 동적 복제$^{dynamic\ replication}$, 두 가지 종류가 있다. 정적 복제는 처음 증권 포트폴리오를 이용해 평가하려는 증권의 수익 구조를 처음부터 만기까지 포트폴리오의 조정 없이 복제한다. 정적 복제 포트폴리오가 생성되면 평가하려는 증권의 만기까지 포트폴리오에서 추가 거래는 필요없다. 정적 복제 포트폴리오를 만들 수 있으면 문제가 되는 유일한 것은 신용 사건이다. 구입한 증권의 거래 상대방에게 지불을 요구할 때 거래 상대방은 지불을 이행하지 못할 수 있다. 정적 복제는 가장 간단하고 직접적인 평가 방법이다. 하지만 유동성이 좋고 사용 가능한 증권이 평가하려는 증권과 매우 유사한 경우만 가능하다. 실제로 이런 경우는 드물다. 완전히 같지 않더라도 정적 포트폴리오는 좋은 장점을 갖는다. 그래서 트레이더는 종종 증권을 근사적으로 복제하는 정적 포트폴리오를 만들려고 노력한다. 이런 예로 12장에서 배리어 옵션의 정적 복제에 대해 설명한다.

동적 복제를 사용하면 복제 포트폴리오의 구성 요소와 가중치가 시간에 따라 변경돼야 한다. 이론적으로 정확한 복제를 하기 위해서는 시간이 지나고 기초 자산의 가격이 변동되면 지속적으로 증권을 사고팔아야 한다. 트레이딩 데스크에서 일하는 실무자가 알고 있듯이 동적 복제는 이론과 실무 모두에서 매우 복잡하다. 또 시장의 모델(과학)과 시장의 실제 거동 사이의 불일치가 문제가 된다. 그러나 동적 복제가 가능하면 동적 복제를 통해 다양한 증권을 평가할 수 있다. 상당수의 증권은 동적 복제가 아니면 평가하기 어렵거나 불가능하다. 1973년 피셔 블랙$^{Fischer\ Black}$과 마일런 숄즈$^{Myron\ Scholes}$ 그리고 독립적으로 로버트 머튼$^{Robert\ Merton}$은 주식 옵션$^{stock\ option}$을 기초 자산인 주식과 무위험 채권으로 구성된 동적 포트폴리오로 복제하는 방법을 논문으로 발표했다. 이로써 트레이더들은 기초 자산 가격, 현재 금리 수준, 미래 주가 변동성 추정치를 기반으로 옵션의 가치를 결정할 수 있었다. 이런 복제 포트폴리오를 구성할 수 있다는 것은 의심의 여지가 없었고, 금융계는 이로 인해 극적으로 변했다. 뛰어난 통찰력을 지닌 숄즈와 머튼은 마침내 노벨 경제학상을 받았다. 블랙은 불행히도 상을 받기 전에 사망했으며 노벨상은 사후에 수여되지 않는다.

동적 복제는 매우 우아하다. 포트폴리오를 구성하는 증권의 기초 자산의 가중치를 동적으로 조절해 복잡한 증권을 복제할 수 있다는 근본적인 통찰력의 확장이 지난 40년 넘게 파생 상품 분야의 거의 모든 발전과 관련돼 왔다.

복제의 한계

1장에서 언급했듯이 모든 금융 모델은 가정을 갖는다. 모델은 현실 세계를 이상화하는 장난감 같은 설명이다. 모델은 현실 세계와 비슷할 수 있지만, 정확하게 묘사하지 않는다. 따라서 좋게 표현하면 금융 모델은 현실의 근사에 불과하다. 모델의 가정을 이해하는 것이 복제의 한계를 이해하는 핵심이다.

복제의 첫 번째 단계에는 과학과 관련 있다. 기초 자산, 이자율 등에 대한 미래 시나리오를 가능한 한 정확하게 서술한다. 금융에서 수학적인 복잡함의 대부분은 가능한 미래 시나리오를 정의하고 설명하려는 시도 때문이다. 완전한 정확성은 금융에서 사실상 불가능하다. 따라서 금융 모델은 가능한 한 단순하면서 기초 자산의 거동에 대한 본질적인 특징을 갖고 있어야 한다. 결국 이것을 만족하는 정도의 복잡한 모델을 선택하는 것으로 결국 귀결된다.

두 번째 단계인 복제 포트폴리오를 구성하는 것은 공학이 대부분이다. 이론적으로는 필요한 증권이 주어지면 복제 포트폴리오를 구성하는 것은 어떤 순간의 포트폴리오 가중치를 결정하는 단순한 문제다. 동적 헤지의 효력은 기초 자산 가격의 거동에 대한 가정과 복제 전략을 수행하는 사람이 가격 변동에 관련된 포트폴리오의 가중치를 즉시 조정해 대응할 수 있다는 가정의 정확성에 달려 있다. 실제로 시장 거래로 가중치를 조정하는 것은 문제가 될 수 있다. 호가 스프레드$^{bid-ask \ spread}$, 유동성 부족, 시장 급락은 모두 복제 전략에 영향을 미칠 수 있다. 증권을 너무 많이 매수해야 하는 경우는 가격을 올릴 수 있고, 매도해야 하는 경우는 현재 시장 가격으로 매도하기 어려울 수 있다. 증권을 공매도할 때는 대차 비용을 고려해야 한다. 대차가 힘든 경우는 비용이 증가한다. 금융 비용, 거래 비용, 운영 위험은 회사마다 다를 수 있다. 동적 헤지는 지속적인 거래가 필요하기에 이런 문제는 정적 복제에 비해 동적 복제에서 훨씬 더 큰 문제가 된다. 마지막으로 동적 복제는 종종 시장에서 관찰하기 어렵거나 불가능한 특정 매개변수^{parameter}의 미래 가치를 추정해야 한다. 이런 매개변수 중 가장 중요한 것은 옵션 기초 자산의 미래 변동성이며, 이 책의 주요 주제다.

이 책에서 가능하면 먼저 정적 복제를 사용해 증권 평가를 하려고 노력할 것이다. 정적 복제가 어려운 경우 동적 복제를 사용한다. 실제 시장에서는 복제 전략을 항상 찾을 수는 있는 것은 아니다. 이 경우 경제 모델을 사용해야 한다. 이런 최후의 접근 방식은 종종 시장 참여자가 위험과 수익에 대해 어떻게 생각하는지, 즉 시장 참여자의 효용 함수^{utility function}에 대한 가정이 필요하다. 효용 함수는 경제학 이론의 숨은 변수로, 직접적으로 관측된 적이 없는 양이며, 이 책에서는 이런 방법을 피한다. 옵션 이론의 진정한 매력은 이런 개인 선호^{preference}를 무시하는 것이다.

자산의 위험 모델

앞에서 언급했듯이 복제는 기초 자산 거동에 대해 서술하는 모델의 과학에서 시작한다. 현대 포트폴리오 이론은 효율 시장 가설^{EMH, Efficient Market Hypothesis}을 바탕으로 하고 있다. 이것은 2007 ~ 2008년 금융 위기가 시작된 이후 새로 매우 심각하게 공격받고 있는 프레임워크^{framework}다. 이에 대해 설명한다.

효율 시장 가설

마법 같은 생각을 사용하든 심층적인 기본 분석^{fudamental analysis}을 사용하든 경험적으로 주가 예측을 매우 잘하는 사람은 없다. 확실히 과거에는 시장에 비해 수익률이 매우 좋은 소수 투자자가 있었다. 그들의 성과가 운이든 기술이든 시장에 비해 매우 높은 수익률을 올리는 데 매우 정확한 주가 예측이 필요하지 않다. 많은 거래에서 일관되게 55 ~ 60% 정도만 정확하면 큰 이익을 낼 수 있다.

가격 예측의 실패로, 1960년대에 시카고 대학의 유진 파마^{Eugene Fama}의 그룹은 효율 시장 가설^{EMH}로 알려진 것을 개발했다. 그 후 수년에 걸쳐 이론의 많은 공식이 수학적으로 발전했다. 경제학자들은 강함, 약함, 기타 종류의 효율성^{efficiency}을 정의했다. 그러나 효율성을 어떻게 정의하든 EMH는 다음과 같은 삶의 실체를 인정하는 것이 핵심이다.

> 오늘 갖고 있는 모든 정보를 기반으로 내일 주가에 어떤 일이 일어날지에 대해
> 일관되게 성공적으로 예측하는 것은 어렵거나 거의 불가능하다.

EMH는 이 개념을 형식화해 현재 가격이 현재의 모든 경제와 시장 정보를 반영하기 때문에 장기적으로 시장을 이기는 것은 불가능하다고 언급한다. 체계적인 주가 예측에 실패한 경험을 가설로 전환한 것은 경제학자들의 극도로 영리한 주짓수 대응[1]이었다. 그것은 약점을 강점으로 바꾸려는 시도였다. 주가가 어떻게 움직이는지 알 수 없으므로 주가 예측을 할 수 없다는 것을 원칙으로 삼겠다.

불확실성, 위험, 수익

효율적 시장 가설은 주식의 가격과 가치가 동일하며 더 이상은 없다고 주장하는 것처럼 보일 수 있다. 실제는 그렇지 않다. 효율 시장 가설이 증권 평가 모델로 어떻게 이어지는지 살펴본다. 금융에서 방 안의 코끼리[2]는 인생시 어느 분야에서나 마찬가지로 알지 못하는 미래다. 불확실성[^uncertainty]은 리스크[^risk]을 의미한다. 리스크는 위험[^danger]을 의미한다.[3] 위험은 손실 가능성을 의미한다.

경제학에서 분별 있는 사람들은 계량 가능한 불확실성과 계량 불가능한 불확실성을 구별한다. 계량 불가능한 불확실성의 예로는 2년 이내에 러시아에서 혁명이 일어날 가능성, 올해 맨해튼 중간 지역[^midtown]에 테러 공격이 일어날 가능성, 다른 행성에서 지적 생명체를 찾을 가능성이 있다. 이런 사건들은 매우 불확실할 뿐만 아니라 사건을 예측하려고 개발한 모든 모델이 매우 주관적일 가능성이 높다. 이런 확률을 객관적으로 추정할 방법은 없다. 이런 유형의 확률을 종종 불확실성 또는 나이트 불확실성[^Knightian uncertainty][4]이라 한다. 이런 사건에 대해서는 가능성이 있다, 가능성이 낮다, 가능성이 매우

---

1. 주짓수는 상대방의 힘을 역으로 이용해 강한 상대도 이길 수 있는 특징을 갖는 무술이다. 경제학자들이 주가 예측의 실패를 역으로 이용해 원칙으로 삼았다는 점에서 저자가 이런 표현을 사용했다. 이런 사고의 전환은 물리학에서도 많이 발견된다. 영구 기관은 불가능하다는 열역학 법칙이나, 빛의 속도는 관성 좌표계와 무관하게 일정하다와 중력과 가속도는 구분할 수 없다는 공준을 사용하는 아인슈타인 상대성 이론도 역사적으로 비슷하게 전개됐다. 그러나 실험을 통한 검증에 있어서 EMH는 아직 가설에 불과하다. — 옮긴이

2. 방 안의 코끼리(elephant in the room)란 표현은 누구나 알고 있지만, 그 누구도 먼저 이야기를 꺼내지 못하는 금기시되는 주제를 의미한다. — 옮긴이

3. risk와 danger는 흔히 위험으로 번역하고, 영영사전을 참조해도 같은 뜻이다. 이 문장에서는 이를 구분하기 위해 리스크와 위험으로 번역했다. 이후의 부분에서는 danger가 나오지 않으므로 risk를 리스크와 위험으로 상황에 따라 혼용해 번역한다. — 옮긴이

4. Knightian uncertainty는 시카고 대학 경제학자인 프랭크 나이트(Frank Knight, 1885–1972)에서 유래됐다. 그는 『Risk, Uncertainty, and Profit』(Legare Street Press, 2021)에서 불확실성과 리스크의

낮다라고 정성적으로 말할 수 있는 정도 있다.

몇몇 희귀하고 다소 이상적인 경우에는 불확실성을 계량할 수 있다. 일부 경제학자들은 리스크를 계량 가능한 불확실성으로 정의한다. 좋은 예는 공정한 동전 던지기와 관련된 불확실성이다. 앞면이 나올까 뒷면이 나올까? 공정한 동전은 앞면이 나올 확률은 뒷면이 나올 확률과 같고 1/2이다. 마찬가지로 연속 앞면 세 번 뒤에 연속 뒷면 두 번이 나올 확률은 $(1/2)^5 = 1/32$이다. 이것은 동전을 무한히 많이 던지는 극한에서 예상 발생 빈도 frequency의 관점으로 확률을 정의하는 빈도주의 frequentist의 정의다.

계량 가능한 불확실성은 비현실적이라고 주장할 수 있다. 한편으로 완벽한 동전은 플라톤의 이데아 세계에서만 존재하며 현실의 모든 동전은 완벽하게 공평하지 않다. 다른 측면에서 동전 던지기는 이론적 관점에서 볼 때 어느 정도 예측 가능하다. 손에서 떨어질 때 동전의 속도와 각도, 동전이 회전할 때 공기의 거동, 동전이 튀는 바닥의 불규칙성을 알면 동전 던지기의 결과를 높은 수준의 정확도로 예측할 수 있다. 양자역학을 무시하면 진성 무작위 true random 사건은 없고 의사 무작위 pseudo-random 사건만 있다고 주장할 수 있다. 그러나 실용적인 관점에서 실험실 외부에 양자 역학 효과가 없더라도 동전 던지기의 결과에 영향을 미칠 수 있는 요인이 너무 많아 동전 던지기는 무작위 사건으로 간주할 수 있다.

인간사에서 빈도주의적 확률은 드물다. 세상은 끊임없이 변화해 인간을 대상으로 하는 실험을 동일한 초기 조건으로 간단하게 반복할 수 없다. 중요한 것은 인간은 경험을 통해 배운다는 것이다. 예를 들어, 금융 위기 이후의 신용 시장은 위기 이전의 신용 시장처럼 거동하지 않을 것이다. 우리 모두 적어도 일시적이라도 교훈을 배웠기 때문이다.

다시 말해 인간의 제도는 이력 현상 hysteresis [5]을 나타낸다. 현재 상태는 전체 역사에 따라 달라진다. 세계 역사가 동전 던지기에 영향을 미치지는 않지만, 세계 역사는 정치 혁명의 가능성이나 다음 주가 변동 가능성에 영향을 미친다. 사람들의 거동이 동전의

개념을 구분했다. 하지만 이 책에서는 불확실성, 리스크, 위험은 같은 개념으로 간주하고 계량 가능한 불확실성, 계량 불가능한 불확실성으로 구분하고 있다. — 옮긴이

5. 물질이 거쳐 온 과거가 현재 상태에 영향을 주는 현상으로, 어떤 물리량이 그때의 물리 조건만으로 결정되지 않고 이전에 그 물질이 경과해 온 과정에 의존(history-dependent)하는 특성을 말한다. 한 예로, 같은 냉각 조건에서 고온의 물이 저온의 물보다 더 빨리 어는 음펨바 효과(Mpemba effect)가 있다. 이것은 직관과 어긋나며 초기 조건이 냉각 과정에 영향을 주는 것이다. — 옮긴이

거동과 매우 다르기 때문에 주가 변동의 불확실성은 동전 던지기의 불확실성과 질적으로 다르다.

주식 시장 붕괴의 가능성은 연속으로 다섯 번의 뒷면이 나오는 가능성과 같지 않다. 시장 붕괴는 사회적 사건이고 사회 구성원들은 가장 최근 붕괴를 기억하고 다음에 닥칠 붕괴를 두려워하기 때문이다. 동전 던지기는 뒷면이 연속으로 다섯 번 나오는 것을 두려워하지 않고 주머니에 있는 다른 동전에도 영향을 받지 않는다.

주식 거동

회사라는 것은 엄청나게 복잡하고 조직화된 노력을 한다. 애플$^{Apple\ Inc}$을 예로 들어 본다. 애플은 수만 명의 직원을 두고 여러 국가에 건물을 소유 또는 임대하고 있으며, 전원 플러그, 케이블부터 데스크톱, 노트북, 아이폰, 아이패드, 애플 워치에 이르는 다양한 제품을 설계한다. 일부는 직접 제조하고 나머지는 외주 생산을 한다. 이런 제품을 애플의 웹사이트, 매장 또는 제 3자를 통해 유통한다. 그리고 인터넷을 통해 음악, 비디오, 책을 판매한다. 또한 광고와 제품 지원을 제공하고 웹사이트를 유지하고 연구개발을 수행한다.

놀랍게도 이 조직의 전체 경제적 가치를 애플 주식의 공시 가격인 단 하나의 숫자로 이론적으로 요약할 수 있다.[6] 공시된 회사의 주가는 해당 주식이 마지막으로 거래됐을 때 그 주식을 단 한 주 매수 또는 매도하는 데 필요한 금액이다. 금융 모델링은 기업 전체의 가치를 기업 가치를 상징하는 단일 숫자로 사영^{project}하려는 시도다. 회사의 미래 실적에 대한 몫을 위해서 오늘 지불해야 하는 금액을 알려주는 것이 목표다.

예측하는 일은 불가능할 정도로 어렵게 보일 뿐 아니라 전체를 고려하면 더 복잡하다. 주가의 거동을 예측하기 위해서는 기업의 모든 복잡성과 경제에서 기업의 위치를 이해하는 것만으로는 충분하지 않다. 시장의 다른 모든 참가자가 그 회사를 어떻게 보는지 이해해야 한다. 케인즈^{Keynes}가 언급했듯이 주가의 방향을 예측하는 것은

---

6. 재무 분석가가 회사의 기업 가치(enterprise value)라고 부르는 회사의 총 가치는 회사의 주식 가치와 부채 가치가 모두 포함한다. 그리고 대부분의 대기업과 마찬가지로 애플도 채권을 발행한다. 사실 2013년에 애플은 역사상 가장 큰 기업 채권을 발행했다. 회사 부채의 가치는 일반적으로 고정돼 있으며 신용 위기에 빠진 경우를 제외하면 대체로 예측 가능하다. 회사의 가치를 결정할 때 흥미로운 것은 대부분의 경우 주식 가치를 결정하는 것과 대부분 관련이 있다는 것이다. 더 고급 모델에서는 기업 가치를 기본 요소로 나눠 다루지만, 여기서는 이런 점에 초점을 맞춘다.

전통적인 미인 대회 우승자를 예측하는 것과 매우 흡사하다. 누가 가장 매력적인지를 알아내려는 게 아니라 심사위원들이 가장 매력적이라고 생각하는 사람이 누구인지를 알아내는 것이다(Keynes 1936). 장기적으로는 기업의 가치, 경제 상황, 기업 상황이 중요하다. 이런 것들은 그 영향력이 오랫동안 유지될 수 있다. 그러나 단기적으로는 사람들의 의견과 열정이 중요하다. 그리고 다시 단기 거동이 장기 거동에 영향을 미친다. 회사 주가의 단기 거동은 회사, 고객, 채권자의 거동에 영향을 미친다. 심리적 현실과 경제적 현실은 상호 작용하며 실제로는 불가분의 관계다.[7] 2008년 말에 사람들이 리만 브라더스가 파산할 것이라고 생각하고 돈을 계속 빌려주지 않았기 때문에 파산했다.

솔직하고 더 심도 있게 이 문제를 고민할수록 가치 평가가 장단기 시간 척도에서 경제, 정치, 심리학(결국 세상 전체)을 포함하는 매우 복잡한 문제라는 것을 깨닫게 된다. 효율 시장 가설이 가치 평가에 대해 보편적인 모든 것을 말할 수 있다는 것은 사실 꽤 놀라운 일이다. 실제로 가능한 많은 세부 사항을 무시함으로써 가능한 것이다.

주식 리스크

주식의 가장 중요한 특징은 수익이 불확실하다는 것이다. 불확실성의 가장 간단한 모델은 동전 던지기와 관련된 리스크다. 그림 2.1은 Δt라는 짧은 시간 동안 수익률의 변동성이 σ이고 기대 수익률이 μ인 주식 수익률이 시간에 따라 변동하는 것을 간단한 이항 모델$^{binomial\ tree}$으로 보여 준다.[8] 이 기간의 평균 수익률은 $\mu\Delta t$이다. 50% 확률로 평균보다 더 높은 수익률은 $\mu\Delta t + \sigma\sqrt{\Delta t}$이며 50% 확률로 평균보다 더 낮은 수익률은 $\mu\Delta t - \sigma\sqrt{\Delta t}$이다.[9]

---

7. 슬라보예 지젝(Slavoj Žižek)의 프레임워크에서 철학자 올레 비에르(Ole Bjerg)는 기업을 실제로, 주가를 상징으로 봤고, 이것은 맞는 것 같다. 『Making Money: The Philosophy of Crisis Capitalism』(Verso Press, 2014)에서 논의했듯이 실제와 상징의 간극을 환상과 이념이 채우는 방식에 비에르는 관심이 있다.

8. 이 책에서 기간을 언급하지 않고 수익률이나 변동성을 지정하면 이 값은 1년 동안의 값을 나타낸다. 여기서도 기대 수익률 μ는 연간 기대 수익률 μ를 의미한다.

9. 작은 변동을 나타내는 기호로 Δ를 사용하는 것은 표준적인 방식이다. 그러나 금융에서는 Δ가 헤지하는 주식 개수를 의미하는 그릭을 나타내는 기호로 사용하기 때문에 작은 변동을 소문자 δ를 사용해 혼동을 피하는 것이 일반적이다. 이 책에서는 두 경우 모두 대문자 Δ를 사용하고 있어서 문맥에 따라서 해석해야 한다. Δ 뒤에 다른 기호가 나오면 다른 기호가 의미하는 양의 증분을, 단독으로 사용되면 델타 그릭을 나타내는 것으로 해석하면 무난할 것이다. ― 옮긴이

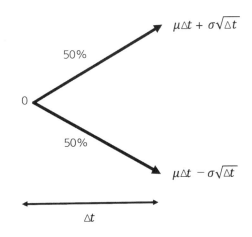

그림 2.1 미래 주식 수익률에 대한 이항 모델

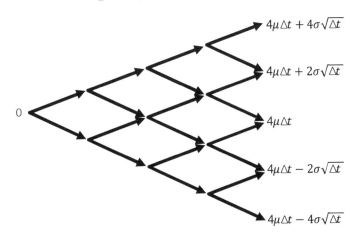

그림 2.2 4단계의 수익률 이항 모델

변동성 σ는 주식의 위험을 측정한다. σ가 큰 경우 위와 아래로 움직임이 크다.

이 모델은 간단하지만 매우 강력하다. 그림 2.2와 같이 Δt의 크기를 줄이고 더 많은 단계를 추가하면 가격의 연속 거동을 다소 모방할 수 있다. 이것은 영화에서 초당 24프레임의 속도로 이미지를 바꿔 실제 움직임처럼 보이게 하는 것과 비슷하다. 연속된 수익률이 서로 상관관계가 없다고 가정하면 $\Delta t \to 0$인 극한에서 시간 t에서 수익률 분포는 평균 μt이고, 표준편차 $\sigma \sqrt{t}$인 정규 분포[normal distribution]를 따른다. 그림 2.3에 다양한 정규 분포를 나타냈다.

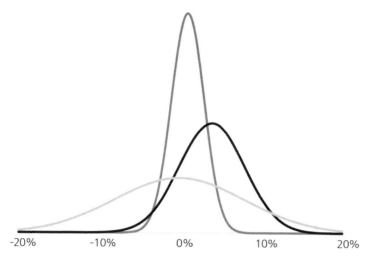

그림 2.3 정규 분포의 예

　이 위험 증권 모델의 주요 특징은 증권의 전체 움직임을 기대 수익률 μ와 변동성 σ라는 두 숫자로 나타낸다는 것이다. 매우 강력한 이 가정은 나중에 일물일가 법칙과 함께 신고전주의 금융^{neoclassical finance}, 특히 자본자산 가격 결정 모델^{CAPM, Capital Asset Pricing Model}과 유명한 BSM 모델에서 사용된다.

　이런 단순한 모델은 대칭 분포를 갖는다. 그러나 관찰한 대부분의 증권 수익률은 음 왜도 분포^{negatively skewed distribution}와 두꺼운 꼬리^{fat tails}를 가지므로 맞지 않는다. 그럼에도 이항 모델^{up-down model}은 리스크 모델링을 위한 합리적인 출발점이다. 증권의 실제 거동은 더 복잡하고 예측할 수 없지만, 이항 모델은 쉽게 접근할 수 있는 직관과 수학적으로 리스크를 다루는 방법을 제공한다. 실제 리스크는 모델이나 정규 분포가 수용할 수 있는 것보다 더 크다. 이것을 명심해야 한다. 책의 뒷부분에서 이런 가정을 뛰어넘는 몇 가지 야심 찬 모델을 설명할 것이다.

무위험 채권

σ가 0인 제한된 이항 모델에서 상승과 하락은 동일하며 위험은 사라진다. 무위험 증권의 수익률은 무위험 이자율^{riskless rate}이라 하며, r로 표시한다. 무위험 이자율은 경제와 금융 전반에 걸쳐 보편적이며 옵션 복제와 평가에서 핵심이다.

　그림 2.4는 무위험 증권에 대한 이항 모델을 보여 준다. 그림에서는 이항 모델의

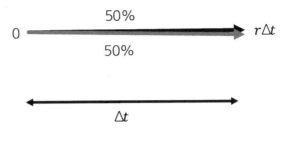

그림 2.4 무위험 증권의 이항 모델

두 격자를 이해를 돕고자 별도로 나타냈지만, 두 격자는 동일하다. 어떤 가지를 선택하든 최종 가치는 같다.

위험 증권의 경우는 무위험 이자율이 상승 수익률과 하락 수익률 사이에 있어야 한다. 그렇지 않은 경우의 예로, 상승과 하락 수익률 모두 무위험 수익률보다 큰 경우를 생각한다. 이런 경우 $100의 주식을 매수하고 $100의 무위험 채권을 매도하면 거래 비용이 0이어서, 이항 모델의 모든 미래 시나리오에서 양의 수익 구조를 갖는 모순을 갖는 포트폴리오를 만들수 있다. 이런 가능성이 있는 모델은 시작하기도 전에 문제가 발생한다. 무위험 차익 거래 불가능의 원칙을 위배하는 차익 거래인 무위험 이익의 기회가 존재하기 때문이다.

실무에서는 무위험 이자율을 어떻게 결정할까? 한 가지 방법은 흔히 완전히 안전하다고 생각하는 미국채와 같은 채무 불이행의 위험이 없는 채권의 수익률을 사용하는 것이다. 무위험 이자율로 돈을 빌리거나 빌려준다기보다, 실제로는 무위험 채권을 사고 파는 것이다. 무위험 이자율을 결정하는 문제는 무위험 채권을 정의하고 찾는 문제와 같다. 이것이 간단하게 들릴지 모르지만, 실무에서 무위험 이자율에 대해 합의하는 것은 (특히 위기에 처한 시장에서) 생각보다 복잡하다. 이 책에서는 무위험 이자율을 알고 있다고 가정한다.

투자의 핵심 질문

미래가 어떻게 될지 아마도 알지 못한다. 삶과 금융에서 중요한 질문은 위험이나 불확실성에 직면했을 때 어떻게 대응할 것인가다. 이전 절에서 설명한 대로 금융에서는 예상되는 위험과 수익의 관점에서 증권을 생각한다. 따라서 투자의 핵심 질문은 다음과 같다.

예상 가능한 미래 보상은 특정 예상 위험을 정당화하는가?

모든 가능한 상황에서 동일한 수익 구조를 갖는 증권은 일물일가 법칙에 의하면 동일한 가격을 가져야 한다. 앞의 이항 모델의 경우 변동성 σ와 기대 수익률 μ가 증권의 수익 구조를 완전히 결정한다. 이런 이항 모델에 한정하면 금융의 핵심 질문은 다음이 된다.

μ와 σ의 관계는 무엇인가?

이 질문에 답하려면 위험과 수익에 대해 더 깊이 생각해야 한다.

피할 수 있는 위험

일물일가 법칙으로부터 가능한 모든 상황에서 동일한 수익 구조를 갖는 서로 다른 증권은 동일한 가격과 결국 동일한 기대 수익률을 가져야 한다. 일물일가 법칙을 다르게 서술해, 동일한 위험을 갖는 증권은 동일한 기대 수익을 가져야 한다고 말하고 싶을 것이다. 하지만 그렇게 간단하지는 않다. 모든 위험이 동일하지 않기 때문이다. 증권의 위험은 다른 증권과의 관계에 따라 달라진다. 예를 들어, 동일한 변동성 값 σ를 갖는 두 증권은 S&P 500 지수^{Standard & Poor's 500 Index}와 다른 상관관계^{correlation}를 가질 수 있다. 그러므로 S&P 500 지수에 대한 노출된 위험을 헤지할 때 두 증권은 다른 위험을 갖는다. 즉 1개 이상의 주식을 고려할 때 σ만으로는 위험을 적절하게 표현하지 못한다.

인생에는 우리가 피하거나 조정하거나 자발적으로 노출될 수 있는 위험도 있고, 반면에 피할 수 없는 위험도 있다. 금융 시장도 마찬가지다. 금융 공학을 통해 다양한 방식으로 자산을 결합해 다양한 재무 위험을 조정, 회피, 제거할 수 있다. 정말 근본적인 것은 피할 수 없는 투자 위험이다. 그러므로 위험을 피할 수 있는지 피할 수 없는지를 생각해야 한다.

다음 절에서 설명하겠지만, 위험을 조정하거나 회피하는 일반적인 방법은 세 가지가 있다. 공통 위험 요소를 희석^{dilution}, 분산^{diversification}, 헤지^{hedge}하는 것이다. 투자

위험을 회피할 수 없거나 경감할 수 없는 경우만 투자에 대해 무위험 이자율을 초과하는 수익을 기대하는 것이 타당하다. 회피할 수 없거나 경감할 수 없는 위험은 다른 모든 자산과 상관없는 자산의 위험이다. 따라서 다음과 같이 일물일가 법칙을 서술할 수 있다.

동일한 피할 수 없는 위험은 동일한 기대 수익을 가져야 한다.

증권에서 μ와 σ의 관계를 조사하기 위해 변동성이 σ이고 수익률이 μ인 주식을 생각한다. 그런 다음 다양한 증권을 포함하는 (점점 현실에 가까워지는) 일련의 가상 모델 세계에서 증권의 위험을 평가해 희석, 분산, 헤지로서 증권의 위험을 얼마나 회피할 수 있는지를 결정한다. 남은 것은 피할 수 없는 위험뿐이다. 다음을 가정한다. (1) 피할 수 없는 위험이 같으면 같은 수익률을 갖는다. (2) 복제의 원칙은 모든 증권에 적용된다. 특히 복제의 원칙을 사용해 위험이 없는 포트폴리오가 무위험 수익을 얻어야 한다는 것을 증명한다. 이로써 주식의 위험과 수익 사이의 관계를 유도할 수 있다.

고려하는 세 가지 모델 세계는 다음과 같다.

- 세계 1: 상관이 없는 주식 유한개와 무위험 채권을 갖는 단순한 세계
- 세계 2: 상관이 없는 주식 무한개와 주식과 무위험 채권을 갖는 세계
- 세계 3: 시장 전체와 공통 상관을 갖는 주식 무한개와 무위험 채권을 갖는 세계

먼저 간단한 세계 1과 세계 2에서 일물일가 법칙을 이용해 μ과 σ 사이의 관계를 유도한다. 세계 1과 세계 2에서 유도한 결과는 논리적으로 맞지만, 실제 시장에서 μ과 σ 사이의 관계는 다를 것이다. 세계 1과 세계 2에서 주장의 논거를 미리 설명함으로써 더 복잡한 세계 3에 적용할 때 논리가 더 명확해진다. 세계 3은 우리가 살고 있는 세계와 가장 유사한 세계다. 이 세계에 재구성된 일물일가 법칙을 적용해 일물일가 법칙이 해당 세계에서 위험과 기대 수익 사이의 유명한 관계인 CAPM[10]과 차익 거래 가격 결정 이론^{APT, Arbitrage Pricing Theory}로 이어지는 것을 보일 것이다(Ross 1976). 모든 경우 증

---

10. 더 완전한 설명은 E. Derman, "The Perception of Time, Risk and Return during Periods of Speculation," *Quantitative Finance* 2 (2002): 282–296을 참고하길 바란다.

권은 이항 모델을 따라 전개되는 것으로 제한한다. 결국 모든 증권의 거동은 전적으로 변동성 σ와 기대 수익률 μ로 서술된다.[11]

세계 1: 상관없는 주식 유한개와 무위험 채권

이 세계는 단순하게 주식 유한개와 무위험 채권이 있다. 각 주식은 다른 모든 주식(또는 다른 주식의 조합)과 상관이 없다. 즉 이 세계에서는 주식은 피할 수 없는 위험만 있다. 변동성이 σ이고 기대 수익률이 μ인 주식 S에 투자하는 것을 가정하자. 이 세계에는 상관없는 유한개 주식만 있기에 헤지나 분산투자로 위험을 완전히 피할 수는 없다. 그러나 포트폴리오에 무위험 채권을 추가해 전반적인 투자 위험을 줄일 수 있다. 예를 들어, \$100가 주어졌을 때 \$100를 모두 위험한 주식에 투자하는 대신, 주식에 \$40만 투자하고 나머지 \$60를 무위험 채권에 투자할 수 있다. 이는 주식의 위험을 희석시키는 것이다.

보다 일반적으로 포트폴리오에서 일정 비율 w를 주식에 투자하고 $(1 - w)$를 무위험 채권에 투자해 주식 S의 위험을 희석한다고 가정하자. w가 1이면 포트폴리오는 주식에 완전히 투자된다. w가 0이면 포트폴리오는 무위험 채권에 완전히 투자된다. $0 < w < 1$이면 포트폴리오는 주식과 무위험 증권의 혼합이다. w가 1보다 크면 $(1 - w)$는 음수이고, 레버리지[leverage]를 위해 무위험 이자율로 차입해 주식 투자에 투자한 것이다.

그림 2.5는 주식과 무위험 채권이 혼합된 포트폴리오에 대한 수익률의 이항 모델을 보여 준다. 포트폴리오의 예상 수익률 μ_P는 주식과 무위험 채권의 단순 가중 평균이

---

11. 이 절과 다음 절에서 증권의 가치 평가에 가장 중요한 것은 변동성 σ와 기대 수익률 μ라고 가정했다. 실제 시장에서 증권 수익은 고차 적률(higher-order moments)과 교차 적률(cross moments)을 가질 수 있다. 실제 세계의 두 증권이 다른 모든 증권과 상관이 없고 표준 편차가 같지만 왜도(skewness)나 첨도(kurtosis)가 다를 수 있다. 증권은 유동성이나 세금 처리의 문제뿐만 아니라 투자자가 관심을 갖는 다양한 측면에서 다를 수 있다. 이런 요인은 기대 수익을 높이거나 낮출 수 있다. 여기서 피할 수 없는 동등한 위험이라고 말할 때 기본적으로 이런 다른 위험 요소는 중요하지 않다고 가정한다. 이것은 처음에 주어진 두 적률 μ와 σ가 평가에 영향을 미치는 모든 것이라고 암묵적으로 가정하는 것이다.

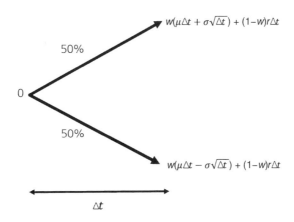

$$w(\mu \Delta t + \sigma \sqrt{\Delta t}) + (1-w)r\Delta t$$

50%

0

50%

$$w(\mu \Delta t - \sigma \sqrt{\Delta t}) + (1-w)r\Delta t$$

Δt

그림 2.5 주식 S와 무위험 채권의 혼합에 대한 이항 모델

다.

$$\mu_P = w\mu + (1 - w)r \tag{2.1}$$
$$= r + w(\mu - r)$$

무위험 채권은 변동성이 없기에 포트폴리오의 변동성 σ_P는 $w\sigma$이다. 변동성을 σ에서 $w\sigma$로 감소시켜서 예상 초과 수익률이 $w(\mu - r)$로 감소됐다. 초과 수익률은 증권 또는 포트폴리오의 수익률에서 무위험 이자율을 뺀 것이다.

증권의 변동성에 대한 초과 수익률의 비율을 새로운 변수 λ로 정의한다.

$$\lambda \equiv \frac{\mu - r}{\sigma} \tag{2.2}$$

변수 λ는 잘 알려진 샤프 비율$^{\text{Sharpe ratio}}$이다. 식 (2.1)의 주식과 무위험 채권으로 구성된 포트폴리오에 대한 샤프 비율은 다음과 같다.

$$\lambda_P \equiv \frac{\mu_P - r}{\sigma_P} = \frac{w\mu + (1 - w)r - r}{w\sigma} \tag{2.3}$$
$$= \frac{w(\mu - r)}{w\sigma} = \frac{\mu - r}{\sigma} \equiv \lambda$$

포트폴리오의 샤프 비율은 주식의 샤프 비율과 같다. 포트폴리오의 일부에 무위험 채권을 편입해 포트폴리오를 희석하는 것은 샤프 비율에 영향을 미치지 않는다.[12]

12. 여기서는 $w > 0$을 가정한다. 주식의 공매도를 나타내는 음수 w인 경우는 $\sigma_P = |w|\sigma = -w\sigma$이지만, μ_P는 여전히 $w(\mu - r)$이고 샤프 비율은 $(\mu_P - r)/\sigma_P = w(\mu - r)/(-w\sigma) = -(\mu - r)/\sigma$이다. 주식

이제 포트폴리오 P와 동일한 변동성 $w\sigma$를 갖지만 포트폴리오와 상관없는 다른 주식 S'를 고려하자. S와 무위험 채권으로 구성된 포트폴리오 P와 동일한 수치적 위험을 갖지만, S의 거동과 상관이 없는 별도의 위험이기 때문에 포트폴리오 P와 S'는 갖고 있는 위험을 피할 수 없다. 재형식화된 일물일가 법칙에 따르면 피할 수 없는 위험 $w\sigma$가 있는 모든 증권은 예상 초과 수익률이 $(w\mu - r)$로 같아야 한다. 따라서 S'은 P와 동일한 수익률을 가져야 한다. 결국 다음이 성립한다.

$$\lambda_{S'} \equiv \frac{\mu_{S'} - r}{\sigma_{S'}} = \frac{\mu_P - r}{\sigma_P} = \frac{\mu - r}{\sigma} \equiv \lambda \tag{2.4}$$

식 (2.4)는 주식 S'와 주식 S가 같은 샤프 비율을 갖는 것을 보여 준다. 따라서 세계 1에서 모든 주식의 샤프 비율은 동일해야 한다. 그림 2.5에서 w를 변경하면 임의의 위험 σ_P을 갖는 포트폴리오를 만들 수 있기 때문이다. 식 (2.3)에서 상관이 없는 주식의 초과 수익률은 변동성에 비례하는 것을 알 수 있다. 이것은 더 많은 위험은 더 많은 수익이라는 인기 있는 격언이 맞는 것처럼 보인다. 더 엄밀하게 표현하면 더 많은 피할 수 있는 위험은 더 많은 기대 수익이다.

샤프 비율 λ는 1966년 윌리엄 샤프William Sharpe가 위험 조정 성과risk-adjusted performance 측정 방법으로 처음 제안했고 현재 매우 인기 있다. 샤프 비율은 위험 단위당per unit of risk 초과 수익률을 측정한다. 쉽게 표현하면 위험을 지는 대신 받는 돈이다. 포트폴리오 관리자는 (포트폴리오를 덜 희석하거나 더 많이 차입해) 더 많은 위험을 감수하고 기대 수익을 항상 높일 수 있다. 그러나 더 높은 샤프 비율을 얻으려면 포트폴리오 관리자는 위험을 유지하고 초과 수익을 증가시키거나, 초과 수익을 유지하고 위험을 낮추거나, 초과 수익을 높이고 위험을 낮춰야 한다. 다른 조건들이 동일하면 합리적인 투자자는 더 높은 샤프 비율의 투자를 선호한다.

자산 관리자는 레버리지를 종종 사용한다. 무위험 이자율로 차입한다고 가정하면 샤프 비율은 레버리지 변화에 따라 변하지 않는다는 성과 평가로서의 특징이 있다. 포트폴리오 관리자가 (μ, σ)라는 특징을 갖는 원래 포트폴리오의 전체 가치만큼 대출해 동일한 포트폴리오에 2배만큼 투자하면 기대 수익률은 $2\mu - r$(포트폴리오의 기대 수익률 – 대출 이자율)로 2배 증가한다. 따라서 레버리지 포트폴리오의 초과 수익률은

매도 포지션에 대한 샤프 비율의 크기는 여전히 동일하지만 부호는 반대다.

$2\mu - 2r$로 2배가 된다. 그러나 포트폴리오는 변동성이 2배가 되므로 샤프 비율은 동일하게 유지된다. 펀드가 투자를 위해 단순히 더 많은 돈을 대출할 때 펀드 성과 측정값이 증가하지 않는 것이 바람직하다.

샤프 비율은 무차원^{dimensionless}이 아닌 것에 주의해야 한다. 샤프 비율을 계산할 때 일반적으로 연환산^{annualized} 값을 사용한다. 그러면 평균 수익률은 연간 평균 수익률이고 변동성은 연간 수익률의 표준 편차의 제곱근이므로 λ의 단위는 (Year)$^{-1/2}$이다.[13] 따라서 샤프 비율은 수익률을 계산하는 데 사용하는 시간 단위에 따라 달라진다. 평균 수익률과 변동성을 계산하려고 일간 또는 월간 수익률을 사용했다면 다른 샤프 비율을 얻게 될 것이다. 일반적으로 샤프 비율을 (Year)$^{-1/2}$ 단위로 사용하는 것이 관행이다.

상관없는 주식 유한개로 이뤄진 세계 1에서 일물일가 법칙으로 동일한 변동성을 갖는 증권이 동일한 기대 수익률을 갖는다. 다르게 표현하면 일물일가 법칙으로 상관없는 모든 증권은 동일한 샤프 비율을 갖는다.

적어도 지금까지는 일물일가 법칙이 샤프 비율의 크기를 알려 주진 않았지만, 상관없는 모든 증권의 샤프 비율이 동일하다는 것을 주의하라.

보기 2.1

질문

신흥 시장 지수의 예상 수익률이 연간 24%이고 연간 변동성이 30%라 가정한다. 투자자는 신흥 시장에 투자하기를 원하지만 변동성 15%를 원한다. 투자자를 위해 무위험 채권 일정량과 지수를 결합해 맞춤형 바스켓^{basket}을 만들고자 한다. 4%의 무위험 이자율로 대출을 받을 수 있다고 가정하면 바스켓의 예상 수익률은 얼마인가?

---

13. 수익률의 단위는 (Year)$^{-1}$이고 변동성의 단위는 (Year)$^{-1/2}$이다. — 옮긴이

정답

지수의 샤프 비율은 2/3다.

$$\lambda_I = \frac{0.24 - 0.04}{0.3} = \frac{2}{3}$$

무위험 이자율로 대출하기에 레버리지하에서 샤프 비율은 변화가 없다. 따라서 바스켓은 예상 수익률과 변동성이 다를지라도 지수와 동일한 샤프 비율을 갖는다. 바스켓에 대해 식 (2.2)를 다시 정리하면 다음을 얻는다.

$$\mu_B - r = \lambda_I \sigma_B$$
$$\mu_B = r + \lambda_I \sigma_B$$
$$\mu_B = 0.04 + \frac{2}{3} \times 0.15$$
$$\mu_B = 0.14$$

그러므로 바스켓의 기대 수익률은 14%다.

또한 지수에 추가할 무위험 채권의 가중치를 파악할 수 있다. 무위험 채권의 변동성은 0이므로 변동성을 30%에서 15%으로 조정하려면 바스켓에 포함된 지수의 가중치를 1/2로 해야 한다. 나머지 1/2은 무위험 채권이다. 수익률이 24%인 지수와 수익률이 4%인 채권을 50-50으로 혼합하면 바스켓의 예상 수익률은 $50\% \times 24\% + 50\% \times 4\% = 12\% + 2\% = 14\%$가 된다.

세계 2: 상관없는 주식 무한개와 무위험 채권

앞에서 세계 1에서 모든 주식의 샤프 비율이 같은 것을 보였다. 이제 세계 1을 세계 2로 확장하려고 한다. 세계 2의 시장에는 거래 가능한 상관없는 주식들이 무한히 많다. 세계 1과 마찬가지로 이 세계에서도 희석을 통해 위험을 조정할 수 있다. 이 세계에서는 세계 1에서 할 수 없는 분산diversification을 통해 위험을 완전히 제거할 수 있다.

틀림없이 분산은 가장 기본적인 위험 감소 전략이다. 상관없는 주식 여러 개를 결합해 각각의 주식 변동성보다 더 낮은 변동성을 갖는 포트폴리오를 만들 수 있다. 이제 이런 위험 감소 전략과 일물일가 법칙을 결합해 단순화된 모델 세계에서 모든 증권의 샤프 비율이 동일하고 0이 되는 것을 보일 것이다. 이것이 이상하게 들리겠지만 여전히 현실과 매우 다른 모델 세계에 있기 때문이다.

포트폴리오의 모든 주식이 동일한 변동성 σ를 갖는 특수한 경우 한정해 설명한다. n개의 주식이 있는 경우 포트폴리오의 변동성은 (상관 계수가 0이므로) $\sigma/\sqrt{n}$이 된다. $n \to \infty$인 극한의 경우 포트폴리오 변동성은 0으로 수렴한다.

이런 극한에서 포트폴리오 변동성이 0이면 포트폴리오는 위험을 감수하지 않으므로 결과적으로 무위험 채권을 복제한다. 따라서 일물일가 법칙에 의해 포트폴리오의 기대 수익률은 무위험 수익률 r이어야 한다. 포트폴리오의 수익률은 포트폴리오에 있는 모든 주식 수익률의 가중 평균이므로 주식 각각의 기대 수익률도 무위험 이자율이어야 한다.[14] 따라서 세계 2에서 분산으로 포트폴리오의 변동성을 0으로 만들 수 있으면 모든 주식의 기대 수익률은 무위험 이자율이다. 포트폴리오의 모든 주식은 식 (2.2)에서 $\mu - r = \lambda\sigma$를 만족한다. 이 식의 좌변이 0이고 개별 주식의 변동성이 0이 아니면 λ는 0이어야 한다. 즉 이 모델 세계에서 모든 주식의 샤프 비율은 0이다. 다시 언급하지만 여기서 모든 주식이 상관없는 모델 세계에 있기 때문에 앞의 문장이 직관과 일치하지 않는다.

세계 3: 전체 시장과 상관있는 주식 무한개와 무위험 채권

세계 2는 우리가 사는 세상이 아니다. 우리가 사는 세상의 주식 대부분은 서로 높은 상관관계를 갖고 있기에 단순히 포트폴리오의 주식 수를 늘리는 것만으로 주식 포트폴리오의 변동성을 0으로 만들 수 없다. 2013년 7월과 2014년 7월 사이에 S&P 500 지수를 구성하는 개별 주식의 평균 변동성은 21%인 반면 지수 전체의 변동성은 10% 였다. 분산으로 변동성이 감소했지만 지수를 구성하는 500개 종목이 완벽하게 상관없었다면 대략 1/22로 감소했을 것이다.[15] 이는 주식 수익률이 경제 성장, 소비자 지출, 세금 정책, 이자율 등과 같은 거시 경제 요소에 좌우되는 경향이 있기 때문이다. 총체적으로 이런 공통 요소를 시장^{market}이라 부를 수 있다. 크든 작든 모든 주식의 수익은

---

14. 이는 상관없는 주식의 기대 수익률이 무위험 이자율보다 낮을 수 없기 때문이다. 다른 증권과 음의 상관을 갖는 (보험의 특성을 갖는) 증권은 기대 초과 수익률이 음수일 수 있지만, 효율 시장에서 상관없는 증권은 항상 음이 아닌 초과 수익률을 가져야 한다. 투자자가 무위험 채권을 대신 보유할 수 있는 경우 기대 초과 수익이 음인 상관없는 증권을 보유하는 것은 투자자에게 이익이 되지 않는다.

15. 500개 종목이 상관없으면 지수의 변동성은 근사적으로 $21\%/\sqrt{500}$이며 $\sqrt{500} \approx 22.3$이다. — 옮긴이

시장에 의해 좌우된다. 결과적으로 포트폴리오에 많은 수의 주식을 넣어도 포트폴리오의 변동성 수준은 약간만 감소한다. 분산은 시장 위험을 완전히 제거할 수 없다.

이제 세계 2를 세계 3으로 확장한다. 세계 3에서 모든 주식은 전체 시장의 거동을 따르는 거래 가능한 증권 M과 상관이 있고, M은 모든 주식에 영향을 미치는 시장 요인market factor을 나타낸다고 가정한다. 그러면 단순 분산만으로는 변동성을 0으로 만들 수 없고 더 교묘한 방법을 사용해야 한다. 먼저 주식 각각에 있는 시장 관련 위험을 증권 M을 적절하게 매도해 헤지한다. 주식 하나를 매수하고 적절한 M을 매도해 시장 위험을 제거한 각각의 미니 포트폴리오를 시장 중립 주식market-neutral stock이라 부른다. 그다음 많은 수의 시장 중립 주식에 대해 분산 투자한다. 헤지 후 분산된 포트폴리오의 위험은 시장 중립 주식의 수가 증가함에 따라 0이 되므로 예상 수익 역시 0이 돼야 한다. 결국 시장 중립 주식 무한개로 구성된 포트폴리오의 시장 중립 주식 각각은 샤프 비율이 0이고 초과 기대 수익률이 0이다. 이것은 CAPM과 유사한 결과가 도출된다.[16]

위의 추론을 더 주의 깊게 살펴본다. i번째 주식 종목의 가치를 S_i로, 기대 수익률과 변동성을 μ_i와 σ_i로 각각 표시한다. 마찬가지로 시장 요인 증권의 가치를 M으로, 기대 수익률과 변동성을 μ_M와 σ_M으로 각각 표시한다. i번째 주식의 수익률과 M의 상관관계를 ρ_i라 한다. 여기서는 모든 주식이 시장과 상관이 있으므로 S_i에 대해 M을 Δ_i만큼 매도해 주식 S_i을 위험이 감소된 시장 중립 주식으로 만들 수 있다. Δ_i는 다음과 같다.

$$\Delta_i = \rho_i \frac{\sigma_i}{\sigma_M} \frac{S_i}{M} = \beta_i \frac{S_i}{M} \tag{2.5}$$

여기서 $\beta_i = \rho_i \sigma_i / \sigma_M$이다. i번째 주식의 시장 중립 주식을 포트폴리오 $\widetilde{S}_i$로 나타낸다.

$$\widetilde{S}_i = S_i - \Delta_i M \tag{2.6}$$

$\widetilde{S}_i$는 M에 노출exposure이 없고, M과 상관이 없다.

---

16. 원래 CAPM에서 시장은 내생(endogenous) 변수다. 효율적인 평균-분산(mean-variance) 포트폴리오를 찾으려고 시장 참가자는 시장을 정의하는 증권 바스켓을 결정한다. 이 책의 유도에서는 시장을 주어진 외생 변수로 간주해 분명히 다르지만, 결국 동일한 공식에 도달한다.

식 (2.5)와 식 (2.6)을 사용하면 $\widetilde{S}_i$의 단위 시간당 예상되는 가치 증가는 $\mu_i S_i - \beta_i \frac{S_i}{M} M \mu_M = (\mu_i - \beta_i \mu_M) S_i$이다. $\widetilde{S}_i$의 가치는 $S_i - \Delta_i M = S_i - \beta_i \frac{S_i}{M} M = (1 - \beta_i) S_i$이다. 따라서 $\widetilde{S}_i$의 기대 수익률 $\widetilde{\mu}_i$는 두 값의 비율로 주어진다.

$$\widetilde{\mu}_i = \frac{\mu_i - \beta_i \mu_M}{1 - \beta_i} \tag{2.7}$$

우리는 이런 시장 중립 주식 $\widetilde{S}_i$를 M과 상관관계가 없도록 구성했다. 시장 중립 주식의 모든 위험은 개별적인[idiosyncratic] 것이다. 이런 개별 주식의 위험이 서로 상관없다고 가정한다(개별 주식이 모두 상관있는 경우 M이 아닌 다른 요인으로 해당 상관관계를 헤지하고 세계 3을 세계 4 등으로 계속 확장할 수 있다). 이 경우 $n \to \infty$이면 n개로 구성된 시장 중립 주식 $\widetilde{S}_i$의 분산된 변동성 0인 포트폴리오를 만들 수 있다. 이 포트폴리오는 무위험 채권을 복제하므로 이전 세계 2와 같이 시장 중립 주식 $\widetilde{S}_i$ 각각의 기대 수익률은 무위험 이자율 r이고 샤프 비율은 0이다.

식 (2.7)에서 $\widetilde{\mu}_i$를 r로 두면 다음을 얻는다.

$$\mu_i - r = \beta_i(\mu_M - r) \tag{2.8}$$

이 결과는 샤프-린트너-모신[Sharpe-Lintner-Mossin]의 CAPM으로 알려져 있으며 후에 스티븐 로스[Stephen Ross]에 의해 APT로 일반화됐다. 이 결과로부터 투자자에게 중요한 것은 μ와 σ이며 피할 수 없는 동일한 위험은 동일한 기대 수익률을 갖는다. 그리고 주식을 매수해 기대할 수 있는 초과 수익은 모든 주식(이 경우 시장)이 갖는 공통 헤지 가능한 요소의 기대 초과 수익률에 β를 곱한 것이다. 다르게 표현하면 다른 모든 위험은 헤지를 통해 제거할 수 있기 때문에 피할 수 없는 각 주식의 위험 요인에 대해서만 보상을 기대할 수 있다. 이 접근 방식을 여러 요소가 있는 세계로 확장할 수 있다.

CAPM과 APT가 신고전주의 금융의 핵심이지만, 경제학자들은 이런 모델의 기조가 되는 가정이 실제 시장과 얼마나 관련이 있는지에 대해 계속 논쟁하고 있다. 투자자들의 합리성과 시장의 효율성이 의심의 대상이다. 투자자들의 거동이 항상 합리적인 것은 아니고 시장이 항상 효율적인 것이 아닌 것은 쉽게 알 수 있다.

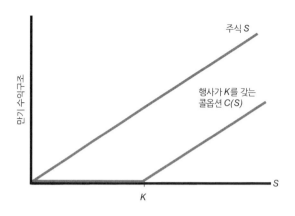

그림 2.6 콜옵션 수익 구조 함수

보기 2.2

질문

ABC 주식의 시장 베타는 2.50이고 변동성은 130%다. 예상 시장 수익률은 10%이고 무위험 이자율은 4%다. 시장 변동성은 20%다. 방금 제시된 모델에 따르면 ABC 주식의 기대 수익률은 얼마인가?

정답

식 (2.8)에서 다음을 알 수 있다.

$$\mu_{ABC} - r = \beta(\mu_M - r)$$

$$\mu_{ABC} = \beta(\mu_M - r) + r$$

$$\mu_{ABC} = 2.50(0.10 - 0.04) + 0.04$$

$$\mu_{ABC} = 0.19$$

그러므로 ABC 주식의 기대 수익률은 19%다. ABC 주식의 베타는 2.50이지만 ABC의 기대 수익률은 시장 기대 수익률의 2.0배에 약간 못 미치는 수준이다. 모델에 따르면 증권 초과 수익률(19% − 4% = 15%)이 시장 초과 수익률(10% − 4% = 6%)의 2.50배다.

파생 상품

파생 상품은 기초 자산인, 보다 단순한 증권의 가격에 대한 특정 함수 관계에 의해 수익이 결정되는 계약이다. 종종 증권의 가격과 파생 상품의 수익 구조와의 관계는 비선형이다. 그림 2.6은 만기 시 유럽형 콜옵션의 수익 구조를 기초 자산(주가)의 함수로 보여 준다.

3장에서는 콜옵션이 기초 자산과 무위험 채권을 지속적으로 거래해 복제하는 방법을 설명할 것이다. 이를 위해서 2장에서 개발한 많은 아이디어와 도구를 사용할 것이다.

연습문제

2–1. 세상은 S_1과 S_2라는 두 가지 상태만 있고 2개의 증권 A, B만 있다고 가정한다. 증권 A는 S_1에서 $9이고 S_2에서 $11다. 증권 B는 S_1에서 −$5이고 S_2에서 $5다. 정적 복제를 사용해 두 가지 상태 모두에서 $100가 되는 포트폴리오를 만들어라.

2–2. ABC 주식의 샤프 비율은 0.60이고 무위험 이자율은 2%다. ABC 주식과 무위험 채권만 포함된 변동성이 10%인 포트폴리오의 예상 수익률은 얼마인가? 무위험 이자율로 차입할 수 있다고 가정하라.

2–3. 투자자로부터 $100를 받는다. 항셍지수^{HSI, Hang Seng Index}를 추적하는 상장지수펀드^{ETF, Exchange Traded Fund}에 투자할 수 있으며 무위험 금리로 대출이 가능하다. HSI의 수익률 2배를 반환하는 레버리지 포트폴리오를 만들어라. 무위험 금리는 0으로 가정한다. 초기 투자에는 어떤 것이 포함되는가? 초기 투자 후 시장은 하루 만에 10% 상승했다면 포트폴리오의 레버리지는 얼마인가? 일정한 수준의 레버리지를 유지하려면 정적 또는 동적 복제가 필요한가?

3장

복제

- 복제에 대한 설명
- 유럽형 옵션의 완전한 정적 복제
- 이색 옵션의 근사적 정적 복제
- 동적 복제와 연속 델타 헤지
- 볼록성의 비용
- 매개변수인 내재 변동성과 통계치인 실현 변동성
- 변동성에 노출되는 옵션 헤지

정적 복제

3장의 시작으로 풋옵션^{put option}, 콜옵션^{call option}, 기초 자산^{underlier}, 무위험 채권을 이용해 다양한 수익 구조를 재구성하는 정적 복제^{static replication}를 알아본다.

풋-콜 패리티

만기에 바닐라^{vanilla} 유럽형^{European} 콜옵션의 가치는 다음과 같다.

$$C(S_T, T) = \max[S_T - K, 0] \tag{3.1}$$

	$S_T \leq K$	$S_T \geq K$
$C(S_T, T)$	0	$S_T - K$
$P(S_T, T)$	$K - S_T$	0
$-P(S_T, T)$	$S_T - K$	0
$C(S_T, T) - P(S_T, T)$	$S_T - K$	$S_T - K$

표 3.1 만기에 유럽형 콜옵션과 풋옵션의 수익 구조

여기서 S_T는 만기 시 기초 자산인 주식의 가격이고 K는 행사가, T는 잔존 만기다. 행사가 K인 유럽형 풋옵션의 만기에 가치는 다음과 같다.

$$P(S_T, T) = \max[K - S_T, 0] \tag{3.2}$$

표 3.1에서 볼 수 있듯이 동일한 행사가로 유럽형 콜을 매수하고 유럽형 풋을 매도하면 만기에 최종 수익 구조는 $(S_T - K)$가 된다.

주식은 미래에 배당을 지급하지 않는다고 가정한다. 만기 전 t 시점에 주식 한 주를 S_t로 매수하고 무위험 채권 $Ke^{-r(T-t)}$를 매도하면 만기 T 시점에 포트폴리오 가치는 $S_T - K$가 된다. 일물일가 법칙에서 포트폴리오 2개(동일한 행사가의 유럽형 콜옵션 매수와 유럽형 풋옵션 매도한 것과 주식 매수와 무위험 채권 매도한 것)의 현재 가격은 같아야 한다.

$$C(S, t) - P(S, t) = S - Ke^{-r(T-t)} \tag{3.3}$$

이런 등가를 풋-콜 패리티[put-call parity]라 한다. 다음으로 식 (3.3)을 다시 정리할 수 있다.

$$C(S, t) = P(S, t) + S - Ke^{-r(T-t)} \tag{3.4a}$$

$$P(S, t) = C(S, t) - S + Ke^{-r(T-t)} \tag{3.4b}$$

행사가와 만기가 동일한 풋옵션, 주식, 무위험 채권으로 구성된 포트폴리오로 항상 콜옵션을 복제할 수 있는 것을 알 수 있다. 마찬가지로 행사가와 만기가 동일한 콜옵션,

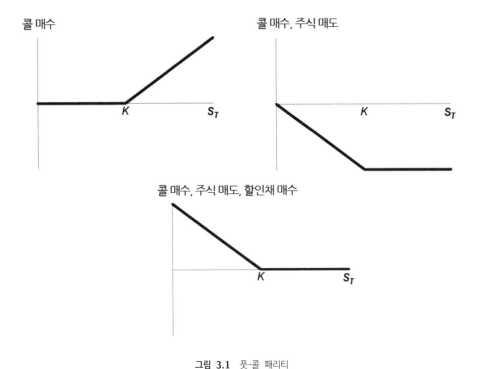

그림 3.1 풋-콜 패리티

주식, 무위험 채권으로 풋옵션을 복제할 수 있다.

그림 3.1은 콜옵션 만기에서 수익 구조가 풋옵션으로 변환되는 것을 보여 준다. 위의 결과는 배당이 없는 주식을 기초 자산으로 하는 유럽형 옵션에 대한 것이지만, 미래 배당금이 알려진 경우에 대해 관계식을 확장할 수 있다.

칼라 복제

칼라^{collar}는 t 시점에 약간의 이익을 얻고, 만기 T까지 주가 하락을 방어하고자 약간의 상승에 대한 이익을 포기할 의향이 있는 펀드 매니저가 좋아하는 상품이다. 만기가 T 이고 만기에 주가 S_T에 대해 L과 U에서 중단점이 있는 칼라의 만기 수익 구조는 그림 3.2에 나와 있다.

현재 주가가 S인 주식을 소유하고 있다. $L < S < U$일 때 같은 만기 T를 갖는 행사가 L인 풋옵션을 매수하고 행사가 U인 콜옵션을 매도하면 칼라를 구성할 수 있다.

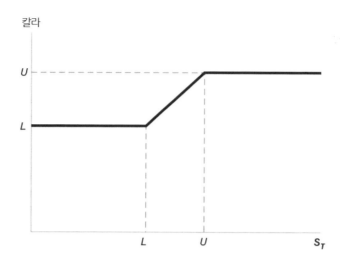

그림 3.2 칼라의 만기 수익 구조

매수한 풋옵션은 주가가 L 이하로 하락하는 손실을 제한하고 매도한 콜옵션은 주가가 U 이상으로 상승하는 이익을 제한한다. t 시점에 칼라의 가치는 다음과 같다.

$$칼라 = S + P_L(S, t) - C_U(S, t) \tag{3.5}$$

여기서 하첨자 L과 U는 옵션의 행사가를 나타낸다.

주식 시장의 투자자들에게 칼라가 매우 인기 있어서 파생 상품 딜러들이 풋옵션을 매도하고 콜옵션 매수하도록 한다. 이런 시장의 힘으로 딜러는 매도하는 풋옵션에 대해 부과하는 가격을 높이고 매수하는 콜의 가격을 낮추는 경향이 있다. 이것은 지수 옵션 시장에서 변동성 스마일^volatility smile이 관찰되는 이유 중 하나다.

식 (3.5)가 칼라를 분해하는 유일한 방법은 아니다. 그림 3.2의 수익 구조를 왼쪽에서 오른쪽으로 바라보면, 명목 금액^notional amount이 L인 무위험 채권의 매수 포지션, 행사가 L인 콜옵션의 매수 포지션, 행사가 U인 콜옵션의 매도 포지션의 합과 동일하다는 것을 알 수 있다. 이런 방식으로 (또는 식 (3.3)의 풋-콜 패리티 관계식을 식 (3.5)에 대입해) t 시점에서 칼라의 가치를 구할 수 있다.

$$칼라 = Le^{-r(T-t)} + C_L(S, t) - C_U(S, t) \tag{3.6}$$

여기서 r은 무위험 이자율이다. 다른 방법으로 그림 3.2를 오른쪽에서 왼쪽으로 바

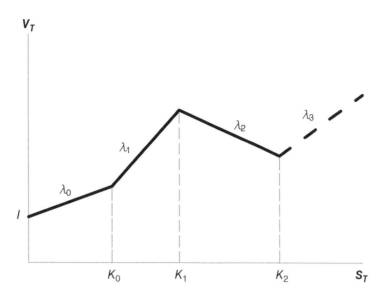

그림 3.3 일반 수익 구조 함수

라보면 2개의 콜옵션을 사용하는 대신, 명목 금액 U인 무위험 채권 매수 포지션과 2개의 풋옵션을 이용해 칼라의 수익 구조를 복제할 수도 있다. 이것은 연습문제로 남겨둔다.

일반 수익 구조

특정 만기에 임의의 수익 구조를 옵션들을 조합해 복제할 수 있다. 방법을 설명하고자 미래 만기 시점 T에서 파생 상품의 수익 구조가 만기 주가 S_T의 조각 선형^{piecewise-linear} 함수로 근사된다고 가정한다. 조각 선형 함수는 그림 3.3에 보듯이 y 절편이 I이고 기울기가 λ_i들로 정의된다.

이 조각 선형 함수는 명목 금액이 I이고 현재 가치가 $Ie^{-r(T-t)}$인 무위험 채권과 주식(또는 행사가가 0인 콜옵션) 그리고 더 높은 행사가를 같은 일련의 콜옵션 $C(K_i)$들로 구성된다. 따라서 초기 시점 t에서의 포트폴리오 가치는 다음과 같다.

$$V(t) = Ie^{-r(T-t)} + \lambda_0 S_t + (\lambda_1 - \lambda_0)C(K_0) + (\lambda_2 - \lambda_1)C(K_1) + \cdots \quad (3.7)$$

여기서 주식은 편의상 배당을 지급하지 않는다고 가정하고, S_t와 $C(K_i)$는 t 시점에 주가와 옵션 가치다. 따라서 이런 일반 수익 구조의 가치는 채권, 주식, 콜옵션의 가치로 표현될 수 있다.

T 시점의 상황에 따라서 공식을 각각 확인할 수 있다. 예로서, 만기에 주가가 K_1과 K_2 사이이면 $C(K_1)$보다 큰 행사가를 갖는 콜옵션은 모두 0으로 끝나고 다음이 포트폴리오 수익이 된다.

$$V(T) = I + \lambda_0 S_T + (\lambda_1 - \lambda_0)(S_T - K_0) + (\lambda_2 - \lambda_1)(S_T - K_1)$$
$$= I + \lambda_0 K_0 + \lambda_1(K_1 - K_0) + \lambda_2(S_T - K_1)$$

$$(3.8)$$

여기서 S_T는 만기의 주가다. 이 표현식은 그림 3.3에 표시된 수익 구조 함수와 일치한다.

이 방법은 필요한 옵션의 유동성이 좋은 경우 신뢰할 수 있는 복제 방법이다. 이로써 구성 요소들과 구성 요소를 시장에서 거래하는 비용으로 일반 수익 구조의 가치를 알 수 있다. 이런 방법이 주가와 변동성에 대해 미래 거동을 가정하는 이론적 모델보다 훨씬 좋다.

결론으로, 복제 포트폴리오를 구성하는 가장 중요한 원칙은 다음과 같다. 구성물로 대상 증권과 가장 유사한 것을 사용해야 한다. 가격을 쉽게 구할 수 있는 유동성 있는 증권이 더 좋다. 덜 복잡하더라도 미래 거동에 대한 이론적 가정을 요구하는 증권은 피해야 한다.

보기 3.1

질문

구조화 상품의 수익 구조가 기초 자산 주가 S에 대해 다음의 중단점을 갖는 조각 선형 함수다.

- $S = \$0$: 수익 구조 = $\$10$
- $S = \$10$: 수익 구조 = $\$20$
- $S = \$20$: 수익 구조 = $\$40$

이 구조화 상품을 무위험 채권, 주식, 콜옵션 만을 사용해 복제하려면 어떻게 해야 하는가? 무위험 이자율이 0%라고 가정한다.

정답

명목 금액 $10인 무위험 채권, 주식 1주, 행사가 $10인 콜옵션 1개를 매수해야 한다.

무위험 이자율이 0%이기 때문에 식 (3.7)의 $e^{-r(T-t)}$ 항은 무시해도 된다. 처음 두 중단점 사이의 기울기는 ($20 − $10)/($10 − $0) = 1이다. 두 번째와 세 번째 중단점 사이의 기울기는 ($40 − $20)/($20 − $10) = 2이다. 따라서 기울기 변화는 2 − 1 = 1이다.

답을 검증해 본다. $S = $0이면 채권의 가치는 $10, 주식의 가치는 $0, 콜옵션의 가치는 $0이므로 가치의 총 합은 $10다. $S = $10이면 채권의 가치는 $10, 주식의 가치는 $10, 콜옵션의 가치는 $0이므로 가치의 총 합은 $20다. $S = $20이면 채권의 가치는 $10, 주식의 가치는 $20, 콜옵션의 가치는 $10이므로 가치의 총 합은 $40다. 만기 시에 포트폴리오의 가치는 모든 중단점에서 원하는 구조화 상품의 수익 구조와 일치한다.

유럽형 하락소멸 콜옵션

확률 거동을 잘 알지 못하는 증권을 이용해 명목상 완벽한 동적 헤지를 하는 것보다 가격을 쉽게 결정할 수 있는 증권을 이용해 근사적으로 정적 헤지하는 것이 더 좋을 때도 있다.

이색 옵션^{exotic option}을 예로 들어 본다. 현재 주가가 S이고 연속 배당이 d인 주식을 기초 자산으로 하는 만기가 T인 유럽형 하락소멸^{down-and-out} 콜옵션을 생각한다. 옵션의 행사가를 K, 소멸 경계^{out barrier}를 B로 나타낸다. 그리고 계산의 편의를 위해 B와 K가 동일하고 경계에 도달했을 때 현금 보상^{cash rebate}은 없다고 가정한다.

그림 3.4에서 보듯이 주가 경로에는 두 가지 유형의 시나리오가 있다. 시나리오 1은 주가가 소멸 경계를 지나지 않고 옵션의 내가격^{ITM, In-The-Moeny}으로 끝나는 경우다. 시나리오 2는 만기 전에 주가가 소멸 경계에 도달해 옵션이 없어지는 경우다.

시나리오 1에서 콜옵션은 만기에 $S_T − K$를 지급한다. S_T는 만기의 주가이므로 미리 알 수 없는 값이다. 이것은 인도^{引渡, delivery} 가격이 K인 선도 계약의 수익 구조와 동일하다. 시점 t에서 이 선도 계약의 이론가는 $F = Se^{-d(T-t)} − Ke^{-r(T-t)}$이다.

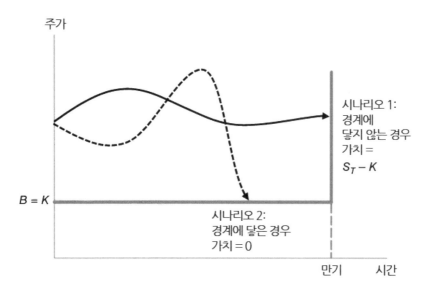

그림 3.4 $B = K$인 하락소멸 유럽형 콜옵션

여기서 d는 주식의 연속 배당이다. 선도 계약을 매수하면 시나리오 1의 모든 주가 경로에 대해 하락소멸 콜옵션을 복제할 수 있다.

　시나리오 2에서 주가가 만기 전에 소멸 경계에 t' 시점에 도달한다고 가정한다. 하락소멸 콜옵션은 계약 조건에 따라 소멸돼 가치가 0이 된다. 이 시점에서 시나리오 1을 복제하는 선도 계약 F는 $Se^{-d(T-t')} - Ke^{-r(T-t')}$의 가치가 있다. 이 값은 $r = d$인 경우만 모든 t'에 대해 0이 된다. 따라서 무위험 이자율과 배당이 같으면(즉 선도 주가$^{forward\ stock\ price}$가 현재 주가와 같을 때) 인도 가격이 K인 선도 계약은 행사가와 소멸 경계가 같은 하락소멸 콜옵션을 완전하게 복제한다. 그러므로 주가의 경로에 관계없이 이 두 상품의 가격은 동일하다.[1] r과 d가 비슷하지만 정확히 같지 않은 경우도 이런 방법을 사용해 하락소멸 옵션을 평가하는 것이, 주가 S와 변동성의 확률적 거동에 대한 검증되지 않은 많은 가정을 하는 동적 복제$^{dynamic\ replication}$보다 더 신뢰할 수 있다.

　한 가지 더 기억해야 할 사항이 있다. 주식이 소멸 경계에 도달하면 선도 계약을 매도해 복제를 마감해야만 한다. 그렇게 하지 않으면 복제하려는 하락소멸 옵션은 소

---

1. 예로서, 1993년 말에 S&P 500 배당은 단기 이자율과 매우 비슷했다. 그래서 이런 헤지를 단기 하락소멸 S&P 500 옵션에 적용할 수 있었다.

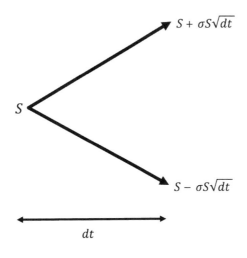

그림 3.5 기초 자산 주가의 이항 모델, $\mu = 0$

멸했지만 복제 포트폴리오는 계속 살아남아서 손익을 초래한다.

간단한 동적 복제

옵션 이론은 옵션이 이상적이고 단순화된 세계에서 독립 자산이 아니라는 것을 바탕으로 한다. 그래서 동적 복제를 사용해 더 간단한 증권으로 옵션의 수익 구조를 모방할 수 있다. 가상의 단순화된 세계가 실제 세계와 얼마나 잘 일치하느냐에 따라서 이론이 얼마나 잘 작동하는지가 결정된다.

먼저 설명의 편의를 위해 주식의 기대 수익률이 0이라고 가정한다. 주식을 매수한 투자자는 주가가 상승하면 수익이 나고 하락하면 손실이 난다. 손익[P&L, Profit & Loss]은 주가와 선형관계다. 그림 3.5는 현재 주가가 S이고 변동성이 σ인 주식의 이항 모델을 보여 준다. dt 시간 동안에 대한 주가의 변화는 $dS = \pm\sigma S\sqrt{dt}$이고, 주가의 방향과 상관없이 $dS^2 = \sigma^2 S^2 dt$이다.[2]

이제 주식에 대한 옵션을 생각한다. 그림 3.6의 실선은 만기 시의 바닐라 콜옵션의

---

2. 저자는 무한소(infinitesimal)를 나타내는 기호 d와 작지만 유한한 크기를 나타내는 기호 Δ를 혼용하고 있다. ─ 옮긴이

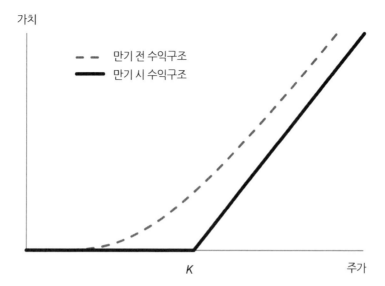

그림 3.6 바닐라 콜옵션의 수익 구조

수익 구조를 나타내고, 점선은 만기 전의 가치를 나타낸다. 만기 수익 구조는 행사가를 기준으로 꺾인[kink] 형태이고 만기 전의 그래프는 좀 더 매끈한[smooth] 곡선이다. 두 그래프 모두 **볼록성**[convexity]을 갖고 있으며 이것은 옵션의 전형적인 특성이다. 볼록성의 결과로 주가가 행사가 아래에서 움직일 때보다 행사가 위에서 같은 크기로 움직일 때 옵션의 가치 변동분이 더 크다. 볼록성은 옵션에서 가치 있는 특성이며, 볼록성의 비용에 관한 질문이 옵션 평가에서 근본이 된다.

블랙, 숄즈, 머튼이 처음 발견한 복제 원리와 일물일가 법칙을 사용하면 이에 답할 수 있다. t 시점에서 주가 S가 시간 dt 동안 dS만큼 변하면 테일러 급수 전개[Taylor series expansion]를 이용해 바닐라 콜옵션의 가격 $C(S,t)$의 변화를 기술할 수 있다.

$$C(S+dS, t+dt) = C(S,t) + \frac{\partial C}{\partial t}dt + \frac{\partial C}{\partial S}dS + \frac{1}{2}\frac{\partial^2 C}{\partial S^2}dS^2 + \cdots \quad (3.9)$$

테일러 급수를 dS^2까지 전개했다. 그림 3.5에서 보듯이 이항 모델에서 dS^2의 변화 크기가 dt에 비례하고 dt가 작은 경우, dt^2 또는 $dSdt$와 더 고차 항을 포함하는 항은 매우 작아 무시할 수 있기 때문이다.

식 (3.9)의 편미분 함수는 자주 사용돼서 실무자들은 다음 그리스 문자로 나타낸

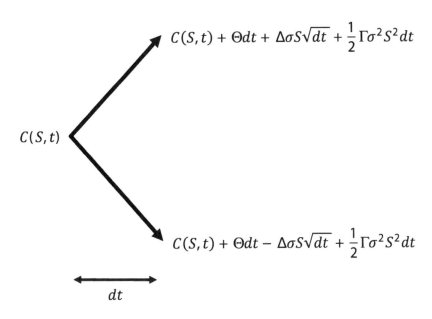

$$C(S,t) + \Theta dt + \Delta \sigma S \sqrt{dt} + \frac{1}{2}\Gamma\sigma^2 S^2 dt$$

$$C(S,t)$$

$$C(S,t) + \Theta dt - \Delta \sigma S \sqrt{dt} + \frac{1}{2}\Gamma\sigma^2 S^2 dt$$

dt

그림 3.7 콜옵션 가치의 이항 모델, $\mu = 0$

다.

$$\Theta = \frac{\partial C}{\partial t} \tag{3.10a}$$

$$\Delta = \frac{\partial C}{\partial S} \tag{3.10b}$$

$$\Gamma = \frac{\partial^2 C}{\partial S^2} \tag{3.10c}$$

앞으로 이런 편미분 함수를 각각 옵션의 세타^{theta}, 델타^{delta}, 감마^{gamma}로 언급한다. 식 (3.9)를 더 간결하게 쓸 수 있다.

$$C(S + dS, t + dt) = C(S,t) + \Theta dt + \Delta dS + \frac{1}{2}\Gamma dS^2 \tag{3.11}$$

주가가 그림 3.5와 같이 변할 때 이항 모델에서 콜옵션의 가치는 어떻게 변할까? 그림 3.7에서 볼 수 있는데 식 (3.11)을 사용해 그림 3.5의 주가 변화로 인한 콜옵션 가치의 변화를 계산할 수 있다.

$\pm \Delta \sigma S \sqrt{dt}$ 항을 제외하면 콜옵션의 손익은 주가의 변동에 무관하다. 이런 Δ 항을 어떻게든 제거할 수 있다면 보장된(즉 무위험) 손익을 dt 후에 얻게 되고, 일물일가

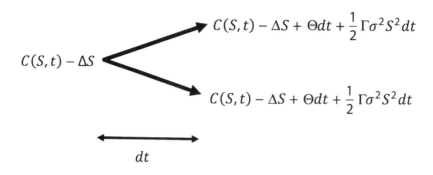

그림 3.8 델타 헤지된 콜옵션, $\mu = 0$

법칙으로부터 모든 무위험 손익은 무위험 수익률이 돼야 한다는 것을 알고 있다. 이런 순간적인 무위험 포트폴리오의 수익률이 무위험 이자율과 같아야 한다는 것은 BSM 옵션 가격 공식으로 귀결된다.

그림 3.7의 이항 모델에서 상승 이익과 하락 손실을 구분짓는 $\pm\Delta\sigma S\sqrt{dt}$항을 제거하고자 주가가 S인 주식을 Δ 주 공매도해야 한다. 델타 헤지된 포트폴리오^{delta-hedged}

portfolio라고 하는 콜매수 주식매도 포트폴리오의 이항 모델은 그림 3.8에 나와 있다. 그림 3.8의 델타 헤지 포트폴리오는 주가의 변동에 상관없이 같은 가치를 갖는다. 즉 주가 변동에 대해 무위험이다.

델타 헤지된 포트폴리오의 초기 가치를 $V = C(S,t) - \Delta S$라 둔다. 그림 3.8은 헤지 포지션의 가치 V의 변화가 다음과 같은 것을 보여 준다.

$$dV(S,t) = \Theta dt + \frac{1}{2}\Gamma\sigma^2 S^2 dt \tag{3.12}$$

또는 동등하게 다음과 같다.

$$dV(S,t) = \Theta dt + \frac{1}{2}\Gamma dS^2 \tag{3.13}$$

식 (3.13)의 두 번째 항은 dS의 이차 항이며 포물선을 나타낸다. 이는 델타 헤지로 제거한 dS에 비례하는 V 값의 선형 변화보다 훨씬 작다. Γ가 양수이면 옵션이 양의 볼록성을 갖거나 dS에 대해 아래로 볼록하다고 말한다. 이런 순수 곡률 효과를 얻으려면 dS로 인한 콜옵션 가치의 선형 변화를 델타 헤지로 제거해야 한다. 그렇지 않으면 선형 변화분이 곡률에서 나오는 dS^2에 비례하는 작지만 중요한 변화분을 압

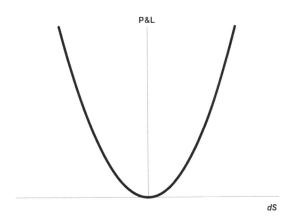

그림 3.9 양의 볼록성의 손익

도하게 된다.

그림 3.9는 주가의 작은 변화 dS에 대해 양의 볼록성을 갖는 헤지된 옵션 가치의 변화를 보여 준다.

보기 3.2

질문

어제 XYZ 주식은 \$100에서 장이 끝났다. 장이 끝날 때에 콜옵션의 가치는 \$5.00 이고 델타가 0.50, 감마가 0.02, 세타가 −3.65다. 오늘 XYZ는 10% 상승했다. 수식 (3.11)을 사용해 오늘 콜옵션의 최종 가격을 추정하라. 세타는 연단위로 표현하고 1년을 365일로 가정한다.

정답

주가 변동 dS는 \$100 × 0.10 = \$10이고 dt는 1/365 Year다. 식 (3.11)을 사용해 다음과 같이 최종 콜옵션 가격을 추정할 수 있다.

$$
\begin{aligned}
C(S+dS, t+dt) &= C(S,t) + \Theta dt + \Delta dS + \frac{1}{2}\Gamma dS^2 \\
&= \$5 + \frac{-\$3.65}{\text{Year}}\frac{1}{365}\text{Year} + 0.5 \cdot \$10 + \frac{1}{2}0.02 \cdot 10^2 \\
&= \$5 - \$0.01 + \$5 + \$1 \\
&= \$10.99
\end{aligned}
$$

특별한 경우가 아니면 옵션 가치 변화의 대부분은 델타 항에서 기인한다. 이렇게 테일러 급수를 사용하면 포트폴리오 가치의 변화에 대한 좋은 추정치를 얻을 수 있다.

볼록성의 비용

이항 모델에서 델타 헤지 옵션 포지션은 무한소 시간 dt 동안 무위험이므로 일물일가 법칙에 따라 무위험 수익률을 얻어야 한다. 무위험 이자율이 0이라 가정하면 델타 헤지된 포지션의 이익은 0이고 dt 시간이 지나도 포트폴리오의 가치에 변화가 없어야 한다. 따라서 식 (3.12)에서 다음을 얻는다.

$$dV(S,t) = \Theta dt + \frac{1}{2}\Gamma\sigma^2 S^2 dt = 0$$

$$\Theta + \frac{1}{2}\Gamma\sigma^2 S^2 = 0 \tag{3.14}$$

델타 헤지된 옵션 매수 포지션의 경우 금리가 0이면 시간에 따른 옵션의 손실 Θdt는 주가가 $\pm\sigma S\sqrt{dt}$만큼 움직임에 따라 볼록성에 의해 발생하는 이익 $(1/2)\Gamma\sigma^2 S^2 dt$과 상쇄된다.

식 (3.14)를 완전하게 기술하면 금리가 0일 때 성립하는 BSM 방정식이다.

$$\frac{\partial C}{\partial t} + \frac{1}{2}\sigma^2 S^2 \frac{\partial^2 C}{\partial S^2} = 0 \tag{3.15}$$

무위험 이자율 r이 0이 아닌 경우 무위험 포지션 V는 이자 $rVdt$를 갖는다. 뒤에서 다시 설명하겠지만, 이로 인해 0이 아닌 이자율에 대한 BSM 방정식은 추가 항 2개가 더 있다.

$$\frac{\partial C}{\partial t} + rS\frac{\partial C}{\partial S} + \frac{1}{2}\sigma^2 S^2 \frac{\partial^2 C}{\partial S^2} = rC \tag{3.16}$$

이 방정식에 대한 해는 함수 $C(S,t,K,T,\sigma,r)$이고, 여기서 K는 콜옵션 행사가, σ는 주식의 변동성, r은 무위험 이자율이다. 4장에서 이 고전적인 BSM 공식에 대해 자세히 다룰 것이다.

이항 모델에서 옵션 델타(P&L에서 dS의 선형 항을 제거하는 데 필요한 주식 수)는 짧은 시간 간격인 dt 동안 유효하다. 옵션의 수명 동안, 주가가 변하고 만기까지 남은 기간이 감소해 옵션의 델타도 변한다. 콜옵션 가격과 마찬가지로 Δ도 S, t, K, T, σ, r의 함수다. BSM 방정식은 이런 Δ를 이용해 매 순간 포트폴리오를 즉각적이고 지속적으로 헤지할 수 있다고 가정한다. 연속 시간 극한에서 진정한 동적 복제는 이항 모델의 시간 간격을 무한소의 작은 간격으로 줄이고 주식이 움직이는 각 구간의 끝에서 다시 헤지해야 한다.

내재 변동성과 실현 변동성

BSM 공식에서 S, t, K, T, r은 옵션 가격을 계산하는 순간에 모두 알려져 있다. 그러면 변동성 σ의 값은 어디에서 얻을까?

그림 3.5를 다시 보면 σ는 다음 단계에서 주가 S의 상승 또는 하락 크기를 결정한다. 주가가 움직인 후에 값을 알 수 있는 변수다. 그 전에는 추측이나 기대에 불과하다. 과거 변동성에 대한 통계적 추정치를 얻으려고 이전 주가의 변동 크기를 다시 살펴볼 수 있지만, 미래의 변동성은 실제로 알 수 없다. 블랙과 숄즈가 공식을 처음 사용하기 시작했을 때 σ 값으로 과거 변동성을 사용했다.

시간이 흐른 후에 대부분의 사람이 모델을 다르게 사용하게 됐다. 그들은 먼저 시장에서 특정 옵션의 가격을 얻은 후에 모델 가격과 시장 가격이 일치하도록 σ 값을 정했다. 모델 가격과 시장 가격을 일치시키는 σ를 내재 변동성implied volatility이라 한다. 이것이 옵션 가격을 정확하게 평가하고자 모델이 가정해야 하는 알 수 없는 미래 변동성의 값이다. 내재 변동성은 모델의 미래 주식 거동에 부과하는 제약이다. 내재 변동성이 주어지면 모델을 사용해 동적 복제에 사용할 적절한 헤지 비율 Δ를 계산할 수 있다.

금융에서 시장 가격과 모델 가격을 일치시키도록 해 구한 미래 변수의 추정치를 내재값implied value이라 한다. 내재값들은 예측이지만 현재 관찰되는 시장 가격을 기반으로 한다. 내재 변동성은 결국 시장의 미래 변동성에 대한 기댓값이라 볼 수 있다. 시간이 지나면 그 값들이 무엇인지 알게 된다. 시간이 지난 후에 관찰한 값을 실현값realized value이라 한다. 결국 시장 가격과 모델 가격을 일치시키는 σ 값은 내재 변동성이라 하는 매개변수이다. 주식이 t와 T 기간 동안 변화를 거친 후 측정할 수 있는 단위 시간당 수익률의 통계 표준 편차는 실현 변동성이라고 하는 통계치다.

시간이 지나면 미래였던 것이 과거가 된다. 그러면 내재 변동성 값과 실현 변동성 값을 비교할 수 있다. 예로서, 옵션 가격에서 추출한 주식에 대한 오늘의 1개월 내재 변동성 값과 1개월 동안의 실현 변동성 값을 다음 달에 비교할 수 있다. 비슷하게 이자율 시장에서 내재 선도 이자율implied forward interest rate과 실현 이자율realized interest rate을 비교할 수 있다.

이런 비교가 유효한가? 실현된 통계치가 내재된 매개변수와 일치해야 하는가? 같지 않을 경우 헤지에 내재 변동성과 실현 변동성 중에서 무엇을 사용해야 하는가? 이런 질문에 명확한 답이 있는 것은 아니지만 뒤에서 이에 대해 살펴본다.

옵션 시장의 참여자들은 이런 상황에 익숙해져 대수롭지 않게 생각하지만 사실은 그렇지 않다. 고전 금융 모델과 고전 물리 모델의 사용을 비교해 보자.

역학에서는 발사체의 운동을 고려할 때 초기 위치와 초기 속도에서 뉴턴 법칙으로 미래의 궤적을 예측한다. 놀랍게도 이것이 가능하다. 물리 모델은 시간에 따라 전진前進한다. 금융에서 옵션 가격 계산과 관련해 먼저 주식의 미래 변동성을 추정(또는 추측)한 다음 해당 미래 추정치를 사용해 옵션의 현재 가격을 결정한다. 어떤 의미에서 금융 모델은 시간에 따라 후진後進한다.

금융에서 현재 가치가 미래의 기댓값에 의존하는 것은 드문 일이 아니다. 현재 주가는 미래의 기대 수익을 반영하고, 생명보험료는 미래의 사망률에 대한 기대를, 화재 보험료는 미래의 화재에 대한 기대를 반영한다. 미래 소득, 미래 사망률, 미래 화재 가능성은 현재로서는 알 수 없지만 이런 중요한 금융 상품의 가치를 평가하려면 미래의 분포를 추측해야 한다. 이런 역방향 논리가 금융에서 일반적이지만 (확산 현상에서 차용한 모델인) BSM 모델은 수학적으로 우아하고 정확해서 물리학과 매우 다른 방식으로 사용되고 있는 것을 자주 잊는다.

내재변수 표기법

내재변수는 시장 가격에서 얻은 매개변수다. 예로서, 아파트의 제곱피트당 내재 가격은 [시장 가격] = [제곱피트당 가격] × [면적] 방정식을 사용해 시장 가격을 모델 가격과 일치시키는 모델의 매개변수다. 마찬가지로 내재 변동성은 BSM 방정식을 사용해 콜 옵션의 모델 가격과 시장 가격을 일치시키는 매개변수다. 이런 의미에서 내재변수는 현재 시장 가격에서 파생됐고, 변수의 실현값보다 시장 가격과 더 밀접하다. 내재변수는 현재와 미래를 나타내고, 실현변수는 과거를 나타낸다.

이 책에서는 시장에서 파생된 가격을 대문자를 사용해 나타낸다. 예로서, 주식, 채권, 콜옵션, 풋옵션의 가격은 일반적으로 각각 S, B, C, P로 표시한다. 내재 변동성은 통계치가 아닌 시장에서 파생된 매개변수임을 강조하고자 대문자 Σ로 표시하고, 반면에 통계치인 실현 변동성은 소문자 σ로 표시한다.

변동성 노출

위의 언급에 따라서 내재 변동성을 Σ로 표시한다. 이것은 현재 모델에서 알지 못하는 미래 변동성 σ에 대한 시장의 예상으로 간주할 수 있다. 실현 변동성 σ가 예상한 것과 다른 값으로 실현되면 주가는 예상보다 많거나 또는 적게 움직였을 것이다. σ가 예상 변동성인 Σ보다 큰 값이 되면 그림 3.9의 아래로 볼록한 델타 헤지된 옵션 포지션 $V = C - \Delta S$는 주가의 방향과 무관하게 예상보다 가치가 더 증가한다. 마찬가지로 σ가 예상보다 낮으면 헤지 포지션의 가치는 더 낮아진다.

옵션 매수 포지션의 볼록성으로 인한 수익과 시간 감소로 인한 손실을 정량화할 수 있다. 미래 변동성을 Σ로 예상하는 것을 구체적으로 나타내고자 식 (3.15)에서 σ를 Σ로 대체한다.

$$\frac{\partial C}{\partial t} + \frac{1}{2}\Gamma\Sigma^2 S^2 = 0 \tag{3.17}$$

dt 시간 동안 시간 감소로 인한 손실은 $(1/2)\Gamma\Sigma^2 S^2 dt$일 것이다. 주가가 실현 변동성 σ로 $dS = \pm\sigma S\sqrt{dt}$만큼 움직인 경우 볼록성으로 인한 이익은 $(1/2)\Gamma\sigma^2 S^2 dt$이다. dt 시간 이후의 손익은 이 두 값의 차이로 주어진다.

$$\text{P\&L} = \frac{1}{2}\Gamma S^2(\sigma^2 - \Sigma^2)dt \tag{3.18}$$

그림 3.10은 헤지 포지션의 손익이 주가의 움직임 dS에 따라 어떻게 변화하는지 보여준다.

식 (3.18)과 그림 3.10에서 알 수 있듯이 옵션 매수 포지션을 델타 헤지하면 결국 변동성에 노출된다. 수익이 나려면 실현 변동성이 내재 변동성보다 커야 한다. 매도 포지션은 반대인 경우 수익이 난다. 4장에서는 트레이더가 변동성에 직접 노출될 수 있도록 시장에서 개발된 변동성 스와프와 분산 스와프에 대해 설명한다.

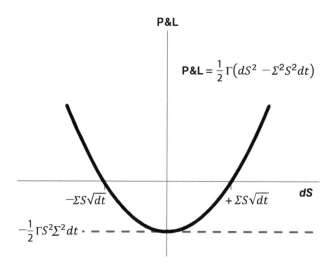

P&L

$$P\&L = \frac{1}{2}\Gamma\left(dS^2 - \Sigma^2 S^2 dt\right)$$

$-\Sigma S\sqrt{dt}$ $+\Sigma S\sqrt{dt}$ **dS**

$-\frac{1}{2}\Gamma S^2\Sigma^2 dt$

그림 3.10 내재 변동성과 실현 변동성에 의한 손익

연습문제

3–1. 콜옵션을 사용하지 않고 칼라를 복제하는 방법은 무엇인가? 기초 자산인 주식은 배당을 지급하지 않는다고 가정한다.

3–2. 그림 3.11은 주식 S에 대한 버터플라이^{butterfly} 포지션 $B(S,t)$의 수익 구조를 보여 준다. 중단점 좌표 (x,y)는 $(10,0)$, $(20,10)$, $(30,0)$이다. 무위험 채권, 콜옵션, 주식을 사용해 이 수익 구조를 복제하라.

3–3. 어떤 회사가 풋옵션 100개를 보유하고 있다. 각 풋옵션의 델타는 -0.40, 감마는 0.04, 세타는 -7.3이고 기초 자산의 가격은 $100다. 이 포지션을 델타 헤지하려면 얼마나 많은 주식을 사거나 공매도해야 하는가? 델타 헤지를 한 후 다음날 장 종료 시점에 주식이 1% 상승하면 얼마의 수익을 예상하는가? 1% 하락 시에는? 1년을 365일, 무위험 이자율은 0%라고 가정한다.

3–4. 앞 문제의 상황에서 주가가 4% 상승하면 수익은 얼마인가?

3–5. 구글의 현재 주가는 $500다. 어떤 회사가 구글에 대한 행사가 $550인 유럽형 콜옵션 100개를 보유하고 있으며 포지션을 적절하게 델타 헤지하기 위해

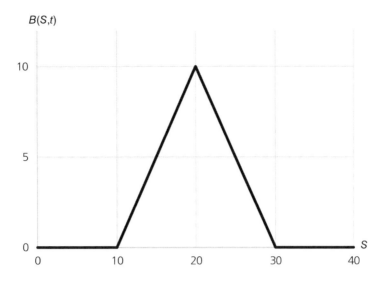

$B(S,t)$

그림 3.11 버터플라이의 만기 수익 구조

$10,000만큼의 주식을 공매도했다. 이자율이 0이고 구글이 배당을 지급하지 않는다고 가정한다. 회사가 100개의 콜옵션 대신 동일한 행사가와 동일한 만기의 유럽형 풋옵션 100개를 구매했다면 포지션을 적절하게 델타 헤지하기 위한 구글 주식의 개수는 얼마인가? 이자율이 0일 때 행사가가 동일하고 만기가 동일한 콜옵션과 풋옵션의 델타 사이의 관계는 무엇인가?

3-6. 그림 3.12는 4개월 후에 만기인 옵션 전략에 대한 수익 구조를 보여 준다. 이 옵션 전략을 구현하는 비용을 구하라. 첨부한 표는 다양한 행사가에 대해서 만기가 4개월인 콜옵션 가격을 나타낸다. 무위험 이자율이 0%, 기초 자산의 현재 가격은 $20를 가정한다.

3-7. 외가격[OTM, Out-of-The-Money] 옵션의 유동성이 더 풍부한 것을 고려해 이전 문제의 수익 구조를 복제하라. 행사가 20인 4개월 만기의 콜옵션은 유동성이 좋지만 행사가 10인 콜옵션은 거래되지 않고 행사가 10인 풋옵션만 거래된다고 가정한다. 이 상황에서 이전 문제의 수익 구조를 어떻게 복제할 수 있을까? 이 옵션 전략의 비용은 얼마인가?

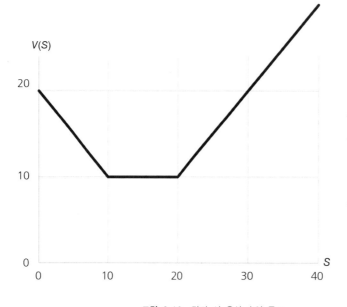

K	C(K)
10	10.09
20	3.17
30	0.79
40	0.19

그림 3.12 만기 시 옵션 수익 구조

4장

분산 스와프

- 변동성과 주가에 민감한 옵션 가치
- 순수 변동성만을 거래하는 변동성 스와프와 분산 스와프
- 분산 스와프를 복제하는 로그 계약
- 확률 변동성에서 분산 스와프
- 스와프의 평가
- 복제 오류

변동성 민감도

앞에서 설명했듯이 주가가 S인 배당이 없는 주식을 기초 자산으로 하는 콜옵션 가격 C에 대한 BSM 편미분 방정식은 다음과 같다.

$$\frac{\partial C}{\partial t} + rS\frac{\partial C}{\partial S} + \frac{1}{2}\sigma^2 S^2 \frac{\partial^2 C}{\partial S^2} = rC$$

유럽형 바닐라 콜옵션에 대한 해는 다음과 같이 주어진다.

$$C(S, K, \tau, \sigma, r) = SN(d_1) - Ke^{-r\tau}N(d_2)$$

$$d_{1,2} = \frac{\ln(S/K) + \left(r \pm \sigma^2/2\right)\tau}{\sigma\sqrt{\tau}} \tag{4.1}$$

$$N(z) = \frac{1}{\sqrt{2\pi}}\int_{-\infty}^{z} e^{-y^2/2}dy$$

여기서 S는 기초 자산 주식의 가격, σ는 주식의 수익률 변동성, K는 행사가, r은 무위험 이자율, τ는 잔존 만기 $(T - t)$, $N(z)$는 표준 누적 정규 분포$^{\text{cumulative normal}}$ ^{distribution}이다.

옵션의 잔존 만기 동안의 주식의 총 **변동성**$^{\text{total volatility}}$을 $v = \sigma\sqrt{\tau}$라고 정의한다. 설명의 편의를 위해 당분간 무위험 이자율을 0으로 가정한다. 그러면 식 (4.1)은 다음으로 변형된다.

$$C(S, K, v) = SN(d_1) - KN(d_2)$$

$$d_{1,2} = \frac{1}{v}\ln(S/K) \pm \frac{v}{2}$$

(4.2)

이제 변동성에 대해 옵션 민감도 2개를 정의한다.

$$V = \frac{\partial C}{\partial \sigma} = \frac{S\sqrt{\tau}}{\sqrt{2\pi}}\, e^{-d_1^2/2}$$

$$\kappa = \frac{\partial C}{\partial \sigma^2} = \frac{S\sqrt{\tau}}{2\sigma\sqrt{2\pi}}\, e^{-d_1^2/2}$$

(4.3)

V는 베가^{vega}라 하고 κ(카파)는 분산 베가$^{\text{variance vega}}$라 한다.[1,2] 베가와 분산 베가에 대한 유럽형 풋옵션 공식은 유럽형 콜옵션과 동일하다.

그림 4.1은 동일한 주식에 대해 잔존 만기는 같지만 행사가가 다른 세 가지 옵션에 대한 분산 베가를 나타낸 것이다.

그림 4.1에서 알 수 있듯이 다른 모든 매개변수를 일정하게 고정하면 옵션의 행사가가 증가함에 따라 분산 베가 함수는 오른쪽으로 이동하면서 더 큰 폭과 더 높은 봉우리를 보인다. 옵션의 분산 베가 값은 기초 자산 가격이 행사가에 가까울 때 최댓값에 도달한다. 다음 보기에서 정확한 위치를 알 수 있다.

---

1. 베가는 그리스 문자는 아니고 거문고 별자리에서 가장 밝은 항성의 이름이다. 그리고 이런 기호의 사용은 보편적이지 않다. 많은 저자가 여기서의 κ를 V로 표기하고, V를 κ로 표기하기도 한다.

2. 베가에 대한 표기도 다양하다. 헐(Hull)의 책이나 그 이전 책에는 υ를 사용한다. 아마도 초기에 그리스 문자 ν(nu)를 변동성 민감도로 사용했는데 베가로 잘못 읽은 것으로 추측된다. 다른 문헌에서는 vega로도 많이 표기한다. 이 책에서는 V를 사용했는데 포트폴리오를 나타내는 V와 혼용하고 있으니 문맥에 따라 구별해야 한다. — 옮긴이

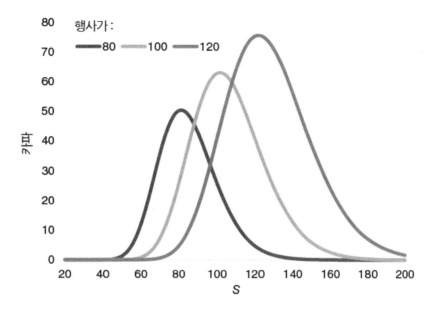

그림 **4.1** 행사가에 따른 분산 베가

보기 4.1

질문

식 (4.3)을 사용해 κ가 최대인 기초 자산 가격을 찾아라.

정답

최댓값은 κ를 S로 미분한 값이 0일 때다.

$$\kappa = \frac{\partial C}{\partial \sigma^2} = \frac{S\sqrt{\tau}}{2\sigma\sqrt{2\pi}} e^{\ d_1^2/2}$$

$$\frac{\partial \kappa}{\partial S} = \frac{\sqrt{\tau}}{2\sigma\sqrt{2\pi}} e^{-d_1^2/2} + \frac{S\sqrt{\tau}}{2\sigma\sqrt{2\pi}} e^{-d_1^2/2}(-d_1)\left(\frac{1}{v}\frac{1}{S}\right)$$

$$= \frac{\sqrt{\tau}}{2\sigma\sqrt{2\pi}} e^{-d_1^2/2}\left(1 - \frac{1}{v}d_1\right)$$

$$= \frac{\sqrt{\tau}}{2\sigma\sqrt{2\pi}} e^{-d_1^2/2}\left(\frac{1}{2} - \frac{1}{v^2}\ln\left(\frac{S}{K}\right)\right)$$

κ가 최대인 기초 자산 가격을 S^*라고 하면 다음을 만족한다.

$$\frac{1}{2} - \frac{1}{v^2} \ln\left(\frac{S^*}{K}\right) = 0$$

$$S^* = Ke^{v^2/2}$$

κ가 최댓값을 갖는 기초 자산 가격은 $Ke^{v^2/2}$이다. 전형적인 변동성 값과 잔존 만기의 경우 v^2은 0에 가까운 매우 작은 값을 가져서 $e^{v^2/2}$은 1보다 조금 크고 S^*은 K보다 약간 크다. 여기서 이자율을 0으로 가정한 것을 다시 주의하자. 이 자율이 0이 아닌 경우 S^*가 행사가의 선도 가격 ^forward price^ 부근일 때 κ가 최댓값을 갖는다.

S^*에서 최솟값이 아닌 최댓값인 이유는 S에 대한 κ의 2차 미분값이 음수임을 확인해 증명할 수 있다.

변동성 스와프와 분산 스와프

앞에서 봤듯이 변동성 또는 분산에 대한 옵션의 민감도는 주가의 함수로서 봉우리 모양을 갖는다. 이런 옵션을 매수하고 있으면 변동성이 증가할 때 생기는 가치의 증가는 변동성 증가량뿐만 아니라 주가가 행사가에서 얼마나 멀리 떨어져 있는지에 따라 달라진다. 변동성에 대해 투자하는 사람에게는 이런 사실은 불편하다. 수익의 규모가 변동성의 미래 수준을 정확하게 예측하는 것뿐만 아니라 미래 주가를 얼마나 잘 예측하느냐에도 달려 있기 때문이다.

변동성에 대한 민감도가 주가와 무관하고 따라서 미래 주가에 의존하지 않는 계약을 매수하는 것이 훨씬 더 좋을 것이다. 변동성 스와프 ^volatility swap^가 그런 상품이다. 변동성 스와프는 실현 변동성에 대한 선도 계약이다. 만기에 계약 기간 동안 실현된 변동성 σ_R과 이전에 합의된 인도 변동성 σ_K 사이의 차이를 명목 금액을 고려해 달러로 지급한다. 결정되지 않은 미래 변동성 σ_R과 고정된 변동성 σ_K 사이의 스와프로 생각할 수 있다. 만기에 변동성 스와프의 가치는 다음과 같다.

$$\pi = N(\sigma_R - \sigma_K) \tag{4.4}$$

여기서 N은 명목 금액이고, 변동성 스와프에 대한 명목 베가 ^notional vega^라고도 한다.

비슷하게 분산 스와프$^{\text{variance swap}}$는 실현된 분산에 대한 선도 계약이다. 만기 시 수익 구조는 다음과 같다.

$$\pi = N(\sigma_R^2 - \sigma_K^2) \tag{4.5}$$

분산 계약의 명목 금액 N은 명목 분산$^{\text{notional variance}}$이라고 한다. 변동성 스와프와 마찬가지로 분산 스와프를 고정 분산과 변동 분산의 교환으로 생각할 수 있다.

분산은 변동성의 제곱이므로 분산을 변동성의 파생으로 생각할 수 있고 그 반대로 볼 수 있다. $(\sigma_R - \sigma_K)$가 작은 경우 근사적으로 1차 항만 고려하면 변동성 스와프 측면에서 분산 스와프의 수익 구조를 다음으로 근사할 수 있다.

$$\sigma_R^2 - \sigma_K^2 \approx 2\sigma_K(\sigma_R - \sigma_K) \tag{4.6}$$

그러므로 명목 금액이 \$1인 분산 스와프는 명목 금액이 $2\sigma_K$인 변동성 스와프와 거의 같다. 분산 스와프 명목 금액의 $2\sigma_K$배인 명목 금액을 갖는 변동성 스와프는 같은 인도 변동성, 같은 만기를 갖는 분산 스와프와 수익 구조가 거의 일치한다.

변동성 스와프와 분산 스와프의 상품 계약서는 가격의 출처, 관찰 빈도, 변동성에 대한 연환산^{annualization} 계수, 분산을 계산할 때 수익률의 평균을 0으로 가정할지에 대한 여부 등 만기에 실현 변동성을 계산하는 정확한 방법을 명시해야 한다. 그림 4.2는 분산 스와프 계약서의 보기다. 변동성 계산은 모집단 표준 편차$^{\text{population standard deviation}}$(많은 통계 프로그램의 기본 표준 편차 방법은 표본 표준 편차$^{\text{sample standard deviation}}$임)이고,[3] 관찰된 수익률에서 평균을 빼지 않는다. 이것은 평균 수익률을 0으로 가정하는 것으로 변동성 스와프와 분산 스와프 계약에서 일반적인 가정이다. 또한 분산 스와프에 대한 계약서지만, 명목 금액은 명목 베가를 먼저 기술하고 명목 베가에서 계산한 명목 분산노 함께 기술하고 있다. 행사가는 변동성으로 표시돼 있다. 트레이더와 고객은

---

3. 표본이 $\{x_i\}_{i=1}^{n}$이고 표본 평균이 $\bar{x}$일 때 표본 표준 편차s는 다음으로 주어진다.

$$s^2 = \frac{1}{n-1} \sum_{i}^{n} (x_i - \bar{x})^2$$

위의 식에서 분모가 $n-1$이고 사용한 평균값이 모평균이 아닌 표본 평균인 것이 분산 스와프 계약서의 계산식과 차이가 난다. — 옮긴이

Variance Swap on S&P 500

Instrument:	Variance Swap
Variance Buyer:	EFG Fund
Variance Seller:	ABC Bank
Trade Date:	January 29, 2016
Start Date:	January 29, 2016
End Date:	June 30, 2017
Currency:	USD
Vega Amount:	1,000,000
Underlying:	S&P 500 Index
Strike Price:	16
Variance Amount:	31,250, calculated as
	[Vega Amount]/(2 × [Strike Price])
Equity Amount:	[Equity Amount] = [Variance Amount] ×
	$\{$[Final Realized Volatility]^2 − [Strike Price]$^2\}$

If the Equity Amount is positive, the Variance Seller will pay the Variance Buyer the Equity Amount. If the Equity Amount is negative, the Variance Buyer will pay the Variance Seller the Equity Amount. The Final Realized Volatility will be determined according to

$$\text{Final Realized Volatilty} = 100 \times \sqrt{\frac{252 \times \sum_{t=1}^{n} \left(\ln \left(\frac{P_t}{P_{t-1}} \right) \right)^2}{n}}$$

where

n = number of trading days during the observational period

P_t = the Official Closing of the Underlying on date t

P_1 = the Official Closing of the Underlying on the Start Date

P_n = the Official Closing of the Underlying on the End Date

그림 4.2a 분산 스와프 계약서의 보기(영문)

S&P 500에 대한 분산 스와프

상품: 분산 스와프

매수자: EFG Fund

매도자: ABC Bank

거래일: 2016-01-29

시작일: 2016-01-29

만기일: 2017-06-30

통화: USD

명목 베가: 1,000,000

기초 자산: S&P 500 지수

행사가: 16

명목 분산: 31,250 ([명목 베가]/(2 × [행사가])로 계산함)

수익 금액: [수익 금액] = [명목 분산] × {[최종 실현 변동성]^2 − [행사가]^2}

수익 금액이 양수이면 매도자는 매수자에게 수익 금액을 지급한다. 수익 금액이 음수이면 매수자는 매도자에서 수익 금액을 지급한다. 최종 실현 변동성은 다음과 같다.

$$\text{최종 실현 변동성} = 100 \times \sqrt{\frac{252 \times \sum_{t=1}^{n} \left(\ln \left(\frac{P_t}{P_{t-1}} \right) \right)^2}{n}}$$

여기서

n = 관찰 기간 동안 거래일 수

P_t = t일의 기초 자산 종가

P_1 = 시작일의 기초 자산 종가

P_n = 만기일의 기초 자산 종가

그림 4.2b 분산 스와프 계약서의 보기(국문)

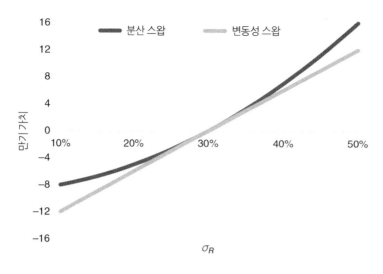

그림 4.3 변동성 스와프와 분산 스와프의 비교

변동성 측면에서 생각하는 것이 더 편안하기 때문에 계약에서 분산보다 변동성을 강조한다. 그러나 뒤에서 살펴보겠지만 분산이 좀 더 직접적으로 복제 가능한 대상이다.

변동성 스와프의 복제

스와프는 전통적으로 거래 시에 가치가 0이 되도록 설계해 계약 시점에 현금 흐름이 없다. 초기에 스와프의 값어치가 0이 되는 분산 또는 변동성의 공정가$^{fair\ value}$, 즉 행사가 σ_K는 얼마일까? 공정가는 늘 그렇듯이 복제를 이용해 찾을 수 있다.

옵션 트레이더는 변동성 측면에서 생각하는 경향이 있지만 복제와 헤지하기에는 분산 스와프가 더 쉽다. 이런 이유로 시장 조성자는 분산 스와프를 더 많이 거래하며 이 장의 대부분을 분산 스와프에 대해 논의한다.

그림 4.3은 분산 스와프와 변동성 스와프의 만기 수익 구조를 보여 준다. 분산 스와프의 인도 또는 고정 변동성은 30%이고 명목 금액은 $100이고 변동성 스와프의 고정 변동성은 30%이고 명목 금액은 $60 = 2 × 30% × $100이다. 실현 변동성 값이 σ_K와 비슷할 때는 두 만기 스와프 가치는 근사적으로 같지만, 실현 변동성이 행사가와 차이가 차이가 날 수록 두 스와프 가치는 점점 더 달라진다.

그림 4.3에서 보듯이 분산 스와프의 수익은 항상 변동성 스와프보다 크거나 같다.

미래 변동성이 행사가와 같다고 확실하게 알고 있는 것이 아니면, 분산 스와프는 변동성 스와프보다 더 가치가 있고 인도일 이전에 더 값어치가 있어야 한다. 두 스와프의 기대 가치를 동일하게 해 현금 교환 없이 한 스와프와 다른 스와프를 공정하게 대체 거래하려면, 변동성 스와프의 행사가를 낮춰 선형 수익 구조를 왼쪽으로 이동시켜야 한다. 행사가를 낮추는 정도는 미래 변동성의 불확실성에 달려 있다. 즉 변동성의 변동성 volatility of volatility에 따라 달라진다.

이론적으로는 분산 스와프를 이용해 변동성 스와프를 동적 복제할 수 있지만 분산 스와프의 유동성 부족으로 이런 접근 방식은 한계가 있다. 주식에 대한 파생 상품을 동적 복제하려면 주가 변동성에 대한 모델이 필요하듯이 변동성 스와프를 동적 복제하고 그 결괏값을 구하려면 분산의 변동성에 대한 모델이 필요하다.

옵션으로 복제

분산에 투자하려고 옵션을 이용하는 것을, 신용 스프레드에 투자하려고 회사채를 이용하는 것과 서로 비교할 수 있다. 회사채를 매수하면 채권의 수익률은 무위험 이자율과 신용 스프레드의 합으로 나타나므로 무위험 이자율과 신용 스프레드에 모두 노출된다. 신용 스프레드에만 노출되려면 무위험 이자율에 대한 위험을 제거하고자 국고채를 적절한 금액만큼 공매도해야 한다. 이런 문제를 해결하려고 순수한 신용 스프레드에만 노출되는 상품인 신용 디폴트 스와프 credit default swap가 개발됐다. 유사하게 분산 스와프는 주가와 무관하게 순수한 분산에 대해 노출되는 상품으로 개발됐다.

분산 스와프를 복제하는 핵심은 다음 공식을 기반으로 한다. 앞에서 나온 식인데, dt 시간 동안 내재 변동성을 이용해 구한 헤지 비율로 델타 헤지한 옵션 포지션의 수익 증분을 나타낸다.

$$\text{P\&L} = \frac{1}{2}\Gamma S^2(\sigma_R^2 - \Sigma^2)dt \tag{4.7}$$

여기서 S는 주가, Γ는 S에 대한 옵션 가격의 2차 편미분, σ_R과 Σ는 각각 실현 변동성과 내재 변동성을 나타낸다. 헤지 포지션의 손익은 실현 분산과 고정 분산의 차이인 $(\sigma_R^2 - \Sigma^2)$에 비례한다. 이 차이는 분산 스와프의 수익 구조에서도 정확하게 나타나는 항이다. 그러나 시간이 지남에 따라 주가가 변해 ΓS^2 또한 변한다. 그러므로 식 (4.7)

에서 보듯이 손익이 σ_R^2에 비례하는 정도도 변한다. 델타 헤지된 옵션은 분산에 대한 투자이지만, 순수하게 분산에 대한 투자만은 아니다.

ΓS^2이 시간에 따라 일정하지 않으면 헤지 포지션의 크기를 조정만으로는 분산 스와프를 동적 복제하는 것은 불가능하다. ΓS^2이 낮을 때 (콜옵션을 더 매수하고 주식을 더 매도해) 델타 헤지된 포지션의 규모를 늘리고, ΓS^2이 높을 때 델타 헤지된 포지션의 규모를 줄이면 어떨까? 이론상으로는 가능한 전략이다. 하지만 옵션은 기초 자산인 주식보다 유동성이 꽤 떨어진다. 동적 헤지는 최상의 상황에서도 어려운 것인데 유동성이 부족한 증권으로 동적 헤지를 하는 것은 매우 어렵고 비용이 많이 든다. 여기서 소개하는 복제는 정적이기에 매력적이다.

만약 식 (4.7)에서 Γ가 $1/S^2$와 같으면 어떻게 되는가? 그러면 ΓS^2는 시간과 주가 변화에 무관하게 일정하고 식 (4.7)의 손익은 S와 무관하게 된다. 바닐라 옵션에서 Γ는 $1/S^2$이 아니지만, Γ가 $1/S^2$이 되는 바닐라 옵션 포트폴리오를 만들 수 있으면 어떻게 되는가? 그런 포트폴리오를 만들어서 주가와 무관하게 분산에만 노출되도록 하는 것이 분산 스와프를 복제하는 핵심이다. 이 포트폴리오를 만들고자 BSM 모델과 공식의 유효성을 가정하고, 바닐라 옵션의 분산 민감도 κ에 대한 식 (4.3)을 사용한다.

그림 4.1에서 봤듯이 옵션의 분산 민감도는 옵션의 행사가에 따라 변한다. 여러 옵션을 조합해 S와 무관하게 일정한 κ를 갖는 포트폴리오를 만들 수 있으면 순수한 분산에 대한 투자가 된다. 행사가가 증가함에 따라서 κ가 증가하므로 포트폴리오는 행사가가 낮은 옵션을 더 많이, 행사가가 높은 옵션을 더 적게 갖는다. 뒤에서 상세히 설명하지만 바닐라 옵션의 개수는 행사가의 제곱에 반비례하도록 해야 한다. 그림 4.4에서 동일한 가중치와 $1/K^2$에 비례하는 가중치를 갖는 옵션 포트폴리오의 κ를 비교했다. 옵션 수를 늘리면 κ의 그래프는 점점 더 평평해지며 이론적으로는 무한개의 옵션으로 완벽하게 평평한 그래프를 만들 수 있다.

이를 확인하고자 다양한 행사가 K를 갖는 바닐라 콜옵션들의 포트폴리오를 생각한다. $\rho(K)$는 밀도 함수이며 $\rho(K)dK$가 행사가 K와 $K+dK$ 사이의 바닐라 옵션의 개수를 나타낸다. 옵션의 가치를 $C(S, K, v)$라 두면 포트폴리오의 가치는 다음과 같이 표현된다.

$$\pi(S) = \int_0^\infty \rho(K)C(S, K, v)dK \tag{4.8}$$

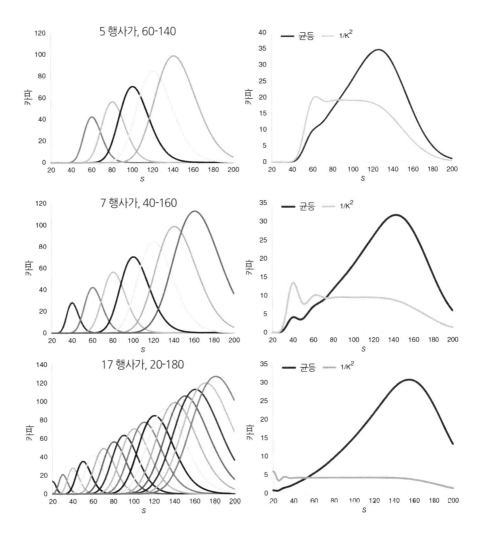

그림 4.4 바닐라 옵션으로 구성된 포트폴리오의 분산 베가. 두 가지 가중치의 옵션으로 분산 스와프를 복제

이제 $\rho(K) = 1/K^2$인 경우 포트폴리오의 분산 민감도 $\partial\pi/\partial\sigma^2$가 주가 S에 독립적인 것을 보일 것이다. 콜옵션만을 사용했지만 바닐라 풋옵션과 콜옵션은 동일한 베가를 갖기에 풋옵션 또는 풋옵션과 콜옵션의 조합을 사용해도 마찬가지로 성립한다.

포트폴리오의 분산 민감도 κ가 주가 수준과 무관하기를 원한다. 분산 변화에 대한 콜옵션의 민감도는 다음과 같다.

$$\kappa(S, K, v) = \frac{\partial C}{\partial \sigma^2} = \frac{S\sqrt{\tau}}{2\sigma\sqrt{2\pi}}e^{-d_1^2/2} \tag{4.9}$$

전체 포트폴리오의 분산 민감도는 다음이 된다.

$$\begin{aligned}
\kappa_\pi &= \frac{\partial\pi}{\partial\sigma^2} = \int_0^\infty \rho(K)\kappa(S, K, v)dK \\
&= \frac{\sqrt{\tau}}{2\sigma\sqrt{2\pi}}\int_0^\infty \rho(K)Se^{-d_1^2/2}dK \\
&\equiv \int_0^\infty \rho(K)Sf(K/S, v, \tau)dK
\end{aligned} \tag{4.10}$$

여기서 d_1은 식 (4.1)에서 정의됐다. $v = \sigma\sqrt{\tau}$이면 다음을 만족한다.

$$f(K/S, v, \tau) = \frac{\sqrt{\tau}}{2\sigma\sqrt{2\pi}}e^{-d_1^2/2} \tag{4.11}$$

$f(K/S, v, \tau)$는 독립 변수 K와 S의 함수가 아닌 K/S의 함수다. 새 변수 $K/S = x$를 정의한다. 그러면 식 (4.10)은 다음으로 변형된다.

$$\kappa_\pi = \int_0^\infty \rho(xS)S^2 f(x, v, \tau)dx \tag{4.12}$$

이제 S에 대한 의존성은 항 $\rho(xS)S^2$에 있기에 κ_π의 S에 대한 종속성을 제거하고자 밀도 함수 $\rho(\cdot)$를 선택하면 된다. 밀도 함수를 $\rho(xS) \propto 1/(x^2 S^2)$로 선택하면 S 종속성을 제거할 수 있다. 이 밀도 함수를 K로 다시 표현하면 $\rho(K) = c/K^2$이다.

이것은 가중치가 $1/K^2$로 감소하는 연속적인 밀도를 갖는 바닐라 옵션의 포트폴리오는 주가에 무관한 분산 민감도를 갖는다는 것을 보여 준다. 즉 분산 스와프를 복제하는 것을 의미한다. 이런 연속 밀도를 구현하려면 무한개의 행사가에서 무한개의 옵션으로 구성된 포트폴리오가 필요하다. 실제로 이런 포트폴리오는 구성할 수 없지만 적절한 개수의 행사가를 사용하면 그림 4.4에서 볼 수 있듯이 일정 범위의 기초 자산 가격 변동에 대해 상당히 일정한 민감도를 갖게 할 수 있다.

이제 이런 바닐라 옵션 포트폴리오의 수익 구조에 대해 조사한다. 바닐라 풋옵션 또는 콜옵션 각각은 행사가를 중심으로 하는 하키 스틱$^{hockey\text{-}stick}$ 모양의 수익 구조를 갖지만 전체 포트폴리오는 훨씬 더 부드럽게 움직이는 것을 보게 될 것이다.

로그 계약

행사가가 낮은 외가격 풋옵션은 행사가가 높은 내가격 풋옵션보다 유동성이 더 좋다. 콜옵션에 대해서는 반대다. 행사가가 높은 콜옵션이 행사가가 낮은 콜옵션보다 유동성이 더 좋다. 밀도가 $1/K^2$인 무한개의 옵션으로 포트폴리오를 구성할 때 특정 분기점 S^*를 기준으로, 0과 분기점 S^* 사이의 행사가를 갖는 풋옵션과 S^*보다 큰 행사가를 갖는 콜옵션을 매수한다. 이때 포트폴리오의 가치는 다음과 같다.

$$\pi(S, S^*, v) = \int_0^{S^*} \frac{1}{K^2} P(S, K, v) dK + \int_{S^*}^{\infty} \frac{1}{K^2} C(S, K, v) dK \qquad (4.13)$$

만기에 최종 주가 S_T가 S^*보다 크면 S^*와 S_T 사이의 행사가를 갖는 콜옵션은 $S_T - K$의 가치를 갖고 다른 모든 콜옵션과 풋옵션의 가치는 0이 된다. 만기에는 $v = 0$이므로 전체 수익은 다음과 같다.

$$\pi(S_T, S^*, 0) = \int_{S^*}^{S_T} \frac{1}{K^2} (S_T - K) dK, \quad S_T > S^* \text{인 경우} \qquad (4.14)$$

유사하게, S_T가 S^*보다 작으면 S_T와 S^* 사이의 행사가를 갖는 풋옵션은 $K - S_T$의 가치를 갖고 다른 모든 콜옵션과 풋옵션의 가치는 0이 된다. 만기에 전체 수익은 다음과 같다.

$$\pi(S_T, S^*, 0) = \int_{S_T}^{S^*} \frac{1}{K^2} (K - S_T) dK, \quad S_T < S^* \text{인 경우}$$
$$= \int_{S^*}^{S_T} \frac{1}{K^2} (S_T - K) dK \qquad (4.15)$$

식 (4.14)와 식 (4.15)의 적분식은 만기에 S_T의 값에 무관하게 동일하다. 그러므로 다음을 얻는다.

$$\pi(S_T, S^*, 0) = \int_0^{S^*} \frac{1}{K^2} P(S_T, K, 0) dK + \int_{S^*}^{\infty} \frac{1}{K^2} C(S_T, K, 0) dK$$

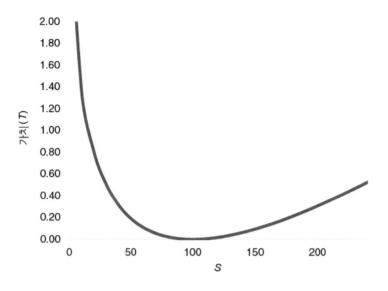

그림 4.5 $S^* = 100$일 때 복제 포트폴리오의 만기 가치

$$= \int_{S^*}^{S_T} \frac{1}{K^2}(S_T - K)dK \tag{4.16}$$

$$= \left(\frac{S_T - S^*}{S^*}\right) - \ln\left(\frac{S_T}{S^*}\right)$$

식 (4.16) 마지막 줄의 첫 번째 항은 S에 대한 인도 가격 S^*, 개수 $1/S^*$인 선도 계약의 만기 수익 구조다. 두 번째 항은 만기에 가치가 최종 주가의 로그에 의존하는 파생 상품인 로그 계약[log contract]의 수익 구조다. 로그 계약은 Neuberger(1994)에 의해 처음 소개된 이색 옵션이다.

식 (4.16)의 첫 번째 항인 선도 계약은 S의 변동성에 대한 정보가 없어도 가치를 결정할 수 있다. 따라서 복제 포트폴리오의 모든 변동성 민감도는 로그 계약에서 나온다. 그림 4.5는 식 (4.16)에서 기술한 복제 포트폴리오의 만기 수익 구조를 보여 준다.

계산 편의를 위해 무위험 이자율 $r = 0$으로 가정하고, 만기 전에 BSM 공식의 옵션 가격들을 이용해 복제 포트폴리오 내의 모든 옵션 행사가들에 대해 (상당히 어렵지만)

적분하면 다음이 된다.

$$\pi(S, S^*, v) = \left(\frac{S - S^*}{S^*}\right) - \ln\left(\frac{S}{S^*}\right) + \frac{1}{2}v^2 \tag{4.17}$$

이것은 식 (4.16)과 마지막 항만 차이가 난다. 바닐라 옵션은 해당하지 않지만, 만기 전과 만기 시의 가치 사이에 이와 같은 밀접한 유사성은 GBM을 따르는 주가의 로그 함수가 갖는 단순한 거동의 결과다.

BSM 모델에서 로그 계약 가치

로그 계약 L은 만기 T에 다음 가치를 지급하는 파생 상품이다.

$$L(S_T, S^*) = \ln\left(\frac{S_T}{S^*}\right) \tag{4.18}$$

여기서 S_T는 T 시점의 최종 주가이고 S^*는 고정된 행사가다. 만기 전 t 시점에서 이 계약의 가치는 얼마인가? 주식 S의 다른 파생 상품과 마찬가지로 로그 계약을 델타 헤지할 수 있으므로 BSM 식은 반드시 성립해야 한다. 무위험 이자율을 0이라 하면 3장의 식 (3.14)에서 다음을 얻는다.

$$\frac{\partial L}{\partial t} + \frac{1}{2}\sigma^2 S^2 \frac{\partial^2 L}{\partial S^2} = 0 \tag{4.19}$$

최종 조건인 식 (4.18)을 만족하는 BSM 방정식의 해는 다음과 같다.

$$L(S, S^*, t, T) = \ln\left(\frac{S}{S^*}\right) - \frac{1}{2}\sigma^2(T - t) \tag{4.20}$$

그러므로 로그 계약의 매도 포지션의 가치는 다음이 된다.

$$-L(S, S^*, t, T) = -\ln\left(\frac{S}{S^*}\right) + \frac{1}{2}\sigma^2(T - t) = -\ln\left(\frac{S}{S^*}\right) + \frac{1}{2}v^2 \tag{4.21}$$

식 (4.16)으로부터 가중치 $1/K^2$을 갖는 콜옵션과 풋옵션으로 구성돼서 분산 스와프를 효과적으로 복제하는 포트폴리오는, 인도 가격이 S^*이며 $1/S^*$ 개수의 선도 계약 매수와 행사가 S^*인 로그 계약 1개 매도라는 훨씬 더 간단한 포트폴리오의 수익 구조와 같다.

로그 계약에서 기초 자산 가격에 대한 민감도를 제거하려면 로그 계약 매도 포지션을 델타 헤지해야 한다. BSM 가정에서 로그 계약 매도 포지션의 델타는 $-\partial L/\partial S =$

$-1/S$이다. 기초 자산을 $1/S$만큼 소유하면, 즉 항상 \$1 가치의 기초 자산을 소유하면 $-L(S, S^*, t, T)$를 델타 헤지할 수 있다.

$-L(S, S^*, t, T)$의 감마는 $1/S^2$이다. 앞서 언급했듯이 개별 바닐라 콜옵션 또는 풋옵션은 변동성에 대한 순수한 투자가 아니다. ΓS^2이 시간이 지남에 따라 변하기 때문이다. 로그 계약의 매도 포지션의 경우는 $\Gamma = 1/S^2$이기 때문에 ΓS^2이 주가와 시간에 관계없이 일정하다. 즉 로그 계약은 변동성에 대한 순수한 투자이다. 주가에 대한 노출까지도 제거하려면 로그 계약과 함께 선도 계약이 더 필요하다.

$-L(S, S^*, t, T)$의 분산 민감도 κ는 $(T-t)/2$이다. 계약 시점 $t = 0$일 때 $\kappa = T/2$이다. 식 (4.17) 복제 포트폴리오를 $2/T$만큼 개수를 조절하면 $2/T$ 배의 선도 계약을 매수하고 $2/T$ 배의 로그 계약을 매도하는 것으로 계약 시점에 $\kappa = 1$이 된다. 이런 포트폴리오의 가치는 다음이 된다.

$$\pi(S, S^*, t, T) = \frac{2}{T}\left[\left(\frac{S - S^*}{S^*}\right) - \ln\left(\frac{S}{S^*}\right)\right] + \frac{T-t}{T}\sigma^2 \tag{4.22}$$

계약 시점의 주가를 S_0라 가정한다. S^*을 S_0로 설정하면 행사가가 S_0보다 작으면 풋옵션을 매수하고 큰 경우는 콜옵션을 매수한다. 계약 시점에서는 $S = S_0 = S^*$이므로 식 (4.22)의 첫 번째 항은 사라지고 다음이 된다.

$$\pi(S_0, S_0, 0, T) = \sigma^2 \tag{4.23}$$

BSM 세계에서 적절하게 개수가 조정된 복제 포트폴리오의 초기 공정가는 기초 자산 주식의 분산인 σ^2와 같다. 적절하게 규모가 조정된 로그 계약 포트폴리오를 연속적으로 헤지함으로써 주가와 무관한 주식의 분산을 가치로 갖는 포트폴리오를 생성할 수 있다.

만기 시에 개수가 조정된 포트폴리오의 수익 구조는 다음이 된다.

$$\pi(S_T, S_0, T, T) = \frac{2}{T}\left[\left(\frac{S_T - S_0}{S_0}\right) - \ln\left(\frac{S_T}{S_0}\right)\right] \tag{4.24}$$

로그 계약의 공정가와 미래 실현 분산

로그 계약을 연속적으로 헤지하는 것이, 어떻게 주식의 분산 σ^2을 가치로 갖는 증권을 생성할까? 여기서는 로그 계약을 헤지함으로써 주식의 분산을 복제하는 것을 이산 시간 간격 기준으로 단계별로 설명하겠다.

만기 시점 T에 $\ln(S_T/S_0)$를 지불하는 로그 계약의 가치를 알지 못한다고 가정한다. 로그 계약의 오늘의 가치를 L_0로 표시한다. 설명의 편의를 위해 무위험 이자율과 배당을 0으로 가정한다. 이제 1개의 로그 계약 매도와 \$1 상당의 주식을 매수하는 것으로 시작하는 거래 전략을 생각한다. 그런 다음 시점 t_0부터 만기 시점 t_N 사이 모든 시간 단계의 끝 부분에 포트폴리오를 재조정해 \$1 상당의 주식을 지속적으로 유지한다. 주식을 추가로 사는 데 필요한 돈은 무이자로 은행에서 빌리고, 주식을 팔면서 받은 돈도 마찬가지로 무이자로 은행에 예금한다.

다음 표들은 각 일련의 시점 t_i에서 재조정 전후의 은행 잔고와 주식 및 로그 계약의 포지션을 표시한다. 표 4.1에서 볼 수 있듯이 처음에 $1/S_0$ 개수의 주식을 매수해 주식 가치가 \$1이며 L_0인 로그 계약을 매도한다. 표 4.1의 두 번째 줄은 재조정 전 시점 t_1의 가치들을 보여 준다.

시점	주가	주식 개수	주식 가치	로그 계약	현금 잔고	포지션 전체 가치
t_0	S_0	$\frac{1}{S_0}$	1	L_0	0	$1 - L_0$
$t_{1(\text{pre})}$	S_1	$\frac{1}{S_0}$	$\frac{S_1}{S_0}$	L_1	0	$\frac{S_1}{S_0} - L_1$

표 4.1 재조정 전, 1단계

이제 포트폴리오를 재조정해 포지션의 주식 가치를 \$1로 되돌린다. 이를 위해 $(1/S_1 - 1/S_0)$ 개수의 주식을 매수한다. 주식을 매수하고자 현금 $(1/S_1 - 1/S_0)S_1 = 1 - S_1/S_0$을 빌린다. 주식을 매수한 후의 전체 개수는 $1/S_1$이며 전체 가치는 \$1다. 현금은 $1 - S_1/S_0$만큼 빌린 상태다(또는 현금이 부족한 상태다). 재조정 후 포지션은 표 4.2와 같다.

시점	주가	주식 개수	주식 가치	로그 계약	현금 잔고	포지션 전체 가치
$t_{1(\text{post})}$	S_1	$\frac{1}{S_1}$	1	L_1	$-\frac{S_0-S_1}{S_0}$	$1-L_1$ $-\frac{S_0-S_1}{S_0}$

표 4.2 재조정, 2단계

이제 시점 t_2로 이동해 재조정을 하면 표 4.3과 같다.

시점	주가	주식 개수	주식 가치	로그 계약	현금 잔고	포지션 전체 가치
$t_{2(\text{post})}$	S_2	$\frac{1}{S_2}$	1	L_2	$-\frac{S_0-S_1}{S_0}$ $-\frac{S_1-S_2}{S_1}$	$1-L_2$ $-\frac{S_0-S_1}{S_0}$ $-\frac{S_1-S_2}{S_1}$

표 4.3 재조정, 3단계

만기에 도달할 때까지 N번 재조정을 계속 반복하면 포지션의 최종 가치는 다음과 같다.

$$
\begin{aligned}
V_N &= 1 - L_N - \sum_{i=0}^{N-1} \frac{S_i - S_{i+1}}{S_i} \\
&= 1 - \ln\left(\frac{S_N}{S_0}\right) + \sum_{i=0}^{N-1} \frac{\Delta S_i}{S_i} \\
&= 1 - \sum_{i=0}^{N-1} \ln\left(\frac{S_{i+1}}{S_i}\right) + \sum_{i=0}^{N-1} \frac{\Delta S_i}{S_i}
\end{aligned}
\tag{4.25}
$$

여기서 마지막 줄은 다음 전개를 이용한 것이다.

$$
\ln(S_N/S_0) = \ln(S_N) - \ln(S_0)
$$

$$
= \ln\left(S_N/S_{N-1}\right) + \ln\left(S_{N-1}/S_{N-2}\right) + \ldots + \ln\left(S_1/S_0\right)
$$

ln에 대해 2차 테일러 전개$^{\text{Taylor expansion}}$를 이용하면 다음을 얻는다.

$$V_N = 1 - \sum_{i=0}^{N-1} \left[\frac{\Delta S_i}{S_i} - \frac{1}{2} \left(\frac{\Delta S_i}{S_i} \right)^2 \right] + \sum_{i=0}^{N-1} \frac{\Delta S_i}{S_i}$$

$$= 1 + \sum_{i=0}^{N-1} \frac{1}{2} \left(\frac{\Delta S_i}{S_i} \right)^2 \tag{4.26}$$

$$= 1 + \sum_{i=0}^{N-1} \frac{\sigma_i^2 \Delta t_i}{2}$$

무위험 차익 거래 불가능의 원칙에 따라 포트폴리오의 초기 가치는 이자율이 0인 경우 V_N과 같아야 한다.

$$V_0 = 1 - L_0 = 1 + \sum_{i=0}^{N-1} \frac{\sigma_i^2 \Delta t_i}{2} \tag{4.27}$$

그러므로 로그 계약의 초깃값을 구할 수 있다.

$$L_0 = - \sum_{i=0}^{N-1} \frac{\sigma_i^2 \Delta t_i}{2} \tag{4.28}$$

결국 로그 계약의 현재 가치는 잔존 만기 동안의 미래 실현 분산에 비례한다.

확률 변동성의 경우

앞의 논의에서는 BSM 옵션 가격 공식의 유효성을 가정했다. 사실 주가가 (불연속적인 점프를 갖지 않고) 연속적으로 확산되면 확률 변동성을 갖고 있어도 여전히 로그 계약과 기초 자산 주식으로 구성된 포지션으로 분산 스와프를 복제할 수 있다. 시간이 지남에 따라 변동성이 변하든 또는 수익률이 대칭이 아닌 왜도^{skew}를 갖든 두꺼운 꼬리$^{\text{fat tail}}$형태가 되든 상관없이 다음에서 설명하듯이 분산 스와프를 복제할 수 있다.

주식 수익률은 일반적인 확산 과정을 따른다고 가정한다.

$$\frac{dS}{S} = \mu_t dt + \sigma_t dZ \tag{4.29}$$

여기서 추세율과 특히 변동성은 확률적일 수 있으며 무위험 이자율 r은 0으로 가정하지 않는다. 이토 보조정리^{Itô's lemma}에서 다음을 얻는다.

$$d \ln S = \left(\mu_t - \frac{\sigma_t^2}{2} \right) dt + \sigma_t dZ \tag{4.30}$$

식 (4.29)에 식 (4.30)을 빼면 다음 식이 나온다.

$$\frac{dS}{S} - d \ln S = \frac{1}{2} \sigma_t^2 dt \tag{4.31}$$

항을 재정렬하고 계약 기간 동안 적분하고 배율을 조정하면 다음이 된다.

$$\frac{1}{T} \int_0^T \sigma_t^2 dt = \frac{2}{T} \left[\int_0^T \frac{1}{S} dS - \ln \left(\frac{S_T}{S_0} \right) \right] \tag{4.32}$$

식 (4.32)의 왼쪽 항은 단순히 계약 기간 동안의 총 미래 분산의 평균이며 주요 관심 대상이다. 이 식은 분산에 대한 복제 전략을 나타낸다. 식 (4.32)의 오른쪽 첫 번째 항은 순간적으로 항상 \$1 가치가 되도록 $1/S$ 개수만큼 매수한 주식 포지션을 유지하고자 연속적인 포지션 재조정의 결과물로 생각할 수 있다. 두 번째 항은 만기 시 총 수익률의 로그값을 지불하는 계약의 단순 매도 포지션이다. 이 연속적인 재조정 전략으로 계약 시작부터 만기 시점 T까지 실현된 주식 분산을 포착하는 것이다. 식 (4.32)는 어떤 기댓값이나 평균값도 사용하지 않았고, 주가가 연속적으로 움직이면 어떤 경로로 실현되든 분산을 포착할 수 있음을 보장한다.[4]

분산의 가치

옵션 이론의 표준 결과물 적용하고 증권의 시장 가격들을 이용하면 식 (4.32)를 분산 스와프를 평가에 사용할 수 있다. 즉 우변의 위험 중립 기댓값을 고려하면 분산 복제의 기대 비용은 다음과 같다.

$$\pi(S_0, S_0, 0, T) = \frac{2}{T} \mathbb{E} \left[\int_0^T \frac{1}{S} dS - \ln \left(\frac{S_T}{S_0} \right) \right] \tag{4.33}$$

여기서 $\mathbb{E}[\cdot]$는 위험 중립 세계에서 기댓값을 나타낸다.

---

4. 이 절은 Kresimir Demeterfi, Emanuel Derman, Michael Kamal, and Joseph Zou, "A Guide to Volatility and Variance Swaps", *Journal of Derivatives* 4 (1999): 9-32를 참조했다.

식 (4.33) 우변의 대괄호 안에 있는 첫 번째 항의 위험 중립 기댓값은 다음으로 주어진다.

$$\mathbb{E}\left[\int_0^T \frac{1}{S}dS\right] = rT \tag{4.34}$$

로그 계약은 시장에서 거래되지 않기 때문에 만기에 로그 계약 수익 구조를 모든 S_T에 대해 풋옵션과 콜옵션의 포트폴리오 수익 구조로 대체하고자 한다. 복제에 사용되는 풋옵션과 콜옵션의 시장 가치는 알려져 있다고 가정한다. 먼저 다음과 같이 행사가 분기점 S^*을 포함해 최종 수익 구조를 분해할 수 있다.

$$-\ln\left(\frac{S_T}{S_0}\right) = -\ln\left(\frac{S^*}{S_0}\right) - \ln\left(\frac{S_T}{S^*}\right) \tag{4.35}$$

그린 다음 식 (4.16)을 대입한다.

$$\begin{aligned}
-\ln\left(\frac{S_T}{S_0}\right) = &-\ln\left(\frac{S^*}{S_0}\right) - \frac{S_T - S^*}{S^*} + \int_0^{S^*} \frac{1}{K^2}P(K,T)dK \\
&+ \int_{S^*}^\infty \frac{1}{K^2}C(K,T)dK
\end{aligned} \tag{4.36}$$

여기서 $P(K,T)$와 $C(K,T)$는 각각 행사가가 K인 풋옵션과 콜옵션의 만기 시점 T에서의 가치를 나타내고 $(S_T - S^*)/S^*$은 행사가가 S^*인 $1/S^*$ 개수의 선도 계약의 수익 구조다.

위험 중립 세계에서 식 (4.36) 우변의 기댓값은 다음과 같다.

$$\begin{aligned}
-\mathbb{E}\left[\ln\left(\frac{S_T}{S_0}\right)\right] = &-\ln\left(\frac{S^*}{S_0}\right) - \frac{S_0 e^{rT} - S^*}{S^*} \\
&+ \int_0^{S^*} \frac{1}{K^2}e^{rT}P(K,0)\,dK \\
&+ \int_{S^*}^\infty \frac{1}{K^2}e^{rT}C(K,0)\,dK
\end{aligned} \tag{4.37}$$

여기서는 위험 중립 가치 평가의 일반적인 결과인 $C(K,0) = e^{-rT}\,\mathbb{E}[C(K,T)]$, $P(K,0) = e^{-rT}\,\mathbb{E}[P(K,T)]$를 사용했다.

식 (4.34)와 식 (4.37)을 식 (4.33)에 대입하면 다음을 얻는다.

$$\pi(S_0, S_0, 0, T) = \frac{2}{T}\left[rT - \ln\left(\frac{S^*}{S_0}\right) - \frac{S_0 e^{rT} - S^*}{S^*} \right.$$
$$+ e^{rT}\int_0^{S^*} \frac{1}{K^2}P(K,0)\,dK \tag{4.38}$$
$$\left. + e^{rT}\int_{S^*}^{\infty} \frac{1}{K^2}C(K,0)\,dK \right]$$

이 결과는 주가가 GBM을 만족하면 시작 시점부터 만료 시점까지 변동성의 변화에 무관하다. 최종 가치는 풋옵션과 콜옵션의 초기 가격에만 의존하고, 이런 가격은 시장에서 관찰할 수 있다.

S^*를 S_0로 설정하면 식은 더 간단해진다.

$$\pi(S_0, S_0, 0, T) = \frac{2}{T}\left[rT - (e^{rT} - 1) \right.$$
$$+ e^{rT}\int_0^{S_0} \frac{1}{K^2}P(K,0)dK \tag{4.39}$$
$$\left. + e^{rT}\int_{S_0}^{\infty} \frac{1}{K^2}C(K,0)dK \right]$$

전형적인 r과 T의 값에 대해서 rT와 $e^{rT} - 1$는 거의 같기에 분산 복제의 가치는 다음으로 근사할 수 있다.

$$\pi(S_0, S_0, 0, T) \approx \frac{2}{T}\left[e^{rT}\int_0^{S_0} \frac{1}{K^2}P(K,0)\,dK \right.$$
$$\left. + e^{rT}\int_{S_0}^{\infty} \frac{1}{K^2}C(K,0)\,dK \right] \tag{4.40}$$

식 (4.16) 유도할 때 사용한 논리를 동일하게 사용하면 만기 시 분산 복제의 가치를 구할 수 있다.

$$\pi(S_T, S_0, T, T) = \frac{2}{T}\left[\left(\frac{S_T - S_0}{S_0}\right) - \ln\left(\frac{S_T}{S_0}\right) \right] \tag{4.41}$$

이것은 앞에서 BSM 가격 공식을 사용해 유도한 것과 동일하다.

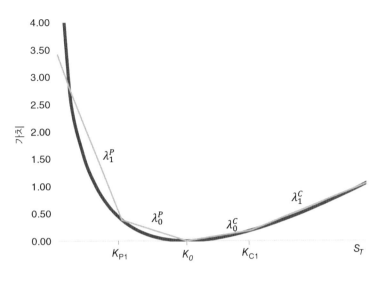

그림 4.6 분산 스와프의 조각 선형 복제

유한개의 옵션

시장에 모든 행사가의 옵션이 있으면 식 (4.40)을 이용해 분산의 시장가를 구할 수 있다. 계산된 가치는 옵션 시장의 최초 가격에만 의존하고 미래 변동성에 무관하다. 그러나 불행히도 특정 기초 자산과 같은 만기일에 대한 옵션은 제한된 개수의 행사가만 금융 시장에서 거래된다.

가능한 해결책으로, 식 (4.41)에 나타난 옵션 무한개로 구성된 포트폴리오의 만기 수익 구조를 앞에서 설명한 조각 선형 복제 전략으로 근사한다. 그림 4.6은 조각 선형 함수를 사용해 포트폴리오의 만기 수익 구조를 근사하는 방법을 보여 준다.

연속 함수는 S_T가 0에 접근할 때 무한대로 발산하며 모든 양의 S_T에 대해 정의되는 것을 볼 수 있다. 실제로 이 함수의 대부분의 영역에서는 근삿값으로도 충분하다. 다음의 풋옵션과 콜옵션으로 근사할 수 있다.

$$V(t) = \cdots + (\lambda_1^P - \lambda_0^P)P(K_P^1) + \lambda_0^P P(K_0) + \lambda_0^C C(K_0) \\ + (\lambda_1^C - \lambda_0^C)C(K_C^1) + \cdots \tag{4.42}$$

여기서 각 λ는 그림 4.6에서 확인할 수 있는 선분의 기울기다. 식 (4.42)의 자세한 유도 과정은 부록 C에 있다.

이런 방식으로 분산의 시장 가격은 유한개의 풋옵션과 콜옵션을 사용해 근사화될 수 있다. 이 결과는 변동성의 미래 변화와 무관하고 복제 포트폴리오에서 사용하는 옵션의 가격은 시장에서 관찰할 수 있다. 다음 보기에서 구체적인 계산을 살펴본다.

보기 4.2

질문

S&P 500에 대한 1년 분산의 시장 가격을 추정하라. 무위험 이자율은 0이고, S&P 지수의 현재 수준은 2,000으로 가정한다. S&P 500에 대해 만기가 1년인 옵션의 시장가는 다음 표로 주어진다.

K_i	C_i	P_i
1,200	802.91	2.91
1,400	614.38	14.38
1,600	445.31	45.31
1,800	305.44	105.44
2,000	198.95	198.95
2,200	123.81	323.81
2,400	74.12	474.12
2,600	42.97	642.97
2,800	24.28	824.28

정답

식 (4.42)를 사용해 분산의 시장가를 근사할 수 있다. $K_0 = S_0$로 둔다. 식 (4.41)에서 이용 가능한 행사가 K_i에 대해 $S_T = K_i$일 때 포트폴리오 가치 $\pi(K_i)$를 계산한다. 다음으로 선형 조각 함수의 기울기 $[\pi(K_i) - \pi(K_{i-1})]/(K_i - K_{i-1})$을 계산한다. 그런 다음 기울기들의 절댓값 λ_i를 사용해 옵션의 가중치를 계산한다.

다음 표의 가장 오른쪽 열은 가중치에 옵션 가격을 곱한 것이다. 현재 지수보다 낮은 행사가는 풋옵션을 사용하고, 현재 지수보다 높은 행사가는 콜옵션을 사용한다. 가장 오른쪽 열에 값을 합하면 근사적인 분산 가격을 얻을 수 있다. 분산 스와프의 가격은 일반적으로 변동성으로 표시한다. 따라서 최종 답은 $\sigma_K^2 = (25.15\%)^2$이다.

K_i	$\pi(K_i)$	λ_i	w_i	C_i	P_i	$w_i \times O_i$
1,000	0.386					
1,200	0.222	0.000823	0.000282		2.91	0.0008
1,400	0.113	0.000542	0.000206		14.38	0.0030
1,600	0.046	0.000335	0.000157		45.31	0.0071
1,800	0.011	0.000178	0.000124		105.44	0.0131
2,000	0.000	0.000054	0.000054		198.95	0.0107
2,000	0.000	0.000047	0.000047	198.95		0.0093
2,200	0.009	0.000130	0.000083	123.81		0.0103
2,400	0.035	0.000200	0.000070	74.12		0.0052
2,600	0.075	0.000259	0.000059	42.97		0.0026
2,800	0.127	0.000310	0.000051	24.28		0.0012
3,000	0.189					
					분산	0.0632
					변동성	0.2515

이 보기에서는 다행스럽게 행사가가 $S^* = Se^{r\tau}$ 인 옵션을 이용해 계산했다. 그리고 현재 지수 수준에서 $\pm 50\%$ 의 범위에 있는 행사가의 옵션 9개만을 사용했다. 이렇게 얻은 가격은 얼마나 정확할까? 보기에서 주어진 옵션 가격은 일정한 내재 변동성 25%와 BSM 공식을 사용해 생성했다. 오차가 심하지는 않지만, 실무에 적용하려면 곡선을 근사하기 위한 더 많은 옵션이 필요하다.

조각 선형 근사는 편향[biased]돼 있다. 그림 4.6에서 볼 수 있듯이 근사는 거의 항상 실제 곡선보다 위에 있다. 이로 인해 조각 선형 근사가 분산 스와프의 값을 과대평가하게 된다. 더 많은 옵션을 추가해 행사가 부근에서 근삿값이 실제 곡선을 더 정확하게 따르면 이런 편향은 감소한다. 선형 근삿값이 곡선보다 아래에 있는 곳은 외가격 옵션 가격이어서 무시할 수 있고 공정 분산의 가치에 거의 영향을 주지 않는 양쪽 극단이다. 그러나 복제 포트폴리오에 사용한 옵션의 범위가 너무 좁은 경우는 분산 스와프의 가치를 과소평가할 수 있다.

계산에 더 많은 옵션을 추가하려고 해도 시장에서 가격을 찾을 수 없는 경우가 많다. 한 가지 해결책은 사용 가능한 옵션 가격을 이용해 가격을 보간[interpolate]하는 것이다. 보기의 데이터를 사용하면 2,000의 콜옵션 가격이 \$198.95이고 2,200의 콜옵션 가격이 \$123.81이므로 2,100의 콜옵션 가격이 \$161.38이라고 예상할 수 있다. 옵션 가격은 일반적으로 행사가의 선형 함수로 정확하게 근사되지 않는다. 더 나은 해결책으로 변동성 스마일 모양을 가정한다. 예를 들어 내재 변동성이 행사가 또는 옵션 델타에 선형이라고 가정하고 추가 옵션 가격을 계산할 수 있다. 이런 접근 방식을 사용하면 식 (4.40)에서 모든 행사가에 대한 옵션 가격을 계산할 수 있다. Demeterfi et al.(1999)에서 내재 변동성이 모든 행사가에서 행사가 또는 델타에 선형인 경우 분산 스와프의 가치는 매우 간단한 수식으로 계산된다. 예를 들어 BSM 내재 변동성이 다음 식으로 주어진다고 가정한다.

$$\sigma(K) = \sigma_F - b\frac{K - S_F}{S_F} \tag{4.43}$$

여기서 S_F는 분산 스와프 만기일의 주식 선도 가격이고, σ_F는 행사가가 S_F인 옵션의 내재 변동성, b는 상수다. 그러면 Demeterfi et al.(1999)에서 분산 가격은 다음으로 근사된다.

$$\sigma_K^2 = \sigma_F^2(1 + 3Tb^2) \tag{4.44}$$

괄호 안에 고차항을 추가하면 더 좋은 근삿값을 구할 수 있다.

복제 오류

복제를 이용해 분산 스와프의 가치를 완벽하게 계산하려면 가능한 모든 행사가, 즉 무한개의 옵션 가격이 필요하다. 4장의 앞부분에서 시장에서 모든 행사가의 옵션이 거래된다고 가정하고 분산 스와프 가치를 산출하는 방법을 보여 줬다. 앞의 절에서는 유한개의 옵션을 사용해 분산 스와프를 근사하는 방법을 설명했다. 이제 더 근본적인 질문을 할 수 있다. 가치 평가가 이론으로만 가능한 복제 전략을 기반으로 할 때 분산 스와프의 가치가 실제와 얼마나 다를까? 완벽한 복제 이론과 달리, 무위험 차익 거래가 허용되고 유한개의 옵션만을 사용하는 실제 복제는 필연적으로 위험을 수반하고 이론 가격에 리스크 프리미엄을 추가해야 한다.

제한된 개수의 행사가는 두 가지 문제를 야기한다. 첫째, 인접한 행사가 사이에 간격이 있기 때문에 옵션 가격 집합이 연속적이지 않다. 둘째, 행사가의 전체 범위가 제한적이어서 주가가 행사가 범위를 벗어나면 복제가 불가능해진다. 실무에서는 인접한 행사가 간격은 심각한 문제가 아니다. 예를 들어 지수 옵션 시장이 행사가 90, 95, 100, 105, 110으로 제한돼 있다면 분산 스와프의 수익 구조를 102 주위에서 합리적으로 근사하도록 작업을 할 수 있다. 그러나 지수가 90 이하 또는 110 이상으로 크게 이동하면 해당 지역의 지수 변동의 분산을 포착하는 적절한 감마를 갖는 옵션이 없을 것이다. 행사가가 일부 범위에 한정된 옵션으로 구성된 포트폴리오를 이용해 분산 스와프를 복제하면 주가가 해당 범위를 벗어나지 않기를 기대하는 것이다. 이 문제는 그림 4.4에서도 분명하다. 그림에서 볼 수 있듯이 가중치 $1/K^2$를 갖는 옵션 포트폴리오의 카파^{kappa}는 옵션의 행사가가 있는 범위에서는 상대적으로 평평하지만 이 범위 밖에서는 가파르고 불안정하다.

시간이 흐를수록 지수나 주가가 극단의 값을 가질 가능성이 높아진다. 분산 스와프의 만기가 길수록 복제 포트폴리오에 필요한 행사가의 범위는 넓어진다.

복제 공식을 도출할 때 기초 자산의 점프(불연속 움직임)는 없다고 가정했다. 점프는 두 가지 이유로 복제를 불가능하게 만든다. 첫째, 큰 점프는 사용 가능한 행사가 범위 밖으로 기초 자산 가격을 이동시킨다. 둘째, (더 중요한 것으로) 분산 스와프를 복제하고자 로그 계약을 델타 헤지하는 것은 기초 자산 주식의 분산을 정의하는 2차 기여분 $(dS/S)^2$뿐만 아니라 $(dS/S)^3$과 같은 고차항까지 연관돼 있다. 식 (4.25)의 마지막 줄에 있는 로그 항을 작은 $(\Delta S_i/S_i)$에 대해 테일러 급수로 전개를 하면 분산 스와프로 포착 가능한 분산을 일치시키는 $(dS/S)^2$항뿐만 아니라 $(dS/S)^3$과 같은 고차항까지도 전개 가능하다. 다만 식 (4.26)에서 이런 고차항들의 기여가 작다고 가정하고 무시했다. 이런 고차항은 주가의 거동이 연속적일 때는 실제로 무시할 수 있지만 불연속 움직임인 큰 점프가 발생할 때는 무시할 수 없을 정도로 중요해진다. 이 경우 로그 함수 확장의 고차 항으로 인해 헤지된 로그 계약이 실제 분산 값과 달라진다. 점프를 고려한 분산 스와프 가격과 분산 스와프 복제에 대해서는 Demeterfi et al.(1999)에 나와 있다.

VIX 변동성 지수

1993년에 CBOE$^{Chicago\ Board\ Options\ Exchange}$는 S&P 100 옵션의 내재 변동성을 추적하려고 변동성 지수 VIX를 개발했다. 이 지수는 다양한 등가격$^{ATM,\ At-The-Money}$과 외가격 내재 변동성의 가중 평균을 기반으로 구성됐다. 이런 초기 방법은 이해하기 쉽지만 다소 임의적이었다.

2003년에 CBOE는 VIX의 기초 지수를 S&P 100에서 S&P 500으로 변경했다. 동시에 VIX 계산을 식 (4.38)과 (CBOE는 배당을 포함해) 유사한 평가 공식을 사용해 분산 스와프의 공정 인도 가격의 제곱근을 기반으로 변경했다. 분산에 대한 정확한 공식은 일정 범위의 행사가를 갖는 유한개의 S&P 500 옵션들의 시장가의 합계로 표현된다. 만기 측면에서는 30일 미만의 옵션들의 합과 30일 이상의 만기를 갖는 옵션들의 합을 이용한다. 그런 다음 두 분산 값 사이를 보간해 30일 변동성을 계산한다.

이렇게 정의한 VIX는 여러 가지 장점을 갖는다. 가장 큰 장점은 S&P 500 옵션의 실제 시장가로 정의한 것이다. 또한 식 (4.38)의 기초가 되는 가정들이 동일하게 VIX에 적용된다. 이 때문에 VIX는 모델에 상대적으로 자유롭다. BSM 공식을 가정하지 않고 S&P 500의 수익률이 연속인 것만 가정한다. VIX의 가치는 거래소에 상장된 옵션을 기반으로 하기 때문에 이를 복제할 수 있어 트레이더가 VIX에 대한 선도 가격과 선물 가격을 합리적으로 계산하고 헤지할 수 있다. VIX에 대한 옵션 또한 가치 평가할 수 있다. 이를 위해서는 분산의 시간에 따른 변화에 대한 가정, 특히 변동성의 변동성에 대한 정보가 필요하다. CBOE는 현재 VIX에 관한 선물과 옵션을 상장해 거래 가능하도록 하고 있다.

연습문제

4-1. BSM 공식을 이용해 만기 6개월, 행사가 15,000인 NKY^{Nikkei 225 Index}의 유럽형 콜옵션 가격과 베가를 계산하라. NKY의 현재 수준은 15,000이다. 배당은 없고 무위험 이자율이 0%, 내재 변동성이 20%라고 가정한다. 변동성이 21%로 증가했을 때 베가를 이용해 예상되는 가격을 계산하라. 실제 가격은 얼마인가?

4-2. 귀하의 회사는 SX5E^{Euro Stoxx 50 Index}를 기초 자산으로 하고 행사가 25%, 명목금액 €1,000,000인 변동성 스와프를 체결했다. 회사는 변동성 매수 포지션이며 실현 변동성이 25%보다 높으면 수익을 얻는다. 변동성 스와프는 현재 잔존 만기가 1년이다. 회사는 이런 노출을 헤지하기 원하지만 거래 상대방이 제공하려는 계약은 분산 스와프뿐이다. SX5E의 분산을 25%의 행사가로 매도할 수 있다고 가정하고 식 (4.6)을 사용해 기존 변동성 스와프를 헤지하는

데 필요한 분산 스와프의 명목 금액을 결정하라. 실현된 변동성이 24%라면 헤지된 포지션의 수익은 얼마인가? 실현 변동성이 30%라면 얼마인가?

4-3. 만기가 3개월이고 내재 변동성이 15%인, 행사가 80, 90, 100, 110, 120인 옵션 5개에 대해 카파의 그래프를 그려라. 그래프의 x축인 주가의 범위는 60 에서 140으로 한다. BSM 모델과 배당 0, 이자율 0을 가정한다. 개별 옵션에 대한 그래프 외에도 행사가의 제곱에 반비례하는 가중치를 갖는 옵션 5개로 구성된 포트폴리오의 카파를 그려라. 단 가중치 합은 1이다.

4-4. SOP$^{SOP\ Corp.}$ 주식에 대한 1년 만기 분산 스와프 가격을 결정하라. 시장에서 거래되는 옵션의 행사가의 범위는 $5에서 $15이고, 이 범위의 옵션 가격은 다음 2차 다항식으로 표현된다고 가정한다.

$$C(K) = \frac{1}{20}K^2 - 1.5K + 11.25$$
$$P(K) = \frac{1}{20}K^2 - 0.5K + 1.25$$

이자율과 배당이 0이고 SOP의 현재 가격은 $10라고 가정한다. 시장에 있는 행사가로 구성된 1년 만기 분산 스와프의 공정 행사가는 얼마인가?

4-5. GOOG$^{Google\ Inc.}$ 주식의 6개월 분산 스와프 가격을 결정하라. 현재 주당 $500에 거래되고 있고, 이자율과 배당 0을 가정한다. 분산 스와프의 공정 분산을 계산하고자 조각 선형 복제를 이용하고 행사가를 $350에서 $650의 범위로 제한한다. 모든 옵션 대해 40%의 BSM 내재 변동성을 가정하고, 복제 포트폴리오의 가치를 $300, $350, $450, ..., $650, $700 행사가에서 식 (4.41)로 계산하면 옵션 가중치를 찾을 수 있다.

4-6. 앞의 문제에서 옵션 범위를 $250, $300, ..., $750으로 확장해 다시 풀어라.

5장

헤지 전략의 P&L

- 순간적인 무위험 포트폴리오
- 블랙-숄즈-머튼 방정식
- 블랙-숄즈-머튼 옵션 가격 공식
- 옵션 헤지의 다양한 방법
- 변동성에 따른 헤지 손익

블랙-숄즈-머튼 방정식

복제를 이용한 평가는 BSM 옵션 가격 결정 공식의 기초가 되는 이론적 기반이다. BSM 공식을 유도하려면 다음의 몇 가지 가정이 필요하다.

- 주가는 상수 변동성을 갖고 점프가 없이 연속으로 움직인다(1-인자 GBM).
- 트레이더는 임의의 개수를 매수 또는 공매도해 연속적으로 헤지를 할 수 있다.
- 매수-매도 스프레드$^{\text{bid-ask spreads}}$가 없다.
- 거래 비용이 없다.
- 포지션의 강제 청산이 없다.

t 시점에서 가격이 S이고 상수 변동성 σ_S와 기대 수익률 μ_S를 갖는 주식과 상수 수익률 r을 갖고 가격이 B인 무위험 채권을 고려한다. 주식과 채권의 가격에 대한

확률적 거동은 다음과 같다.

$$dS = \mu_S S dt + \sigma_S S dZ$$
$$dB = Brdt$$

(5.1)

여기서 dZ는 표준 위너 과정$^{\text{Wiener process}}$이다. t 시점에 이 주식에 대한 콜옵션의 가격 C는 주가와 시간에 의존한다. 이토 보조정리$^{\text{Itô's lemma}}$를 사용하면 C의 변동을 구할 수 있다.

$$
\begin{aligned}
dC &= \frac{\partial C}{\partial t}dt + \frac{\partial C}{\partial S}dS + \frac{1}{2}\frac{\partial^2 C}{\partial S^2}(\sigma_S S)^2 dt \\
&= \left\{ \frac{\partial C}{\partial t}dt + \frac{\partial C}{\partial S}\mu_S S + \frac{1}{2}\frac{\partial^2 C}{\partial S^2}(\sigma_S S)^2 \right\}dt + \frac{\partial C}{\partial S}\sigma_S S dZ \\
&= \mu_C C dt + \sigma_C C dZ
\end{aligned}
$$

(5.2)

여기서 μ_C와 σ_C는 다음으로 정의한다.

$$
\begin{aligned}
\mu_C &= \frac{1}{C}\left\{ \frac{\partial C}{\partial t} + \frac{\partial C}{\partial S}\mu_S S + \frac{1}{2}\frac{\partial^2 C}{\partial S^2}(\sigma_S S)^2 \right\} \\
\sigma_C &= \frac{S}{C}\frac{\partial C}{\partial S}\sigma_S = \frac{\partial \ln C}{\partial \ln S}\sigma_S
\end{aligned}
$$

(5.3)

식 (5.1)과 식 (5.2)에서 주식과 콜옵션의 위험은 모두 확률과 관련된 항 dZ에만 의존한다. S와 C의 포지션을 결합해 위험을 상쇄하면 순간적으로 무위험 포트폴리오를 만들 수 있다. 이 무위험 포트폴리오(또는 헤지 포트폴리오)를 π로 표기한다. $\pi = \alpha S + C$이다. 여기서 α는 t 시점에서 콜옵션의 위험을 헤지하는 데 필요한 주식의 개수이다. 그러면 다음 식을 얻는다.

$$
\begin{aligned}
d\pi &= \alpha(\mu_S S dt + \sigma_S S dZ) + (\mu_C C dt + \sigma_C C dZ) \\
&= (\alpha\mu_S S + \mu_C C)dt + (\alpha\sigma_S S + \sigma_C C)dZ
\end{aligned}
$$

(5.4)

포트폴리오가 순간적으로 무위험 상태가 되려면 확률과 관련된 항인 dZ의 계수가 0이어야 한다. 결국 다음의 상태를 원한다.

$$\alpha\sigma_S S + \sigma_C C = 0 \quad \Rightarrow \quad \alpha = -\frac{\sigma_C C}{\sigma_S S}$$

(5.5)

그러면 다음이 성립한다.

$$d\pi = (\alpha \mu_S S + \mu_C C)dt \tag{5.6}$$

이 포트폴리오는 t 시점에 순간적으로 위험이 없으므로 일물일가 법칙에 의해 무위험 이자율 r만큼 증가해야 한다.

$$d\pi = \pi r dt \tag{5.7}$$

위의 식에 헤지 포트폴리오를 대입하면 다음을 얻는다.

$$\alpha \mu_S S + \mu_C C = (\alpha S + C)r \tag{5.8}$$

식 (5.8)을 정리하면 α를 결정할 수 있다.

$$\alpha = -\frac{C(\mu_C - r)}{S(\mu_S - r)} \tag{5.9}$$

식 (5.5)와 식 (5.9)에서 다음 식을 얻는다.

$$\frac{(\mu_C - r)}{\sigma_C} = \frac{(\mu_S - r)}{\sigma_S} \tag{5.10}$$

즉 콜옵션과 기초 자산 주식은 동일한 순간 샤프 비율을 가져야 한다. 무위험 차익 거래가 불가능한 경우 주식과 옵션의 변동성 단위당 예상 초과 수익률은 동일해야 한다. 이것이 블랙과 숄즈가 처음 BSM 방정식을 도출한 논거다.

μ_C와 σ_C에 대해 식 (5.3)을 식 (5.10)에 대입한다.

$$\frac{\frac{1}{C}\left\{\frac{\partial C}{\partial t} + \frac{\partial C}{\partial S}\mu_S S + \frac{1}{2}\frac{\partial^2 C}{\partial S^2}(\sigma_S S)^2\right\} - r}{\frac{1}{C}\frac{\partial C}{\partial S}\sigma_S S} = \frac{(\mu_S - r)}{\sigma_S} \tag{5.11}$$

위의 식을 정리하면 다음이 된다.

$$\frac{\partial C}{\partial t} + rS\frac{\partial C}{\partial S} + \frac{1}{2}\sigma_S^2 S^2 \frac{\partial^2 C}{\partial S^2} = rC \tag{5.12}$$

식 (5.12)가 BSM 방정식이다. $\mu_S S$와 관련된 항이 상쇄돼 방정식이 주가의 추세율^{drift}에 의존하지 않는 것에 주의해야 한다.

책의 전반에 걸쳐 이 방정식의 해에 대해 자세히 다룰 것이다. 퀀트[1]는 편미분방정식의 해와 그릭^{Greeks}이라고 하는 편미분, 등가격^{ATM}($S \approx K$) 근방에서 테일러 전개를 통한 해의 근사를 다루는 데 익숙해지는 것이 좋다. BSM 해의 유용한 편미분은 부록 A에 제시했다.

이제 무위험 이자율 r은 시간에 무관하다고 가정하고 주식의 상수 변동성을 σ로 표기한다. 배당이 없는 주식을 기초 자산으로 하는 만기 T, 행사가 K인 유럽형 콜옵션에 대한 t 시점의 BSM 방정식의 해는 다음과 같다.

$$C(S, K, t, T, \sigma, r) = e^{-r(T-t)} \Big[S_F N(d_1) - K N(d_2) \Big]$$

$$S_F = e^{r(T-t)} S$$

$$d_1 = \frac{\ln(S_F/K) + (T-t)\sigma^2/2}{\sigma\sqrt{T-t}} \tag{5.13}$$

$$d_2 = \frac{\ln(S_F/K) - (T-t)\sigma^2/2}{\sigma\sqrt{T-t}}$$

$$N(z) = \frac{1}{\sqrt{2\pi}} \int_{-\infty}^{z} e^{-\frac{1}{2}y^2} dy$$

여기서 S_F는 t 시점에 가격이 S인 주식의 T 시점에서의 선도 가격$^{forward\ price}$이고, $N(z)$는 누적 정규 분포다. $r(T-t)$ 항을 제외하면 잔존 만기와 변동성은 항상 $(T-t)\sigma^2$의 조합으로 나타나는 것에 유의해야 한다.[2] 채권의 현재 가치 K_{PV}와 초기 주가 S를 이용해 해를 다시 표현하면 시간과 변동성은 항상 같이 나타난다. 잔존 만기를 $\tau = (T-t)$로 두고, 옵션 잔존 만기까지 총 변동성을 $v = \sigma\sqrt{\tau}$로 정의한다. 그러면 다음 표현식을 얻는다.

$$C(S, K, \tau, v, r) = \Big[S N(d_1) - K_{PV} N(d_2) \Big]$$

$$K_{PV} = e^{-r\tau} K$$

---

1. 원서에서는 a quantitative person이라고 언급하는데, 현업에서 이런 사람을 퀀트라 부른다. – 옮긴이

2. 차원 해석에서 중요한 사항으로 초월 함수의 인자로 들어가는 변수는 무차원이 돼야 한다. 초월 함수의 결과로 나온 값의 차원을 결정할 수 없기 때문이다. 그러므로 위의 식에서 d_1과 d_2는 무차원이고 $\ln(\cdot)$ 함수의 인자 S_F/K가 무차원이다. 무차원이 되기 위한 σ와 $T-t$의 조합은 $(T-t)\sigma^2$이어야 한다. – 옮긴이

$$d_1 = \frac{\ln\left(S/K_{PV}\right) + v^2/2}{v} \tag{5.14}$$

$$d_2 = \frac{\ln\left(S/K_{PV}\right) - v^2/2}{v}$$

이 공식을 더 영리하게 사용하려면 공식에 사용하는 옵션 잔존기간의 총 변동성을 추정할 때 해당 기간의 영업일과 공휴일 수를 고려해야 한다. 평일보다 주말에 변동성이 더 작은 경향이 있고 거래일 동안 체계적으로 변하는 것으로 알려져 있다.

옵션 트레이더는 바닐라 옵션 가격과 헤지 비율의 거동에 매우 익숙하다. 하루종일 델타와 옵션의 움직임을 보면서 주가와 시간에 따라 옵션 가격이 어떻게 변하는지 감각을 익히기 때문이다. 퀀트도 똑같이 해야 한다. 퀀트는 화면으로 가격을 보는 것이 아니라 공식을 조작하고, 이해하고, 근사하는 방식을 통해 익숙해지고 직관을 얻어야 한다.

보기 5.1

질문

애널리스트에 따르면 MSFT[Microsoft]의 예상 수익률은 11%다. MSFT는 현재 \$50에 거래되고 있다. MSFT의 3개월 등가격 콜옵션은 델타가 0.52이고 내재 변동성이 15%인 \$2.00에 거래되고 있다. 내재 변동성과 실현 변동성이 동일하고, 옵션 가격이 BSM 공식에 의해 결정된다고 가정한다. 현재 콜옵션의 변동성은 얼마로 예상되는가?

정답

식 (5.3)에서 다음을 얻는다.

$$\begin{aligned}
\sigma_C &= \frac{S}{C}\frac{\partial C}{\partial S}\sigma_S \\
&= \frac{50}{2} \times 0.52 \times 0.15 \\
&= 1.95
\end{aligned}$$

현재 옵션의 변동성은 195%로 주식보다 훨씬 더 위험하다.

헤지 거래의 P&L

3장에서 살펴본 것처럼 헤지된 옵션 포지션은 항상 미래 변동성에 대한 투자이다. 계속 헤지를 진행해 나가면 손익은 어떻게 될까? 지금부터 일정한 시간 간격으로 옵션을 동적 헤지할 때 발생하는 손익 공식을 유도한다.[3]

주식 S에 대한 옵션 C를 생각한다. 이 옵션을 이산 시점 t_0, t_1, t_2, $\cdots$, t_n에서 델타 헤지한다고 가정한다. 이때 $t_i - t_{i-1} = \delta t$이고 t_n은 옵션 만기다. t_i 시점의 주가를 S_i로, 옵션의 시장가를 $C_i = C(S_i, t_i)$로 표기한다. 각각의 i 기간이 시작될 때 공매도하는 주식의 개수를 $\Delta_i = \Delta(S_i, t_i)$로 나타낸다. 수취한 현금은 모두 무위험 이자율 r로 투자되며, 차입한 현금은 동일한 이자율로 조달하는 것으로 가정한다. 여기에서 Δ_i가 완전히 임의적이라는 것을 주의해야 한다. Δ_i는 단지 (옵션과 일정량의 주식을 결합한다는 의미에서) 헤지 거래 전략을 정의할 뿐이며, 원론적으로 BSM 헤지 비율 Δ_{BS}와 관련 없다. 유도하려는 공식은 임의의 헤지 거래 전략에 대한 것이지만 나중에 BSM 헤지 비율을 사용하는 경우 적용할 수 있다.

C_0의 값어치를 갖는 옵션을 보유하고 있는 것에서 시작한다. 표 5.1은 포트폴리오 가치가 기간별로 어떻게 변화하는지, 다음 기간이 시작될 때 헤지가 다시 어떻게 이뤄지는지, 헤지가 이뤄진 포지션과 현금의 순가치가 얼마인지 보여 준다. 주식을 공매도 또는 매수할 때에 현금 흐름이 발생한다. 순 현금 잔고는 각 기간 동안 항상 무위험 이자율 r로 증가한다.

표 5.1의 마지막 행을 보면 가격 C_0에서 초기 콜옵션을 보유하고, 매 연속 기간마다 다시 헤지하려고 주식을 공매도하고, 매매 결과 발생하는 현금을 이자가 발생하는 계좌에 투자하는 것의 결과는 마지막 열에 주어진 n 단계 후 다음의 최종 가치가 되는 것을 볼 수 있다.

$$C_n - \Delta_n S_n + \Delta_0 S_0 e^{nr\delta t} + (\Delta_1 - \Delta_0) S_1 e^{(n-1)r\delta t}$$

---

3. 이 절은 Riaz Ahmad and Paul Wilmott, "Which Free Lunch Would You Like Today Sir?: Delta Hedging, Volatility, Arbitrage and Optimal Portfolios"(2005)를 기반으로 한다. 또한 이 장 전체는 Peter Carr, "Frequently Asked Questions in Option Pricing Theory"(1999)을 참고한다.

시작 기간	헤지 행위	주식 개수	가 치			
			주식	현금	옵션	총합
0	Δ_0 개수 공매도	$-\Delta_0$	$-\Delta_0 S_0$	$\Delta_0 S_0$	C_0	C_0
1		$-\Delta_0$	$-\Delta_0 S_1$	$\Delta_0 S_0 e^{r\delta t}$	C_1	$C_1 - \Delta_0 S_1$ $+ \Delta_0 S_0 e^{r\delta t}$
1	$\Delta_1 - \Delta_0$ 개수 공매도 (다시 헤지)	$-\Delta_1$	$-\Delta_1 S_1$	$\Delta_0 S_0 e^{r\delta t}$ $+ (\Delta_1 - \Delta_0)S_1$	C_1	$C_1 - \Delta_1 S_1$ $+ \Delta_0 S_0 e^{r\delta t}$ $+ (\Delta_1 - \Delta_0)S_1$
2		$-\Delta_1$	$-\Delta_1 S_2$	$\Delta_0 S_0 e^{2r\delta t}$ $+ (\Delta_1 - \Delta_0)S_1 e^{r\delta t}$	C_2	$C_2 - \Delta_1 S_2$ $+ \Delta_0 S_0 e^{2r\delta t}$ $+ (\Delta_1 - \Delta_0)S_1 e^{r\delta t}$
2	$\Delta_2 - \Delta_1$ 개수 공매도 (다시 헤지)	$-\Delta_2$	$-\Delta_2 S_2$	$\Delta_0 S_0 e^{2r\delta t}$ $+ (\Delta_1 - \Delta_0)S_1 e^{r\delta t}$ $+ (\Delta_2 - \Delta_1)S_2$	C_2	$C_2 - \Delta_2 S_2$ $+ \Delta_0 S_0 e^{2r\delta t}$ $+ (\Delta_1 - \Delta_0)S_1 e^{r\delta t}$ $+ (\Delta_2 - \Delta_1)S_2$
...	...	...	...	...	...	...
n	$\Delta_n - \Delta_{n-1}$ 개수 공매도 (다시 헤지)	$-\Delta_n$	$-\Delta_n S_n$	$\Delta_0 S_0 e^{nr\delta t}$ $+ (\Delta_1 - \Delta_0)S_1 e^{(n-1)r\delta t}$ $+ (\Delta_2 - \Delta_1)S_2 e^{(n-2)r\delta t}$ $+ \cdots + (\Delta_n - \Delta_{n-1})S_n$	C_n	$C_n - \Delta_n S_n$ $+ \Delta_0 S_0 e^{nr\delta t}$ $+ (\Delta_1 - \Delta_0)S_1 e^{(n-1)r\delta t}$ $+ (\Delta_2 - \Delta_1)S_2 e^{(n-2)r\delta t}$ $+ \cdots + (\Delta_n - \Delta_{n-1})S_n$

표 5.1 시간변화에 따른 포트폴리오의 가치 변화

$$+ (\Delta_2 - \Delta_1)S_2 e^{(n-2)r\delta t} + \cdots + (\Delta_n - \Delta_{(n-1)}S_n)$$

$n\delta t = t_n - t_0 \equiv T$를 고정하면서 기간의 개수 $n \to \infty$인 극한을 취하면 합이 적분으로 수렴하는 다음 결과를 얻는다.

$$C_T - \Delta_T S_T + \Delta_0 S_0 e^{rT} + \int_0^T e^{r(T-x)} S_x \, [d\Delta_x]_b \tag{5.15}$$

여기서 아래첨자 n을 T로 대체해 만기에서의 값임을 명확하게 나타낸다. 공식 끝의 첨자 b는 $d\Delta$기 S 이후에 발생하는 일반적인 순방향 이토 적분[forward Itô integral]과 달리 증분 $d\Delta_x$가 주가 S 직전에 발생한 Δ의 무한소의 변화를 의미하는 역방향 이토 적분[backward Itô integral]을 나타낸다.[4]

연속적으로 헤지가 이뤄지는 경우 C_0의 초기 투자는 만기에 식 (5.15)의 금액이된다. 식 (5.15)에 따르면 $\Delta(S, t)$로 정의되는 임의의 헤지 전략에 대해 P&L의 미래 가치는 주가가 만기까지 가는 경로에 따라 달라진다. 다양한 경로에 대한 몬테카를로 시뮬레이션[Monte Carlo simulation]을 사용해 P&L의 히스토그램을 생성할 수 있다.

이상적인 BSM의 경우 옵션은 매 순간 완벽하게 헤지되므로 최종 P&L은 주가 경로와 무관하다. 순간적으로 헤지가 이뤄진 옵션은 무위험이기 때문에 헤지 전략은 무위험 채권을 복제한다. 그리고 일물일가 법칙에 따라 둘의 최종 가치는 동일해야 한다. 이 경우 옵션의 공정 가치 C_0는 최종 경로와 무관한 옵션의 수익 구조를 무위험 이자율로 할인한 가치이거나, 반대로 C_0의 미래 가치는 옵션의 수익 구조와 동일하다. 따라서 C_0의 공정 가치는 다음이 돼야 한다.

$$C_0 e^{rT} = C_T - \Delta_T S_T + \Delta_0 S_0 e^{rT} + \int_0^T e^{r(T-x)} S_x \, [d\Delta_x]_b \tag{5.16}$$

C_0에 대한 이 공식은 완벽한 헤지를 통해 주가 변동에 대한 위험이 없는 경우만 유효한 것에 주의해야 한다. 이 경우 C_0의 값은 명확하다. 식 (5.16)을 다음으로 정리할수 있다.

$$(C_0 - \Delta_0 S_0)e^{rT} = (C_T - \Delta_T S_T) + \int_0^T e^{r(T-x)} S_x \, [d\Delta_x]_b \tag{5.17}$$

즉 초기 헤지 포트폴리오의 미래 가치는 헤지가 이뤄진 포트폴리오의 최종 가치와 모

---

4. 역방향 이토 적분은 부록 B에서 설명한다.

든 헤지 과정에서 발생한 증분 값의 미래 가치를 더한 것과 같다.

다음 관계식에 주의한다.

$$e^{r(T-x)}S_x\,[d\Delta_x]_b = d\left[e^{r(T-x)}S_x\Delta_x\right] + e^{r(T-x)}\Delta_x r S_x dx - e^{r(T-x)}\Delta_x dS_x \quad (5.18)$$

이것을 이용해 식 (5.17)의 마지막 적분식을 부분 적분으로 변형하면 다음을 얻는다.

$$C_0 = C_T e^{-rT} - \int_0^T \Delta(S_x, x)[dS_x - S_x r dx]e^{-rx} \quad (5.19)$$

식 (5.19)는 최종 수익 구조와 헤지 전략의 관점에서 연속적으로 헤지가 이뤄지는 옵션의 초기 가치를 계산하는 방법을 제공한다. 식 (5.18)과 식 (5.19)의 우변은 역방향 이토 적분이 아닌 순방향 이토 적분으로 표현된 것에 주의해야 한다. 부록 B에서 순방향 적분과 역방향 이토 적분 사이의 관계와 부분 적분을 간단하게 설명한다. 식 (5.17)과 식 (5.19)의 식은 BSM 델타를 이용해 연속적으로 헤지하는 경우만 콜옵션에 대해 주가 경로와 무관한 값을 갖는 것을 주의해야 한다. 식 (5.19)에 나타난 이자율은 무위험 이자율 r이다. 연속적으로 헤지되지 않으면 우변의 적분은 만기까지 주가가 갖는 경로에 따라 달라진다. 주가가 기존과 다른 경로를 갖는다면 새로 계산한 C_0는 기존의 값과 다른 값을 갖는다. BSM 헤지 비율 Δ_{BS}는 주식에 대한 옵션의 노출을 정확히 상쇄한다. Δ_{BS}로 연속적으로 완벽하게 헤지가 된다면 헤지된 포트폴리오는 모든 시점에서 무위험이다. 따라서 만기까지 주가의 경로와 C_0는 무관하다.

지금까지는 주가 거동에 대해 가정하지 않았다. 이제 기초 자산의 주가가 GBM에 따라 움직이고, 더 나아가 주식의 추세율이 실제 무위험 이자율 r과 같다고 가정한다. 즉 $dS - Srdt = \sigma S dZ$이다. 그러면 식 (5.19)는 다음이 된다.

$$C_0 = C_T e^{-rT} - \int_0^T \Delta(S_x, x)\sigma S_x e^{-rx} dZ_x \quad (5.20)$$

앞서 언급했듯이 헤지 비율이 $\Delta = \Delta_{\mathrm{BS}}$을 만족하지 않으면 콜옵션의 초깃값은 경로에 의존한다. $\Delta \neq \Delta_{\mathrm{BS}}$인 경우 주가의 확률항 dZ에 대해 콜옵션의 기댓값을 계산한다.[5] 그러면 위너 과정의 각 증분 dZ의 기댓값이 0이기 때문에 다음을 얻는다.

---

5. 저자가 식 (5.16)의 다음 줄에서 식 (5.16)은 완벽한 헤지를 하는 경우에만 유효하다고 언급하고 있다. 이로인해 블랙-숄즈 델타를 사용하지 않는 경우에 식 (5.20)을 이용하는 것이 논리적으로 문제가 있다고 생각할 수 있다. 저자가 식 (5.16)에서 강조하는 것은 완벽한 헤지가 하는 경우에 콜옵션의 초깃값 C_0가 상수된다는 것이다.

$$\mathbb{E}[C_0] = \mathbb{E}[C_T]e^{-rT} \qquad (5.21)$$

만기 주가의 분포를 로그 정규 분포로 가정하면 식 (5.21)은 BSM 공식이 된다.

결론으로, 주식이 추세율 r을 갖는 GBM을 따른다면 어떤 헤지 공식을 사용해 구한 헤지 비율 Δ와 상관없이, 심지어 전혀 헤지를 하지 않더라도 콜옵션의 기댓값은 BSM 공식으로 계산된다.

BSM 세계에서 헤지 효과

주가에 대해 GBM을 가정하고 BSM 공식에 따라 옵션을 헤지한 결과로 얻는 P&L을 분석한다.

앞에서 옵션의 시작과 만기 사이의 각 중간 시점 t_i에서 Δ_i 개수의 주식을 공매도해 옵션을 다시 헤지했다. BSM 헤지 비율 Δ_i를 계산하는 공식에는 주식 변동성의 값이 필요하다. 헤지의 중요한 세부 요소들을 조사하기 위한 교육적인 목적으로 주식의 미래 실현 변동성을 우리만 알고 있고 다른 사람들은 모른다고 가정한다. 그래서 시장은 미래 실현 변동성과 다른 값인 내재 변동성으로 옵션을 평가하고 있다. 모든 사람이 미래의 주식 변동성을 알고 있고 세상이 BSM 가정을 완전히 만족하면 이런 일은 발생하지 않는다.[6] 따라서 내재된 변동성과 미래에 실현된 변동성 사이에 불일치가 있다는 것을 안다면 어떤 변동성을 사용해 Δ_i를 계산해야 하는가? 아니면 계산에 사용해야 하는 또 다른 변동성이 있는가? 헤지 전략의 P&L이 델타를 계산하는 변동성의 선택에 따라 어떻게 달라질까?

식 (5.16)의 우변은 헤지의 성과이므로 임의의 델타를 사용하는 경우에도 성립하지만 좌변의 C_0는 상수가 아닌 확률 변수가 되어 콜옵션의 초깃값으로 사용할 수 없다. 그래서 다시 기댓값을 구하여 이것을 콜옵션의 초깃값으로 사용한다. — 옮긴이

6. 현실 세계는 BSM 가정을 완전히 만족하지 않는다. 실현 변동성은 시시각각 변한다. BSM 공식을 시장가와 일치시켜 추출한 매개변수인 내재 변동성은 미래 실현 변동성에 대한 시장의 의견과 (헤지 비용, 불완전 헤지, 미래 변동성의 불확실성 등) 다른 미지수에 대한 프리미엄을 더한 것으로 간주할 수 있다. 그래서 내재 변동성은 일반적으로 시장의 미래 실현 변동성 추정치보다 크다. 내재 변동성은 또한 최근 실현 변동성보다 더 큰 경향이 있다(그러나 시장 변동성이 높은 기간이 지나면 시장은 종종 더 차분한 미래를 기대하게 돼서 최근 실현 변동성보다 더 낮은 내재 변동성을 갖게 된다).

이제부터 이상적인 세계에서 실현 변동성, 내재 변동성, 임의의 다른 상수 변동성이 옵션 헤지의 P&L에 미치는 영향을 조사한다.

실현 변동성 헤지 P&L

미래 실현 변동성 σ_R이 현재 내재 변동성 Σ보다 큰 것을 알고 있는 이상적인 경우를 생각한다. 옵션 트레이더로서 어떻게 돈을 벌 수 있을까? 옵션 V를 내재 변동성으로 매수하고, 알려진 실현 변동성으로 헤지해 옵션을 완벽하게 복제한다. 임의의 t 시점의 헤지 포트폴리오는 다음으로 주어진다.

$$\pi(I, R) = V_I - \Delta_R S \tag{5.22}$$

여기서 옵션은 내재 변동성으로 평가하고 헤지 비율은 실현 변동성 σ_R로 계산한다.

이 거래에서 옵션의 만기까지 생성된 전체 P&L의 현재 가치는 다음과 같아야 하는 것은 분명하다.

$$\text{PV}[\text{P\&L}(I, R)] = V(S, \tau, \sigma_R) - V(S, \tau, \Sigma) \tag{5.23}$$

여기서 $V(S, \tau, \sigma_R)$는 실현 변동성으로 평가한 옵션의 가치이고, $V(S, \tau, \Sigma)$는 내재 변동성으로 평가한 옵션의 가치다. τ는 잔존 만기이며, 표기의 간결함을 위해 이자율과 배당과 같이 필수가 아닌 변수들은 생략했다. 때때로 $V(S, \tau, \sigma_R)$를 V_R 또는 $V_{R,t}$로, $V(S, \tau, \Sigma)$를 V_I 또는 $V_{I,t}$로 표기한다.

시간에 따라 주식이 움직일 때에 미래에 알려진 이런 손익은 어떻게 실현될까? 주가 S가 추세율 μ, 변동성 σ_R로 GBM을 따른다고 가정한다.

$$dS = \mu S dt + \sigma_R S dZ \tag{5.24}$$

여기서 μ는 무위험 이자율 r과 같지 않다. 그리고 주식이 연속 배당률 D를 지급한다고 가정한다.

실현 변동성이 σ_R인 콜옵션에 대한 BSM 헤지 비율은 다음과 같다.

$$\Delta_R = e^{-D\tau} N(d_1)$$

$$d_1 = \frac{\ln(S_F/K) + \sigma_R^2 \tau/2}{\sigma_R \sqrt{\tau}} \tag{5.25}$$

$$S_F = Se^{(r-D)\tau}$$

여기서 S_F는 주식의 선도 가격을 나타낸다.

이제 다음 시간 간격 dt 동안 주가가 dS만큼 변할 때 헤지 전략에 의해 생성된 증분 손익 $d\text{P\&L}(I, R)$을 조사한다. 식 (5.22)에서 구할 수 있다.

$$d\text{P\&L}(I, R) = dV_I - \Delta_R dS - \Delta_R SD dt - (V_I - \Delta_R S) r dt \tag{5.26}$$

첫 번째 항은 옵션의 매수 포지션의 가치를, 두 번째 항은 주식의 공매도 포지션의 가치를, 세 번째 항은 공매도를 위해 대주한 주식에서 발생하는 주식 대여자에게 지불해야 하는 배당금을, 마지막 항 $(V_I - \Delta_R S) r dt$는 헤지 포트폴리오를 설정하기 위해 옵션을 매수하기 위한 현금 V_I와 주식을 공매도해 생긴 현금 $\Delta_R S$의 차이인 금액 $(V_I - \Delta_R S)$를 차입한 비용에 대한 이자를 나타낸다.[7] 현금을 무위험 이자율로 차입할 수 있다고 가정했다.

식 (5.26)에서 V_I 값은 내재 변동성에 의존하고 Δ_R 값은 실현 변동성에 의존한다. 결국 증분 손익 $d\text{P\&L}(I, R)$는 두 변동성 모두에 의존한다. 식 (5.26)를 내재 변동성과 실현 변동성 항으로 나눠 표현할 수 있다.

$$d\text{P\&L}(I, R) = dV_I - rV_I dt - \Delta_R \left[dS - (r - D)S dt \right] \tag{5.27}$$

식 (5.27)에서 대괄호 안의 항은 실현 변동성에 의존하는 항이다.

식 (5.27)은 I를 이용해 가치를 평가하고 R를 이용해 헤지를 할 때 P&L 증분을 보여 준다. R을 이용해 가치 평가하고 R을 이용해 헤지한다면 헤지 전략은 BSM

---

7. 여기서 P&L이 헤지 포트폴리오의 손익에 배당 정산과 현금 비용을 고려한 것임을 주의해야 한다. 우변의 앞의 2개 항이 헤지 포트폴리오의 손익을 나타낸다. 그리고 식에서 암묵적으로 가정하고 있는 것은 t 시점에서 시장에서 옵션을 V_I 가격으로 매수하고 Δ_R을 이용해 dt 동안 헤지했을 때 P&L만을 고려한다. $t + dt$ 시점에서 이런 행위를 반복한다. — 옮긴이

방정식으로 이어지는 무위험 전략이 될 것이다. 무위험 헤지 전략을 사용하면 헤지 포트폴리오 가치의 증가가 무위험 이자율로 얻은 이자와 같으므로 $dP\&L(R,R) = 0$ 이 된다.

$$dP\&L(R,R) = 0 = dV_R - rV_R dt - \Delta_R\big[dS - (r-D)Sdt\big] \qquad (5.28)$$

식 (5.27)의 항과 대조적으로 식 (5.28)의 모든 항은 σ_R에 의존한다.

식 (5.28)을 다음으로 정리할 수 있다.

$$\Delta_R\big[dS - (r-D)Sdt\big] = dV_R - V_R rdt \qquad (5.29)$$

식 (5.29)를 식 (5.27)에 대입하면 다음을 얻는다.

$$dP\&L(I,R) = dV_I - dV_R - (V_I - V_R)rdt \qquad (5.30)$$

식 $e^{-rt}(V_I - V_R)$을 t로 미분한 값과 비교하면 다음을 알 수 있다.

$$dP\&L(I,R) = e^{rt}d\big[e^{-rt}(V_I - V_R)\big] \qquad (5.31)$$

이것은 P&L 증분을 완전 미분^{complete differential}으로 표현한 것으로 만기까지 전체 P&L을 더 쉽게 계산할 수 있다.

이 손익의 현재 가치는 초기 시간 t_0까지 할인한 값이다.

$$\begin{aligned} PV[dP\&L(I,R)] &= e^{-r(t-t_0)}e^{rt}d\big[e^{-rt}(V_I - V_R)\big] \\ &= e^{rt_0}d\big[e^{-rt}(V_I - V_R)\big] \end{aligned} \qquad (5.32)$$

적분을 통해 만기까지 헤지 전략에서 얻는 전체 P&L의 현재 가치를 구할 수 있다.

$$\begin{aligned} PV[P\&L(I,R)] &= e^{rt_0}\int_{t_0}^{T} d\big[e^{-rt}(V_I - V_R)\big] \\ &= e^{rt_0}\big[e^{-rt}(V_I - V_R)\big]_{t_0}^{T} \end{aligned} \qquad (5.33)$$

만기 $t = T$일 때 옵션은 변동성과 무관한 내재가치^{intrinsic value}를 갖는다. 예로서, 만기에 바닐라 콜옵션은 변동성이나 모델과 무관하게 $\max[S_T - K, 0]$의 가치를 갖는다. 그러므로 $V_{I,T} = V_{R,T}$이다. 식 (5.23)에서 추측한 것처럼 최종적으로 현재 가치는 다음이 된다.

$$PV[P\&L(I,R)] = e^{rt_0}\left[e^{-rT} \cdot 0 - e^{-rt_0}(V_{I,t_0} - V_{R,t_0})\right] \tag{5.34}$$
$$= V_{R,t_0} - V_{I,t_0}$$

미래 실현 변동성을 알고 연속 헤지를 할 수 있으면 만기에 최종 P&L이 결정된다. 그리고 이것은 실현 변동성으로 평가한 옵션 가치와 내재 변동성으로 평가한 옵션 가치의 차이다.

만기에 알려진 값으로 가는 과정에서 P&L은 어떤 거동을 보일까? P&L이 총합으로는 결정돼 있지만, 만기 시점에 없어지는 확률 구성 요소를 갖는 것을 보일 것이다. 이는 무이표채$^{zero\ coupon\ bond}$의 가치와 다소 유사하다. 무이표채는 만기의 최종 수익은 알 수 있지만 현재 가치는 이자율 수준에 따라 확률적으로 달라진다.

식 (5.26)에서 실현 변동성[8]으로 헤지한 후 짧은 시간 간격 dt에 대한 P&L을 구했다.

$$dP\&L(I,R) = dV_I - \Delta_R dS - \Delta_R SDdt - (V_I - \Delta_R S)rdt \tag{5.35}$$

P&L의 확률 의존성을 강조하고자 이토 보조정리를 사용해 식 (5.35)의 dV_I를 위너 과정 dZ로 전개하고 BSM 방정식을 사용하면 다음을 얻는다.

$$\begin{aligned} dP\&L(I,R) &= \left[\Theta_I dt + \Delta_I dS + \frac{1}{2}\Gamma_I S^2 \sigma_R^2 dt\right] - \Delta_R dS \\ &\quad - \Delta_R SDdt - (V_I - \Delta_R S)rdt \\ &= \left[\Theta_I + \frac{1}{2}\Gamma_I S^2 \sigma_R^2\right]dt + (\Delta_I - \Delta_R)dS \\ &\quad - \Delta_R SDdt - (V_I - \Delta_R S)rdt \end{aligned} \tag{5.36}$$

여기서 Θ_I는 내재 변동성 Σ으로 평가한 옵션 V_I의 시간가치 변화를 나타내고 Γ_I는 V_I의 볼록성을 나타낸다.

I를 이용해 평가하고 동시에 헤지하는 경우 V_I는 BSM 방정식을 만족한다.

$$\Theta_I = -\frac{1}{2}\Gamma_I S^2 \Sigma^2 + rV_I - (r-D)S\Delta_I \tag{5.37}$$

---

8. 원서에는 implied volatility로 표기돼 있지만 잘못된 것이다. — 옮긴이

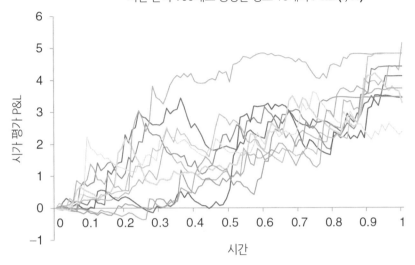

그림 5.1 실현 변동성으로 헤지: 100개의 헤지 시점으로 시뮬레이션한 만기 1년 콜옵션의 누적 할인 P&L

식 (5.37)을 식 (5.36)에 대입하면 다음을 얻는다.

$$dP\&L(I, R) = \frac{1}{2}\Gamma_I S^2 \left(\sigma_R^2 - \Sigma^2\right) dt$$
$$+ (\Delta_I - \Delta_R)\left[(\mu - r + D) Sdt + \sigma_R SdZ\right] \quad (5.38)$$

앞에서 I를 이용해 가치를 평가하고 R을 이용해 헤지를 할 때 최종 P&L이 결정되는 것을 보였다. 그러나 P&L의 증분은 Δ_I와 Δ_R 사이의 불일치에 비례하는 확률 요소 dZ를 갖는다. 식 (5.38)은 현재 가치가 아닌 할인되지 않은 t 시점의 P&L이다. 앞에서 봤듯이 P&L의 현재 가치 총합은 내재 변동성으로 구한 가치와 실현 변동성으로 구한 가치의 차이와 같아야 한다.

알려진 최종 값으로 끝나는 이런 확률 거동을 설명하고자 그림 5.1에서 10개의 무작위 주식 경로를 따라 누적 할인된 P&L의 그림을 나타냈다. 각각은 내재 변동성과 실현 변동성의 값을 다르게 사용했다.

시뮬레이션된 P&L이 알려진 값으로 수렴하는 정확도는 당연히 헤지를 얼마나 자주 수행하는지에 달려 있다. 이론적 분석은 연속 헤지를 가정했다. 그림 5.1은 100

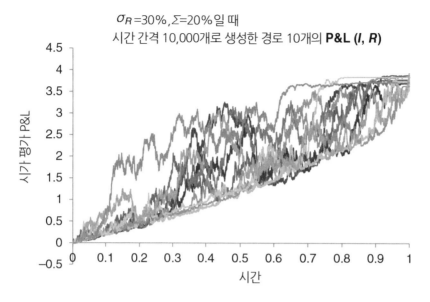

$\sigma_R = 30\%, \Sigma = 20\%$일 때
시간 간격 10,000개로 생성한 경로 10개의 **P&L (I, R)**

그림 5.2 실현 변동성으로 헤지: 10,000개의 헤지 시점으로 시뮬레이션한 만기 1년 콜옵션의 누적 할인 P&L

개의 이산화된 간격에서 헤지를 수행했다. 그래서 최종 P&L은 경로에 완전히 독립적이지 않다.

그림 5.2는 10,000개의 이산화된 간격에서 헤지를 수행했다. 여기서 최종 P&L은 주식 경로와 사실상 무관하다.

실현 변동성 헤지 P&L의 경계

그림 5.1과 그림 5.2에서 손익의 범위를 결정하는 상한과 하한이 있는 것처럼 보인다. 식 (5.32)를 주가가 S_0 인 t_0 의 헤지 포지션 시작부터 주가가 S_m 인 중간 시점 m 까지 적분해 경계의 위치를 파악할 수 있다.

$$
\begin{aligned}
\mathrm{PV}\left[\mathrm{P\&L}(I, R)\right] &= e^{rt_0} \int_{t_0}^{m} d\left[e^{-rt}(V_I - V_R)\right] \\
&= e^{rt_0}\left[e^{-rt}(V_I - V_R)\right]_{t_0}^{m} \\
&= e^{rt_0}\left[e^{-rm}(V_{I,m} - V_{R,m}) - e^{-rt_0}(V_{I,0} - V_{R,0})\right] \\
&= (V_{R,0} - V_{I,0}) - e^{-r(m-t_0)}(V_{R,m} - V_{I,m})
\end{aligned}
\tag{5.39}
$$

그림과 같이 $\sigma_R > \Sigma$을 가정한다. 이 경우 옵션 가격이 변동성에 따라 단조 증가하기 때문에 식 (5.39)의 마지막 줄에 있는 괄호 안의 두 항은 모두 양수다. 또한 첫 번째 항은 시작할 때 값이므로 경로에 무관하다. 따라서 상한은 두 번째 항이 0일 때 발생한다. 콜옵션이 변동성과 무관하게 0인 $S_m = 0$인 경우나 또는 변동성과 무관하게 콜옵션이 내재 가치를 갖는 $S_m = \infty$인 경우다. 그러므로 P&L의 상한은 상수 값 $(V_{R,0} - V_{I,0})$이다.

P&L의 하한은 식 (5.39)의 항 $(V_{R,m} - V_{I,m})$을 S_m으로 미분하고, 최댓값을 찾고자 미분값을 0으로 설정해 얻는다. 계산의 편의를 위해 배당을 0으로 두면 주가가 다음값이 경우 최댓값을 갖는다.

$$S = Ke^{-(r - 0.5\sigma_R\Sigma)\tau} \tag{5.40}$$

이때의 P&L의 하한값을 구할 수 있다.

$$
\begin{aligned}
\mathrm{PV}[\pi(I,R)]_L = {} & (V_{R,0} - V_{I,0}) \\
& - 2Ke^{-r\tau}\left[N\left(\frac{(\sigma_R - \Sigma)\sqrt{\tau}}{2}\right) - \frac{1}{2}\right]
\end{aligned}
\tag{5.41}
$$

이런 상한 및 하한은 굵은 점선으로 그림 5.3에 나와 있다.

내재 변동성 헤지 P&L

3장에서 봤듯이 내재 변동성으로 옵션을 델타 헤지할 때 무한소 dt에 대한 P&L 변동에 확률 요소 dZ가 없다. 시간 dt 동안 주가의 거동 dS는 확률적이다. 내재 변동성으로 평가하는 옵션 가치의 확률적 변화와 동일한 내재 변동성으로 계산한 델타로 결정한 주식의 확률적 변화가 정확하게 상쇄되기 때문이다. 손익은 다음으로 주어진다.

$$d\mathrm{P\&L}(I, I) = \frac{1}{2}\Gamma_I S^2(\sigma_R^2 - \Sigma^2)dt \tag{5.42}$$

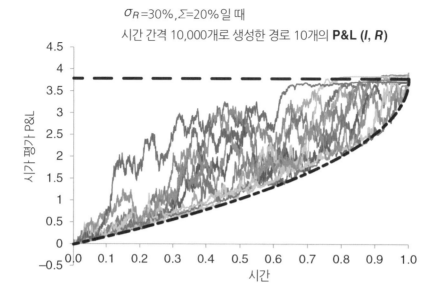

σ_R=30%, Σ=20%일 때
시간 간격 10,000개로 생성한 경로 10개의 **P&L (I, R)**

그림 5.3 실현 변동성으로 헤지: 10,000개의 헤지 시점으로 시뮬레이션한 누적 할인 P&L과 P&L의 상한과 하한

P&L의 변화는 실현 분산과 내재 분산의 차이에 $\Gamma_I S^2$를 곱한 값으로 결정되며, dt 동안에 상수로 취급할 수 있다. 그러나 Σ와 σ_R 값을 확실히 알고 있더라도 옵션의 $\Gamma_I S^2$는 잔존 만기가 감소하고 S가 변함에 따라서 바뀐다. Γ_I는 S에 의존하고, S는 확률적이므로, P&L의 최종 값은 결정돼 있지 않고 경로 의존적이다. 실제로 Γ_I는 $\ln(S/K)$에 지수적으로 의존하므로 최종 P&L의 경로 종속성은 매우 높다.

손익의 현재 가치는 식 (5.42)을 t_0로 할인한 후에 적분하면 된다.

$$\text{PV}[\text{P\&L}(I, I)] = \frac{1}{2} \int_{t_0}^{T} e^{-r(t-t_0)} \Gamma_I S^2 \left(\sigma_R^2 - \Sigma^2 \right) dt \qquad (5.43)$$

헤지 전략이 각 시점에서 $(\sigma^2 - \Sigma^2)$에 비례하는 가치를 포착하더라도 옵션이 깊은 내가격 또는 깊은 외가격이면 $\Gamma_I S^2$는 근사적으로 0이다. 따라서 헤지 전략은 해당 시점의 변동성에 둔감해진다.

그림 5.4는 내재 변동성과 다른 값을 갖는 실현 변동성으로 생성한 10개의 무작위 주식 경로에 따른 누적 할인 P&L(I, I)의 그림이다. 내재 변동성으로 헤지하기 때문에 P&L은 경로에 따라 다르다. 그림 5.4에서는 만기까지 100개의 헤지 시점과 10%의

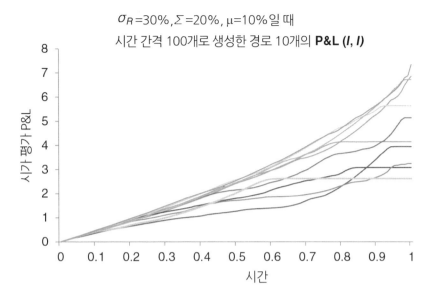

그림 5.4 내재 변동성으로 헤지: 100개의 헤지 시점, 주식 추세율 = 10%, 옵션 잔존 만기 1년인 헤지 전략의 누적 할인 P&L

주식 추세율 μ을 사용한다.

그림 5.5는 주식 추세율이 훨씬 더 큰 100%라는 점을 제외하고 그림 5.4와 같다. 큰 추세율로 인해 미래의 모든 주식 경로는 행사가에서 빨리 멀어지는 경향이 있으며, 옵션의 $\Gamma_I S^2$는 평균적으로 훨씬 더 작아진다. 주가가 $\Gamma_I S^2$를 무시할 수 있을 정도로 상승하면 P&L이 상승을 멈추고 그림에서 선이 평평해진다. 따라서 평균 누적 P&L은 그림에 표시된 것처럼 눈에 띄게 낮아진다.

지금까지 설명한 헤지의 보기는 나름대로 통찰을 주지만 둘 다 너무 이상적인 헤지 전략이다. 첫째, 실현 변동성은 미리 알 수 없다. 변동성은 계속 변하므로 알려진 실현 변동성으로 헤지할 수 없다. 내재 변동성은 가장 최근에 실현된 변동성과 (정확하게 일치하지 않지만) 동기화된다. 실제로 트레이딩 데스크는 현재 내재 변동성을 이용해 헤지할 것이다. 그리고 연속 헤지는 불가능하다. 6장에서 이산 헤지의 영향을 설명한다. 마지막으로 책의 후반부에서 BSM 모델의 한계를 설명한다. 지금까지는 BSM 모델과 평가 공식이 유효하다고 가정했지만, 실제로는 더 고급 모델로 헤지 비율을 계산하는 트레이더가 늘어나고 있다.

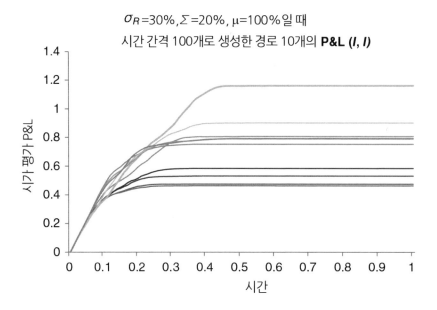

$\sigma_R = 30\%, \Sigma = 20\%, \mu = 100\%$일 때
시간 간격 100개로 생성한 경로 10개의 **P&L (I, I)**

그림 5.5 내재 변동성으로 헤지: 100개의 헤지 시점, 주식 추세율 = 100%, 옵션 잔존 만기 1년인 헤지 전략의 누적 할인 P&L

연습문제

5-1. BSM 가정하에 어느 순간에 주식 S에 대한 옵션 C의 순간 변동성은 $\sigma_C = |\Delta|(S/C)\sigma_S$인 것을 식 (5.3)에서 봤다. 여기서 Δ는 헤지 비율이다. 회사의 애널리스트가 내년의 HSI^Hang Seng Index^의 예상 수익률을 12%로 예상했다. 델타가 0.60인 1년 콜옵션의 순간 기대 수익률은 얼마인가? 무위험 이자율은 2.0%, 항셍 지수는 25,000이며 콜옵션 가격은 2,500 HKD로 가정한다.

5-2. 주식 XYZ의 현재 가격은 100이다. 배당과 무위험 이자율을 0으로 가정한다. 내재 변동성 20%, 행사가 100, 잔존 만기 6개월인 콜옵션을 델타 헤지한다. 실현 변동성이 25%라고 믿고, 이 값을 사용해 델타를 구한다. XYZ의 가격이 101로 상승하면 다음날의 손익은 얼마인가? 연간 250영업일 동안 XYZ의 일부 주식을 사고팔 수 있고 옵션이 BSM 가격으로 시장에서 거래된다고 가정한다.

5-3. 앞의 문제에서와 같은 시작점과 가정을 사용하면 옵션 만기까지 예상되는

P&L은 얼마인가?

5-4. 내재 변동성 Σ에서 옵션을 매수하고 (Σ 또는 미래 실현 변동성 σ_R과 반드시 같지 않은) 상수 헤지 변동성 σ_h을 사용해 만기까지 헤지하는 경우 시간 t_0에서 P&L의 현재 가치는 다음이 되는 것을 보여라.

$$\mathrm{PV}[\mathrm{P\&L}(I, H)] = V_h - V_I + \frac{1}{2} \int_{t_0}^{T} e^{-r(t-t_0)} \Gamma_h S^2 (\sigma_R^2 - \sigma_h^2) dt$$

6장

이산 헤지

- 이상적인 연속 헤지
- 유한한 횟수의 이산 헤지
- 헤지 오차와 확률적 손익
- 헤지 빈도와 헤지 오차
- 거래비용

복제 오차

연속으로 거래하는 것은 불가능하다. 일부 트레이더는 일정한 시간 간격으로 헤지한다. 다른 트레이더들은 포트폴리오 재조정이 필요한 주식 델타 또는 주식 금액이 특정 임곗값을 초과할 때마다 헤지를 한다. 여기서는 일정한 시간 간격으로 헤지하는 것만 논의한다. 주가는 점프가 없고 상수 변동성을 갖는 GBM을 따른다고 가정한다.

시뮬레이션

BSM 공식에 따라 옵션을 복제하는 것을 몬테카를로로 시뮬레이션^{Monte Carlo simulation}해 본다. 우선 실현 변동성 σ_R을 이용해 주가 경로를 생성한다. 주가 경로는 σ_R을 갖지만 복제 포트폴리오를 재조정하기 위한 헤지 델타를 계산할 때 사용하는 변동성 σ_H를 헤지 변동성이라 한다. 이렇게 계산한 $\Delta_{\mathrm{BSM}}(S, t, r, \sigma_{\mathrm{H}})$ 개수의 주식과 무위험 채권의 가중 조합으로 모든 연속적인 순간에 옵션을 복제한다. 이 델타는 옵션의 위험을 헤지하고자 사용하는 주식의 개수와 같다. 헤지는 복제의 다른 면일 뿐이다. 표기의 편의를 위해 지금부터 $\Delta_{\mathrm{BSM}}(S, t, r, \sigma_{\mathrm{H}})$을 $\Delta_{\mathrm{BSM}}(\sigma_{\mathrm{H}})$로 쓴다.

만기가 1개월인 등가격 콜옵션을 논의하며 시작한다. 헤지 변동성과 실현 변동성이 20%로 같다고 가정한다. 기초 자산인 주식은 배당을 지급하지 않고 무위험 이자율과 동일한 기대 수익률을 가지며, 이자율을 0으로 가정한다. 즉 $\mu = r = 0\%$다.

실현 변동성과 같은 헤지 변동성 $\sigma_{\mathrm{H}} = 20\%$를 사용해 BSM 모델에 따라 이 옵션을 복제하는 포트폴리오를 연속적으로 재조정했다면 복제 포트폴리오의 시뮬레이션 P&L은 모든 주가 시나리오에서 BSM 모델 손익과 같다. 하지만 이산 헤지를 할 경우 각 주가 경로에서 복제 포트폴리오 손익은 모델 손익과 약간 다르게 된다. 그림 6.1은 2개의 몬테카를로 시뮬레이션 P&L의 히스토그램을 보여 주고 있다. 두 그래프에서 이산 헤지 횟수가 다르다. 첫 번째 시뮬레이션에서는 21개의 동일한 시간 간격(영업일 기준으로 하루에 1번)으로 $\Delta_{\mathrm{BSM}}(20\%)$을 사용해 복제 포트폴리오를 재조정한 것이다. 두 번째 시뮬레이션에서는 84개의 균등한 시간 간격(영업일 기준으로 하루에 4번)에 포트폴리오를 재조정한 것이다. 상대 손익은 실현 변동성으로 연속 복제하는 경우 얻는 옵션의 BSM 공정가와 비교한 것이다.

두 시뮬레이션에서 평균 손익은 거의 0이고 헤지 횟수를 4배로 하면 손익의 표준 편차가 절반이 되는 것을 볼 수 있다. 이유에 대해서는 뒤에서 더 자세히 설명한다.

위의 시뮬레이션에서는 헤지 변동성과 실현 변동성이 같다. 이제 헤지 변동성과 실현 변동성이 다른 경우를 살펴본다. 앞의 경우와 마찬가지로 실현 변동성은 20% 이고 $\mu = r = 0\%$를 가정한다. 그러나 이번 경우 헤지 변동성은 40%를 사용한다. $\Delta_{\mathrm{BSM}}(40\%)$을 이용해 옵션 복제 포트폴리오를 시뮬레이션한다. 그림 6.2에서 두 손익 분포는 근사적으로 대칭이다. 헤지 횟수가 4배로 증가해도 그림 6.1과 같은 표준 편차의 감소는 없다.

다음으로, 주식 기대 수익률 μ가 무위험 이자율 r과 같지 않은 경우를 시뮬레이션한다. 헤지 변동성과 실현 변동성은 모두 20%로 같다. $\Delta_{\mathrm{BSM}}(20\%)$을 사용해 복제

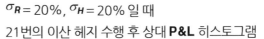

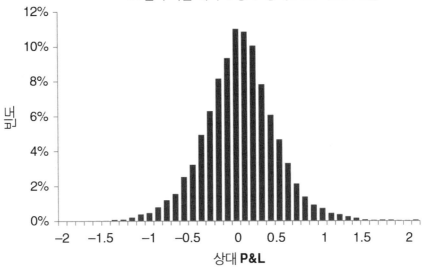

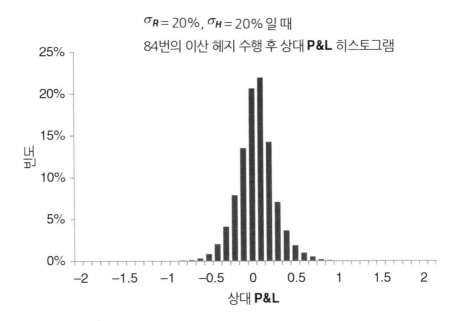

그림 6.1 헤지 변동성과 실현 변동성이 같고 $\mu = r$ 일 때 1개월 등가격 콜옵션의 상대 손익 분포 (상대 손익 = 수익 구조의 현재 가치 − BSM 공정 가치)

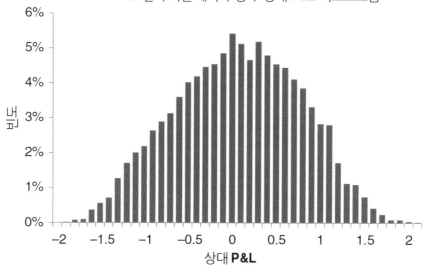

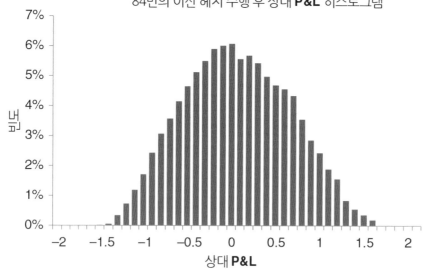

그림 6.2 헤지 변동성과 실현 변동성이 다르고 $\mu = r$일 때 1개월 등가격 콜옵션의 상대 손익 분포 (상대 손익 = 수익 구조의 현재 가치 − BSM 공정 가치)

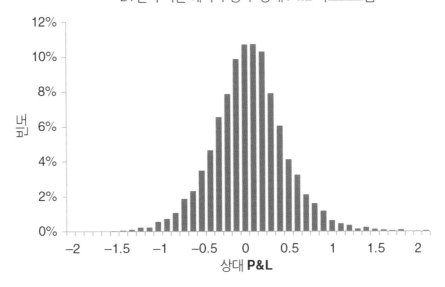

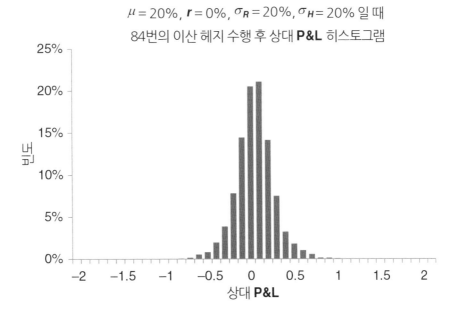

그림 6.3 헤지 변동성과 실현 변동성이 같고 $\mu \neq r$일 때 1개월 등가격 콜옵션의 상대 손익 분포 (상대 손익 = 수익 구조의 현재 가치 − BSM 공정 가치)

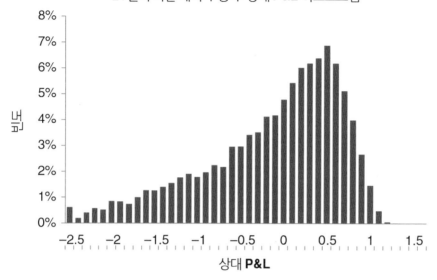

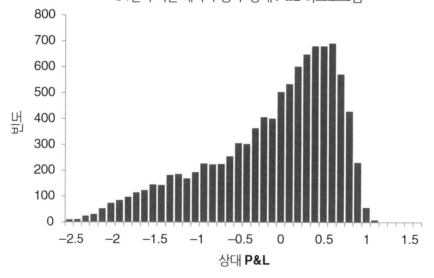

그림 6.4 헤지 변동성과 실현 변동성이 다르고 $\mu \neq r$일 때 1개월 10% 외가격 콜옵션의 상대 손익 분포

포트폴리오를 시뮬레이션한다. 그림 6.3에서 헤지 횟수가 4배[1]가 되면 손익의 표준편차가 반으로 줄어드는 것을 볼 수 있다.

마지막으로 $\mu \neq r$이고 헤지 변동성 40%, 실현 변동성 20%인 경우다. $\Delta_{\text{BSM}}(40\%)$을 사용해 복제 포트폴리오를 시뮬레이션한다. 그림 6.4에서 볼 수 있듯이 분포가 매우 비대칭적이다.

위의 결과에서 중요한 사실을 알 수 있다. 실현 변동성으로 옵션을 헤지하지 않으면 복제의 재조정 횟수를 증가시켜도 손익의 복제 오차가 크게 줄어들지 않는다. 5장의 내용에서 이유를 알 수 있다. 옵션이 실현 변동성으로 헤지되지 않는 경우 5장의 식 (5.36)에서 손익 증분인 $d\text{P\&L}(I, R)$이 $(\Delta_I - \Delta_R)dS$에 비례하는 항을 갖고 있다. dS에 대한 의존성으로 확률 성분이 남게 돼서 빈번한 헤지만으로는 손익 표준편차가 감소하지 않게 된다.

헤지 오차 분석

헤지 변동성과 실현 변동성이 같을 때 헤지 횟수를 늘리면 옵션을 더 정확히 복제한다. 헤지 빈도를 4배로 하면 복제 오차가 절반으로 줄어든다. 이 관계를 분석한다.[2]

내재 변동성과 실현 변동성은 같다고 가정한다. 유한한 시간 간격 dt 동안 주가가 다음을 만족한다고 가정한다.[3]

$$\frac{dS}{S} = \mu dt + \sigma Z \sqrt{dt} \tag{6.1}$$

여기서 $Z \sim N(0, 1)$은 평균이 0이고 표준편차가 1인 정규 분포를 따른다. 델타 헤지된 옵션의 포트폴리오는 다음 가치를 갖는다.

$$\pi = C - \frac{\partial C}{\partial S} S \tag{6.2}$$

여기서 옵션 C는 실현 변동성으로 가치를 평가하고, 실현 변동성으로 헤지한다. 옵션

---

1. 원서에는 double로 표기돼 있는데, 잘못된 것이다. — 옮긴이

2. 이 내용은 마이클 카말$^{\text{Michael Kamal}}$의 출판하지 않은 연구 결과를 참고한다.

3. 저자는 이 책의 많은 부분에서 dt와 Δt를 혼용하고 있다. 일반적으로 Δt는 매우 작지만 유한한 값을 나타내고 dt는 무한소^{infinitesimal}를 나타낸다. Δt를 dt로 바꿀 수 있는가는 수학의 한 분야인 해석학에서 매우 중요하다. 이 책은 해석학 책이 아니므로 너무 예민하게 구분하지 않는 것이 좋다. — 옮긴이

을 연속적으로 헤지하면 헤지 포트폴리오의 가치는 무위험 이자율로 증가할 것이다. 연속 헤지가 불가능해 이산 헤지를 하는 경우 시간 dt 동안에 다음의 헤지 오차가 발생한다.

$$\begin{aligned} \text{HE}_{dt} &= \pi + d\pi - \pi e^{rdt} \\ &\approx d\pi - r\pi dt \\ &\approx \left[\frac{\partial C}{\partial t} dt + \frac{\partial C}{\partial S} dS + \frac{1}{2} \frac{\partial^2 C}{\partial S^2} \sigma^2 S^2 Z^2 dt - \frac{\partial C}{\partial S} dS \right] \\ &\quad - rdt \left[C - \frac{\partial C}{\partial S} S \right] \\ &\approx \left[\frac{\partial C}{\partial t} + \frac{1}{2} \frac{\partial^2 C}{\partial S^2} \sigma^2 S^2 Z^2 - r \left(C - \frac{\partial C}{\partial S} S \right) \right] dt \end{aligned} \tag{6.3}$$

식 (5.12)의 BSM 방정식을 이용해 대괄호의 마지막 항은 다음이 된다.

$$r \left(C - \frac{\partial C}{\partial S} S \right) = \frac{\partial C}{\partial t} + \frac{1}{2} \frac{\partial^2 C}{\partial S^2} \sigma^2 S^2 \tag{6.4}$$

이를 식 (6.3)에 대입해 정리한다.

$$\text{HE}_{dt} \approx \frac{1}{2} \frac{\partial^2 C}{\partial S^2} \sigma^2 S^2 (Z^2 - 1) dt \tag{6.5}$$

Z는 표준 정규 분포를 따르므로 $\mathbb{E}[Z^2] = 1$이다. 결국 헤지 오차의 기댓값은 0이고 χ^2 분포를 따른다.

만기 시까지 헤지를 n번 하는 경우 총 헤지 오차 HE는 다음이 된다.

$$\text{HE} \approx \sum_{i=1}^{n} \frac{1}{2} \Gamma_i \sigma_i^2 S_i^2 (Z_i^2 - 1) dt \tag{6.6}$$

정규 분포 변수의 첨도가 $\mathbb{E}[Z^4] = 3$이므로 헤지 오차의 분산을 근사적으로 구할 수 있다.

$$\sigma_{\text{HE}}^2 \approx \mathbb{E} \left[\sum_{i=1}^{n} \frac{1}{2} (\Gamma_i S_i^2)^2 (\sigma_i^2 dt)^2 \right] \tag{6.7}$$

등가격 옵션의 경우 주식 수익률의 정규 분포에 대한 다음 적분을 계산할 수 있다.

$$\mathbb{E} \left[(\Gamma_i S_i^2)^2 \right] = S_0^4 \Gamma_0^2 \sqrt{\frac{T^2}{T^2 - t_i^2}} \tag{6.8}$$

여기서 S_0는 헤지 전략 시작 시의 초기 주가다. 최종적으로 상수 변동성에 대해 헤지 오차의 분산을 정리하면 다음이 된다.

$$\begin{aligned}
\sigma_{\text{HE}}^2 &\approx \sum_{i=1}^{n} \frac{1}{2} S_0^4 \Gamma_0^2 \sqrt{\frac{T^2}{T^2 - t_i^2}} (\sigma^2 dt)^2 \\
&\approx \frac{1}{2} S_0^4 \Gamma_0^2 (\sigma^2 dt)^2 \sum_{i=1}^{n} \sqrt{\frac{T^2}{T^2 - t_i^2}} \\
&\approx \frac{1}{2} S_0^4 \Gamma_0^2 (\sigma^2 dt)^2 \frac{1}{dt} \int_{t}^{T} \sqrt{\frac{T^2}{T^2 - \tau^2}} d\tau \\
&\approx S_0^4 \Gamma_0^2 (\sigma^2 dt)^2 \frac{\pi (T - t)}{4 dt} \\
&\approx \frac{\pi}{4} n (S_0^2 \Gamma_0 \sigma^2 dt)^2
\end{aligned}$$ (6.9)

여기서 $n = \frac{T - t}{dt}$ 이다. BSM 공식에서 다음을 얻는다.

$$S_0^2 \Gamma_0 = \frac{1}{\sigma (T - t)} \frac{\partial C}{\partial \sigma}$$ (6.10)

위 식을 식 (6.9)에 대입한다.

$$\begin{aligned}
\sigma_{\text{HE}}^2 &\approx \frac{\pi}{4} n \left(\frac{1}{\sigma (T - t)} \frac{\partial C}{\partial \sigma} \sigma^2 dt \right)^2 \\
&\approx \frac{\pi}{4} n \left(\sigma \frac{1}{n} \frac{\partial C}{\partial \sigma} \right)^2 \\
&\approx \frac{\pi}{4n} \left(\sigma \frac{\partial C}{\partial \sigma} \right)^2
\end{aligned}$$ (6.11)

헤지 오차의 변동성을 구할 수 있다.

$$\sigma_{\text{HE}} \approx \sqrt{\frac{\pi}{4}} \frac{\sigma}{\sqrt{n}} \frac{\partial C}{\partial \sigma}$$ (6.12)

$\pi/4 \approx 0.785$를 1로 근사하면 다음을 얻는다.

$$\sigma_{\text{HE}} \approx \frac{\sigma}{\sqrt{n}} \frac{\partial C}{\partial \sigma}$$ (6.13)

매우 간단하게 나온 이 공식을 어떻게 해석해야 할까? 로그 정규 분포를 따르는 주가 경로의 변동성을 측정하는 경우를 생각해 본다. 이산 헤지를 할 때마다 주가를 측정하면 n번 측정한다. 변동성 추정치 측정의 통계적 불확실성은 $d\sigma = \sigma/\sqrt{n}$이다.[4] 식 (6.13)의 헤지 오차는 실현 변동성 불확실성 $d\sigma$으로 야기되는 BSM 옵션 가격 불확실성 dC 때문이라고 해석할 수 있다. $d\sigma$로 인한 옵션 가격의 불확실성이 헤지 오차에 대한 근삿값으로 볼 수 있다.

$$\sigma_{\text{HE}} \approx dC \approx \frac{\partial C}{\partial \sigma} d\sigma \approx \frac{\sigma}{\sqrt{n}} \frac{\partial C}{\partial \sigma} \tag{6.14}$$

정확한 실현 변동성으로 연속적으로가 아니라 이산적으로 헤지를 하면 헤지 결과에 불확실성이 발생한다. 그러나 헤지 오차는 편향되지 않고 기댓값은 0이다. 헤지 횟수를 늘리면 (변동성을 더 정확하게 측정하게 돼서) 헤지 오차는 n의 제곱근에 반비례해 감소한다. 헤지 오차를 반으로 줄이려면 헤지 횟수가 4배 필요하다.

식 (6.13)에서 헤지 손익의 표준 편차에 대한 간단한 규칙을 알 수 있다. 기초 자산의 현재 가격과 행사가가 가까운 옵션의 경우 더 간단하게 할 수 있다. 4장에서 무위험 이자율이 0이고 배당이 없는 경우 유럽형 콜옵션 또는 풋옵션의 BSM 베가는 다음과 같다.

$$V = \frac{\partial C}{\partial \sigma} = \frac{S\sqrt{\tau}}{\sqrt{2\pi}} e^{-\frac{1}{2} d_1^2} \tag{6.15}$$

옵션의 기초 자산 가격이 행사가에 가까우면 d_1은 근사적으로 0이 되며 베가는 다음과 같다.

$$V_{S=K} \approx \frac{S\sqrt{\tau}}{\sqrt{2\pi}} \tag{6.16}$$

변동성이 작은 경우 콜옵션 가격의 근삿값은 다음과 같다.

$$C \approx \frac{S\sigma\sqrt{\tau}}{\sqrt{2\pi}} \tag{6.17}$$

---

4. GBM을 따르는 연속 주가를 모집단으로 보고, 이산 헤지할 때 관찰되는 주가를 표본으로 생각할 수 있다. 델타를 재조정하는 주가만이 헤지 손익에 영향을 주기 때문에 이산 헤지를 할 때 중요한 변동성은 표본 실현 변동성이다. 그리고 이 값은 모집단의 실현 변동성과 차이가 난다. 통계적으로 이 차이는 표본의 개수가 n일 때 $O(\sigma/\sqrt{n})$이 된다. — 옮긴이

여기에 식 (6.12)와 식 (6.14)를 이용해 정리하면 다음을 얻는다.

$$\frac{\sigma_{\text{HE}}}{C} \approx \sqrt{\frac{\pi}{4n}} \approx \frac{0.89}{\sqrt{n}} \tag{6.18}$$

여기서도 헤지 오차는 n의 제곱근에 반비례한다.

식 (6.18)은 헤지 오차를 옵션의 공정가로 나눈 값은 기초 자산 변동성의 값에 내포된 통계적 표본 불확실성과 같은 것을 보여 준다.

$n = 100$이면 약 9%의 헤지 오류가 발생한다. 이것은 옵션 가치의 9%에 해당하는 손익을 의미한다. 이 값은 헤지로 수익을 내려는 시장 조성자에게는 상당히 큰 값이다. 그리고 여기서 미래의 변동성을 확실히 알고 있다고 이상적인 가정을 했음에 주의해야 한다. 미래 변동성을 알지 못해서 헤지 비율이 정확하지 않을 때 발생하는 헤지 오차도 있다. 헤지가 이산적으로 수행될 뿐만 아니라 사용할 적절한 변동성을 모르기 때문에 헤지 비율이 틀릴 수 있다. 그런 큰 헤지 오차를 완화하는 합리적인 방법은 개별 오류가 서로 상쇄되는 경향이 있는 옵션들로 포트폴리오를 구성해 포트폴리오의 헤지 오차가 전체 포트폴리오 가치에 비해 상대적으로 작도록 하는 것이다.

보기

헤지 변동성과 실현 변동성이 다를 때 발생할 수 있는 보기로서 내재 변동성을 이용해 연속적으로 헤지하면서 한 달 만기 등가격 옵션을 복제하는 것을 생각한다. 이자율과 배당은 0이고, 주가의 실현 변동성은 30%이다. 만기 수익 구조의 분포를 현재 가치로 할인해 표준편차로 구한 복제 오차를 10,000개의 주가 경로를 사용해 시뮬레이션한다. 헤지 횟수는 100번 또는 400번을 사용한다. 그림 6.5의 y축은 헤지 횟수가 100에서 400으로 4배 증가할 때 P&L의 복제 오차가 감소한 비율을 보여 준다. x축은 헤지에 사용한 변동성이다. 헤지 변동성이 실현 변동성 30%와 같을 때 복제 오차는 정확히 2배만큼 감소한다. 헤지 변동성이 30%에서 40%로 증가할 때 손익의 오차는 헤지의 불완전성으로 헤지 횟수가 증가해도 빠르게 감소하지 않는다. 복제에서 $(\Delta_I - \Delta_R)dS$에 비례하는 확률 요소가 있기 때문이다. 실현 변동성과 헤지 변동성 간의 차이가 클수록 확률 요소가 더 커지고 헤지 빈도를 증가시켜도 헤지 오차를 효과적으로 줄이지

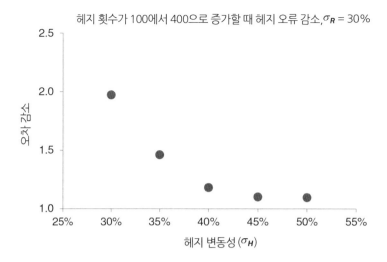

헤지 횟수가 100에서 400으로 증가할 때 헤지 오류 감소, $\sigma_R = 30\%$

그림 6.5 헤지 횟수를 4배 증가시켰을 때 감소된 복제 오차

못한다.

결론: 정확한 복제와 헤지는 매우 어렵다

이론적인 BSM 환경에서는 미래 실현 변동성을 정확하게 알 수 있다고 가정한다. 현실 세계에서는 불가능하다. 옵션의 시장 가격에서 내재 변동성을 알 수 있지만, 미래 변동성은 단지 예측해야만 한다. 따라서 옵션을 헤지할 때 일반적으로 내재 변동성을 사용할지 미래 실현 변동성의 예측치를 사용할지 선택해야 한다.

시장이 BSM 가정을 따른다고 가정하면 옵션 매수 포지션에 대해 다음 사항들을 요약할 수 있다.

- 미래 실현 변동성을 정확하게 추정하고 해당 변동성으로 연속적으로 헤지(또는 복제)하면 P&L이 옵션의 가치를 정확하게 복제할 수 있다.

- 실현 변동성을 이용해 이산적으로 헤지하는 경우 P&L에는 확률 요소가 있다. 더 자주 헤지할수록 더 정확한 BSM 값에 가까워지며, 차이는 헤지 횟수 n에 대해서 $1/\sqrt{n}$에 비례해 감소한다.

- 내재 변동성이 실현 변동성과 같지 않고 내재 변동성으로 연속 헤지하는 경우 P&L은 경로 의존적이며 예측할 수 없다. 옵션의 감마가 최대일 때 P&L이 최대가 된다. 이는 만기가 가까울 때 주가가 행사가 근처일 때 발생한다.

- 내재 변동성으로 이산 헤지를 하면 손익이 경로 의존적이고 예측할 수 없을 뿐만 아니라, 헤지가 순간적으로만 정확하고 헤지와 헤지 사이 기간 동안 부정확하기 때문에 발생하는 확률 요소를 갖게 된다.

실무에서 트레이더는 내재 변동성으로 헤지할 가능성이 가장 크다. 내재 변동성이 실현 변동성과 차이가 크면 클수록 헤지 횟수를 늘리면서 얻는 이점이 사라진다.

연습문제

6-1. SPX$^{\text{S\&P 500}}$은 현재 2,000에 거래되고 있다. 내재 변동성과 실현 변동성이 동일하게 20%이고 SPX가 GBM을 따르며 이자율과 배당금이 0이라 가정한다. 3개월 등가격 유럽형 콜옵션의 경우 대해 식 (6.12)와 식 (6.15)를 사용해 매주, 매일, 하루에 4번 헤지할 때 발생하는 헤지 오차의 표준편차를 계산하라. 한 달을 21영업일을 가정하고, 표준편차를 BSM 공식을 사용해 계산된 현재 콜 가격으로 나누고 100을 곱한 백분율로 표현하라.

6-2. 식 (6.18)의 근사를 이용해 이전 문제의 헤지 오차를 다시 계산하라.

6-3. BSM 공식을 기반으로 등가격 유럽형 콜 옵션의 가치에 대한 근사식인 식 (6.17)을 유도하라. 배당과 무위험 이자율이 모두 0이라 가정한다. 힌트: 0 주위에서 누적 정규 분포를 1차항의 테일러 전개해 사용하라.

7장

거래 비용

- 거래 비용의 영향
- 헤지의 정확성과 비용
- 옵션의 유효 변동성

영향

BSM 모델은 주식 거래 시에 수수료가 없다고 가정한다. 그러나 실제 세계에서는 거래 시에 명시적 비용과 잠재적 비용이 있다. 명시적 비용은 거래할 때마다 지불해야 하는 세금과 수수료다. 잠재적 비용은 거래 전에 시장 참여자들의 사려는 가격과 팔려는 가격의 차이인 매수-매도 스프레드를 포함한다. 유동성이 좋으면 스프레드가 좁은 경향이 있지만, 모든 증권은 거래 시마다 감수해야 하는 스프레드가 있다. 만약 매수가와 매도가의 중간값을 시장 가격의 추정치로 본다면 거래할 때마다 매수-매도 스프레드의 절반에 해당하는 잠재적 거래 비용이 발생한다. 회계 수수료, 트레이더 급여, 컴퓨터 시스템 관련 비용 등 추정하기 어려운 간접 비용도 거래 건수가 증가함에 따라 증가할 수 있다. 옵션을 헤지하는 시장 조성자는 이런 모든 비용과 그 이상을 고려해야 한다. 시장 조성자가 비용을 고려할 수 있는 합리적인 방법은 발견적 방법 또는 경험 법칙을 사용해 옵션을 거래할 때 그들이 제시하는 내재 변동성 값을 조정하는 것이다. 여기서는 거래 비용이 옵션과 옵션 포트폴리오의 가치에 어떻게 영향을 미치는지에 대한 정량적 추정에 관심을 둔다.

옵션을 헤지할 경우 거래 비용이 옵션 가치에 미치는 영향을 추정하는 것은 어렵지 않다. 옵션의 매수 포지션 또는 매도 포지션과 관계없이, 헤지를 수행하려고 주식을 거래하면 수수료를 지불해야 한다. 옵션을 매수한 경우 헤지하기 위해 추가 현금을 지출해야 하므로 BSM 가치보다 가치가 낮다. BSM 공식을 사용해 옵션의 내재 변동성을 계산하면 이 낮은 가격의 내재 변동성은 거래 비용이 없는 경우의 내재 변동성보다 더 낮다. 옵션을 매도한 경우 헤지하기 위해 추가 현금을 지출해야 하므로 BSM 가치보다 더 높은 가격에 매도해야 한다. BSM 공식에서 더 높은 옵션 가격은 더 큰 내재 변동성에 해당한다. 간단하게 말하면 거래 비용으로 옵션 평가에 매수-매도 스프레드가 자연스럽게 도입된다.

거래 비용이 없으면 BSM 옵션 2개로 구성된 포트폴리오 가치는 개별 옵션 가치의 합과 같다. 주식 매매에 수수료를 지불해야 하는 경우는 그렇지 않다. 두 옵션을 하나의 포트폴리오로 결합하면 옵션 헤지 비율은 부분적으로 상쇄될 수 있으며 두 옵션을 함께 헤지하는 데 필요한 거래 비용은 각 옵션을 개별적으로 헤지하는 데 필요한 거래 비용의 합과 항상 일치하는 것은 아니다. 포트폴리오의 거래 비용은 옵션 개수에 비선형적이다. 그리고 해당 옵션이 포트폴리오의 일부인 경우 단일 옵션에 대한 거래 비용을 명확하게 분리할 수 없다.

헤지는 거래 비용과 자연스러운 긴장 관계가 있다. 헤지를 자주하면 헤지 오류는 작아진다. 그러나 비용은 커지고 예상 수익은 작아진다.

보기 7.1

질문

어떤 회사가 기초 자산 XYZ의 행사가 $100인 유럽형 콜옵션 100개를 보유하고 있다. XYZ는 배당을 지급하지 않고 무위험 이자율은 0%다. 처음에 옵션은 만기가 1년인 등가격이다. 일주일 후 XYZ의 가격은 $104로 올랐다. 다시 일주일이 지나고, XYZ는 $100로 떨어졌다. 매주 마지막 영업일에만 헤지 비율을 재조정한다면 델타 헤지로 인한 손익은 얼마가 될까? 재조정을 하지 않는다면 어떻게 될까? 헤지를 하지 않는 전략이 다시 헤지하는 전략보다 더 매력적이려면 거래 비용이 얼마나 커야 했을까? 옵션의 가치 평가와 헤지 모두에 대해 20%의 내재 변동성과 BSM 모델을 가정한다. 모든 주식을 사고팔 수 있고 2주 후에 옵션과 주식을 모두 청산한다고 가정한다.

정답

만기 1년인 콜옵션의 가격은 다음과 같다.

$$C(S, K, v) = SN(d_1) - KN(d_2)$$
$$= \$100 \times N(0.10) - \$100 \times N(-0.10)$$
$$= \$7.9656$$

콜옵션의 델타는 다음과 같다.

$$\Delta(S, K, v) = N(d_1) = 0.54$$

초기에는 총 가치가 796.56인 100개 옵션 매수 포지션이고, 총 가치가 $-\$5,400$인 54주 주식 매도 포지션이다.

일주일 후에 주가가 104이 되면 콜옵션은 10.2033이 된다. 헤지 포지션의 P&L은 다음과 같다.

$$P\&L_1 = 100(\$10.2033 - \$7.9656) - 54(\$104 - \$100)$$
$$= \$223.78 - \$216.00$$
$$= \$7.78$$

첫 번째 주가 끝날 때 델타는 0.62다. 재조정하는 시나리오에서는 주식 총 매도 포지션을 62주가 되게 하고자 XYZ를 8주 추가 매도해야 한다.

두 번째 주가 끝날 때 XYZ 주가는 100으로 돌아오고, Δ는 약 0.54다. 하지만 콜옵션의 가치는 7.8114에 불과하다. 재조정한 시나리오에서는 8주를 다시 매수하고, 8.80의 수익이 난다.

$$P\&L_{2,재조정} = 100(\$7.8114 - \$10.2033) - 62(\$100 - \$104)$$
$$= -\$239.20 + \$248.00$$
$$= \$8.80$$

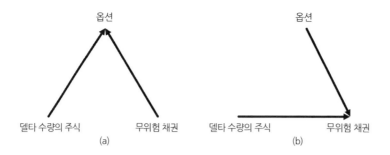

그림 7.1 (a) 델타 개수의 주식과 무위험 채권으로 옵션 복제 (b) 델타 개수의 주식으로 옵션을 델타 헤지해 무위험 채권 복제

재조정하지 않은 시나리오에서는 여전히 54주 매도 포지션이고 $23.20의 손실이 난다.

$$P\&L_{2,\text{재조정 안 함}} = 100(\$7.8114 - \$10.2033) - 54(\$100 - \$104)$$
$$= -\$239.20 + \$216.00$$
$$= -\$23.20$$

두 기간 동안 재조정 전략은 $16.58의 수익이 나고, 재조정을 하지 않는 전략은 $15.42의 손실이 난다.

이 경우 재조정의 이점은 $32였다. 헤지와 관련된 추가 거래 비용은 재조정을 하지 않는 전략이 더 매력적이려면 $32 이상이어야 한다. 이는 추가로 매도한 8개 주식에 대해 각각 $4에 해당한다. 이 추가 주식은 첫 번째 주가 끝날 때 매도하고, 두 번째 주가 끝날 때 다시 매수해야 했다. 거래 비용이 거래에 사용한 (절대) 달러 가치에 비례한다면 $1.96\% = \$32/(8 \times \$104 + 8 \times \$100)$이다.

등간격 재조정

여기서는 옵션 복제에 대한 거래 비용의 영향을 시뮬레이션한다. 그림 7.1에 나타난 바와 같이 주식과 무위험 채권으로 옵션을 복제하는 것은 옵션을 주식으로 헤지해 무위험 채권을 복제하는 것과 같다. 따라서 거래 비용이 옵션 복제에 미치는 영향은 거래 비용이 헤지에 미치는 영향과 유사하다.

실현 변동성 σ_R이 알려져 있고, BSM 헤지 비율 $\Delta_{\text{BSM}}(\sigma_R)$을 사용해 콜옵션을 복제한다고 가정한다. 그리고 거래 비용이 주식의 가격에 비례한다고 가정한다. 6장과 같이 만기 1년인 등가격 유럽형 콜옵션을 복제하는 경우를 생각한다.

먼저 추가로 거래해야 하는 주식 개수에 관계없이 시간 간격이 끝날 때마다 주식 개수가 $\Delta_{\text{BSM}}(\sigma_R)$이 되도록 재조정한다고 가정한다. 모든 거래 비용은 거래해야 하는 추가 주식 가격의 0.1%로 가정한다. $500 상당의 주식을 매매하면 거래 비용이 $0.50가 될 것이다. 그림 7.2는 몬테카를로 시뮬레이션의 결과 2개를 보여 준다. 히스토그램은 옵션 헤지 결과의 상대적 손익을 보여 준다. 각각은 포트폴리오 재조정 빈도가 다르다. 상대적 손익은 시뮬레이션으로 생성한 주가 경로를 사용해 얻은 옵션의 현재가에서 옵션의 BSM 현재가를 뺀 값이다. 첫 번째에서는 1,000번 재조정한다. 두 번째에서는 10번 재조정한다. 각각의 경우 1년 만기 등가격 콜옵션을 헤지한다. 주식의 변동성은 연간 20%다. 주식 체결가의 0.1%를 거래 비용으로 가정한다.

예상대로, 더 자주 재조정을 하면 긍정적인 결과와 부정적인 결과가 모두 나타난다. 재조정 빈도가 높을수록 옵션을 더 정확하게 복제해 손익(P&L) 히스토그램의 표준 편차가 작아진다. 그러나 더 자주 재조정하면 거래 비용이 증가하기에 상대적 P&L 분포의 평균은 감소한다. 재조정하는 횟수가 적으면 이익은 늘어나지만 이익에 대한 확신은 줄어든다. 따라서 그림 7.2에서 재조정을 1,000회 하는 것에 비해 재조정을 10회 하는 것이 평균 P&L이 더 높아지고 P&L의 표준 편차 또한 증가하는 것을 볼 수 있다.

실무에서 최적의 재헤지 빈도, 즉 빈번한 재헤지의 비용과 이익이 균형을 이루는 지점을 알고 싶어한다. 이 논의에서는 미래의 변동성이 알려져 있다고 가정했지만, 실제로는 이것 또한 불확실하다. 불행히도 금융의 최적화는 항상 실제로 알려지지 않은 미래 확률 분포에 대한 최적화다.

재헤지 실용 전략

옵션의 헤지 비율은 주가가 변동하는 것에 따라 변동한다. 하지만 재헤지를 할 때마다 거래 비용을 지불해야 하면 사소한 가격 변동에 재헤지를 하는 것은 좋지 않다. 헤지 비율이 이전 값으로 되돌아가면 재헤지 비용이 낭비되기 때문이다. 보다 효율적으로

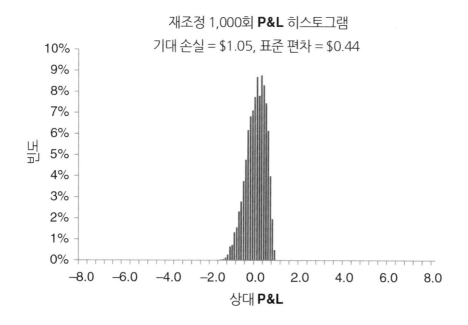

재조정 1,000회 **P&L** 히스토그램

기대 손실 = $1.05, 표준 편차 = $0.44

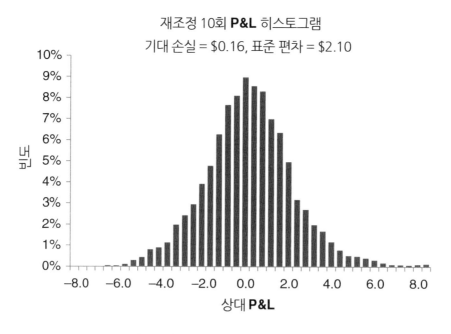

재조정 10회 **P&L** 히스토그램

기대 손실 = $0.16, 표준 편차 = $2.10

그림 7.2 옵션 헤지의 손익에 대한 거래 비용 영향

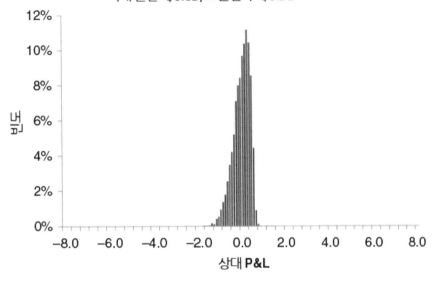

그림 7.3 거래 비용이 0.1%이고, 델타 변화가 0.02 이상일 때 재헤지하는 경우

재헤지하는 방법은 옵션의 델타가 (미리 정한 수치 이상으로) 상당히 변한 후에만 재헤지하는 것이다.

그림 7.3은 델타가 0.02 이상 변할 때 재헤지하는 시뮬레이션의 결과를 보여 준다. 앞의 경우와 마찬가지로 1년 등가격 콜옵션을 헤지한다. 처음 헤지 포지션을 설정한다. 시간이 지남에 따라서 0과 1.0 사이에 있는 델타를 관찰한다. 델타가 최소 0.02 이상 변동했을 때만 주식을 매매하는 방식으로 재헤지를 한다. 주식의 변동성은 연간 20%다. 주식 체결가의 0.1%를 거래 비용으로 가정한다. 이것을 1,000개의 동일한 시간 간격으로 기계적으로 재헤지한 앞의 보기와 비교하면, 일정 크기 이상의 델타 변동을 기반으로 재헤지를 할 때 거래 비용으로 인한 손실과 P&L의 표준 편차가 더 작다는 것을 볼 수 있다.

6장에서 거래 비용이 없고 헤지 변동성과 실현 변동성이 동일한 경우 모든 dt마다 재헤지를 할 때 다음의 헤지 오차가 발생하는 것을 보였다.

$$\text{HE} \approx \sum_{i=1}^{n} \frac{1}{2}\Gamma_i^2 \sigma_i^2 S_i^2 \left(Z_i^2 - 1\right) dt \tag{7.1}$$

여기서 Z_i는 표준 정규 분포를 따르는 변수다. 6장에서 봤듯이 헤지 오차의 평균은 0이고, 헤지 오차의 분산은 $O\left(dt^2\right)$이다. 옵션 만기까지 시간이 T이며 재헤지 횟수는 T/dt이므로 총 헤지 오차의 분산은 다음이 된다.

$$O\left(\frac{T(dt^2)}{dt}\right) = O\left(T(dt)\right) \tag{7.2}$$

이것은 $dt \to 0$일 때 없어진다. 따라서 시뮬레이션에서 본 것과 같이 거래 비용이 없으면 실현 변동성으로 연속 헤지하면 옵션 가치를 정확하게 복제할 수 있다.

이제 거래 비용을 고려한다. 편의상 주식을 거래할 때마다 거래된 주식의 일부분을 비용으로 지불하는 경우를 생각한다. 일정한 간격 dt마다 옵션 C의 매수 포지션을 재헤지한다고 가정한다. 그러면 재헤지할 때마다 다음의 N과 같은 개수의 주식을 거래해야 한다.

$$N = \Delta(S + dS, t + dt) - \Delta(S, t) \approx \frac{\partial^2 C}{\partial S^2} dS + O(dt) \tag{7.3}$$

GBM을 가정하고 $O(dt)$의 항을 무시하면 시간 dt 동안의 주식의 변동은 $dS \approx \sigma S\sqrt{dt}Z$이다. 이 경우 N은 다음이 된다.

$$N \approx \frac{\partial^2 C}{\partial S^2}\sigma S\sqrt{dt}Z \tag{7.4}$$

체결된 주식의 가치는 단순히 주식 수에 주당 주가를 곱한 NS다. 재조정 비용은 체결된 주식의 절대 가치에 거래 비용 k를 곱한 값이다. 따라서 거래 비용은 다음이 된다.

$$거래\ 비용 = |NS|\,k$$
$$= \left| \frac{\partial^2 C}{\partial S^2} \sigma S^2 Z \sqrt{dt} \right| k \tag{7.5}$$
$$= \left| \frac{\partial^2 C}{\partial S^2} Z \right| \sigma S^2 k \sqrt{dt}$$

여기서 절댓값은 주식의 매도 또는 매수에 상관없이 양수의 거래 비용을 지불한다 것을 반영한다.

따라서 시간 dt 경과 이후 $O(\sqrt{dt})$까지만 고려한 예상 거래 비용은 다음과 같다.

$$\mathbb{E}\left[\left| \frac{\partial^2 C}{\partial S^2} Z \right| \sigma S^2 k \sqrt{dt} \right] \tag{7.6}$$

$|Z|$의 기댓값이 0이 아니므로 헤지 비용의 기댓값도 0은 아니다. 만기가 T인 옵션의 경우 T/dt번 재헤지하면 대략 $T/dt \times \sqrt{dt} = T/\sqrt{dt}$ 정도의 총 비용이 발생하며 재헤지 시간 간격을 0으로 줄이면 비용은 무한대로 발산한다. 거래 비용이 발생하는 경우 연속 헤지를 하는 것은 바람직하지 않다.

거래 비용의 PDE 모델

Hoggard, Whalley, Wilmott(1994)에서 전통적인 BSM 모델 내에서 거래 비용을 다루는 직관적이고 매력적인 방법을 개발했다. 이는 BSM 모델의 변동성을 조정해 옵션 가격에 대한 거래 비용의 영향을 추정할 수 있는 방법을 제시한다. 평소와 같이 주가 거동을 다음으로 가정한다.

$$dS = \mu S dt + \sigma S Z \sqrt{dt} \tag{7.7}$$

여기서 Z는 표준 정규 분포를 따른다. 거래 비용이 포함된 헤지 포지션의 가치 변농은 다음이 된다.

$$d\pi = dC - \Delta dS - [\text{거래 비용}]$$

$$= \frac{\partial C}{\partial t}dt + \frac{\partial C}{\partial S}dS + \frac{1}{2}\sigma^2 S^2 \frac{\partial^2 C}{\partial S^2}Z^2 dt - \Delta dS - |NS|\,k$$

$$= \frac{\partial C}{\partial t}dt + \left(\frac{\partial C}{\partial S} - \Delta\right)\left(\mu S dt + \sigma S Z\sqrt{dt}\right)$$

$$+ \frac{1}{2}\sigma^2 S^2 \frac{\partial^2 C}{\partial S^2}Z^2 dt - |NS|\,k \tag{7.8}$$

$$= \left(\frac{\partial C}{\partial S} - \Delta\right)\sigma S Z\sqrt{dt}$$

$$+ \left(\frac{1}{2}\sigma^2 S^2 \frac{\partial^2 C}{\partial S^2}Z^2 + \mu S\left(\frac{\partial C}{\partial S} - \Delta\right) + \frac{\partial C}{\partial t}\right)dt$$

$$- |NS|\,k$$

$\Delta = \partial C/\partial S$가 되도록 초기 헤지 비율을 선택하면 다음이 성립한다.

$$d\pi = \left(\frac{1}{2}\sigma^2 S^2 \frac{\partial^2 C}{\partial S^2}Z^2 + \frac{\partial C}{\partial t}\right)dt - |NS|\,k \tag{7.9}$$

거래 비용에 대한 식 (7.5)를 사용하면 다음을 얻는다.

$$d\pi = \left(\frac{1}{2}\sigma^2 S^2 \frac{\partial^2 C}{\partial S^2}Z^2 + \frac{\partial C}{\partial t}\right)dt - \left|\frac{\partial^2 C}{\partial S^2}Z\right|\sigma S^2 k\sqrt{dt} \tag{7.10}$$

이 식은 Z와 Z^2에 의존하기 때문에 무위험이 되도록 완벽하게 헤지한 것이 아니다. 그러나 다음의 사실을 이용해 기댓값을 계산할 수 있다.

$$\mathbb{E}\left[Z^2\right] = 1$$

$$\mathbb{E}\left[|Z|\right] = \sqrt{\frac{2}{\pi}} \tag{7.11}$$

그러면 다음 식을 얻는다.

$$\mathbb{E}\left[d\pi\right] = \left(\frac{1}{2}\sigma^2 S^2 \frac{\partial^2 C}{\partial S^2} + \frac{\partial C}{\partial t}\right)dt - \sqrt{\frac{2}{\pi}}\left|\frac{\partial^2 C}{\partial S^2}\right|\sigma S^2 k\sqrt{dt}$$

$$= \left(\frac{1}{2}\sigma^2 S^2 \frac{\partial^2 C}{\partial S^2} + \frac{\partial C}{\partial t} - \sqrt{\frac{2}{\pi dt}}\left|\frac{\partial^2 C}{\partial S^2}\right|\sigma S^2 k\right)dt \tag{7.12}$$

이제 Hoggard, Whalley, Wilmott (1994)와 같이 이 포트폴리오가 완전 무위험

이 아니지만, 완전히 헤지되지 않은 이 포트폴리오의 가치가 평균적으로 무위험 이자율로 증가한다고 가정한다.[1] 그런 경우 헤지 포트폴리오의 가치는 $C - S(\partial C/\partial S)$ 이므로 시간 dt에 따른 포트폴리오의 예상 가치 변동은 다음과 같다.

$$\mathbb{E}\left[d\pi\right] = r\left(C - S\frac{\partial C}{\partial S}\right)dt \tag{7.13}$$

식 (7.12)와 식 (7.13)에서 다음을 얻을 수 있다.

$$\frac{1}{2}\sigma^2 S^2\frac{\partial^2 C}{\partial S^2} + \frac{\partial C}{\partial t} - \sqrt{\frac{2}{\pi dt}}\left|\frac{\partial^2 C}{\partial S^2}\right|\sigma S^2 k = r\left(C - S\frac{\partial C}{\partial S}\right) \tag{7.14}$$

이는 다음과 같이 정렬할 수 있다.

$$\frac{\partial C}{\partial t} + \frac{1}{2}\sigma^2 S^2\frac{\partial^2 C}{\partial S^2} - \sqrt{\frac{2}{\pi dt}}\left|\frac{\partial^2 C}{\partial S^2}\right|\sigma S^2 k + rS\frac{\partial C}{\partial S} - rC = 0 \tag{7.15}$$

이는 $\Gamma = \partial^2 C/\partial S^2$의 절댓값에 비례하는 비선형 항을 추가해 BSM 편미분 방정식을 수정한 것이다.

절댓값 Γ의 비선형성으로 Γ가 반대 부호를 갖는 방정식의 해 2개를 합한 것은 식 (7.15)의 해가 되지 않는다.

Γ는 콜옵션 또는 풋옵션의 매수 포지션일 때 Γ는 양수이므로 절댓값 표기를 없앨 수 있다. 그러면 식 (7.15)는 다음이 된다.

$$\frac{\partial C}{\partial t} + \frac{1}{2}\hat{\sigma}^2 S^2\frac{\partial^2 C}{\partial S^2} + rS\frac{\partial C}{\partial S} - rC = 0 \tag{7.16}$$

여기서 $\hat{\sigma}^2$은 다음으로 주어진다.

$$\hat{\sigma}^2 = \sigma^2 - 2\sigma k\sqrt{\frac{2}{\pi dt}} \tag{7.17}$$

식 (7.16)은 변동성이 감소된 BSM 방정식으로 Leland(1985)에서 처음 나타났나. 변농성이 낮기 때문에 옵션 가치가 작아진다. 헤지 비용이 P&L을 감소시키므로 옵션을 매수할 때 BSM 공정 가치보다 더 적은 금액을 지불해야 한다. $\Gamma \leq 0$인 매도

---

1. 원하는 경우 추가 위험을 반영하기 위해 무위험 이자율 이상의 프리미엄을 얻을 것으로 예상한다고 가정해 모델과 식을 확장할 수 있다.

포지션의 경우 유효 변동성은 증가한다.

$$\tilde{\sigma}^2 = \sigma^2 + 2\sigma k \sqrt{\frac{2}{\pi dt}} \tag{7.18}$$

헤지 비용을 충당하려고 옵션을 매도할 때 BSM 공정 가치보다 더 많은 금액을 요구해야 한다.

k가 작은 경우 유효 변동성은 다음이 된다.

$$\tilde{\sigma} \approx \sigma \pm k \sqrt{\frac{2}{\pi dt}} \tag{7.19}$$

식 (7.17)과 식 (7.18)에서 dt가 더 작아지고 헤지를 더 자주하면 변동성 조정의 크기는 더 커진다. 매우 작은 dt의 경우 헤지 비용이 발산하고 근사가 무효가 된다.

보기 7.2

질문

거래 비용이 없는 경우 XYZ를 기초 자산으로 하는 만기 1년인 등가격 콜옵션의 내재 변동성은 16%가 된다. 거래 비용이 1베이시스 포인트$^{\text{basis point}}$(1bp = 0.01%)이고, 트레이더들이 매주 또는 매일 헤지 비율을 재조정한다면 옵션 매수 포지션에 대한 적절한 내재 변동성 조정은 무엇인가? 연간 256영업일을 가정한다.

정답

매주 재조정하는 경우 식 (7.19)를 사용하면 다음과 같다.

$$
\begin{aligned}
\tilde{\sigma} &\approx \sigma - k \sqrt{\frac{2}{\pi dt}} \\
&= 0.16 - 0.0001 \sqrt{\frac{2}{\pi}\frac{52}{1}} \\
&= 0.16 - 0.0001 \times 5.75 \\
&= 0.16 - 0.0006 \\
&= 0.1594
\end{aligned} \tag{7.20}
$$

조정된 내재 변동성은 15.94%다.

매일 재조정하는 경우는 다음과 같다.

$$\tilde{\sigma} \approx \sigma - k\sqrt{\frac{2}{\pi dt}}$$
$$= 0.16 - 0.0001\sqrt{\frac{2}{\pi}\frac{256}{1}}$$
$$= 0.16 - 0.0001 \times 12.77 \qquad (7.21)$$
$$= 0.16 - 0.0013$$
$$= 0.1587$$

조정된 내재 변동성은 15.87%다. 식 (7.19) 대신 식 (7.17)을 사용해도 답은 ±0.01% 이내로 동일하다.

이것으로 재헤지와 거래 비용과 관련된 실질적인 어려움에 대한 논의를 마친다. 8장에서 내재 변동성 스마일의 속성과 다양한 시장에서의 모양, 내재 변동성 곡면의 구조에 대한 가능한 설명을 살펴본다. 책의 나머지 부분에서는 변동성 스마일을 설명하는 BSM 모델의 여러 확장을 설명한다. 확장된 모델의 원칙과 이론에 초점을 맞출 것이지만, BSM 사례에 대한 지난 6~7장에서와 같이 확장된 모델을 사용할 때도 이산 헤지와 거래 비용의 결과를 고려해야 한다.

연습문제

7-1. SPX$^{S\&P\ 500}$는 현재 2,000에 거래되고 있다. 거래 비용이 없는 경우 내재 변동성과 실현 변동성은 20%로 동일하고, SPX는 GBM을 따르며 이자율과 배당은 0으로 가정한다. BSM 공식과 20% 내재 변동성을 사용해, 만기가 3개월인 등가격 유럽형 콜옵션의 가격을 계산하라. 그리고 식 (7.19)를 사용해 옵션 매수 포지션에 대한 조정된 내재 변동성을 계산하고, BSM 공식으로 가격을 다시 계산하라. 거래마다 거래 비용은 1bp이고, 매일 재조정한다고 가정한다.

7-2. 옵션 매도 포지션에 대해 문제 7-1을 반복하라.

7-3. 행사가가 2,000이 아닌 2,200인 유럽형 콜옵션의 매수 포지션에 대해 문제 7-1을 반복하라.

8장

스마일

- 행사가와 만기에 의존하는 내재 변동성
- 옵션 시장의 스마일
- 델타의 함수로서 스마일
- 변동성 기울기인 스큐
- 음수인 주식 시장의 스큐
- 시장마다 다른 모양의 스마일

스마일, 기간 구조, 곡면, 스큐

BSM 공식에서 변동성 매개변수는 다른 모든 매개변수와 다르다. 행사가와 만기는 계약 조건에서 결정된다. 현재 무위험 이자율과 기초 자산의 현재 가격은 시장에서 관찰한다. 그러나 변동성은 주식의 미래 변동성으로 알려지지 않은 값이다.

미래 변동성에 대한 추정치가 있다고 가정하자. 이 숫자를 나머지 (알려진) 매개변수와 함께 BSM 공식에 대입하면 옵션 가격을 계산할 수 있다. 반대로, 유동성이 좋은 옵션 시장이 있는 경우 시장에서 옵션 가격을 얻고 BSM 모델 가격이 시장 가격과 일치하도록 시장 내재 미래 변동성^{market implied future volatility}을 계산할 수 있다.

내재 변동성은 BSM 모델이 옵션 시장을 정확하게 설명하면 관찰된 시장 가격과 일치하는 변동성이다. BSM 모델이 사실이 아니더라도 내재 변동성으로 공식에 상응하는 옵션의 시장가를 여전히 재구성할 수 있다. 비유럽형 옵션^{non-European options}과

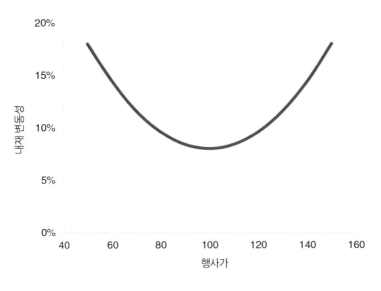

그림 8.1 이상적인 변동성 스마일

배당주 옵션, 심지어 이색 옵션의 경우, 상응하는 내재 변동성을 계산하고자 BSM 모델을 확장해야 하지만 전체적인 논리는 동일하다.

변동성 스마일은 1장에서 소개했다. 변동성 스마일은 기초 자산과 만기가 주어질 때 행사가에 대한 내재 변동성의 함수, 즉 그래프다. 스마일을 함수라고 하는 이유는 내재 변동성과 행사가를 그래프로 표시할 때 등가격 근처에서 내재 변동성이 낮고, 등가격에서 멀리 떨어진 낮은 행사가와 높은 행사가 모두에서 내재 변동성은 높은 그림 8.1과 같은 곡선이 되기 때문이다. 이런 특징이 처음 나타났던 통화 옵션 시장에서 스마일이라는 용어가 유래됐다.

그림 8.1은 실제 스마일과 유사하지만 변동성 스마일이 이와 같을 필요가 없음을 1장에서 봤다. 변동성 스마일은 더 평평하거나 더 구부러질 수 있다. 흔히 웃는 얼굴처럼 보이지만, 드물게는 찌푸린 인상으로 보인다. 이런 함수와 그래프를 모양에 관계없이 일반적으로 스마일이라 한다.

그림 8.2는 서로 다른 두 날짜의 6개월 만기에 대한 S&P 500의 내재 변동성 스마일 그래프이며, 가격도의 함수로 표시된다. 두 경우 모두 스마일보다는 히죽거리는 웃음에 가깝다.

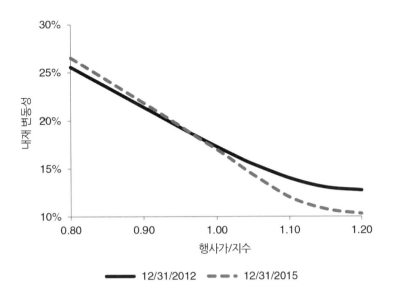

그림 **8.2** S&P 500의 6개월 변동성 스마일. 출처: 블룸버그

스마일의 존재는 이론과 실무 모두에서 옵션 평가에 심오하고 흥미로운 문제를 제기한다. BSM 모델에서 변동성은 GBM을 따른다고 가정하는 주식의 상수 미래 변동성이다. 따라서 BSM 모델에서 주식은 상수 변동성을 가져야 한다. 모델이 주식과 옵션을 정확하게 설명하면 모든 옵션은 동일한 기초 자산(주식)의 변동성을 가져야 한다. 따라서 같은 기초 자산과 만기를 갖는 모든 옵션의 내재 변동성은 동일해야 하며, 변동성 스마일은 완벽하게 평평해야 한다.

그림 8.2의 평평하지 않은 스마일은 실제 옵션 시장이 BSM 가정보다 더 복잡하고 시장 가격이 BSM 모델을 따르지 않는 것을 알려 준다. 그럼에도 모든 시장 거래자들은 내재 변동성을 사용해 옵션 가격을 제시한다. BSM 모델의 가정을 위반하는 스마일이 있음에도 거래 데스크에서 BSM 모델의 내재 변동성을 널리 사용하는 것은 BSM 모델의 강력한 설득력과 실질적인 성공의 증거다. 시장에서 작동하지 않는 모델을 사용해 해당 모델에서 벗어난 가격을 제시하는 것은 이상하고 신비한 일이다. 언어의 결함을 설명하고자 또 언어를 사용해야 하는 것처럼, BSM 모델의 가정을 위반하는 것을 설명하고자 BSM 모델의 언어를 사용하는 데 익숙해졌다.

그림 8.1과 8.2는 만기가 고정됐을 때 행사가에 따른 내재 변동성을 보여 준다.

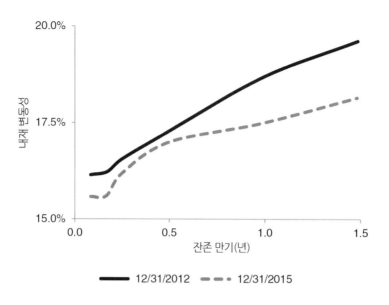

그림 **8.3** S&P 500 등가격 변동성 기간 구조. 출처: 블룸버그

그림 8.3은 행사가 또는 가격도가 고정됐을 때 잔존 만기에 따른 내재 변동성을 보여 준다. 기간 구조^{term structure}의 모양은 매우 다양하다. 장기금리가 미래의 단기 금리에 대한 시장의 생각을 반영하듯이 내재 변동성 기간 구조는 미래의 단기 변동성에 대한 시장의 생각을 상당 부분 반영한다. 뒤에서 변동성 스마일과 기간 구조의 형태에 영향을 미치는 요인에 대해 논의한다.

보다 일반적으로 그리고 다양한 행사가와 만기를 다루는 옵션의 시장 조성자에게는 특별히, 특정 기초 자산의 내재 변동성이 행사가와 잔존 만기에 따라 어떻게 달라지는지를 묘사하는 것이 중요하다. 이 세 변수의 관계는 곡면^{surface}을 정의한다. 그림 8.4는 2015년 12월 31일 S&P 500의 내재 변동성 곡면을 보여 준다. 특정 기간의 수익률 곡선^{yield curve}이 채권 가격과 채권 시장에 대한 축약된 설명인 것처럼, 특정 기간의 기초 자산에 대한 내재 변동성 곡면은 옵션 시장에 대한 요약된 설명으로 간주할 수 있다. 채권은 만기까지의 시간으로 구분되는 반면, 옵션은 만기까지의 시간과 행사가로 구분되므로 곡선이 아닌 곡면이 필요하다.

수익률 곡선과 마찬가지로 자연스러운 변동성 곡면을 수학적으로 설명하는 것은 어려울 수 있다. 특히 차익 거래 불가능 조건을 위반하지 않고 이산화된 관측값에서

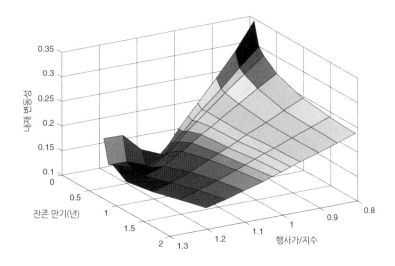

그림 8.4 변동성 곡면, S&P 500, 2015년 12월 31일. 출처: 블룸버그

연속된 곡면으로 보간하는 방법을 고려해야 하기 때문이다. BSM 모델을 스마일까지 확장할 때 많은 접근 방법이 수익률 곡선의 확률 모델에서 많은 영감을 받았다.

변동성 곡면의 특징적인 모양을 흔히 하나의 숫자, 즉 스프레드로 나타낸다. 이는 수익률 곡선의 기울기를 10년−2년 스프레드로 나타내는 것과 비슷하다. 옵션에 대해 인기 있는 스프레드는 변동성 스큐^{skew}로서 서로 다른 두 행사가에서 내재 변동성의 차이다. 그림 8.5는 두 가지 변동성 스마일을 보여 준다. 행사가의 함수로 볼 때 하나의 그래프는 다른 것에 비해 더 가파르다. 25 행사가 옵션과 50 행사가 옵션 간의 내재 변동성의 차이는 17 변동성 포인트다. 다른 하나는 9포인트의 차이로 상대적으로 완만하다.[1] 뒤에서 보겠지만, 시장 참가자들은 스큐를 설명하는 변동성 스프레드를 고정된 행사가가 아닌 델타를 이용하는 것을 선호한다.

---

1. 금융 시장과 트레이더들 사이에서는 내재 변동성의 변화를 변동성 포인트의 관점에서 설명하는 것이 일반적이다. 내재 변동성이 10%에서 20%로 증가하면 내재 변동성이 10 변동성 포인트 증가했다고 말한다. 이런 규칙 장점은 모호성을 피할 수 있다. 내재 변동성이 10%이고 50% 증가했다고 표현하면, 내재 변동성이 현재 $15\% = 10\% \times (1 + 50\%)$인지 또는 $60\% = 10\% + 50\%$인지 혼동할 개연성이 있다. 그러나 내재 변동성이 10%이고 변동성이 50포인트 증가했다고 하면 60%가 된 것을 의미한다.

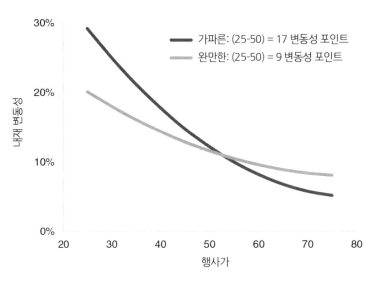

그림 **8.5** 다른 스큐를 갖는 변동성 스마일

스마일 그리는 방법

옵션에서 행사가를 달러(또는 유로, 엔 등)로 지정하는 것이 가장 자연스럽지만 기초 자산의 가격이 매우 다른 경우 달러 행사가로 내재 변동성을 비교하기는 어렵다. 예로서, XOM$^{\text{Exxon Mobil}}$을 기초 자산으로 하고 행사가 $120, 만기 3개월인 콜옵션의 내재 변동성이 18%이다. GOOG$^{\text{Alphabet Inc.}}$을 기초 자산으로 하고 행사가 $600, 만기 3개월인 콜옵션의 내재 변동성이 15%이다. 이런 경우 내재 변동성을 직접 비교할 수 있을까?

한 가지 오래된 해결책은 상대 행사가를 사용하는 것이다. 즉 옵션의 가격도로 내재 변동성을 제시한다. 예로서, XOM이 $100에 거래되고 GOOG가 $500에 거래되면, 행사가 $120인 XOM 옵션과 행사가 $600인 GOOG 옵션은 모두 현재 기초 가격의 120%인 행사가를 갖는다. 편리하게, 가격도는 주가가 옵션 행사가에 도달하고자 움직여야 하는 비율과 관련이 있다.

가격도 K/S 또는 선도 가격도$^{\text{forward moneyness}}$ K/S_F를 사용하면 동일한 만기에 다양한 행사가를 비교할 수 있다. 가격도는 동일한 잔존 만기를 갖는 다른 기초 자산의 옵션을 비교하는 데는 매우 유용하지만 다른 잔존 만기 또는 상당히 다른 변동성을

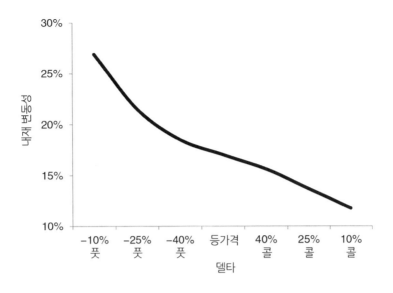

그림 8.6 S&P 500의 만기 6개월 변동성 스마일

갖는 옵션을 비교하는 데는 덜 유용하다. 그 이유는 옵션의 만기가 길거나 기초 자산 주식의 변동성이 높을수록 기초 자산 가격이 현재 수준에서 더 멀어질 가능성이 높기 때문이다. 다른 행사가와 다른 만기의 내재 변동성을 $\left[\ln\left(K/S_F\right)/\sigma\sqrt{\tau}\right]$ 의 함수로 비교해 정규화할 수 있다. 여기서 τ는 잔존 만기이고, σ는 해당 만기에 대한 기초 자산 주식의 내재 변동성(일반적으로 등가격 변동성)이다. 이것은 선도 가격과 행사가의 차이를 로그 정규 분포의 표준편차를 이용해 측정한 것이다. 주식이 GBM을 따른다면 자연스러운 관점이다.

BSM 공식에 익숙해지면 Δ가 d_1의 함수이며 d_1은 $\left[\ln\left(K/S_F\right)/\sigma\sqrt{\tau}\right]$에 직접적으로 의존하는 변수라는 것을 알 수 있다. 그래서 실제 트레이더는 그림 8.6과 같이 내재 변동성을 Δ의 함수로 표시하는 것을 선호한다. 이런 접근 방식은 몇 가지 좋은 점이 있다. (1) 행사가와 만기에 관계없이 모든 옵션은 델타를 갖는다. (2) 그래프의 x축은 표준화돼 있다. 델타는 바닐라 콜옵션의 경우 항상 0과 1 사이이고 풋옵션의 경우 0과 −1 사이이다. (3) 주어진 내재 변동성에 대한 델타는 BSM 모델에서 옵션을 헤지하는 데 필요한 주식의 수를 나타낸다. (4) $\sigma\sqrt{\tau}$가 1에 비해 작으면 식 (8.3)에서 볼 수 있듯이 $\Delta = N(d_1)$는 위험 중립 확률^{risk-neutral probability} $N(d_2)$(바닐라 옵션이 내가격으로 만료될 확률)와 거의 같다. 이것은 직관적이어서 매우 편리하다. 옵션 가격에서 중요한 것은 현재 위치에서 내가격으로 움직일 가능성이 얼마나 되는지에 대한 개념이다. 델타에 대해서 내재 변동성을 그래프로 그리면 이런 개념이 구현된다.

이 접근 방식에도 몇 가지 단점이 있다. 첫째, 델타에 대해서 내재 변동성을 나타낼 때 델타를 계산하는 공식은 다시 순환적으로 내재 변동성에 의존한다. 둘째, BSM 모델의 유효성이 의심스럽기 때문에 모델의 매개변수로 스큐를 기술하는 것은 왜곡돼 보일 수 있다. 그러나 앞서 언급했듯이 시장 참가자들은 내재 변동성을 널리 사용한다.

델타를 이용해 스큐를 측정하는 표준으로 델타가 25%인 외가격 콜옵션과 델타가 −25%인 외가격 풋옵션 간의 내재 변동성의 차이를 측정한다. 편리하게도, 이런 델타 값이 리스크 리버설^{risk reversal}을 구성하는 데 널리 사용된다. 리스크 리버설은 지수 상승에 대한 콜옵션을 매도해 자금을 조달하고 지수 하락을 보호하고자 풋옵션을 매수하는 거래다.

변수 선택의 중요성

가격, 가격도, 선도 가격도, 델타 중에서 어떤 방식으로 옵션 가격을 제시하는 것이 가장 좋을까? 어떤 방식을 선택할 것인가의 문제는 변동성 모델링의 많은 부분에 영감을 준 수익률 곡선 모델링의 문제와 유사하다. t 시점에서 만기가 T인 무이표채의 수익률 $Y(t, T)$를 관찰하고, t 시점 이후에 무이표채의 수익률의 거동을 알고 싶다. $Y(t, T)$는 실제로 내재 변수다. 현재 채권 가격을 재현하는 내재된 미래 상수 할인율이다. 마찬가지로 변동성의 경우 t 시점에서 주가가 S일 때 변동성 $\Sigma(S, t, K, T)$을 관찰하고 미래의 S와 t의 함수로 변동성의 거동을 알고 싶다. 가격을 제시하는 가장 좋은 방식은 t와 S가 변함에 따라 과거 내재 변동성에서 보인 가장 큰 변동을 제거해 상대적으로 일정한 상수 값을 사용하는 것이며, 이런 상수 값이 미래 내재 변동성을 알려 준다고 주장할 수 있다.

이자율과 관련된 단순한 예로써 이것을 설명해 본다. 일반적으로 연간 복리 수익률^{annual compounding yield}을 사용해 채권의 만기 수익률을 제시한다고 가정한다. y_a가 연간 수익률이면 τ년 후 미래에 주어지는 $100의 현재 가치는 $100/(1 + y_a)^\tau$이다. 또한 장기 채권의 위험 프리미엄^{risk premium}이 만기에 비례하는 연간 수익률로 만기가 길

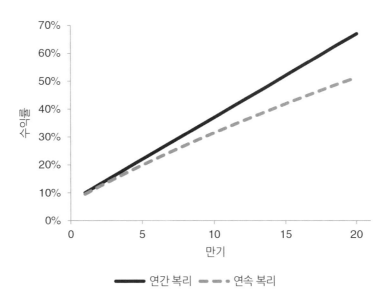

그림 8.7 두 가지 방식을 사용한 수익률과 잔존 만기

수록 높은 수익률을 요구한다고 가정하자. 이 경우 연간 수익률과 만기의 그래프는 그림 8.7의 실선과 같이 직선이 된다. 이제 만기까지 연속 복리 수익률$^{continuous\ compounding\ yield}$을 사용해 수익률을 계산하기로 결정했다고 가정하자. 이 경우 미래 τ년에 주어진 $100의 현재 가치는 $100e^{-y_c t}$이며, 여기서 $y_c = \ln(1 + y_a)$이다. 그림 8.7에서 y_c를 독립변수로 사용하면 수익률과 만기의 그래프는 비선형이 된다. 두 경우 모두 수익률과 만기까지의 시간 사이의 관계는 방정식으로 설명되지만, 연속 복리 수익률을 사용할 때 그래프에서 그 관계를 식별하기가 더 어렵다. 선형 모델을 사용하면 모든 만기에 대한 비율을 쉽게 추정할 수 있다. 이 작업은 선형 모델에 비해 직관적이지 못한 비선형 모델의 경우 훨씬 더 어렵다. 쉬운 내삽^{interpolation}과 외삽^{extrapolation}이 급변하는 거래 데스크 환경에서 더 유용하다.

변동성을 모델링할 때 유사한 예시를 생각할 수 있다. 변동성의 거동이 특정 과정을 따른다고 할 때 다른 변동성 제시 방식을 사용해 그래프를 그리면 부적합한 변수 선택으로 인한 비논리적인 관계를 볼 수 있다. 주가의 변동이 기하 브라운 운동이 아닌 산술 브라운 운동$^{ABM,\ Arithmetic\ Brownian\ Motion}$을 따르는 가상적인 경우를 생각한다. ABM에서 상수 변동성을 갖는 주식을 로그 정규 분포의 변동성을 이용해 가격을 제시하면 변동성은 상수가 아니고 주가 수준에 반비례한다.[2] 주가에 대한 로그 정규 분포를 따르는 변동성을 그려 보는 것은 부적절한 렌즈를 통해 실제 움직임을 봤을 때 초래하는 신비하면서도 다소 불필요한 주가 상관성으로 이어진다.

잘못된 가격 제시 방식을 사용하면 기초 자산에 대한 거동의 단순성을 왜곡할 수 있다. 아마 BSM 모델은 주가에 대해 잘못된 가정을 하고 있는 것 같다. 따라서 적합하지 않은 BSM 모델로부터 계산한 내재 변동성을 사용해 스마일을 설명하는 것을 고집하기에 스마일이 이상하게 보인다. 스마일의 더 고급 모델이 필요한 근본적인 이유다.

델타와 스마일

델타는 옵션 평가에서 매우 중요한 역할을 하고 항상 나오기 때문에 BSM 모델 자체의 타당성을 넘어서 실무자는 델타의 속성을 잘 이해하는 것이 중요하다.

기초 자산 주가 S가 GBM을 따른다고 가정한다.

$$\frac{dS}{S} = \mu dt + \sigma dZ \tag{8.1a}$$

$$d(\ln S) = \left(\mu - \sigma^2/2\right) dt + \sigma dZ \tag{8.1b}$$

여기서 Z는 평균이 0이고 표준 편차가 1인 표준 브라운 운동이며 $(dZ)^2 = dt$다. 초기 주가 S_0에서 최종 주가 S_T까지 식 (8.1b)를 적분하면 다음을 얻는다.

$$\ln\left(\frac{S_T}{S_t}\right) = \left(\mu - \sigma^2/2\right)\tau + \sigma\sqrt{\tau}Z \tag{8.2}$$

---

2. 다음은 GBM을 따르는 주가 거동이다.

$$\frac{dS}{S} = \mu_g dt + \sigma_g dW$$

이 식을 ABM으로 변형할 수 있다.

$$dS = \mu_g S dt + \sigma_g S dW$$

$$= \mu_a dt + \sigma_a dW$$

여기서 아래첨자 g는 기하 브라운 운동을, a는 산술 브라운 운동을 의미한다. 그러므로 $\sigma_a = \sigma_g S$를 만족하며 ABM의 변동성을 상수로 생각하면 $\sigma_g \propto 1/S$를 만족한다. — 옮긴이

여기서 $\tau = (T - t)$는 잔존 만기다.[3]

위험 중립 세계$(\mu = r)$에서 $S_T > K$을 만족할 확률은 $\mathbb{P}[S_T > K]$이며 다음 관계식을 얻는다.

$$
\begin{aligned}
\mathbb{P}\left[\ln(S_T) > \ln(K)\right] &= \mathbb{P}\left[\ln(S_T/S_t) > \ln(K/S_t)\right] \\
&= \mathbb{P}\left[\left(r - \sigma^2/2\right)\tau + \sigma\sqrt{\tau}Z > \ln(K/S_t)\right] \\
&= \mathbb{P}\left[Z > \frac{-\ln(S_t/K) - \left(r - \sigma^2/2\right)\tau}{\sigma\sqrt{\tau}}\right] \\
&= \mathbb{P}\left[Z > -d_2\right] \\
&= \mathbb{P}\left[Z < d_2\right] \\
&= N(d_2)
\end{aligned}
\tag{8.3}
$$

$\sigma\sqrt{\tau}$가 작으면 위의 값은 콜옵션의 델타인 $N(d_1)$과 거의 같다. d_1과 d_2는 $\sigma\sqrt{\tau}$ 항만 다르기 때문이다. 따라서 만기까지 총 분산$^{\text{total variance}}$의 제곱근이 작은 경우 델타는 옵션이 내가격으로 종료될 위험 중립 확률과 거의 같다.

델타와 행사가의 관계

인기 있고 유동성이 좋은 옵션은 델타가 0.50에 가까운 등가격 옵션이다. 등가격 옵션은 매수 시점에 거의 동일한 확률로 주식 방향에 편리하게 투자할 수 있다. 따라서 등가격 옵션은 주식의 현재 위치와 관련 있고 매력적이다. 깊은 외가격 옵션도 매수자들이 좋아한다. 값싼 복권과 비슷하기 때문이다. 하지만 거래 데스크에서는 깊은 외가격 옵션의 매도를 좋아하지 않는다. 깊은 외가격 옵션을 매도하면 대가는 매우 작고 (추정하기 어려운) 작은 확률의 매우 큰 손실을 포함하기 때문이다. 그래서 유동성이 나쁘다. 주식 시장이 하루 만에 20% 이상 떨어지면 수익이 발생하는 1년 이상의 만기를 갖는 옵션에 대해 잠재 고객에게 얼마의 가격을 제시하느냐는 질문에 같이 일했던 트레이더 책임자는 다음과 같이 답했다. "얼마를 지불할 의향이 있는지 그에게 물어보세요."

---

3. 식 (8.2)에서 Z는 표준 브라운 운동이 아니라 표준 정규 분포를 따르는 확률 변수를 나타낸다. 이것은 식 (8.3)에서 더 자명하게 나타난다. 책의 저자는 Z를 표준 브라운 운동과 표준 정규 분포를 혼용해서 사용하고 있다. 만약에 Z가 표준 브라운 운동이면 식 (8.2)의 우변 마지막 항인 $\sigma\sqrt{\tau}Z$가 $\sigma Z(\tau)$로 바뀌어야 한다. — 옮긴이

델타와 행사가 사이의 관계를 더 잘 이해하고자 우선 $r = 0$이라 가정한다. 그러면 콜옵션의 BSM 가격은 다음과 같다.

$$C(S, K, v) = SN(d_1) - KN(d_2) \tag{8.4a}$$

$$d_{1,2} = \frac{1}{v} \ln(S/K) \pm \frac{v}{2} \tag{8.4b}$$

여기서 $v = \sigma\sqrt{\tau}$는 옵션 만기까지 주식 수익률의 표준편차다. 그러면 BSM 델타는 다음이 된다.

$$\begin{aligned}
\Delta_{\text{ATM}} &= \frac{\partial C}{\partial S} = N(d_1) \\
&= \frac{1}{\sqrt{2\pi}} \int_{-\infty}^{d_1} e^{-\frac{1}{2}y^2} dy \\
&= \frac{1}{\sqrt{2\pi}} \left[\int_{-\infty}^{0} e^{-\frac{1}{2}y^2} dy + \int_{0}^{d_1} e^{-\frac{1}{2}y^2} dy \right]
\end{aligned} \tag{8.5}$$

$S = K$인 등가격 옵션의 경우 $d_1 = -d_2 = v/2$가 된다. v가 작으면 $e^{-\frac{1}{2}y^2} \approx 1$을 이용해 Δ_{ATM}을 근사할 수 있다.

$$\begin{aligned}
\Delta_{\text{ATM}} &\approx \frac{1}{2} + \frac{d_1}{\sqrt{2\pi}} \\
&\approx \frac{1}{2} + \frac{\sigma\sqrt{\tau}}{2\sqrt{2\pi}}
\end{aligned} \tag{8.6}$$

예로서, 전형적인 연간 20%의 변동성과 만기 $\tau = 1$년인 경우 $\Delta \approx 0.50 + 0.04 = 0.54$다. (해당 변동성에서 등가격 옵션에 대한 델타가 대략적으로 정확한지는 BSM 모델 계산기에서 직접 확인해 보라.) 이제 약간 외가격인 경우를 조사한다. dS가 작은 경우 $K = S + dS$가 된다.

$$\ln\left(\frac{S}{K}\right) = \ln\left(\frac{S}{S + dS}\right) = -\ln\left(1 + \frac{dS}{S}\right) \approx -\frac{dS}{S} \tag{8.7}$$

식 (8.4)에 대입하면 다음을 얻는다.

$$d_1 \approx -\frac{1}{v}\frac{dS}{S} + \frac{v}{2} = \frac{v}{2} - \frac{J}{v} \tag{8.8}$$

여기서 $J = dS/S$는 등가격에서 벗어난 행사가의 이동 비율이다.

얕은 외가격 옵션의 경우 등가격 수준에서 J만큼 떨어져 있으면 델타는 다음으로 근사된다.

$$\Delta \approx \frac{1}{2} + \frac{d_1}{\sqrt{2\pi}}$$
$$\approx \frac{1}{2} + \frac{1}{\sqrt{2\pi}} \left(\frac{v}{2} - \frac{J}{v} \right) \tag{8.9}$$
$$\approx \Delta_{\text{ATM}} - \frac{1}{\sqrt{2\pi}} \frac{J}{v}$$

결국 Δ의 변화량은 2개의 무차원 숫자의 비율, 즉 행사가의 변화율을 옵션 기간 동안의 수익률의 표준 편차로 나눈 비율에 비례한다.

예로서, 등가격에서 1% 떨어진 $J = 0.01$를 가정한다. 그리고 $\tau = 1$이고 $\sigma = 20\%$를 가정하면 $v = 0.20$이다.

$$\Delta \approx 0.54 - \frac{1}{0.25} \frac{J}{0.20}$$
$$\approx 0.54 - 2 \times J$$
$$\approx 0.54 - 0.02 \tag{8.10}$$
$$\approx 0.52$$

따라서 만기 1년 20% 변동성 콜옵션의 경우 Δ는 행사가가 외가격으로 1% 이동할 때마다 약 2% 포인트 감소한다. 그러므로 50 델타 옵션과 25 델타 옵션의 차이는 행사가의 약 12.5% 변동에 해당한다.

보기 8.1

질문

1년 만기 등가격 콜옵션의 델타가 0.54다. 델타를 0.25로 줄이려면 행사가를 근사적으로 얼마나 변경해야 할까? 무위험 이자율은 0으로 가정한다.

정답

식 (8.9)에서 시작한다.

$$\Delta \approx \Delta_{\text{ATM}} - \frac{1}{\sqrt{2\pi}} \frac{J}{v}$$

그러므로

$$J \approx v\sqrt{2\pi}\,(\Delta_{\mathrm{ATM}} - \Delta)$$

앞에서 계산한 내재 변동성이 20%인 만기 1년 등가격 콜옵션의 델타가 약 0.54이고 $v = \sigma\sqrt{\tau} = 0.20$을 위의 식에 대입한다.

$$J \approx 0.20 \times \sqrt{2\pi}(0.54 - 0.25)$$

$$J \approx 0.20 \times 2.5 \times 0.29$$

$$J \approx 0.15$$

따라서 기초 자산의 주가가 현재 100이라면 25 델타 콜의 행사가는 115가 돼야 한다. 실제로 정확한 BSM 공식을 사용해 델타를 계산하면 117에 가깝다. 앞에서 사용한 선형 근사식은 근사하지만 여전히 근사일 뿐이다.

다양한 시장에서 스마일

다양한 유형의 증권(주식, 환율, 채권 등)에서 변동성 스마일 모양은 각각 서로 다른 특징을 갖는다. 이런 차이는 상수 변동성을 갖는 이상적인 GBM과 각각의 시장에서 증권의 실제 움직임 사이의 차이를 암시한다. 옵션을 정확하게 평가하려면 이런 차이를 이해해야 한다. 뒤에서 다양한 모양을 갖는 스마일을 모델링하는 방법에 대해 자세하게 설명한다. 여기서는 스마일의 일반적인 모양에 한정해 설명한다.

주가지수 1장에서 간략하게 언급한 바와 같이 1987년 붕괴 이전의 주가지수 시장의 변동성 스마일은 잔존 만기의 의존성은 종종 있었지만 행사가에 대해서는 BSM 모델과 일치하는 거의 평평한 모양이었다. 엄밀히 말하면 평평하지 않은 기간 구조 또한 BSM 모델의 상수 변동성 가정을 위반하는 것이다. 하지만 수익률 곡선에서 선도 이자율^{forward rate}처럼 시간에 따라 변동성이 변할 수 있도록 허용하면 상수가 아닌 기간 구조를 BSM 모델에 쉽게 도입할 수 있다. 올해 높은 변동성이지만 내년에 낮은 변동성을 기대하는 것은 자연스럽고 모순이 없다.

1987년 붕괴 이후 전 세계 거의 모든 주가지수 옵션 시장에서 내재 변동성은 BSM 모델이 허용할 수 없는 행사가에 대해서 지속적이고 극단적으로 치우친 모양을 나타

냈다. 다음은 주가지수 스마일의 가장 두드러진 특징 여섯 가지를 요약한 것이다.[4]

1. 모든 주가지수 시장에서 가장 주목할 만한 특징으로 변동성 스마일은 행사가의 함수이며 행사가에 대해 음의 기울기를 갖는다. 그림 8.2에서 볼 수 있듯이 이 기울기는 행사가 올라갈수록 완만해지는 경향이 있다. 항상 그런 것은 아니지만, 종종 등가격 행사가 근처에서 최솟값을 갖고 행사가가 높을수록 약간 증가한다.

   음의 스큐는 부분적으로 주가지수가 움직이는 방식의 비대칭 때문이다. 큰 음의 수익률은 큰 양의 수익률보다 훨씬 더 자주 발생한다. S&P 500이 하루 동안 20% 하락한 적은 있어도 20% 상승한 적은 한번도 없다. 폭등은 없다. 급락을 헤지하는 것은 어렵기 때문에 급락 가능성은 깊은 외가격 풋옵션의 상대적 비용을 높이는 경향이 있다. 음의 스큐에 기여하는 수요 측면의 요소도 있다. 주식을 소유한 투자자는 큰 손실에 대비하기를 원할 수도 있다. 그들은 기꺼이 보험료를 지불할 의사가 있는 보험의 한 형태로서 외가격 풋옵션을 매수한다.

2. 그림 8.8의 첫 번째 그래프에서 볼 수 있듯이 행사가에 대한 음의 스큐(기울기)는 일반적으로 만기가 짧을 때 더 가파르다. 그러나 그림 8.8의 두 번째 그래프에서 볼 수 있듯이 델타 또는 $[\ln(K/S_F)/\sigma\sqrt{\tau}]$에 대해 그래프를 그리면 서로 다른 만기의 스마일이 훨씬 더 유사하게 보이고 만기가 길수록 더 가파르게 보인다.

3. 거의 항상 음의 기울기를 갖는 행사가 구조와 달리 변동성 곡면의 기간 구조는 양 또는 음의 기울기 모두 관찰된다. 이런 형태는 시장의 미래 변동성에 대한 기대에 크게 영향을 받는다. 높은 변동성을 특징으로 하는 위기 동안에는 변동성 기간 구조가 우하향을 보일 가능성이 높다. 높은 단기 변동성과 낮은 장기 변동성은 단기 쪽의 높은 불확실성이 결국 일반적인 변동성으로 하락할 것이라는 시장 참여자의 믿음을 반영한다.[5]

---

4. 관찰된 변동성 스마일 모양의 자세한 내용은 Foresi and Wu(2005) 또는 Fengler(2012)를 참조하라.

5. 이런 성질을 변동성의 평균 회귀(mean reversion)라 한다. — 옮긴이

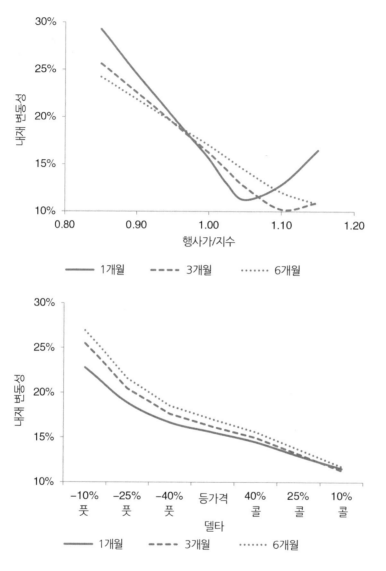

그림 8.8 만기가 다른 S&P 500 변동성. 출처: 블룸버그

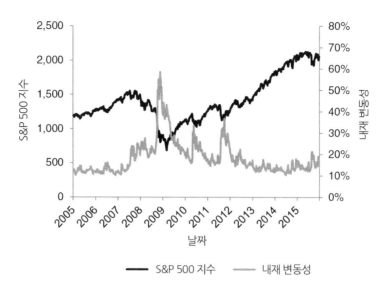

그림 8.9 만기 3개월 등가격 옵션의 내재 변동성과 S&P 500

4. 주가지수의 경우 내재 변동성과 지수 수익률은 음의 상관관계가 있다. 주가지수는 낮은 변동성으로 상승하지만 높은 변동성으로 급락하는 경향이 있다. 지수가 급격히 하락하면 실현 변동성은 증가하고 이는 내재 변동성의 급격한 증가로 이어진다. 그림 8.9에서 이 사실을 확인할 수 있다. 여기서 내재 변동성은 시장이 급격히 하락한 후 가장 높은 것으로 나타난다.

그림 8.9에 너무 얽매이지 않도록 주의해야 하며, 내재 변동성의 증가가 의미하는 바를 정확히 이해해야 한다. 이를 위해 그림 8.10을 살펴본다. 지수가 현재 70이고, 급락 전 곡선이 현재 변동성 스마일이라 가정한다. 그래프에서 등가격 변동성은 약 15%이다. 시장이 50으로 하락하고 모든 옵션의 내재 변동성이 증가한다고 가정하자. 이는 급락 후 곡선에 반영된다. 행사가 70인 콜옵션의 내재 변동성은 15%에서 17%로 증가하지만 능가격 변동성은 15%에서 25%로 증가한다. 시장이 하락하면 옵션의 등가격에 해당하는 행사가가 변경된다. 스마일은 이동하고 동시에 등가격 행사가는 스마일을 따라 왼쪽으로 이동한다. 둘다 급락에서 등가격 변동성을 증가시킨다. 이 예시에서 등가격 변동성은 10% 포인트 증가했지만, 행사가 70인 옵션의 내재 변동성은 단지 2% 포인트 증가했다. 요약하면, 시장이 움직일 때 스마일에 두 가지 영향이 있다. 첫째, 모든 특정

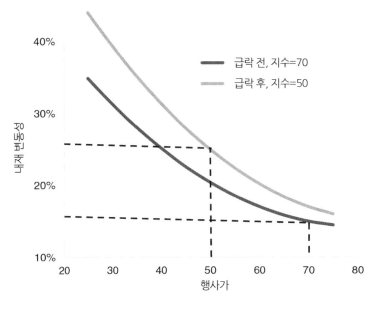

그림 8.10 스마일에 대한 급락의 영향

행사가의 변동성은 변할 수 있고 대개 변경될 것이다. 둘째, 등가격의 기준점이 변한다.

시간이 지남에 따라 지수 수준이 변경돼도 음으로 기울어진 스마일이 움직이지 않는다면 급락 전과 후 스마일이 동일할 것이다. 이런 경우도 지수가 하락하면 스큐의 음의 기울기와 등가격 기준점의 변화로 인해 등가격 변동성은 여전히 증가한다. 따라서 시장이 하락할 때 스마일이 완전히 고정된 상태를 유지하더라도 그림 8.9의 명백한 상관관계 중 일부는 발생한다. 그러면 음의 스큐의 결과가 아닌 진정한 내재 변동성과 지수 수익률 사이의 동조화를 의미하는 상관관계는 얼마 정도일까? 뒤에서 보게 되겠지만, 모델에 따라서 서로 다른 예측을 한다.

시장 참여자들은 종종 변동성이 어떻게 변했는지에 대해 이야기한다. 변동성 변화에 대해 말할 때는 매우 정확해야 한다. 실현 변동성, 등가격 변동성, 특정 행사가의 내재 변동성 등 다양한 종류의 변동성이 있기 때문이다. 옵션 시장에서 가장 일반적으로 언급되는 변동성은 등가격 내재 변동성이다. 4장에서 봤듯이 널리 인용되는 VIX와 밀접한 관련이 있다.

5. 주가지수 내재 변동성에 지속되는 다른 나머지 패턴을 간략하게 요약한다.

- 단기 국채 금리의 높은 변동성과 유사하게 내재 변동성의 변동성은 만기가 짧은 경우 가장 크다.

- 주가는 자산을 나타내므로 무한정 상승할 수 있다. 그러나 이자율과 마찬가지로 내재 변동성은 평균 회귀 매개변수로써 매우 높을 때 감소하고, 매우 낮을 때 증가하는 경향이 있다.

- 내재 변동성의 증가와 감소는 종종 비대칭이다. 내재 변동성은 나쁜 소식 이후에 급격히 증가하다가 더 천천히 감소한다.

- 수익률 곡선에 대한 급락과 마찬가지로 내재 변동성 곡면에서 급락들은 곡면에 걸쳐서 매우 높은 상관관계를 갖는다. 그래서 급락을 곡면의 전체 수준, 기간 구조, 스큐와 같은 소수의 주요 요소(혹은 결정 요소)로 결정할 수 있다.

- 주가지수 내재 변동성 곡면은 세 가지 주요한 특성이 있다.

  a. 대부분의 경우 내재된 변동성은 모두 함께 위 또는 아래로 움직인다.

  b. 시장이 안정되면 단기 변동성이 장기 변동성보다 낮다.

  c. 지수가 급격하게 하락하면 단기 내재 변동성이 급격히 상승하고 단기 음의 스큐가 가파르게 된다. 장기 변동성과 장기 스큐도 증가하지만 덜 증가하는 경향이 있다(Foresi and Wu, 2005).

6. 내재 변동성은 실현 변동성보다 큰 경향이 있다. 이는 시장 마찰[market friction]과 그 외에 헤지 비용, 불완전한 헤지, 미래 변동성에 대한 불확실성을 포함한 기타 요인으로 인한 것이다. 내재 변동성은 시장의 예상 미래 변동성에 이런 요인의 비용과 관련된 프리미엄을 더한 것으로 생각할 수 있다.

개별 주식 개별 주식 스마일은 주가지수 스마일보다 대칭적인 경향이 있다. 그림 8.11은 VOD[Vodafone]의 변동성 스마일을 보여 준다. 급락하지만 천천히 상승하는 경향이 있는 주가지수와 달리 개별 주식은 급락과 급등이 모두 관찰된다. 예를 들어, 회사의 분기별 실적 발표가 예상보다 훨씬 좋거나 나쁘면 회사의 주가가 크게 오르거나 내릴

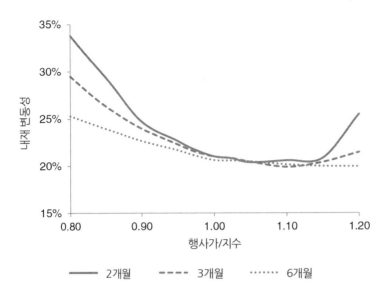

그림 8.11 VOD의 변동성 스마일(2015년 12월 31일) 출처: 블룸버그

수 있다. 개별 주식은 큰 긍정적 충격과 큰 부정적 충격을 모두 경험할 수 있기 때문에 양방향의 깊은 외가격 옵션이 큰 수익을 창출할 가능성이 주가지수보다 더 크다. 동시에 깊은 외가격 옵션을 헤지하는 것은 어렵다. 이런 이유로 시장 조성자들은 등가격 이상의 옵션에 대한 추가 프리미엄을 요구한다. 이런 프리미엄으로 매우 높거나 낮은 행사가 모두에서 더 높은 내재 변동성이 관찰된다.

개별 종목으로 구성된 지수의 스마일보다 개별 종목의 스마일이 더 대칭적인 이유는 무엇일까? 특정 주식의 급락은 주식 간에 상대적으로 상관이 없는 경향이 있다. 애플은 엑손 모빌^{Exxon Mobil}이 부정적인 뉴스를 발표하는 동일한 날에 긍정적인 뉴스를 발표할 수 있다. 그러나 모든 기업에 영향을 미치는 대규모 경제 충격은 부정적일 가능성이 더 크다. 이런 이유로 음의 큰 수익률만 고려하면 양의 수익률만 고려하는 것보다 주식 간의 상관관계가 더 높게 나타난다. 결과적으로 주가지수의 수익률은 개별 주식의 스큐를 근거로 해 예상했던 것보다 더 음으로 치우치는 경향이 있다.

외환　외환^{FX, Foreign eXchange} 옵션에 대한 스마일은 지수와 유사하거나 개별 주식과 유사할 수 있다. 외환은 동일하게 강력한 통화에 대해서는 거의 대칭적인 경향이 있고, 비등하지 않은 통화에 대해서는 대칭이 깨지는 경향이 있다. 이는 환율의 상승과 하락 가능성으로 일부분 이해할 수 있다. 선진국 통화(예: USD, EUR, JPY)는 상대적으로 안정적인 경향이 있고 이런 통화 간의 환율은 일반적으로 하락한 만큼 상승할 가능성이 크다. 수요 측면에도 대칭적이다. 달러 하락이 고통스러운 투자자가 있듯이 엔화 하락(즉 달러 상승)에도 똑같이 고통스러운 투자자가 있다. 따라서 동등하게 강력한 통화의 경우 그림 8.12의 USD/JPY[6] 스마일에서 볼 수 있듯이 스마일은 대칭 스마일과 유사한 경향이 있다.

반면에 신흥 시장 경제는 덜 안정적인 경향이 있으며, 주요 통화에 비해 해당 통화가 주기적으로 절상되기보다는 극적으로 절하되는 경향이 훨씬 더 많다. 1997년 아시아 금융 위기가 좋은 예다. 그 위기 동안 몇몇 신흥 아시아 통화의 달러 가치는 30% 이상, 어떤 경우는 80% 이상 절하됐다. 따라서 신흥 시장 통화와 주요 통화 간의 환율에 대한 스마일은 지수 스마일과 유사한 경향이 있다. 그림 8.12의 USD/MXN 스마일이 한 예다.

이자율　이 책에서는 많이 다루지 않지만, 이자율 또는 스왑션[swaption] 변동성 스마일은 더 스큐가 크고 대칭이 더 깨지며, 더 낮은 이자율 행사가에서 더 높은 내재 변동성을 나타낸다. 이자율이 낮아질수록 이자율이 로그 정규 분포보다는 정규 분포로 움직이는 경향성으로 이것을 일부 이해할 수 있다. 이자율 r이 $ABM(dr = \sigma_a dZ)$을 따른다고 가정한다. 여기서 σ_a는 ABM에서 dZ의 변동성이다. 이것을 GBM으로 표현하면 다

---

6. 환율 표기법에는 혼란이 많다. 국제표준기구에서 정한 코드로 현재 국내에서 사용하는 원달러 환율을 표기하면 USD/KRW이 된다. 단위를 나타낼 때 '/'는 일반적으로 per의 의미를 갖지만 여기에서는 per의 의미가 없다. 그래서 블룸버그를 포함한 많은 곳에서 '/'를 생략하고 USDKRW를 사용한다. '/'를 사용하는 경우는 per의 의미를 살려서 분수식으로 해석하는 것이 더 명확하다. 그러면 원달러는 KRW/USD가 된다. 특별한 언급이 없는 경우는 절대 수치값을 참조해 표기법을 추측해야 한다.

여기서는 USD/JPY와 USD/MXN을 표기법에 대한 기준을 설명하지 않고 사용하고 있다. 그리고 절대 수치가 나와 있지 않아서 어떤 표기법을 사용하는지 추측하기 어렵다. 그러나 그림 8.12에 있는 USD/MXN의 스마일 모양이 좌스큐인 것을 고려하면 per의 의미가 살아 있는 분수식으로 사용하고 있다. 신흥 시장의 화폐가 위기 상황에 달러 기준으로 절하되면 1달러의 MXN 가치는 증가하게 된다. 결국 헤지가 어려운 깊은 외가격의 콜옵션의 내재 변동성이 증가해야 한다. 그림에서는 반대로 돼 있다. 환율을 1 MXN을 달러 가치로 표기하고 있어서 풋옵션의 내재 변동성이 증가한다.

금융 공학에서는 단위 외국 통화를 자국 통화로 환율을 표시하는 것을 기본으로 한다. 현재 국내에서 사용하는 관습이 이에 부합한다. 미국은 좀 복잡하다. EUR, GBP, AUD, NZD의 경우는 단위 외국 통화를 몇 USD로 표기하지만 이들을 제외한 통화는 1 USD를 몇 외국 통화로 표시하고 있다. - 옮긴이

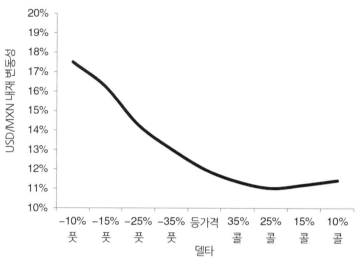

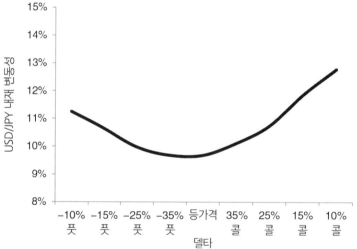

그림 **8.12** 환율 변동성 스마일(2015년 12월 31일) 출처: 블룸버그

음이 된다.

$$\frac{dr}{r} = \frac{\sigma_a}{r}dZ \equiv \sigma_g dZ \tag{8.11}$$

여기서 $\sigma_g = \sigma_a/r$은 수익률에 대한 GBM의 변동성이며, r에 대해 볼록하다. 따라서 일부 변수에 대한 정규 분포 또는 ABM은 음의 스큐를 갖는 GBM에 상응하므로 음의 기울기를 갖는 변동성 스마일이 나타난다.

시장이 특정 수준에 접근하면 자산 변동성의 변화에 대한 기댓값도 스큐 구조를 생성할 수 있다. 예로서, 통화와 금리의 지지 수준이나 저항 수준에 대한 투자자들의 인식은 이런 수준에 접근함에 따라서 실현 변동성이 감소하고 그 영향으로 내재 변동성도 같이 감소할 것으로 예상된다.

스마일의 영향

트레이더와 헤지 거래자에게 미치는 스마일의 영향은 무엇일까? 분명히 BSM 모델에서 가정한 기초 자산의 거동은 스마일의 존재와 일치하지 않고, 이런 불일치는 헤지와 가격 모두에서 분명하게 나타난다.

매우 유동성이 좋은 옵션(예: 바닐라 지수 옵션)의 경우 시장 가격을 사용해 BSM 내재 변동성을 생성한 후에 가격을 제시하는 것에는 모델의 오류는 큰 문제가 아니다. 모델은 단지 시장의 가격을 제시하는 관행일 뿐이다. 옵션의 공정 가치에 대한 자신만의 아이디어를 생성한 다음, 시장 가격에 대해 차익 거래를 하려는 경우 모델은 중요하다 (그러나 이는 매우 위험하고 힘든 장기적인 사업이다).

유동성이 좋은 옵션의 경우라도 옵션을 헤지하려면 모델은 매우 중요하다. 옵션 가격을 알고 있는 경우라도 옵션의 헤지 비율은 모델에 따라 다르기 때문이다. 헤지 비율을 올바르게 실징하지 않으면 옵션을 복제하고 그 가치를 정확하게 회수할 수 없다. 앞에서 봤듯이 옵션을 거래할 때 손익을 안정적으로 포착하려면 올바른 헤지 비율을 사용해야 한다. 따라서 어떤 모델을 사용해야 하는가는 매우 중요한 문제다.

모델은 상장된 시장에서 가격을 얻을 수 없는 유동성이 없는 이색 옵션을 거래하려는 경우도 중요하다. 이 경우 가격과 헤지 비율을 모두 추정하는 모델을 사용할 수밖에 없다. 다시 질문은 다음과 같다. 어떤 모델을 사용해야 하는가?

연습문제

8-1. S&P 500의 현재 수준은 2,000이다. 행사가 2,100이고 만기가 1년인 S&P 500 콜옵션의 내재 변동성은 10%이다. 옵션이 만기에 내가격으로 끝날 위험 중립 확률은 얼마인가? 이 옵션의 델타는 얼마인가? 무위험 이자율과 배당은 모두 0으로 가정한다.

8-2. 이번에는 내재 변동성이 20%이고, 무위험 이자율이 2.0%라고 가정하고, 문제 8-1을 반복하라.

8-3. NDX가 현재 4,000이라고 가정한다. 등가격 NDX 콜옵션의 델타는 0.54다. 한 헤지펀드가 만기 1년인 0.34 델타 콜옵션을 구매하려고 한다. 식 (8.9)를 사용해 원하는 콜옵션의 행사가를 근사적으로 계산하라. 무위험 이자율은 0으로 가정한다.

8-4. XYZ는 현재 $100에 거래되고 있다. 행사가 97, 98, 105, 110인 만기 1년인 콜옵션에 대한 내재 변동성은 각각 20.0%, 19.8%, 18.3%, 17.2%이다. 무위험 이자율과 배당은 0으로 가정한다. BSM 모델에서 이런 모든 옵션에 대한 델타를 계산해 내재 변동성과 델타 사이의 관계를 추론하라.

8-5. S&P 500의 현재 수준은 2,000이다. 행사가가 지수의 +1 표준 편차 이동에 해당하는 3개월 만기 콜옵션에 대한 델타를 계산하라. 1년 콜옵션에 대해 이 계산을 반복하라. 무위험 이자율, 실제 추세율, 지수의 배당은 모두 0이고, 내재 변동성과 미래 변동성은 20%라고 가정한다.

8-6. ABC는 현재 $100에 거래되고 있다. 1년 만기 콜옵션에 대한 내재 변동성이 Δ의 선형 함수라고 가정한다.

$$\Sigma = 0.20 + 0.30\Delta$$

행사가가 $110인 1년 만기 콜옵션의 내재 변동성은 얼마인가? 무위험 이자율과 배당은 0으로 가정한다. (실제로 내재 변동성은 넓은 범위의 행사가에 대해서는 델타의 선형 함수가 아니겠지만, 작은 변화에 대한 이런 근사는 나쁘지 않다.)

9장

스마일의 범위

- 옵션 가격과 스마일의 제약 조건
- 옵션 가격의 머튼 부등식
- 스큐의 부등식

무차익 범위

무위험 차익 거래에 대한 경계는 금융 전반에 걸쳐 존재한다. 만기 수익률이 채권 가격 산정에 사용되듯이 BSM 내재 변동성은 옵션 가격 산정에 사용하는 매개변수다. 먼저 채권 가격에 대한 차익 거래 불가능 조건으로 채권 수익률의 범위를 살펴본다. 예로서, 채무 불이행 위험이 없고 명목 가치가 $100인 2개의 무이표 채권을 생각한다. 하나는 B_1은 만기가 1년이고, 다른 것은 B_2는 만기가 2년이다. 두 채권의 가격은 다음 식으로 계산 할 수 있다.

$$B_T = 100e^{-y_T T} \tag{9.1}$$

여기서 y_T는 만기가 T인 채권의 연간 수익률이다. 무이표 채권은 할인된 가격에 판매된다. 대부분의 사람들이 미래 소비보다 현재 소비를 선호하기 때문이다. 차익 거래 관점에서 y_T는 모든 만기에서 0보다 커야 한다. 누가 미래에 $100를 주는 채권에 대해 $101를 지불하겠는가? 차라리 $100를 침대 매트리스 밑에 넣어 두고 $1를 오늘

사용하면 된다.[1]

이 주장을 한 단계 더 나아가면 만기가 2년인 채권의 가격은 만기가 1년인 채권의 가격보다 작거나 같아야 한다. 그렇지 않다면 차익 거래 기회가 생긴다. 이를 보고자 $B_1 = \$90$, $B_2 = \$91$인 경우를 고려해 보자. 두 채권 모두 $100 미만에 판매되고 있지만, 초기 비용 없이 B_1 매수와 B_2 매도 포트폴리오를 구성할 수 있다.

$$V = \frac{91}{90}B_1 - B_2 \tag{9.2}$$

1년 후 B_1이 만기가 되면 $100을 받을 수 있고, 매수한 $\frac{91}{90}B_1$은 $100 이상의 가치가 있다. 이 돈을 갖고 있다가 두 번째 해 말에 B_2 매도 포지션이 만기되면 $100를 지불하고 얼마간의 돈을 남길 수 있다. 초기 비용이 들지 않는 거래에서 무위험 확정 수익을 낸 것이다. 이 무위험 차익 거래를 제거하려면 $B_2 \leq B_1$ 조건이 필요하며 이는 수익률 곡선을 제한한다. 이 예에서 만기가 길수록 무이표 채권 가격이 하락한다는 제약 조건은 선도 금리가 항상 0보다 크거나 같다는 제약 조건과 동일하다.[2] 앞으로 보겠지만, 옵션 가격에도 유사한 제약 조건이 있으며 이는 변동성 스마일 형태에 대한 경계로 나타난다.

머튼 부등식

배당 d를 지급하는 기초 자산 S에 대한 유럽형 옵션에서 잔존 만기 τ이고 행사가 K인 콜옵션의 가격은 같은 잔존 만기 τ이고 인도 가격 K인 선도 계약의 가격보다 반드시 크거나 같아야 한다.

$$C \geq Se^{-d\tau} - Ke^{-r\tau} \tag{9.3}$$

---

1. $100를 침대 매트리스 밑에 넣어 두는 것이 위험하거나 불편하면 돈을 안전하게 보관하기 위한 수수료로 $100 이상을 지불할 수도 있다. 이런 일이 바로 최근 몇 년 동안 일어났다. 중앙은행들의 제로 금리 정책(ZIRP, Zero-Interest-Rate Policy)으로 투자자들이 자금 보관을 위해 정부채 매입 시 돈을 지불하는 상황이 발생했고, 단기 국채 금리가 종종 마이너스 금리가 됐다. 또한 마이너스 금리의 가능성으로 많은 확률 금리 모델을 수정해야 한다.

2. 저자는 본문에서 암묵적으로 $y_T \geq 0$인 조건을 가정하고 있다. 저자의 주장을 요약하면 항상 $y_T \geq 0$인 조건을 만족하면 선도 금리 또한 항상 0보다 커야 한다. 선도 금리가 0보다 작으면 $y_T > 0$인 경우는 차익 거래가 발생한다. 그러나 $y_T < 0$인 경우도 허용하면 차익 거래는 발생하지 않는다. $y_T < 0$인 경우에 저자 또한 주석에서 보관 비용이 필요하다는 것을 설명하고 있다. 예에서 B_1 만기 시에 유입된 현금 $\frac{91}{90} \cdot 100$을 1년 더 보관해야 하고 보관 비용을 고려하면 100이 돼야 한다. — 옮긴이

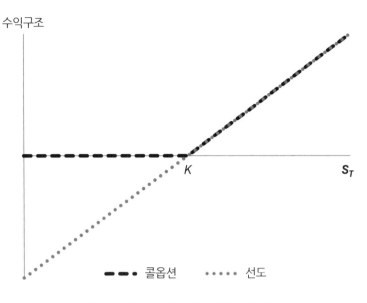

그림 9.1 만기 시 옵션과 선도 계약의 수익 구조

만기 시 계약 조건에 따라 선도 계약의 수익 구조는 $S_T - K$이고 콜옵션의 수익 구조는 $\max[S_T - K, 0]$이다. 즉 옵션은 $S_T \geq K$이면 선도 계약과 같은 가치를 가지며 $S_T < K$일 때는 더 큰 가치를 갖는다. 그림 9.1에서 보듯이 옵션의 가치는 만기 시 선도 계약의 가치보다 항상 크거나 같다. 무위험 차익 거래 불가능의 원칙에 따라 만기 이전의 임의의 시점에도 옵션의 가치는 선도 계약 가치보다 커야 한다.

풋-콜 패리티를 고려하면 식 (9.3)은 유럽형 풋옵션의 가치가 음이 아닌 것과 동치다.

또한 행사가의 함수로서 옵션 가격에 대한 차익 거래의 제약 조건이 있다. 그림 9.2는 동일한 만기의 행사가 K인 콜매수 포지션과 더 높은 행사가 $K + dK$인 콜매도 포지션으로 구성된 유럽형 콜 스프레드$^{call\ spread}$의 만기 수익 구조를 보여 준다. K와 dK에 대해 어떤 값을 선택하든 콜 스프레드는 만기에 항상 음이 아닌 가치를 가지므로 무위험 차익 거래 불가능의 원칙에서 만기 전 임의의 시점에서 항상 음이 아닌 가치를 가져야 한다. 이것은 더 높은 행사가를 가진 콜옵션이 낮은 행사가를 가진 콜옵션보다 더 가치가 있을 수 없다는 것을 의미한다. dK가 0이 되는 극한에서 행사가에 대한

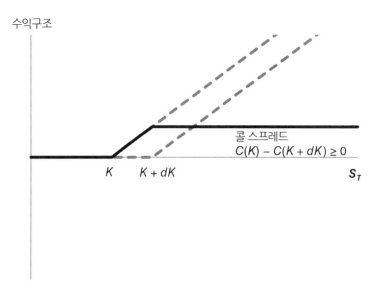

그림 9.2 콜 스프레드 수익 구조

콜옵션 가격의 1차 미분은 다음 관계식을 만족해야 한다.

$$\frac{\partial C}{\partial K} \leq 0 \tag{9.4}$$

어떤 경제적인 이유로 $S_T > K$일 확률이 0이면 콜 스프레드는 가치가 없으며 식 (9.4)의 기울기는 0이 된다. 다른 모든 경우 콜 스프레드는 양수 값을 가지며 기울기는 음수이다.

그리고 유럽형 콜옵션의 2차 미분 제약 조건이 있다.

$$\frac{\partial^2 C}{\partial K^2} \geq 0 \tag{9.5}$$

이것을 확인하고자 그림 9.3에 표시된 콜옵션으로 구성된 버터플라이 스프레드^{butterfly} ^{spread} 만기 수익 구조를 생각한다. 버터플라이 스프레드의 가치는 항상 0보다 크거나

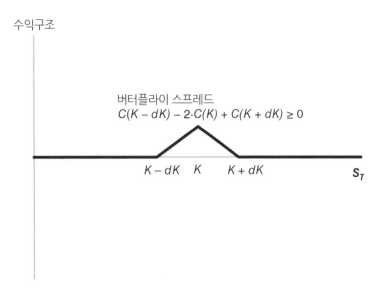

그림 9.3 버터플라이 스프레드의 만기 수익 구조

같다. 버터플라이 스프레드 현재 가치[3]는 다음이 된다.

$$\pi_B = C(K - dK) - 2C(K) + C(K + dK)$$
$$= [C(K + dK) - C(K)] - [C(K) - C(K - dK)] \tag{9.6}$$

위의 식은 $(K - dK)$에서 하나의 콜을 매수하고 K에서 2개를 매도하고 $(K + dK)$에서 하나를 매수한 것이다. 이것 대신에 모든 거래를 $1/dK^2$배 한 규모를 거래한다고 생각한다. 이 규모를 조정한 포지션은 다음과 같다.

$$\frac{\pi_B}{dK^2} = \frac{[C(K + dK) - C(K)] - [C(K) - C(K - dK)]}{dK^2}$$
$$= \frac{\dfrac{[C(K + dK) - C(K)]}{dK} - \dfrac{[C(K) - C(K - dK)]}{dK}}{dK} \tag{9.7}$$

$dK \to 0$이면 식 (9.7)의 마지막 줄은 콜옵션 가격 함수 기울기의 변화율(즉 행사가에

---

3. 가독성을 위해 콜옵션 가격 함수 $C(K)$에서 시간과 주가의 의존성을 생략했다. 모든 콜옵션은 동일 시점에 평가되고 기초 자산과 만기는 동일하다.

대한 콜 가격의 2차 미분)이 된다.

$$\lim_{dK \to 0} \frac{\pi_B}{dK^2} = \frac{\partial^2 C}{\partial K^2} \qquad (9.8)$$

버터플라이 스프레드의 수익 구조는 항상 0보다 크거나 같고, 무위험 차익 거래 불가능 원칙에 따라 버터플라이 스프레드의 현재 가치도 0보다 크거나 같으므로 다음 식이 성립한다.

$$\frac{\partial^2 C}{\partial K^2} \geq 0 \qquad (9.9)$$

11장에서 옵션에 내재된 위험 중립 확률 밀도 함수^{PDF, Probability Density Function}를 구하기 위해 식 (9.9)를 다시 유도할 것이다.

배당이 없는 주식을 기초 자산으로 하는 유럽형 풋옵션에 대해서도 비슷한 관계식을 유도할 수 있다.

$$\frac{\partial P}{\partial K} \geq 0 \qquad (9.10a)$$
$$\frac{\partial^2 P}{\partial K^2} \geq 0 \qquad (9.10b)$$

스마일에 대한 부등식

앞에서 유도한 부등식은 행사가 함수로서 옵션의 시장 가격에 대한 제약 조건들이다. 이런 제약 조건은 BSM 모델 또는 다른 기타 모델에 의존하지 않는다. 시장에서 옵션 호가를 낼 때 주로 BSM 공식을 사용하기 때문에 이런 가격 제약 조건을 BSM 내재 변동성 스마일의 형태에 대한 제약 조건으로 변환하면 편리하다. 특히 기울기 제약 조건인 $\partial C/\partial K \leq 0$과 $\partial P/\partial K \geq 0$는 BSM 내재 변동성 스마일의 기울기에 한계를 설정한다.

내재 변동성이 모든 행사가에 대해 동일한 경우 BSM 콜옵션 가격은 행사가가 증가함에 따라 항상 감소한다. 특정 행사가에서 내재 변동성이 증가하면 해당 행사가의 BSM 콜옵션 가격은 상승한다. 내재 변동성이 행사가에 따라 변하는 경우를 생각한다. 행사가 증가하는 것에 비해 내재 변동성이 너무 빠르게 증가하면 행사가 증가로 인한 콜 가격 하락을 상쇄해 결국 콜옵션 가격이 증가하게 될 것이다. 이것은 $\partial C/\partial K \leq 0$ 이라는 콜 가격 제약 조건을 위반하므로 행사가 증가에 대한 내재 변동성 증가의 상한선을 결정할 수 있다.

마찬가지로 행사가 증가하면 BSM 풋옵션 가격은 증가하고 내재 변동성이 감소하면 BSM 풋옵션 가격은 감소한다. 따라서 행사가가 증가하는 것에 비해 내재 변동성이 너무 빨리 감소하면 행사가가 증가함에 따라 결국 풋옵션 가격이 감소하게 될 것이다. 이것은 $\partial P / \partial K \geq 0$이라는 제약 조건을 위반하므로 행사가 증가에 대한 내재 변동성 감소의 하한선을 결정할 수 있다.

다시 강조하지만 변동성 스마일에 대한 이런 경계는 어떤 모델에도 의존하지 않는다. BSM 내재 변동성은 옵션의 가격을 제시하는 규칙으로만 사용된다. 본질적인 제약은 행사가가 증가해도 시장 콜 가격이 증가하지 않고 풋 가격이 감소하지 않는다는 것이다.

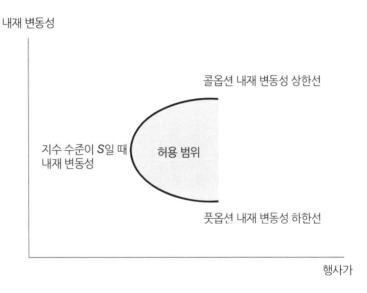

그림 9.4 행사가 증가에 따른 내재 변동성의 한계

그림 9.4는 콜옵션 가격과 풋옵션 가격에 대한 기울기 제약 조건이 BSM 내재 변동성의 제약 조건으로 어떻게 바뀌는지를 보여 준다. 위에서 정성적으로 설명한 아이디어를 보다 더 정량적으로 유도하겠다. BSM 매개변수로 콜옵션의 시장 가격을 표현하면 $C(S, tK, T) \equiv C_{\mathrm{BSM}}(S, t, K, T, \Sigma)$이고, 여기서 내재 변동성 $\Sigma = \Sigma(K, T)$는

행사가에 따라 달라진다. 그러면 식 (9.4)는 다음으로 변형된다.

$$\frac{\partial C}{\partial K} = \frac{\partial C_{\mathrm{BSM}}}{\partial K} + \frac{\partial C_{\mathrm{BSM}}}{\partial \Sigma} \frac{\partial \Sigma}{\partial K} \leq 0 \tag{9.11}$$

다음으로 식을 정리할 수 있다.

$$\frac{\partial \Sigma}{\partial K} \leq \frac{-\dfrac{\partial C_{\mathrm{BSM}}}{\partial K}}{\dfrac{\partial C_{\mathrm{BSM}}}{\partial \Sigma}} \tag{9.12}$$

무배당 주식에 대해 BSM 그릭을 사용하면 다음을 얻는다.

$$\frac{\partial \Sigma}{\partial K} \leq \frac{e^{-r\tau} N(d_2)}{e^{-r\tau} K\sqrt{\tau} N'(d_2)} = \frac{N(d_2)}{K\sqrt{\tau} N'(d_2)} \tag{9.13}$$

이제 변동성은 작고 행사가는 선도 가격과 같다($S_F = K$)고 가정한다. 그러면 $d_2 \approx 0, N(d_2) \approx 0.5, N'(d_2) \approx 1/\sqrt{2\pi}$으로 근사할 수 있어서 다음 식을 얻는다.

$$\begin{aligned} \frac{\partial \Sigma}{\partial K} &\leq \sqrt{\frac{\pi}{2}} \frac{1}{K\sqrt{\tau}} \\ &\leq \frac{1.25}{K\sqrt{\tau}} \end{aligned} \tag{9.14}$$

결국 작은 변화 dK에 대해 다음이 만족한다.

$$d\Sigma \leq \frac{1.25}{\sqrt{\tau}} \frac{dK}{K} \tag{9.15}$$

만기 1년인 옵션의 경우 행사가가 1% 증가하면 내재 변동성은 1.25% 이상 증가할 수 없다. 식 (9.15)는 변동성이 작고 행사가가 선도 가격에 가까울 때만 유효한 근사식인 것을 기억해야 한다.

유럽형 풋옵션의 경우 식 (9.13)에 대응하는 식은 다음과 같다.

$$\frac{\partial \Sigma}{\partial K} \geq \frac{-e^{-r\tau} N(-d_2)}{e^{-r\tau} K\sqrt{\tau} N'(d_2)} = \frac{-N(-d_2)}{K\sqrt{\tau} N'(d_2)} \tag{9.16}$$

변동성이 작고 행사가와 선도 가격이 같을 경우 $-d_2$는 거의 0이며 다음의 근사적 하한 경계를 찾을 수 있다.

$$d\Sigma \geq -\frac{1.25}{\sqrt{\tau}} \frac{dK}{K} \tag{9.17}$$

위의 근사식에 따르면 만기가 1년 남은 옵션의 경우 행사가가 1% 증가하면 내재 변동성은 1.25% 이상 감소할 수 없다.

유럽형 옵션의 내재 변동성 범위에 대한 자세한 내용은 Hodges(1996) 참조하라.

보기 9.1

질문

SX5E$^{\text{Euro Stoxx 50 Index}}$는 현재 3,000에 거래되고 있다. 3개월 등가격 콜옵션의 내재 변동성은 10%이다. 행사가가 3,030인 3개월 콜옵션의 내재 변동성의 상한선은 얼마인가? 배당은 없고 무위험 이자율이 0%로 가정한다.

정답

식 (9.15)를 사용하면 근사적인 답을 얻을 수 있다.

$$
\begin{aligned}
d\Sigma &\leq \frac{1.25}{\sqrt{\tau}} \frac{dK}{K} \\
&\leq \frac{1.25}{\sqrt{0.25}} \frac{3030 - 3000}{3000} \\
&\leq 2 \times 1.25 \times 0.01 \\
&\leq 0.0250
\end{aligned}
$$

이 근삿값에서 상한은 12.50% = 10.00% + 2.50%다. 10.00% 변동성을 사용해 등가격 콜옵션의 BSM 가격을 계산하면 €59.84가 나온다. 12.50%를 사용해 3,030 행사가 콜옵션에 대한 BSM 가격을 계산하면 €61.11가 된다. 이는 등가격 행사가 콜옵션보다 높은 가격이며 차익 거래 기회를 발생한다. 분명히 12.50%는 너무 높다.

더 좋은 답을 얻고자 식 (9.13)을 사용할 수 있으며, 그러면 12.46%로 약간 더 낮은 값을 얻는다.

정확한 답을 얻고자 등가격 콜옵션 가격과 정확히 동일한 가격을 형성하는 3,030 행사가 콜옵션의 내재 변동성에 관한 짧은 프로그램을 작성할 수 있다. 또는 12.50%를 시작점으로 사용해 BSM 계산기와 약간의 시행착오를 통해 12.29%는 약간 높은 가격을 생성하지만 12.28%는 수용 가능한 가격이 나온다는 것을 알 수 있다.

K	Σ	C	$C - C_{\text{atm}}$
3,000	10.00%	59.84	
3,030	12.00%	58.15	−1.69
3,030	12.25%	59.63	−0.20
3,030	12.28%	59.81	−0.03
3,030	12.29%	59.87	0.03
3,030	12.50%	61.11	1.28

연습문제

9–1. ABC 주식은 현재 $100에 거래되고 있다. ABC가 배당을 지급하지 않고 무위험 이자율을 0%로 가정한다. 만기가 1년인 등가격 유럽형 콜옵션의 가격은 얼마인가? BSM 공식을 사용하고 등가격 내재 변동성이 20%라고 가정한다. 다음은 만기 1년 행사가 $101 유럽형 콜옵션 가격에 관한 질문이다. 내재 변동성이 20.00%, 21.00% 또는 21.25%인 경우 이 옵션의 가격은 얼마인가?

9–2. 문제 9–1과 동일한 정보를 사용해 만기가 1년인 등가격 유럽형 풋옵션의 가격을 계산하라. BSM 공식을 사용하고 등가격 내재 변동성을 20%으로 가정한다. 다음으로 행사가가 $101인 유럽형 풋옵션의 가격에 관한 질문이다. 내재 변동성이 20.00%, 18.75%, 18.50%인 경우 이 풋옵션의 가격은 얼마인가?

9–3. S&P 500은 현재 2,000에 거래되고 있다. 만기 1년 등가격 유럽형 콜옵션의 BSM 내재 변동성은 20%이다. 만기 1년 2,200 유럽형 콜의 내재 변동성은 15%이다. 행사가가 2,100인 1년 유럽형 콜옵션의 내재 변동성의 상한선은 얼마인가? 배당은 없고 무위험 이자율은 0%으로 가정한다.

10장

스마일 모델들

- 스마일에 부합하는 모델
- 국소 변동성 모델, 확률 변동성 모델, 점프 확산 모델
- 스마일에서 BSM 모델의 오류

스마일에 부합하는 모델

반복해서 강조하지만 BSM 모델은 시장에서 관찰되는 변동성 스마일과 부합하지 않는다. 지난 30년 동안 퀀트는 스마일을 설명하는 BSM 내재 변동성 모델을 만들고자 세가지 광범위한 전략을 사용했다. 첫 번째 전략은 기초 자산의 거동이 전통적인 GBM에서 벗어난다고 보는 것이다. 두 번째는 기초 자산이 아닌 BSM 내재 변동성 곡면 $\Sigma(S, t, K, T)$의 거동을 직접 모델링하는 것이다. 세 번째는 보다 실용적으로 기초 자산 또는 BSM 내재 변동성의 공식 모델을 피하고, 대신에 평가와 헤지를 위해 그때그때에 맞는 휴리스틱을 사용하는 것이다.

첫 번째 접근 방식은 가장 기본적이면서 가장 야심찬 접근 방식이다. GBM보다 더 일반적인 프로세스를 통해 주가 S의 확률적 거동을 명시적으로 모델링하려는 것이다. 이 접근 방식의 장점은 차익 거래 위반을 보다 쉽게 피할 수 있다. 하지만 주가의 거동을 정확하게 설명하는 확률 프로세스를 찾는 것은 매우 어렵다. 이런 시도는 보통 실현 변동성이나 주가 급락에 대해 확률 변수를 추가해 더 복잡한 확률 미분 방정식을

유도한다. 모델에 포함된 모수에 대한 정확한 통계를 얻기 어렵고 따라서 모델은 매우 불안정해진다.

두 번째 접근 방식은 BSM 내재 변동성 $\Sigma(S, t, K, T)$의 거동을 직접 모델링하는 것이다. 트레이더는 기계적으로 옵션을 변동성 Σ 측면에서 생각하고, 시장 조성을 할 때 이런 변동성을 매일 관찰하게 된다. 그들에게는 Σ의 거동 그 자체를 기술하는 것이 자연스럽다. 내재 변동성에 대한 통계는 쉽게 얻을 수 있고 큰 어려움 없이 모델을 보정하는 데 사용할 수 있지만 이 접근 방식에는 고유한 문제가 있다. 첫째, 내재 변동성의 확률적 변화를 직접 모델링하는 데 매우 주의해야 한다. 내재 변동성의 변화는 모든 옵션 가격을 바꿔서 무위험 차익 거래 불가능 원칙에 의해 부과된 가격 제약 조건들을 쉽게 위반할 수 있다. 둘째, 내재 변동성은 옵션 가격들을 올바르게 설명하지 못하는 BSM 모델의 매개변수다. 부정확한 모델의 매개변수를 추정하는 시도는 어색하다는 것을 잊어서는 안 된다. 이자율 모델링에 익숙한 독자는 이런 접근 방식이 채권 가격에 대한 무위험 차익 거래 불가능 조건을 위배하지 않으면서 전체 수익률 곡선이 확률 거동을 허용하는 HJM^Heath-Jarrow-Morton 모델과 유사하다고 생각해도 된다. 같은 아이디어로 내재 변동성 모델을 개발하는 것이 가능하지만 매우 복잡하고 계산하기 어렵다.

앞에서 봤듯이 시장마다 스마일은 매우 다르다. 이처럼 다양한 스마일을 BSM을 대체하는 거대한 이론 하나로 설명하는 것은 어려울 것이다. 다른 시장에 대해서는 다른 모델로 설명해야 할 것이다.

형식화된 모델을 피하는 세 번째 접근 방식은 매우 유연할 수 있다. 실무자는 이런 유연성을 높이 평가할 수 있지만, 견고한 이론적 토대가 없으면 차익 거래가 허용되는 문제를 피하기가 어렵다. 이런 접근 방식에 속하는 것 중에서 잘 알려지고 널리 사용되는 것은 바나-볼가 모델^vanna-volga model이다.

이 책에서는 관찰된 스마일과 잘 부합하는 보다 근본적인 주가 변화 모델에 집중할 것이다. 10장의 나머지 부분에서 이런 모델에 대한 세 가지 접근을 간략히 설명하고 책의 뒷 부분에서 더 자세히 다룬다.

국소 변동성 모델

국소 변동성$^{\text{local volatility}}$ 모델은 스마일을 일관성 있게 설명하는 첫 번째 모델이다. 모든 스마일 모델은 고전적인 BSM 모델에서 벗어나 있지만 국소 변동성 모델은 BSM 모델과 일관성을 유지할 정도의 최소한의 차이만을 갖는다.

BSM 모델에서 주식 변동성 σ는 주가와 시간에 관계없는 상수 값이다. 국소 변동성 모델의 주식 실현 변동성 $\sigma(S,t)$는 제약이 완화돼 미래 시간 t와 미래 임의의 주가 S의 함수로 결정적으로^{deterministically} 변한다. $\sigma(S,t)$를 국소 변동성 함수라 하며 이로부터 행사가와 만기에 따라 달라지는 내재 변동성 함수 $\Sigma(S,t,K,T)$로 이어진다. 이 모델에서 주가의 거동은 다음과 같다.

$$\frac{dS}{S} = \mu(S,t)dt + \sigma(S,t)dZ \tag{10.1}$$

여기서 $\sigma(S,t)$는 확률 변수 S로 결정되는 함수다.

국소 변동성 모델은 한가지 확률 요인(주가만 확률적이다)만 갖고 있어서 무위험 채권과 주식을 통해 완벽한 복제를 의미하는 표준 BSM 방법의 대부분이 여전히 성립한다. 국소 변동성 모델을 사용하면 BSM과 마찬가지로 위험 중립 평가 방법을 사용해 차익 거래가 없는 유일한 옵션 가격을 얻을 수 있다. 이것은 이론적인 관점에서 볼 때 매우 매력적이지만, 실무적인 관점에서는 여전히 의문이 남게 된다. 실세계의 기초 자산 거동을 실제로 잘 기술하는가?

어떤 모델을 사용하더라도 가장 중요한 것은 보정^{calibration}이다. 이 경우 $\Sigma(S,t,K,T)$의 시장 가치와 일치하는 $\sigma(S,t)$를 어떻게 선택할 것인가? 원론적으로 이것을 어떻게 수행하는지는 뒤에서 살펴본다. 그러나 여기서 주의해야 할 것은 식 (10.1)의 확산 프로세스와 스마일이 잘 연계된다고 해서 모델이 자산을 정확하게 기술하는 것을 의미하지 않는다. 가장 좋은 모델은 기초 자신의 거동과 가장 근접하게 일치하는 모델일 것이다.

어찌 됐든 국소 변동성 모델은 스마일을 모델링하는 데 가장 인기 있고 많이 사용된다. 이 모델에서 배울 수 있는 것이 많기 때문에 이 모델의 특징과 결과를 설명하는 데 많은 시간을 할애할 것이다.

레버리지 효과　　주가의 함수인 국소 변동성을 어떻게 설명할 수 있을까? 한 가지 방법은 주식에 대한 이른바 레버리지 효과다. 2장에서 언급한 바와 같이 기업 가치(기업의 총 가치)는 기업의 자본과 부채를 모두 포함한다. 기업 가치의 일부를 부채로 조달하면 주식(자본)은 기업에 대한 레버리지 투자다. 이 경우 기업 가치의 변동성은 주식의 변동성보다 낮아진다.

회사가 1억 달러의 주식과 1억 달러의 채권을 발행해 2억 달러를 조달한 경우를 생각한다. 기업 가치는 2억 달러다. 얼마 후 기업 가치가 1억 5,000만 달러로 떨어졌다고 가정한다. 이 경우 주주와 채권 보유자가 손실을 동등하게 나누지 않는다. 주식의 정의에서 주주가 전체 손실을 감수한다. 자본의 가치는 이제 5,000만 달러에 불과하고 채권의 가치는 여전히 1억 달러다. 기업 가치가 1억 달러 미만인 경우만 채권자가 손실을 입기 시작한다. 이 시점에서는 회사가 파산한 것으로 간주되고 자본의 가치는 없다.

이 예에서 기업 가치의 2,000만 달러 변화는 기업 가치는 10% 변하지만 자본 가치는 20% 변한다. 기업 가치가 1억 5,000만 달러로 떨어진 이후에, 기업 가치가 1,500만 달러 변동하면 여전히 기업 가치는 10% 변하지만 자본 가치는 30% 변한다. 기업 가치가 감소하면 자본 변동성은 기업 변동성에 비해 증가한다. 기업 가치의 변동성이 일정한 경우 자본 가치가 감소하면 자본 변동성은 증가하고 레버리지가 증가한다. 이것이 레버리지 효과이다.

좀 더 정식화하면 기업 가치 V는 주식 S와 채권 B의 합과 같고 기업의 수익률 변동성은 상수 σ라고 가정한다.

$$V = S + B$$
$$\frac{dV}{V} = \sigma dZ \tag{10.2}$$

그러면 주식의 수익률 변동성 σ_S는 다음이 된다.

$$S = V - B$$
$$\frac{dS}{S} = \frac{dV}{S} = \frac{V\sigma dZ}{S} = \sigma \frac{S + B}{S} dZ \tag{10.3}$$
$$\sigma_S = \sigma \left(1 + \frac{B}{S} \right)$$

주가가 하락함에 따라 주식 변동성은 증가한다. 그러므로 주식은 자연스럽게 현재 주가에 의존하는 국소 변동성 모델을 보인다.

CEV 또 다른 국소 변동성 모델인 CEV[Constant Elasticity of Variance] 모델은 BSM 모델이 등장한 직후 콕스[Cox]와 로스[Ross]에 의해 개발됐다(Cox 1975, Cox & Ross 1976). 가장 먼저 등장한 국소 변동성 모델이다. 이 모델에서 변동성은 $S^{\beta-1}$에 비례하고, β는 보정으로 결정하는 상수다.

$$\frac{dS}{S} = \mu(S,t)dt + \sigma S^{\beta-1}dZ \tag{10.4}$$

β가 1이면 CEV 모델은 표준 GBM 모델이 된다. β가 0이면 주가 수익률은 정규 분포를 따른다. 주식 시장에서 관찰된 스큐를 설명하려면 β가 큰 음수 값이 돼야 한다.

지금까지 설명한 CEV와 레버리지 모델은 임의의 변동성 스마일을 설명하기에는 매개변수가 너무 적다. 관찰된 스마일을 정확히 일치시키려면 더 복잡한 국소 변동성 함수가 필요하다.

확률 변동성 모델

실제 주식이 명백하게 위반하는 BSM 가정은 주식이 상수 변동성을 갖는 것이다. 변동성은 항상 변한다. 확률 변동성 모델에는 두 가지 확률 프로세스를 사용한다. 하나는 주식 자체에 대한 것이고 다른 하나는 주식의 변동성 또는 분산에 대한 것이다. 이 확률 프로세스 2개는 상관이 있을 수 있다. 주식의 변동성을 σ로 두면 다음과 같이 모델링할 수 있다.

$$dS = \mu S dt + \sigma S dZ$$
$$d\sigma = p\sigma dt + q\sigma dW \tag{10.5}$$
$$\mathbb{E}\left[dW\,dZ\right] = \rho dt$$

여기서 q는 변동성의 변동성이고 ρ는 주가와 변동성의 상관관계다. 국소 변동성 모델 또한 확률 변동성 모델이지만 제약이 있다. 국소 변동성 모델에서 변동성은 확률적이

지만, 주가에 완전히 연관돼 주가로 결정되는 함수다.[1]

옵션을 복제하고자 주식 시장과 채권 시장만 이용할 수 있는 상황이고 변동성 또한 확률적이면 옵션의 수익 구조를 완벽하게 복제할 수 없다. 달리 말하면, 주식과 채권만으로는 옵션을 완벽하게 헤지할 수 없기 때문에 무위험 차익 거래 불가능 원칙으로 유일한 가격을 구할 수 없다. 대신에 위험에 대한 시장 가격을 알거나 위험과 보상을 연결하는 효용 함수를 사용해야 한다. 이론적 가정이 필요한 위험의 시장 가격이나 효용 함수에 의존하는 것은 정적 또는 동적 헤지보다 신뢰성이 떨어지지만, 어떤 가치를 추정하려고 사용할 때가 있다.

그렇지만 옵션을 거래할 수 있고 주가의 확률적 거동과 변동성의 확률적 거동을 알고 있다고 가정하면 다른 옵션을 사용해 변동성에 대한 노출을 헤지할 수 있다. 이렇게 하면 옵션 가치에 대한 차익 거래가 없는 공식을 도출할 수 있다. 책의 뒷 부분에서 이것에 대해 자세하게 설명한다.

확률 변동성 모델의 주요 문제는 변동성에 대한 적절한 확률 미분 방정식을 실제로 알지 못한다는 것이다. 또 다른 문제는 변동성은 확률적이지만 그 상관관계 ρ는 일정하다고 가정하는 것이다. 실제 세계에서 상관관계 또한 분명히 확률적이며 변동성보다 더 큰 차이를 발생 시킬 수 있다. 결국 ρ가 일정하다는 가정이 너무 극단적일 수 있다.

점프 확산 모델

BSM이 무시하는 주가의 또 다른 특징은 점프(불연속적인 움직임)다. 점프 확산 모델은 BSM이 도입된 직후 머튼에 의해 개발됐다(Merton 1976). 이 모델은 주식이 브라운 확산 운동을 따르고 임의 개수의 점프를 허용한다. 점프의 도입은 변동성 스마일의 최초 발생을 설명하는 주식 시장 붕괴의 두려움을 반영한 것이다. 점프 확산 모델은 더 간단한 프로세스의 확률적 조합인 혼합 모델 중 하나다.

알려진 크기의 유한한 개수의 점프인 경우는 옵션과 주식과 무위험 채권을 동적

---

1. 국소 변동성이 $\sigma = f(S, t)$로 주어지면 다음을 계산할 수 있다(하첨자는 미분을 의미한다).

$$d\sigma = f_S dS + f_t dt$$
$$= (\mu S f_S + f_t)dt + \sigma S f_S dZ$$

결국 $\rho = 1$이고, $p = (\mu S f_S + f_t)/\sigma$, $q = S f_S$의 관계가 성립한다. — 옮긴이

으로 거래해 모든 수익을 완벽하게 복제할 수 있고 위험 중립 가치 평가가 가능하다. 크기가 알려지지 않은 무한한 개수의 점프가 허용되면 완벽한 복제는 불가능하다. 책의 뒷 부분에서 다시 설명하겠지만, 해답을 얻고자 위험 중립 가치 평가를 습관적으로 사용하지만 엄밀하게는 옳지 않다.

다양한 모델

1994년 국소 변동성 모델이 개발된 이후로 많은 다른 스마일 모델이 등장했다. 대부분은 위에서 설명한 것의 변형이다. 이 책에서는 여기서 설명한 세 가지 모델 부류로 한정할 것이다.

스마일로 인한 문제들

BSM 모델에서 파생 상품의 가격은 위험을 헤지할 수 있는 능력과 밀접한 관련이 있다. BSM 모델이 스마일을 수용하지 못하기 때문에 유동성이 풍부한 바닐라 옵션을 헤지하려고 BSM 모델을 사용하면 잘못된 헤지 비율과 불확실한 손익을 초래할 것이다. 무위험 포트폴리오 구성과 일물일가 법칙에 근거한 가치 평가의 주장은 근거가 없어지게 된다.

마찬가지로 BSM 모델을 사용해 시장 가격이 없고 유동성도 부족한 이색 옵션의 가치를 평가하면 그 가치는 틀린 것이다.[2] 16장에서 특정 스마일 모델에서 이 두 가지 효과를 모두 계산할 것이다. 여기서는 BSM과의 불일치 정도만을 추정한다.

바닐라 옵션 헤지

시장이 BSM 가정을 따르지 않는 경우 트레이더가 BSM 내재 변동성을 이용해 헤지를 하면 포트폴리오가 완벽하게 헤지되지 않는다. 스마일을 이용하면 이런 경우 손익에 얼마나 큰 오류가 발생하는지 대략적으로 추정할 수 있다.

---

2. BSM 모델을 사용하면 이색 옵션은 가치가 틀리지만 바닐라 옵션은 헤지는 비록 불완전해도 가치는 정확하다는 것을 내포하고 있다. 이것은 바닐라 옵션의 경우 내재 변동성을 사용해 시장 가격을 재현하는 것을 정확한 가치 평가로 보고 있고, 이색 옵션의 경우 사용해야 하는 내재 변동성을 모르기 때문이다. — 옮긴이

콜옵션의 시장 가격이 내재 변동성을 이용한 BSM 모델 $C_{\text{mkt}}(S,t,K,T) \equiv C_{\text{BSM}}(S,t,K,T,\Sigma)$ 로 호가된다고 가정한다. 여기서 $\Sigma = \Sigma(S,t,K,T)$는 옵션의 내재 변동성이다. 스마일로 인해 Σ는 주가, 행사가, 잔존 만기의 함수다. 미분의 연쇄 법칙$^{\text{chain rule}}$에 의해 다음이 올바른 헤지 비율이다.

$$\Delta = \frac{\partial C_{\text{mkt}}(S,t,K,T)}{\partial S}$$
$$= \frac{\partial C_{\text{BSM}}}{\partial S} + \frac{\partial C_{\text{BSM}}}{\partial \Sigma}\frac{\partial \Sigma}{\partial S} = \Delta_{\text{BSM}} + \frac{\partial C_{\text{BSM}}}{\partial \Sigma}\frac{\partial \Sigma}{\partial S} \tag{10.6}$$

위의 식은 변동성이 주가와 무관해 식 (10.6)의 우변에 있는 두 번째 항이 사라지는 BSM 공식과 대조적이다.

BSM 헤지 비율과 올바른 헤지 비율 사이의 차이를 나타내는 두 번째 항의 크기를 간략하게 추정해 본다. S&P 500 지수 S가 거의 2,000이고 잔존 만기 τ가 1년, 실현 변동성과 내재 변동성이 20%으로 가정한다. 등가격 옵션에 대해 다음이 성립한다.

$$\frac{\partial C_{\text{BSM}}}{\partial \Sigma} \approx \frac{S\sqrt{\tau}}{\sqrt{2\pi}} \approx 800 \tag{10.7}$$

그림 8.2의 전형적인 S&P 500 스마일에서 $\partial \Sigma / \partial K \approx -0.0001$임을 알 수 있다. K와 S는 값과 범위가 비슷하며 스큐로 인해 변동성은 주가에 의존한다. 이 경우에는 스큐 기울기 만큼의 크기, 즉 $\partial \Sigma / \partial S \approx \pm 0.0001$로 변한다고 가정한다. (책의 뒷부분에서 부호는 모델에 따라서 다른 것을 보게 될 것이다.) 결국 식 (10.6)에서 다음을 얻는다.

$$\Delta - \Delta_{\text{BSM}} \approx 800 \times \pm 0.0001 = \pm 0.08 \tag{10.8}$$

올바른 Δ가 아닌 잘못된 Δ_{BSM}을 사용해 헤지하면 손익(P&L)에 영향을 끼친다. 3장에서 봤듯이 옵션을 정확한 델타로 헤지하면 그에 따른 손익은 무위험이 되고 흔들리지 않는다. 잘못된 델타로 헤지하면 손익은 흔들리게 된다.

S&P 500의 실현 변동성이 $\sigma = 20\%$이면 하루 움직임의 표준편차는 다음이 된다.

$$dS = S\sigma\sqrt{dt} = 2000 \times 0.20\sqrt{1/252} \approx 25 \tag{10.9}$$

3장의 식 (3.18)에서 보듯이 헤지 포지션의 손익 변화는 다음으로 주어진다.

$$\text{P\&L} = \frac{1}{2}\Gamma S^2(\sigma^2 - \Sigma^2)dt$$
$$= \frac{1}{2}\Gamma(dS)^2 - \frac{1}{2}\Gamma S^2 \Sigma^2 dt \tag{10.10}$$

여기서 첫 번째 항은 주가가 dS만큼 움직일 때 볼록성에 의해 발생하는 이익을 나타내고 두 번째 항은 하루 동안 시간 감소로 인한 손실을 나타낸다.

첫 번째 항의 크기를 계산할 수 있다.

$$\frac{1}{2}\Gamma(dS)^2 = \frac{1}{2}\frac{N'(d_1)}{S\Sigma\sqrt{\tau}}(dS)^2$$
$$\approx \frac{1}{2}\frac{0.40}{200 \times 0.20\sqrt{1}}(25)^2 \tag{10.11}$$
$$\approx 0.31$$

$\sigma = \Sigma$이면 볼록성으로 얻은 수익은 시간 감소로 인한 손실로 정확하게 상쇄된다. 옵션을 올바르게 가치 평가하고 올바르게 헤지했기 때문이다.

이제 잘못된 헤지 비율로 발생하는 헤지 오류를 생각한다.

$$(\Delta - \Delta_{\text{BSM}})dS = \pm 0.08 \times 25 = \pm 2.0 \tag{10.12}$$

잘못된 헤지 비율로 발생한 오류 ± 2.0은 볼록성의 가치 0.31에 비해 매우 큰 값이어서 헤지 포지션의 손익을 심하게 왜곡시킨다. 변동성 스마일이 있을 때 올바른 헤지 비율의 중요성을 알 수 있다.

이색 옵션 평가

스마일의 존재는 이색 옵션의 평가에 문제를 일으킬 수 있다. 예로서, 만기에 $S_T \geq K$인 경우 \$1를 지불하고 그렇지 않으면 0을 지불하는 유럽형 디지털 콜옵션을 생각한다.

그림 10.1에서 볼 수 있듯이 콜 스프레드를 통해 디지털 옵션의 수익을 근사적으로 복제할 수 있다. 구체적으로, 행사가 K인 콜옵션을 $1/dK$만큼 매수하고 행사가 $(K + dK)$인 콜옵션을 $1/dK$만큼 매도한다.

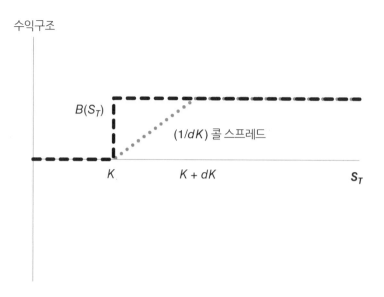

그림 10.1 디지털 옵션의 만기 수익 구조

디지털 옵션의 현재 가치를 D로 표시하면 다음을 얻는다.

$$D \approx \frac{C_{\text{BSM}}(S, K, \Sigma(K)) - C_{\text{BSM}}(S, K + dK, \Sigma(K + dK))}{dK} \qquad (10.13)$$

여기서 $C_{\text{BSM}}(S, K, \Sigma(K))$는 행사가가 K이고 주가가 S인 콜옵션의 현재 시장 가격이고 $\Sigma(K)$는 콜옵션의 현재 내재 변동성이다.

$dK \to 0$이면 다음이 성립한다.

$$\begin{aligned} D &= \lim_{dK \to 0} \frac{C_{\text{BSM}}(S, K, \Sigma(K)) - C_{\text{BSM}}(S, K + dK, \Sigma(K + dK))}{dK} \\ &= -\frac{dC_{\text{BSM}}(S, K, \Sigma(K))}{dK} \end{aligned} \qquad (10.14)$$

식 (10.14)의 우변에 있는 총 도함수$^{\text{total derivative}}$를 합성 함수 미분법으로 전개할 수 있다.

$$D = -\frac{\partial C_{\text{BSM}}}{\partial K} - \frac{\partial C_{\text{BSM}}}{\partial \Sigma} \frac{\partial \Sigma}{\partial K} \qquad (10.15)$$

식 (10.15)의 D 값은 어떤 모델도 의존하지 않는다. 무한개의 참여율을 갖는 콜 스프레드로 디지털 옵션을 정확하게 복제한 결과다. $\Sigma(K)$가 K에 따라서 변하는 현재 스마일을 알면 BSM 민감도와 스마일의 기울기를 이용해 식 (10.15)를 계산할 수 있다.

$S = K = 2,000, \tau = 1$년, 내재 변동성 $\Sigma(K = 2,000) = 20\%$이며 스큐를 다음으로 가정한다.

$$\left.\frac{\partial \Sigma}{\partial K}\right|_{K=2,000} = -0.0001 \tag{10.16}$$

그리고 배당은 없고 무위험 이자율은 0%로 가정한다.

$$\begin{aligned}
\frac{\partial C_{\text{BSM}}}{\partial K} &= -N(d_2) \\
&= -N\left(-\Sigma/2\right) \\
&\approx -\left(0.5 - \frac{1}{\sqrt{2\pi}}\frac{\Sigma}{2}\right) \\
&\approx -0.46
\end{aligned} \tag{10.17}$$

그리고 식 (10.7)과 같이 $\partial C/\partial \Sigma \approx 800$이면 다음을 얻는다.

$$\begin{aligned}
D &\approx 0.46 + 800(0.0001) \\
&\approx 0.46 + 0.08 \\
&\approx 0.54
\end{aligned} \tag{10.18}$$

스큐가 없었다면, 즉 $\partial \Sigma/\partial K = 0$이면 옵션의 가치는 0.46이다. 스큐가 옵션 가치에 대략 17%를 추가하며 이는 상당한 차이다.

스큐의 영향으로 디지털 옵션의 가치는 (감소하는 것이 아니라) 증가하는 이유는 무엇일까? 무한개의 참여율을 갖는 무한소(간격의) 콜 스프레드로 디지털 옵션을 복제할 수 있다. 디지털 옵션의 매수 포지션에는 무한소로 높은 행사가를 갖는 옵션을 무한개 매도하는 포지션을 포함한다. 음의 스큐가 있는 경우 행사가가 더 높은 콜옵션(매도해야 하는 옵션)은 스큐가 없는 경우보다 가치가 떨어진다. 따라서 디지털 옵션의 가치는 올라간다.

연습문제

10-1. 그림 10.2는 S&P 500 콜옵션 가격들을 행사 가격 기준으로 보여 준다. 이 데이터는 S&P 500 지수가 2,085 근처에 있던 2015년 2월 12일 장중 데이

터이며 옵션의 만기는 약 11개월이다. 곡선의 왼쪽 절반은 거의 선형으로 보인다. 제한된 범위에서 행사가에 선형인 콜옵션 가격 모델을 제안할 만하다. 예를 들어 점선 $C = 1,657 - 0.74K$는 1,700과 2,100 사이에서 적절한 예측 가격을 제공한다. 이 선형 근사치를 사용해 행사가 1,800, 1,900, 2,000인 버터플라이 스프레드의 가격을 계산하라.

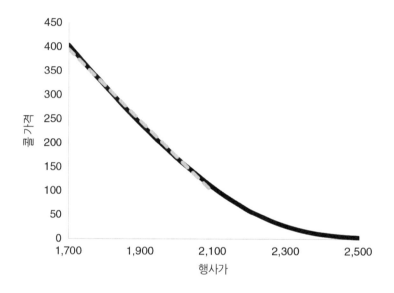

그림 10.2 콜옵션 가격 함수

11장

내재 분포와 정적 복제

- 주가의 내재 분포
- 확률 밀도 함수와 버터플라이 스프레드
- 이색 옵션의 복제

내재 분포

BSM 공식은 옵션 가격을 위험 중립 세계에서 로그 정규 분포를 따르는 주식에 대한 옵션 수익의 기댓값의 할인으로 계산한다. 그리고 로그 정규 분포를 따르는 주식은 단일 상수 변동성을 갖기에 이 공식은 행사가와 무관한 평평한 내재 변동성 스큐를 생성한다.

현실 세계에서 스마일은 평평한 경우가 거의 없다. 따라서 반대의 질문을 할 수 있다. 위험 중립 세계에서 주어진 만기에 대해 어떤 주식 분포가 관찰된 스마일을 만들 수 있을까? 이 분포를 내재 분포implied distribution라고 한다. 이 분포를 알면 복제를 통해 모델에 관계없이 시장의 콜옵션과 풋옵션의 가격으로 유럽형 수익 구조의 공정 가치를 계산할 수 있는 것을 보일 것이다.

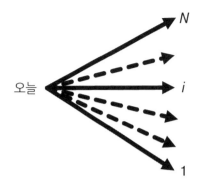

그림 11.1 N개의 가능한 미래 상태를 갖는 세계

상태-조건부 증권

특정 사건이 발생하면 $1를 지불하는 증권을 상상한다. 예로서, 내일 날씨가 화창하면 $1를 지불하는 증권이나 S&P 500 지수가 2,100에서 2,200 사이에 끝나는 경우 $1 지불하는 증권이 가능하다. 이런 증권을 상태-조건부 증권^{state-contingent securities} 또는 상태-조건부 청구권^{state-contingent claim}, 상태-가격 증권^{state-price securities}, 애로-드브루 증권^{Arrow-Debreu securities}이라고 한다.

그림 11.1과 같이 미래 시점 T에 가능한 상태가 $i = 1, 2, 3, \cdots, N$만 있다고 가정한다. N개의 가능한 상태는 상호 배타적인 사건의 완전 집합^{complete set}이다. 미래 시점 T에 세계는 N상태 중 하나가 될 것이다. π_i를 T 시점에서 세계가 상태 i일 때 $1를 지불하고, 다른 모든 상태일 때는 0을 지불하는 애로-드브루 증권의 t 시점에서의 시장 가격으로 정의한다.

모든 N개의 애로-드브루 증권으로 구성된 포트폴리오는 어떤 일이 일어나더라도 세계의 모든 미래 상태에서 $1를 지불하기 때문에 무위험 채권을 효과적으로 복제한다. 무위험 차익 거래 원칙에 따라 현재 가치는 다음이 된다.

$$\sum_{i=1}^{N} \pi_i = 1 \times e^{-r\tau} \tag{11.1}$$

여기서 r은 연속 복리 무위험 이자율이고 $\tau = (T-t)$는 잔존 만기다. 양변에 할인 계수를 곱하면 다음을 얻는다.

$$\sum_{i=1}^{N} \pi_i e^{r\tau} = 1 \tag{11.2}$$

이제 i의 위험 중립 확률 또는 의사 확률$^{\text{pseudo-probability}}$ p_i를 다음으로 정의한다.

$$p_i \equiv \pi_i e^{r\tau} \tag{11.3}$$

그러면 다음을 만족한다.

$$\sum_{i=1}^{N} p_i = 1 \tag{11.4}$$

의사 확률은 사건이 발생할 실제 확률은 아니지만 실제 확률의 많은 속성을 공유한다. 중요한 점은 식 (11.4)에서 볼 수 있듯이 상호 배타적인 사건의 완전한 집합에 대해 의사 확률의 합이 1이어야 한다는 것이다. 내일 날씨가 맑거나 흐릴 수 있고 맑은 날씨에 대한 의사 확률이 60%이면 흐린 날씨에 대한 의사 확률은 40%여야 한다.

T 시점에 시장의 모든 가능한 상태에 대해 하나의 상태-조건부 증권이 있는 경우 이런 증권은 T 시점에서 가능한 미래 수익 구조의 공간을 생성^{span}하는 완전한 기저^{basis}를 제공한다. 이런 시장을 완전^{complete}하다고 말한다. 완전한 시장에서 T 시점에서 i 상태일 때 증권의 수익 구조를 의미하는 $V(i,T)$를 모두 알고 있다면, 복제 포트폴리오를 통해 모든 유럽형 증권 V의 수익 구조를 복제할 수 있다. 복제 포트폴리오의 현재 가치는 다음과 같다.

$$\begin{aligned} V(t) &= \sum_{i=1}^{N} \pi_i V(i,T) \\ &= \sum_{i=1}^{N} p_i e^{-r\tau} V(i,T) \\ &= e^{-r\tau} \sum_{i=1}^{N} p_i V(i,T) \end{aligned} \tag{11.5}$$

증권의 가치를 의사 확률로 표현할 수 있기 때문에 실제 확률이 연관되지 않더라도 옵션 가격을 확률적 관점에서 생각하는 것이 편리하다는 것을 알게 될 것이다. 사건의 의사 확률은 시장 가격에서 결정된다. 사건의 실제 확률은 알 수 없다.

보기 11.1

질문

상태-조건부 증권 중개인은 1년 뒤 FTSE 100 지수가 특정 범위에 있는 경우 각각 £1을 지불하는 증권 3개의 가격을 제시하고 있다. 증권의 조건과 현재 가격은 다음과 같다.

- FTSE < 6800: £0.26
- 6800 ≤ FTSE < 6900: £0.43
- FTSE > 6900: £0.17

무위험 이자율은 4%다. 각 증권에 대한 의사 확률을 계산하라. 증권의 가격이 올바르게 평가됐는가? 그렇지 않으면 차익 거래를 제안하라.

정답

식 (11.3)을 사용한 의사 확률은 다음과 같다.

$$\mathbb{P}\left[\text{FTSE} < 6800\right] = £0.26 \times e^{0.04 \times 1} = 27.06\%$$

$$\mathbb{P}\left[6800 \le \text{FTSE} \le 6900\right] = £0.43 \times e^{0.04 \times 1} = 44.75\%$$

$$\mathbb{P}\left[6900 < \text{FTSE}\right] = £0.17 \times e^{0.04 \times 1} = 17.69\%$$

세 가지 증권은 세상의 가능한 상태(FTSE가 6,800 미만, 6,800과 6,900 사이 또는 6,900 이상)를 모두 포함한다. 다른 가능성이 없는 데도 불구하고 의사 확률의 합은 100%가 아니라 89.51%에 불과하다. 증권의 가격은 올바르게 평가되지 않았다.

　무위험 이자율로 차입할 수 있다고 가정할 때 £0.86을 차입하면 증권 3개를 모두 매수할 수 있다. 연말에 증권 중 하나가 £1을 지불한다. 어느 것이 될지 모르지만 셋 중 하나가 분명히 지불할 것이다. 그런 다음 이자를 포함한 대출 £0.9를 상환한다. 차액 £0.10는 차익 거래 수익이다.

맑음/흐림의 예시는 가능한 상태가 두 가지뿐이다. FTSE 보기에서는 가능한 상태가 세 가지다. 세상의 상태를 점점 더 정확하게 묘사하면서 상태-조건부 증권을 계속 추가할 수 있다. 상태-조건부 증권의 수가 무한에 가까워지는 극한에서는 상태-조건부 증권은 이산 확률이 아니라 확률 밀도 함수^{PDF}를 만든다.

보다 우아한 연속 상태 표기법에서 T 시점에서 만기 수익 구조 $V(S_T, T)$를 갖는 파생 상품의 현재값 $V(S, t)$은 다음으로 표현된다.

$$V(S, t) = e^{-r\tau} \int_0^\infty p(S, t, S_T, T) V(S_T, T) \, dS_T \tag{11.6}$$

여기서 $p(S, t, S_T, T)$는 t 시점에서 주가가 S일 때 T 시점에서 주가가 S_T가 될 위험 중립 확률 밀도 함수다.

이제 S_T의 값에 관계없이 T 시점에 \$1를 지불하는 파생 상품을 생각한다. 이 증권은 무위험 채권과 동일하다. 이 파생 상품의 현재 가치를 $B(S, t)$로 표시하면 다음이 성립한다.

$$B(S, t) \equiv e^{-r\tau} = e^{-r\tau} \int_0^\infty p(S, t, S_T, T) \, dS_T \tag{11.7}$$

결국 다음을 얻는다.

$$\int_0^\infty p(S, t, S_T, T) \, dS_T = 1 \tag{11.8}$$

실제 확률 밀도 함수와 마찬가지로 위험 중립 확률 밀도 함수의 전체 적분은 1이 된다. T 시점에서 모든 S_T에 대해 $p(S, t, S_T, T)$의 값을 알면 식 (11.6)을 이용해 T 시점에서 유럽형 수익 구조를 갖는 파생 상품의 t 시점에서 가치를 결정할 수 있다.

보기 11.2

질문

연말에 주식 XYZ의 가격에 대한 위험 중립 확률 분포가 \$100에서 \$200 사이에서 연속 균등 분포이고, 다른 곳에서는 0이라고 가정한다.

$$P(S_T, T) = \frac{1}{100}, \quad 100 \le S_T \le 200 일 때$$

물론 이런 분포는 현실적으로 가능하지 않다. 무위험 이자율을 10%로 가정한다. XYZ가 1년에 140에서 151 사이이면 \$1를 지불하고, 그렇지 않으면 0을 지불하는 증권의 위험 중립 가치는 얼마인가?

정답

증권이 $1를 지불할 확률은 11%다. 10%로 할인한 증권의 잠재 수익은 약 $0.10의 가치를 갖는다. 계산은 다음과 같다.

$$V = e^{-0.10 \times 1} \int_{140}^{151} (p(S_T, T) \times 1)\, dS_T$$

$$= e^{-0.10 \times 1} \int_{140}^{151} \frac{1}{100}\, dS_T$$

$$= e^{-0.10 \times 1} \frac{1}{100} [S_T]_{140}^{151}$$

$$= e^{-0.10 \times 1} \frac{11}{100}$$

$$\approx \$\, 0.10$$

브리덴-리첸베르거 공식

T 시점에서 유럽형 수익 구조를 갖는 파생 상품을 생각한다. T 시점에서 모든 S_T에 대해 $p(S, t, S_T, T)$의 값을 알면 임의의 시점 t에서 파생 상품의 가치를 결정할 수 있다. 그러면 $p(S, t, S_T, T)$는 어떻게 결정할까? 이제 설명하겠지만, T 시점에 만기인 표준 유럽형 옵션의 가치를 모든 행사가 K에 대해 알면 구할 수 있다.

식 (11.6)을 t 시점에서 $C(S, t, K, T)$의 가치를 갖고 만기 T에서 수익 구조가 $\max(S_T - K, 0)$인 표준 콜옵션에 적용한다.

$$C(S, t, K, T) = e^{-r\tau} \int_{K}^{\infty} p(S, t, S_T, T)(S_T - K)\, dS_T \tag{11.9}$$

여기서 $S_T < K$이면 콜옵션의 만기 수익이 0이기 때문에 적분은 최종 주가 K에서 시작한다. 이 식을 K에 대해 미분해 $p(S, t, S_T, T)$를 분리할 수 있다. 적분의 아래끝과 피적분 함수 모두에 K가 있을 것을 고려하면 구하고자 하는 미분은 다음이 된다.

$$\frac{\partial C(S, t, K, T)}{\partial K} = -e^{-r\tau} \int_{K}^{\infty} p(S, t, S_T, T)\, dS_T \tag{11.10}$$

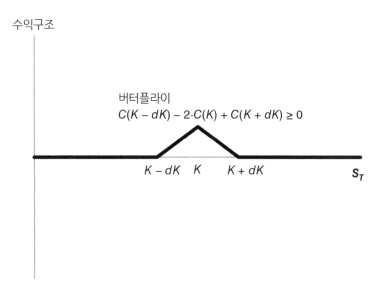

그림 11.2 버터플라이 스프레드

K에 대해 한 번 더 미분한다.

$$\frac{\partial^2 C(S,t,K,T)}{\partial K^2} = e^{-r\tau}\, p(S,t,K,T) \tag{11.11}$$

최종적으로 원하는 것을 얻는다.

$$p(S,t,K,T) = e^{r\tau}\frac{\partial^2 C(S,t,K,T)}{\partial K^2} \tag{11.12}$$

즉 t 시점에서 S인 주식이 T 시점에 K가 될 위험 중립 확률은 행사가에 대한 콜옵션 가격의 2차 편미분에 비례한다.

이 결과는 직관적으로 이해할 수 있다. 9장에서 콜옵션 가격 함수의 행사가에 대한 2차 편미분은 버터플라이 스프레드가 되는 것을 보였다. 그림 11.2는 9장에서 설명한 버터플라이 스프레드의 수익 구조를 보여 준다. 여기서는 행사가가 $(K - dK)$인 콜옵션 1개를 매수하고 행사가가 K인 콜옵션 2개를 매도하고 행사가가 $(K + dK)$인 콜옵션 1개를 매수한다. 모든 콜옵션의 만기는 동일하다. 이 포지션을 다음과 같이 간결하게 표현한다.

$$d^2C_K = C_{K+dK} - 2C_K + C_{K-dK}$$
$$= (C_{K+dK} - C_K) - (C_K - C_{K-dK})$$

(11.13)

이것은 버터플라이 스프레드가 인접한 두 일반 콜 스프레드의 차이임을 보여 준다. 표기법 d^2C_K는 K에 대해 C_K의 두 번 미분을 나타낸다.

버터플라이 스프레드 d^2C_K의 최대 수익은 dK이며, 만기에 기초 자산 S_T가 K와 같을 때 발생한다. 개수가 $1/dK^2$인 버터플라이 스프레드 d^2C_K를 소유하면(즉 포지션 d^2C_K/dK^2를 소유하면) 이것의 만기 수익 구조는 $S_T = K$에서 최대 $1/dK$이고 너비 $2dK$ 범위에서 선형 감소하는 삼각형 모양이다. 모든 행사가에 대한 수익 구조(삼각형 모양)의 적분 값은 $1/2 \times (2dK) \times (1/dK) = 1$이 된다. 극한 $dK \to 0$에서 $1/dK^2$의 버터플라이 스프레드는 $S_T = K$인 경우만 \$1를 지불하고, 그렇지 않으면 0을 지불하므로 상태–조건부 증권의 수익 구조를 나타낸다. 따라서 $\partial^2C(S,t,K,T)/\partial K^2$의 값은 $S_T = K$인 경우 \$1를 지급하는 상태 조건부 증권의 t 시점에서의 값이다. 이 값을 위험 중립 확률 곱하기 할인 계수로 표현하면 $\partial^2C(S,t,K,T)/\partial K^2 = e^{-r\tau}p(S,t,K,T)$가 되고, 이것은 식 (11.11)과 정확하게 같다.

콜옵션 가격 대신 풋옵션 가격을 사용해도 식 (11.11)로 이어지는 분석은 똑같이 유효하다. 그리고 다음 관계식이 성립한다.

$$\frac{\partial^2C(S,t,K,T)}{\partial K^2} = \frac{\partial^2P(S,t,K,T)}{\partial K^2}$$

결국 위험 중립 확률을 풋옵션 가격으로 표현할 수 있다.

$$p(S,t,K,T) = e^{r\tau}\frac{\partial^2P(S,t,K,T)}{\partial K^2}$$

(11.14)

식 (11.11)과 식 (11.14)는 각각 브리덴-리첸베르거[Breeden-Litzenberger] 공식으로 알려져 있으며, 1978년에 처음 발표됐다(Breeden and Litzenberger, 1978). 이 공식을 이용하면 고정된 만기 T에서 모든 행사가 K의 표준 옵션 시장 가격이 주어지면 옵션 시장 가격을 행사가에 대한 2차 미분으로 만기에 기초 자산 가격의 위험 중립 확률 밀도 함수를 계산할 수 있다.

분포 $p(S,t,S_T,T)$를 내재 분포라고 한다. 이것은 옵션 시장이 내포하는 최종 주가의 위험 중립 분포다. 뒤에서 설명하겠지만, 브리덴-리첸베르거 공식을 사용하면 임의의 유럽형 파생 상품의 수익 구조를 콜옵션과 풋옵션의 모든 행사가를 조합해 표현할 수 있다. 두 수익 구조의 동등성은 모델과도 완전히 무관하다. 이런 등가 관계도 유용하지만 분포 $p(S, t, S_T, T)$가 T 시점의 실제 주가 분포가 아니고 심지어 주가의 실제 분포에 대한 시장의 기대치도 아니라는 것도 유의해야 한다. 의사 확률 함수의 적분은 무이표채와 동일하기 때문에 해당 함수를 적분하면 1이 되지만, 진정한 확률 밀도 함수는 아니다. 이것은 어떤 사건이 일어날 실제 확률에 대해서 아무것도 말해 주지 않는다.

또한 만기의 내재 분포 $p(S, t, S_T, T)$만으로는 동일한 만기 T를 갖는 유럽형 옵션을 제외한 다른 옵션을 평가하기에 충분하지 않다는 것도 유의해야 한다. BSM 방법을 사용해 주식에 대한 임의의 옵션(예: 미국식 옵션)을 평가하려면 매 순간 옵션을 헤지해야 한다. 옵션을 헤지하려면 옵션의 가치를 유발하는 주가 변동의 확률 과정을 알아야 한다. 그러나 만기 위험 중립 분포는 만기까지의 주가 변동 과정에 대해서는 아무것도 알려 주지 않는다.

그림 11.3의 첫 번째 그림은 2014년 9월 10일의 S&P 500 콜옵션 가격을 보여 준다. 옵션 만기는 6개월 남짓 남았고, 당시 S&P 500 지수는 2,000선에 조금 못 미쳤다. 두 번째 그림의 막대는 식 (11.12)과 식 (11.13)에 따라 계산한 위험 중립 확률 밀도 함수를 보여 준다. 콜옵션의 가격 함수는 비교적 매끈하게[smooth] 보이지만 확률 밀도 함수는 그렇지 않다. 확률 밀도 함수의 들쭉날쭉한 현상은 옵션 가격 중 일부가 오래됐기 때문일 가능성이 크다(S&P 500 옵션 시장은 전반적으로 가장 유동성이 높은 시장 중 하나이지만, 많은 옵션이 드물게 거래되고 극외가격이나 극내가격 옵션의 경우는 특히 더 그렇다).[1] S&P 500의 내재 분포의 거동을 이용해 2008년 금융 위기 동안 시장 위험 인식과 같은 시장 분위기를 해석할 수 있다. 자세한 것은 Birru and Figlewski(2012)를 참조하라.

---

1. 측정값에는 오차가 존재한다. 측정값에서는 무시할 정도의 작은 오차여도 측정값을 미분할수록 오차는 증폭된다. 예로서, 측정값 $f(x)$가 참값 $\hat{f}(x)$과 오차 $\epsilon \sin(\lambda x)$로 구성된다고 가정한다.

$$f(x) = \hat{f}(x) + \epsilon \sin(\lambda x)$$

오차의 특성으로 $\epsilon \ll 1$이고 $\lambda \gg 1$을 만족하는 것이 일반적이다. 이 식을 미분하면 오차 항이 증폭되는 것을 볼

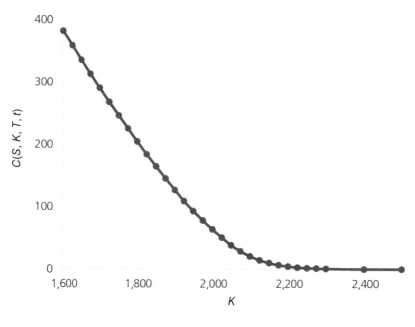

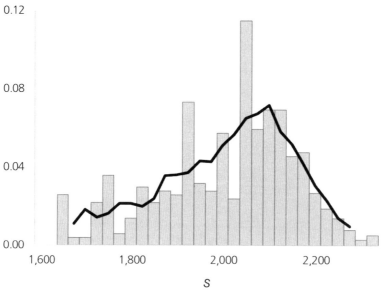

그림 11.3 콜옵션 가격 함수의 위험 중립 확률 밀도 함수

더 매끈한 확률 분포를 생성하고자 콜옵션 가격 함수를 두 번 미분 가능한 연속 함수로 근사하는 방법이 있다. 다음 보기에서 실제로 수행하는 절차를 볼 수 있다.

보기 11.3

질문

무위험 이자율이 0이고 6개월 S&P 500 옵션의 가격이 1,725와 2,300 사이에서 다음 식으로 나타난다고 가정한다.

$$C(K) = -24020 + 53.06K - 4.161 \times 10^{-2}K^2$$
$$+ 1.398 \times 10^{-5}K^3 - 1.715 \times 10^{-9}K^4$$

6개월 내에 S&P 500의 위험 중립 확률 밀도 함수에 대한 공식을 도출하라. 이 분포를 기반으로 해, S&P 500이 6개월 동안 2,000에서 2,050 사이가 될 위험 중립 확률은 얼마인가?

정답

그림 11.4는 그림 11.3의 실제 콜옵션 가격에 중첩된 $C(K)$를 보여 준다. 4차 다항식이 1,725에서 2,300 사이의 가격을 잘 근사하고 있다.

위험 중립 확률 밀도 함수를 $p(K)$로 나타내고, 이를 구하고자 $C(K)$의 2차 미분을 계산한다.

$$C'(K) = 53.06 - 8.322 \times 10^{-2}K$$
$$+ 4.194 \times 10^{-5}K^2 - 6.860 \times 10^{-9}K^3$$
$$p(K) = C''(K) = -8.322 \times 10^{-2} + 8.388 \times 10^{-5}K$$
$$- 2.058 \times 10^{-8}K^2$$

S&P 500이 6개월 내에 2,000에서 2,050 사이일 위험 중립 확률은 다음 적

수 있다.

$$f'(x) = \hat{f}'(x) + \epsilon\lambda\cos(\lambda x)$$
$$f''(x) = \hat{f}''(x) - \epsilon\lambda^2\sin(\lambda x)$$

— 옮긴이

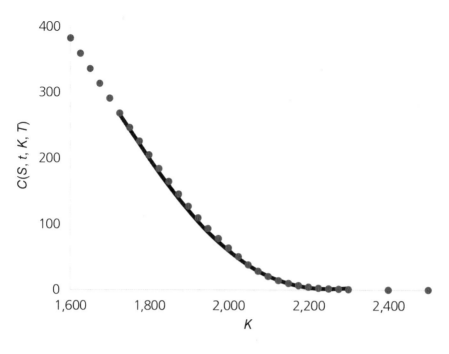

그림 11.4 콜옵션 가격 함수에 대한 4차 근사

분으로 구할 수 있다.

$$P\left[2000 \leq S_T \leq 2050\right] = \int_{2000}^{2050} p(S_T)dS$$

$$= \left[-8.322 \times 10^{-2}K + 4.194 \times 10^{-5}K^2 - 6.860 \times 10^{-9}K^3\right]_{2000}^{2050}$$

$$= 0.11$$

S&P 500이 2,000에서 2,050 사이로 끝날 위험 중립 확률은 11%다.

보기에서는 콜옵션 가격 함수의 근사 함수로 4차 다항식을 사용했다. 이에 대한 이론적 이유는 없다. 여기서는 교육적 편의를 위해 선택했다. 4차 다항식을 선택했기에 위험 중립 확률 $p(K)$는 포물선인 2차 다항식이 됐다. 실제 옵션 가격의 경우 포물선이 증권의 최종 가격의 내재 분포에 대한 좋은 근사 함수가 되는 경우는 거의 없다. 콜옵션 가격 함수에 대한 더 현실적인 근사 함수를 사용해 보다 합리적인 확률 밀도 함수를 생성할 수 있다.

앞에서 실무자들이 스마일을 행사가보다는 델타 함수로 표현하는 것을 더 선호한다고 언급했다. 마찬가지로 콜옵션 가격을 행사가가 아닌 델타의 함수로 표현하는 것이 더 쉽고 실용적일 수 있다. 관련된 예는 Malz(1997)에 나와 있다.

브리덴-리첸베르거 공식은 주식 거동에 대한 모델에 전혀 의존하지 않는다. 이것은 $dK \to 0$일 때 $1/dK^2$의 참여율을 갖는 버터플라이 스프레드가 최종 주가와 행사가가 동일한 경우만 \$1를 지불한다는 사실에만 의존한다. 이런 버터플라이 스프레드들을 사용하면 모든 유럽 옵션을 정적 복제할 수 있다. 이제 이것을 설명하겠다.

정적 복제

식 (11.6)과 식 (11.12)를 결합하면 T 시점에 임의의 유럽형 수익 구조를 갖는 증권의 t 시점에서 가격을 모든 행사가의 콜옵션 가격으로 나타낼 수 있다.

$$V(S,t) = e^{-r\tau} \int_0^\infty \frac{\partial^2 C(S,t,K,T)}{\partial K^2} V(K,T) dK \tag{11.15}$$

여기서 기호 K는 두 가지 역할을 한다. $\partial^2 C(S,t,K,T)/\partial K^2$에서 K는 행사가를 나타내지만, $V(K,T)$에서 K는 최종 주가를 나타낸다. K는 가변수假變數, dummy variable다. 가변수를 어떤 기호로 표현하는지는 중요하지 않다(S_T를 사용해도 상관없다). 적분하고 나면 없어지기 때문이다. 무위험 이자율 r은 식 (11.15)에 명시적으로 나타나 있지 않다. 그러나 r은 할인을 포함하는 콜옵션 가격 내에 내재적으로 존재한다.

식 (11.6)과 식 (11.14)를 결합하면 다음이 성립한다.

$$V(S,t) = \int_0^\infty \frac{\partial^2 P(S,t,K,T)}{\partial K^2} V(K,T) dK \tag{11.16}$$

다시 한 번 더 강조하지만 콜옵션 또는 풋옵션 가격에서 상태-조건부 가격을 얻은 것은 어떤 모델에도 의존하지 않는다. 브리덴-리첸베르거 공식은 오직 행사가에 대한 유럽형 콜옵션 또는 풋옵션의 2차 미분을 얻을 수 있는 것만 가정한다. 식 (11.15)와 식 (11.16)은 GBM을 가정할 필요가 없다. 스마일이나 스큐 또는 점프가 있더라도 옵션 매도자가 신용 사건을 유발하지 않는 한 유효하다.

표준 옵션으로 복제

식 (11.15)와 식 (11.16)은 콜옵션과 풋옵션의 2차 미분을 포함한다. 부분 적분을 이용해 2차 미분을 제거하면 임의의 유럽형 수익 구조 V를 무이표채, 선도 계약, 콜옵션과 풋옵션으로 구성된 포트폴리오로 변환할 수 있다.

유럽형 이색 옵션의 수익 구조 $V(K, T)$를 생각한다. 상태-조건부 애로-드브루 가격을 추출하고자 콜옵션 또는 풋옵션을 자유롭게 사용할 수 있다. 일반적으로, 행사가가 낮은 풋옵션(선도 가격보다 낮은 행사가)은 행사가가 낮은 콜옵션보다 더 유동적이며 마찬가지로 행사가가 높은 콜옵션은 행사가가 높은 풋옵션보다 더 유동적이다.

그래서 복제에서 행사가 A 아래쪽은 풋옵션을, 행사가 A 위쪽은 콜옵션을 사용한다. 그런 다음, 부분 적분을 두 번하면 다음을 얻는다.[2]

$$V(S, t) =$$

$$\int_0^A \frac{\partial^2 P(S, t, K, T)}{\partial K^2} V(K, T)\, dK + \int_A^\infty \frac{\partial^2 C(S, t, K, T)}{\partial K^2} V(K, T)\, dK$$

$$= \int_0^A \frac{\partial^2 V(K, T)}{\partial K^2} P(S, K)\, dK + \int_A^\infty \frac{\partial^2 V(K, T)}{\partial K^2} C(S, K)\, dK$$

$$+ \left[V(K, T) \frac{\partial P(S, K)}{\partial K} - P(S, K) \frac{\partial V(K, T)}{\partial K} \right]_{K=0}^{K=A}$$

$$+ \left[V(K, T) \frac{\partial C(S, K)}{\partial K} - C(S, K) \frac{\partial V(K, T)}{\partial K} \right]_{K=A}^{K=\infty} \tag{11.17}$$

여기서 현재 주가가 S이면 $P(S, K)$는 행사가 K, 만기 T인 풋옵션 현재 가치이고 $C(S, K)$는 행사가 K, 만기 T인 콜옵션 가치다.

경계에서 콜옵션과 풋옵션 가격에 대해 행사가 K의 함수로 나타낸 다음 조건을

---

2. 부분 적분 절차는 다음과 같다.

$$\int_0^A \frac{\partial^2 P(S, K))}{\partial K^2} V(K, T)\, dK = \left[\frac{\partial P(S, K)}{\partial K} V(K, T) \right]_0^A - \int_0^A \frac{\partial P(S, K)}{\partial K} \frac{\partial V}{\partial K}\, dK$$

$$= \left[\frac{\partial P(S, K)}{\partial K} V(K, T) \right]_0^A - \left[P(S, K) \frac{\partial V}{\partial K} \right]_0^A + \int_0^A P(S, K) \frac{\partial^2 V}{\partial K^2}\, dK$$

— 옮긴이

사용한다.

$$P(S, 0) = 0$$

$$\frac{\partial P(S, 0)}{\partial K} = 0$$

$$C(S, \infty) = 0$$

$$\frac{\partial C(S, \infty)}{\partial K} = 0 \tag{11.18}$$

$$P(S, K) - C(S, K) = K e^{-r(T-t)} - S$$

$$\frac{\partial P(S, K)}{\partial K} - \frac{\partial C(S, K)}{\partial K} = e^{-r(T-t)}$$

식 (11.18)의 마지막 두 줄은 풋-콜 패리티에서 유도된 것이다.

$$V(S, t) = V(A, T) e^{-r(T-t)} + \frac{\partial V(K, T)}{\partial K}\bigg|_{K=A} \left(S - A e^{-r(T-t)} \right)$$

$$+ \int_0^A \frac{\partial^2 V(K, T)}{\partial K^2} P(S, K) dK + \int_A^\infty \frac{\partial^2 V(K, T)}{\partial K^2} C(S, K) dK \tag{11.19}$$

A를 선도 가격($A = S e^{r(T-t)}$)으로 선택하면 인도 가격 A를 갖는 선도 계약의 가치를 나타내는 오른쪽의 두 번째 항이 사라진다.

T 시점에서 임의의 수익 구조는 식 (11.19)에서 우변의 항과 같이 할인되는 무위험 상수인 무이표채 부분, 인도 가격 A를 갖는 선도 거래인 선형 부분, 행사가 A 이하의 풋옵션과 행사가 A 이상의 콜옵션의 조합으로 분해될 수 있다.[3]

그림 11.5는 수익 구조의 복제를 보여 주고 있는데, 수익 구조의 상수와 선형 부분은 옵션 없이 복제되며 곡선 부분은 옵션으로 복제된다.

따라서 정적 복제를 하는 상호 보완적인 두 가지 방법이 있다.

1. 위험 중립 밀도 함수 $p(S, t, K, T)$를 알면 식 (11.6)으로 $V(S, t)$의 값을 최종 수익 구조 $V(K, T)$에 대한 적분으로 나타낼 수 있다.

2. 다른 방법으로 수익 구조 $V(K, T)$의 1차 미분 $\partial V(K, T)/\partial K$와 2차 미분

---

3. 이 결과는 Carr and Madan(1998)을 근거로 한다.

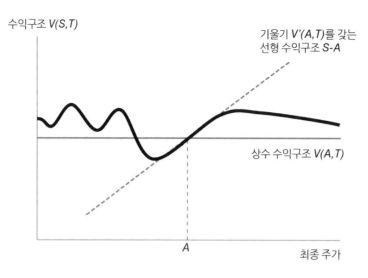

그림 11.5 유럽형 이색 옵션의 수익 구조 복제

$\partial^2 V(K,T)/\partial K^2$을 알면 식 (11.19)로 $V(S,t)$의 값을 전체 행사가의 콜옵션과 풋옵션의 적분으로 나타낼 수 있다.

각 방정식은 상호 보완적이다.

지급 불이행 위험이 없는 사람에게 연속된 모든 행사가의 옵션을 매입할 수 있으면 완벽하게 정적 헤지할 수 있다. 매수한 콜옵션과 풋옵션이 V의 수익 구조와 정확하게 일치할 거라고 확신하며 집으로 돌아가서 V가 만료될 때만 일터로 돌아와도 된다. 이 복제는 주식 거동 또는 옵션 평가 이론에 의존하지 않는다. 이것은 하나의 수익 구조를 일련의 다른 수익 구조의 합과 일치시키는 수학에만 의존한다.

실제 세계에서는 유한한 개수의 행사가만 매수 가능하고 연속된 모든 행사가의 옵션을 매수할 수 없다. 이런 경우는 목표 옵션 수익 구조의 가치와 벗어나는 근사적인 복제 포트폴리오가 된다. 합리적이고 허용 가능한 복제 포트폴리오를 선택하는 것이 중요하다. 약간의 헤지되지 않는 위험이 항상 남게 된다.

헤비사이드 함수와 디랙 델타 함수

복제하려는 수익 구조 $V(S_T, T)$는 표준 옵션의 수익 구조와 유사한 하키 스틱 모양인 것도 있지만 많은 경우 불연속성을 가져서 S_T에 대해 미분할 수 없는 것도 많다.

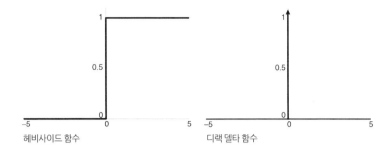

그림 11.6 헤비사이드 함수와 디랙 델타 함수

식 (11.19)를 이용해 복제하려면 $\partial^2 V(S_T, T)/\partial S_T^2$를 계산해야 한다. 응용 수학과 물리학에서 일반적으로 사용하는 헤비사이드 함수$^{\text{Heaviside function}}$와 디랙 델타 함수^{Dirac} $^{\text{delta function}}$를 이용하면 수학적 조작을 더 쉽고 기계적으로 할 수 있다.

헤비사이드 함수 또는 지시 함수$^{\text{indicator function}}$ $H(x)$는 x가 0보다 작거나 같으면 0으로, 그렇지 않으면 1로 정의한다.

$$H(x) = \begin{cases} 0 & x \leq 0 \\ 1 & x > 0 \end{cases} \tag{11.20}$$

헤비사이드 함수의 미분은 디랙 델타 함수 $\delta(x)$이다.

$$\frac{\partial H(x)}{\partial x} = \delta(x) \tag{11.21}$$

디랙 델타 함수 $\delta(x)$는 분포^{distribution}의 한 종류다. 분포는 적분에서 사용될 때만 의미가 있는 매우 특이한 함수에 대한 수학적 이름이다. $\delta(x)$는 $x = 0$을 제외하고 모든 곳에서 0이며 $x = 0$에서는 무한대이다. 그림 11.6은 헤비사이드 함수와 디랙 델타 함수의 그래프를 보여 준다. 디랙 델타 함수의 중간에 있는 뾰족한 부분은 식 (11.21)을 $-\infty$에서 ∞까지 적분해 확인할 수 있듯이 넓이가 0이지만 높이가 무한하며 면적은 1이다. 디랙 델타는 표준편차가 σ이고 면적이 1인 정규 분포의 극한으로 생각할 수 있다. $\sigma \to 0$인 극한에서, 뾰족한 부분은 무한히 높아지고 무한히 좁아지지만 그 면적은 유지한다.

델타 함수에는 세 가지 주요 특징이 있다.

$$\int_{-\infty}^{\infty} \delta(x)dx = 1 \tag{11.22a}$$

$$x\delta(x) = 0 \tag{11.22b}$$

$$\int_{-\infty}^{\infty} f(x)\delta(x)dx = f(0) \tag{11.22c}$$

첫 번째 식은 델타 함수 정의의 일부이며, 식 (11.21)에서 나온다. 두 번째 식은 모든 x에 대해서 $\delta(x)$가 0이거나 x가 0이기 때문에 성립한다. 마지막 식은 델타 함수를 사용해 다른 함수의 값을 분리하거나 선택하는 방법을 보여 준다. $\delta(x)$를 평균이 0인 무한히 좁은 정규 분포로 생각하면 극한에서 모든 확률이 $x = 0$에 집중되고 사실상 $x = 0$에서 $f(x)$ 값만 선택되는 것을 알 수 있다.

스큐 효과 추정

바닐라 옵션의 수익 구조 합으로 T 시점의 유럽형 이색 옵션의 수익 구조를 복제하고 모든 행사가 K에 대해 시장의 현재 내재 변동성 $\Sigma(K, T)$를 알면 바닐라 옵션의 가치를 이용해 유럽형 이색 옵션의 공정 가치를 구할 수 있다.

가격이 S인 주식에 대해 만기 T인 이색 옵션을 생각한다. 이 이색 옵션은 행사가가 B이며 내가격에서 \$1당 주식 1주를 지급하는 수익 구조를 갖는다고 가정한다. 헤비사이드 함수를 사용하면 최종 주가 S_T에 대한 수익 구조는 다음이 된다.

$$\begin{aligned} V(S_T) &= S_T \times \max[S_T - B, 0] \\ &= S_T(S_T - B)H(S_T - B) \end{aligned} \tag{11.23}$$

내가격인 경우 수익 구조가 선형인 바닐라 옵션과 다르게 위의 이색 옵션의 수익 구조는 주가에 대한 2차식이다. $B = \$100$일 때 그림 11.7에서 볼 수 있듯이 식 (11.19)를 사용해 행사가 B에서 시작하는 바닐라 콜옵션들을 더하고, 2차 수익 구조를 생성하고자 더 높은 행사가를 갖는 콜옵션을 연속적으로 더 추가하면 이런 옵션의 수익 구조를 복제할 수 있다. 콜옵션만 필요하다는 사실은 그림 11.7의 수익 구조가 B 아래의 모든 곳에서 0이라는 사실에서 분명하다.

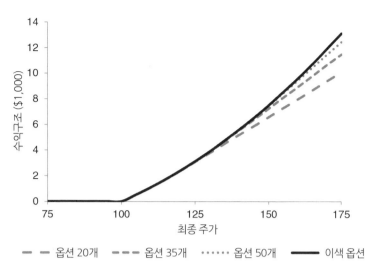

그림 11.7 $1 간격 콜옵션으로 2차 수익 구조의 근사

이제 식 (11.19)의 마지막 항에 필요한 콜옵션 계수를 계산한다. S_T에 대한 식 (11.23)의 미분은 다음으로 주어진다.

$$
\begin{aligned}
\frac{\partial V(S_T)}{\partial S_T} &= \frac{\partial}{\partial S_T}\left[S_T\left(S_T - B\right)H(S_T - B)\right] \\
&= (S_T - B)\,H(S_T - B) + S_T\,H(S_T - B) \\
&\quad + S_T\,(S_T - B)\,\delta(S_T - B) \\
&= (S_T - B)\,H(S_T - B) + S_T\,H(S_T - B)
\end{aligned} \tag{11.24}
$$

마지막 줄은 $x\delta(x) = 0$이라는 사실을 이용했다. 한 번 더 미분하면 다음을 얻는다.

$$
\begin{aligned}
\frac{\partial^2 V(S_T)}{\partial S_T^2} &= (S_T - B)\,\delta(S_T - B) + 2H(S_T - B) + S_T\,\delta(S_T - B) \\
&= S_T\,\delta(S_T - B) + 2H(S_T - B)
\end{aligned} \tag{11.25}
$$

위의 식을 $A = B$로 둔 식 (11.19)에 대입하면 t 시점에 주가가 S일 때 V의 현재 공정가를 다양한 행사가 K의 콜옵션 $C(S, K)$의 현재 가치로 표현할 수 있다.

$$
\begin{aligned}
V(S,t) &= \int_B^\infty \frac{\partial^2 V(K,T)}{\partial K^2} C(S,K) dK \\
&= \int_B^\infty K\,\delta(K-B)\,C(S,K)\,dK \\
&\qquad + 2\int_B^\infty H(K-B)\,C(S,K)dK \\
&= BC(S,B) + 2\int_B^\infty C(S,K)dK
\end{aligned}
\tag{11.26}
$$

식 (11.26)으로부터 B 이상의 행사가를 갖는 콜옵션의 선형 조합으로 2차 수익 구조를 근사할 수 있다. 이런 복제가 실제로 얼마나 잘 작동하는가? 그림 11.7은 각각 행사가가 \$100부터 시작하고 \$1 간격으로 구성된 20, 35, 50개의 콜옵션으로 구성된 포트폴리오가 $B = \$100$에 대한 2차 수익 구조를 근사하는 것을 보여 준다. 복제 포트폴리오의 마지막 행사가를 넘어 주가가 상승할수록 복제는 점점 더 부정확해진다.

이제 스마일을 다음으로 가정하고 복제 공식에서 행사가 개수의 증가에 따른 복제 공식 값의 수렴 속도를 조사한다.

$$
\sigma(K) = 0.2 \times \left(\frac{K}{100}\right)^\beta
\tag{11.27}
$$

β가 음수값이면 행사가가 감소함에 따라 내재 변동성이 증가하는 음의 스큐를 나타낸다. $\beta = 0$이면 BSM과 같이 스큐가 없는 경우를 나타낸다. β가 양수값이면 양의 스큐를 나타낸다.

$B = \$100$이고 $\beta = 0$인 경우 무한 개수의 콜옵션으로 복제할 때 V의 공정가는 \$1,033이다. 그림 11.8은 포트폴리오에 포함된 \$5 간격의 행사가로 이뤄진 콜옵션의 수가 증가함에 따라 복제 포트폴리오가 공정가로 수렴하는 것을 보여 준다. 10개의 행사가로 구성된 복제 포트폴로오의 가치는 거의 공정 가치에 수렴한다.

그림 11.9에서 $\beta = \pm 0.5$인 양수와 음수의 스큐 모두에 대해 세 가지 특징을 보여 준다.

1. 행사가의 함수로서의 내재 변동성.

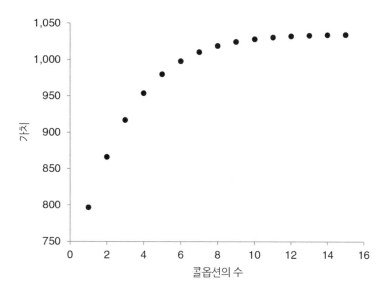

그림 11.8 $\beta = 0$인 스큐가 없는 경우 수렴

2. 스큐에 해당하는 내재 분포.

3. 포트폴리오에 포함된 콜옵션 개수의 함수로서, 복제 포트폴리오 가치에서 공정 가치로의 수렴

양의 스큐에 대해 복제 포트폴리오는 BSM의 공정가보다 큰 $1,100$의 공정가로 수렴한다. 그림 11.9는 양의 스큐를 갖는 경우 주가가 상승할 확률이 BSM의 위험 중립 확률보다 더 큰 것을 보여 준다. 따라서 행사가가 높은 옵션의 가치가 더 크고 공정가에 더 많이 기여한다. 수렴 속도는 그에 따라 더 느려진다.

음의 스큐를 갖는 경우 주가가 상승할 확률이 BSM의 위험 중립 확률보다 더 작기 때문에 높은 행사가 옵션의 가치가 더 낮다. 따라서 복제 포트폴리오는 996의 공정가로 더 빠르게 수렴한다.

BSM 위험 중립 확률 밀도

여기서는 BSM 위험 중립 확률 밀도를 사용해, 배당을 지급하지 않는 주식에 대한 유럽형 콜옵션에 익숙한 BSM 공식을 다시 유도한다.

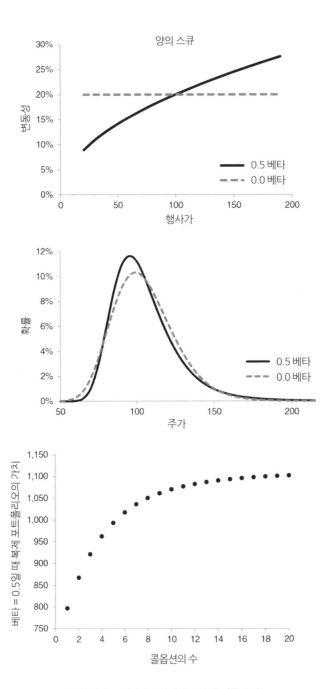

그림 11.9a 양의 스큐와 음의 스큐에 대한 수렴

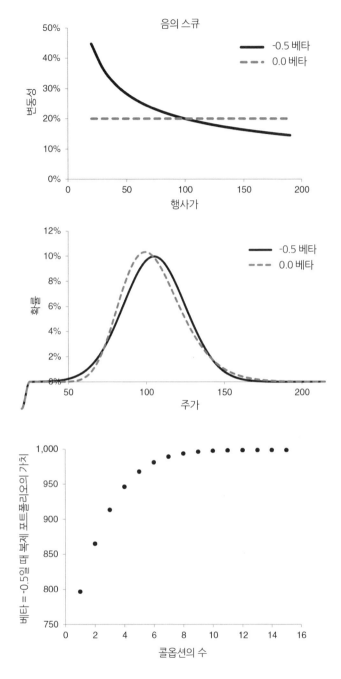

그림 11.9b 양의 스큐와 음의 스큐에 대한 수렴

BSM 모델에서 주식의 로그 수익률 $\ln(S_T/S_t)$은 다음의 위험 중립 평균과 표준 편차로 분포한다.

$$평균 = r\tau - \sigma^2\tau/2$$

$$표준\ 편차 = \sigma\sqrt{\tau}$$

여기서 $\tau = (T-t)$이고, r은 무위험 이자율이며 배당은 0으로 가정한다.

따라서 다음 확률변수 x는 평균이 0이고 표준 편차가 1인 표준 정규 분포를 따른다.

$$x = \frac{\ln(S_T/S_t) - (r\tau - \sigma^2\tau/2)}{\sigma\sqrt{\tau}} \tag{11.28}$$

이때 표준 정규 분포의 확률밀도 함수는 다음과 같다.

$$N'(x) = \frac{1}{\sqrt{2\pi}}\,e^{-x^2/2} \tag{11.29}$$

로그 수익률 $\ln(S_T/S_t)$는 $-\infty$에서 ∞ 범위의 값을 갖는다.

식 (11.28)로부터 S_T를 x로 표현하면 다음이 된다.

$$\ln(S_T/S_t) = x\sigma\sqrt{\tau} + (r\tau - \sigma^2\tau/2)$$
$$S_T = S_t \exp\left[x\sigma\sqrt{\tau} + (r\tau - \sigma^2\tau/2)\right] \tag{11.30}$$

x에 대해 미분하고 정리하면 다음을 얻는다.

$$dx = \frac{1}{\sigma\sqrt{\tau}}\frac{dS_T}{S_T} \tag{11.31}$$

수익률의 정규 분포에 대한 적분으로 콜옵션의 위험 중립 가치를 계산할 수 있다.

$$C(S_t, t) = e^{-r\tau}\int_{-\infty}^{\infty}\frac{1}{\sqrt{2\pi}}e^{-x^2/2}\,H(S_T - K)(S_T - K)\,dx$$
$$= e^{-r\tau}\frac{1}{\sigma\sqrt{2\pi\tau}}\int_{K}^{\infty}e^{-x^2/2}\frac{(S_T - K)}{S_T}\,dS_T \tag{11.32}$$

식 (11.6)으로부터 내재 위험 중립 확률 분포의 관점에서 콜옵션의 가치를 표현할 수 있다.

$$C(S_t, t) = e^{-r\tau}\int_{0}^{\infty}p(S_t, t, S_T, T)C(S_T, T)\,dS_T \tag{11.33}$$

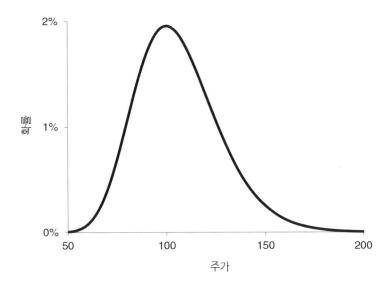

그림 11.10 $S_t = 100, \tau = 1, r = 0, \sigma = 0.2$에 대한 블랙-숄즈-머튼 확률 밀도 함수 $p(S_t, t, S_T, T)$

따라서 BSM 위험 중립 확률 밀도 함수를 식 (11.28)의 x를 사용해 표현하면 다음이 된다.

$$p(S_t, t, S_T, T) = \frac{e^{-x^2/2}}{\sigma S_T \sqrt{2\pi\tau}} \tag{11.34}$$

그림 11.10은 $S_t = 100, \tau = 1, r = 0, \sigma = 0.2$에 대한 확률 밀도 함수 $p(S_t, t, S_T, T)$다.

정규 분포를 따르는 x에 대해 적분을 수행하면 식 (11.32)의 적분을 계산할 수 있다. 적분의 아래끝 $S_T = K$일 때 확률 변수 x는 다음의 값이다.

$$
\begin{aligned}
x_{\min} &= \frac{\ln(K/S_t) - (r\tau - \sigma^2\tau/2)}{\sigma\sqrt{\tau}} \\
&= -\frac{\ln(S_t/K) + (r\tau - \sigma^2\tau/2)}{\sigma\sqrt{\tau}} \tag{11.35} \\
&= -d_2
\end{aligned}
$$

그러므로 식 (11.32)에서 다음을 얻는다.

$$
\begin{aligned}
C(S_t, t) &= e^{-r\tau} \int_{-d_2}^{\infty} \frac{1}{\sqrt{2\pi}} e^{-x^2/2} (S_T - K) \, dx \\
&= \int_{-d_2}^{\infty} \frac{1}{\sqrt{2\pi}} e^{-x^2/2 - r\tau} S_T \, dx \\
&\quad - K e^{-r\tau} \int_{-d_2}^{\infty} \frac{1}{\sqrt{2\pi}} e^{-x^2/2} \, dx
\end{aligned}
\tag{11.36}
$$

S_T를 x로 대체하고자 식 (11.30)을 사용한다.

$$
\begin{aligned}
C(S_t, t) &= S_t \int_{-d_2}^{\infty} \frac{1}{\sqrt{2\pi}} e^{-x^2/2 + x\sigma\sqrt{\tau} - \sigma^2\tau/2} \, dx \\
&\quad - K e^{-r\tau} \int_{-d_2}^{\infty} \frac{1}{\sqrt{2\pi}} e^{-x^2/2} \, dx
\end{aligned}
\tag{11.37}
$$

y를 다음으로 정의한다.

$$
y = x - \sigma\sqrt{\tau}
\tag{11.38}
$$

그러면 첫 번째 항에서 지수를 완전 제곱 형태로 표현할 수 있다.

$$
\begin{aligned}
C(S_t, t) &= S_t \int_{-d_2 - \sigma\sqrt{\tau}}^{\infty} \frac{1}{\sqrt{2\pi}} e^{-y^2/2} \, dy \\
&\quad - K e^{-r\tau} \int_{-d_2}^{\infty} \frac{1}{\sqrt{2\pi}} e^{-\frac{1}{2}x^2} \, dx \\
&= S_t \int_{-d_1}^{\infty} \frac{1}{\sqrt{2\pi}} e^{-y^2/2} \, dy \\
&\quad - K e^{-r\tau} \int_{-d_2}^{\infty} \frac{1}{\sqrt{2\pi}} e^{-x^2/2} \, dx
\end{aligned}
\tag{11.39}
$$

식 (11.39)의 두 항은 정규 분포에 대한 적분이다. $a = -y$와 $b = -x$로 치환하면 다음이 된다.

$$
\begin{aligned}
C(S_t, t) &= S_t \int_{-\infty}^{d_1} \frac{1}{\sqrt{2\pi}} e^{-a^2/2} \, da \\
&\quad - K e^{-r\tau} \int_{-\infty}^{d_2} \frac{1}{\sqrt{2\pi}} e^{-b^2/2} \, db
\end{aligned}
\tag{11.40}
$$

적분은 표준 정규 분포의 누적 분포를 나타낼 수 있다.

$$C(S_t, t) = S_t N(d_1) - Ke^{-r\tau} N(d_2) \tag{11.41}$$

이것은 배당을 지급하지 않는 주식을 기초 자산으로 하는 콜옵션에 대한 BSM 공식이다.

연습문제

11-1. 다음의 상태-조건부 증권 3개가 매매되고 있다. 각 증권은 1년 후에 그때의 NDX^{나스닥-100 지수}의 수준을 기준으로 $1를 지급한다. 다음은 현재 가격이다.

    1. NDX < 4000 : $0.28

    2. $4000 \leq$ NDX ≤ 4500 : $0.51

    3. NDX ≥ 4500 : $0.2

무위험 이자율은 5%다. 각 증권에 대한 의사 확률을 계산하라. 이 증권들의 가격이 올바르게 평가되고 있는가? 그렇지 않은 경우 차익 거래를 제시하라.

11-2. 6개월 후 S&P 500 지수가 2,500보다 크면 $10.30를 지불하고, 그렇지 않으면 $0를 지불하는 증권의 현재 가치가 $1다. 6개월 내에 S&P 500 지수가 2,500을 넘어설 위험 중립 확률 또는 의사 확률은 얼마인가? 연간 복리 무위험 이자율을 6.09%로 가정한다.

11-3. $f(x) = (-75 + 20x - x^2)/200$은 1년 동안의 XYZ 주가 S_T가 $6에서 $14 사이일 때 S_T의 확률 밀도 함수에 대한 근사식이다. S_T가 $10에서 $12 사이이면 $(S_T - \$10)^2$을 지불하고, S_T가 이 범위를 벗어나면 0을 지불하는 유럽형 옵션의 현재 공정가는 얼마인가? 배당은 없고, 무위험 이자율은 4%로 가정한다.

11-4. 배당을 지급하지 않는 주식에 대한 옵션을 거래한다. 행사가 K에 대한 2년

만기 유럽형 풋옵션의 가격이 다음 공식을 만족한다.

$$P(K) = \left(\frac{20}{21}\right) K + 20 \left(e^{-K/21} - 1\right)$$

2년 동안 연간 복리 무위험 이자율은 얼마인가?

12장

약형 정적 복제

- 동적 복제의 단점
- 표준 옵션을 사용한 약형 정적 복제
- 모델에 의존하는 복제 포트폴리오
- 헤지 포트폴리오의 청산
- 유일하지 않은 정적 포트폴리오

지금까지 요약

이전 장들에서 다음 다섯 가지 사항에 대해 설명했다.

1. 증권의 가치를 평가하는 가장 믿을 만한 방법은 복제하는 것이며 정적 복제가 가장 좋다. 정적 복제 포트폴리오를 찾을 수 없으면 동적 복제를 사용하라. 마지막으로, 전혀 복제할 수 없다면 위험 관리밖에 없다. 이런 접근 방식은 이 책의 범위를 벗어난다.

2. BSM 모델은 연속 동적 복제에 의존한다. 모델이 원칙적으로 맞더라도 헤지 오차와 거래 비용으로 인해 실제 구현에 한계가 있다.

3. BSM 모델을 사용하더라도 헤지에 사용할 변동성은 여전히 선택해야 한다. 내재 변동성을 사용한 헤지는 불확실한 경로 의존적 P&L을 만든다. 미래 실현

변동성을 사용한 헤지는 이론적으로 확정적인 최종 손익을 만들지만 만기까지 가는 경로에 따라 손익의 큰 변동이 발생한다. 실제로 미래의 변동성을 알 수 없기 때문에 헤지 중에 상당한 손익과 손실이 발생할 수 있고, 이로 인해 미래 잠재적 손실을 제한하려고 만기 전에 헤지를 그만 둘 때가 있다.

4. BSM 모델은 매우 유용하더라도 현실과 상반되는 가정을 여러 개하고 불완전하다. 스마일은 이런 불완전함을 보여주는 가장 중요한 증거이고, 스마일을 설명하려고 시도하는 BSM 모델의 세 가지 확장인 국소 변동성 모델, 확률 변동성 모델, 점프 확산 모델에 대해 설명했다.

5. 11장에서 평가 모델에 관계없이 표준 풋옵션과 콜옵션 포트폴리오를 사용해 유럽형 수익 구조를 정적으로 복제할 수 있는 것을 보였다. 이것을 강형 정적 복제strong static replication라고 부른다. 신용 위험을 제외하면 자산과 시장의 거동에 대한 가정을 포함하지 않기 때문이다. 표준 옵션 가격들의 내재 분포를 알면 기초 자산 가격에 따라 수익 구조가 달라지는 모든 유럽형 증권의 가치를 계산할 수 있다. 이런 완벽한 강형 복제는 이론적으로 가능하지만 무한개의 옵션이 필요할 수 있다. 따라서 실제로는 대략적인 복제 포트폴리오만 생성할 수 있고, 실제 증권의 수익 구조와 불일치가 있어 베이시스 위험basis risk이 있다.

약형 정적 복제의 소개

11장에서 만기 시 기초 자산 가격에만 의존하는 유럽형 옵션의 수익 구조를 일치시키려고 만기 시의 내재 분포를 사용했다. 이런 복제 스타일을 강형 정적 복제strong static replication라고 한다.

경계 옵션barrier option과 같은 경로 의존적인 옵션은 기초 자산 가격의 경로에 따라 결과가 달라진다. 전통적으로 동적 복제를 사용해 가치를 산출한다. 그러나 동적 헤지에는 세 가지 실제적인 어려움이 있다. 첫째, 포트폴리오 가중치를 연속 재조정하는 것이 불가능하므로 트레이더는 이산 재조정해야 한다. 이로 인해 옵션의 만기까지 복합적인 작은 복제 오차들이 발생한다. 앞에서 봤듯이 이런 오차는 재조정 빈도가 증가함에 따라 감소한다. 둘째, 포트폴리오 재조정과 관련된 거래 비용이 있다. 거래 비용은 재조정 빈도에 따라 증가하며 옵션의 잠재 수익을 압도할 수 있다. 결과적으로 트레이더는 복제의 정확성과 빈번한 재조정의 비용 사이에서 타협해야 한다. 마지막으로, 옵션 포트폴리오를 동적으로 복제하는 데 필요한 소프트웨어 시스템은 복잡하고 비용이 많이 들며 운영 위험이 발생하기 쉽다.

경로 의존 옵션을 동적으로 복제하려면 어떻게 해야 할까? 여기서는 동적 복제의 어려움 중 일부를 우회할 수 있는 또 다른 옵션 복제 방법을 설명한다. 이색 옵션이 주어지면 유동성이 풍부한 표준 옵션들로 포트폴리오를 구성하는 법을 소개한다. 특히 포트폴리오의 가중치를 시간 흐름과 무관하게 정적으로 유지하면서 특정한 범위의 미래 시점과 미래 시장 가격에서, 해당 옵션의 가치 복제를 시도한다. 이 포트폴리오를 약형 정적 복제[weak static replication] 포트폴리오라고 부르며, 그 이유는 뒤에서 설명한다. 정적 복제는 강형과 약형 두 가지가 있다.

기초 자산 가격이 변함에 따라 연속적으로 재조정하는 BSM의 규범을 따르는 동적 복제와 달리 약형 정적 복제는 복제 포트폴리오의 경계 수익 구조를 대상 옵션의 경계 수익 구조와 일치시키는 데 의존한다. 이색 옵션의 경계가 만기 시에만 작동하면 강형 정적 헤지에서와 같이 복제는 완벽해진다. 그러나 소멸 경계[knockout barrier]와 같은 만기 전에 활성화되는 경계가 있다. 이런 경우 복제 포트폴리오는 경계에서 만료되지 않은 옵션들의 가치에 노출된다. 이 가치는 BSM 모델 혹은 더 나은 모델 등 사용 모델에 따라 다르다. 어느 쪽이든 복제 포트폴리오의 가치와 구성은 모델에 따라 다르다. 모델이 기초 자산의 실제 움직임과 가까울수록 정적 복제 포트폴리오가 더 잘 작동한다. 이를 설명하고자 경계 옵션과 관련된 많은 예를 뒤에서 설명한다.

경계에서 값을 일치시키는 것이 모델에 의존하기 때문에 이런 복제를 약형이라고 한다. 가치평가를 위해서 모델에 의존하기에 모델의 가정에 영향을 받지만, 복제 포트폴리오에 있는 옵션의 시장 가격이 복제와 관련된 많은 실제 비용을 포함하는 이점도 있다. 이 접근 방식은 합리적인 근사 평가 방법을 제공한다. 그러나 동시에 가치평가 모델의 이론적 가정으로 무시할 수 없는 새로운 위험 요소를 내포하고 있다.

일반적으로 완벽한 정적 헤지는 무한개의 표준 옵션이 필요하지만 때로는 몇 개의 옵션으로 구성된 포트폴리오를 찾는 것도 가능하다. 옵션 몇 개만으로 구성된 정적 복제 포트폴리오를 사용하면 미래 시간과 기초 자산 가격의 일정 범위에서는 적절한 복제를 얻을 수 있다. 하지만 옵션이 만기나 경계에 가까워지면 대부분의 포트폴리오를

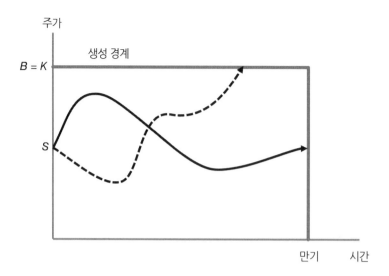

그림 12.1 행사가와 같은 경계를 갖는 상승생성 풋옵션

청산해야 하며 이는 복제 위험을 증가시키는 요인이다.

복제 포트폴리오는 일반적으로 유일하지 않다. 뒤에서 보겠지만, 옵션 가치평가에 대한 이해와 옵션 시장에 대한 깊이 있는 지식을 이용해 수익을 내는 포트폴리오를 구성하는 것이 기술이다.

약형 정적 복제를 설명하고자 여기서는 이색 옵션의 한 종류인 경계 옵션 설명에 중점을 둔다.

경계 옵션의 정적 복제

특별한 경우만 적용할 수 있지만 간단하고 엄밀한 정적 헤지를 예로 들어서 약형 정적 헤지의 일반적인 원칙을 설명한다.[1] 배당과 무위험 이자율이 같은 특별한 경우 행사가 K와 경계 B가 같은 하락소멸 경계 옵션의 수익 구조를 복제하는 방법을 이미 3장에서 봤다. 여기서 또 다른 예인 상승생성 풋옵션up-and-in put을 설명한다.

---

1. 정적 헤지에 대해 자세히 설명한 논문이 있다. Carr, Ellis, Gupta "Static Hedging of Exotic Options" (1998)

유럽형 상승생성 풋옵션

행사가 K와 경계 B가 동일한 상승생성 풋옵션을 생각한다. 그림 12.1에 개략도를 나타냈다. 이자율과 배당은 0으로, 주가에 대한 BSM 모델을 가정한다. 그림 12.1의 점선처럼 주가 경로가 경계 B에 도달하면 $P(S = K, K, \sigma, \tau)$의 가치를 갖는 표준 풋옵션이 생성된다. 실선처럼 주가 경로가 경계에 도달하지 않으면 풋옵션은 만기에 가치없이 사라진다. 따라서 상승생성 풋옵션을 복제하려면 경계에 도달하지 않으면 0이 되고 경계에 도달했을 때 $P(S = K, K, \sigma, \tau)$인 증권을 소유해야 한다.

이제 표준 콜옵션 $C(S, K, \sigma, \tau)$를 생각한다. 표준 콜옵션은 만기에 K이하의 모든 주가에 대해 가치가 0이다. 그러므로 만약 주가가 만기까지 경계에 도달하지 않았다면 상승생성 풋옵션의 수익 구조와 표준 콜옵션의 수익 구조는 일치한다. 주식이 경계에 도달하면 $S = K = B$다. 이자율과 배당이 0일 때 BSM 공식을 이용해 $C(S = K, K, \sigma, \tau) = P(S = K, K, \sigma, \tau)$를 쉽게 확인할 수 있다.[2] 따라서 생성 풋옵션knock-in put 대신에 표준 콜옵션을 매수하면 경계에 도달하지 못했을 경우 무가치하고 경계에 닿는 순간 콜옵션을 매도하면 추가 현금의 유입 없이 표준 풋옵션을 매수할 수 있다. 매수한 이 표준 풋옵션은 만기에 생성 풋옵션의 수익 구조와 일치한다.

따라서 표준 콜옵션 $C(S, K, \sigma, \tau)$을 이용하면 $B = K$일 때 상승생성 풋옵션을 복제할 수 있다.[3] 강조하건대 주가가 경계에 도달했을 때 콜옵션을 매도하고 즉시 풋옵션을 매수해야 하고, 이전 단락에서 말했듯이 콜옵션과 풋옵션은 동일한 가치여야 한다.[4] 이 복제에는 행위가 필요하다. 주가가 경계에 도달했을 때 즉시 콜옵션을 팔고 풋옵션을 매수하지 않으면 복제 포트폴리오는 여전히 콜옵션을 갖고 있지만 목표인 생성 풋옵션은 표준 풋옵션이 되고 복제는 실패한다.

이런 복제는 (BSM이고 이자율과 배당이 0인) 모델에 의존하기 때문에 약형 복제다. 예로서, 주가가 경계에 노달했을 때 변동성 스마일이 존재한다면 풋옵션 가격과 콜옵션 가격은 다를 것이고, 비용 없이 콜옵션을 풋옵션으로 교체할 수 없다.[5] 이것이

---

2. 또는 풋-콜 패러티로 확인할 수 있다. — 옮긴이

3. 원서에는 down-and-in put으로 돼 있는데 오류다. — 옮긴이

4. 선도 계약을 매도해도 된다. 이자율과 배당이 0이므로 선도 가격은 $S = K = B$가 된다. — 옮긴이

5. 변동성 스마일은 좋은 예가 되지 않는다. 이자율과 배당이 0이면 모델에 의존하지 않는 풋-콜 패리티에 의해 여전히 콜옵션과 풋옵션의 가격은 같다. 이자율과 배당이 0이 아닌 경우 두 옵션의 가격이 달라진다. — 옮긴이

복제를 강형이 아니라 약형으로 만드는 원인이다. 비슷하게 주식이 확산되면서 점프할 수 있다면 풋옵션을 매수할 기회가 생기기 전에 경계를 뛰어넘을 수 있다.

정적 복제가 작동하는 방식에 대한 훌륭하고 간결한 예를 봤으므로 이제 하락소멸 콜옵션down-and-out call에 대해 설명한다. 먼저 BSM 모델에서 하락소멸 콜옵션의 가치에 대한 수학 공식을 유도할 것이다. 그다음에 이 수학 공식의 형태가 BSM 모델에서 더 일반적인 정적 복제 방법을 제안하는 것을 보게 될 것이다.

하락소멸 옵션 가치평가

행사가 K와 행사가 아래의 경계 B가 있는 유럽형 하락소멸 콜옵션을 생각한다. 만기까지 경로 중에서 주식이 경계 B에 닿거나 통과하면 옵션은 소멸되고 가치가 없어진다. 주식이 경계에 도달하지 않은 경우 만기 시 수익 구조는 표준 콜옵션과 동일하다. 옵션을 평가하고자 확률 이론의 반사 원리reflection principle와 거의 동일한 방법으로 정전기학electrostatics에서 널리 사용되는 영상법method of images을 사용한다. 이를 위해 좀 더 단순화된 ABM을 따르는 주가를 고려한다.

ABM에서 영상법   위험 중립 세계에서 변동성은 상수이고 이자율은 0을 가정한다. (GBM이 아닌) ABM을 따르는 주식 S를 생각한다. 이제 경계 B를 가로지르는 S의 반사 거울상인 가상의 주식 S'을 상상한다. 그림 12.2에서 보듯이 S와 S'은 경계 B에 거리가 같지만 반대쪽에 있으므로 $S - B = B - S'$ 또는 $S' = 2B - S$다. 예로서, $B = 100, S = 120$이면 $S' = 80$이다.

이제 $t = 0$ 시점 초깃값 S에서 시작한(그림 12.2의 실선) 주식의 위험 중립 분포와 S'에서(그림 12.2의 점선) 시작한 주식의 분포를 미래 시점에서 비교해 보자. S와 S'은 B에 대해 대칭이기에 이자율과 배당이 0인 상황에 ABM의 결과로서 두 확률 분포는 임의의 시점 τ, 경계 B 위에서 같은 값을 갖는다.

블랙-숄즈 편미분 방정식Black-Scholes partial differential equation은 선형linear이므로 해 2개를 중첩해도 해가 된다. 따라서 S'에서 발생하는 미래 주가의 확률 분포를 S에서 발생하는 분포에서 빼면, 경계 위의 미래 주가에 대해 경계에 부딪힐 확률이 0이면서 주가흐름을 진행하는 주식의 확률 분포를 얻는다. 이것은 하락소멸 옵션에 대한 적절한 분포다.

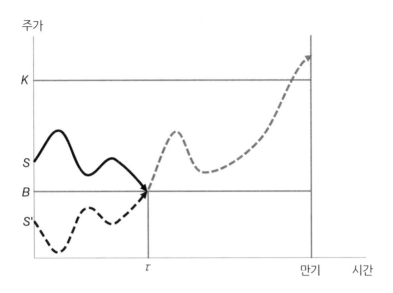

그림 12.2 ABM을 따르는 주식 S와 B의 반사 거울상인 S'. $S' = 2B - S$를 만족한다.

ABM을 가정한 분포에서 만기 시 콜옵션 수익 구조를 적분해 할인하면 하락소멸 콜옵션의 정확한 가격이다. 이것을 그림으로도 이해할 수 있다. 그림 12.2의 회색 점선 경로가 경계에서 나와 만기 시 내가격이 되는 경로는 S와 S'에서 동일한 확률로 발생했을 수 있다. 두 확률 분포를 빼면 경계에 닿고 만기 시 내가격이 되는 확률이 0이 되는 분포가 생성된다. 경계는 거울처럼 작용해 경계 아래에 반사된 이미지 S'를 생성하고, 이 S'은 경계에 닿고 경계 위로 끝나는 S에서 발생하는 경로의 기여를 상쇄한다.

따라서 ABM의 경우 주식의 분포에서 거울상 분포를 빼서 경계 옵션의 최종 주가에 대한 올바른 위험 중립 확률 분포를 찾을 수 있다. 이런 이해를 바탕으로 GBM에 대한 유사한 접근 방식을 시도한다.

GBM에서 영상법   BSM 모델에서 주가가 GBM을 따르는 것은 수가의 로그 값이 ABM을 따르는 것을 의미한다. 따라서 ABM의 경우와 비슷하게 경계에 반사돼야 하는 것은 주가의 로그 값이며 거울상인 S'은 다음 조건을 만족한다.

$$\ln\left(S/B\right) = \ln\left(B/S'\right) \tag{12.1}$$

그러므로

$$S' = B^2/S \tag{12.2}$$

예로서, $B = 100, S = 120$이면 $S' = 83.33$이다.

 ABM의 경우와 마찬가지로 이자율을 0으로 가정한다. 경계에 도달하지 않고 시점 τ에 경계보다 높은 최종 주가 S_τ에 도달하는 확률 밀도 N'_{DO}를 구하려고 한다. ABM에서 아이디어를 얻어서 S와 S'에서 시작하는 GBM의 밀도 함수를 중첩해 N'_{DO}를 표현한다.

$$N'_{\mathrm{DO}}(S_\tau) = N'\left(\frac{\ln\left(S_\tau/S\right) + \sigma^2\tau/2}{\sigma\sqrt{\tau}}\right)$$
$$- \alpha N'\left(\frac{\ln\left(S_\tau S/B^2\right) + \sigma^2\tau/2}{\sigma\sqrt{\tau}}\right) \tag{12.3}$$

여기서 $N'(x) = \frac{1}{\sqrt{2\pi}}e^{-\frac{1}{2}x^2}$는 표준 정규 확률 밀도 함수이고, α는 결정해야 하는 상수다. $S_\tau = B$인 모든 시점 τ에서 $N'(B)$가 0이 되는 제약 조건을 부과한다.

$$N'\left(\frac{\ln\left(B/S\right) + \sigma^2\tau/2}{\sigma\sqrt{\tau}}\right) - \alpha N'\left(\frac{\ln\left(S/B\right) + \sigma^2\tau/2}{\sigma\sqrt{\tau}}\right)$$
$$= 0 \tag{12.4}$$

위의 방정식을 풀면 α를 얻을 수 있다.

$$\alpha = S/B \tag{12.5}$$

이 식의 증명은 12장의 연습문제에서 확인할 수 있다. α가 τ에 독립적이어서 경계 $S_\tau = B$ 위에서 τ에 무관하게 두 확률 밀도 함수는 상쇄된다.

 그림 12.3에서 보듯이 N'_{DO}은 경계에 도달하지 않고 최종 주가 S_τ에 도달하는 확률 밀도 함수다. 이를 이용하면 경계 B와 행사가 K를 갖는 하락소멸 콜옵션 최종 수익 구조 $[S_\tau - K]_+$를 적분할 수 있다.

$$C_{\mathrm{DO}}(S, K, \sigma, \tau) = C_{\mathrm{BS}}(S, K, \sigma, \tau) - \frac{S}{B}\, C_{\mathrm{BS}}\left(B^2/S, K, \sigma, \tau\right) \tag{12.6}$$

이 결과는 여러 가지 방법으로 확인할 수 있다. 앞서 3장에서 $B = K$인 하락소멸

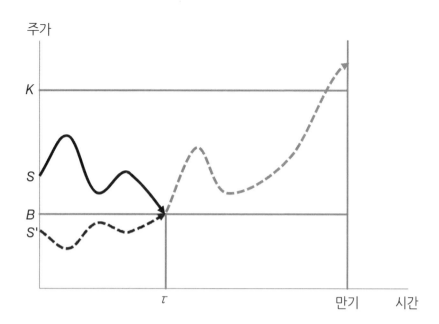

그림 12.3 GBM을 따르는 두 동등한 확률의 가격 경로

콜옵션에 대한 복제 포트폴리오가 선도 계약임을 봤다. 식 (12.6)에서 $B = K$일 때 우변은 콜옵션에서 동일한 행사가의 풋옵션을 뺀 것과 같다.[6] 결국 풋-콜 패리티에 의해 선도 계약과 동일하게 된다.

또한 식 (12.6)의 하락소멸 콜옵션 공식이 올바른 경계 조건을 갖고 있음을 알 수 있다. 만기까지 남은 시간과 관계없이 소멸 경계 $S = B$에서 공식의 가치는 0이다. 그리고 만기 시 $S > K$인 경우 $B < S$이므로 식 (12.6)의 오른쪽 두 번째 항은 외가격으로 만료되고 가치는 0이다. 또한 식 (12.6)의 하락소멸 콜옵션 공식은 BSM 편미분 방정식을 만족한다. 편미분 방정식을 만족하고 올바른 경계조건을 갖고 있기 때문에 식 (12.6)은 경계 조건을 만족하는 해가 된다.

---

6. 무위험 차익 거래 불가능 원칙으로 만기 수익 구조에 대해서 성립하는 것만 확인하면 된다.

$$C_{\mathrm{BS}}\left(K^2/S, K\right) = \left(K^2/S - K\right)_+ = \frac{K}{S}\left(K - S\right)_+ = \frac{K}{S}P_{\mathrm{BS}}(S, K)$$

— 옮긴이

무위험 이자율이 0이 아닌 경우

무위험 이자율이 0이 아닌 경우 추세율이 대칭을 왜곡하기 때문에 S와 S'에서 B에 도달하는 확률의 유사성은 덜 명확해진다. 그럼에도 이 방법은 여전히 유효하며 α의 값은 달라진다. $\mu = r - \sigma^2/2$로 정의하면 위험 중립 밀도는 다음이 된다.

$$N'_{\mathrm{DO}} = N'\left(\frac{\ln\left(S_\tau/S\right) - \mu\tau}{\sigma\sqrt{\tau}}\right) - \alpha N'\left(\frac{\ln\left(S_\tau S/B^2\right) - \mu\tau}{\sigma\sqrt{\tau}}\right) \tag{12.7}$$

이전과 같이 $S_\tau = B$일 때 이 확률 밀도 함수가 0이 되기를 원한다.

$$N'\left(\frac{\ln\left(B/S\right) - \mu\tau}{\sigma\sqrt{\tau}}\right) - \alpha N'\left(\frac{\ln\left(S/B\right) - \mu\tau}{\sigma\sqrt{\tau}}\right) = 0 \tag{12.8}$$

이 방정식을 풀면 α를 얻을 수 있다.

$$\alpha = \left(\frac{B}{S}\right)^{\frac{2\mu}{\sigma^2}} = \left(\frac{B}{S}\right)^{\frac{2r}{\sigma^2} - 1} \tag{12.9}$$

여기서도 α는 잔존 만기 τ와 독립적이다. 따라서 고정값 α에 대해 N'_{DO}는 경계 위에서 항상 0이 된다. 이 확률 밀도를 이용해 최종 수익 구조를 적분하면 하락소멸 콜옵션의 가치를 구할 수 있다.

$$C_{\mathrm{DO}}(S, K) = C_{\mathrm{BS}}(S, K) - \left(\frac{B}{S}\right)^{\frac{2\mu}{\sigma^2}} C_{\mathrm{BS}}\left(\frac{B^2}{S}, K\right) \tag{12.10}$$

정적 헤지

식 (12.6)과 식 (12.10)에서 하락소멸 콜옵션의 가치는 주가가 S인 유럽형 콜옵션의 매수 포지션과 주가가 B^2/S인 다른 유럽형 콜옵션의 매도 포지션으로 나타난다. 이 공식은 BSM 모델에서만 적용된다. 그러나 하락소멸 콜옵션을 더 단순한 증권으로 구성된 포트폴리오를 이용해 정적 헤지를 할 수 있는 방법을 제시한다. 식 (12.6)을 이용해 살펴본다.

우변 첫 번째 항인 $C_{\mathrm{BS}}(S, K)$의 $\tau = 0$에서 가치는 다음이 된다.

$$C_{\mathrm{BS}}(S, K) = H(S - K)(S - K) \tag{12.11}$$

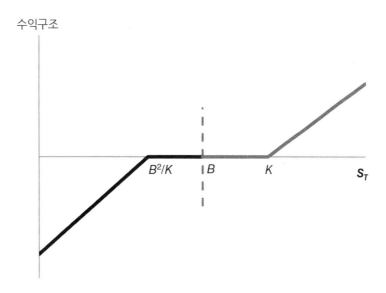

그림 12.4 행사가 K 콜옵션과 행사가 B^2/K 풋옵션에 의해 복제된 하락소멸 콜옵션

여기서 $H(x)$는 헤비사이드 함수다. 우변 두 번째 항의 수익 구조는 다음과 같다.

$$\frac{S}{B}C_{\text{BS}}\left(B^2/S, K\right) = \frac{S}{B}H\left(B^2/S - K\right)\left(B^2/S - K\right)$$

$$= H\left(B^2/S - K\right)\left(B - KS/B\right) \tag{12.12}$$

$$= \frac{K}{B}H\left(B^2/K - S\right)\left(B^2/K - S\right)$$

이는 행사가가 B^2/K인 주가 S에 대한 K/B개수만큼의 풋옵션 수익 구조다.

따라서 하락소멸 콜옵션의 수익 구조는 행사가 K를 갖는 콜옵션 1개 매수 포지션과 B^2/K 행사가의 풋옵션 K/B 개수의 매도 포지션과 같다. 그림 12.4는 이 두 가지 수익 구조를 나타낸다. 이런 관점은 K에서 표준 콜옵션을 매수하고 B^2/K에서 K/B 개수의 표준 풋옵션을 매도하는 정적 복제 포트폴리오를 제안한다. 이 포트폴리오가 만료 전에 합리적인 복제 포트폴리오인 이유를 알 수 있다. 경계 위에 행사가가 있는 콜옵션은 만기에 양의 기대 수익 구조를 갖는다. 행사가가 경계 아래에 있는 풋옵션 매도 포지션은 만기에 음의 기대 수익 구조를 갖는다. 올바르게 가중치를 부여하면 상단 행사가와 하단 행사가 사이에 있는 경계 B에 S가 닿을 때 콜옵션과 풋옵션의 순기대 가치가 0이 될 수 있으므로 만기뿐만 아니라 경계 위에서도 하락소멸 옵션 가치를 복제할 수 있다.

　　이런 통찰력은 BSM 평가 공식에서 나왔지만 일반적으로 하락소멸 경계 옵션을 복제하는 합리적인 방법이다. 경계 위의 행사가 콜옵션을 매수하고 경계 아래의 행사가로 적절한 양의 풋옵션을 매도할 수 있다면, 만기 시 또는 경계에서 올바른 수익 구조를 얻을 수 있다.

- 만기에 주식이 경계에 닿은 적이 없는 경우 행사가 K 콜옵션은 하락소멸 콜옵션의 수익 구조를 갖고, 풋옵션은 외가격으로 만료된다.

- 주가 S 만기 전에 경계 B에 닿을 때 콜옵션 매수와 풋옵션 매도 포지션의 순 가치는 0에 가까울 것이다. 그 시점에 하락소멸 콜옵션 복제하던 포지션을 반드시 청산해야 한다.

여기서 필요한 풋옵션의 개수는 K/B이다. 하지만 이것은 주가가 상수 변동성의 GBM을 따를 때에만 성립한다. 일반적으로 필요한 개수는 스마일을 모델링하는 방법에 따라 다르지만, 전체적인 개념은 BSM 모델을 가정하지 않아도 여전히 유효하다.

　　이 복제 포트폴리오는 16장에서 이색 옵션에 대한 국소 변동성 모델의 영향을 알아볼 때에도 사용할 것이다.

상승소멸 콜옵션의 정적 복제

위의 예는 수익 구조에 대한 특별한 통찰력이 필요하다. 여기서는 모든 시나리오에서 이색 옵션의 결과와 일치해야 한다는 아이디어를 기반으로 보다 일반적인 접근 방식을 소개한다.[7]

　　행사가 K 위에 경계 B가 있는 상승소멸 콜옵션을 생각한다. 주가가 만기 전에 경계에 닿는다면 옵션은 사라지게 되고 가치는 0이 된다. 행사가가 경계 아래에 있으므로 주가 S가 경계 바로 아래에 있을 때 콜옵션은 내가격이 된다. S가 추가로 조금만 상승해도 옵션은 소멸돼 0이 될 수 있기 때문에 상승소멸 콜옵션은 이 영역에서 매우

---

7. 이 절은 다음 논문의 내용과 밀접하게 관련이 있다. Emanuel Derman, Deniz Ergener, and Iraj Kani, "Static Options Replication", Journal of Derivatives (Summer 1995): 78–95. 이 예의 모든 옵션 가격은 BSM 거동을 따른다.

주가	$100
행사가	$100
경계	$120
잔존 만기	1년
내재 변동성	20%
무위험 이자율	0%
상승소멸 콜옵션 가치	$1.10
표준 콜옵션 가치(BSM)	$7.97

표 12.1 상승소멸 콜옵션의 매개변수와 가치

큰 감마를 갖는다. 결과적으로 동적 헤지는 비용이 많이 들고 유지 관리가 어려워 정적 헤지가 매력적인 대안이 된다.

표 12.1에 설명된 상승소멸 유럽형 콜옵션에 살펴보자.

BSM 모델에서 수식으로 계산할 수 있는 상승소멸 콜옵션의 가치는 동일한 행사가의 동일한 주식에 대한 표준 콜옵션의 가치보다 작은데, 표준 콜옵션은 소멸 경계에서도 여전히 가치가 있기 때문이다.

상승소멸 콜옵션을 복제하고자 그림 12.5와 같이 미래 주가 시나리오를 두 가지로 나눈다. 만기 전에 주가가 경계에 닿아 옵션이 가치 없이 만료되거나 또는 주식이 경계에 닿지 않아 상승소멸 옵션의 수익 구조가 동일한 행사가의 표준 유럽형 콜옵션과 같게 되는 경우다. 모든 옵션 가치를 계산할 때 BSM 모델을 가정하고, 만기 시점과 소멸 경계 B 위에서 해당 수익 구조를 갖는 일반 옵션 포트폴리오를 구성한다.

단 하나의 옵션을 갖는 정적 복제 포트폴리오를 생각한다. 옵션 하나만 매수할 수 있다면 간단하게 행사가 $100이고 만기 1년인 유럽형 콜옵션을 선택한다. 이 포트폴리오(포트폴리오 1)은 표 12.2에 나와 있다.

이것은 만기 전에 경계에 닿지 않는 모든 주가 경로에 대해 상승소멸 콜옵션 수익

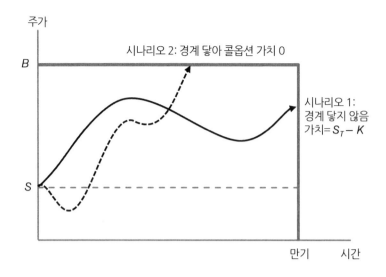

그림 12.5 상승소멸 유럽형 콜옵션에 대한 두 가지 시나리오

개수	유형	행사가	만기	가치, $\tau = 1$	
				$S = \$100$	$S = \$120$
1	콜	100	1년	$7.97	$22.15

표 12.2 잔존 만기 1년인 정적 복제 포트폴리오 1의 가치

구조를 복제한다.

그러나 경계 위에서는 상황이 좋지 않다. 잔존 만기가 1년일 때 주가 수준 $120에서 복제 포트폴리오 1의 가치는 $22.15로, 경계에서 상승소멸 콜옵션의 가치가 0인 것에 비교하면 너무 크다. 결과적으로 주가 $100에서 포트폴리오 1의 현재 가치는 $7.97이며, 이 또한 상승소멸 콜옵션의 적절한 가치인 $1.10보다 훨씬 더 크다.

표 12.3의 포트폴리오 2는 표준 유럽형 옵션 2개를 사용한 더 좋은 복제 포트폴리오를 보여 준다. 새로운 포트폴리오는 포트폴리오 1에서 사용한 행사가 $100, 만기 1년 콜옵션 매수와 행사가 $120, 만기 1년 콜옵션의 매도 포지션으로 구성된다. 2.32 계약만큼 매도해 $S = \$120$에서 잔존 만기 1년의 포트폴리오 가치가 0이 되도록 한다. 이는 잔존 만기 1년일 때 소멸 경계 위에서는 상승소멸 콜옵션의 가치와 일치시킨다.

개수	유형	행사가	만기	가치, $\tau = 1$	
				$S = \$100$	$S = \$120$
1.00	콜	100	1년	$7.97	$22.15
−2.32	콜	120	1년	−$4.98	−$22.15
포트폴리오				$2.99	$0.00

표 12.3 잔존 만기 1년인 정적 복제 포트폴리오 2의 가치

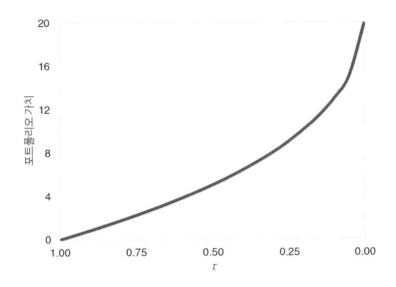

그림 12.6 잔존 만기에 따른 경계 상에서 포트폴리오 2의 가치

이 두 번째 옵션의 행사가 $120는 경계와 같기 때문에 주가가 경계 아래에 머물러 있으면 복제를 위반하는 현금 흐름은 발생하지 않는다. 이것은 실제 상승소멸 콜옵션도 그러하다. 만기 시점에 포트폴리오 2에 대한 수익은 경계에 닿지 않은 시나리오에서 상승소멸 콜옵션에 대한 수익 구조와 일치한다.

만기가 1년 남았을 때 포트폴리오 2를 복제하면 경계 위에서 상승소멸 콜옵션의 가치를 일치시키지만, 주가가 $100일 때 가치는 $2.99로 실제 상승소멸 콜옵션의 가치 $1.10보다 높다. 이 추가 가치는 포트폴리오 2가 만기 전 모든 시점의 경계 위에서

실제 상승소멸 콜옵션보다 더 가치가 있다는 사실의 결과다. 그림 12.6에서 이것을 확인할 수 있다. 경계상의 다른 시점에서 상승소멸 콜옵션이 0을 갖는 수익 구조를 일치시키지 못한다. 옵션 3개를 사용해 만기 1년 전과 만기 6개월 전인 두 시점에서, 주가가 $120일 때 상승소멸 콜옵션의 가치를 0으로 하는 더 좋은 포트폴리오를 구성할 수 있다. 옵션 3개로 구성된 포트폴리오 3은 표 12.4에 나와 있다. 이 절 끝의 문제에서 이런 정적 복제 포트폴리오의 옵션 개수들을 계산하는 방법을 보일 것이다. 하지만 당분간은 정적 복제 포트폴리오에서 더 많은 옵션을 활용함으로써 경계 옵션을 더 잘 복제할 수 있다는 것을 보이는 것에 집중할 것이다.

개수	유형	행사가	만기	가치, $S = \$120$	
				$\tau = 1$	$\tau = 0.5$
1.00	콜	100	1년	$22.15	$20.72
-3.06	콜	120	1년	-$29.28	-$20.72
1.05	콜	120	6개월	$7.13	$0.00
포트폴리오				$0.00	$0.00

표 12.4 잔존 만기 1년과 6개월의 정적 복제 포트폴리오 3의 가치

포트폴리오 3의 수익 구조는 경계를 결코 넘지 않거나, 정확히 잔존 만기 6개월 또는 1년에 경계에 도달하면, 상승소멸 콜옵션의 수익 구조와 일치한다. 그림 12.7 에서 볼 수 있듯이 이 포트폴리오는 경계 위에서 상승소멸 콜옵션의 가치 0과 더 가깝게 일치한다. 포트폴리오가 구성된 처음 6개월 동안은 경계에서 복제 포트폴리오의 가치가 거의 0에 가깝게 유지된다. 다시 강조하지만 6개월 콜옵션 행사가가 경계 위에 있기 때문에 주가가 경계 아래로 유지되는 한 현금 흐름이 발생하지 않는다. 이것은 상승소멸 콜옵션의 거동을 정확하게 모방한다. 경계 아래의 행사가를 갖는 콜옵션을 선택했다면 6개월 시점에 현금흐름이 발생할 가능성이 있고 이것은 실제 상승소멸 콜옵션과 다르다. 복제 포트폴리오에 더 많은 옵션을 추가하면 경계의 더 많은 지점에서 상승소멸 옵션의 가치를 일치시킬 수 있다. 그림 12.8은 2개월마다 경계에서 상승소멸

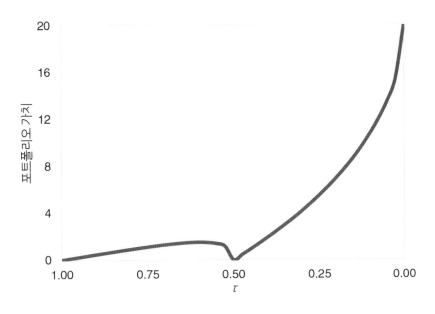

그림 12.7 경계에서 포트폴리오 3의 가치

콜옵션의 가치 0과 일치하도록 유럽형 옵션 7개로 구성한 포트폴리오의 가치를 보여준다. 대상 옵션과 복제 포트폴리오의 차이가 경계 위에서 훨씬 더 개선됐다.

주식이 경계에 닿으면 실제 상승소멸 콜옵션의 가치는 그 순간 0이 되고, 그 이후에도 항상 0이 된다. 그러나 복제 포트폴리오의 가치는 주가에 따라 계속 변할 것이다. 따라서 주식이 경계에 닿는 즉시 복제 포트폴리오를 청산해야 한다. 물론 이 전략은 모델 가격에 가깝게 포트폴리오를 청산하지 못할 수 있는 위험이 있다. 또한 주가가 경계를 불연속적으로 넘어서면 적절한 순간에 포트폴리오를 청산할 수 없어 약형 정적 복제 전략의 정확성이 더욱 떨어질 수 있다.

복제 정확도

정적 복제 포트폴리오에 더 많은 옵션을 추가하면 상승소멸 콜옵션의 가치를 경계에서 더 정확하게 일치시킬 수 있다. 또한 이 전략은 모든 주가와 모든 시점에서 상승소멸 옵션 가격과 복제 포트폴리오가 더 밀접하게 일치하게 한다. 그림 12.9는 경계에 닿지 않은 경우 바닐라 콜옵션 7개로 구성된 정적 복제 포트폴리오와 상승소멸 콜옵션 간의

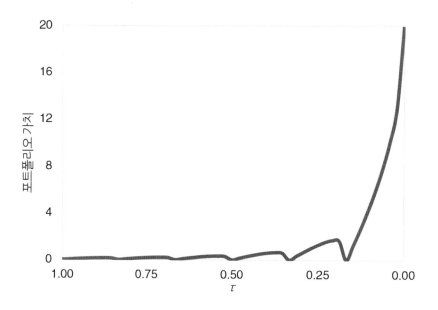

그림 12.8 옵션 7개로 구성된 정적 복제 포트폴리오의 경계에서 가치

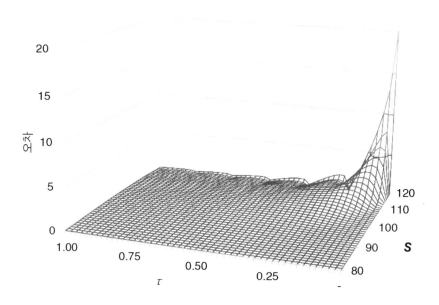

그림 12.9 옵션 7개로 구성된 복제 포트폴리오의 오차

가격 차이(오차)를 주가와 잔존 만기를 축으로 보여 준다.

만기 근처에서와 경계 근처에서는 복제가 어렵다. 이 영역에서 옵션 7개로 구성된 정적 복제 포트폴리오의 가치는 상승소멸 옵션 가치보다 훨씬 더 크다. 경계와 멀고 잔존 만기 1개월 이상 영역에서 복제 포트폴리오는 상승소멸 콜옵션의 가치를 상대적으로 잘 근사하고 있다.

일반 접근법

앞에서 상승소멸 콜옵션의 경계는 초기 주가와 행사가보다 높았다. 경계 옵션의 행사가와 만기가 동일한 표준 콜옵션 1개를 매수한 다음, 복제를 위반하는 중간 현금 흐름을 생성하지 않기 위해 행사가가 경계와 같은 다양한 만기의 표준 옵션들을 매수 매도해 다양한 시점의 경계 위에서 상승소멸 콜옵션 가격을 일치시킬 수 있다. 경계가 현재 주가보다 낮은 경우이면 경계보다 같거나 낮은 행사가를 갖는 풋옵션을 사용해 유사한 전략을 사용할 수 있다.

예로 행사가 아래에 경계가 있는 유럽형 하락소멸 콜옵션을 생각해보자. 경계에 도달하지 않으면 만기에 수익을 복제하고자 하락소멸 콜옵션과 동일한 행사가와 만기를 갖는 표준 유럽형 콜옵션을 1개를 매수한다. 그런 후에 행사가가 경계 근처인 다양한 만기의 풋옵션을 매수 매도해 경계 위에서 하락소멸 콜옵션의 가치를 일치시킨다. 행사가가 경계보다 낮거나 같은 풋옵션은 만료될 때 경계 위에서 현금 흐름이 없기에 콜옵션이 아니라 풋옵션을 사용한다. 경계와 행사가가 같은 콜옵션을 사용했다면 주가가 경계보다 위에 있을 때 수익이 나고, 이는 실제 하락소멸 콜옵션을 복제하지 못한다.

그림 12.10에서 볼 수 있듯이 일반 복제 전략은 현재 주가보다 높은 경계에 대해서는 콜옵션을 사용하고 현재 주가보다 낮은 경계에 대해서는 풋옵션을 사용한다. 이런 접근으로 매우 복잡한 경계가 있는 옵션의 경우도 수익 구조를 복제할 수 있다.

보기 12.1

질문

행사가가 80이고 경계가 60인 1년 만기 유럽형 풋옵션의 수익 구조를 복제하라. 현재 주가는 100이고, 무위험 이자율과 배당은 0이고, BSM 모델을 가정하고 내

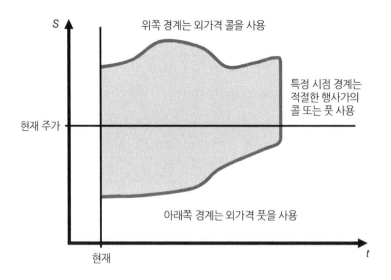

그림 12.10 경계 옵션들에 대한 일반 복제 전략

재 변동성은 20%이다. 기본 유럽형 옵션 3개를 사용해 오늘과 6개월 만기 시점의 하락소멸 풋옵션의 수익 구조를 일치시켜라. 정적 복제 포트폴리오의 가치는 얼마인가?

정답

초기 시점을 $t = 0$으로 표시한다. 무위험 이자율이 0이고 주식이 배당을 지급하지 않으면 만기가 T인 유럽형 풋옵션의 BSM 가격은 다음과 같다.

$$P(S, t, K, T, \sigma) = KN(-d_2) - SN(-d_1)$$

$$d_{1,2} = \frac{1}{v} \ln (S/K) \pm \frac{v}{2}$$

$$v = \sigma \sqrt{T - t}$$

경계에 도달하지 않으면 $t = T = 1$년에서 하락소멸 풋옵션의 수익 구조를 일치시키고자 만기 1년 행사가 80의 동일한 유럽형 표준 풋옵션 1개를 매수하고 이것을 P_1으로 표시한다.

이제 시간을 6개월 뒤로 해 $t = 0.5$로 이동하고 6개월 만기의 하락소멸 풋옵션의 가치를 경계 위에서 일치시킨다. $S = 60, t = 0.5$일 때 P_1의 가치는 20.08

이다.

$$v = 0.20\sqrt{0.5} = 0.14$$

$$d_{1,2} = \frac{1}{0.14}\ln\left(\frac{60}{80}\right) \pm \frac{0.14}{2} = -2.03 \pm 0.07$$

$$P_1(60, 0.5, 80, 1.0, 0.2) = 80 \times N(2.1) - 60 \times N(1.96) = 20.08$$

복제 포트폴리오의 가치가 만기 6개월 시점에 경계에서 0이 되도록 하고자 P_1과 동일한 1년 만기를 갖지만 행사가가 60인 풋옵션을 추가 매도한다. 이를 P_2로 표시하고 BSM 가격은 3.38이다.

$$v = 0.20\sqrt{0.5} = 0.14$$

$$d_{1,2} = \frac{1}{0.14}\ln\left(\frac{60}{60}\right) \pm \frac{0.14}{2} = 0 \pm 0.07$$

$$P_2(60, 0.5, 60, 1.0, 0.2) = 60 \times N(0.07) - 60 \times N(-0.07)$$
$$= 3.38$$

만기가 6개월 남은 상태에서 경계의 P_1 가치를 완벽하게 없애려면 5.94 = 20.08/3.38개의 풋옵션 P_2를 매도해야 한다. 이제 복제 포트폴리오의 가치는 $1 \times P_1 - 5.94 \times P_2$가 된다.

만기 시점의 하락소멸 풋옵션의 가치를 6개월 전에 일치시켰으므로 이제 다시 6개월 뒤로 이동해 $t = 0$인 시점에 만기가 1년 남은 하락소멸 풋옵션 가치를 일치시킨다. $t = 0, T = 1, S = 60$일 때 $P_1 = 20.46, P_2 = 4.78$임을 알 수 있다. 두 가지 옵션들로 이뤄진 복제 포트폴리오의 가치는 다음과 같다.

$$20.46 - 5.94 \times 4.78 = -7.90$$

(좌변 값들을 소수점 이하 두 자리로 반올림하면 −7.93이 된다. 이전 단계들에서 반올림 하지 않았다면 계산 값은 −7.90이 된다.)

$t = 0$인 시점 경계에서 1년 만기의 하락소멸 풋옵션의 가치를 맞추고자 이제 행사가 60이고 만기 6개월(즉 $T = 0.5$년)인 풋옵션 P_3를 매수한다. 이 풋옵션 은 6개월 지나고 주가가 60 이상인 경우 가치가 없기에 경계에서 포트폴리오의

가치에 영향을 주지 않는다. P_3의 현재 가치는 3.38이므로 경계에서 전체 복제 포트폴리오의 가치를 0으로 만들기 위해 $2.34 = 7.9/3.38$개의 P_3를 매수해야 한다.

이제 $t = 0$ 시점에 복제 포트폴리오는 $1 \times P_1 - 5.94 \times P_2 + 2.34 \times P_3$로 구성되며 경계 위, 즉 $S = 60$일 때 그 가치는 0이다. $t = 0$시점에 P_1, P_2는 만기가 1년 남았고, P_3는 만기가 6개월 남아 있다.

$S = 100, t = 0$일 때 복제 포트폴리오의 가치는 1.03이다.

개수	유형	행사가	만기	초기 가치 $S = 60$	초기 가치 $S = 100$
1.00	풋	80	1년	20.46	1.19
−5.94	풋	60	1년	−28.37	−0.15
2.34	풋	60	6개월	7.90	0.00
포트폴리오				0.00	1.03

이것은 1년 만기 행사가 80의 표준 풋옵션보다 가치가 낮은데(BSM 공식을 이용하면 1.19다), 옵션 소멸 가능성이 가치를 줄이기 때문이다. BSM에서 하락소멸 풋옵션의 가치는 실제로 0.93이다. 복제 포트폴리오의 가치 1.03은 0.93보다 큰 값을 갖는데 이는 풋옵션 3개만 사용한 근삿값이기 때문이다. 복제하는 포트폴리오는 경계에서 몇 번의 시기만 소멸되지만 실제 하락소멸 풋옵션은 경계에 닿는 모든 시점에 소멸되기 때문이다.

경계 옵션 패리티

3장에서 풋-콜 패리티를 설명했다. 동일한 행사가와 만기를 갖는 유럽형 콜옵션 매수 포지션과 유럽형 풋옵션 매도 포지션이 모든 시나리오에서 행사가와 같은 인도 가격과 만기와 동일한 인도일을 갖는 선도 계약과 동일한 수익 구조를 갖는다.

경계 옵션에도 유사한 패리티 관계가 있다. 동일한 기초 자산, 경계, 행사가, 만기를 갖는 유럽형 상승생성 콜옵션과 상승소멸 콜옵션으로 구성된 포트폴리오는 유럽형 콜옵션을 복제한다. 만기까지 경계에 닿았거나 또는 닿지 않은 두 경우뿐이므로 두 경계 옵션 중 하나는 가치가 없어지고 또 다른 하나는 표준 콜옵션과 동일한 수익 구조가 된다. 일물일가 법칙에 따라 이들의 결합 가치는 유럽형 콜옵션 가치와 같아야 한다. 이것은 소멸 옵션이 만료될 때 추가 보상^{rebate}이 없는 것을 가정하고 유럽형 옵션에 대해서만 유효하다. 경계가 어디에 있든 상관없이 경계 콜옵션과 경계 풋옵션 모두에 대해 유사한 패리티 관계가 유지된다. 풋-콜 패리티와 마찬가지로 생성-소멸 패리티^{in-out parity}는 모델 독립적이다.

보기 12.2

질문

XYZ 주식은 현재 $60.00에 거래되고 있다. 행사가가 $50인 1년 유럽형 콜옵션의 가치는 현재 $10.45다. 행사가 $50의 1년물 하락생성 유럽형 풋옵션은 현재 $0.08에 거래되고 있다. 동일한 경계와 행사가의 1년 유럽형 하락소멸 풋옵션은 얼마인가? 내재 변동성은 15%이고 무위험 이자율과 배당은 0이며 두 경계 옵션에 대한 추가 보상은 없다.

정답

풋-콜 패리티를 사용하면 표준 콜옵션 가격에서 해당 표준 풋옵션의 가격을 구할 수 있다.

$$C(S,t) - P(S,t) = S - Ke^{-r(T-t)}$$
$$P(S,t) = C(S,t) - S + Ke^{-r(T-t)}$$
$$= 10.45 - 60.00 + 50.00 \times e^{-0 \times 1}$$
$$= 0.45$$

이제 경계 옵션 생성-소멸 패리티를 사용한다.

$$P(S,t) = P_{\mathrm{DI}}(S,t) + P_{\mathrm{DO}}(S,t)$$
$$P_{\mathrm{DO}}(S,t) = P(S,t) - P_{\mathrm{DI}}(S,t)$$
$$= 0.45 - 0.08$$
$$= 0.37$$

행사가가 $50인 1년 유럽형 하락소멸 풋옵션의 가격은 $0.37이어야 한다. 경계의 위치는 알 필요가 없다. 다만 하락소멸 옵션과 하락생성 옵션의 경계가 모두 동일해야 한다.

연습문제

12-1. 브라질의 IBOV^{Bovespa Index}가 현재 5,000에 거래되고 있다. 행사가 5,500과 경계 6,000인 있는 유럽형 1년 만기 상승소멸 콜옵션의 가치는 1.79 BRL이다. 유럽형 옵션 3개를 이용해 다음 조건을 만족하는 포트폴리오를 구성하라. (1) 경계에 닿지 않은 경우 만기 시 경계 옵션의 수익 구조, (2) 만기 1년 전 경계 위에서 경계 옵션의 가치, (3) 만기 6개월 전 경계 위에서 경계 옵션의 가치. BSM을 가정하고, IBOV는 배당이 없고 경계 옵션은 추가 보상이 없고 내재 변동성은 40%이며 무위험 이자율은 0이다. 포트폴리오의 이론적 가치는 얼마인가?

12-2. 행사가 5,500, 경계 6,000인 유럽형 1년 만기 상승생성 콜옵션에 대해 문제 12-1와 같은 세 가지 조건을 만족하는 포트폴리오를 구성하라. 추가 보상이 없다고 가정하면 포트폴리오의 이론적 가치는 얼마인가?

12-3. SPX^{S&P 500}가 현재 2,000에서 거래되고 있다. 행사가 1,900과 경계가 1,600이고 만기 1년인 유럽형 하락소멸 풋옵션은 $20.22에 거래되고 있다. 기본 옵션 7개를 사용해 다음 조건을 만족시키는 포트폴리오를 구성하라. (1) 경계에 닿지 않은 경우 만기 시 경계 옵션의 수익 구조, (2) 만기를 기준으로 2개월 전마다 경계 위에서 경계 옵션의 가치. 이 복제 포트폴리오의 가치는 얼마인가? BSM을 가정하고, SPX는 배당이 없고, 경계 옵션은 추가 보상이 없고, 내재 변동성은 20%이며, 무위험 이자율은 0이다.

12-4. 식 (12.4)에서 구한 $\alpha = S/B$를 증명하라.

$$N'\left(\frac{\ln(B/S) + \sigma^2\tau/2}{\sigma\sqrt{\tau}}\right) - \alpha N'\left(\frac{\ln(S/B) + \sigma^2\tau/2}{\sigma\sqrt{\tau}}\right) = 0$$

13장

이항 모델

- 주가 변동의 이항 모델
- 옵션 평가의 이항 모델
- BSM 모델과 동등성
- 이항 모델의 확장

여기서는 내재 변동성 스마일을 설명할 수 있는 주가 거동에 대한 모델을 찾고자 한다. GBM을 일반적인 과정으로 확장할 수 있는 명확한 방법을 제공하기 때문에 이항 모델^{binomial model}에서 시작한다. 국소 변동성과 변동성 스마일을 설명하는 이항 모델의 확장은 뒤에서 설명한다.

주가 변동을 위한 이항 모델

BSM 모델에서 배당이 0인 주식은 다음 거동을 갖는다고 가정한다.

$$d\left(\ln S\right) = \mu dt + \sigma dZ \tag{13.1}$$

단위 시간당 주식의 예상 로그 수익률은 μ이다. 이토 보조정리에서 주가의 기대 수익률은 $\mu + \sigma^2/2$이다. 로그 수익률의 변동성은 σ이므로 시간 t 이후 로그 수익률의 총 분산은 $\sigma^2 t$이다.

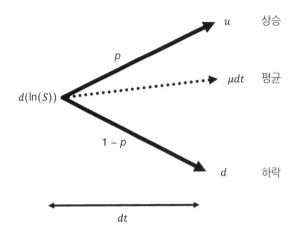

그림 13.1 이항 모델의 한 단계

그림 13.1은 1-기간 이항 모델에서 무한소 시간 dt에 걸친 주가의 변동을 보여준다. 이 모델에서 로그 수익률 u의 확률은 p이고 로그 수익률 d의 확률은 $(1-p)$이다. 기대 수익률과 변동성은 미래 주가의 거동을 결정하는데, 이 값들은 주가에 대한 과거의 관찰을 바탕으로 예측해야 한다. 주식 거동을 근사하는 이항 모델이 식 (13.1)과 일치하도록 보정해야 한다. 이것은 μ와 σ의 값에서 매개변수 p, u, d를 결정하는 것을 의미한다. 먼저 모델이 주식의 실제 거동을 설명한다고 가정하는데 확률 p와 $(1-p)$는 위험 중립 확률이 아닌 실제 확률이다. 구분을 명확하게 하고자 흔히 p를 실세계 확률real-world probability이라고 말한다. 실제 사건에 해당하는 확률을 흔히 p-측도p-measure라고도 한다.

$dt \to 0$인 경우 μ와 σ로 정의된 식 (13.1)과 같은 주가 거동을 갖도록 p, u, d를 결정하고자 한다. 먼저 주식 수익률의 평균과 분산이 같도록 한다.

$$pu + (1-p)d = \mu dt \tag{13.2a}$$

$$p(u - \mu dt)^2 + (1-p)(d - \mu dt)^2 = \sigma^2 dt \tag{13.2b}$$

식 (13.2a)의 μdt를 식 (13.2b)에 대입하면 다음과 같이 변형된다.

$$pu + (1-p)d = \mu dt \tag{13.3a}$$

$$p(1-p)(u-d)^2 = \sigma^2 dt \tag{13.3b}$$

식 (13.3a)와 식 (13.3b)는 변수 3개 p, u, d에 대해 제약 조건 2개만 제공한다. 그러므로 방정식에 대한 해는 다양하며, 자유롭게 편리한 제약 조건을 하나 더 지정할 수 있다. 여기서 편리하다는 것은 생각하기 쉽다 혹은 연속 극한으로 더 빨리 수렴한다는 것을 의미한다.

첫 번째 해법: 콕스-로스-루빈스타인 방식

먼저, 편리함을 위해 $u + d = 0$을 선택한다. 그러면 연속적인 상승과 하락 후 주가가 항상 같은 수준으로 돌아와 이항 모델의 중심이 항상 고정된다. 이것이 콕스-로스-루빈스타인$^{CRR, \text{ Cox-Ross-Rubinstein}}$ 방식이다(Cox, Ross, Rubinstein 1979). 그러면 식 (13.3a)와 (13.3b)는 다음이 된다.

$$(2p - 1)u = \mu dt \tag{13.4a}$$

$$4p(1 - p)u^2 = \sigma^2 dt \tag{13.4b}$$

이제 방정식 2개와 미지수 2개가 있다. 식 (13.4)의 첫 번째 줄을 제곱하고 두 번째 줄에 더하면 다음을 얻는다.

$$u^2 = \mu^2 dt^2 + \sigma^2 dt \tag{13.5}$$

$dt \to 0$이므로 dt^2 항은 dt에 비해 무시할 수 있다. 그러므로 극한에서 u는 다음이 된다.

$$u = \sigma\sqrt{dt} \tag{13.6}$$

$d = -u$이므로 d는 다음과 같다.

$$d = -\sigma\sqrt{dt} \tag{13.7}$$

마지막으로 식 (13.6)을 식 (13.4a)에 대입하면 p를 μ와 σ로 표현할 수 있다.

$$p = \frac{1}{2} + \frac{1}{2}\frac{\mu}{\sigma}\sqrt{dt} \tag{13.8}$$

식 (13.6), 식 (13.7), 식 (13.8)은 CRR 이항 모델을 정의한다.

이런 매개변수의 선택은 식 (13.3)에서 정확한 추세율과 변동성이 되는 것을 확인할 수 있다. 이항 모델의 평균 수익률은 다음과 같다.

$$
pu + (1-p)d = \left(\frac{1}{2} + \frac{1}{2}\frac{\mu}{\sigma}\sqrt{dt}\right)(\sigma\sqrt{dt}) + \left(\frac{1}{2} - \frac{1}{2}\frac{\mu}{\sigma}\sqrt{dt}\right)(-\sigma\sqrt{dt})
$$
$$
= \mu dt \tag{13.9}
$$

분산은 다음과 같이 계산할 수 있다.

$$
p(1-p)(u-d)^2 = \left(\frac{1}{2} + \frac{1}{2}\frac{\mu}{\sigma}\sqrt{dt}\right)\left(\frac{1}{2} - \frac{1}{2}\frac{\mu}{\sigma}\sqrt{dt}\right)(\sigma\sqrt{dt} + \sigma\sqrt{dt})^2
$$
$$
= \left(1 - \frac{\mu^2}{\sigma^2}dt\right)(\sigma^2 dt) \tag{13.10}
$$
$$
= \sigma^2 dt - \mu^2 dt^2
$$

이전과 같이 $dt \to 0$이므로 dt^2 항은 무시할 수 있다. 이런 극한에서 식 (13.10)은 $\sigma^2 dt$로 수렴해 원하는 결과가 된다. $dt \neq 0$이면 분산은 원하는 값보다 약간 작게 되고, 극한으로 수렴은 분산이 정확히 일치하는 경우보다 약간 느리다.

$dt \to 0$인 경우 이항 모델의 주식은 항상 r의 수익률을 갖는 무위험 투자에 비해 손실 가능성이 있다. 이는 작은 dt에 대해 $\sqrt{dt} \gg dt$이기 때문에 상승 수익률 $\sigma\sqrt{dt}$는 항상 무위험 수익률 rdt에 위에 있고, 무위험 수익률 rdt는 항상 하락 수익률 $-\sigma\sqrt{dt}$ 위에 있기 때문이다. 이것은 모델에서 무위험 차익 거래의 가능성을 배제한다.

보기 13.1

질문

GOOG$^{\text{Alphabet Inc.}}$의 연간 변동성이 16%이고, 기대 수익률이 12.8%, 현재 GOOG 1주의 가격이 500라고 가정한다. CRR 방식을 이용해 1일 단위의 이항 모델을 설정하라. 1년 동안 영업일을 256일로 가정한다. 모델의 매개변수를 결정하라. 첫 번째 단계 이후 두 마디점^{node}에 대한 가격을 결정하라.

정답

식 (13.6), 식 (13.7), 식 (13.8)을 사용해 매개변수를 결정할 수 있다.

$$
u = \sigma\sqrt{dt} = 0.16\sqrt{\frac{1}{256}} = \frac{0.16}{16} = 0.01
$$

$$d = -\sigma\sqrt{dt} = -u = -0.01$$

$$p = \frac{1}{2} + \frac{1}{2}\frac{\mu}{\sigma}\sqrt{dt} = \frac{1}{2} + \frac{1}{2}\frac{0.128}{0.16}\sqrt{\frac{1}{256}} = \frac{1}{2} + \frac{1}{2}\frac{1}{20} = 0.525$$

현재 가격이 500라면 첫 단계 이후에 $500 \times e^{0.01} = \$505.03$일 확률은 52.5%이고, $500 \times e^{-0.01} = \$495.02$일 확률은 47.5%다.

두 번째 해법: 자로우-러드 방식

또 다른 편리한 해로서 자로우-러드^{Jarrowr-Rudd, JR} 방식은 $p = 1/2$를 설정해 상승과 하락이 동일한 확률을 갖도록 한다. 그러면 식 (13.3a)와 식 (13.3b)은 다음이 된다.

$$\frac{1}{2}u + \frac{1}{2}d = \mu dt$$

$$\left(\frac{1}{2}\right)^2 (u - d)^2 = \sigma^2 dt \tag{13.11}$$

정리하면 다음이 된다.

$$u + d = 2\mu dt$$

$$u - d = 2\sigma\sqrt{dt} \tag{13.12}$$

위의 식을 u와 d로 정리할 수 있다.

$$u = \mu dt + \sigma\sqrt{dt}$$

$$d = \mu dt - \sigma\sqrt{dt} \tag{13.13}$$

JR 방식의 경우 평균 로그 수익률은 정확히 μdt이고 로그 수익률의 변동성은 정확히 $\sigma\sqrt{dt}$이다. 그래서 $dt \to 0$의 극한에서 수렴 속도는 CRR 방식보다 빠르다.

주가익 변동을 살펴본다. 주식의 초기 가격이 S_0인 경우 짧은 시간 dt 이후 주식의 기대 가치 $\mathbb{E}[S_{dt}]$는 다음이 된다.

$$\begin{aligned}
\mathbb{E}[S_{dt}] &= \frac{1}{2}S_0 e^u + \frac{1}{2}S_0 e^d \\
&= S_0 e^{\mu dt}\frac{1}{2}\left(e^{\sigma\sqrt{dt}} + e^{-\sigma\sqrt{dt}}\right)
\end{aligned} \tag{13.14}$$

괄호 안의 두 항을 테일러 전개를 하면 다음을 얻는다.

$$\mathbb{E}\left[S_{dt}\right] \approx S_0 e^{\mu dt} \left(1 + \frac{\sigma^2 dt}{2}\right) \tag{13.15}$$

다시 테일러 전개를 이용하면 다음이 된다.

$$\mathbb{E}\left[S_{dt}\right] \approx S_0 e^{(\mu + \sigma^2/2)dt} \tag{13.16}$$

$dt \to 0$인 경우 주식의 연속 복리 수익률은 이토 보조정리에서 예상한 대로 정확히 $\mu + \sigma^2/2$이다.

극한 $dt \to 0$에서 CRR 방식과 JR 방식은 모두 식 (13.1)과 동일한 주식 거동을 보인다. 두 경우 모두 순수하게 GBM을 모델링하고 있으며, 이를 사용해 옵션을 평가하면 BSM 공식으로 수렴한다. 변동성 스마일을 설명할 수 있는 보다 일반적인 확률 과정을 위한 기반으로 이항 모델과 이것을 일반화한 것을 사용할 것이다.

옵션 평가를 위한 이항 모델

여기서는 이항 모델을 사용해 기초 자산 주식과 무위험 채권 측면에서 주식 옵션을 평가하는 방법을 다룬다. 그런 다음 이 접근 방식이 BSM 모델과 일치하는 것을 설명한다.

옵션 평가

이 절 전체에서 굵은 글씨체를 사용해 유가증권을 나타내고, 일반 글씨체를 사용해 가격이나 수익 구조를 나타낸다.

주식 S와 무위험 채권 B를 2개의 초기의 상태-조건부 증권 $\boldsymbol{\Pi}_u$와 $\boldsymbol{\Pi}_d$로 분해할 수 있다. 각각은 두 가지 최종 상태 중 하나에서만 수익을 지불하므로 다루기가 더 편리하다. 짧은 시간 dt가 지난 후 상승 상태에서 \$1를 지불하고 하락 상태에서 0을 지불하는 $\boldsymbol{\Pi}_u$를 정의한다. 반대로 $\boldsymbol{\Pi}_d$는 하락 상태에서 \$1를 지불하고, 상승 상태에서 0을 지불한다. $\boldsymbol{1}_S$는 주식에 \$1를 투자한 증권을, $\boldsymbol{1}_B$는 무위험 채권에 \$1를 투자한 증권을 나타낸다. 상승과 하락 상태의 주식 가치를 각각 S_U와 S_D로 정의한다. 초기 주가를 S로 표시하면 $\boldsymbol{1}_S$는 상승 상태에서 $U = S_U/S \equiv e^u$의 가치를 갖고,

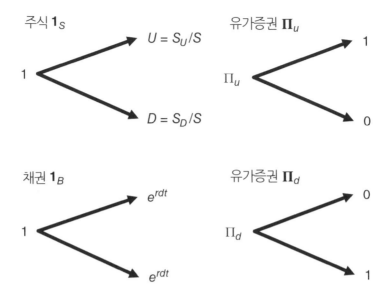

그림 13.2 시간 dt 동안의 주식과 채권, 상태 조건부 증권

하락 상태에서 $D = S_D/S \equiv e^d$ 의 가치를 갖는다. 무위험 채권에 \$1를 투자한 $\mathbf{1}_B$ 는 무위험 이자율이 r 일 때 상승과 하락 상태 모두에서 e^{rdt} 의 가치를 갖는다. 이것을 그림 13.2에 요약했다.

상태-조건부 증권 $\mathbf{\Pi}_u$ 를 $\mathbf{1}_S$ 와 $\mathbf{1}_B$ 의 선형 조합으로 표현하면 $\mathbf{\Pi}_u = \alpha \mathbf{1}_S + \beta \mathbf{1}_B$ 가 된다. 상승과 하락 상태에서 우변이 $\mathbf{\Pi}_u$ 의 수익 구조와 일치하도록해 α 와 β 를 결정할 것이다.

$\mathbf{\Pi}_u$ 와 $\mathbf{\Pi}_d$ 를 모두 갖는 포트폴리오는 dt 의 시간 후에 \$1의 가치가 된다. 결합된 이 포트폴리오는 무위험이므로 $\mathbf{\Pi}_u$ 와 $\mathbf{\Pi}_d$ 의 합은 dt 시점에 액면가 \$1인 무위험 채권을 복제한다. 따라서 포트폴리오는 다음을 만족한다.

$$\mathbf{\Pi}_u + \mathbf{\Pi}_d = e^{-rdt} \mathbf{1}_B \tag{13.17}$$

포트폴리오의 초기 가치는 다음과 같다.

$$\Pi_u + \Pi_d = e^{-rdt} \tag{13.18}$$

식 (13.17)을 이용하면 Π_d 에서 Π_u 를 결정할 수 있다. $\mathbf{\Pi}_u$ 의 변동에 대한 그림

13.2를 참조하면 첫 번째 단계 이후에 $\boldsymbol{\Pi_u}$ 의 상승과 하락 상태의 가치는 다음이 된다.

$$\alpha U + \beta e^{rdt} = 1$$
$$\alpha D + \beta e^{rdt} = 0$$

(13.19)

결국 α와 β는 다음이 된다.

$$\alpha = \frac{1}{U - D}$$
$$\beta = \frac{-e^{-rdt}D}{U - D}$$

(13.20)

상태-조건부 증권을 선형 조합으로 표현할 수 있다.

$$\boldsymbol{\Pi_u} = \frac{e^{rdt}\mathbf{1_S} - D\mathbf{1_B}}{e^{rdt}(U - D)}$$
$$\boldsymbol{\Pi_d} = \frac{U\mathbf{1_B} - e^{rdt}\mathbf{1_S}}{e^{rdt}(U - D)}$$

(13.21)

상태-조건부 증권의 초기 가치는 다음이 된다.

$$\Pi_u = \frac{e^{rdt} - D}{e^{rdt}(U - D)} \equiv e^{-rdt}q$$
$$\Pi_d = \frac{U - e^{rdt}}{e^{rdt}(U - D)} \equiv e^{-rdt}(1 - q)$$

(13.22)

여기서 q는 다음과 같이 정의된다.

$$q = \frac{e^{rdt} - D}{U - D}$$

(13.23a)

$$1 - q = \frac{U - e^{rdt}}{U - D}$$

(13.23b)

식 (13.23a)와 식 (13.23b)는 무차익 거래 조건을 만족하는 상승과 하락의 위험 중립 확률을 정의한다.

이런 확률은 기대 수익이나 실제 확률에 의존하지 않는다. 변수 q와 $(1-q)$는 의사 확률이다. 실제 확률과 마찬가지로 상승과 하락의 의사 확률 합은 1이다. 실제 확률의 p-측도와 달리 의사 확률을 q-측도라고 한다.

식 (13.23a)를 다음과 같이 변형하면 더 통찰력이 있다.

$$qU + (1 - q)D = e^{rdt} \tag{13.24}$$

U와 D의 정의를 식 (13.24)에 대입하면 $qS_u + (1-q)S_d = Se^{rdt}$를 얻는다. 이것은 다음과 같다.

$$S = e^{-rdt}\left[qS_u + (1 - q)S_d\right] \tag{13.25}$$

즉 q-측도에서 주식의 현재 가치는 미래 가격의 확률 가중 평균을 무위험 이자율로 할인한 값이다.

상승 상태에서 C_u를 지불하고, 하락 상태에서 C_d를 지불하는 파생 증권 C를 포트폴리오 $C = C_u\boldsymbol{\Pi_u} + C_d\boldsymbol{\Pi_d}$로 복제할 수 있다. 포트폴리오는 한 기간 후에 모든 미래 상태에서 C와 같은 수익 구조를 갖기 때문이다. 따라서 일물일가 법칙에 의해서 C의 현재 가치는 다음이 된다.

$$C = e^{-rdt}\left[qC_u + (1 - q)C_d\right] \tag{13.26}$$

식 (13.25)와 식 (13.26)은 위험 중립 q-측도를 사용해 한 기간 후 최종 수익 구조의 기댓값을 할인한 것으로 기초 자산 주식 S와 파생 증권 C의 가치를 나타낸다. 그러나 둘의 의미는 다르다. 기초 자산 주가의 변동을 위한 이항 과정의 S와 S_u, S_d 값을 고려할 때 식 (13.25)는 측도 q를 정의하는 것으로 간주해야 한다. 그런 다음 식 (13.26)을 옵션 수익 구조와 q를 사용해서 C의 값을 지정하는 것으로 간주한다.

BSM 편미분 방정식과 이항 모델

$dt \to 0$인 극한에서 식 (13.26)은 BSM 편미분 방정식으로 수렴한다. 이런 수렴을 유도하고자 CRR 방식의 이항 모델을 사용한다.

$$\begin{aligned} u &= \sigma\sqrt{dt} \\ d &= -\sigma\sqrt{dt} \end{aligned} \tag{13.27}$$

$U = e^u$와 $D = e^d$를 기억하면 식 (13.23)을 다시 쓸 수 있다.

$$q = \frac{e^{rdt} - e^{-\sigma\sqrt{dt}}}{e^{\sigma\sqrt{dt}} - e^{-\sigma\sqrt{dt}}}$$

$$1 - q = \frac{e^{\sigma\sqrt{dt}} - e^{rdt}}{e^{\sigma\sqrt{dt}} - e^{-\sigma\sqrt{dt}}}$$

(13.28)

위의 식을 식 (13.26)에 대입하면 다음을 얻는다.

$$e^{rdt}C = \frac{1}{e^{\sigma\sqrt{dt}} - e^{-\sigma\sqrt{dt}}} \left[\begin{array}{l} \left(e^{rdt} - e^{-\sigma\sqrt{dt}}\right) C_u \\ + \left(e^{\sigma\sqrt{dt}} - e^{rdt}\right) C_d \end{array} \right]$$

(13.29)

이제 C를 S와 t의 연속 함수 $C = C(S,t)$로 표현하면 C_u와 C_d는 다음이 된다.

$$C_u = C\left(Se^{\sigma\sqrt{dt}}, t + dt\right)$$

$$C_d = C\left(Se^{-\sigma\sqrt{dt}}, t + dt\right)$$

(13.30)

이 식을 식 (13.26)에 대입하고 테일러 급수를 이용해 dt에 대해 전개하고, $q + (1 - q) = 1$을 사용하면 다음을 얻는다.

$$(1 + rdt)C = q\left[C + \frac{\partial C}{\partial S}S\left(\sigma\sqrt{dt} + \frac{1}{2}\sigma^2 dt\right) + \frac{1}{2}\frac{\partial^2 C}{\partial S^2}S^2\sigma^2 dt + \frac{\partial C}{\partial t}dt\right]$$

$$+ (1-q)\left[C + \frac{\partial C}{\partial S}S\left(-\sigma\sqrt{dt} + \frac{1}{2}\sigma^2 dt\right) + \frac{1}{2}\frac{\partial^2 C}{\partial S^2}S^2\sigma^2 dt + \frac{\partial C}{\partial t}dt\right]$$

$$= C + \frac{\partial C}{\partial S}S\left[(2q-1)\sigma\sqrt{dt} + \frac{1}{2}\sigma^2 dt\right] + \frac{1}{2}\frac{\partial^2 C}{\partial S^2}S^2\sigma^2 dt + \frac{\partial C}{\partial t}dt$$

(13.31)

이제 $(2q-1)$을 구하고자 한다. 식 (13.28)에서 dt에 대해 테일러 전개를 하면 다음을 얻는다.

$$2q - 1 = \frac{\left(r - \sigma^2/2\right)\sqrt{dt}}{\sigma}$$

(13.32)

식 (13.32)를 다시 식 (13.31)에 대입한다.

$$
(1 + rdt) C = C + \frac{\partial C}{\partial S} S \left[(r - \frac{1}{2}\sigma^2)dt + \frac{1}{2}\sigma^2 dt \right]
$$
$$
+ \frac{1}{2}\frac{\partial^2 C}{\partial S^2}S^2\sigma^2 dt + \frac{\partial C}{\partial t}dt \tag{13.33}
$$
$$
= C + \frac{\partial C}{\partial S}Srdt + \frac{1}{2}\frac{\partial^2 C}{\partial S^2}S^2\sigma^2 dt + \frac{\partial C}{\partial t}dt
$$

이 식을 dt로 나눈다.

$$
Cr = \frac{\partial C}{\partial S}rS + \frac{1}{2}\frac{\partial^2 C}{\partial S^2}S^2\sigma^2 + \frac{\partial C}{\partial t} \tag{13.34}
$$

이것은 BSM 미분 방정식이다. 주식의 예상 추세율 μ는 식에 나타나지 않는다. 이런 방식으로 이항 모델에서 얻은 방정식에 극한을 취함으로써 확률 과정에 대한 많은 연속 시간 편미분 방정식(예: 경계에 도달하는 평균 시간)을 유도할 수 있다.

BSM 모델의 확장

주가를 표시하는 계산 통화^{numeraire}를 바꾸거나 시간 단위를 변환해 BSM 모델을 확장할 수 있다. 무위험 이자율과 배당이 0인 가장 간단한 경우부터 시작해 점차적으로 더 복잡한 상황에서 이런 접근 방식을 설명한다.

배당과 무위험 이자율이 0이고 무위험 채권이 계산 통화인 경우

4장에서 배당과 무위험 이자율이 0일 때 표준 유럽형 콜옵션의 BSM 가격은 다음과 같다.

$$
C(S, K, v) = SN(d_1) - KN(d_2) \tag{13.35a}
$$
$$
d_{1,2} = \frac{1}{v}\ln{(S/K)} \pm \frac{v}{2} \tag{13.35b}
$$

여기서 $v = \sigma\sqrt{\tau}$는 만기까지의 총 변동성이고, τ는 잔존 만기다. 만기에 옵션이 내가격이면 $(S_T - K)$를 받는다. 그러면 콜옵션은 액면가 K인 채권 B와 주식 S를 교환할 수 있는 권리로 생각할 수 있다.

식 (13.35a)는 콜옵션의 가치를 달러(또는 유로, 엔 등) 단위로 계산한다. 콜옵션의 시장 가격이 $45라면 이것은 $45와 콜옵션 1개를 교환하는 것을 의미한다. 식 (13.35) 는 주식과 채권, 두 증권의 시세를 표시하는 달러라는 세 가지 증권을 포함한다. 그러나 실제로 관련된 증권은 주식과 채권 2개뿐이다. 옵션을 행사하면 채권을 포기하고 주식을 받는 것이며, 두 가지 증권의 가격을 달러로 표시한다는 사실은 필요없다. 합리적인 대안으로 주식과 콜옵션의 가격을 채권 가격으로 표시할 수 있다. 즉 채권 가격을 계산 통화로 사용한다.

무위험 채권 단위로 증권 각각의 가격을 $C_B = C/B$와 $S_B = S/B$로 정의한다. 무위험 이자율이 0이면 무위험채권의 현재 가치와 미래 가치, 액면가가 모두 동일해 $B = K$, $B_B = 1$이다. 그러면 C_B는 주식 S_B와 채권 1개를 교환하는 옵션의 가격을 나타내며, 식 (13.35)을 B 단위로 변형할 수 있다.

$$C_B(S_B, v) = S_B N(d_1) - N(d_2)$$
$$d_{1,2} = \frac{1}{v} \ln(S_B) \pm \frac{v}{2}$$

$\quad$(13.36)

C_B와 S_B는 더 이상 달러 또는 유로와 같은 통화 단위로 평가하지 않지 않고 다른 증권 단위인 무위험 채권으로 평가한다. 달러나 유로를 언급할 필요가 전혀 없다. 하나의 증권을 다른 증권으로 교환하는 옵션을 평가하는 식 (13.36)의 접근 방식을 사용해 공식을 보다 일반적인 경우로 확장할 수 있다.

무위험 이자율이 0이 아닌 경우

이자율이 0이 아닌 경우 채권은 무위험 이자율로 증가해 $dB = rBdt$가 된다. 채권 가격은 일정하지 않고 시간이 지남에 따라 변한다. 잔존 만기가 τ인 채권의 액면가가 K라면 채권의 가격은 $Ke^{-r\tau}$가 된다. 앞에서와 같이 모든 증권을 B의 현재 가치 단위로 표시하면 $B_B = 1$이고 $S_B = S/B = e^{r\tau}S/K$가 된다.

배당과 무위험 이자율이 0이 아닌 경우 식 (13.36)은 다음과 같다.[1]

$$C_B(S_B, v, r, \tau) = S_B N(d_1) - N(d_2) \tag{13.37}$$

여기서 $d_{1,2}$는 다음으로 정의된다.

$$d_{1,2} = \frac{1}{v} \ln(S_B) \pm \frac{v}{2} \tag{13.38}$$

달러로 표시된 콜옵션 가격을 구하고자 C_B에 채권의 현재 가치인 $B = Ke^{-r\tau}$를 곱하면 다음을 얻는다.

$$C(S, K, \tau, \sigma, r) = SN(d_1) - Ke^{-r\tau}N(d_2)$$
$$d_{1,2} = \frac{1}{v}\left[\ln\left(Se^{r\tau}/K\right) \pm \frac{1}{2}v^2\right] \tag{13.39}$$

이것은 표준 BSM 공식이다.

보기 13.2

질문

AMZN$^{\text{Amazon.com}}$이 현재 $300에 거래된다고 가정한다. 식 (13.37)과 식 (13.38)을 사용해 만기가 6개월이고 행사가가 $315인 콜옵션의 가치를, 만기가 6개월이고 명목금액이 $315인 무위험 채권으로 평가하라. 배당은 0이고, 무위험 이자율은 5%, 내재 변동성은 20%를 가정한다.

정답

만기가 6개월인 무위험 채권의 가격은 다음과 같다.

$$B = e^{-0.5 \times 0.05}\$315 = \$307.22$$

채권을 계산 통화로 사용하면 AMZN의 가격은 다음이 된다.

$$S_B = \frac{S}{B} = \frac{\$300}{\$307.22} = 0.9765$$

---

1. 식 (13.36)에서 r이 명시적으로 나타나지 않고 B에 암묵적으로 숨어 있다. $r \neq 0$인 경우 B의 값을 재정의하면 식 (13.36)을 그대로 사용하는 것은 가능하다. 그렇다고 해서 $r \neq 0$인 경우 식 (13.36)이 유효하다는 것이 증명된 것은 아니다. 그래서 저자는 식 (13.39)를 유도해 식이 유효한 것을 증명하고 있다. — 옮긴이

$v = \sigma\sqrt{\tau} = 0.2\sqrt{0.5} = 0.1414$이며 $d_{1,2}$는 다음과 같다.

$$d_{1,2} = \frac{1}{v}\ln(S_B) \pm \frac{v}{2}$$

$$= \frac{1}{0.1414}\ln(0.9765) \pm \frac{0.1414}{2}$$

$$= -0.1682 \pm 0.0707$$

따라서 $C_B(S_B, v, r, \tau)$를 구할 수 있다.

$$C_B(S_B, v, r, \tau) = S_B N(d_1) - N(d_2)$$

$$= 0.9765 \times N(-0.0975) - N(-0.2389)$$

$$= 0.9765 \times 0.4612 - 0.4065$$

$$= 0.0447$$

콜옵션의 가치는 행사가와 동일한 명목금액을 갖는 무위험 채권의 4.47%만큼 가치가 있다. 이 값에 채권의 가격을 곱하면 $\$13.75 = 0.0447 \times \$307.22$를 얻고, 이것을 표준 BSM의 결과와 비교할 수 있다.

무위험 이자율이 0이 아니면 해당 주식의 변동성은 채권 가격 단위로 측정한 주식의 변동성이다. 여기서는 암묵적으로 채권 가격의 변동성을 0으로 가정했다. 이자율 또한 확률 성분을 가지면 B 또한 확률 성분을 갖는다. 그러나 다행히 앞의 식에서 변동성의 값만 정확하게 변경하면 된다.

$$\sigma_{S/B}^2 = \sigma_S^2 + \sigma_B^2 - 2\rho_{SB}\sigma_S\sigma_B \tag{13.40}$$

대부분의 경우 주식의 변동성에 비해서 채권의 변동성을 무시할 수 있다. 채권의 변동성은 일반적으로 주식 변동성보다 작고, 여기서 관심을 갖는 단기 옵션을 위한 채권은 듀레이션^{duration}이 작기 때문이다. 예를 들어 y가 채권의 만기 수익률이고 $B = Ke^{-yT}$이면 다음이 성립한다.

$$\frac{dB}{B} = -yT\frac{dy}{y} \tag{13.41}$$

그러므로 다음의 관계식을 얻는다.

$$\sigma_B = yT\sigma_y \tag{13.42}$$

$T = 1$이고 $\sigma_y = 0.1$, $y = 0.05$인 만기 1년 옵션의 경우 $\sigma_B = 0.005 = 0.5\%$다. 이는 주식의 일반적인 변동성 20%보다 훨씬 작다. 이 경우 식 (13.40)의 마지막 두 항은 작아서 $\sigma_{S/B}^2 \approx \sigma_S^2$이다.

알려진 연속 배당이 있는 주식

단위 시간당 알려진 비율 b로 배당을 지급하는 주식은 은행의 1달러가 달러로 연속 복리 이자 r을 지급하는 것과 유사하다. 지금부터 만기까지 1달러가 $e^{r\tau}$ 달러로 증가하듯이 배당을 주식에 재투자하면 1주는 $e^{b\tau}$ 개수의 주식으로 증가한다.[2] 따라서 주식 1주에 대한 콜옵션의 만기 수익 구조 $\max[S_T - K, 0]$를 얻기 위해 오늘 주식 $e^{-b\tau}$ 주에 대한 옵션을 매수하면 된다.[3] 매수한 개수의 주식은 처음에는 $Se^{-b\tau}$ 의 가치가 있지만, 재투자 후 만기에는 S_T 의 가치가 있다. 따라서 식 (13.39)에서 S를 $Se^{-b\tau}$ 로 바꿀 수 있다. BSM 공식은 다음이 된다.

$$C(S, K, v, d, \tau) = Se^{-b\tau}N(d_1) - Ke^{-r\tau}N(d_2)$$
$$d_{1,2} = \frac{1}{v}\ln\left(Se^{(r-b)\tau}/K\right) \pm \frac{v}{2} \tag{13.43}$$

이항 모델에서도 동일한 결과를 유도할 수 있다. 주식이 배당 b를 지불하면 S의

---

2. 0부터 τ까지 균일 간격 $dt = \tau/n$로 n개로 나누고 $t_i = i\,dt$로 표기한다. $t_0 = 0$이고 $t_n = \tau$이다. Δ_i를 t_i 시점에 보유하고 있는 주식 개수로 두고 $\Delta_0 = 1$로 가정한다. t_i와 t_{i+1} 기간 동안 누적된 배당은 $\Delta_i S_{i+1} b\,dt$이며, 이를 t_{i+1}에 받으면 추가로 매수할 수 있는 주식 개수는 $\Delta_i b\,dt$가 된다. 결국 다음이 성립한다.

$$\Delta_n = \Delta_{n-1}(1 + b\,dt) = (1 + b\tau/n)^n$$

$n \to \infty$이면 주식 개수는 $e^{b\tau}$가 된다. — 옮긴이

3. 최종적으로 구한 식 (13.43)은 맞지만 틀린 논리다. 저자가 식 (13.46)의 앞 부분에서 언급했듯이 옵션은 배당에 영향을 받지 않는다. 저자의 논리는 투자자가 아닌 델타 헤지를 하는 발행자 입장에서 보는 것이 타당하다. 주가에 배당락을 고려해 Δ를 계산한 후에 재투자되는 배당으로 주식 개수 변화를 고려한 $\Delta e^{-b\tau}$를 이용해 헤지를 해야 한다. 참고로 배당이 있는 주식 S는 계산 화폐로 사용할 수 없다. 배당이 재투자된 $Se^{b\tau}$를 계산 화폐로 사용해, 계산 화폐 변환을 이용해 계산하는 방법이 가장 일반적인 접근법이다. — 옮긴이

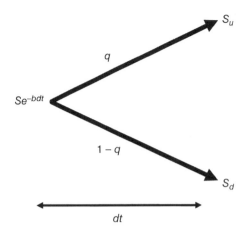

그림 13.3 연속 배당 b인 주식

가치가 있는 $e^{-b\,dt}$ 주는 S_u 또는 S_d의 가치가 있는 1주로 증가한다. 적절한 위험 중립 이항 모델이 그림 13.3에 나와 있다.

무위험 이자율을 r로 가정하면 q-측도의 정의는 최종 주식 가치뿐만 아니라 배당에 따라 달라지는 주식의 총 수익률을 고려해야 한다. 따라서 dt 이후 기대 주가에 대한 제약 조건은 다음과 같다.

$$qS_u + (1-q)S_d = e^{r\,dt}\left(Se^{-b\,dt}\right) = S\,e^{(r-b)dt} \equiv F \tag{13.44}$$

여기서 F는 배당을 포함한 주식의 선도 가격이다.

위험 중립 q-측도는 결국 다음이 된다.

$$q = \frac{F - S_d}{S_u - S_d} \tag{13.45}$$

옵션은 배당을 지급하지 않기 때문에 예상 수익 구조는 여전히 무위험 이자율로 할인된다.

$$q\,C_u + (1-q)\,C_d = C\,e^{r\,dt} \tag{13.46}$$

식 (13.45)와 (13.46)은 배당이 있는 주식에 대한 적절한 이항 모델의 방정식이다.

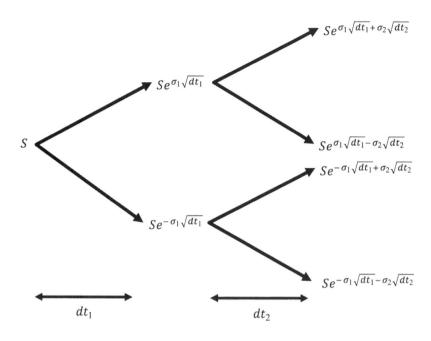

그림 13.4 변수 변동성을 갖는 2-기간 CRR 이항 모델

시간 의존 변동성: 스큐는 없고 기간 구조만 갖는 변동성

앞에서 주식 거동에 관한 이항 모델을 계속 개량했지만, 주식 변동성은 여전히 상수다.
이제 주식의 미래 변동성을 시간 t의 함수로 가정한다. 그러면 주식 거동은 다음과 같다.

$$\frac{dS}{S} = \mu \, dt + \sigma(t) \, dZ \tag{13.47}$$

변동성이 기간 구조를 가질 때 BSM 모델과 이항 모델을 어떻게 수정할까?

그림 13.4와 같이 기간 1에 σ_1을, 기간 2에 σ_2를 갖는 CRR 이항 모델을 만들고
자 한다. 그림에서 보듯이 dt가 모든 기간에서 동일하고 σ_1과 σ_2가 같지 않으면(즉
$\sigma(t)$가 상수가 아니라면) 두 번째 기간에서 이항 트리는 닫히지 않는다. 또는 재결합되지
않는다고 말한다. 모델링의 관점에서 꼭 필요한 것은 아니지만, 닫힌 이항 모델이 계
산에 편리하다. 상수 변동성을 갖는 표준 이항 모델과 동일한 이항 모델의 알고리즘을
사용해 유럽형 또는 미국형 옵션을 평가할 수 있기 때문이다. 또한 이항 모델이 닫혀

있으면 n 기간 후에 $(n+1)$개의 최종 상태가 있다. 이것은 이항 모델이 닫히지 않을 때 2^n개의 최종 상태에 비해서 매우 적다. 실제로 상대적으로 적은 단계인 $n = 10$인 경우 최종 마디점의 수가 $(10+1) = 11$개와 $2^{10} = 1024$개로 거의 100배 증가한다.

다행히 이항 모델 단계 사이의 시간 간격을 변경해 큰 어려움 없이 닫힌 이항 모델을 만들 수 있다. 그림 13.4에서 다음 조건을 만족할 때 두 번째 단계가 닫히는 것을 볼 수 있다.

$$Se^{\sigma_1\sqrt{dt_1} - \sigma_2\sqrt{dt_2}} = Se^{-\sigma_1\sqrt{dt_1} + \sigma_2\sqrt{dt_2}}$$

그래서 다음 식을 얻는다.

$$\sigma_1\sqrt{dt_1} = \sigma_2\sqrt{dt_2} \tag{13.48}$$

단계 사이의 시간 간격을 동일하게 유지하는 것이 아니라 단계 사이의 총 변동성 $\sigma_i\sqrt{dt_i}$를 동일하게 유지해야 한다. 새로운 이항 모델은 기존 것과 거의 동일하게 보인다. 즉 각 마디점의 주가는 변동성이 상수일 때와 같다. 그러나 변동성이 높을 때는 시간 간격이 더 짧고, 변동성이 낮을 때는 더 길다. 더 짧은 기간에 걸쳐 주가가 같은 움직임을 보이는 것은 더 높은 변동성에 해당한다.

이런 접근 방식의 한 가지 단점으로 특정 만기까지 얼마나 많은 시간 단계가 필요한지 쉽게 알 수 없다. 시간 단계의 개수는 변동성에 따라 달라진다. 그러나 약간의 추가 작업을 통해 변동성의 기간 구조를 알면 필요한 시간 단계 개수를 계산할 수 있다.

보기 13.3

질문
변동성이 1년 기간에 10%, 2년 기간에 20%로 가정한다. 첫 해에 한 단계를 진행하고 2년까지 진행하는 이항 모델을 만들고자 한다. 총 몇 번의 시간 단계가 필요한가?

정답
교육 목적을 위해 매우 성긴^{coarse} 이항 모델을 설명한다. 정확한 계산에는 더 많은 구간이 필요하다.

표 13.1에서 보듯이 기간 1의 시간 간격이 1년이면 기간 2의 시간 간격은 1/4년, 즉 3개월이어야 한다. 이렇게 하면 두 기간 모두 $\sigma\sqrt{dt}$에 대해 동일한 값이 생성된다.

	기간 1	기간 2
σ	10%	20%
dt	1	1/4
$\sqrt{dt}$	1	1/2
$\sigma\sqrt{dt}$	10%	10%

표 13.1 이항 모델 매개변수

2년 만기인 증권 가격을 평가하려면 첫 해에 하나, 두 번째 해에 4개의 구간이 필요하다. 그림 13.5는 초기 가격이 $100이고 2년 동안 진행하는 5단계로 구성된 재결합 이항 모델을 보여 준다.

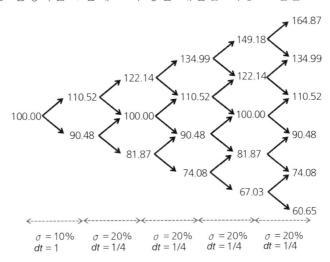

그림 13.5 변수 변동성을 갖는 2년에 걸친 5-기간 이항 모델

일반적으로 만기까지 시간 T와 일련의 변동성 σ_i가 알려져 있으면 다음을 만족해야 한다.

$$T = \sum_{i=1}^{N} dt_i = dt_1 \sum_{i=1}^{N} \frac{dt_i}{dt_1} = dt_1 \sum_{i=1}^{N} \frac{\sigma_1^2}{\sigma_i^2} \tag{13.49}$$

만기까지 필요한 구간의 개수는 N을 풀어서 찾을 수 있다.

시간 의존 변동성에는 또 다른 중요한 세부 사항이 있다. 이항 모델에서 무차익 거래 조건을 만족하는 확률 q는 각 시간 단계에서 반드시 동일하지는 않고, 시간에 따라 달라진다. 변수 dt_i를 갖는 식 (13.28)은 다음이 된다.

$$q_i = \frac{e^{rdt_i} - e^{-\sigma_i \sqrt{dt_i}}}{e^{\sigma_i \sqrt{dt_i}} - e^{-\sigma_i \sqrt{dt_i}}}$$

$$1 - q_i = \frac{e^{\sigma_i \sqrt{dt_i}} - e^{rdt_i}}{e^{\sigma_i \sqrt{dt_i}} - e^{-\sigma_i \sqrt{dt_i}}}$$

$$(13.50)$$

$e^{\sigma_i \sqrt{dt_i}}$는 모든 구간에서 동일하지만 e^{rdt_i}가 구간의 크기에 따라 달라지므로 q의 값은 구간에 따라서 달라진다.

물론 유럽형 옵션의 가치는 만기 시에 기초 자산의 주가 분포에만 의존한다. 주식이 어떻게 도달했는지는 중요하지 않고 최종 분포만 중요하다. 즉 중요한 것은 옵션 만기까지 주식의 총 분산이다. 그 총 분산은 단순히 각 기간 분산의 합이며, 다음으로 표현된다.

$$(T - t)\sigma^2_{\text{Total}} = \sum_{i=1}^{N} \sigma_i^2 dt \tag{13.51}$$

여기서 연율화된 분산 σ^2_{Total}은 중간 분산의 시간 평균이다. 중간 변동성의 순서는 중요하지 않다. 첫 번째 해에 변동성이 10%이고 두 번째 해에 변동성이 20%인 경우와, 첫 번째 해에 변동성이 20%이고 두 번째 해에 변동성이 10%인 경우는 총 변동성은 동일하다. $(10\%)^2 + (20\%)^2 = 2 \times (15.81\%)^2$이기 때문에 두 경우 모두 두 해에 걸친 상수 변동성은 15.81%다(그러나 미국형 옵션의 경우 조기 행사 가능성 때문에 중간 변동성의 순서가 중요하다).

연속 변동성 과정 $\sigma(t)$를 갖는 극한에서 이항 모델을 통해 계산한 유럽형 옵션의 가치는 다음의 내재 변동성 $\Sigma(t, T)$로 계산한 BSM 유럽형 옵션의 가치로 수렴한다.

$$\Sigma^2(t, T) = \frac{1}{T - t} \int_t^T \sigma^2(s)ds \tag{13.52}$$

여기서 $\sigma(t)$는 기초 자산의 선도 변동성이다. 내재 변동성의 기간 구조가 주어지면 식 (13.52)를 사용해 내재 변동성과 일치하는 선도 변동성을 역으로 구할 수 있다.

이와 유사하게 연속 복리로 계산된 무이표채 무위험 이자율 $Y(t, T)$의 기간 구조가 주어지면, 연속 극한에서 이항 모델의 각 미래 기간에 사용할 선도 무위험 이자율

$r(t)$를 다음 방정식에서 결정할 수 있다.

$$Y(t, T) = \frac{1}{T - t} \int_t^T r(s)ds \qquad (13.53)$$

연습문제

13-1. WMT$^{\text{Wal-Mart Stores Inc.}}$의 연간 변동성은 20%, 예상 추세율은 10%, 주식 1주의 현재 가격은 \$75라고 가정한다. CRR을 사용해 시간 간격이 1일인 이항 모델을 만들어라. 연간 256영업일을 가정한다. 모델의 매개변수를 결정하라. 첫 번째 시간 단계 이후에 2개의 마디점에 대한 가격을 결정하고, 두 번째 시간 단계 이후에 3개의 마디점에 대한 가격을 결정하라.

13-2. 앞의 문제에서 주어진 자료와 가정을 사용해 JR 이항 모델의 매개변수를 결정하라. 앞의 문제와 같이 첫 번째 시간 단계 이후에 2개의 마디점에 대한 가격을, 두 번째 시간 단계 이후에 3개의 마디점에 대한 가격을 계산한다.

13-3. 현재 SPX$^{\text{S\&P 500}}$가 2,000에 거래되고 있다. 식 (13.37)과 식 (13.38)을 사용해 만기가 3개월이고 행사가가 2,100인 유럽형 콜옵션의 가치를 만기가 3개월이고 옵션의 행사가와 액면가가 같은 무위험 채권으로 환산하라. 배당이 0이고 무위험 이자율 4%, 내재 변동성 16%를 가정한다.

13-4. 이전 문제와 동일한 정보를 사용하되, 이번에는 무위험 이자율이 0%이고 SPX 500의 연속 배당이 4%라고 가정한다. 콜옵션의 가치는 달러로 얼마일까?

13-5. 앞의 두 문제와 동일한 정보를 사용하되, 이제 SPX의 배당이 4%이고 무위험 이자율이 4%로 가정한다. 만기가 3개월이고 옵션의 행사가와 같은 액면가를 갖는 무위험 채권을 단위로, 만기가 3개월이고 행사가가 2,100인 유럽형 콜옵션의 가치는 얼마인가?

13-6. 다음 표는 다양한 기간에 대한 무위험 이자율과 내재 변동성을 보여 준다. 마디점이 재결합하도록 수정된 3년짜리 CRR 이항 모델을 만들고자 한다. 첫

번째 해에는 10개의 구간으로 시작한다. 두 번째 해와 세 번째 해는 몇 개의 시간 구간이 필요할까? 상승과 하락 매개변수의 크기와 q-측도에서 확률을 계산하라.

	1년	2년	3년
무위험 이자율	5.00%	7.47%	9.92%
변동성	20.0%	25.5%	31.1%

14장

국소 변동성 I

- 주가와 시간의 함수인 국소 변동성
- 국소 변동성을 갖는 이항 모델
- 국소 변동성과 내재 변동성

앞에서 내재 변동성이 기간 구조를 갖도록 BSM 모델을 확장했다. 실제 내재 변동성은 시간뿐만 아니라 기초 자산의 수준에 따라서도 달라진다. 여기서는 변동성이 미래 시간과 기초 자산 수준의 함수가 되도록 모델을 확장한다.

변수 변동성

앞에서 다음 식을 사용해 내재 변동성의 기간 구조에서 주식의 선도 변동성 $\sigma(t)$를 구했다.

$$\Sigma^2(t, T) = \frac{1}{T - t} \int_t^T \sigma^2(s) \, ds \tag{14.1}$$

시간에 따라서 변하는 변동성 $\sigma(t)$를 상상할 수 있는 것처럼 미래 시간과 주가에 따라서 변하는 변동성 $\sigma(S, t)$도 유사하게 상상할 수 있다. 이런 순간 변동성 $\sigma(S, t)$를 국소 변동성$^{local\ volatility}$이라 하고, 이를 기반으로 하는 옵션 모델을 국소 변동성 모델이라 한다.

국소 변동성 모델에서 특정 시간 동안의 실현 변동성은 주가의 경로에 따라 달라진다. 궁극적으로 국소 변동성 모델을 사용해 옵션 가치를 결정한다. 국소 변동성 모델이 실현 변동성을 정확하게 나타낸다고 가정하더라도 옵션 가격을 제시하는 방법으로 여전히 BSM 모델과 내재 변동성을 사용한다.

국소 변동성 모델을 고려할 때 몇 가지 질문이 있다.

1. 관찰된 내재 변동성 곡면 $\Sigma(S, t, K, T)$와 일치하는 유일한 국소 변동성 함수 또는 곡면 $\sigma(S, t)$를 찾을 수 있을까? 만약 가능하다면 그것은 주식에 대한 국소 변동성 과정를 통해 관찰된 변동성 스마일을 설명할 수 있다는 것을 의미한다.

2. 하지만 그 설명이 의미가 있을까? 주식이 실제로 관측 가능한 국소 변동성 함수에 따라 변화할까? 뒤에서 보겠지만 내재 변동성 곡면와 일치할 수 있는 다양한 모델이 있지만, 일치한다고 해서 그 모델이 정확한 것은 아니다.

3. 바닐라 옵션의 헤지 비율과 이색 옵션의 가치는 국소 변동성 모델에서 어떻게 될까? 그 결과는 기존 BSM 모델과 어떻게 다를까?

국소 변동성 함수가 주어진다고 가정하고, 국소 변동성을 갖는 이항 모델을 구성하는 것으로 시작한다. 15장에서 바닐라 옵션의 가격에서 국소 변동성 함수를 결정하는 방법을 설명한다.

국소 변동성을 갖는 이항 모델

앞에서 시간 간격을 변경해 시간에 의존하는 변동성을 갖는 닫힌 이항 모델을 만들었다. 변동성이 시간 뿐만 아니라 주가에 따라 달라져도 닫힌 이항 모델을 만들 수 있다. 이를 위한 여러 가지 방법이 있지만, 이번에는 동일한 시간 간격을 사용하는 것이 더 쉽다는 것을 알게 될 것이다.[1]

위험 중립 측도에서 주가 $S(t)$의 거동을 다음으로 가정한다.

$$\frac{dS}{S} = (r - b)dt + \sigma(S, t)dZ \tag{14.2}$$

---

1. 여기서의 내용은 다음 논문을 기반으로 하고 있다. Emanuel Derman and Iraj Kani, "The Volatility Smile and Its Implied Tree", *Risk* 7, No.2 (February 1994): 32–39.

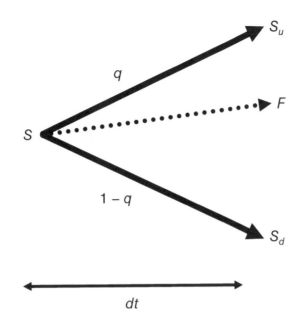

그림 14.1 이항 모델

여기서 r은 무위험 이자율, b는 주식의 연속 배당, dZ는 표준 위너 과정, $\sigma(S,t)$는 국소 변동성이다. 시간 t에서 주가 변동의 분산은 다음으로 주어진다.

$$(dS)^2 = S^2\sigma^2(S,t)dt \tag{14.3}$$

작은 간격 dt 이후 S의 기댓값은 다음과 같다.

$$F = Se^{(r-b)dt} \tag{14.4}$$

이는 또한 주식의 선도 가격이다.

그림 14.1은 시간 dt 동안의 확률 과정에 대한 이항 모델을 보여 준다.

이항 모델에서 선도 가격은 $q-$측도를 이용한, 2개 주가 S_u와 S_d의 확률 가중 평균이다.

$$F = qS_u + (1-q)S_d \tag{14.5}$$

이로부터 q를 구할 수 있다.

$$q = \frac{F - S_d}{S_u - S_d} \tag{14.6}$$

이항 모델에서 S의 분산은 다음이 된다.[2]

$$\text{Var}\,[dS] = q(S_u - F)^2 + (1 - q)(S_d - F)^2 \tag{14.7}$$

극한 $dt \to 0$에서 식 (14.3)과 식 (14.7)이 일치해야 한다. 따라서 다음 방정식을 얻는다.

$$S^2\sigma^2(S,t)dt = q(S_u - F)^2 + (1 - q)(S_d - F)^2 \tag{14.8}$$

식 (14.6)의 q를 식 (14.8)에 대입하면 다음이 된다.

$$S^2\sigma^2(S,t)dt = (S_u - F)(F - S_d) \tag{14.9}$$

식 (14.9)를 재정렬하면 가격이 S인 마디점에서 상대적 상승 가격과 하락 가격을 표현할 수 있다.

$$S_u = F + \frac{S^2\sigma^2(S,t)dt}{F - S_d} \tag{14.10a}$$

$$S_d = F - \frac{S^2\sigma^2(S,t)dt}{S_u - F} \tag{14.10b}$$

따라서 그림 14.1과 같이 초기 마디점 S와 S에 대한 2개의 후속 마디점 S_u와 S_d를 갖는 어떤 이항 모델이든 S와 F, S_d를 알고 있다면 변동성 $\sigma(S,t)$와 일치하는 S_u를 계산할 수 있다. 반대로 S와 F, S_u를 알고 있다면, S_d를 계산할 수 있다.

그림 14.1은 이항 모델의 한 단계를 보여 준다. 다음 단계를 생성하고자 먼저 이항 모델의 중심을 만들고, 식 (14.10)을 통해 국소 변동성 곡면 $\sigma(S,t)$와 일치하는 방식으로 이항 모델의 상승과 하락 마디점을 만든다. 이것은 모든 마디점에서 적절한 국소 변동성을 갖는 이항 모델을 생성한다. 그런 다음 각 마디점에서 식 (14.6)을 이용해

---

2. x가 이산 확률 변수일 때 x의 분산은 $\text{Var}[x] = \mathbb{E}[(x - \mathbb{E}[x])^2]$이다. 현재 모델에서, $\mathbb{E}[dS] = q(S_u - S) + (1 - q)(S_d - S) = F - S$다. 그러면 dS의 분산은 $\text{Var}[dS] = q\{(S_u - S) - \mathbb{E}[dS]\}^2 + (1 - q)\{(S_d - S) - \mathbb{E}[dS]\}^2$다. 이산 확률 변수, 분산, 기댓값에 대한 자세한 내용은 Miller(2014)를 참조하라.

위험 중립 확률을 계산한다. 이런 이항 모델의 단계들을 갖게 되면 이항 모델의 단계에 대한 일반적인 역방향의 귀납 과정으로 주가를 기초 자산으로 하는 파생 상품의 가치를 평가할 수 있다.

국소 변동성을 갖는 이항 모델을 사용한 파생 상품의 가치 평가는 앞에서 설명한 CRR 접근 방식과 일치하는 이항 모델의 중심선을 만드는 것부터 시작한다. 가격 S_0 를 갖는 이항 모델의 초기 마디점부터 시작해 마디점의 수가 홀수인 모든 단계의 중심이 되는 마디점 S는 초기 가격 S_0와 같도록 선택한다. 마디점의 수가 짝수인 단계의 경우 이전 단계의 중심 마디점 S와 연결되는 마디점 2개는 다음으로 결정된다.

$$
\begin{aligned}
S_u &= S e^{\sigma(S,t)\sqrt{dt}} \\
S_d &= S e^{-\sigma(S,t)\sqrt{dt}}
\end{aligned}
\tag{14.11}
$$

여기서 $\sigma(S,t)$는 미래 시간 t에서 주가 S의 국소 변동성이다. 이런 과정으로 이항 모델의 중심선을 지정한다.

각 단계에서 중심 마디점부터 식 (14.10a)를 사용해 이항 모델 중심선의 위쪽 마디점을, 식 (14.10b)를 사용해 이항 모델 중심선의 아래쪽 마디점을 순차적으로 결정할 수 있다.

이항 모델의 중심선에 대한 S_0의 초기 선택은 임의적이다. 예로서, 각 단계에서 이항 모델의 중심선의 가격으로 선도 주가 또는 다른 가격을 선택할 수 있다. 마디점 수가 홀수인 단계에서 선도 주가가 F_t라고 가정하면 마디점 수가 짝수인 후속 단계에 대한 식 (14.11)은 다음으로 대체된다.

$$
\begin{aligned}
S_u &= F_t e^{\sigma(F_t,t)\sqrt{dt}} \\
S_d &= F_t e^{-\sigma(F_t,t)\sqrt{dt}}
\end{aligned}
\tag{14.12}
$$

이것은 F_t의 국소 변동성이 실제로 $\sigma(F_t,t)$임을 보장한다.

실제로 간단한 이항 모델을 만들면서 이 방법을 더 구체적으로 설명한다.

보기 14.1

질문

주식의 현재 가치가 $S_0 = \$100$라고 가정한다. 국소 변동성은 다음과 같이 미래 시간 t와 무관하고, 주가에 따라서만 변동한다고 가정한다.

$$\sigma(S) = \max \left[0.1 - \frac{S - S_0}{S_0}, 0.01 \right] \qquad (14.13)$$

그림 14.2a에서 볼 수 있듯이 현재 주가 근처에서 국소 변동성은 주가가 1% 상승할 때마다 1%씩 감소한다. 변동성이 양수로 유지되도록 하고자 최소 국소 변동성을 1%로 임의로 설정했다. 배당과 무위험 이자율은 0으로 가정한다. $\Delta t = 0.01$로 이항 모델의 처음 3단계를 만들어라.

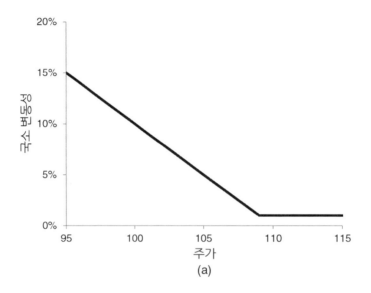

(a)

그림 14.2a 가격에 의존하는 국소 변동성

정답

그림 (14.2b)는 이항 모델의 도해를 보여 준다.

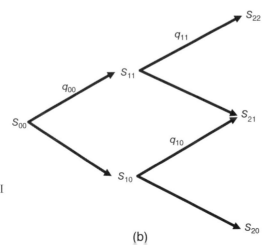

(b)

S_{ij}를 사용해 이항 모델에서 마디점의 절대 위치를 나타내고, 그림 14.1과 같이 S, S_u, S_d를 사용해 이항 모델에서 상대 위치를 나타낸다.

이항 모델의 첫 단계 S_{00}에서, $S = 100$이고, $\sigma(S) = 10\%$다. 다음 단계에서 S_{11}은 S_{00}로부터 상대적으로 상승 쪽에 있고, S_{10}은 S_{00}로부터 상대적으로 하락 쪽에 있다. 가격은 표준 CRR 이항 모델과 동일하다.

$$S_{11} \equiv S_u = Se^{\sigma(S,t)\sqrt{dt}}$$
$$= 100e^{0.10\sqrt{0.01}} = 100e^{0.01} = 101.01$$
$$S_{10} \equiv S_d = Se^{-\sigma(S,t)\sqrt{dt}}$$
$$= 100e^{-0.10\sqrt{0.01}} = 100e^{-0.01} = 99.00$$

배당과 무위험 이자율이 모두 0이기 때문에 S_{00}의 선도 가격은 초기 가격 \$100와 같다. 상승에 대한 위험 중립 확률은 다음이 된다.

$$q_{00} = \frac{F - S_d}{S_u - S_d} = \frac{100.00 - 99.00}{101.01 - 99.00} = 0.4975 \tag{14.14}$$

세 번째 단계에는 S_{22}, S_{21}, S_{20}의 마디점 3개가 있다. 세 번째 단계의 중심 마디점 S_{21}은 초기 가격 \$100와 동일하게 설정된다. 식 (14.10)을 사용하면 중심 마디점의 위와 아래 마디점의 주가를 찾을 수 있다.

마디점 S_{11}을 고려한다. 이것의 국소 변동성은 0.09이고 선도 가격은 $F = S_{11} = 101.01$이다. S_{11}로부터 상대적 하락 마디점은 중심 마디점 S_{21}가 된다. S_{11}로부터 상대적 상승 마디점은 S_{22}이고, 그 가격은 식 (14.10a)로부터 얻을 수 있다.

$$S_{22} = S_u = 101.01 + \frac{101.01^2 \times 0.09^2 \times 0.01}{101.01 - 100} = 101.83$$

그러면 S_{11}에서 S_{22}로 이동할 위험 중립 확률은 다음과 같다.

$$q_{11} = \frac{101.01 - 100}{101.83 - 100} = 0.5503$$

유사한 방법으로 마디점 S_{10}을 고려한다. 이것의 국소 변동성은 11%이고 선도 가격은 $F = S_{10} = 99.00$이다. S_{10}로부터 상대적 상승 마디점은 중심 마디점

S_{21}이 된다. S_{10}으로부터 상대적 하락 마디점은 S_{20}이고, 그 가격은 식 (14.10b)로부터 얻을 수 있다.

$$S_{20} \equiv S_d = 99.00 - \frac{99.00^2 \times 0.11^2 \times 0.01}{100 - 99.00} = 97.81$$

그러면 S_{10}에서 S_{21}로 이동할 위험 중립 확률은 다음과 같다.

$$q_{10} = \frac{99.00 - 97.81}{100 - 97.81} = 0.5448$$

따라서 결과 가격과 위험 중립 확률의 이항 모델은 그림 14.2c와 같다.

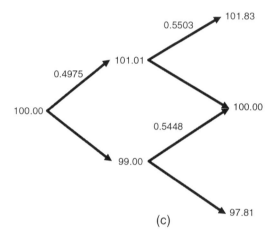

그림 14.2c 국소 변동성 이항 모델

이항 모델의 첫 마디점에서 마지막 3개의 마디점으로 이동하는 비조건부 위험 중립 확률은 다음이 된다.

$$q_{22} = 0.4975 \times 0.5503 = 0.2738$$

$$q_{21} = 0.4975 \times (1 - 0.5503) + 0.5025 \times 54.48 = 0.4975$$

$$q_{20} = 0.5025 \times (1 - 0.5448) = 0.2287$$

이 단순한 국소 변동성 이항 모델에서는 주가가 하락할수록 변동성이 커지기 때문에 상승폭보다 하락폭이 크고, 최종 주가도 음의 스큐를 갖는다.

위의 보기에서 알 수 있듯이 국소 변동성을 갖는 이항 모델을 체계적으로 만드는 방법이 있다. 이항 모델은 직관적으로 명확해 국소 변동성 모델의 원리와 결과를 이해하는 좋은 교육 도구다. 트레이딩 데스크에서는 효율적인 수치 계산을 위해 삼항 모델 또는 보다 일반적인 편미분 방정식의 수치해를 위한 유한 차분법을 사용한다. 이런 방법들은 더 빠르게 연속체 극한으로 수렴할 수 있고, 보정이 더 쉬울 수 있다.

국소 변동성과 내재 변동성의 관계

앞에서 국소 변동성 이항 모델을 만드는 방법을 설명했다. 그러나 이 책의 목표는 관찰되는 내재 변동성 스마일을 만드는 국소 변동성이 어떤 것인지를 알아내는 것이다.

이를 조사하고자 국소 변동성 이항 모델에서 옵션을 평가하고, 옵션의 내재 변동성을 계산해야 한다. 이전 문제의 이항 모델과 동일한 국소 변동성 함수를 사용하지만 3단계 대신 5단계로 확장된 이항 모델을 생각한다.

그림 14.3은 국소 변동성을 사용한 5단계 가격 이항 모델로서, 생성된 마디점에서 주가, 해당 국소 변동성, 마디점 간 q-측도 전이확률, q-측도 전이확률의 곱으로 계산한 임의의 마디점에 도달할 누적 확률을 보여 준다.

구간 5개 후에 만기이며 행사가 $102를 갖는 유럽형 콜옵션의 가치는 얼마일까? 이항 모델의 마지막 단계를 보면 옵션이 만기에 내가격인 유일한 마디점은 주가가 $103.34인 마디점이다. 해당 마디점에서 옵션의 가치는 $1.34다. 무위험 이자율이 0이라는 가정과 위험 중립 평가를 고려하면 이 수익 구조의 현재 가치도 $1.34다. 이 수익 구조의 위험 중립 측도에서 기댓값은 이 현재 가치에 해당 마디점에 도달할 누적 확률 7.52%를 곱한 값이다. 즉 $1.34 × 0.0752 = $0.10가 된다. 콜옵션은 다른 모든 마디점에서 가치가 0으로 끝나기 때문에 이 $0.10는 옵션의 시작 가치이기도 하다.

콜옵션의 가치는 만기에 주가가 $102보다 높아질 위험 중립 확률에 따라 달라진다. 만기에 주가가 내가격이 되는 이 확률은 주가가 $100에서 $102 사이에서 갖는 평균 국소 변동성과 관련이 있다. 식 (14.13)에 따라 그림 14.2에서 $100에서 $102 사이의 평균 국소 변동성은 $(10\% + 8\%)/2 = 9\%$다. 따라서 국소 변동성을 갖는 이항 모델에서 $102 행사가를 갖는 콜옵션의 가치는 모든 마디점에서 상수 변동성 9%를

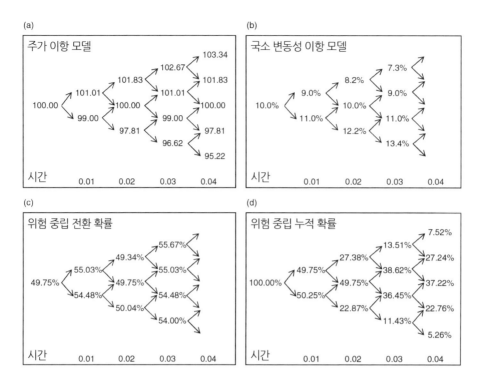

(a)

주가 이항 모델

103.34
102.67
101.83 101.83
101.01 102.67
100.00 101.01 103.34
101.83 101.01 101.83
100.00 100.00
101.01 99.00
100.00 99.00 100.00
99.00 97.81
97.81
96.62
95.22

시간   0.01   0.02   0.03   0.04

(b)

국소 변동성 이항 모델

7.3%
8.2%
9.0% 9.0%
10.0% 11.0%
11.0% 12.2%
13.4%

10.0%

시간   0.01   0.02   0.03   0.04

(c)

위험 중립 전환 확률

55.67%
49.34%
55.03% 55.03%
49.75% 54.48%
54.48% 50.04%
54.00%

49.75%

시간   0.01   0.02   0.03   0.04

(d)

위험 중립 누적 확률

7.52%
13.51%
27.38% 27.24%
49.75% 38.62%
100.00% 49.75% 37.22%
50.25% 36.45%
22.87% 22.76%
11.43%
5.26%

시간   0.01   0.02   0.03   0.04

그림 14.3 (a) 국소 변동성 함수를 사용해 생성한 주가. (b) 해당 국소 변동성. (c) q-측도 전이확률. (d) 임의의 마디점에 도달할 누적 확률.

갖는 이항 모델에서 콜옵션의 가치와 비슷할 것이라 추측할 수 있다.

이를 검증하고자 그림 14.4에서와 같이 CRR 방식으로 9%의 상수 변동성을 갖는 두 번째 이항 모델을 만든다. 각 마디점에서 가격과 해당 마디점에 도달할 확률은 그림 14.3의 국소 변동성 이항 모델과 다르다. 이전과 같이 $102 행사가를 갖는 콜옵션의 경우 만기에 0이 아닌 수익 구조를 갖는 마디점은 단 하나다. 이 경우는 주가가 $103.67인 마디점이다. 그 수익 구조의 가치는 $1.67이고, 금리가 0인 상태에서 현재 가치는 $1.67 × 0.0614 = $0.10다. 이 값은 국소 변동성 이항 모델의 결과와 소수점 이하 두 번째 자리까지 일치한다.

상수 변동성을 갖는 이항 모델은 이항 모델 단계 사이의 간격이 0에 가까워지는 극한에서 BSM 공식으로 수렴하는 옵션 값을 생성한다는 것을 앞에서 보였다. 그런 의미에서 국소 변동성 이항 모델에서 옵션 가치인 $0.10와 일치하는 9%의 CRR 모델의 상수 변동성은 옵션 가치에 내재된 CRR 변동성으로 볼 수 있다. 옵션의 BSM

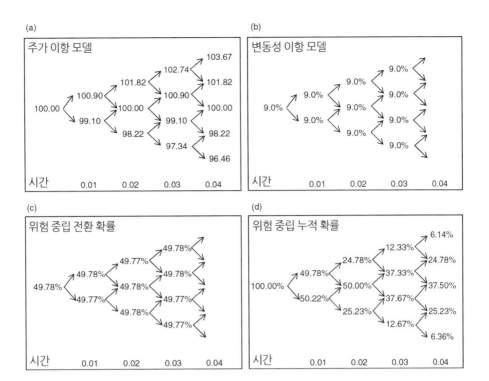

그림 14.4 상수 변동성을 갖는 다섯 단계의 이항 모델

내재 변동성이 특정 옵션의 가격을 계산하고자 BSM 공식에 넣어야 하는 변동성인 것처럼 CRR 내재 변동성을 CRR 모델에서 옵션 가격을 재현하는 상수 변동성으로 정의한다. 13장에서 보듯이 단계 사이의 간격이 0인 극한에서 CRR 내재 변동성은 BSM 내재 변동성으로 접근한다. 위의 예에서 옵션 가치 평가를 위한 CRR 내재 변동성은 현재 주가 수준과 옵션의 행사가 사이의 국소 변동성의 대략적인 선형 평균이라 결론을 내릴 수 있다. 마찬가지로 연속체 극한에서 BSM 내재 변동성은 주가와 행사가 사이의 국소 변동성의 내략적인 평균으로 추측할 수 있다.

이유는 무엇일까? 그림 14.5는 다양한 주가 경로를 보여 준다. 내가격으로 끝나서 옵션 수익 구조에 기여하는 경로는 초기 주가 S와 행사가 K 사이의 영역을 횡단해야 한다. 내가격으로 끝나는 경로는 이 영역의 국소 변동성을 실현시킨다. 이로부터 표준 옵션의 내재 변동성이 S와 K 사이의 국소 변동성의 대략적인 선형 평균에 가깝게 된다.

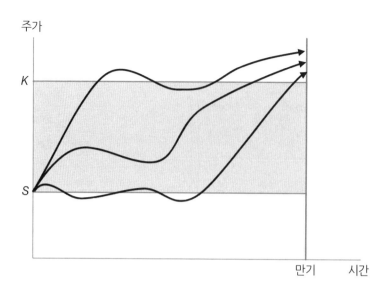

그림 14.5 만기까지의 다양한 경로

논평

주어진 S와 t에 대한 내재 변동성 $\Sigma(S, t, K, T)$는 만기 T와 행사가 K의 2개 차원을 갖는다. 시간 방향은 앞쪽으로 가고 행사가 방향은 옆쪽으로 간다고 생각한다면 위의 결론은 국소 변동성 $\sigma(S)$가 주가만의 함수일 때 행사가 K인 옵션의 내재 변동성은 S와 K 사이의 국소 변동성의 옆 방향 평균이라는 것이다. 내재 변동성과 국소 변동성 간의 관계는 13장의 식 (13.52)를 연상시킨다. 이것은 국소 변동성 $\sigma(t)$가 시간만의 함수일 때 만기 T까지의 내재 분산은 t와 T 사이의 선도 분산의 평균이라는 것을 의미한다. 또한 채권의 만기 수익률과 선도 이자율의 평균을 관련짓는 13장의 식 (13.53)과 유사하다. 국소 변동성 $\sigma(S, t)$가 주가와 시간의 함수일 때 그림 14.5로부터 초기 주가에서 마지막 행사가까지의 경로에 대한 국소 변동성의 평균이 내재 변동성이 될 거라고 추측할 수 있다.

연속 복리 수익률과 선도 이자율 사이의 관계는 선형이기 때문에 채권의 만기 수익률이 선도 이자율의 평균이라는 것은 놀라운 사실이 아니다. 내재 변동성과 국소 변동성 사이의 관계가 근사적으로 선형 평균이라는 것은 다소 놀라운 사실이다. BSM 옵션 공식과 CRR 이항 모델이 모두 변동성에 대해 강한 비선형성을 보이기 때문이다.

이런 근사 방법의 위력을 뒤에서 보게 될 것이다.

내재 변동성과 국소 변동성 간의 선형 평균 관계가 정확하게 성립하지 않는 이유는 쉽게 알 수 있다. 그림 14.5에서 내가격으로 끝나는 일부 경로에서는 초기 가격보다 낮은 주가를 갖기도 하고 행사가 보다 높은 주가를 갖기도 한다. 따라서 옵션 가치에 기여하는 경로는 현재 주가와 행사가 사이의 국소 변동성 뿐만 아니라 많은 다른 주가 수준의 국소 변동성을 실현시킨다. 그럼에도 서서히 변하는 국소 변동성의 경우 만기에 내가격으로 끝나는 대부분의 경로는 초기 주가와 행사가 사이에 놓인다. 따라서 옵션 가치에 주로 기여하는 것은 현재 주가와 행사가 사이의 국소 변동성이다. 이것이 근사가 잘 작동하는 이유이고, 앞의 예에서 두 이항 모델의 가격이 매우 비슷했던 이유다.

그럼에도 선형 평균은 근사일 뿐이다. 행사가보다 높은 경로와 현재 가격보다 낮은 경로도 옵션의 수익 구조에 대한 기여가 있지만, GBM의 특성으로 이런 경로는 더 직접적인 경로(행사가와 현재 가격 사이의)보다 위험 중립 확률이 낮다. 뒤에서 더 좋은 평균 근사 방법을 소개할 것이다.

2배의 법칙

앞에서 옵션의 내재 변동성 $\Sigma(S, K)$가 옵션의 잔존 만기 동안 현재 기초 자산의 가격과 행사가 사이에 있는 국소 변동성 $\sigma(S)$의 대략적인 평균임을 설명했다. 또한 이것이 무이표채의 만기 수익률을 선도 금리에 대한 평균으로 간주하는 것과 유사하다고 언급했다. 이자율의 경우 이런 평균화 때문에 만기 수익률이 만기에 따라 증가하는 것보다 단기 선도 금리가 시간에 따라 2배 빠르게 증가한다는 것은 잘 알려져 있다.[3] 마찬가지로 국소 변동성 $\sigma(S)$가 주가만의 함수이면 행사가 증가함에 따라 내재 변동성이 증가하는 것보다 주가가 증가함에 따라 국소 변동성이 대략적으로 2배 빠르게

---

3. 식 (13.53)을 다음으로 변형한다.

$$\int_t^T r(s)\,ds = (T-t)Y(t, T)$$

위의 식을 T에 대해 두 번 미분하면 다음을 얻는다.

$$r'(T) = 2\frac{\partial Y(t, T)}{\partial T} + (T-t)\frac{\partial^2 Y(t, T)}{\partial T^2}$$

일반적인 만기 수익률 기간 구조에서 우변의 두 번째 항은 무시할 수 있다. — 옮긴이

증가하는 것을 증명할 수 있다. 이 관계를 흔히 2배의 법칙[rule of two]이라고 한다.

여기서는 2배의 법칙에 대해 직관적인 증명을 소개한다.[4] 나중에 좀 더 엄밀한 증명을 소개한다. 여기서는 지수의 국소 변동성 값이 미래 시간에 의존하지 않고 지수의 수준에 따라 선형적으로 변화하는 단순한 경우로 한정한다.

$$\sigma(S) = \sigma_0 + \beta S \tag{14.15}$$

미래 국소 변동성의 변동을 앞방향[forward] 변동성 곡선이라 하기 때문에 미래 지수 수준에서 변동을 옆방향[sideways] 변동성 곡선으로 부를 수 있다.

지수가 S일 때 행사가 K인 콜옵션의 내재 변동성 $\Sigma(S, K)$를 생각하자. 여기서 콜옵션은 약간 외가격으로 가정한다. 옵션 가치에 기여하는 모든 경로는 그림 14.5와 같이 S와 K 사이의 영역을 통과해야 한다. 앞서 언급했듯이 주로 S와 K 사이의 국소 변동성이 이런 경로의 변동성을 결정한다. 따라서 지수가 S일 때 행사가 K인 옵션의 내재 변동성을 음영 처리된 영역에 대한 국소 변동성의 평균으로 생각할 수 있다.

$$\Sigma(S, K) \approx \frac{1}{K - S} \int_S^K \sigma(S')dS' \tag{14.16}$$

식 (14.15)를 식 (14.16)에 대입하면 다음을 얻는다.

$$\Sigma(S, K) \approx \sigma_0 + \frac{\beta}{2}(S + K) \tag{14.17}$$

식 (14.15)와 식 (14.17)을 비교하면 내재 변동성이 S에 따라 달라지는 비율의 2배로 국소 변동성이 S에 따라 달라진다는 것을 알 수 있다. 또한 식 (14.17)은 S에 대한 내재 변동성의 변화율과 K에 대한 변화율이 같은 것을 알 수 있다.

식 (14.15)와 식 (14.17)을 결합하면 내재 변동성과 국소 변동성 사이의 관계를 보다 직접적으로 표현할 수 있다.

$$\Sigma(S, K) \approx \sigma(S) + \frac{\beta}{2}(K - S) \tag{14.18}$$

---

4. 이 증명은 Emanuel Derman, Iraj Kani, Joseph Z. Zou, "The Local Volatility Surface", *Financial Analytics Journal* (July-August 1996): 25–36의 부록을 따른다.

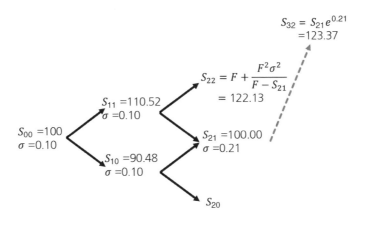

그림 14.6 무차익 거래 조건을 위반하는 이항 모델

이항 모델의 어려움

앞서 살펴본 바와 같이 국소 변동성 이항 모델 마디점 위치와 전이확률은 선도 금리와 배당, 국소 변동성 함수에 의해 유일하게 결정된다. 그러나 이항 모델 사이의 간격이 유한한 경우 국소 변동성이 주가 또는 시간에 따라 너무 빠르게 변하면 일부 마디점은 무차익 거래 조건을 위반하는 주가를 가질 수 있으며, 전이확률이 1보다 크거나 0보다 작아질 수 있다.

예를 들어, 그림 14.6과 같이 초기 주가 $S_{00} = \$100$이고, $\Delta t = 1$인 이항 모델을 생각한다. 무위험 이자율과 배당은 0으로 가정한다. 또한 국소 변동성이 처음 두 단계에서는 10%이지만, 세 번째 단계에서 $S_{21} = \$100$일 때 21%로 급등한다고 가정한다. 이것은 국소 변동성의 매우 빠른 증가이며, 다음 단계에서 차익 거래가 발생한다. 특히 S_{21}의 국소 변동성이 너무 높기 때문에 마디점 S_{21}로부터 상대적 상승 가격 $S_{32} = \$123.37$다. S_{32}는 S_{22}에 상대적 하락 마디점이지만, $\$123.37 = S_{32} > S_{22} = \$122.13$다. 그러면 S_{33}은 S_{32}보다 훨씬 더 높아야 하며, 결과적으로 S_{22}의 상승과 하락 마디점은 모두 S_{22}의 위에 놓이게 된다. 이자율이 0인 경우 S_{22}의 선도 가격은 S_{22}와 같다. 마디점의 상승과 하락 가격이 모두 선도 가격보다 높으면 차익 거래 기회가 발생한다.

이런 종류의 문제는 훨씬 더 작은 시간 간격을 사용해 해결할 수 있지만, 더 작은 시간 간격은 다른 실질적인 어려움을 야기한다. 주어진 주식 또는 지수에 대해 유한한 수의 옵션만 있으므로, 유한한 수의 관찰 가능한 내재 변동성이 있다. 내재 변동성 곡면은 성긴 형태로 채워진다. 실제로는 곡면이라기보다는 격자이다. 만약 성긴 내재 변동성 격자를 사용해 미세하게 세분화된 국소 변동성 이항 모델을 보정하려고 한다면 내재 변동성 격자를 매끄럽게 내삽 보간하는 방법과 외삽 보간하는 방법에 대해 고민하지 않으면 내재 변동성에서 충분한 정보를 추출할 수 없다.

읽을거리

국소 변동성 모델에 대한 많은 문헌이 있다. 다음은 초보자에게 적합한 목록이다.

- Derman, Emanuel, and Iraj Kani. "Riding on a Smile." *Risk* 7, no. 2 (February 1994): 32–39.

- Derman, Emanuel, Iraj Kani, and Joseph Z. Zou. "The Local Volatility Surface." *Financial Analysts Journal* (July–August 1996): 25–36.

- Gatheral, Jim. *The Volatility Surface: A Practitioner's Guide.* Hoboken, NJ: John Wiley & Sons, 2006.

연습문제

14-1. 주식의 초기 가격은 $100다. 연간 국소 변동성이 알려져 있고, 국소 변동성은 주가에 따라서만 다음과 같이 변한다고 가정한다.

$$\sigma(S) = \max\left[0.11 - 2 \times \left(\frac{S - S_0}{S_0}\right), 0.01\right] \qquad (14.19)$$

배당과 무위험 이자율을 0으로 가정한다. $\Delta t = 0.01$년인 이항 모델의 처음 5단계를 만들어라. 보기 14.1과 같이 CRR 모델을 사용해 이항 모델의 중심선을 만들어라.

14-2. 이전 문제와 동일한 정보를 사용해 네 번의 시간 간격이 지난 이후 만기인 행사가 $102의 유럽형 콜옵션의 가치를 계산하라. 상수 변동성을 제외하고, 모든 BSM의 가정이 성립한다고 가정한다.

14-3. 네 번의 시간 간격이 지난 이후 만기인 행사가 $102의 유럽형 콜옵션 가격을 계산하라. 이전의 두 문제와 동일한 정보를 사용하고, 무위험 이자율만 4%로 가정한다.

14-4. 초기 주가는 $200다. 무위험 이자율과 배당은 0이다. $\Delta t = 0.01$년인 CRR 모델을 사용해 3단계의 이항 모델을 만들어라. 처음 2단계에서 국소 변동성은 20%라고 가정한다. 이항 모델에 무차익 거래를 위반하는 마디점이 없도록 하려면 3단계의 중심 마디점에서 최대 국소 변동성은 얼마인가? 이전과 같이 이항 모델의 중심선이 CRR 모델에 따라 만든다고 가정한다.

15 장

국소 변동성 II

- 듀파이어 식
- 캘린더 스프레드와 버터플라이 스프레드로 표현되는 국소 변동성
- 국소 변동성의 근사적인 평균인 내재 변동성

듀파이어 식

11장에서 브리덴-리첸베르거 공식을 유도했다.

$$p(S, t, K, T) = e^{r(T-t)} \frac{\partial^2 C(S, t, K, T)}{\partial K^2} \tag{15.1}$$

여기서 $C(S, t, K, T)$는 t 시점에서 행사가 K와 만기 T를 갖는 표준 콜옵션의 시장 가격이고, $\partial^2 C/\partial K^2$는 무한소 버터플라이 스프레드의 가격을 나타낸다. 그리고 $p(S, t, K, T)$는 t 시점에서 기초 자산 주가가 S일 때 계산한, T 시점에 최종 주가가 K가 될 위험 중립 확률 밀도 함수다. 식 (15.1)의 우변에서 K는 행사가를 나타내지만 좌변에서는 최종 주가를 나타내는 것에 주의해야 한다. 또한 브리덴-리첸베르거 공식은 모델 독립적인 식이다. 이것은 BSM 또는 기타 다른 모델에 의존하지 않는다.

유사한 방식으로 곧 유도할 듀파이어^{Dupire} 식은 국소 변동성과 행사가 K, 만기 T에 대한 표준 옵션 가격의 편미분 사이의 관계를 나타낸다. 옵션 가격은 BSM 공식과 BSM 내재 변동성을 사용해 호가를 제시하거나 거래되기 때문에 듀파이어 식은 내재 변동성과 국소 변동성 간의 관계를 역시 기술할 수 있다.

무위험 이자율과 배당이 0인 경우 듀파이어 식은 다음과 같다.

$$\frac{\sigma^2(K,T)}{2} = \frac{\dfrac{\partial C(S,t,K,T)}{\partial T}}{K^2 \dfrac{\partial^2 C(S,t,K,T)}{\partial K^2}} \tag{15.2}$$

여기서 $\sigma(K,T)$는 주가 K, 미래 시점 T의 국소 변동성으로 주가 S, 시점 t일 때의 옵션 가격으로 구할 수 있다. 계산에 사용된 옵션 가격들이 생성된 시점 t와 주가 S를 명시해 국소 변동성을 $\sigma(S,t,K,T)$로 표기해야 하지만 간결함을 위해 S, t는 생략한다.

무위험 이자율이 0이 아닌 경우 듀파이어 식은 다음이 된다.

$$\frac{\sigma^2(K,T)}{2} = \frac{\dfrac{\partial C(S,t,K,T)}{\partial T} + rK \dfrac{\partial C(S,t,K,T)}{\partial K}}{K^2 \dfrac{\partial^2 C(S,t,K,T)}{\partial K^2}} \tag{15.3}$$

좌변의 $\sigma(K,T)$를 계산하려면 행사가와 만기에 대한 콜옵션 가격의 편미분 값을 모든 행사가와 모든 만기에 대해서 알아야 한다. 그러나 불행히도 시장에서 콜옵션 또는 풋옵션 가격은 일반적으로 불연속적인 이산 행사가와 이산 만기에만 존재한다. 결과적으로 이산 값들을 이용해 옵션 가격을 보간해 사용하려면 추가 가정이 필요하다.

듀파이어 식의 의미에 대한 직관을 얻는 데 집중하고 잠시 동안 이 문제를 제쳐둘 것이다. 또한 간결함을 위해 무위험 이자율이 0인 경우 집중한다.

듀파이어 식 이해하기

$r = 0$인 경우 식 (15.2)의 분모 $\partial^2 C(S,t,K,T)/\partial K^2$는 브리덴-리첸베르거 위험 중립 밀도 함수 $p(S,t,K,T)$이고, 무한소 버터플라이 스프레드 가격의 극한값으로 볼 수 있다. 비슷하게 식 (15.2)의 분자 $\partial C(S,t,K,T)/\partial T$는 $1/dT$ 개수의 무한소 캘린더 스프레드의 극한값으로 볼 수 있다.

$$\frac{\partial C(S,t,K,T)}{\partial T} = \lim_{dT \to 0} \frac{C(S,t,K,T+dT) - C(S,t,K,T)}{dT} \tag{15.4}$$

짧은 만기 콜옵션이 만료되는 시점 T에서 주가가 $S = S_T$일 때 캘린더 스프레드의 거동을 조사한다. $S_T \ll K, S_T \approx K, S_T \gg K$인 세 가지 가능성이 있다. $S_T \ll K$

의 경우 짧은 만기 콜옵션의 가치는 0이고 무한소 dT에 대해 만기가 남은 콜옵션의 가치도 거의 0이다. dT가 너무 작아서 콜옵션이 내가격으로 만료되는 유의미한 확률을 허용하지 않는다. 비슷하게 $S_T \gg K$이면 두 콜옵션은 모두 상당한 내가격 위치에 있으며 거의 같은 가치를 갖는다. 따라서 $dT \to 0$일 때 이 두 경우 모두 캘린더 스프레드의 가치는 0이다. $S_T = K$의 경우 짧은 만기 콜은 등가격으로 가치가 0으로 만료되고, 만기가 남은 콜옵션은 국소 변동성 $\sigma(K, T)$이 주가를 내가격으로 움직이게 할 수 있어 어느 정도 양의 가치를 갖는다. 이로부터 캘린더 스프레드가 가치를 갖는다.

그러므로 $dT \to 0$ 극한에서 $1/dT$ 캘린더 스프레드는 오로지 $S_T \approx K$에서만 가치를 갖고 스프레드의 가치를 결정하는 것에 관련된 변동성은 국소 변동성 $\sigma(K, T)$다. 이 극한에서 주가 S, 시점 t에서 평가된 캘린더 스프레드의 가치는 주가가 (S, t)에서 (K, T)로 전개할 확률을 나타내는 위험 중립 확률 $p(S, t, K, T)$에 비례한다. 그리고 캘린더 스프레드의 가치가 국소 변동성 $\sigma(K, T)$에 따라 증가하는 것 또한 분명하다.

무한소 캘린더 스프레드의 가치가 실제로 $\sigma^2(K, T)$인 변동성의 제곱에 비례하는 것을 뒤에서 보일 것이다. 여기서는 이것을 인정하고 다음과 같이 표현한다.

$$C(S, t, K, T + dT) - C(S, t, K, T)$$
$$\propto p(S, t, K, T)\sigma^2(K, T)dT \quad (15.5)$$

이제 $p(S, t, K, T)$를 식 (15.1)의 브리덴-리첸베르거 확률 밀도로 바꾼다.

$$C(S, t, K, T + dT) - C(S, t, K, T)$$
$$\propto \frac{\partial^2 C(S, t, K, T)}{\partial K^2}\sigma^2(K, T)dT \quad (15.6)$$

극한에서 식을 재정렬하면 다음을 얻을 수 있다.

$$\frac{\partial C(S, t, K, T)}{\partial T} \propto \frac{\partial^2 C(S, t, K, T)}{\partial K^2}\sigma^2(K, T) \quad (15.7)$$

결국 국소 변동성에 대한 표현식을 얻는다.

$$\sigma^2(K, T) \propto \frac{\dfrac{\partial C(S, t, K, T)}{\partial T}}{\dfrac{\partial^2 C(S, t, K, T)}{\partial K^2}} \quad (15.8)$$

국소 변동성이 가장 인기 있는 두 가지 옵션 거래 전략의 비율과 밀접하다는 것은 국소 변동성 모델의 매력적인 특징이다. 시장에서 거래되는 캘린더 스프레드와 버터플라이 스프레드의 가격에 대한 충분한 데이터가 있으면 국소 변동성 곡면을 결정할 수 있다.

무위험 이자율이 0이 아닌 경우 성립하는 식 (15.3)을 다음으로 변형할 수 있다.

$$\frac{\partial C(S,t,K,T)}{\partial T} + rK\frac{\partial C(S,t,K,T)}{\partial K} - \frac{\sigma^2(K,T)}{2}K^2\frac{\partial^2 C(S,t,K,T)}{\partial K^2} = 0 \quad (15.9)$$

이 식은 편미분 항에서 t가 T로 대체되고 S가 K로 대체된 BSM 편미분 방정식과 매우 유사하다. 그러나 매우 중요한 것은 BSM 방정식이 BSM 가정안에서 S에 대한 모든 유형의 옵션에 적용되는 반면, 식 (15.9)는 훨씬 더 제한적이며 국소 변동성 모델안에서 유럽형 콜옵션 및 풋옵션에만 성립한다. 뒤에서 이 부분에 대해 자세하게 설명한다. BSM 방정식은 (S,t)에서 모든 유형의 옵션 가치를 $(S+dS, T+dT)$에서 동일한 옵션 가치와 연관시킨다. 이와 대조적으로 식 (15.9)는 S와 t를 고정하고, 행사가와 만기가 (K,T)인 유럽형 옵션의 가치를 행사가와 만기가 $(K+dK, T+dT)$에 있는 유럽형 옵션과 연관시킨다.

듀파이어 방정식으로부터 유럽형 옵션의 시장 가격에서 유일한 국소 변동성 함수 $\sigma(K,T)$를 찾는 방법을 알 수 있다. 모든 K와 T에 대한 $\sigma(K,T)$가 주어지면 국소 변동성 곡면으로 내재 이항 모델을 구성할 수 있고, 이를 이용해서 이색 옵션을 평가하고 유럽형 옵션을 헤지할 수 있다. 각 옵션에 대해 서로 다른 변동성을 갖는 일관성 없는 BSM 모델을 사용하기보다 이론적으로 유일한 이항 모델을 사용하면 단일 모델로 일관성 있게 모든 유럽형 옵션을 시장 가격과 일치하게 평가할 수 있다.

시장 가격에서 계산한 국소 변동성 곡면은 변동성 차익 거래에도 유용할 수 있다. 옵션 가격에 내재된 미래 국소 변동성을 계산한 다음 그 값이 합리적인지 판단할 수 있다. 미래 변동성이 비합리적으로 낮거나 높게 보이면 버터플라이 스프레드 또는 캘린더 스프레드를 매매하는 것을 고려할 수 있고, 이는 미래의 특정 주가와 시점에서 미래 실현 변동성에 투자하는 것이다. Derman and Kani(1994)는 캘린더 스프레드 매수 포지션과 버터플라이 매도 포지션으로 이뤄진 순 초기비용이 0인 포지션에 대한 논의와 이 포지션으로 국소 변동성에 대한 선도 계약을 생성할 수 있다는 내용을 포

함하고 있다.[1]

보기 15.1

질문

S&P 500이 현재 2,000에 거래되고 있고 무위험 이자율과 배당은 0으로 가정한다. S&P 500 옵션에 대한 BSM 내재 변동성은 다음 공식에 의해 행사가 K와 잔존 만기 τ에 따라 달라진다고 가정한다.

$$\Sigma(K, \tau) = (0.12 + 0.08\tau)e^{-\left(\frac{K}{2000} - 1\right)}$$

공식에 따르면 만기가 임박한 옵션의 등가격 내재 변동성은 12%이다. 내재 변동성 기간 구조는 우상향하는데 만기가 1년 남은 옵션의 등가격 변동성이 20%까지 증가한다. 스큐는 음의 기울기를 갖는다. 만기가 1년일 경우 내재 변동성은 행사가 1% 감소할 때마다 변동성이 약 0.20% 증가한다.

캘린더 스프레드와 버터플라이 스프레드를 평가하고 듀파이어 식을 사용해 1년 만기 등가격 국소 변동성의 근삿값을 구하라. 계산에서 $dt = 0.01$, $dK = 20.00$을 사용하라.

정답

캘린더 스프레드는 잔존 만기 1.01년 2,000 행사가 콜옵션을 매수하고 만기가 1년 남은 2,000 행사가 콜옵션을 매도한다. 버터플라이 스프레드는 잔존 만기 1년의 콜옵션 3개가 필요한데, 행사가 1,980 콜옵션 1개를 매수하고 행사가 2,000 콜옵션 2개를 매도하고 행사가 2,020 콜옵션 1개를 매수한다. 옵션에 대한 BSM 가격은 다음과 같다.

S	K	τ	σ_I	d_1	d_2	$C(K, \tau)$
2,000	1,980	1.00	20.20%	0.15	-0.05	170.30
2,000	2,000	1.00	20.00%	0.10	-0.10	159.31
2,000	2,020	1.00	19.80%	0.05	-0.15	148.72
2,000	2,000	1.01	20.08%	0.10	-0.10	160.74

---

1. 저자가 인용을 잘못했다. 다음 논문을 참조하라. Kani, Derman and Kamal (1996), "Trading and Hedging Local Volatility", *Goldman Sachs Quantitative Strategies Research Notes* – 옮긴이

캘린더 스프레드와 버터플라이 스프레드의 가격은 다음과 같다.

$$캘린더 = \$160.74 - \$159.31 = \$1.43$$

$$버터플라이 = \$148.72 - 2 \times \$159.31 + \$170.30 = \$0.40$$

다음으로 듀파이어 식에 필요한 편미분 값들을 근사적으로 구한다.

$$\frac{\partial C(S, t, K, T)}{\partial T} \approx \frac{캘린더}{dT} = \frac{\$1.4302}{0.01} = 143.02$$

$$\frac{\partial^2 C(S, t, K, T)}{\partial K^2} \approx \frac{버터플라이}{dK^2} = \frac{\$0.3967}{(\$20)^2} = 0.0010$$

듀파이어 식에 대입하면 다음을 얻는다.

$$\sigma^2(K, T) = \frac{2\dfrac{\partial C(S, t, K, T)}{\partial T}}{K^2 \dfrac{\partial^2 C(S, t, K, T)}{\partial K^2}}$$

$$\sigma^2(2000, 1) = \frac{2 \times 143.02}{2000^2 \times 0.0010}$$

$$= 0.0721$$

국소 변동성은 제곱근인 27%이다.

1년 시점에 S&P가 2,000 수준에서 국소 변동성은 20%의 내재 변동성보다 상당히 높다. 내재 변동성을 S와 K 사이의 국소 변동성의 평균으로 생각하면 이 결과를 직관적으로 이해할 수 있다. 내재 변동성이 잔존 만기가 0인 옵션에 대해 12%에서 잔존 만기가 1년인 옵션에 대해 20%까지 상승해 연 기준 8% 상승했다 가정하자. 그러면 2배의 법칙에 따라 국소 변동성은 연간 약 16% 상승해 현재 12%에서 약 28%까지 상승한다고 볼 수 있고 이는 계산된 값인 27%에 매우 가깝다. 또한 내재 변동성 20%는 현재 12%, 1년 후 27%의 국소 변동성의 평균에 거의 근접한다.

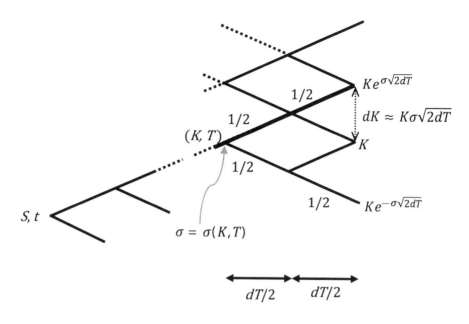

그림 **15.1** JR 이항 모델

이항 모델에서 듀파이어 식의 유도

다음 듀파이어 식을 유도하는 방법을 여기서 자세히 설명한다.

$$\frac{\sigma^2(K,T)}{2} = \frac{\dfrac{\partial C(S,t,K,T)}{\partial T}}{K^2 \dfrac{\partial^2 C(S,t,K,T)}{\partial K^2}}$$

식 유도를 위해 금리와 배당을 0으로 하는 이항 모델을 사용한다. 보다 형식화된 연속시간 버전의 유도는 뒤에서 설명한다. 포커르-플랑크 Fokker-Planck 방정식을 사용한 또 다른 유도는 Derman and Kani(1994)의 논문 부록에 있다.

이항 모델

JR 이항 모델을 구성하는 것으로 시작한다. 13장에서 JR 이항 모델에서 상승과 하락은 각각 확률 1/2을 갖는다. 시간 간격을 $dT/2$로 이항 모델을 구성하면 캘린더 스프레드를 쉽게 평가할 수 있다. 그림 15.1과 같이 (K, T)에 해당하는 마디점이 있다고 가정한다.

캘린더 스프레드

듀파이어 식의 분자는 행사가와 만기가 $(K, T+dT)$인 콜옵션 매수와 (K, T)인 콜옵션 매도로 구성되는 캘린더 스프레드에 비례한다. 앞의 논의에서 봤듯이 캘린더 스프레드의 거의 모든 가치가 (K, T) 주위에 집중돼 있다. (S, t)에서 (K, T)에 도달할 위험 중립 확률을 $P_{K,T}$로 표시한다.

이제 이항 모델의 $(K, T+dT)$ 콜옵션의 수익 구조와 (K, T) 콜옵션의 수익 구조에 대한 시점 T 마디점의 기여도를 조사한다.

- 시점 T에서 K보다 아래에 있는 주가 S'_T를 갖는 모든 마디점에서 (K, T) 콜옵션은 외가격이며, 더 나아가 시점 $T+dT$에 S'_{T+dT} 주가 마디점들로 전개된다. 하지만 S'_{T+dT} 주가 또한 K 이하이기 때문에 S'_{T+dT} 주가를 갖는 모든 마디점에서 $(K, T+dT)$ 콜옵션의 수익 구조는 0이 된다. 따라서 시점 T에서 K 아래의 마디점은 캘린더 스프레드에 어떤 기여도 하지 않는다.

- 시점 T에서 K 위에 있는 S'_T 주가를 갖는 모든 마디점은 (K, T) 콜옵션 수익 구조에 $S'_T - K$만큼 기여한다. 그림 15.1에서 볼 수 있듯이 S'_T를 갖는 모든 마디점은 시점 $T+dT$에서 S'_{T+dT} 주가로 표시되는 3개의 마디점(등가격 또는 내가격)으로 전개된다. 모든 마디점은 등가격 또는 내가격이기 때문에 시점 $T+dT$의 세 마디점 위에서 $(K, T+dT)$ 콜옵션의 수익 구조인 $S'_{T+dT} - K$의 기대 할인 가치는 세 마디점으로 전개되는 시작점인 시점 T에 S'_T 주가를 갖는 하나의 마디점 위에서의 (K, T) 콜옵션의 수익 구조 $S'_T - K$와 같다(이 동일함은 위험 중립 이항 모델이 시간이 지나도 선도 계약의 가치를 보존한다는 사실에서 나온다). 그러므로 시점 T에서 K 위의 마디점 또한 캘린더 스프레드에 어떤 기여도 하지 않는다.

- 이제 (K, T) 마디점을 고려한다. 이 마디점은 행사가 K, 만기 T인 콜옵션에 대해 정확히 등가격이며 결과적으로 (K, T) 콜옵션의 수익 구조는 0이다. 두 단계 후에 해당 마디점은 그림 15.1과 같이 시점 $T+dT$에 3개의 마디점으로 전개한다. 세 마디점 중 하위 두 마디점의 콜옵션은 각각 외가격 및 등가격이므

로 수익 구조가 0이다. 그림 15.1에 굵은 선으로 연결된 $(Ke^{\sigma\sqrt{2dT}}, T + dT)$ 최상위 마디점은 $(K, T + dT)$ 콜옵션의 수익 구조에 기여를 한다. (S, t) 시작점에서 해당 마디점으로 전개될 확률은 (K, T)까지의 전개 확률 $P_{K,T}$에 두 번의 상승 확률 $1/2 \times 1/2 = 1/4$을 곱한 $1/4 \times P_{K,T}$다.

따라서 그림 15.1에서 (K, T) 마디점에서 시작해 굵은 선으로 연결된 $(Ke^{\sigma\sqrt{2dT}}, T + dT)$ 최상위 마디점만이 (K, T) 콜옵션과 동일한 수익 구조를 같지 않고 $(K, T + dT)$ 콜옵션에 추가적인 보상을 만드는 유일한 마디점이다. 다른 모든 마디점은 두 콜옵션 모두에 대해 동일한 기대 할인 가치를 갖는다.

따라서 캘린더 스프레드의 모든 가치, 즉 만기가 긴 콜옵션과 만기가 짧은 콜옵션 간의 가치 차이는 그림 15.1의 굵은 선과 관련된 전개에서 발생하고, 이 기여도를 계산할 수 있다. 시간 간격 $dT/2$의 상승 방향 매개변수는 다음이 된다.

$$u = \sigma\sqrt{\frac{dT}{2}} \tag{15.10}$$

여기서 σ는 국소 변동성 $\sigma(K, T)$를 나타낸다. (K, T) 마디점에서 시작해 두 번 위로 이동한 최상위 마디점 주가는 다음이 된다.

$$S = Ke^{2u} = Ke^{\sigma\sqrt{2dT}} \tag{15.11}$$

이 마디점에서 $(K, T + dT)$ 콜옵션의 수익 구조는 인접한 마디점 K와 $Ke^{\sigma\sqrt{2dT}}$ 사이의 거리와 같다.

$$dK \equiv Ke^{\sigma\sqrt{2dT}} - K \approx K\sigma\sqrt{2dT} \tag{15.12}$$

시점 $(T + dT)$의 캘린더 스프레드 가치는 dK와 같다. 무위험 이자율을 0으로 가정하면 t 시점에서 캘린더 스프레드의 위험 중립 가치는 식 (15.12)의 수익과 이 수익에 도달할 위험 중립 확률을 곱한 것이다.

$$C(S, t, K, T + dT) - C(S, t, K, T) = \frac{1}{4}P_{K,T}\, dK \tag{15.13}$$

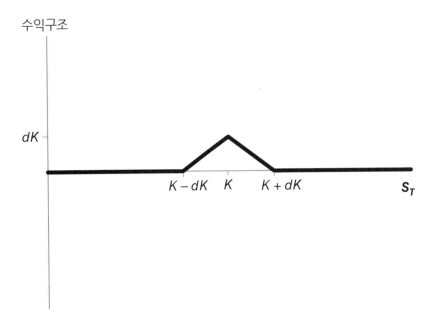

수익구조

dK

$K - dK$ K $K + dK$ S_T

그림 15.2 버터플라이 스프레드 수익 구조 그래프

양변을 dT로 나누면 다음을 얻을 수 있다.

$$\frac{\partial C(S,t,K,T)}{\partial T} \approx \frac{C(S,t,K,T+dT) - C(S,t,K,T)}{dT}$$

$$= \frac{1}{4} P_{K,T} \frac{dK}{dT} \tag{15.14}$$

버터플라이 스프레드

듀파이어 식의 분모는 무한소 버터플라이 스프레드에 비례한다.

$$C(S,t,K-dK,T) - 2C(S,t,K,T) + C(S,t,K+dK,T) \tag{15.15}$$

그림 15.2는 이 버터플라이 스프레드에 대한 수익 구조 그래프다. 이 스프레드는 주가가 시점 T에 마디점 K에 도달하면 dK을 지불하고, 인접 마디점들에서는 0이다.

앞에서 정의한 이산 확률 $P_{K,T}$는 (K,T) 마디점에서 \$1을 지불하므로 $1/dK$ 개수의 무한소 버터플라이 스프레드와 동일하다. 따라서 $dK \to 0$ 극한에서 다음을 얻는다.

$$P_{K,T} = \frac{C(S,t,K-dK,T) - 2C(S,t,K,T) + C(S,t,K+dK,T)}{dK}$$

$$= \frac{C(S,t,K+dK,T) - C(S,t,K,T)}{dK}$$

$$- \frac{C(S,t,K,T) - C(S,t,K-dK,T)}{dK} \tag{15.16}$$

$$\approx \frac{\partial C(S,t,K,T)}{\partial K} - \frac{\partial C(S,t,K-dK,T)}{\partial K}$$

$$\approx \frac{\partial^2 C(S,t,K,T)}{\partial K^2} dK$$

식 (15.16)을 식 (15.14)에 대입한다.

$$\frac{\partial C}{\partial T} = \frac{1}{4} P_{K,T} \frac{dK}{dT}$$

$$= \frac{1}{4} \frac{\partial^2 C(S,t,K,T)}{\partial K^2} \frac{dK^2}{dT} \tag{15.17}$$

근사식 $dK = K\sigma\sqrt{2dT}$ 를 사용하면 다음을 얻는다.

$$\frac{\partial C(S,t,K,T)}{\partial T} = \frac{1}{2}\sigma^2 K^2 \frac{\partial^2 C(S,t,K,T)}{\partial K^2} \tag{15.18}$$

따라서 듀파이어 식이 유도된다.

$$\frac{\sigma^2(K,T)}{2} = \frac{\dfrac{\partial C(S,t,K,T)}{\partial T}}{K^2 \dfrac{\partial^2 C(S,t,K,T)}{\partial K^2}} \tag{15.19}$$

이 식은 무위험 이자율이 0일 때 국소 변동성에 대한 듀파이어 식이다. 국소 변동성
은 오로지 거래되는 옵션의 가격에만 의존한다. 다음에서 보다 형식화된 증명을 통해
듀파이어 식을 유도한다. 또한 주가의 변동성이 확률 변수 S와 미래 시점 t 이외의
다른 변수에 의존하더라도, 심지어 변동성이 확률 요소를 포함하더라도, 식 (15.19)는
여전히 국소 변동성의 정의로 역할을 하고, 국소 변동성 모델을 이용한 옵션 가치는
시장의 옵션 가격과 일치할 것이다.

직관적인 이해를 돕는 이항 모델이 아닌 확률 미적분$^{\text{stochastic calculus}}$을 사용해 듀파이어 식을 증명한다. 먼저 위험 중립 세계에서 주가에 대한 확률 미분 방정식을 다음으로 쓸 수 있다.

$$\frac{dS}{S} = rdt + \sigma(S, t, \ldots)\, dZ \tag{15.20}$$

여기서 $\sigma(S, t, \ldots)$은 주가의 순간 변동성이고 S와 t 이외의 다른 변수에 의존할 수도 있다. 따라서 $\sigma(S, t, \ldots)$에서 '$\ldots$'은 변동성을 확률적으로 만드는 또 다른 독립적인 브라운 운동에 의존할 수 있다.

행사가 K, 만기 T인 유럽형 콜옵션의 시점 t의 가치는 다음으로 주어진다.

$$C(S, t, K, T) = e^{-r(T-t)}\, \mathbb{E}[(S_T - K)_+] \tag{15.21}$$

여기서 $\mathbb{E}[\ldots]$는 S_T 및 기타 모든 확률 변수에 대한 위험 중립(q-measure) 기댓값을 나타내고 $(x)_+$는 $\max[x, 0]$의 단축 표현이다.

헤비사이드 함수 $H(x)$와 디랙 델타 함수 $\delta(x)$ 사용해 콜옵션의 가치를 표현할 수 있다.

$$C(S, t, K, T) = e^{-r(T-t)}\, \mathbb{E}[(S_T - K)H(S_T - K)] \tag{15.22}$$

이제 듀파이어 식에 사용되는 콜옵션의 편미분을 계산할 수 있다.

$$\frac{\partial C(S, t, K, T)}{\partial K} = -e^{-r(T-t)}\, \mathbb{E}[H(S_T - K)] \tag{15.23}$$

$$\frac{\partial^2 C(S, t, K, T)}{\partial K^2} = e^{-r(T-t)}\, \mathbb{E}[\delta(S_T - K)] \tag{15.24}$$

K를 일정하게 유지하면서 T에 대해 $C(S, t, K, T)$의 전미분을 구하려면 식 (15.21) 에서 시간이 지남에 따라 dT 변화에 의한 C의 변화분과 S_T의 확률적 변화에 의한

C의 변화분 모두를 고려해야 한다.

$$d_T C|_K = \mathbb{E}\left[\frac{\partial C}{\partial T}dT + \frac{\partial C}{\partial S_T}dS_T + \frac{1}{2}\frac{\partial^2 C}{\partial S_T^2}(dS_T)^2\right]$$

$$= \mathbb{E}\left[\begin{array}{c} -rCdT + e^{-r(T-t)}H(S_T - K)dS_T \\ +\frac{1}{2}e^{-r(T-t)}\delta(S_T - K)(dS_T)^2 \end{array}\right]$$

$$= e^{-r(T-t)}\mathbb{E}\left[\begin{array}{c} -re^{r(T-t)}CdT + H(S_T - K)dS_T \\ +\frac{1}{2}\delta(S_T - K)(dS_T)^2 \end{array}\right] \qquad (15.25)$$

$$= e^{-r(T-t)}\mathbb{E}\left[\begin{array}{c} -re^{r(T-t)}CdT + H(S_T - K)dS_T \\ +\frac{1}{2}\delta(S_T - K)\sigma^2(S_T, T, \ldots)S_T^2 dT \end{array}\right]$$

마지막 항에서 S_T를 K로 바꾸면 다음을 얻는다.

$$d_T C|_K = e^{-r(T-t)}\mathbb{E}\left[\begin{array}{c} -re^{r(T-t)}CdT \\ +H(S_T - K)dS_T \\ +\frac{1}{2}\delta(S_T - K)\sigma^2(S_T, T, \ldots)K^2 dT \end{array}\right] \qquad (15.26)$$

식 (15.22)를 대입하면 다음이 된다.

$$d_T C|_K = e^{-r(T-t)}\mathbb{E}\left[\begin{array}{c} -r(S_T - K)H(S_T - K)dT \\ +H(S_T - K)dS_T \\ +\frac{1}{2}\delta(S_T - K)\sigma^2(S_T, T, \ldots)K^2 dT \end{array}\right] \qquad (15.27)$$

이제 식 (15.20)을 사용해 dS_T를 교체한다.

$$d_T C|_K = e^{-r(T-t)}\mathbb{E}\left[\begin{array}{c} -r(S_T - K)H(S_T - K)dT \\ +S_T H(S_T - K)(rdt + \sigma(S_T, T, \ldots)dZ) \\ +\frac{1}{2}\delta(S_T - K)\sigma^2(S_T, T, \ldots)K^2 dT \end{array}\right] \quad (15.28)$$

우변의 항을 정리하고 dZ의 기댓값이 0인 것을 사용한다.

$$d_T C|_K = e^{-r(T-t)}\mathbb{E}\left[\begin{array}{c} rKH(S_T - K)dT \\ +\frac{1}{2}\delta(S_T - K)\sigma^2(S_T, T, \ldots)K^2 dT \end{array}\right] \qquad (15.29)$$

여기에서 식 (15.23)과 식 (15.24)를 이용해 우변을 K에 대한 C의 편미분으로 표현한다.

$$d_T C|_K = -rK \frac{\partial C}{\partial K} dT + \frac{1}{2} \frac{\partial^2 C}{\partial K^2} \mathbb{E}\left[\sigma^2(K, T, \ldots)\right] K^2 dT \tag{15.30}$$

결국 S_T와 T 변할 때 $C(K, T)$ 가치의 변화에 관한 식을 얻는다.

$$\left.\frac{\partial C}{\partial T}\right|_K = -rK \frac{\partial C}{\partial K} + \frac{1}{2} \frac{\partial^2 C}{\partial K^2} \mathbb{E}\left[\sigma^2(K, T, \ldots)\right] K^2 \tag{15.31}$$

최종 항들을 정리한다.

$$\frac{\mathbb{E}\left[\sigma^2(K, T, \ldots)\right]}{2} = \frac{\left.\frac{\partial C}{\partial T}\right|_K + rK \left.\frac{\partial C}{\partial K}\right|_T}{K^2 \left.\frac{\partial^2 C}{\partial K^2}\right|_T} \tag{15.32}$$

이제 일반화된 국소 분산 $\sigma^2(K, T)$을, 주가 수준 K와 시점 T에서 미래 순간 분산의 평균으로 정의한다. 평균은 K와 T 이외의 미래 순간 분산이 의존하는 다른 모든 변수에 행해진다.

$$\sigma^2(K, T) = \mathbb{E}\left[\sigma^2(K, T, \ldots)\right] \tag{15.33}$$

식 (15.32)는 다시 듀파이어 식이다. 식의 좌변인 분산이 양이 되는 것을 보장하려면 식 (15.32)의 우변의 분모와 분자가 동일한 부호를 가져야 한다. 브리덴-리첸베르거 결과를 도출할 때 분모의 $\partial^2 C/\partial K^2$는 버터플라이 수익 구조와 같음을 보였으므로 항상 양의 값을 갖고 분자도 역시 양수임을 보일 수 있다. 15장의 연습문제에 이에 대한 증명이 있다.

국소 변동성과 내재 변동성 사이의 관계

금리와 배당이 0이라면 국소 변동성은 다음이 된다.

$$\frac{\sigma^2(K, T)}{2} = \frac{\left.\frac{\partial C}{\partial T}\right|_K}{K^2 \left.\frac{\partial^2 C}{\partial K^2}\right|_T} \tag{15.34}$$

옵션 가격이 BSM 내재 변동성 Σ으로 평가된다면 다음과 같이 쓸 수 있다.

$$C(S, t, K, T) = C_{\text{BSM}}(S, t, K, T, \Sigma(S, t, K, T))$$

여기서 간결함을 위해 금리와 배당을 0으로 계속 가정한다.

미분의 연쇄 법칙 이용하고 BSM 민감도 공식을 적용하면 다음 식을 얻을 수 있다.

$$\sigma^2(K, \tau) = \frac{2\dfrac{\partial \Sigma}{\partial \tau} + \dfrac{\Sigma}{\tau}}{K^2 \left[\dfrac{\partial^2 \Sigma}{\partial K^2} - d_1 \sqrt{\tau} \left(\dfrac{\partial \Sigma}{\partial K} \right)^2 + \dfrac{1}{\Sigma} \left(\dfrac{1}{K\sqrt{\tau}} + d_1 \dfrac{\partial \Sigma}{\partial K} \right)^2 \right]} \tag{15.35}$$

여기서 $\tau = (T - t)$이고 d_1은 다음의 식으로 정의된다.

$$d_1 = \frac{1}{\Sigma \sqrt{\tau}} \ln \left(S/K \right) + \frac{1}{2} \Sigma \sqrt{\tau} \tag{15.36}$$

식 (15.35)를 유도할 때 Σ도 S, t, K, T의 함수이기 때문에 C를 미분할 때 연쇄 법칙을 사용하는 것이 중요하다. 식을 유도할 때 분자와 분모의 모든 항이 $N'(d_2)$에 비례하게 되고 이것은 상쇄돼 최종 공식에서 사라진다.

식 (15.35)는 옵션 가격이 아닌 BSM 내재 변동성으로 표현한 국소 변동성 곡면 $\sigma(K, T)$에 대한 공식이다. 이 공식은 스큐가 없는 선도 변동성을 스큐가 있는 국소 변동성(시간 방향과 주가 방향) 개념으로 일반화한 것이다. 국소 변동성은 미래 시점의 변동성을 의미하는 선도 변동성과 다른 주가 수준에서의 변동성도 표현한다. 이 공식과 함께 변동성이 일정한 세상에서 변동성이 시간에 따라 변하는 세계, 그리고 마지막으로 변동성이 시간과 주가에 따라 변하는 세계로의 여정을 마쳤다. 이제 이 관계식을 이용해 국소 변동성과 내재 변동성 간의 관계에 대해 앞에서 논의했던 직관적인 이해를 보다 형식화할 수 있다.

스큐가 없을 때 내재 분산과 국소 분산

Σ가 행사가 K에 의존하지 않으면 $\sigma(K, \tau)$도 마찬가지이며 식 (15.35)는 다음과 같이 간단해진다.

$$\sigma^2(\tau) = 2\tau\Sigma\frac{\partial\Sigma}{\partial\tau} + \Sigma^2 \tag{15.37}$$

이 식을 다음과 같이 표현할 수 있다.

$$\sigma^2(\tau) = \frac{\partial}{\partial\tau}(\tau\Sigma^2) \tag{15.38}$$

양변을 적분하면 앞에서 유도한 식을 얻을 수 있다.

$$\int_0^\tau \sigma^2(u)du = \tau\Sigma^2(\tau) \tag{15.39}$$

여기서는 보다 일반적인 관점에서 Σ가 행사가와 무관할 때 선도 분산의 합은 총 내재 분산과 같다는 것을 알 수 있다.

보기 15.2

질문

XYZ 주식에 대한 옵션의 국소 변동성은 행사가와 무관하지만 잔존 만기에 따라 다음으로 주어진다.

$$\sigma(\tau) = 0.1 + 0.05\tau$$

만기가 1년인 옵션의 내재 변동성은 얼마인가?

정답

국소 변동성의 변화에 대한 식이 주어졌으므로 국소 분산은 다음과 같다.

$$\sigma^2(\tau) = (0.1 + 0.05\tau)^2$$
$$= 0.01 + 0.01\tau + 0.0025\tau^2$$

식 (15.39)를 이용하면 다음을 얻는다.

$$\tau\Sigma^2(\tau) = \int_0^\tau \sigma^2(u)du$$

$$\Sigma^2(1) = \int_0^1 (0.01 + 0.01u + 0.0025u^2)du$$

$$= \left[0.01u + 0.005u^2 + \frac{0.0025}{3}u^3\right]_0^1$$

$$= 0.01583$$

제곱근을 취하면 최종 답을 구할 수 있다.

$$\Sigma(1) = 12.58\%$$

1년의 내재 변동성(12.58%)은 잔존 만기가 0과 1년(10%, 15%)의 국소 변동성의 평균보다 약간 더 크다.

2배의 법칙 재검토

다음으로, 국소 변동성이 행사가만의 함수이고 만기와 무관한 경우를 고려한다.

$$\Sigma = \Sigma(K)$$
$$\frac{\partial\Sigma}{\partial\tau} = 0 \tag{15.40}$$

또한 스큐가 K에 대한 약한 선형 의존성으로 $\partial\Sigma/\partial K$ 비례하는 항만 고려하면 된다고 가정하고 $(\partial\Sigma/\partial K)^2$과 $\partial^2\Sigma/\partial K^2$과 같은 고차 항은 무시한다.

$$\sigma^2(K,\tau) = \frac{\Sigma/\tau}{\dfrac{K^2}{\Sigma}\left[\left(\dfrac{1}{K\sqrt{\tau}} + d_1\dfrac{\partial\Sigma}{\partial K}\right)^2\right]}$$

$$= \frac{\Sigma^2}{\left(1 + d_1 K\sqrt{\tau}\dfrac{\partial\Sigma}{\partial K}\right)^2} \tag{15.41}$$

또는 다음 관계를 만족한다.

$$\sigma(K, \tau) = \frac{\Sigma(K)}{1 + d_1 K \sqrt{\tau} \dfrac{\partial \Sigma}{\partial K}} \tag{15.42}$$

등가격에 가깝고 $K = S + \Delta K$이면 다음 근사식을 얻는다.

$$d_1 \approx \frac{\ln(S/K)}{\Sigma \sqrt{\tau}} \approx -\frac{\Delta K}{S(\Sigma \sqrt{\tau})} \approx -\frac{\Delta K}{K(\Sigma \sqrt{\tau})} \tag{15.43}$$

식 (15.43)을 식 (15.42)에 대입한 후에 식을 근사한다.

$$
\begin{aligned}
\sigma(K) &\approx \frac{\Sigma(K)}{1 - \dfrac{\Delta K}{\Sigma} \dfrac{\partial \Sigma}{\partial K}} \\
&\approx \Sigma(K) \left(1 + \frac{\Delta K}{\Sigma} \frac{\partial \Sigma}{\partial K} \right) \\
&\approx \Sigma(K) + (\Delta K) \frac{\partial \Sigma}{\partial K}
\end{aligned}
\tag{15.44}
$$

여기서 $K = S + \Delta K$이고 ΔK는 등가격 행사가와 주가 사이의 거리다.

$$\sigma(S + \Delta K) \approx \Sigma(S + \Delta K) + (\Delta K) \frac{\partial \Sigma(S + \Delta K)}{\partial K} \tag{15.45}$$

그런 다음 S에 대한 $\sigma(S + \Delta K)$와 $\Sigma(S + \Delta K)$에 대해 테일러 전개를 하면 다음을 얻는다.

$$\sigma(S) + \frac{\partial \sigma(S)}{\partial S} \Delta K \approx \Sigma(S) + 2 \frac{\partial \Sigma(S)}{\partial S} \Delta K$$

$\sigma(S) \approx \Sigma(S)$이면 다음 식이 성립한다.

$$\frac{\partial}{\partial S} \sigma(S) \approx 2 \left(\frac{\partial \Sigma}{\partial K} \right) \bigg|_{K=S} \tag{15.46}$$

이전에 보다 직관적으로 추측한 바와 같이, 행사가에 따라 내재 변동성이 증가하는 것보다 주가에 따라 국소 변동성이 2배 빠르게 증가한다. 이 식은 앞에서 소개한 2배의 법칙의 또 다른 예다.

만기가 짧은 경우

여기서는 $\tau \to 0$ 극한에서 식 (15.35)를 살펴본다. 이런 상황에서 내재 변동성은 현재 주가와 행사가 사이에 있는 국소 변동성의 조화 평균이 되는 것을 증명한다.

양수들의 집합 $x_1, x_2, \ldots, x_n$ 의 조화 평균을 μ_{H} 라 하고 다음으로 정의한다.

$$\frac{1}{\mu_{\mathrm{H}}} = \frac{\dfrac{1}{x_1} + \dfrac{1}{x_2} + \cdots + \dfrac{1}{x_n}}{n} \tag{15.47}$$

또는

$$\mu_{\mathrm{H}} = \frac{n}{\dfrac{1}{x_1} + \dfrac{1}{x_2} + \cdots + \dfrac{1}{x_n}} \tag{15.48}$$

예를 들어, 10%와 40%의 조화 평균은 $16\% = 2/(1/10\% + 1/40\%)$이다.

정규 밀도 함수 $f(x)$를 가진 연속 확률 변수에 대한 조화 평균은 다음이 된다.

$$\mu_{\mathrm{H}} = \frac{1}{\displaystyle\int_0^\infty \frac{1}{x} f(x) dx} \tag{15.49}$$

식 (15.35)에서 우변의 분자와 분모에 τ를 곱하면 다음을 얻는다.

$$\sigma^2(K, \tau) = \frac{2\tau \dfrac{\partial \Sigma}{\partial \tau} + \Sigma}{K^2 \left[\tau \dfrac{\partial^2 \Sigma}{\partial K^2} - d_1 \tau \sqrt{\tau} \left(\dfrac{\partial \Sigma}{\partial K} \right)^2 + \dfrac{1}{\Sigma} \left(\dfrac{1}{K} + d_1 \sqrt{\tau} \dfrac{\partial \Sigma}{\partial K} \right)^2 \right]} \tag{15.50}$$

$\tau \to 0$인 극한을 고려한다.

$$\lim_{\tau \to 0} \sigma^2(K, \tau) = \frac{\Sigma}{K^2 \left[\dfrac{1}{\Sigma} \left(\dfrac{1}{K} + d_1 \sqrt{\tau} \dfrac{\partial \Sigma}{\partial K} \right)^2 \right]}$$

$$= \frac{\Sigma^2}{\left(1 + d_1 \sqrt{\tau} K \dfrac{\partial \Sigma}{\partial K} \right)^2} \tag{15.51}$$

다음 식에 주의한다.

$$d_1\sqrt{\tau} = \frac{1}{\Sigma}\ln\left(S/K\right) + \frac{1}{2}\Sigma\tau \tag{15.52}$$

결국 $\tau \to 0$에서 다음을 얻는다.

$$\lim_{\tau \to 0} d_1\sqrt{\tau} = \frac{1}{\Sigma}\ln\left(S/K\right) \tag{15.53}$$

이 관계를 식 (15.51)에 대입하고 양변에 제곱근을 취하면 다음과 같은 미분 방정식을 얻고, 모든 항에서 τ 의존성은 사라진다.

$$\sigma(K) = \lim_{\tau \to 0}\sigma(K,\tau) = \frac{\Sigma}{1 + \dfrac{K}{\Sigma}\ln\left(S/K\right)\dfrac{\partial\Sigma}{\partial K}} \tag{15.54}$$

새로운 변수 $x = \ln(K/S)$를 정의한다.

$$K\frac{d\Sigma}{dK} = \frac{d\Sigma}{dx} \tag{15.55}$$

그런 다음 식 (15.54)를 다음으로 표현할 수 있다.

$$\sigma(K) = \frac{\Sigma}{1 - \dfrac{x}{\Sigma}\dfrac{\partial\Sigma}{\partial x}} \tag{15.56}$$

여기서 $V = 1/\Sigma$로 정의하면 다음 식을 얻는다.

$$\frac{\partial\Sigma}{\partial x} = -\frac{1}{V^2}\frac{\partial V}{\partial x} \tag{15.57}$$

$$\sigma(K) = \frac{1}{V\left[1 + \dfrac{x}{V}\dfrac{dV}{dx}\right]} \tag{15.58}$$

식 (15.58)을 다음과 같이 변형할 수 있다.

$$V + x\frac{dV}{dx} = \frac{1}{\sigma(K)} \tag{15.59}$$

또는

$$\frac{d}{dx}(xV) = \frac{1}{\sigma(K)} \tag{15.60}$$

이제 국소 변동성 $\sigma(K)$를 K의 함수 대신 $\ln(K/S)$의 함수로 매개변수화해 $\sigma(x)$로 표기할 수 있다. 이전과 동일한 값의 변동성을 의미하지만 $x = \ln(K/S)$에 관한 함수를 의미한다. 여기서 중요한 부분을 다시 언급하자면 내재 변동성의 변수 K는 행사가를 나타내지만, 국소 변동성 K는 주가를 나타낸다. 이런 매개화로 식 (15.60)을 다음으로 표현할 수 있다.

$$\frac{d}{dx}(xV) = \frac{1}{\sigma(x)} \tag{15.61}$$

K는 관심을 두는 행사가이고 양변을 $x = 0$에서 $x = \ln(K/S)$까지 적분하면 다음을 얻는다.

$$\ln(K/S)\, V(S,K) = \int_0^{\ln\left(\frac{K}{S}\right)} \frac{1}{\sigma(x)} dx \tag{15.62}$$

V를 $1/\Sigma$로 바꾼다.

$$\frac{\ln(K/S)}{\Sigma(K/S)} = \int_0^{\ln(K/S)} \frac{1}{\sigma(x)} dx \tag{15.63}$$

즉 현재 주가가 S일 때 $\tau \to 0$ 극한에서, $\ln(K/S)$의 함수로 표현되는 행사가 K 옵션의 내재 변동성은 국소 변동성의 조화 평균이다. S와 K 사이 모든 주가 S'에 대한 국소 변동성의 조화 평균으로 국소 변동성은 0과 $\ln(K/S)$ 사이의 $\ln(S'/S)$ 함수로 표현된다.

조화 평균이 산술 평균보다 왜 더 의미가 있는지를 알아보고자, 만기까지 시간이 매우 짧게 남은 외가격 콜옵션이 있고 현재 주가와 콜옵션 행사가 사이 어딘가에서 국소 변동성이 0이라 가정한다. GBM을 따르는 주식은 국소 변동성이 0이 되는 지점을 넘어 움직일 수 없으며 따라서 콜옵션은 가치가 없어야 한다. 하지만 내재 변동성이 단지 국소 변동성의 산술 평균이라면 내재 변동성은 0이 아니게 되며 콜옵션은 양의 가치를 갖게 된다. 내재 변동성이 국소 변동성의 조화 평균이라면 내재 변동성은 0이 돼서 콜옵션에 올바른 가치를 부여할 수 있다. 조화 평균 기반으로 콜옵션은 가치가 없으며 주식이 행사가에 도달할 수 없다는 사실을 정확하게 반영한다.

초기 주가에서 행사가까지 주식이 확산하는 데 걸리는 총 시간의 관점으로 식 (15.63)을 훨씬 더 직관적으로 해석할 수 있다. σ^2를 GBM(σ^2의 차원은 $1/t$)을 따르는 주가의 확산 속도로 생각하면 주가가 특정 거리를 확산하는 데 걸리는 시간은 $1/\sigma^2$에 비례

한다. 이는 초당 20미터(20미터/초)로 움직이는 자동차가 1미터를 이동하는 데 1/20
초가 걸리는 것과 유사하다. 이런 관점에서 보면 주가가 현재 주가에서 행사가까지
이동하는 총 확산 시간은 국소적인 확산에 걸린 시간들의 합이다. 식 (15.63)은 실제
확산 시간인 $1/\sigma^2$가 아니라 $1/\sigma$(확산 시간의 제곱근)에 대한 기술이라는 점을 제외하
면 앞 문장의 설명과 유사하게 받아들일 수 있다. 식 (15.63)에서 합계를 위해 더하는
것은 시간의 제곱근 값이다.

자동차 비유를 좀 더 자세히 설명한다. 여행의 총 시간은 각 구간의 시간의 합과
같지만 자동차의 속도가 일정하지 않으면 전체 여행의 평균 속도는 속도들의 평균이
아니다. 자동차가 더 빨리 달릴 때는 더 짧은 시간에 주어진 특정 거리를 이동하기 때
문이다. 자동차가 50마일을 시속 100마일(100마일/시)로 이동한 다음 50마일을 시속
25마일(25마일/시)로 이동하면 자동차는 100마일을 이동하는 데 2.5시간이 걸린다.
여행의 평균 속도는 시속 40마일 = 100마일/2.5시간이며, 시속 62.5 = (100 + 25)/2
마일이 아니다.

수식으로 살펴보고자 자동차의 속도 $v(s)$는 위치 s에 따라 변하고 총 이동 거리는
$D = \int ds$로 가정한다. 이동에 걸린 총 시간은 다음과 같다.

$$T = \int dt = \int \frac{ds}{v(s)} \tag{15.64}$$

평균 속도는 다음으로 주어진다.

$$V = \frac{D}{T} = \frac{D}{\int \frac{ds}{v(s)}} \tag{15.65}$$

다음과 같이 변형할 수 있다.

$$\frac{D}{V} = \int \frac{ds}{v(s)} \tag{15.66}$$

이 식에서 평균 속도는 순간 속도의 조화 평균이고 식 (15.63)과 유사하다.

15-1. ABC 주식은 현재 주당 \$1,000에 거래되고 있다. 무위험 이자율과 배당이 0 이고 ABC 옵션에 대한 BSM 내재 변동성은 행사가에 따라 다음으로 주어진다.

$$\Sigma(K) = 0.10 e^{-\left(\frac{K}{1000} - 1\right)}$$

등가격 내재 변동성은 10%이며 행사가가 1% 감소할 때마다 약 10bp 증가한다. 1년 후 주가가 \$1,000일 때 국소 변동성에 대한 근사치를 구하라. $dt = 0.01, dK = 10.00$로 캘린더 스프레드와 버터플라이 스프레드 가치를 계산하고 이를 듀파이어 식에 사용하라.

15-2. 이전 문제와 동일한 정보를 사용해 주가 \$900(현재 주가는 여전히 \$1,000다)에 대한 1년 후의 국소 변동성을 계산하라.

15-3. 주식 ABC를 분석하는 애널리스트는 실수를 했고 실제로 내재 변동성은 다음과 같이 행사가와 잔존 만기에 따라 달라진다.

$$\Sigma(K) = (0.10 + 0.05\tau) e^{-\left(\frac{K}{1000} - 1\right)}$$

여기서 τ는 잔존 만기다. 연습문제 15-1과 연습문제 15-2와 동일한 방법을 사용해 \$1,000과 \$900의 주가에서 1년 후의 국소 변동성을 근사적으로 구하라.

15-4. 배당을 지급하지 않는 주식 S에 대한 유럽형 콜옵션을 생각한다. 연이자율 r은 연속 복리다. t 시점에서 행사가 K와 만기 T인 콜옵션의 시장 가격을 $C(S, t, K, T)$로 표기한다.

행사가 $Ke^{r(T_1-t)}$, 만기 T_1인 콜옵션을 매도하고 행사가 $Ke^{r(T_2-t)}$, 만기 T_2인 콜옵션을 매수해 캘린더 스프레드를 구성한다. $T_2 > T_1$이고 $Ke^{r(T_1-t)}$, $Ke^{r(T_2-t)}$는 행사가 K의 해당 만기 선도 행사가이다(시간 t에서 캘린더 스프레드를 매수한 후 주가 S는 t에 따라 변경되지만 옵션의 행사가와 만기는 t가 변함에 따라 바뀌지 않는다). 캘린더 스프레드의 초기 가치는 다음과 같다.

$$V(t, T_1, T_2) = C\left(S, t, Ke^{r(T_2-t)}, T_2\right) - C\left(S, t, Ke^{r(T_1-t)}, T_1\right)$$

무위험 차익 거래 불가능의 제약 조건에서 모델 독립적으로 $V(t, T_1, T_2) \geq 0$ 을 증명하라.

참고: 선도 행사가 $Ke^{r(T_1-t)}$, $Ke^{r(T_2-t)}$ 가 중요한 것은 주식의 선도 가격 인데, 행사가를 나누면 옵션들이 동일한 선도 가격도를 갖기 때문이다.

힌트: 먼저 스프레드 V 의 만기 T_1 콜옵션이 외가격으로 끝나는 경우를 생각 하고, 그다음 만기 T_1 콜옵션이 내가격으로 끝나는 경우를 생각하라. 콜옵션 은 항상 동일 행사가의 선도 계약보다는 크거나 같은 가치를 가진다는 사실을 이용하라.

15-5. 이전 질문과 동일한 정보와 표기법으로 BSM 공식을 사용해 시장의 콜옵션 가격들을 표현하면 어떻게 되는지 살펴본다. 그렇다고 BSM 공식이 맞다고 믿는 것은 아니다. BSM 내재 변동성으로 콜옵션을 다음과 같이 쓸 수 있다.

$$C(S, t, K, T) = C_{\text{BSM}}(S, t, K, T, \Sigma(S, t, K, T))$$

이 식의 좌변은 시장 가격이고 우변은 내재 변동성 $\Sigma(S, t, K, T)$ 을 사용한 BSM 공식이며 두 값은 같다.

선도 행사가 $Ke^{r(T-t)}$ 로 총 BSM 내재 분산을 다음으로 정의한다.

$$v(S, t, K^{r(T-t)}, T) = (T-t)\Sigma^2(S, t, Ke^{r(T-t)}, T)$$

$dT \to 0$ 극한에서 캘린더 스프레드 $V(t, T, T+dT)$ 의 가치가 양이라는 것과 다음 조건이 동일함을 증명하라.

$$\frac{\partial v}{\partial T} \geq 0$$

즉 무위험 차익 거래가 없으려면 BSM 총 내재 분산이 만기 방향으로 감소하 지 않아야 한다는 것을 증명하라. 이 조건은 잔존 만기의 함수인 내재 변동성 곡면에 대한 제약이며, 9장에서 언급한 행사가의 함수인 스마일에 관련된 스마일 기울기의 무차익 거래 조건과 유사하다. 이 조건에서 BSM 모델이 정확하다고 가정하지 않는다는 점을 강조하고, 모델은 단지 옵션 가격을 제시하는 규칙으로만 사용하고 있다.

금리와 배당이 0이라면 이 제약 조건은 다음 식이 된다.

$$2\frac{\partial \Sigma}{\partial \tau} + \frac{\Sigma}{\tau} \geq 0$$

여기서 τ는 잔존 만기다. 이 식은 국소 변동성에 관한 식 (15.35)의 분자가 결코 음수가 아님을 보장한다.

16장

국소 변동성 III

- 국소 변동성 모델의 헤지 비율
- 이색 옵션 가치
- 2배의 법칙과 국소 변동성의 평균인 내재 변동성

헤지 비율

표준 옵션에 대한 BSM 내재 변동성을 현재 주가와 행사가 사이 국소 변동성의 대략적인 평균으로 생각할 수 있다고 앞에서 설명했다. 주가가 상승함에 따라 국소 변동성이 감소한다면 다른 모든 조건이 동일할 때 주가가 상승할 때 내재 변동성도 감소한다. 반대의 경우도 사실이다. 주가가 상승함에 따라 국소 변동성이 증가하는 경우라면 내재 변동성도 증가한다.

기초 자산 주가의 선형 함수로 국소 변동성을 근사할 수 있다. 내재 변동성이 국소 변동성의 평균이면 주기의 작은 변화에 대한 내재 변동성의 변동분은 행사가의 작은 변화로 인한 변동분과 거의 같을 것이다.

$$\frac{\partial}{\partial S}\Sigma(S,t,K,T) \approx \frac{\partial}{\partial K}\Sigma(S,t,K,T) \tag{16.1}$$

이것을 알아보고자 국소 변동성을 다음과 같이 표현한다.

$$\sigma(S) = \sigma_0 - 2\beta(S - S_0) \tag{16.2}$$

여기서 $\sigma(S)$는 시간에 무관하고, 2β는 작은 상수 기울기이며, 주가가 S_0일 때 국소 변동성은 σ_0이다. 이제 식 (16.2)에 따른 내재 변동성을 살펴보자.

행사가가 K인 옵션의 내재 변동성 $\Sigma(S, K)$는 대략 주가 S와 K 사이의 $\sigma(S)$의 평균이다.

$$\Sigma(S, K) \approx \frac{1}{2} \left[(\sigma_0 - 2\beta(S - S_0)) + (\sigma_0 - 2\beta(K - S_0)) \right]$$
$$\approx \sigma_0 + 2\beta S_0 - \beta(S + K) \tag{16.3}$$

S와 K에 대한 편미분을 하면 다음을 얻는다.

$$\frac{\partial}{\partial S} \Sigma(S, K) = \frac{\partial}{\partial K} \Sigma(S, K) \approx -\beta \tag{16.4}$$

따라서 국소 변동성이 기초 주가에 대해 2β의 기울기를 갖는다면 내재 변동성은 행사가 및 주가에 대해 β의 기울기를 갖게 된다. 내재 변동성은 주가뿐만 아니라 행사가에 대해서도 변하기 때문에 주가 움직임에 국한된 국소 변동성은 주가에 대해 2배 빠르게 변한다. 이것은 앞에서 언급했던 2배의 법칙의 또 다른 예다. 다양한 가정, 특히 작은 선형 스큐에서 이런 관계를 유도했지만, 수치 계산 결과는 이런 가정이 근사적으로 성립하는 경우도 2배의 법칙이 상당히 정확하다는 것을 보여 준다.

옵션의 정확한 헤지 비율

BSM 공식의 옵션 가격 $C_{\text{BSM}}(S, \Sigma)$에 전미분을 취함으로써 국소 변동성 모델의 옵션에 대한 올바른 헤지 비율 Δ를 구할 수 있다.

$$\Delta \equiv \frac{dC_{\text{BSM}}}{dS} = \frac{\partial C_{\text{BSM}}}{\partial S} + \frac{\partial C_{\text{BSM}}}{\partial \Sigma} \frac{\partial \Sigma}{\partial S} \tag{16.5}$$

근사적으로 다음이 성립한다.

$$\Delta \approx \Delta_{\text{BSM}} - V_{\text{BSM}} \beta \tag{16.6}$$

여기서 Δ_{BSM}과 V_{BSM}은 각각 BSM 델타와 베가이고 β는 내재 변동성 함수의 특성인 음의 스큐 크기로서 양수다. V_{BSM}은 유럽형 콜옵션 및 풋옵션에 대해 양수다. 따라서 옵션에 대한 올바른 헤지 비율은 내재 변동성 스큐가 음수일 때 Δ_{BSM}보다 작아진다.

10장에서 내재 변동성이 20%이고 BSM 헤지 비율이 0.54인 1년 만기 S&P 500 콜옵션을 고려한 예를 다시 살펴본다. $S = 2,000, V_{\text{BSM}} = 800, \beta = 0.0001$일 때 올바른 헤지 비율은 다음과 같다.

$$\begin{aligned}
\Delta &\approx 0.54 - 800 \times 0.0001 \\
&\approx 0.54 - 0.08 \\
&\approx 0.46
\end{aligned} \tag{16.7}$$

헤지 비율 Δ는 주가가 상승에 대한 콜옵션 가격의 상승 비율을 나타낸다. 콜이 내가격으로 만료되려면 주가가 상승해야 하는데 이 예에서 국소 변동성은 주가가 상승함에 따라 감소하므로 BSM에 비해 국소 변동성 모델에서 콜옵션 가격이 덜 상승하는 것이 직관적으로 맞다. 따라서 Δ는 Δ_{BSM}보다 작다.

보기 16.1

질문

SX5E$^{\text{Euro Stoxx 50 Index}}$의 국소 변동성이 다음으로 주어진다.

$$\begin{aligned}
\sigma(S) &= \sigma_0 - 2\beta(S - S_0) \\
&= 0.2 - 2 \times 0.00005 \times (S - 3000)
\end{aligned}$$

SX5E의 현재 수준은 $S = S_0 = 3,000$이다. 행사가가 3,300이고 1년 만기 SX5E 유럽형 콜옵션에 대한 올바른 헤지 비율은 얼마인가? 무위험 이자율과 배당은 0으로 가정한다.

정답

먼저 식 (16.3)을 사용해 옵션의 내재 변동성을 찾는다.

$$\begin{aligned}
\Sigma(S, K) &= \sigma_0 + 2\beta S_0 - \beta(S + K) \\
&= 0.2 + 2 \times 0.00005 \times 3000 - 0.00005(3000 + 3300) \\
&= 0.2 + 0.00005(6000 - 6300) \\
&= 0.2 - 0.00005(300) \\
&= 0.2 - 0.015
\end{aligned}$$

$$= 0.185$$

BSM 델타와 베가를 계산하려면 먼저 d_1을 구해야 한다.

$$v = \sigma\sqrt{\tau} = 0.185\sqrt{1} = 0.185$$

$$\begin{aligned} d_1 &= \frac{1}{v}\ln\left(\frac{S}{K}\right) + \frac{v}{2} \\ &= \frac{1}{0.185}\ln\left(\frac{3000}{3300}\right) + \frac{0.185}{2} \\ &= -0.4227 \end{aligned}$$

BSM 민감도는 다음과 같다.

$$\Delta_{\text{BSM}} = N(d_1) = 0.34$$

$$V_{\text{BSM}} = \frac{S\sqrt{\tau}}{\sqrt{2\pi}}e^{-\frac{1}{2}d_1^2} = 1095$$

식 (16.6)에서 헤지 비율을 구할 수 있다.

$$\begin{aligned} \Delta &\approx \Delta_{\text{BSM}} - V_{\text{BSM}}\beta \\ &\approx 0.34 - 1095 \times 0.0005 \\ &\approx 0.28 \end{aligned}$$

올바른 헤지 비율은 BSM 헤지 비율 0.34보다 상당히 낮은 약 0.28이다.

이색 옵션의 가치

여기서는 국소 변동성 모델이 이색 옵션의 가치에 미치는 영향을 경계 옵션과 룩백^{lookback} 옵션에 대해서 설명한다.

행사가 $100이고 경계 $110인 상승소멸 옵션

경계 옵션은 행사가와 경계 사이의 영역에 주가가 형성될 경우 주식의 위험 중립 확률에 특히 민감하게 되고 따라서 해당 영역의 국소 변동성에 민감하게 된다. 국소 변동성

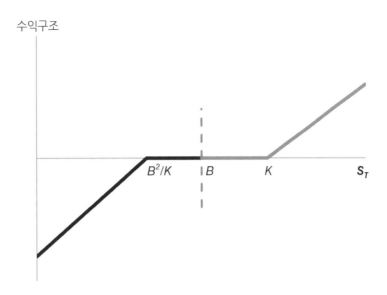

그림 16.1 행사가 K인 콜옵션과 행사가 B^2/K인 풋옵션으로 복제되는 하락소멸 콜옵션

모델을 사용해 경계 옵션의 가치를 계산하면서 직관을 얻는 시도를 한다.

12장에서 그림 16.1과 같은 유럽형 수익 구조를 통해 하락소멸 콜옵션을 근사적으로 복제할 수 있는 것을 봤다. 마찬가지로 그림 16.2는 만기 전에 경계 B 위에서

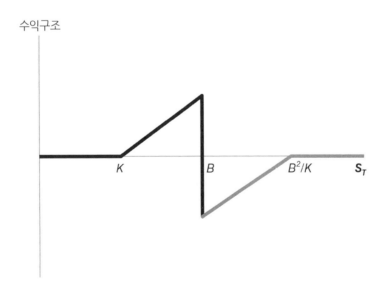

그림 16.2 행사가 K, B, B^2/K을 갖는 유럽형 수익 구조로 복제되는 상승소멸 콜옵션

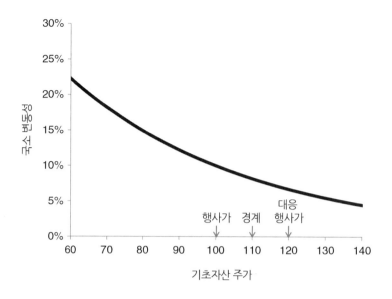

그림 16.3 기초 자산 함수인 국소 변동성

유럽형 수익 구조의 가치는 거의 0이라는 관점을 이용해 상승소멸 콜옵션을 근사적으로 복제하는 유럽형 수익 구조를 나타낸다. 이 수익 구조는 주가가 K일 때 양의 곡률을 갖고 주가가 B^2/K일 때 음의 곡률을 갖는다. 또한 경계 B에서 음의 곡률에서 양의 곡률로 급격히 바뀐다. 변동성이 상수일 때는 이 유럽형 수익 구조의 가치는 상수 BSM 변동성에 의해 결정된다. 변동성이 스큐를 가지면, 앞에서 봤듯이 유럽형 옵션은 대략적으로 현재 주가와 행사가 사이의 국소 변동성의 평균인 내재 변동성을 갖는다. 유럽형 옵션의 곡률은 행사가 부근에서 가장 크다. 단일 행사가가 아닌 보다 일반적인 유럽형 수익 구조의 경우 현재 주가와 곡률이 큰 지역 사이의 국소 변동성의 평균을 취해야 한다. 그림 16.2에서는 K, B, B^2/K를 의미한다.

행사가가 \$100이고 경계가 \$110인 상승소멸 콜의 경우 대응하는 행사가 B^2/K는 약 \$120여서 행사가나 경계보다 더 크다. 따라서 국소 변동성 모델에서 상승소멸 콜에 대한 BSM 내재 변동성의 대략적인 값은 \$100에서 \$120 사이 국소 변동성의 평균이어야 한다. 그림 16.3에서 국소 변동성은 이 범위에서 10%에서 7% 사이이고 평균은 약 8.5%이다. 무위험 이자율이 5%일 때 80개 구간으로 이뤄진 국소 변동성을 갖는 이항 모델에서 계산된 1년 만기 상승소멸 콜의 가치는 \$1.10다. 이 가치는 실제로 약 8.5%의 BSM 내재 변동성에 대응하는 가치이고, 이런 평균에 대한 직관은

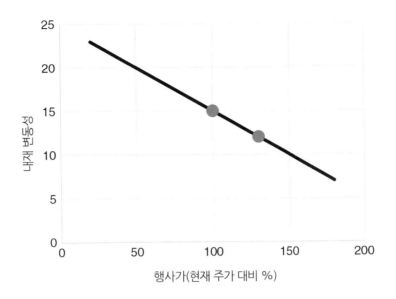

그림 16.4 가상의 변동성 스큐

합리적으로 잘 작동한다.[1]

BSM 내재 변동성이 없는 상승소멸 콜옵션

어떤 경우는 국소 변동성이 BSM 내재 변동성으로 생성할 수 없는 옵션 가치를 만들 때도 있다. 그림 16.4와 같이 현재 주가와 행사가가 $100, 경계가 $130, 스큐가 있는 경우를 고려해 보자. 무위험 이자율을 5%로 가정한다.

이 스큐에 맞게 보정된 내재 이항 모델을 생성하면 1년 만기 상승소멸 콜을 평가할 수 있다. 이 국소 변동성 모델에서 경계 옵션의 가치는 $6.46다. 이 가격에 대응하는 BSM 내재 변동성은 얼마일까? 그림 16.5에서 볼 수 있듯이 스큐가 없는 세계에서 BSM 상승소멸 콜옵션의 최대 가치는 9.5%의 내재 변동성에 해당하는 $6.00다. 이

---

1. 경계 옵션의 가치에 대한 이항 모델은 경계가 격자에 정확히 떨어지지 않기 때문에 정확하게 수렴하는데 수만 번의 기간이 필요할 수도 있다. 이 예에서 국소 변동성 모델과 BSM 모델 모두 80개 기간의 이항 모델로 경계 옵션의 가치를 계산했기 때문에 두 계산 모두 동일한 유형의 부정확성을 포함한다. 격자에서 계산된 국소 변동성 옵션 가치와 수식으로 계산된 BSM 옵션 가치를 비교하는 것은 의미가 없다.

기간이 80개인 경우 BSM 모델에 대한 이항 근사치는 약 10% 정도 다르다. 8.5%의 내재 변동성을 갖고 수식으로 계산된 상승소멸 콜의 BSM 가치는 $1.00다.

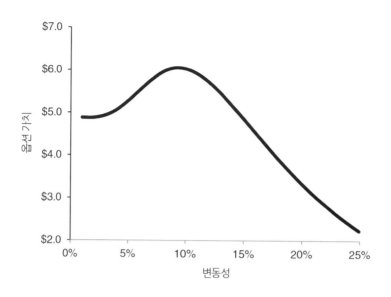

그림 16.5 BSM 내재 변동성 함수인 상승소멸 콜 가치

가치는 국소 변동성 모델의 가치보다 작고, 국소 변동성 옵션 가치를 제공할 수 있는 BSM 내재 변동성은 없다.

국소 변동성 모델 가격에 가장 근접한 내재 변동성은 약 9.5%이다. 이를 다음과 같이 이해할 수 있다. 스큐의 기울기는 10 행사가당 변동성 0.01 변화를 가리킨다. 2배의 법칙은 국소 변동성 기울기는 5 행사가당 변동성 0.01가 변함을 의미한다. 이제 그림 16.2와 비슷하게 행사가가 \$100이고 경계가 \$130인 상승소멸 콜옵션을, 행사가 \$100인 유럽형 콜옵션과 행사가 $B^2/K = \$169$인 유럽형 풋옵션으로 비슷하게 복제할 수 있다. 따라서 가치 평가와 관련된 국소 변동성은 주가 \$100에서 \$169 사이의 국소 변동성이다. 5 행사가당 약 0.01 변동성의 기울기라면 15%에서 $1\%(\approx 15\% - 69\%/5)$의 국소 변동성 범위에 해당한다. 이 범위의 평균 국소 변동성은 약 8%이며, 이는 이 이색 옵션의 경우도 내재 변동성이 현재 기초 자산 가격과 행사가 사이의 국소 변동성의 대략적인 평균이라는 주장과 일치한다. 8% 또는 9.5%의 내재 변동성은, 그림 16.4에서 볼 수 있는 주가가 130인 경계 위에서의 BSM 내재 변동성 12%보다 훨씬 낮은 것도 주목해야 한다.

룩백 콜옵션

경로 의존 옵션은 여러 시장 수준에서 내재 행사가를 포함하므로 결과적으로 여러 범위의 국소 변동성에 민감하다.[2] 경로 의존 옵션의 공정가를 결정하는 한 가지 방법은 국소 변동성의 변화를 고려하면서 시장 거동을 시뮬레이션하는 것이다. 간단한 유럽형 룩백 콜옵션과 룩백 풋옵션을 이런 접근 방식으로 설명한다. 이 방법은 일반적이며 아시아 옵션^Asian option 또는 기타 경로 의존 파생 상품에 적용할 수 있다.

만기 시에 지수의 최종값에서 옵션의 만기까지 지수의 최솟값을 뺀 값을 지불하는 룩백 콜옵션을 고려한다. 시작 시점과 시점 t 사이의 지수의 최솟값을 M_t로 정의한다. t 시점에서 옵션 가치를 $C_{\mathrm{LB}}(S_t, M_t, \tau)$로 표기하면 만기 시 수익 구조는 다음이 된다.

$$C_{\mathrm{LB}}(S_T, M_T, 0) = \max(S_T - M_T, 0) \tag{16.8}$$

먼저 최솟값이 현재 지수 수준인 $S_t = M_t$일 때 룩백 콜의 BSM 델타가 약 0임을 보일 것이다. 직관적으로 $S_t = M_t$일 때 S_t의 작은 증가는 그에 상응하는 M_t의 작은 감소와 동일한 영향을 옵션 가치에 미치므로 근사적으로 다음이 성립한다.[3]

$$\left.\frac{\partial C_{\mathrm{LB}}}{\partial S}\right|_{S_t=M_t} = -\left.\frac{\partial C_{\mathrm{LB}}}{\partial M}\right|_{S_t=M_t} \tag{16.9}$$

이제 그림 16.6과 같이 지수 수준에서 위 또는 아래로의 $dS = S\sigma\sqrt{dt}$만큼 무한소 이동한 경우을 고려한다. 위로 이동하면 M_t가 유지되지만 아래로 이동하면 M_t가 dS만큼 감소한다. 그런 다음 이자가 없는 위험 중립 세계에서 후방 유도를 통해

---

2. 이 절은 Derman, Kani and Zou(1996) 논문을 따른다.

3. 엄밀하게는 다음 관계식을 만족한다.

$$\left.\frac{\partial C_{\mathrm{LB}}}{\partial S}\right|_{S_t=M_t} = C_{\mathrm{LB}}\big|_{S_t=M_t} - \left.\frac{\partial C_{\mathrm{LB}}}{\partial M}\right|_{S_t=M_t}$$

우변의 첫 번째 항이 거의 0이므로 식 (16.9)로 근사할 수 있다. 식의 엄밀한 유도는 Shreve (2004), *Stochastic Calculus for Finance II*를 참조하라. — 옮긴이

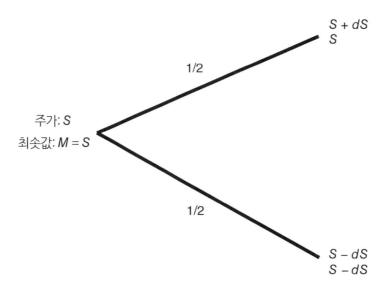

주가: S
최솟값: $M = S$

$S + dS$
S

$S - dS$
$S - dS$

1/2

1/2

그림 16.6 룩백 옵션의 거동

다음을 얻는다.

$$C_{\text{LB}}(S_t, S_t, \tau) = \frac{1}{2} C_{\text{LB}}(S_t + dS, S_t, \tau + dt)$$
$$+ \frac{1}{2} C_{\text{LB}}(S_t - dS, S_t - dS, \tau + dt) \tag{16.10}$$

테일러 급수로 식 (16.10)의 우변을 확장한다.

$$C_{\text{LB}}(S_t, S_t, \tau) \approx \frac{1}{2} \left[C_{\text{LB}}(S_t, S_t, \tau) + \frac{\partial C_{\text{LB}}}{\partial S} dS + \frac{\partial C_{\text{LB}}}{\partial M} 0 \right]$$
$$+ \frac{1}{2} \left[C_{\text{LB}}(S_t, S_t, \tau) - \frac{\partial C_{\text{LB}}}{\partial S} dS - \frac{\partial C_{\text{LB}}}{\partial M} dS \right] \tag{16.11}$$
$$\approx C_{\text{LB}}(S_t, S_t, \tau) - \frac{\partial C_{\text{LB}}}{\partial M} \frac{dS}{2}$$

dS는 0이 아니므로 다음 식이 성립한다.

$$\frac{\partial C_{\text{LB}}}{\partial M} \approx 0 \tag{16.12}$$

따라서 $S_t = M_t$일 때 식 (16.9)에서 다음을 얻는다.

$$\left. \frac{\partial C_{\text{LB}}}{\partial S} \right|_{S_t = M_t} = - \left. \frac{\partial C_{\text{LB}}}{\partial M} \right|_{S_t = M_t} \approx 0 \tag{16.13}$$

334 | 16장 국소 변동성 III

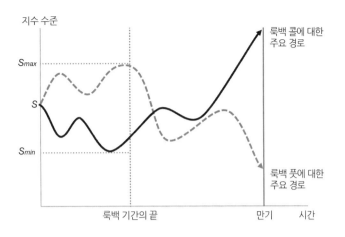

그림 16.7 룩백 옵션 가치를 부여하는 주요 지수 경로들

즉 룩백 옵션의 델타는 이런 조건에서 거의 0이다.

이제 3개월의 룩백 기간이 있는 1년 만기 룩백 콜옵션과 풋옵션을 생각한다. 만기에 수익 구조는 각각 $\max(S_T - S_{\min}, 0)$과 $\max(S_{\max} - S_T, 0)$이다. 여기서 $S_{\min}$과 $S_{\max}$는 각각 옵션 만기인 3개월 동안 지수가 도달하는 최저 수준과 최고 수준을 나타낸다. 내재 변동성 스마일에서 추출한 국소 변동성을 이용해 지수의 경로를 시뮬레이션해 옵션을 평가한다. 각 경로에 대해 룩백 옵션 최종 수익의 현재 가치를 계산하고, 옵션의 현재 가치는 모든 경로 현재 가치에 대한 평균으로 구한다.

그림 16.7은 룩백 콜옵션과 룩백 풋옵션에 대한 주요 지수 경로(가장 많은 가치를 기여하는 경로)를 보여 준다. 룩백 콜옵션의 주요 경로는 처음 3개월 동안 낮은 행사가를 설정한 다음 높은 수익을 달성하기 위해 상승한다. 처음 3개월 동안 행사가가 설정된 후 룩백 옵션은 유럽형 콜옵션처럼 작동한다. 룩백 콜의 이론적 가치는 (1) 낮은 행사가를 설정할 가능성과 (2) 지수의 후속 변동성에 의해 결정된다. 마찬가지로 룩백 풋의 주요 경로는 초기에 높은 행사가를 설정한 다음 하락한다. 그 가치는 (1) 높은 행사가의 가능성과 (2) 후속 지수 변동성에 의해 결정된다.

음의 변동성 스큐가 있는 내재 이항 모델에서 더 낮은 행사가와 더 낮은 지수 수준은 더 높은 국소 변동성과 연관돼 있다. 이 때문에 룩백 콜옵션의 주요 경로에서 $S_{\min}$은 스큐가 없는 경우보다 낮아지고 후속 변동성은 높아지는 경향이 있다. 반대로 룩백 풋옵션의 주요 경로에서 $S_{\max}$는 스큐가 없는 경우보다 낮아지고 후속 변동성

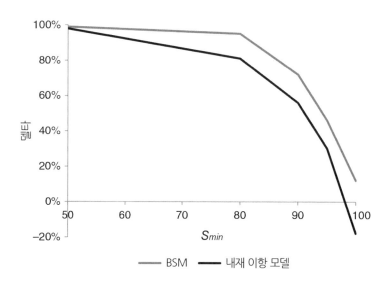

그림 16.8 내재 이항 모델 가격과 스큐가 없는 BSM 가격이 동일한 3개월 룩백 기간이 있는 1년 만기 룩백 콜옵션의 델타 비교(현재 지수 수준=100)

또한 낮아진다. 따라서 내재 변동성에 음의 스큐가 있을 경우 룩백 풋옵션은 스큐가 없을 때보다 가치가 낮고, 룩백 콜옵션은 더 가치가 있다. 옵션의 가격이 (스큐가 없는) BSM 내재 변동성의 관점에서 계산돼 제시될 때 룩백 콜옵션은 룩백 풋옵션보다 더 높은 내재 변동성을 가질 것이다.

예로서, 현재 지수가 100이고 배당은 2.5%이고 무위험 이자율은 연 6%로 가정한다. 지수는 만기와 무관하게 음의 스큐를 갖고 있고, 등가격 내재 변동성은 15%이고 행사가가 10 증가할 때마다 3%씩 감소한다. 몬테카를로 시뮬레이션을 사용해 룩백 콜옵션의 공정가는 지수의 10.8%이고 룩백 풋옵션의 가치는 5.8%임을 알 수 있다. 이 가격을 재현하는 룩백 콜옵션에 대한 상수 BSM 내재 변동성은 15.6%이고 룩백 풋옵션에 대한 값은 13.0%이다.

동일한 방법을 사용해 룩백 옵션의 델타를 계산할 수 있다. 그림 16.8은 지수 수준이 현재 100일 때 일련의 $S_{\min}$ 범위에서 방금 설명한 1년 만기 룩백 콜옵션에 대한 BSM 델타와 내재 이항 모델 델타를 비교했다. BSM 델타는 15.6%의 BSM 내재 변동성으로 계산했다. 룩백 콜옵션의 델타는 예상대로 BSM 모델보다 내재 이항 모델에서 항상 더 낮은 값을 갖는다. 이런 불일치는 변동성 민감도가 가장 큰 곳, 즉 $S_{\min}$

이 현재 지수 수준에 가까운 곳에서 가장 크다. 불일치는 S_{min}이 현재 지수 수준보다 상당히 낮을 때 가장 작으며, 이 시점에서 룩백 콜옵션은 상당한 내가격이고 변동성 민감도가 0인 선도 계약이다. 등가격 룩백 콜옵션의 이론적 델타가 음수라는 사실(룩백 콜 매수 포지션을 헤지하려면 지수를 매수를 해야 함을 의미)은 상당히 놀라운 사실이다.

유사한 특성이 룩백 풋옵션에서도 나타나는데 내재 이항 모델 델타가 대응되는 BSM 델타보다 항상 더 작다(즉 음수이고 크기가 더 크다).

연습문제

16–1. NDX$^{\text{NASDAQ-100 Index}}$의 국소 변동성을 다음으로 가정한다.

$$\sigma(S) = \sigma_0 - 2\beta(S - S_0) = 0.25 - 2 \times 0.00005 \times (S - 4000)$$

NDX의 현재 수준은 $S = 4,000$이다. 무위험 이자율과 배당을 0으로 가정한다. 행사가 4,200인 1년 만기 NDX 유럽형 콜옵션에 대한 정확한 헤지 비율을 추정하라.

16–2. 앞의 문제와 동일한 국소 변동성 함수를 사용해 행사가 4,200인 1년 NDX 유럽형 풋옵션의 헤지 비율을 결정하라.

17장

국소 변동성 IV

- 변동성 스마일과 일관성
- 빈번한 재보정이 필요
- 국소 변동성 모델의 선도 스큐
- 헤지 비율의 비교

국소 변동성 모델의 장단점

앞에서 계속 살펴본 바와 같이 국소 변동성 모델은 여러 가지 장점을 갖지만 단점도 있다.

장점

국소 변동성 모델은 변동성 스마일을 수용할 수 있도록 BSM 모델을 확장한 것 중에서 가상 산단하다. 수식의 변동성을 기초 자산 주가와 시간의 함수로 표현해, $\sigma(S,t)$를 모든 내재 변동성 곡면 $\Sigma(S,t,K,T)$로 보정할 수 있으며, 다양한 BSM 내재 변동성은 하나의 통합된 변동성 과정으로 대체할 수 있다.

$$\frac{dS}{S} = \mu dt + \sigma(S,t)dZ$$

$\sigma(S,t)$가 알려진 경우 복제의 원칙을 적용해 주식 옵션에 대한 BSM 편미분 방정식의 다음으로 확장할 수 있다.

$$\frac{\partial C}{\partial t} + \frac{\partial C}{\partial S}rS + \frac{1}{2}\sigma(S,t)^2 S^2 \frac{\partial^2 C}{\partial S^2} = rC$$

이 방정식은 상수 변동성 σ를 함수 $\sigma(S,t)$로 대체한 BSM 편미분 방정식이다. 이 방정식은 몬테카를로 시뮬레이션과 14장에서 전개한 내재 이항 모델 또는 보다 더 정교한 유한 차분법과 같은 전통적인 수치 방법으로 풀 수 있다.

보정이 일단 완료되면 국소 변동성 모델을 이용해 16장에서 설명한 대로 표준 또는 이색 옵션에 대해 무차익 조건을 만족하는 옵션 가치와 헤지 비율을 구할 수 있다. 이 모델의 가장 큰 장점으로 원래의 BSM 모델과 매우 유사하다. BSM의 내재 변동성은 초기 주가와 행사가 사이에 국소 변동성의 평균이라는 개념에서 스큐가 있는 경우 옵션 가치와 헤지 비율이 BSM 값과 어떻게 다른지에 대해 직관적인 경험 법칙을 찾을 수 있다. 이런 이유로 국소 변동성 모델은 학자와 실무자 모두에게 인기가 있다.

어려운 문제

그러나 국소 변동성 모델이 현실에 대한 좋은 근삿값을 제공할까? 모델에서 기초 자산의 거동과 변동성은 고려하고 있는 시장의 실제 거동을 합리적으로 모방한 것일까? 기초 자산의 움직임이 다음 확률 미분 방정식에 의해 잘 근사될까?

$$\frac{dS}{S} = \mu dt + \sigma(S,t)dZ$$

어느 정도 수준에서도 그렇다면 모델의 결과는 실제 옵션의 가치를 평가하고 헤지하는 데 유용할 것이다. 다양한 기초 자산 시장(주식, 채권, 원자재 등)의 거동은 국소 변동성 모델과 겹치는 정도가 다르다. 이 책의 마지막 부분에서 이것에 대해 더 논의할 것이다.

단점

국소 변동성 모델에는 중요한 단점이 두 가지 있다.

주기적인 재보정　국소 변동성 모델을 반대하는 중요한 이유는 재보정할 필요가 너무 자주 있다는 것이다. 시간이 경과함애 따라 기초 자산 주가 또는 지수 수준이 변화해서 내재 변동성 곡면이 변화하면, 변화된 내재 변동성 곡면에서 새로운 국소 변동성 곡면을 추출해야 한다. 그런 다음 새로운 헤지 비율과 이색 옵션의 가치를 새로운 국소 변동성 곡면에서 계산해야 한다. 모델의 모수가 고정돼 있지 않다.

이것은 모델의 사용에 대한 타당한 반대이지만, 모든 금융 모델이 이와 비슷하다. 특히 BSM 모델 또한 시장 움직임에 따라 새로운 내재 변동성을 계산해 지속적으로 재조정해야 한다. 이런 정상성^{stationarity}의 부족은 거의 모든 금융 모델의 불충분한 특성을 반영한다. 물리학에서 중력 상수 또는 전자의 전하는 관찰을 통해 단 한 번 결정된 후 미래의 모든 행성 또는 전자 궤적을 계산하는 데 사용할 수 있다. 한 번의 보정이면 충분하다. 불행히도 금융에서는 아직 시간이 지나도 변하지 않는 방식으로 시장을 설명하는 모델은 없다. 즉 데이터로 둘 이상의 모델을 보정할 수 있다면 더 안정적이고 더 적은 수의 모수를 포함하는 모델을 선호한다.

단기 스큐 불일치　국소 변동성 모델은 미래의 단기 스큐를 일치시키기에 어려움이 있다. 그 이유를 이해하려면 먼저 1-요인 단기 금리 기간 구조 모델$^{one-factor\ short-rate\ term}$ $^{structure\ models}$에서 단기 이자율의 행동을 생각해야 한다.

일반적인 수익률 곡선은 만기가 짧은 경우 우상향$^{upward\ sloping}$하고 약 20년 이상 지나면 평평해진다. 결과적으로 1-요인 기간 구조 모델(예: Black-Derman-Toy, 1990)에서 초기 보정은 이자율 이항 모델의 평균 단기 금리는 단기에서 증가하고 20년이 넘는 장기에서 증가하지 않도록 요구한다. 이는 보정된 모델 내에서 20년 이후의 수익률 곡선이 우상향보다는 상대적으로 평평해짐을 의미한다. 수익률 곡선이 일반적으로 우상향하면 20년 이후에 상대적으로 평평한 기간 구조를 지속적으로 편향되게 예측하는 기간 구조 모델은 불안감을 준다.

유사한 현상이 국소 변동성 모델의 단기 스큐에서 발생하지만 시간 방향이 아닌 행사가 방향으로 발생한다. 행사가 차원에서 주가지수의 내재 변동성 스큐는 만기가 짧으면 가파르고 만기가 길어지면 평평해진다. 국소 변동성 모델로 이 스큐를 보정하면 향후 단기 변동성 스큐를 평평하게 해야 한다. 일반적인 단기 스큐는 항상 가파르므로 일관되게 평평한 단기 스큐를 예측하는 모델은 불안하다. 18장에서 점프 확산 모델$^{jump-diffusion\ models}$을 논의할 때 보게 되겠지만, 가파른 단기 스큐에 대한 설명력 있는 한가지 주요 이유는 주가지수의 급락 가능성이 항상 존재한다는 것이다. 실제로 지수 스큐는 1987년 주식 시장 붕괴 이후 옵션 시장에서 처음으로 나타났다.

지수 옵션에 대한 모델 테스트

옵션 평가 모델을 테스트하는 것은 쉽지 않다.[1] 모델에 정기적인 매개변수 재조정이 필요한 경우 옵션의 시장 가격을 모델이 예측한 가치와 단순히 비교할 수 없다. 옵션 모델은 무위험 헤지 포트폴리오를 만드는 것에 의존하고, 무위험 헤지 포트폴리오의 손익(P&L)은 분산이 0이므로 좋은 모델의 한 가지 기준은 모델의 헤지 비율을 사용해 헤지 포트폴리오의 P&L 분산을 최소화하는 것이다. 복제가 정확하면 헤지 포트폴리오의 P&L의 분산은 0이 된다.

헤지 포트폴리오 P&L의 분산에 대한 시장의 영향

기초 자산 주식 S를 공매도해 콜옵션 C를 델타 헤지한다고 가정한다. BSM 헤지 비율 Δ_{BSM} 또는 국소 변동성 헤지 비율 Δ_{loc}를 사용해 순간적으로 헤지할 수 있다. 각 헤지 포트폴리오의 가치는 다음과 같다.

$$\pi_{\mathrm{BSM}} = C - \Delta_{\mathrm{BSM}}S$$
$$\pi_{\mathrm{loc}} = C - \Delta_{\mathrm{loc}}S \tag{17.1}$$

기초 자산 주식의 작은 움직임 dS에 대한 국소 변동성 헤지 P&L과 BSM 헤지 P&L의 차이는 다음이 된다.

$$d\pi_{\mathrm{loc}} - d\pi_{\mathrm{BSM}} = (\Delta_{\mathrm{BSM}} - \Delta_{\mathrm{loc}})dS \equiv \varepsilon dS \tag{17.2}$$

여기서 옵션 시장 가치의 변화 dC가 두 경우 모두 동일하다는 것에 주의해야 한다. 16장에서 Δ_{loc}이 Δ_{BSM}과 다음 관계를 갖는 것을 보였다.

$$\Delta_{\mathrm{loc}} \approx \Delta_{\mathrm{BSM}} - V_{\mathrm{BSM}}\beta \tag{17.3}$$

여기서 V_{BSM}은 BSM 베가이고, β는 내재 변동성 함수의 음의 스큐 크기다 (β는 양수다). V_{BSM}도 양수이기 때문에 스큐가 음수일 때 Δ_{loc}은 Δ_{BSM}보다 작다. 따라서

---

1. 이 절은 다음 논문을 따른다. Stephane Crepey, "Delta-Hedging Vega Risk?" *Quantitative Finance* 4 (October 2004): 559–579.

식 (17.3)에서 다음 식을 얻을 수 있다.

$$\varepsilon = \Delta_{\text{BSM}} - \Delta_{\text{loc}} > 0 \qquad (17.4)$$

3장에서 짧은 시간 dt 동안 델타 헤지로 인한 P&L이 실현 변동성 σ_R에 의존해 다음으로 주어지는 것을 봤다.

$$d\pi_{\text{BSM}} = \frac{1}{2}\Gamma_{\text{BSM}}S^2\left(\sigma_R^2 - \sigma_{\text{BSM}}^2\right)dt \qquad (17.5a)$$

$$d\pi_{\text{loc}} = \frac{1}{2}\Gamma_{\text{loc}}S^2\left(\sigma_R^2 - \sigma_{\text{loc}}^2(S,t)\right)dt \qquad (17.5b)$$

여기서 σ_{BSM}은 옵션의 BSM 내재 변동성이고, $\sigma_{\text{loc}}(S,t)$는 내재 이항 모델의 주가가 S이고 시간이 t인 마디점에서의 국소 변동성이다. BSM 모델이 정확하면 식 (17.5a)의 P&L 변화가 0이 된다. 국소 변동성 모델이 정확하면 식 (17.5b)의 P&L 변화가 0이 된다. 둘 다 정확하지 않으면 P&L의 변화(헤지 오차)가 가장 작은 모델을 선호해야 하는 것이 합리적이다. 주가가 dS만큼 변하고 시간이 dt만큼 증가하면 어떻게 될까? 식 (17.2)와 식 (17.5)를 결합하면 다음이 된다.

$$\begin{aligned} d\pi_{\text{BSM}} &= d\pi_{\text{loc}} - \varepsilon dS \\ &= \frac{1}{2}\Gamma_{\text{loc}}S^2[\sigma_R^2 - \sigma_{\text{loc}}^2(S,t)]dt - \varepsilon dS \end{aligned} \qquad (17.6)$$

BSM 헤지 오차는 두 가지 항으로 구성된다. 첫 번째 항은 변동성을 정확하게 예측하지 못하는 것과 관련된 것이고, 두 번째 항은 델타 헤지의 부정확성과 관련된 것이다. 변동성 변화로 인한 첫 번째 항은 비선형(제곱)이고 방향성이 없다. 첫 번째 항의 부호는 변동성 불일치 $[\sigma_R^2 - \sigma_{\text{loc}}^2(S,t)]$에만 의존한다. 불완전한 델타 헤지로 인한 두 번째 항은 선형이고 방향성이 있다. ε은 양수이므로 두 번째 항의 부호는 dS의 부호에만 의존한다.

Crepey(2004)는 표 17.1에 나타난 바와 같이 두 가지 차원을 따라 그룹화된 4개의 서로 다른 시장 체제에 식 (17.6)을 적용한다. 다음 순간 지수는 위 또는 아래로 움직일 수 있고 실현 변동성은 국소 변동성에 비해 높거나 낮을 수 있다. 스큐가 음수일 때 주가지수 시장의 전형적인 시나리오를 강조했다. 이는 높은 실현 변동성과 관련된 급락 또는 낮은 실현 변동성을 동반한 부드러운 상승 시나리오다. 트레이더와

		실현 변동성	
		높음	낮음
시장 방향	상승	$\sigma_R > \sigma_{\text{loc}}, dS > 0$	$\boldsymbol{\sigma_R < \sigma_{\text{loc}}, dS > 0}$
	하락	$\boldsymbol{\sigma_R > \sigma_{\text{loc}}, dS < 0}$	$\sigma_R < \sigma_{\text{loc}}, dS < 0$

표 17.1 주가지수에 대한 네 가지 시장 체제

이야기해 보면 주가지수 시장은 천천히 상승하거나 급락하는 경향이 있다.

변동성이 큰 하락장(급격한 급락)의 경우 식 (17.6)의 오른쪽에 있는 두 항 모두 $d\pi_{\text{BSM}}$을 증가시킨다. 변동성 변화와 지수 수준 변화로 인한 헤지 오차는 서로 헤지 오차를 증가시켜 결과적으로 BSM 헤지 오차 $d\pi_{\text{BSM}}$는 양수가 된다. 안정적인 상승 시장(느린 상승)의 경우 두 항 모두 $d\pi_{\text{BSM}}$를 감소시키므로 $d\pi_{\text{BSM}}$는 음수가 된다. 따라서 일반적인 지수 시장의 경우 BSM 헤지 오차는 0이 아니다. 대조적으로, 완만한 하락 또는 급등의 경우 두 항이 상쇄되는 경향이 있어 헤지 오차가 감소한다. BSM 모델에 불행하게도 이런 거동(헤지 오차가 상쇄되는 경향이 있는 완만한 하락과 급등)은 지수 시장에서 일반적이지 않다. 요약하면 BSM 헤지 전략은 더 나쁜 성과를 낼 가능성이 높다. 즉 일반적인 주가지수 시장에서 더 변동성이 높은 헤지 손익을 갖게 될 것이다. 따라서 주가지수 시장에서 BSM 모델이 국소 변동성 모델보다 더 나은 성과를 거두지 못할 것으로 예상한다. Crepey(2004)는 이런 결론을 뒷받침하는 과거 시장 데이터를 기반으로 한 헤지 P&L 분석을 포함한다. 이런 방식으로 모델을 사용하면 헤지하기 전에 분명히 재보정이 필요하다는 것을 강조한다.

18장

변동성 변화의 패턴

- 국소 변동성 모델에서 $\frac{\partial \Sigma}{\partial K}$ 와 $\frac{\partial \Sigma}{\partial S}$ 의 관계
- $\frac{\partial \Sigma}{\partial K}$ 와 $\frac{\partial \Sigma}{\partial S}$ 사이의 경험칙
- 행사가 고착, 델타 고착, 국소 변동성 고착
- 실제 지수 옵션 시장의 상황

스큐 거동에 관한 관계

16장의 식 (16.3)에서 국소 변동성 모델을 사용할 때 등가격^{ATM}에 가까운 행사가의 내재 변동성에 대한 선형 근사로 다음 방정식을 얻었다.

$$\Sigma(S, K) \approx \sigma_0 + 2\beta S_0 - \beta(S + K) \tag{18.1}$$

이 식으로부터 다음 관계식도 얻는다.

$$\frac{\partial \Sigma}{\partial S} = \frac{\partial \Sigma}{\partial K} = -\beta \tag{18.2}$$

국소 변동성 모델의 근사식 (18.1)을 이용하면 현재 스큐 기울기 $\frac{\partial \Sigma}{\partial K}$ 를 통해 행사가 K 인 옵션의 내재 변동성이 주가에 따라 변화하는 변화율 $\frac{\partial \Sigma}{\partial S}$ 을 알 수 있다. $\frac{\partial \Sigma}{\partial K}$ 과 $\frac{\partial \Sigma}{\partial S}$ 사이의 연결은 선형 근사가 성립하지 않는 더 일반적인 경우도 성립한다. 국소 변동성 모델에서 현재 스큐는 변동성이 어떻게 변할지 예측할 수 있다.

10장의 식 (10.6)에서 헤지 비율에 대한 결과를 유도했다.

$$\Delta = \Delta_{\text{BSM}} + \frac{\partial C}{\partial \Sigma}\frac{\partial \Sigma}{\partial S} \tag{18.3}$$

여기서 Δ가 적절한 헤지 비율이다. 따라서 S에 따라 내재 변동성이 어떻게 변할지 아는 것이 표준 옵션을 헤지하는 방법에 있어서 매우 중요하다.

국소 변동성 모델의 타당성과 별개로 옵션 시장에 대한 경험이 있는 트레이더는 지수가 움직일 때 변동성의 변화를 설명하고자 몇 가지 경험칙을 공식화했다. 주어진 스큐 기울기 $\frac{\partial \Sigma}{\partial K}$로 $\frac{\partial \Sigma}{\partial S}$를 추정하는 것이다. 이런 경험적 방법은 시간에 따라 변동성이 어떻게 변하는지에 대한 직관을 갖는 데도 유용하다.

경험칙을 정할 때 변하는 것보다 불변량^{invariant}을 정하는 것이 더 유용하다. 물리학에서 자연의 기반이 되는 법칙 중 일부는 불변 원리$^{\text{invariance principle}}$로 형식화된다. 아인슈타인의 특수 상대성 이론은 불변성에 대한 기술이다. 역학과 전자기 이론의 법칙은 서로에 대해 일정한 속도로 움직이는 모든 기준 좌표계에서 동일해야 한다. 실용적이지만 일반적이지 못한 경험칙으로 다른 블록 위에 놓인 블록의 정지 마찰력은 블록의 무게에 비례한다는 것이 있다. 이는 실험적으로 어느 정도 참이고 매우 유용한 사실이다. 보다 더 구체적이고 일반적이지 못한 경험칙의 예로서 최대 안전 운전 속도가 시간당 65마일(약 105km)이라는 것이 있다. 이것은 지나치게 융통성이 없다. 실제로는 많은 변수 중에 날씨, 도로 상태, 교통량이 안전한 속도에 영향을 미친다는 것을 알지만, 안전한 운전 속도는 항상 동일하며 항상 시간당 65마일이다. 불완전하더라도 경험칙은 좋은 근사치일 수 있고 더 정확한 추정을 위한 출발점 역할을 할 수 있다.

여기서는 표준 주가지수 옵션의 내재 변동성에 관한 세 가지 불변에 관한 경험칙을 다룬다. 이 세 가지 경험칙은 행사가 고착 규칙$^{\text{sticky strike rule}}$, 델타 고착 규칙$^{\text{sticky delta rule}}$, 국소 변동성 고착 규칙$^{\text{sticky local volatility rule}}$이다. 일간 변화 기준으로는 트레이더는 복잡한 수학적 모델보다 경험칙을 더 선호한다. 또한 이런 경험칙들은 변동성이 시간에 따라 어떻게 변하는지에 대해 직관을 기르는 데에도 도움이 된다.

행사가 고착 규칙

행사가 고착 규칙은 특정 행사가의 옵션은 항상 동일한 내재 변동성을 가지며 내재 변동성 값이 각 행사가에 고착되므로 행사가 고착이라고 가정한다. 이 규칙에 따라 행사가가 다른 옵션은 다른 내재 변동성을 가질 수 있다.

행사가 고착 규칙을 다음과 같이 표현할 수 있다.

$$\Sigma(S, K) = f(K) \tag{18.4}$$

여기서 $f(K)$는 주가와 시간에 관계없는 행사가 K에 대한 임의의 함수다. 등가격에 가까울수록 스큐를 선형 함수로 근사할 수 있기에 주가지수 옵션의 경우 행사가 고착 규칙을 다음과 같이 선형 근사할 수 있다.

$$\Sigma(S, K) = \Sigma_0 - \beta(K - S_0) \tag{18.5}$$

여기서 양수 β는 스큐 기울기를 결정하는 상수이고, S_0는 등가격 변동성 Σ_0가 관찰되는 주가다.

행사가 고착 규칙은 BSM 모델을 유지하는 단순한 시도다. 개별 옵션의 내재 변동성은 각각 상수이기 때문에 행사가 고착 규칙은 BSM 델타를 헤지 비율로 사용하는 것과 일관성이 있다. 동일한 기초 자산에 대해 다른 변동성을 허용하는 것은 앞에서 논의한 것처럼 BSM 세계에서는 비논리적이다. 행사가 고착 규칙은 이를 허용하고 이런 측면에서 보면 매우 단순한 시도다.

식 (18.5)에서 등가격 내재 변동성은 다음으로 주어진다.

$$\Sigma_{\mathrm{ATM}}(S) = \Sigma(S, S) = \Sigma_0 - \beta(S - S_0) \tag{18.6}$$

행사가 고착 규칙에 따라 등가격 내재 변동성은 시장이 상승할 때 감소하고 시장이 하락할 때 증가하는데, 이는 스큐가 음수이기 때문이다. 이런 패턴을 일종의 비이성적 과열irrational exuberance로 볼 수 있다. 시장이 상승함에 따라 다시는 나쁜 일이 일어나지 않을 것처럼 등가격 변동성을 꾸준히 낮추기 때문이다. 행사가 고착 규칙은 단기간 또는 매우 조용한 시장에서 좋은 근사치일 수 있지만 장기적으로는 성립할 수 없다. 시장은 무한정 상승할 수 있지만 변동성은 영원히 하락할 수 없다.

델타 고착 규칙

델타 고착 규칙과 관련이 있는 가격도 고착 규칙sticky moneyness rule을 먼저 설명한다. 가격도 고착은 옵션의 변동성이 행사가와 주가의 비율인 가격도 K/S에만 의존하는 것

이다. 이 규칙의 선형 근사를 다음으로 표현할 수 있다.[1]

$$\Sigma(S, K) = \Sigma_0 - \beta(K - S) \tag{18.7}$$

가격도 고착 규칙은 주가 움직임에 따라 옵션의 가격도가 고정되도록 스큐를 이동시키려는 시도다. 이는 등가격 변동성(가장 유동성이 풍부한 옵션의 변동성)은 동일해야 한다는 것인데, 다른 조건이 동일하면 주가가 얼마이든지 간에 등가격 변동성은 변함이 없어야 한다는 생각이다. 즉 10% 외가격인 옵션은 항상 동일한 내재 변동성을 가져야 한다.

이 규칙은 합리적이지만 중요한 요소인 옵션의 만기가 무시된다. 잔존 만기가 길수록 시장은 현재 수준에서 더 멀리 움직일 것이다. 1년 동안 시장이 10% 증가할 확률은 하루 동안 10% 증가할 확률보다 훨씬 크다.

8장에서 봤듯이 GBM을 가정하면 $\Sigma\sqrt{\tau}$가 작은 경우 표준 콜옵션의 델타는 옵션이 내가격으로 끝나는 위험 중립 확률과 거의 같다. 이 때문에 행사가와 만기 함수로서의 스마일의 모양은 가격도 단독보다는 로그 가격도, 변동성, 만기에 의존하는 델타 측면으로 보는 것이 더 안정적인 경향이 있다. 델타 고착이 의미하는 것은 내재 변동성은 순전히 BSM 델타의 함수라는 것이다. BSM 델타는 $\ln(K/S)/(\Sigma(S,K)\sqrt{\tau})$, 즉 로그 가격도를 만기까지의 총 내재 분산의 제곱근으로 나눈 것이다. 이 경험칙은 다음 수식으로 표현할 수 있다.

$$\Sigma(S, K) = f\left(\frac{\ln(K/S)}{\Sigma(S,K)\sqrt{\tau}}\right) \tag{18.8}$$

이 공식에 따르면 델타 고착 관점에서 옵션의 내재 변동성은 GBM을 가정하는 상황에서 주가와 행사가 사이의 거리가 로그 수익률의 표준 편차의 몇 배가 되는지에 달려 있다. 함수 $f(...)$ 자체는 $\Sigma(S,K)$에 의존하므로 식 (18.8)은 실제로는 반복적으로 풀어야 하는 $\Sigma(S,K)$에 대한 비선형 방정식이다. 델타 고착 규칙에 대한 선형 근사는

---

1. 가격도 K/S에 대한 의존성을 명시적으로 표현하는 선형 근사식은 다음과 같다.

$$\Sigma(S, K) = \Sigma_0 - \beta S_0(K/S - 1)$$

위의 식을 $S \approx S_0 = K$에 대해 선형 근사를 하면 식 (18.7)을 얻을 수 있다. — 옮긴이

다음과 같다.

$$\Sigma(S, K) = \Sigma_0 - \beta \frac{\ln (K/S)}{\Sigma(S, K)\sqrt{\tau}} \tag{18.9}$$

실무에서는 근사식을 더 단순화하고자 식 (18.9)의 오른쪽에 있는 $\Sigma(S, K)$를 등가격 변동성 $\Sigma_{\mathrm{ATM}}(S) \equiv \Sigma(S, S)$로 대체한다.

$$\Sigma(S, K) = \Sigma_0 - \beta \frac{\ln (K/S)}{\Sigma_{\mathrm{ATM}}(S)\sqrt{\tau}} \tag{18.10}$$

보다 일반적으로, 델타가 0.5일 때 내재 변동성을 Σ_0라 두면 다음과 같이 표현할 수 있다.

$$\Sigma(S, K, t, T) = \Sigma_0(t, T) \\ - \beta'(t, T)\Big(0.5 - \Delta(S, K, t, T, \Sigma_{\mathrm{ATM}}(S))\Big) \tag{18.11}$$

여기서 Δ는 표준 유럽형 콜옵션에 대한 BSM 헤지 비율이다. 오른쪽의 첫 번째 항인 $\Sigma_0(t, T)$는 등가격 변동성의 기간 구조를 포함하고, 계수 $\beta'(t, T)$는 만기에 따라 달라지는 스큐 기울기를 표현한다. 짧은 시간 간격 동안 Σ_0, β', $\Sigma_{\mathrm{ATM}}(S)$이 일정하다고 추정하는 것은 일반적이다. 여기에 만기가 고정된 경우를 고려하면 $\Sigma(S, K, \tau)$는 K 또는 S의 별도가 아닌 오로지 K/S의 함수가 되므로 잔존 만기가 τ라면 다음과 같다.

$$\Sigma(S, K, \tau) = \Sigma_0 - \beta'\Big(0.5 - \Delta(S, K, \tau, \Sigma_{\mathrm{ATM}})\Big) \tag{18.12}$$

표준 유럽형 콜옵션의 경우 식 (18.12)의 델타는 S가 증가하거나 K가 감소하면 증가한다. 따라서 β'가 양수이면 행사가가 낮은 콜옵션은 더 높은 델타와 더 높은 내재 변동성을 갖게 되고 이는 음의 스큐에 해당한다. 또한 음의 스큐 때문에 식 (18.12)에 의하면 고정된 행사가 K에 대해 주가 S의 증가는 내재 변동성을 증가시키므로 $\frac{\partial \Sigma}{\partial S} > 0$이 된다. 낮은 행사가에서의 위험 증가를 말하는 음의 스큐가, 주가가 떨어질 때 위험이 감소함을 내포하고 있다는 것은 직관과 많이 어긋난다.

가격도 고착 또는 델타 고착 관점에서 주가와 같은 방향으로 내재 변동성이 변하기 때문에 델타에 관한 식 (18.3)에 보듯이 적절한 헤지 비율은 BSM 델타보다 크게 된다. 이것은 국소 변동성 모델에서 나타나는 것과 정확히 반대다.

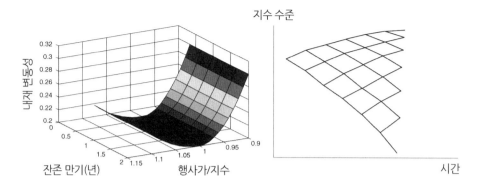

그림 18.1 내재 변동성 곡면에 대응하는 내재 이항 모델

보기 18.1

질문

XOM의 현재 가격을 $100로 가정한다. 만기 1년인 등가격 유럽형 콜옵션의 내재 변동성은 25%이다. 행사가 $120이고 만기가 1년인 유럽형 콜옵션의 내재 변동성은 20%이다. 내재 변동성이 델타 고착 규칙을 따른다고 가정하고 XOM의 가격이 $120로 상승하면 행사가 $120인 콜옵션의 내재 변동성을 추정하라.

정답

식 (18.11)에서 XOM이 $120까지 움직여도 $\Sigma_0(t, T)$, $\beta'(t, T)$, $\Sigma(S, S, t, T)$는 일정하다고 가정할 수 있다. XOM이 $120일 때 행사가 $120인 콜옵션의 델타는 XOM이 $100일 때 행사가 $100인 콜옵션의 델타와 같다고 추정할 수 있다. 따라서 등가격 변동성은 변하지 않고 XOM이 $100일 때 내재 변동성 25%와 같다.

국소 변동성 고착 규칙

국소 변동성 고착 규칙에서 현재 옵션 가격들은 하나의 국소 변동성 곡면을 결정한다. 이 국소 변동성 곡면은 이론상으로는 시간이 지나거나 주가가 움직이더라도 변하지 않은 상태로 남아 있어야 한다. 하나의 예가 그림 18.1에 나와 있다.

국소 변동성 고착 규칙은 국소 변동성 이항 모델이 생성된 후에 변경되지 않은 상태로 유지돼야 한다는 의미에서 내재 이항 모델 고착$^{sticky\ implied\ tree}$으로 생각할 수 있다. 그렇지만 이 규칙은 경험칙 이상이다. 일관된 이론적 기반이 부족한 행사가 고착과 델타 고착 규칙과는 다르게 국소 변동성 고착 규칙은 옵션 가치들과 일관성이 있다.

그림 18.1의 내재 이항 모델을 보면 국소 변동성 모델은 음의 스큐를 갖는 것을 확인할 수 있다. 이 음의 스큐는 지수가 하락할 때는 더 높은 변동성을, 지수가 상승할 때는 더 낮은 변동성을 시장이 기대한다는 것에 기인한다.

16장에서 봤듯이 국소 변동성이 지수 수준과 행사가의 선형 함수라고 가정하면 내재 변동성도 지수 수준과 행사가의 함수가 된다.

$$\Sigma(S, K) = \Sigma_0 + 2\beta S_0 - \beta(S + K) \tag{18.13}$$

이 근사식에서 S와 K는 동일한 부호를 갖고 대칭적이다. 결과적으로 지수의 증가는 행사가의 증가와 같은 영향을 내재 변동성에 미친다. 이것은 가격도 고착과 델타 고착 규칙에서 가정했던 것과 정확히 반대다.

국소 변동성 모델에서 등가격 변동성은 다음이 된다.

$$\Sigma_{\text{ATM}} = \Sigma(S, S) = \Sigma_0 - 2\beta(S - S_0) \tag{18.14}$$

가격도 고착과 델타 고착과는 다르게 등가격 내재 변동성 또는 고정된 델타의 내재 변동성은 상수가 아니다. 음의 스큐를 가정하면 $\frac{\partial \Sigma_{\text{ATM}}}{\partial S} < 0$임을 알 수 있고, 이것은 지수가 하락함에 따라 지수 옵션 시장에서 등가격 내재 변동성이 증가하는 것과 일치한다. 결과적으로 16장에서 봤듯이 음의 스큐가 있는 국소 변동성에서는 표준 옵션의 적절한 헤지 비율은 BSM 델타보다 작다. 이것은 가격도 고착 규칙과 델타 고착 규칙의 결과와 반대다.

경험칙의 요약

표 18.1은 다양한 경험칙들에 대한 요약이고, $\beta > 0$이면서 음의 내재 변동성 스큐를 가정한다. 마지막 열에는 이런 경험칙들과 관련 있는 모델을 나타냈다.

경험칙	함수 형태	선형 근사	관련 모델
행사가	$f(K)$	$\Sigma_0 - \beta(K - S_0)$	블랙-숄즈-머튼[a]
가격도	$f(K/S)$	$\Sigma_0 - \beta(K - S)$	확률 변동성[b], 점프 확산
델타	$f(\Delta)$	$\Sigma_0 - \beta \frac{\ln(K/S)}{\Sigma(S,K)\sqrt{\tau}}$	
국소 변동성	$f(K, S)$	$\Sigma_0 - \beta(K + S - 2S_0)$	국소 변동성

[a] BSM 모델은 근사적으로 행사가 고착 경험칙에 해당하지만 BSM 모델에서 모든 내재 변동성은 행사가와 상관없이 동일하기 때문에 엄밀히 말하면 스큐를 설명할 수 없다.

[b] 확률 변동싱 모델은 19장에서 설명하며 변동성 자체를 또 다른 확률 변수로 가정한다. 따라서 변동성이 확률적으로 변경되지 않은 경우만 $\Sigma(S, K) = f(K/S)$가 성립한다.

표 18.1 고착 경험칙 요약

현실 세계에서의 고착성

행사가 고착, 가격도 고착, 국소 변동성 고착에 대한 선형 근사식을 결합해 β 기울기를 갖는 음의 스큐에 대한 보다 일반적인 방정식으로 표현할 수 있다.

$$\Sigma(S, K) = \Sigma_0 - \beta(K - S) - B(S - S_0) \tag{18.15}$$

여기에서는 단순화를 위해 관심을 갖는 기간 동안에 β와 B를 상수로 가정한다. 고착성의 세 가지 규칙은 다음과 같이 대응된다.

1. 행사가 고착:　　　$B = \beta$
2. 가격도 고착:　　　$B = 0$
3. 국소 변동성 고착:　$B = 2\beta$

등가격 변동성은 다음으로 주어진다.

$$\Sigma_{\text{ATM}} \equiv \Sigma(S, S) = \Sigma_0 - B(S - S_0) \tag{18.16}$$

Kamal and Gatheral(2010)에서 아래로 정의한 비율 C에 초점을 맞춰서 S&P 500 지수 변동성 스마일의 변화에 대해 조사했다.

$$\frac{\partial \Sigma_{\text{ATM}}}{\partial S} = -B$$

$$\frac{\partial \Sigma(S, K)}{\partial K} = -\beta \qquad\qquad (18.17)$$

$$C = \frac{\frac{\partial \Sigma_{\text{ATM}}}{\partial S}}{\frac{\partial \Sigma(S,K)}{\partial K}} = \frac{B}{\beta}$$

C는 시간이 경과하고 지수가 변함에 따라 등가격 변동성이 변하는 비율을 현재의 스큐 기울기로 나눈 값으로 유동성 있는 시장에서 쉽게 관찰할 수 있다.

세 가지 경험칙은 예측하는 값은 다음과 같다.

1. 행사가 고착: $C = 1$
2. 가격도 고착: $C = 0$
3. 국소 변동성 고착: $C = 2$

Kamal and Gatheral(2010)의 실증 연구에서 C가 약 1.5임을 발견했다. 이 연구에서 가격도 고착을 지나친 단순화 모델이라고 지적하고 현실은 행사가 고착과 국소 변동성 고착 사이에 있음을 시사한다.

앞에서 언급했듯이 Crepey(2004)는 국소 변동성 헤지가 주가지수 옵션에 가장 적합하다고 주장한다. 국소 변동성 헤지는 주가지수에 대해 가장 자주 관찰되는 두 가지인 완만한 상승과 급격한 하락 상황에서 올바르게 작동하기 때문이다.

확률 변동성 모델로

국소 변동성 모델에서 기초 지산의 변동성은 확률적인 기초 사산 가격을 매개변수로 하는 함수다. 따라서 국소 변동성 모델은 기초 자산과 변동성이 동일한 확률적 과정을 갖는 확률 변동성 모델이다. 그러나 변동성은 기초 자산 변화와 무관하게 다른 이유로도 바뀔 수 있다. 19장에서는 변동성이 독립적으로 변화 가능하도록 하는 확률 변동성 모델을 소개한다.

18–1. NDX^{NASDAQ-100 Index} 옵션의 내재 변동성이 행사가 고착 규칙에 따라 다음 함수로 표현된다고 가정한다.

$$\Sigma(K) = 0.25 - 0.00005(K - 4000)$$

NDX의 현재 지수는 4,000이다. 등가격 내재 변동성은 얼마인가? NDX가 10% 상승했을 때와 10% 하락했을 때 등가격 내재 변동성은 얼마인가?

18–2. RTY^{Russell 2000 Index} 옵션의 내재 변동성이 델타 고착 규칙을 따라서 다음 함수로 기술된다고 가정한다.

$$\Sigma(S, K, \tau) = 0.18 - 0.02 \frac{\ln(K/S)}{\Sigma(S, K)\sqrt{\tau}}$$

RTY는 현재 1,000에 거래되고 있다. 행사가 1,000과 900에서 만기가 1년 또는 3개월 남은 옵션들의 내재 변동성을 계산하라.

18–3. 앞의 문제와 동일한 조건과 식을 사용해 RTY가 900으로 떨어지는 경우 행사가 1,000과 900에서 만기가 1년 또는 3개월 남은 옵션들의 내재 변동성을 계산하라.

19장

확률 변동성 모델 I

- 확률 거동을 갖는 변동성
- 확률 BSM 변동성 또는 확률 국소 변동성
- 볼가^{volga}는 대칭 스마일, 바나^{vanna}는 비대칭 스큐를 생성
- 평균 회귀 성질
- 위험 중립 가치 평가

확률 변동성 소개

앞에서 다룬 국소 변동성 모델을 확률 변동성 모델의 특수한 경우로 볼 수 있다. 주식의 국소 변동성은 주가에 따라 달라지고, 주가는 확률적 거동을 보인다. 따라서 국소 변동성 모델에서 변동성은 확률적이다. 그러나 변동성이 확률적인 주가의 함수이기 때문에 100% 상관관계를 갖는다. 현실 세계에서는 내재 변동성과 실현 변동성은 기초 자산인 주가 또는 지수 수준과 상관이 있지만 상관관계가 100%는 아니다. 여기서 변동성이 주가와 독립적으로 변할 수 있는 확률 변동성 모델을 살펴본다.

확률 변동성을 모델링하는 것은 국소 변동성을 모델링하는 것보다 훨씬 더 복잡하다. 지금부터 확률 변동성의 여러 종류를 살펴보고 다른 가정들이 변동성 스마일의 형태와 거동에 어떤 영향을 미치는지 설명한다.

여러 가지 접근 방식

확률 변동성 모델링에 대한 가장 확실한 접근 방식은 주식의 변동성이 주가 변동과 무관한 확률 요인에 의존하도록 하는 것이다. 이를 위해서 두 번째 확률 요인을 추가해 지금까지 고려했던 1-요인 모델을 확장한다. 그렇다면 두 번째 요인을 어떻게 도입할 것인가? 두 가지 일반적인 접근 방식이 있다.

1. **BSM의 확장**　이 접근 방식은 내재 변동성 스큐가 없는 BSM 모델의 기초가 되는 GBM으로 시작한다. 그런 다음 주식의 변동성 자체가 (상수 또는 확률적 주가의 함수가 아닌) 독립적으로 확률 거동을 갖도록 한다. 뒤에서 증명하겠지만, 이 경우 스마일의 존재에 원인이 되는 것은 두 번째 확률적 요인인 변동성의 변동성 volatility of volatility이다. 대표적인 예는 헐-화이트 Hull-White 확률 변동성 모델이 있다.

2. **국소 변동성의 확장**　이 접근 방식은 스마일의 존재가 이미 자연스러운 특징인 국소 변동성 모델에서 시작한다. 그런 다음 스마일의 변동성에 원인이 되는 두 번째 확률적 요인을 통해 국소 변동성 자체가 확률적이 될 수 있도록 한다. 이 접근 방식의 대표적인 예는 SABR stochastic alpha, beta, rho 모델이 있다(Hagan, Kumar, Lesniewski and Woodward 2002).

어떤 접근법을 채택할 것인지는 어디서 시작하느냐에 달렸다. 스큐가 없는 BSM 모델에서 시작해 이에 대한 섭동 perturbation을 살펴볼 것인가? 아니면 스큐가 있는 국소 변동성에서 시작해 이에 대한 섭동을 살펴볼 것인가? 이런 방식들은 앞으로 고려할 주요 접근 방식이며, 확률 변동성이 변동성 스마일에 미치는 영향을 이해하고자 다른 발견적인 접근 방식뿐만 아니라 두 가지 접근 방식을 모두 사용할 것이다. 서로 다른 출발점에서 확률 변동성에 접근함으로써 더 많은 것을 배울 수 있다.[1]

---

1. 지금 간략하게 언급하고 다른 세부 사항은 설명하지 않을 것이지만, 확률 변동성은 (적어도) 두 가지 다른 접근 방식이 있다. 첫 번째 접근 방식은 BSM 내재 변동성을 매개변수로 사용하는데, 이 접근 방식에서 변동성은 확률적일 수 있다. 이것은 이자율의 시장 모델(예: Heath-Jarrow-Morton 1990, Brace-Gatarek-Musiela 1997)에서 만기 수익률과 유사하다. 이런 확률 내재 변동성 모델(예: Schonbucher 1999)에서 차익 거래를 피하고자 내재 변동성의 변동에 강한 제약 조건을 둬야 한다. 두 번째 접근 방식은 현재 옵션 가격을 기반으로 하는 내재 국소 변동성 이항 모델로 시작한다. 그런 다음 전체 이항 모델이 확률적으로 변하도록 한다. 이런 확률 내재

19장과 20장에서는 확률 변동성에 대해 주로 첫 번째 접근 방식에 중점을 둔다. 22장의 끝에 추가 자료를 제시했으며, 그중 일부는 기존 방식과 다른 접근 방식을 다룬다.

BSM 변동성을 확률적으로 가정할 때 발생하는 효과에 대한 설명을 발견적 방식으로 시작한다.[2] 이 설명은 이론적으로 엄밀하지 않지만 그럼에도 확률 변동성 모델의 효과에 대한 직관을 얻는 데 매우 유용하다.

BSM 모델로부터 발견적 접근 방식

여기서는 BSM 공식을 사용해 확률 변동성 모델에서 스마일의 정성적 거동을 이해하고자 한다. 지금부터 전개하는 형식화^{formalism}는 비록 BSM 가정을 넘어서고 있지만, 옵션 가격이 다른 변수의 확률적 변화에 어떻게 영향을 받는지 매우 광범위하게 볼 수 있다.

무위험 이자율과 배당은 상수지만, 주가 S와 주식 변동성 σ는 모두 확률 거동을 갖는다고 가정한다. 콜옵션 가격을 함수 $C(S, t, K, T, \sigma)$로 나타낸다. 그러면 두 확률 변수 S와 σ에 대한 이토 공식으로 C 값의 근사적인 변화를 표현할 수 있다.

$$
\begin{aligned}
dC &= \frac{\partial C}{\partial t}dt + \frac{\partial C}{\partial S}dS + \frac{\partial C}{\partial \sigma}d\sigma + \frac{1}{2}\frac{\partial^2 C}{\partial S^2}dS^2 + \frac{1}{2}\frac{\partial^2 C}{\partial \sigma^2}d\sigma^2 + \frac{\partial^2 C}{\partial S \partial \sigma}dSd\sigma \\
&= \frac{\partial C}{\partial t}dt + \frac{\partial C}{\partial S}dS + \frac{\partial C}{\partial \sigma}d\sigma + \frac{1}{2}\frac{\partial^2 C}{\partial S^2}\sigma^2 S^2 dt + \frac{1}{2}\frac{\partial^2 C}{\partial \sigma^2}d\sigma^2 + \frac{\partial^2 C}{\partial S \partial \sigma}dSd\sigma \quad (19.1) \\
&= \left(\frac{\partial C}{\partial t} + \frac{1}{2}\frac{\partial^2 C}{\partial S^2}\sigma^2 S^2\right)dt + \frac{\partial C}{\partial S}dS + \frac{\partial C}{\partial \sigma}d\sigma + \frac{1}{2}\frac{\partial^2 C}{\partial \sigma^2}d\sigma^2 + \frac{\partial^2 C}{\partial S \partial \sigma}dSd\sigma
\end{aligned}
$$

이제 콜옵션을 매수하고 충분한 주식 S와 충분한 변동성 σ를 매도해 헤지 포트폴리오가 순간적으로 무위험 상태가 되도록 무위험 헤지 포트폴리오를 구성했다고 가정한다.[3] 그러면 식 (19.1)에서 dS와 $d\sigma$의 일차항은 헤지 포트폴리오의 손익(P&L)

이항 모델(Derman and Kani 1998 참조)은 차익 거래가 없는 초기 이항 모델에서 시작하지만 이후에 차익 거래를 피하기 위해 이항 모델의 변동에 강한 제약 조건을 둬야 한다.

2. 이 접근 방식은 부분적으로 2004년 컬럼비아 대학교의 마크 히긴스(Mark Higgins)의 강의에서 영감을 받았다.

3. 이 무위험 헤지 포트톨리오를 같은 기호 C로 표기하고 있다. — 옮긴이

에 기여하지 않으며 손익은 다음이 된다.

$$dC = \left(\frac{\partial C}{\partial t} + \frac{1}{2} \frac{\partial^2 C}{\partial S^2} \sigma^2 S^2 \right) dt + \frac{1}{2} \frac{\partial^2 C}{\partial \sigma^2} d\sigma^2 + \frac{\partial^2 C}{\partial S \partial \sigma} dS d\sigma \tag{19.2}$$

변동성과 주가가 모두 확률적일 때 옵션의 가치 C에 대한 편미분 방정식을 결정하기 위해 위험 중립 평가 방법을 적용하지 않았기 때문에 식 (19.2)의 편미분 값을 알 수 없다. 마지막 부분에서 위험 중립 평가에 대해 설명할 것이다. 그러나 여기서 더 진행하기 위해서 식 (19.2)에 알려지지 않은 편미분 $\frac{\partial^n C}{\partial \text{anything}^n}$ 를 BSM 모델에 일반적인 값 $\frac{\partial^n C_{\text{BSM}}}{\partial \text{anything}^n}$ 으로 대체한다. 이런 근삿값이 0이 아닌 $d\sigma$ 값을 유도하는 확률 변동성으로부터 P&L에 대한 기여의 상당 부분을 포착하기를 기대한다. 이런 근사는 변동성의 변동성이 작을 때 잘 작동한다.

교육적 단순성을 위해서 지금부터 이자율과 배당을 0으로 가정한다. 이 경우 식 (19.2)의 우변 첫 번째 괄호는 다음의 BSM 방정식으로 인해 사라진다.

$$\frac{\partial C_{\text{BSM}}}{\partial t} + \frac{1}{2} \frac{\partial^2 C_{\text{BSM}}}{\partial S^2} \sigma^2 S^2 = 0 \tag{19.3}$$

변동성이 확률적일 때 헤지 P&L값의 예상 변화는 근사적으로 다음이 된다.

$$dC = \frac{1}{2} \frac{\partial^2 C_{\text{BSM}}}{\partial \sigma^2} \mathbb{E}\left[d\sigma^2\right] + \frac{\partial^2 C_{\text{BSM}}}{\partial S \partial \sigma} \mathbb{E}[dS d\sigma] \tag{19.4}$$

흔히 볼가^{volga}라고 언급되는 $\frac{\partial^2 C}{\partial \sigma^2}$ 는 변동성의 함수로서 콜옵션의 볼록성을 나타낸다. $\frac{\partial^2 C}{\partial S \partial \sigma}$ 는 흔히 바나^{vanna} 또는 디델타디시그마^{DdeltaDsigma}, 디베가디스팟^{DvegaDspot}이라고 불린다. 이자율과 배당이 0인 경우 BSM 모델에서 볼가 값은 다음과 같다.

$$\frac{\partial^2 C_{\text{BSM}}}{\partial \sigma^2} = \frac{V}{\sigma} \left[\frac{\ln^2(S/K)}{\sigma^2 \tau} - \frac{\sigma^2 \tau}{4} \right] \tag{19.5}$$

그리고 바나 값은 다음과 같다.

$$\frac{\partial^2 C_{\text{BSM}}}{\partial S \partial \sigma} = \frac{V}{S} \left(\frac{1}{2} - \frac{1}{\sigma^2 \tau} \ln(S/K) \right) \tag{19.6}$$

여기서 V 는 BSM 베가 값을 나타낸다.

$$V = \frac{\partial C_{\text{BSM}}}{\partial \sigma} = \frac{\sqrt{\tau}}{\sqrt{2\pi}} S \exp \left\{ -\frac{1}{2} \left(\frac{\ln(S/K)}{\sigma \sqrt{\tau}} + \frac{\sigma \sqrt{\tau}}{2} \right)^2 \right\} \tag{19.7}$$

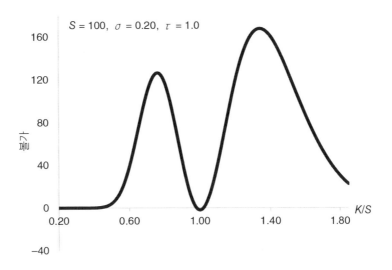

$S = 100$, $\sigma = 0.20$, $\tau = 1.0$

그림 19.1 표준 콜옵션의 BSM 볼가

σ와 τ가 일반적인 값을 갖는 경우 BSM 볼가는 $\ln(S/K)$가 0이 되는 등가격에 가까운 것을 제외하면 모든 곳에서 양수다. 그림 19.1은 일반적인 콜옵션에 대한 BSM 볼가의 그래프를 보여 준다. 식 (19.4)의 $\mathbb{E}[d\sigma^2]$은 항상 양수이기에 볼가가 양수인 영역에서 확률 변동성은 콜옵션의 가치를 BSM 값 이상으로 증가시킨다. 풋옵션도 마찬가지다. 변동성이 확률적일 때 헤지된 표준 옵션은 옵션의 변동성에 대한 볼록성인 볼가와 관련된 양만큼의 변동성의 변동성을 매수하고 있다고 생각할 수 있다.[4]

그림 19.1에서 보듯이 볼가는 등가격 행사가 위와 아래에서 극대를 갖기 때문에 식 (19.4)와 변동성이 확률적이지 않은 콜옵션의 BSM 값 사이의 가장 큰 차이는 외가격과 내가격에서 발생한다. 이는 변동성이 확률적이라면 변동성의 볼록성은 등가격에서 벗어난 옵션에 가치를 더한다는 것을 의미한다. 이는 등가격 옵션에 비해 외가격 옵션에 가치를 더해 그림 19.2와 같이 U자 모양의 스마일을 만든다.

그림 19.3은 K/S에 대한 콜옵션 BSM 바나의 그래프를 보여 준다. σ와 τ가 일반적인 값을 갖는 경우 바나는 콜옵션이 외가격일 때$(K > S)$ 양수고, 콜옵션이 내가격일 때 $(K < S)$ 음수다. $\mathbb{E}[dSd\sigma]$가 양수이면(주가와 변동성이 양의 상관관계가 있는

---

4. 식 (19.4)에서 $\mathbb{E}[d\sigma^2]$이 확률 변동성 모델에서 변동성의 분산과 관련된다. 즉 변동성의 변동성의 제곱으로 표현된다. 그러므로 가상으로 매수하고 있다고 생각하는 변동성의 변동성의 개수는 볼가에 비례한다. — 옮긴이

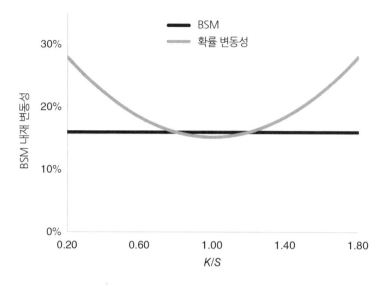

그림 19.2 BSM 내재 변동성과 가격도

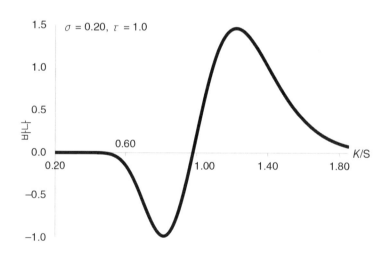

그림 19.3 표준 콜옵션의 BSM 바나

경우), 식 (19.4)의 바나는 높은 행사가에서 BSM 가치 대비 콜옵션의 가치를 증가시키고, 낮은 행사가에서 콜옵션의 가치를 감소시킨다. 상관관계가 음수인 경우는 반대다. 주가지수 스큐는 일반적으로 음수이며 낮은 행사가는 높은 행사보다 더 큰 내재변동성을 가지므로, 관찰된 스큐를 반영하고자 확률 변동성 모델에서 지수와 변동성 사이에 음의 상관관계가 필요하다고 추측할 수 있다.

지금까지의 직관을 갖고 본격적으로 확률 변동성을 더 엄밀하게 살펴본다.

BSM 모델 확장: 변동성에 대한 확률 미분 방정식

먼저 변동성의 거동을 모델링하는 방법을 탐구한다. 주가 변동과 마찬가지로 변동성의 거동을 모델링하고자 종종 GBM을 사용한다. 헐-화이트 확률 변동성 모델(Hull and White 1987)은 가장 간단한 초기 모델이다. GBM을 사용해 주식 수익률의 분산 V의 확률적 거동을 다음으로 서술한다.

$$\frac{dV}{V} = \alpha dt + \xi dW \tag{19.8}$$

여기서 $V = \sigma^2$이고 매개변수 ξ는 분산의 변동성이다.

식 (19.8)은 변동성 모델로서 한 가지 문제가 있다. 확산^{diffusion}이 제한되지 않기 때문에 시간이 지남에 따라 변동성이 초기 수준에서 점점 더 멀어지게 된다. 실제로 이 자율과 비슷하게 변동성의 범위는 제한적이다. 예로서, 2005년부터 2014년까지 S&P 500의 30일 실현 변동성은 5% 미만 혹은 82%를 넘은 적이 없다. 따라서 실현 변동성과 내재 변동성을 모두 평균 회귀$^{mean-reverting}$ 변수로 모델링하는 것이 좋다.[5]

---

5. KOSPI가 2010년부터 약 7년 간 1800에서 2200 사이를 횡보해 박스피라고 불렸다. 이 구간의 상대적인 폭은 저자가 언급한 S&P 500의 변동성 범위보다 더 좁다. 그러나 KOSPI를 모델링하는 GBM에 평균 회귀를 추가할 생각조차 하지 않았다. 결국 변동성에 평균 회귀 항을 추가하는 것에 추가 논리가 필요하다. 가장 중요한 깃은 KOSPI는 거래 가능한 사산이므로 부차익 거래 불가능 원칙에서 GBM의 추세율은 무위험 이자율이 돼야 한다. 하지만 변동성은 거래 가능한 자산이 아니므로 무차익 거래 불가능 원칙에서 추세율을 결정할 수 없다. ― 옮긴이

평균 회귀 성질

오른슈타인-울렌벡 과정^{Ornstein-Uhlenbeck processes}은 평균으로 회귀하는 확률 변수를 설명하는 전통적인 방법이다. 평균 회귀 과정 Y에 대한 오르슈타인-울렌벡 확률 미분 방정식은 다음과 같다.

$$dY = \alpha(m - Y)dt + \beta dW \tag{19.9}$$

여기서 α, β, m은 음이 아닌 상수이고 dW는 브라운 운동으로 정의에 따라 평균이 0이다. Y의 현재 수준이 주어진 경우 Y의 변화에 대한 기댓값은 다음과 같다.

$$\mathbb{E}[dY|Y] = \alpha(m - Y)dt \tag{19.10}$$

여기서 m은 Y의 장기 평균이다. Y가 m보다 크면 $\mathbb{E}[dY|Y]$는 음수여서 Y가 감소하는 경향이 있고 Y가 m보다 작으면 $\mathbb{E}[dY|Y]$는 양수이고 Y가 증가하는 경향이 있다.

시간에 따라 Y의 거동을 구하기 위해 먼저 브라운 운동이 없다고 가정한다(β는 0).

$$dY = \alpha(m - Y)dt \tag{19.11}$$

방정식의 해는 다음으로 주어진다.

$$Y_t = m + (Y_0 - m)e^{-\alpha t} \tag{19.12}$$

여기서 Y_0은 $t = 0$에서 Y의 초깃값이다. $t \to \infty$이면 $e^{-\alpha t} \to 0$이 되고 Y_t는 m으로 접근한다. 브라운 운동이 없으면 초깃값에 관계없이 장기적으로 Y는 장기 평균 m으로 수렴한다.

Y가 Y_0에서 m까지 거리의 절반을 이동하는 데 걸리는 시간을 확률 과정의 반감기^{half-life} $t_{1/2}$로 정의한다. 반감기는 다음을 만족한다.

$$\begin{aligned} Y_0 - \frac{1}{2}(Y_0 - m) &= m + (Y_0 - m)e^{-\alpha t_{1/2}} \\ \frac{1}{2}(Y_0 - m) &= (Y_0 - m)e^{-\alpha t_{1/2}} \end{aligned} \tag{19.13}$$

결국 $t_{1/2}$를 구할 수 있다.

$$t_{1/2} = \frac{1}{\alpha} \ln(2) \tag{19.14}$$

이것은 브라운 운동이 없을 때의 반감기로 α에 반비례한다. α가 클수록 평균 회귀가 더 강해진다. 브라운 운동이 있는 경우도 반감기는 비슷한 정도의 값을 갖는다.

식 (19.9)는 변동성에 대해 현실적으로 완전한 설명은 아니다. 변동성은 시장이 붕괴될 때 급격히 상승하고, 그 후 오랫동안(몇 주 또는 그 이상) 상대적으로 높은 상태를 유지하는 경향이 있기 때문이다. 현실에는 오른슈타인-울렌벡 방정식으로 잘 설명되지 않는 높고 낮은 변동성에 대한 고착성 또는 지속성이 있다. 변동성을 자산으로 거래하는 트레이더 또는 헤지 펀드의 경우 변동성의 거동을 이해하는 것이 매우 중요하다.

확률적 오른슈타인-울렌벡 과정($\beta \neq 0$)의 경우 식 (19.9)에 대한 해는 다음과 같다.

$$Y_t = m + (Y_0 - m)e^{-\alpha t} + \beta \int_0^t e^{-\alpha(t-s)} dW_s \tag{19.15}$$

우변의 마지막 항에서 Y에 대한 무작위 증분의 합은 시간이 지남에 따라 기하급수적으로 감소하고 Y_t의 장기 값에 대한 브라운 운동의 기여는 결국 현재 값에 영향을 미치지 않는 것을 볼 수 있다.

해를 직접 유도하지 않았지만, 식 (19.15)의 우변을 미분하면 확률 미분 방정식 (19.9)를 만족하는 것을 확인할 수 있다.

$$dY_t = -\alpha(Y_0 - m)e^{-\alpha t} dt + \beta dW_t - \beta\alpha \int_0^t e^{-\alpha(t-s)} dW_s \tag{19.16}$$

식 (19.15)를 이용하면 다음을 얻는다.

$$(Y_0 - m)e^{-\alpha t} - Y_t - m - \beta \int_0^t e^{-\alpha(t-s)} dW_s \tag{19.17}$$

이 식을 식 (19.16)의 우변에 대입한다.

$$dY_t = -\alpha \left[Y_t - m - \beta \int_0^t e^{-\alpha(t-s)} dW_s \right] dt$$

$$+ \beta dW_t - \beta \alpha \int_0^t e^{-\alpha(t-s)} dW_s \qquad (19.18)$$

$$= \alpha \left[m - Y_t \right] dt + \beta dW_t$$

Y의 거동을 이해하고자 시간 t에서 모든 증분 dW_s에 대해 평균을 낸 Y의 평균 $\overline{Y}$의 거동을 살펴본다. 식 (19.15)에서 각각의 브라운 운동 증분은 평균이 0이므로 다음을 얻는다.

$$\overline{Y_t} = m + (Y_0 - m)e^{-\alpha t} \qquad (19.19)$$

따라서 t 시점에서 Y의 평균은 결정적이며 $\beta = 0$인 식 (19.12)와 동일하다.

브라운 운동의 변동이 시간에 따른 독립적인 증분이라는 사실을 이용하면 Y_t의 분산을 계산할 수 있다. $s \neq u$이면 $dW_s dW_u = 0$이다. 그러나 s와 u가 동일하면 $dW_s dW_u$는 du^2에 비례한다. 디랙 델타 함수를 사용해 더 간결하게 표현할 수 있다.

$$dW_s dW_u = \delta(u - s) ds du \qquad (19.20)$$

그러므로 Y_t의 분산은 다음으로 주어진다.

$$\mathrm{Var}[Y_t] = \mathbb{E}\left[\left(Y_t - \overline{Y_t} \right)^2 \right]$$

$$= \beta^2 \int_0^t \int_0^t e^{-\alpha(t-s)} e^{-\alpha(t-u)} dW_s dW_u$$

$$= \beta^2 \int_0^t \int_0^t e^{-\alpha(2t-s-u)} \delta(u-s) ds du \qquad (19.21)$$

$$= \beta^2 \int_0^t e^{-2\alpha t} e^{2\alpha u} du$$

$$= \frac{\beta^2}{2\alpha} \left(1 - e^{-2\alpha t} \right)$$

t가 작으면 $e^{-2\alpha t} \approx (1 - 2\alpha t)$이고, $\mathrm{Var}[Y_t] \approx \beta^2 t$이다. 즉 t가 작을 때 Y의 분산은

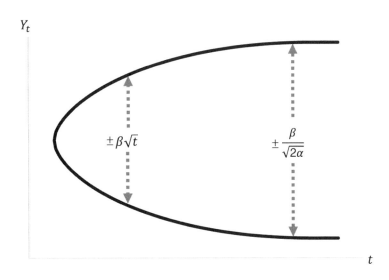

그림 **19.4** Y_t 표준편차의 개략도

표준 브라운 운동에서와 마찬가지로 시간에 따라 거의 선형으로 증가한다.

　t가 작지 않은 경우 오른슈타인-울렌벡 과정의 분산은 매우 달라진다. t가 증가하는 극한에서 다음을 얻는다.

$$\lim_{t \to \infty} \mathrm{Var}\,[Y_t] = \frac{\beta^2}{2\alpha} \tag{19.22}$$

t가 커질수록 분산이 커지는 것을 멈추고, 상수 $\beta^2/2\alpha$로 수렴한다. 평균 회귀의 효과는 Y의 범위를 제한하는 것이다. 평균 회귀의 강도 α가 증가할수록 오른슈타인-울렌벡 과정의 범위는 작아진다. 그림 19.4는 오른슈타인-울렌벡 과정과 브라운 운동에 대한 ±1 표준편차를 포함하는 영역을 보여 준다.

질문

변동성이 다음의 평균 회귀 이산 시계열 모델을 따른다고 가정한다.

$$d\sigma_t = \sigma_{t+1} - \sigma_t = 0.4(20\% - \sigma_t) + \epsilon_t$$

여기서 ϵ_t는 평균이 0인 확률 변수다. 변동성은 초기에 24%이고, 그 후 +2%의 무작위 쇼크^{shock}가 발생했다. 다음 기간에는 −2%의 무작위 쇼크가 발생했다. 이 두 쇼크에 따른 σ의 값은 얼마일까? 쇼크가 없었다면 변동성의 경로는 어떻게 됐을까?

정답

방정식을 다음으로 변형한다.

$$\sigma_{t+1} = \sigma_t + 0.4(20\% - \sigma_t) + \epsilon_t$$

$\sigma_0 = 24\%$이고, $\epsilon_0 = +2\%$, $\epsilon_1 = -2\%$다. σ_1은 다음이 된다.

$$\begin{aligned}
\sigma_1 &= \sigma_0 + 0.4(20\% - \sigma_0) + \epsilon_0 \\
&= 24\% + 0.4(20\% - 24\%) + 2\% \\
&= 24\% - 1.6\% + 2\% \\
&= 24.4\%
\end{aligned}$$

이 값을 방정식에 다시 입력하면 σ_2를 얻는다.

$$\begin{aligned}
\sigma_2 &= \sigma_1 + 0.4(20\% - \sigma_1) + \epsilon_1 \\
&= 24.4\% + 0.4(20\% - 24.4\%) - 2\% \\
&= 24.4\% - 1.76\% - 2\% \\
&= 20.64\%
\end{aligned}$$

초기 단계에서 평균 회귀는 쇼크에 압도되고, 변동성은 실제로 장기 평균인 20%에서 멀어진다. 다음 기간에는 쇼크와 평균 회귀가 모두 변동성을 장기 평균으로 이동시킨다.

쇼크가 없었다면 다음의 결과를 얻었을 것이다.

$$\sigma_1 = 24\% + 0.4(20\% - 24\%)$$

$$= 24\% - 1.6\%$$

$$= 22.4\%$$

$$\sigma_2 = 22.4\% + 0.4(20\% - 22.4\%)$$

$$= 22.4\% - 0.96\%$$

$$= 21.44\%$$

쇼크가 없으면 변동성은 속도가 감소하면서 장기 평균으로 수렴한다. 첫 번째 단계는 -1.6%이지만, 두 번째 단계는 -0.96%에 불과하다. 이 보기의 첫 번째 부분에서 쇼크는 대칭적이었지만, 최종 변동성은 두 번째 부분의 결과와 동일하지 않다. 대칭 쇼크와 쇼크가 없는 것이 평균 복귀 모델에서 반드시 동일하지 않다.

다른 확률 변동성 모델

대부분의 확률 변동성 모델은 주가에 대해 전통적인 GBM을 가정한다.

$$\frac{dS}{S} = \mu dt + \sigma dZ \tag{19.23}$$

변동성 σ가 상수이면 스마일은 없다. 변동성을 확률적이며 평균 회귀로 만드는 가장 간단한 방법으로 오른슈타인-울렌벡 방정식을 사용한다.

$$d\sigma = \alpha(m - \sigma)dt + \beta dW \tag{19.24}$$

분산 V에 대한 비슷한 식을 사용할 수 있다.

$$dV = \alpha(m - V)dt + \beta dW \tag{19.25}$$

식 (19.24)과 식 (19.25)의 문제점으로 변동성과 분산이 음수가 될 수 있다. 이를 피하는 한 가지 방법으로 분산이 0에 가까워질 때 분산의 분산을 선형적으로 감소시킨다.

$$dV = \alpha(m - V)dt + \beta V\,dW \tag{19.26}$$

또 다른 방법으로 헤스턴 모델$^{\text{Heston model}}$이 있다(Heston 1993).

$$dV = \alpha(m - V)dt + \beta\sqrt{V}\,dW \tag{19.27}$$

이 모델에서는 분산의 분산이 분산의 제곱근에 따라 감소한다. 이 모델은 해석적으로 해를 찾을 수 있다는 장점이 있어 매우 인기가 좋다. 분산의 확률 거동에서 제곱근을 사용하는 것은 CIR 이자율 모델(Cox, Ingersoll and Ross, 1985)의 영향이다. 해석적 해와 유도 과정은 헤스턴의 원본 논문뿐만 아니라 Lewis(2000)와 Gatheral(2011)에서 볼 수 있다.

모든 확률 변동성 모델는 S와 σ가 확률 변수이며 각각 다른 위너 과정 dZ와 dW로 생성된다. 표준 BSM 모델에서 σ는 S와 독립이고 상관이 없다. 국소 변동성 모델에서 σ는 S의 결정적 함수이며 S와 σ 간에 ±100% 상관이 있다. 확률 변동성을 사용하면 S와 σ의 관계가 더 유연해진다. 브라운 운동을 통해 이들의 상관관계를 도입할 수 있다. dZ와 dW 사이의 상관관계 ρ를 다음으로 표현한다.

$$dZ\,dW = \rho dt \tag{19.28}$$

여기서 ρ는 거의 모든 확률 변동성 모델에서 일정하다고 가정한다.

분명히 확률 변동성이 있는 모델은 더 현실적이다. 더욱이 매개변수 몇 개(변동성의 변동성, 주가와 변동성의 상관관계)만으로 내재 변동성 곡면을 정확하게 재현할 수는 없지만, 더 넓은 범위의 거동을 생성할 수 있다.

하지만 변동성의 거동은 주가의 거동보다 이해하기 더 어렵고 이런 모델들은 확실히 변동성을 완벽하게 표현하지 못한다. 사실, 상관관계는 적어도 변동성 자체만큼 확률적이다. 확률 변동성을 표현하고자 상수의 상관관계를 사용하는 것은 벌써 현실과의 상당한 차이를 나타낸다.

어찌 됐든 확률 변동성에서 배울 것이 많다. 20장부터 본격적으로 시작한다.

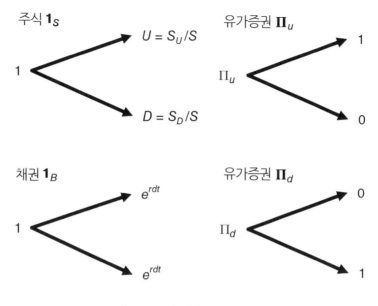

그림 19.5 주식, 채권, 애로-드브루 증권

위험 중립 가치 평가와 확률 변동성 모델

위험 중립 원칙을 사용해 옵션을 평가하려면 옵션의 모든 위험을 순간적으로 헤지할 수 있어야 한다. 매 순간 세계의 모든 가능한 상태를 생성할 수 있는 충분한 헤지 증권이 있는 경우만 그렇게 할 수 있다. 옵션을 완전히 헤지할 수 있다면 헤지 포트폴리오는 차익 거래 불가능 조건으로 무위험 이자율만큼 증가해야 한다.

표준 이항 모델에서는 각 마디점에 두 가지 가능한 상태(상승과 하락)만 있다. 상승 상태에서 주가는 S_u로 이동한다. 하락 상태에서 주가는 S_d로 이동한다. BSM 가정에서는 기초 자산인 주가만 확률적이다. 주식과 무위험 채권을 사용해 2개의 상태에 따라 다른 가치를 갖는 애로-드브루 증권 Π_u와 Π_d를 만들어 2개의 상태에 대한 수익 구조의 공간을 생성할 수 있다. 이런 증권을 그림 19.5에 나타냈다. 주식과 채권의 현재 가격에서 증권의 현재 가격을 알면 미래의 한 기간 동안 임의의 수익 구조를 갖는 모든 상품의 가치를 평가할 수 있다. 특히 우리는 표준 옵션을 평가할 수 있다. 애로-드브루 증권의 조합으로 옵션을 완벽하게 복제해 모든 상태에서 옵션의 수익 구조를 보장할 수 있다. 따라서 주식의 기대 수익 자체는 옵션 가치와 무관하다.

이제 주가와 변동성이 모두 확률적인 거동을 갖도록 이항 모델을 확장한다. S_u와

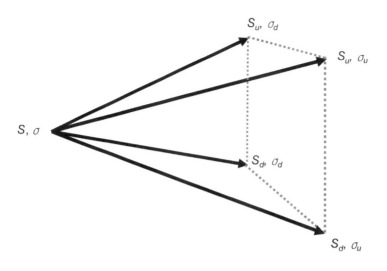

그림 19.6 확률적 주가와 변동성으로 확장되는 이항 모델

S_d의 두 가지 가능한 주가 외에도 σ_u와 σ_d의 두 가지 가능한 변동성 수준이 있다. 이런 거동을 그림 19.6에 개략적으로 나타냈다. 각 마디점에서 나오는 네 가지 가능한 경로가 있기 때문에 이 모델을 종종 4항 모델^{quadrinomial model}이라고 한다. 차익 거래가 없는 방식으로 옵션을 평가하려면 4개의 애로-드브루 증권이 필요한데, 각 증권은 4개 상태 중 1개의 상태에서만 $1를 지불하고 다른 3개의 상태에서는 0을 지불한다. 그리고 주식과 무위험 채권이 있다. 또한 그림 19.6에서 볼 수 있듯이 변동성의 현재 가치와 변동성의 변동성, 주가와 변동성의 상관관계를 알아야 한다. 만약 이 모든 것을 안다면 4개의 최종 상태 각각에서 $1의 현재 가치를 결정할 수 있으며, 이를 통해 확률 변동성이 있는 경우 옵션을 평가하고 헤지할 수 있다.

안타깝게도 변동성은 주가와는 달리 거래 가능한 증권이 아니다. 시장에서 변동성을 직접 매매할 수 없다. 매매할 수 있는 것은 변동성의 가치와 미래의 움직임에 따라 달라지는 표준 옵션과 같은 증권이다. 수익 구조의 상태 공간을 생성하려면 옵션(또는 기타 변동성에 민감한 증권, 분산 스와프 등)을 사용해야 한다. 다시 말해, 가격과 변동성이 확률적인 주식에 대한 옵션을 무위험 헤지 포지션으로 만들려면 주가 변동성을 헤지하고자 주식의 일부를 거래해야 하고, 확률 변동성을 헤지하고자 가격이 변동성에 민감한 또 다른 옵션을 거래해야 한다.

이 상황은 바시체크^{Vasicek} 이자율 모델에서 이자율에 노출된 위험을 헤지하는 문제와 유사하다. 이자율이 거래되지 않기 때문에 이자율에 노출된 채권의 위험을 헤지할 수 없다. 대신, 무위험 포트폴리오를 만들려면 한 채권의 이자율 민감도를 다른 채권으로 헤지해야 한다. 이자율 자체를 거래할 수는 없고 이자율에 의존하는 금융상품만 거래할 수 있다.

변동성이 확률적이고 주식으로만 옵션을 헤지하는 경우 부분 헤지된 포트폴리오에는 여전히 일부 변동성 위험이 남아 있어서 옵션 수익을 완벽하게 복제할 수 없다. 무위험 차익 거래 원칙을 더 이상 적용할 수 없으며 개인의 위험에 대한 효용이나 허용도가 옵션의 가치에 영향을 미친다.

만약 헤지하고자 하는 옵션의 확률 변동성을 헤지하기 위해서 주식 이외에 다른 옵션 또한 사용할 수 있다면, 그리고 만약 옵션 가격(즉 변동성)과 주가에 대한 확률 과정을 알고 있다면, 다른 옵션으로 옵션의 변동성에 노출된 위험을 헤지하고, 옵션의 가치에 대한 차익 거래 없는 공식을 유도할 수 있다. 이것을 20장에서 설명할 것이다.

실제로, 옵션 가격과 변동성에 대한 확률 과정은 주가에 대한 확률 과정을 이해하는 것보다 훨씬 더 어렵다(즉 전혀 이해하지 못한다). 그럼에도 20장에서는 두 확률 과정을 모두 알고 있다고 가정하고 결과를 분석할 것이다. 뒤에서 보게 되겠지만, 확률 변동성 모델은 자신만의 특유한 스마일을 만든다. 확률 변동성 모델에 대한 해가 종종 변동성의 범위가 있는 BSM 가격 분포에 대한 평균으로 표현할 수 있고, 이로써 분석을 더 쉽고 직관적으로 할 수 있다.

연습문제

19–1. 변동성을 다음의 평균 회귀 이산 시계열 모델로 설명할 수 있다고 가정한다.

$$d\sigma_t = \sigma_{t+1} - \sigma_t - 0.4(20\% - \sigma_t) + \epsilon_t$$

여기서 ϵ_t은 평균이 0인 확률 변수다. 초기 변동성 σ_0는 16%다. 첫 번째 기간에 +3%의 쇼크가 있었다. 다음 기간에 −3%의 쇼크가 있다. 이 두 가지 쇼크에 따른 σ의 값은 얼마인가? 쇼크가 반대 순서로 발생했다면 변동성의 경로는 어떻게 되는가?

19–2. 평균 회귀 매개변수가 0.4가 아니라 0.1이면 경로는 어떻게 될까?

19-3. 앞의 두 문제에서 식 (19.14)를 사용해 시계열 모델의 반감기를 계산하라.

19-4. SPX$^{\text{S\&P 500 Index}}$가 현재 2,000이고 변동성을 현재 20%로 가정한다. 시간 간격이 0.01년인 4항 모델의 첫 번째 단계를 구성하라. 첫 번째 시간 간격 이후, 변동성은 25% 또는 15%이고, 주가는 1,900 또는 2,100이 된다고 가정한다. 0.01년 시간 단계에서 4항 모델에 대한 네 가지 위험 중립 확률은 다음과 같다고 가정한다.

$$\mathbb{P}[1900, 25\%] = 40\%$$
$$\mathbb{P}[2100, 15\%] = 40\%$$
$$\mathbb{P}[1900, 15\%] = 10\%$$
$$\mathbb{P}[2100, 25\%] = 10\%$$

4항 모델의 각 마디점에서 잔존 만기가 1년이고 행사가가 2,000인 유럽형 콜옵션의 할인된 BSM 옵션 가치를 위험 중립 확률로 가중 평균해서 잔존 만기가 1.01년이고 행사가가 2,000인 유럽형 콜옵션의 현재 가치를 추정하라. 이를 현재 SPX 수준과 변동성을 기반으로 한 BSM 가치와 비교하라. 무위험 이자율과 배당은 0을 가정한다.

20장

확률 변동성 모델 II

- 확률 국소 변동성 모델
- 국소 변동성 스큐와 볼록성
- 확률 변동성의 편미분 방정식
- 혼합 공식의 해

국소 변동성 모델 확장

앞에서 BSM 모델의 변동성을 확률적으로 만들었고, 이것이 스큐를 생성하는 것을 봤다. 그러나 관찰된 스큐가 정말로 확률 변동성의 결과일까?

국소 변동성 모델은 변동성 자체를 독립적인 확률로 만들지 않고 주가의 함수로 만들어 스큐를 생성한다. 여기서는 국소 변동성 모델과 스큐에서 시작해 스큐 자체를 확률적으로 만든다.

이런 접근 방식을 설명하고자 Hagan et al.(2002)의 SABR 모델을 기반으로 주가와 변동성의 거동에 대한 간단한 매개변수 모델로 시작한다. 좀 더 구체적으로, 주가 S의 거동을 다음으로 가정한다.

$$\frac{dS}{S} = \alpha S^{\beta-1} dW$$

$$d\alpha = \xi \alpha dZ \tag{20.1}$$

$$dZ dW = \rho dt$$

여기에서 W와 Z는 표준 브라운 운동이고 상관관계가 ρ이다. 주가 S와 상수 β, 확률 변수 α는 S의 로그 수익률 변동성 $\alpha S^{\beta-1}$를 결정하며, ξ는 α의 변동성을 나타낸다. 매개변수 β는 0과 1 사이의 값을 갖는다. $\xi = 0$이고 $\beta = 1$이면 모델은 스마일이 없는 GBM이 된다. $0 \leq \beta < 1$이고 $\xi = 0$인 경우 식 (20.1)은 스큐를 생성하는 간단한 국소 변동성 모델이다.[1] ξ가 0이 아니면 변동성의 변동성으로 인해 변동성 스큐가 생성된다. 섭동 이론을 사용해 국소 변동성 모델에서 스큐를 갖는 BSM 내재 변동성에 대해 작지만 0이 아닌 ξ의 영향을 조사한다.

이것이 어떻게 작동하는지를 이해하고자 $\rho = 0$이고 β가 1에 매우 가깝지만 1보다 작다고 가정한다. 따라서 $(1 - \beta)$는 매우 작은 양수가 되고, 이는 표준 BSM 모델에서 약간 이탈한 것이다. $\xi = 0$이면 앞에서 설명한 국소 변동성의 내용에서 내재 변동성은 현재 주가와 행사가 사이의 국소 변동성의 근사적인 평균이 된다. 따라서 $\xi = 0$에 대한 내재 변동성 Σ_{LV}는 근사적으로 다음과 같다.

$$
\begin{aligned}
\Sigma_{\text{LV}}(S, t, K, T, \alpha, \beta) &\approx \frac{1}{2}\left(\alpha S^{\beta-1} + \alpha K^{\beta-1}\right) \\
&\approx \frac{\alpha S^{\beta-1}}{2}\left[1 + (K/S)^{\beta-1}\right]
\end{aligned}
\tag{20.2}
$$

여기서 아래첨자 LV는 국소 변동성을 나타낸다.

식 (20.2)에서 우변의 괄호 안에 있는 두 번째 항을 $\beta = 1$ 근처에서 테일러 전개를 이용해 근사한다.

$$
(K/S)^{\beta-1} = e^{(\beta-1)\ln(K/S)} \approx 1 + (\beta - 1)\ln(K/S)
\tag{20.3}
$$

이를 내재 변동성에 대한 식 (20.2)에 대입한다.

$$
\begin{aligned}
\Sigma_{\text{LV}}(S, t, K, T, \alpha, \beta) &\approx \frac{\alpha S^{\beta-1}}{2}\left[1 + 1 + \ln(K/S)(\beta - 1)\right] \\
&= \frac{\alpha}{S^{1-\beta}}\left[1 - \frac{(1-\beta)}{2}\ln(K/S)\right]
\end{aligned}
\tag{20.4}
$$

식 (20.4)는 $\ln(K/S)$에서 선형인 스큐를 나타낸다. $(1 - \beta)$가 양수이기 때문에 스큐는 음수이고(K가 증가하면, Σ는 감소) 등가격 내재 변동성은 주가가 하락하면 증가한다. 국소 변동성 모델에서 그렇듯이 등가격 옵션에 대해 $\partial\Sigma/\partial K \approx \partial\Sigma/\partial S$가

---

1. CEV(Constant Elasticity Variance) 모델이라고 한다. — 옮긴이

성립한다.[2] 해당 내용의 증명은 연습문제로 남겨둔다.

보기 20.1

질문

$\alpha > 0$이고 $0 \le \beta < 1$일 때 내재 변동성에 대한 SABR 모델의 근삿값 식 (20.4)는 내재 변동성 함수가 음의 기울기와 양의 곡률을 갖는 것을 보여라. $\alpha = 0.30$, $\beta = 0.90$, $S = 100$일 때 행사가 80, 90, 100, 110, 120에 대한 변동성 스마일을 그려라.

정답

식 (20.4)를 근삿값이 아닌 항등식으로 사용한다.

$$\Sigma = \frac{\alpha}{S^{1-\beta}} \left[1 - \frac{(1-\beta)}{2} \ln (K/S) \right]$$

K에 대한 1차 미분은 다음과 같다.

$$\frac{\partial \Sigma}{\partial K} = -\frac{\alpha(1-\beta)}{2S^{1-\beta}} \frac{1}{K}$$

2차 미분 또한 얻을 수 있다.

$$\frac{\partial^2 \Sigma}{\partial K^2} = \frac{\alpha(1-\beta)}{2S^{1-\beta}} \frac{1}{K^2}$$

$\alpha > 0$이고 $0 \le \beta < 1$이면 K의 모든 양수 값에 대해 스마일의 1차 미분은 음수이고 2차 미분은 양수다. 주어진 S, α, β의 값에 대해서 다음을 얻는다.

$$\frac{\partial \Sigma}{\partial K} = -\frac{0.30(1-0.90)}{2 \times 100^{1-0.90}} \frac{1}{K} = -\frac{0.015}{100^{0.10}} \frac{1}{K} = -0.0095 \frac{1}{K}$$

$$\frac{\partial^2 \Sigma}{\partial K^2} = \frac{0.30(1-0.90)}{2 \times 100^{1-0.90}} \frac{1}{K^2} = 0.0095 \frac{1}{K^2}$$

다음으로 스마일을 그려본다. 주어진 S, α, β의 값에 대해서 식 (20.4)는 다

---

2. 국소 변동성 모델이 생성하는 내재 변동성은 등가격 근처에서 $f(S+K)$의 형태를 갖는다고 앞에서 설명했다. 그러나 식 (20.4)는 이런 형태가 아니다. 그럼에도 $\partial \Sigma / \partial K \approx \partial \Sigma / \partial S$가 성립하므로 추가 근사를 통해 $f(S+K)$ 형태로 식을 변형할 수 있다. — 옮긴이

음이 된다.

$$\Sigma = \frac{\alpha}{S^{1-\beta}} \left[1 - \frac{(1-\beta)}{2} \ln{(K/S)} \right]$$

$$= 0.19 \left[1 - 0.05 \times \ln{(K/100)} \right]$$

$$= 0.19 - 0.0095 \times \ln{(K/100)}$$

주어진 행사가에 대해 내재 변동성의 값과 그래프는 다음과 같다.

K	$\ln(K/S)$	Σ
80	-0.22	19.14 %
90	-0.11	19.03 %
100	0.00	18.93 %
110	0.10	18.84 %
120	0.18	18.76 %

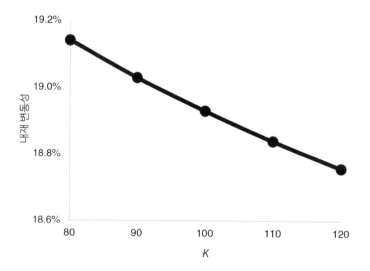

β가 1에 가깝다고 가정했기 때문에 넓은 범위의 행사가에 대해 스마일은 18.76%에서 19.14%까지 상대적으로 평평하다.

이제 ξ를 작지만 0이 아닌 값으로 설정해 확률 변동성을 살펴본다. 식 (20.4)의 확률 변동성 항 α는 이제 시간이 지남에 따라 변동하고 스큐를 확률적으로 만든다. 증권의 가치가 어떤 범위에 걸쳐 변하는 매개변수에 의존할 때 매개변수의 범위에 대한 증권 가치의 평균을 증권에 대한 근삿값으로 사용할 수 있다. 이것은 BSM 모델 자체를 설명하는 유용한 경험 법칙이다. 콜옵션의 수익 구조는 주가에 대해 볼록하고, 모델에서 콜옵션의 가치는 위험 중립 주가 분포에 대한 수익 구조의 가중 평균이다. 마찬가지로 이 경우에서 α의 가능한 모든 값에 대해서 BSM 가격의 평균을 α의 변동으로 인한 콜옵션의 가치의 근삿값으로 사용할 수 있다. α의 확률 밀도 함수를 $f(\alpha)$로 나타내면 확률 국소 변동성을 사용한 콜옵션의 가치를 다음과 같이 표현할 수 있다.[3]

$$C_{\text{SLV}} \approx \int C_{\text{BSM}}\left(\Sigma_{\text{LV}}\left(S, t, K, T, \alpha, \beta\right)\right) f\left(\alpha\right) d\alpha \tag{20.5}$$

여기서 아래첨자 SLV는 확률 국소 변동성을 나타낸다. 식 (20.5)의 우변을 분포의 평균 $\overline{\alpha}$를 사용해 테일러 전개를 통해 다음을 얻는다.

$$
\begin{aligned}
C_{\text{SLV}} &= \int C_{\text{BSM}}\left(\Sigma_{\text{LV}}\left(S, t, K, T, \overline{\alpha} + \left(\alpha - \overline{\alpha}\right), \beta\right)\right) f\left(\alpha\right) d\alpha \\
&\approx \int \Bigg[C_{\text{BSM}}\left(\Sigma_{\text{LV}}\left(S, t, K, T, \overline{\alpha}, \beta\right)\right) + \left.\frac{\partial C_{\text{BSM}}}{\partial \alpha}\right|_{\overline{\alpha}} \left(\alpha - \overline{\alpha}\right) \\
&\qquad + \frac{1}{2}\left.\frac{\partial^2 C_{\text{BSM}}}{\partial \alpha^2}\right|_{\overline{\alpha}} \left(\alpha - \overline{\alpha}\right)^2 \Bigg] f\left(\alpha\right) d\alpha \\
&\approx C_{\text{BSM}}\left(\overline{\alpha}\right) + \frac{1}{2}\left.\frac{\partial^2 C_{\text{BSM}}}{\partial \alpha^2}\right|_{\overline{\alpha}} \text{var}\left(\alpha\right)
\end{aligned}
\tag{20.6}
$$

여기서 확률 밀도 함수에 대한 α의 평균값이 정확히 $\overline{\alpha}$이기 때문에 α에 대한 1차항은 사라진다. 식 (20.6)에서 $\text{var}(\alpha)$는 α의 분산이다. 변동성의 변동성이 충분히 작아서 테일러 급수 2차항까지가 좋은 근사가 된다고 가정한다.

BSM 내재 변동성에 대한 근사 효과를 확인하고자 확률 국소 변동성 모델에서 옵션 가치와 BSM 모델에서 옵션 가치를 동일하게 하는 BSM 변동성의 값을 내재

---

3. 콜옵션은 확률 변수인 S와 α의 기댓값이다. S와 α의 확률 분포는 일반적으로 결합 확률 분포 $F(S, \alpha)$가 된다. 확률 분포를 $F(S, \alpha) = f(\alpha)\phi(S|\alpha)$로 가정한다. 여기서 $\phi(S|\alpha)$는 주어진 α에 대한 위험 중립 확률 분포다. S에 관해 먼저 기댓값을 구하면 식 (20.5)를 얻을 수 있다. — 옮긴이

변동성 Σ_{SLV} 로 나타낸다.

$$C_{\text{SLV}} \equiv C_{\text{BSM}}(\Sigma_{\text{SLV}}) \tag{20.7}$$

변동성의 변동성이 작다고 가정했기에 α 는 $\overline{\alpha}$ 와 비슷한 값이다. 따라서 Σ_{SLV} 는 $\alpha = \overline{\alpha}$ 에 대한 국소 변동성 값 $\Sigma_{\text{LV}}(S, t, K, T, \overline{\alpha}, \beta)$ 와 크게 다르지 않다. 그러면 내재 변동성 Σ_{SLV} 를 $\Sigma_{\text{LV}}(S, t, K, T, \overline{\alpha}, \beta)$ 에 확률적인 α 에 의한 항을 보정하는 것으로 나타낼 수 있다. 즉 $\Sigma_{\text{SLV}} \equiv \Sigma_{\text{LV}}(\overline{\alpha}) + (\Sigma_{\text{SLV}} - \Sigma_{\text{LV}}(\overline{\alpha}))$ 가 된다. 여기서 $\Sigma_{\text{LV}}(S, t, K, T, \overline{\alpha}, \beta)$ 는 간결하게 $\Sigma_{\text{LV}}(\overline{\alpha})$ 로 표시한다. 따라서 다음이 성립한다.

$$\begin{aligned} C_{\text{SLV}} &= C_{\text{BSM}}\left(\Sigma_{\text{LV}}(\overline{\alpha}) + (\Sigma_{\text{SLV}} - \Sigma_{\text{LV}}(\overline{\alpha}))\right) \\ &\approx C_{\text{BSM}}(\overline{\alpha}) + \frac{\partial C_{\text{BSM}}}{\partial \Sigma_{\text{LV}}}(\Sigma_{\text{SLV}} - \Sigma_{\text{LV}}(\overline{\alpha})) \end{aligned} \tag{20.8}$$

식 (20.8)의 마지막 줄을 얻고자 내재 변동성을 1차 테일러 전개했다. 식 (20.6)과 (20.8)에서 Σ_{SLV} 를 구할 수 있다.

$$\Sigma_{\text{SLV}} \approx \Sigma_{\text{LV}}(\overline{\alpha}) + \frac{\dfrac{1}{2}\dfrac{\partial^2 C_{\text{BSM}}}{\partial \alpha^2}\bigg|_{\overline{\alpha}} \text{var}(\alpha)}{\dfrac{\partial C_{\text{BSM}}}{\partial \Sigma_{\text{LV}}}} \tag{20.9}$$

총 분산 $\sigma^2 \tau$ 가 작고 등가격에 가깝다면 $\Sigma_{\text{LV}}(\overline{\alpha}) \approx \overline{\alpha}/S^{1-\beta}$ 이며 다음을 얻을 수 있다.

$$\begin{aligned} \frac{\partial^2 C_{\text{BSM}}}{\partial \alpha^2}\bigg|_{\overline{\alpha}} &\approx \left(\frac{1}{S^{1-\beta}}\right)^2 \frac{\partial^2 C_{\text{BSM}}}{\partial \sigma^2}\bigg|_{\sigma = \Sigma_{\text{LV}}} \\ &\approx \left(\frac{\Sigma_{\text{LV}}}{\overline{\alpha}}\right)^2 \frac{\partial^2 C_{\text{BSM}}}{\partial \sigma^2}\bigg|_{\sigma = \Sigma_{\text{LV}}} \end{aligned} \tag{20.10}$$

식 (20.10)의 우변은 양수이며, 이는 콜옵션이 α 에 대해 볼록함을 의미한다. 또한 식 (20.1)의 SABR 모델에서 α 는 시간이 지남에 따라 분산이 증가하는 GBM이므로 $\text{var}(\alpha) \approx \overline{\alpha}^2 \xi^2 \tau$ 이다. 따라서 식 (20.9)의 우변에 있는 두 번째 항은 근사적으로 다음과 같다.

$$\frac{\dfrac{1}{2}\dfrac{\partial^2 C_{\mathrm{BSM}}}{\partial \alpha^2}\Big|_{\overline{\alpha}} \mathrm{var}(\alpha)}{\dfrac{\partial C_{\mathrm{BSM}}}{\partial \Sigma_{\mathrm{LV}}}} \approx \frac{1}{2}\left[\left(\frac{\Sigma_{\mathrm{LV}}}{\overline{\alpha}}\right)^2 \frac{\dfrac{\partial^2 C_{\mathrm{BSM}}}{\partial \sigma^2}}{\dfrac{\partial C_{\mathrm{BSM}}}{\partial \sigma}}\Big|_{\sigma=\Sigma_{\mathrm{LV}}} (\overline{\alpha}\xi)^2 \tau\right] \quad (20.11)$$

$$\approx \frac{1}{2}\Sigma_{\mathrm{LV}}^2 \frac{\dfrac{\partial^2 C_{\mathrm{BSM}}}{\partial \sigma^2}}{\dfrac{\partial C_{\mathrm{BSM}}}{\partial \sigma}}\Big|_{\sigma=\Sigma_{\mathrm{LV}}} \xi^2 \tau$$

19장의 베가와 볼가 공식을 사용해 다음을 얻는다.

$$\frac{\dfrac{\partial^2 C_{\mathrm{BSM}}}{\partial \sigma^2}}{\dfrac{\partial C_{\mathrm{BSM}}}{\partial \sigma}} = \frac{1}{\sigma}\left[\frac{1}{\sigma^2\tau}\left(\ln\left(\frac{S}{K}\right)\right)^2 - \frac{\sigma^2\tau}{4}\right] \quad (20.12)$$

총 분산 $\sigma^2\tau$가 작고 옵션이 등가격에 가까운 경우 $[\ln(S/K)]^2$와 $\sigma^2\tau$가 비슷한 크기이면 두 번째 항을 무시할 수 있다.

$$\frac{\dfrac{\partial^2 C_{\mathrm{BSM}}}{\partial \sigma^2}}{\dfrac{\partial C_{\mathrm{BSM}}}{\partial \sigma}} \approx \frac{1}{\sigma}\left[\frac{1}{\sigma^2\tau}\left(\ln\left(\frac{S}{K}\right)\right)^2\right] \quad (20.13)$$

$$\approx \frac{1}{\sigma^3\tau}\left(\ln\left(\frac{S}{K}\right)\right)^2$$

그러면 식 (20.11)은 다음이 된다.

$$\frac{\dfrac{1}{2}\dfrac{\partial^2 C_{\mathrm{BSM}}}{\partial \alpha^2}\Big|_{\overline{\alpha}} \mathrm{var}(\alpha)}{\dfrac{\partial C_{\mathrm{BSM}}}{\partial \Sigma_{\mathrm{LV}}}} \approx \frac{1}{2}\frac{\xi^2}{\Sigma_{\mathrm{LV}}(\overline{\alpha})}\left(\ln\left(\frac{S}{K}\right)\right)^2 \quad (20.14)$$

식 (20.14)를 식 (20.9)에 대입하면 만기 τ가 작고 등가격 근처에서 다음 근삿값을 얻는다.

$$\Sigma_{\mathrm{SLV}} \approx \Sigma_{\mathrm{LV}}\left[1 + \frac{1}{2}\left(\frac{\xi}{\Sigma_{\mathrm{LV}}(\overline{\alpha})}\right)^2 \left(\ln\left(\frac{S}{K}\right)\right)^2\right] \quad (20.15)$$

식 (20.15)는 변동성이 확률적으로 변할 때 제곱 항 $\ln^2(S/K)$가 추가돼 국소 변동성 스마일가 바뀐다는 것을 보여 준다. 제곱 항의 계수는 확률 변동성 항 ξ와 변동성 α의 상대적 크기와 관련이 있다. 식 (20.15)는 소량의 확률 변동성을 국소 변동성

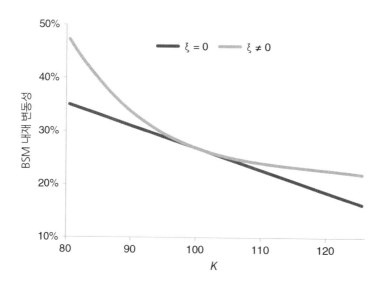

그림 20.1 SABR 모델에서 변동성의 확률 변동성이 스마일에 미치는 영향

모델에 추가한 효과를 설명하는 근사식이다. 이 제곱 항의 추가로 인해서, 그림 20.1에서 볼 수 있듯이 양쪽 끝에서 스마일이 나타나게 한다.

국소 변동성 스마일에서 시작했기 때문에 스큐를 얻고자 α와 주가 사이의 상관관계가 필요하지 않다. α와 주가의 상관관계는 스마일을 더 변화시킬 것이다.

BSM 모델의 확장

앞에서 확률 변동성 모델의 정성적 특징을 살펴봤다. 이제 이런 모델을 보다 수학적으로 자세히 검토한다. BSM 무위험 헤지 논거를 확장해 확률 변동성이 있는 옵션의 가치에 대한 편미분 방정식을 유도한다. 여기 내용은 Wilmott(1998)를 참고한 것이다.

주식과 변동성의 일반적인 확률적 거동을 다음으로 가정한다.

$$dS = \mu S dt + \sigma S dW$$

$$d\sigma = p(S, \sigma, t)dt + q(S, \sigma, t)dZ \tag{20.16}$$

$$dW \, dZ = \rho dt$$

여기서 $p(S, \sigma, t)$와 $q(S, \sigma, t)$는 GBM, 평균 회귀 또는 더 일반적인 거동을 설명할

수 있는 함수다. S는 기초 자산 주가이고 σ는 변동성이다.

이제 가치가 $V(S, \sigma, t)$인 옵션과 가치가 $U(S, \sigma, t)$인 또 다른 옵션을 생각한다. 두 파생 상품은 동일한 주식을 기초 자산으로 하지만 행사가 또는 만기가 다르다. 그런 다음 S를 Δ 개수 매도하고, U를 δ 계약 매도하는 포트폴리오를 만든다($\Pi = V - \Delta S - \delta U$). 이토 보조정리로부터 다음을 얻는다.

$$
\begin{aligned}
d\Pi = {} & \frac{\partial V}{\partial t} dt + \frac{\partial V}{\partial S} dS + \frac{\partial V}{\partial \sigma} d\sigma + \frac{1}{2} \frac{\partial^2 V}{\partial S^2} \sigma^2 S^2 dt + \frac{1}{2} \frac{\partial^2 V}{\partial \sigma^2} q^2 dt \\
& + \frac{\partial^2 V}{\partial S \partial \sigma} \sigma q S \rho \, dt - \Delta dS \\
& - \delta \left(\frac{\partial U}{\partial t} dt + \frac{\partial U}{\partial S} dS + \frac{\partial U}{\partial \sigma} d\sigma + \frac{1}{2} \frac{\partial^2 U}{\partial S^2} \sigma^2 S^2 dt \right. \\
& \left. + \frac{1}{2} \frac{\partial^2 U}{\partial \sigma^2} q^2 dt + \frac{\partial^2 U}{\partial S \partial \sigma} \sigma q S \rho \, dt \right)
\end{aligned}
\tag{20.17}
$$

dt, dS, $d\sigma$에 대해 식을 정리한다.

$$
\begin{aligned}
d\Pi = {} & \left[\frac{\partial V}{\partial t} + \frac{1}{2} \frac{\partial^2 V}{\partial S^2} \sigma^2 S^2 + \frac{1}{2} \frac{\partial^2 V}{\partial \sigma^2} q^2 + \frac{\partial^2 V}{\partial S \partial \sigma} \sigma q S \rho \right. \\
& \left. - \delta \left(\frac{\partial U}{\partial t} + \frac{1}{2} \frac{\partial^2 U}{\partial S^2} \sigma^2 S^2 + \frac{1}{2} \frac{\partial^2 U}{\partial \sigma^2} q^2 + \frac{\partial^2 U}{\partial S \partial \sigma} \sigma q S \rho \right) \right] dt \\
& + \left[\frac{\partial V}{\partial S} - \delta \frac{\partial U}{\partial S} - \Delta \right] dS + \left[\frac{\partial V}{\partial \sigma} - \delta \frac{\partial U}{\partial \sigma} \right] d\sigma
\end{aligned}
\tag{20.18}
$$

Π를 무위험 포트폴리오로 만들고자 dS와 $d\sigma$ 항을 제거해야 한다. 따라서 다음 조건을 얻는다.

$$
\begin{aligned}
\frac{\partial V}{\partial S} - \delta \frac{\partial U}{\partial S} - \Delta = 0 \\
\frac{\partial V}{\partial \sigma} - \delta \frac{\partial U}{\partial \sigma} = 0
\end{aligned}
\tag{20.19}
$$

이로써 헤지 비율 얻을 수 있다.

$$
\begin{aligned}
\Delta = \frac{\partial V}{\partial S} - \delta \frac{\partial U}{\partial S} \\
\delta = \frac{\partial V}{\partial \sigma} \bigg/ \frac{\partial U}{\partial \sigma}
\end{aligned}
\tag{20.20}
$$

이렇게 헤지된 상태에서 헤지 포트폴리오의 가치 변화는 다음으로 주어진다.

$$
\begin{aligned}
d\Pi = &\left[\frac{\partial V}{\partial t} + \frac{1}{2}\frac{\partial^2 V}{\partial S^2}\sigma^2 S^2 + \frac{1}{2}\frac{\partial^2 V}{\partial \sigma^2}q^2 + \frac{\partial^2 V}{\partial S \partial \sigma}\sigma q S \rho \right. \\
&\left. - \delta\left(\frac{\partial U}{\partial t} + \frac{1}{2}\frac{\partial^2 U}{\partial S^2}\sigma^2 S^2 + \frac{1}{2}\frac{\partial^2 U}{\partial \sigma^2}q^2 + \frac{\partial^2 U}{\partial S \partial \sigma}\sigma q S \rho \right) \right]dt
\end{aligned}
\tag{20.21}
$$

무위험 포트폴리오 Π의 가치 증가는 이제 dZ 또는 dW 항을 포함하지 않고 결정적인 값이 된다. 무위험 차익 거래가 불가능하면 무위험 포트폴리오에 대한 투자는 무위험 이자율 r의 수익을 얻어야 한다.

$$
d\Pi = r\Pi dt = r(V - \Delta S - \delta U)dt
\tag{20.22}
$$

식 (20.21)을 식 (20.22)의 우변에 대입하면 다음을 얻는다.

$$
\begin{aligned}
&\frac{\partial V}{\partial t} + \frac{1}{2}\frac{\partial^2 V}{\partial S^2}\sigma^2 S^2 + \frac{1}{2}\frac{\partial^2 V}{\partial \sigma^2}q^2 + \frac{\partial^2 V}{\partial S \partial \sigma}\sigma q S \rho - rV \\
&- \delta\left(\frac{\partial U}{\partial t} + \frac{1}{2}\frac{\partial^2 U}{\partial S^2}\sigma^2 S^2 + \frac{1}{2}\frac{\partial^2 U}{\partial \sigma^2}q^2 + \frac{\partial^2 U}{\partial S \partial \sigma}\sigma q S \rho - rU \right) \\
&+ r\Delta S = 0
\end{aligned}
\tag{20.23}
$$

이제 식 (20.20)의 헤지 비율을 대입하려고 한다. 먼저 Δ의 값을 대입한다.

$$
\begin{aligned}
&\frac{\partial V}{\partial t} + \frac{1}{2}\frac{\partial^2 V}{\partial S^2}\sigma^2 S^2 + \frac{1}{2}\frac{\partial^2 V}{\partial \sigma^2}q^2 + \frac{\partial^2 V}{\partial S \partial \sigma}\sigma q S \rho + \frac{\partial V}{\partial S}rS - rV \\
&= \delta\left(\frac{\partial U}{\partial t} + \frac{1}{2}\frac{\partial^2 U}{\partial S^2}\sigma^2 S^2 + \frac{1}{2}\frac{\partial^2 U}{\partial \sigma^2}q^2 + \frac{\partial^2 U}{\partial S \partial \sigma}\sigma q S \rho + \frac{\partial U}{\partial S}rS - rU \right)
\end{aligned}
\tag{20.24}
$$

다음으로 δ 값을 대입한다.

$$
\begin{aligned}
&\left(\frac{\partial V}{\partial t} + \frac{1}{2}\frac{\partial^2 V}{\partial S^2}\sigma^2 S^2 + \frac{1}{2}\frac{\partial^2 V}{\partial \sigma^2}q^2 + \frac{\partial^2 V}{\partial S \partial \sigma}\sigma q S \rho + \frac{\partial V}{\partial S}rS - rV \right) \bigg/ \frac{\partial V}{\partial \sigma} \\
&= \left(\frac{\partial U}{\partial t} + \frac{1}{2}\frac{\partial^2 U}{\partial S^2}\sigma^2 S^2 + \frac{1}{2}\frac{\partial^2 U}{\partial \sigma^2}q^2 + \frac{\partial^2 U}{\partial S \partial \sigma}\sigma q S \rho + \frac{\partial U}{\partial S}rS - rU \right) \bigg/ \frac{\partial U}{\partial \sigma}
\end{aligned}
\tag{20.25}
$$

식 (20.25)의 좌변은 옵션 V의 함수이고, 우변은 옵션 U의 함수다. U와 V는 행사가와 만기가 완전히 독립적인 증권이기 때문에 임의의 U와 V에 대해 식 (20.25)가 성립할 수 있는 유일한 방법은 식 (20.25)의 좌변과 우변이 옵션의 매개변수(행사가와 만기)와 독립적인 경우다. 결국 식 (20.25)의 양변은 S, σ, t의 함수여야 한다.

미지의 함수를 $\phi(S, \sigma, t)$로 표기하고 식 (20.25)의 양변을 $-\phi(S, \sigma, t)$로 둔다. 그러면 옵션 V에 대한 가치 평가 방정식을 얻을 수 있다.

$$\frac{\partial V}{\partial t} + \frac{\partial V}{\partial S} rS + \frac{1}{2} \frac{\partial^2 V}{\partial S^2} \sigma^2 S^2 - rV$$

$$+ \frac{1}{2} \frac{\partial^2 V}{\partial \sigma^2} q^2 + \frac{\partial^2 V}{\partial S \partial \sigma} \sigma q S \rho + \frac{\partial V}{\partial \sigma} \phi(S, \sigma, t) = 0 \quad (20.26)$$

이것은 확률 변동성을 사용해 옵션 가치를 평가하는 편미분 방정식이다. 이 편미분 방정식은 BSM 편미분 방정식보다 훨씬 더 복잡하다. 확률 변동성과 관련된 미분과 교차 미분뿐만 아니라 함수 $\phi(S, \sigma, t)$를 포함한다. 이 시점에서 $\phi(S, \sigma, t)$에 대한 정보가 전혀 없다는 것에 주의해야 한다. 이 함수에 대해서 좀 더 알아본다.

$\phi(S, \sigma, t)$의 의미

확률 변동성을 사용한 옵션의 위험과 수익률을 이해하고자 식 (20.26)을 다시 쓰는 것으로 시작한다. 이를 위해서 옵션 자체의 예상 위험과 수익률을 살펴봐야 한다. 이토 보조정리를 사용해 옵션 가치의 변화를 다음과 같이 표현할 수 있다.

$$\begin{aligned} dV &= \frac{\partial V}{\partial t} dt + \frac{\partial V}{\partial S} dS + \frac{\partial V}{\partial \sigma} d\sigma \\ &\quad + \frac{1}{2} \frac{\partial^2 V}{\partial S^2} \sigma^2 S^2 dt + \frac{1}{2} \frac{\partial^2 V}{\partial \sigma^2} q^2 dt + \frac{\partial^2 V}{\partial S \partial \sigma} \sigma q S \rho dt \\ &= \left(\frac{\partial V}{\partial t} + \frac{1}{2} \frac{\partial^2 V}{\partial \sigma^2} q^2 + \frac{1}{2} \frac{\partial^2 V}{\partial S^2} \sigma^2 S^2 + \frac{\partial^2 V}{\partial S \partial \sigma} \sigma q S \rho \right) dt \\ &\quad + \frac{\partial V}{\partial S} dS + \frac{\partial V}{\partial \sigma} d\sigma \end{aligned} \quad (20.27)$$

식 (20.16)의 dS와 $d\sigma$를 대입한다.

$$
\begin{aligned}
dV &= \left(\frac{\partial V}{\partial t} + \frac{1}{2} \frac{\partial^2 V}{\partial \sigma^2} q^2 + \frac{1}{2} \frac{\partial^2 V}{\partial S^2} \sigma^2 S^2 + \frac{\partial^2 V}{\partial S \partial \sigma} \sigma q S \rho \right) dt \\
&\quad + \frac{\partial V}{\partial S} \left(\mu S dt + \sigma S dW \right) + \frac{\partial V}{\partial \sigma} \left(p\left(S,\sigma,t\right) dt + q\left(S,\sigma,t\right) dZ \right) \\
&= \left(\frac{\partial V}{\partial t} + \frac{\partial V}{\partial S} \mu S + \frac{\partial V}{\partial \sigma} p\left(S,\sigma,t\right) + \frac{1}{2} \frac{\partial^2 V}{\partial S^2} \sigma^2 S^2 + \frac{1}{2} \frac{\partial^2 V}{\partial \sigma^2} q^2 \right. \\
&\quad \left. + \frac{\partial^2 V}{\partial S \partial \sigma} \sigma q S \rho \right) dt + \frac{\partial V}{\partial S} \sigma S dW + \frac{\partial V}{\partial \sigma} q\left(S,\sigma,t\right) dZ \\
&\equiv \mu_V V dt + V \sigma_{V,S} dW + V \sigma_{V,\sigma} dZ
\end{aligned}
\tag{20.28}
$$

여기서 V에 대한 GBM의 기대 수익률과 변동성은 다음으로 정의된다.

$$
\begin{aligned}
\mu_V &= \frac{1}{V} \left(\frac{\partial V}{\partial t} + \frac{\partial V}{\partial S} \mu S + \frac{\partial V}{\partial \sigma} p\left(S,\sigma,t\right) \right. \\
&\quad \left. + \frac{1}{2} \frac{\partial^2 V}{\partial S^2} \sigma^2 S^2 + \frac{1}{2} \frac{\partial^2 V}{\partial \sigma^2} q^2 + \frac{\partial^2 V}{\partial S \partial \sigma} \sigma q S \rho \right) \\
\sigma_{V,S} &= \frac{\partial V}{\partial S} \frac{S}{V} \sigma \\
\sigma_{V,\sigma} &= \frac{\partial V}{\partial \sigma} \frac{q\left(S,\sigma,t\right)}{V} \\
\sigma_V &= \sqrt{\sigma_{V,S}^2 + \sigma_{V,\sigma}^2 + 2\rho \sigma_{V,S} \sigma_{V,\sigma}}
\end{aligned}
\tag{20.29}
$$

옵션 V 변동성은 σ_V이며 $\sigma_{V,S}$와 $\sigma_{V,\sigma}$를 부분 변동성으로 생각할 수 있다.

식 (20.29)의 정의로 옵션 가치 평가 방정식 식 (20.26)을 다시 표현할 수 있다. 식 (20.26)의 마지막 세 항을 좌변에서 우변으로 이동한다.

$$
\begin{aligned}
\frac{\partial V}{\partial t} + \frac{1}{2} \frac{\partial^2 V}{\partial S^2} \sigma^2 S^2 + \frac{1}{2} \frac{\partial^2 V}{\partial \sigma^2} q^2 + \frac{\partial^2 V}{\partial S \partial \sigma} \sigma q S \rho \\
= rV - \frac{\partial V}{\partial S} rS - \frac{\partial V}{\partial \sigma} \phi\left(S,\sigma,t\right)
\end{aligned}
\tag{20.30}
$$

다음과 같이 식의 양변에 항 2개를 추가한다.

$$\frac{\partial V}{\partial t} + \left[\frac{\partial V}{\partial S}\mu S + \frac{\partial V}{\partial \sigma}p\left(S,\sigma,t\right) \right] + \frac{1}{2}\frac{\partial^2 V}{\partial S^2}\sigma^2 S^2 + \frac{1}{2}\frac{\partial^2 V}{\partial \sigma^2}q^2 + \frac{\partial^2 V}{\partial S \partial \sigma}\sigma q S \rho$$
$$= rV - \frac{\partial V}{\partial S}rS - \frac{\partial V}{\partial \sigma}\phi\left(S,\sigma,t\right) + \left[\frac{\partial V}{\partial S}\mu S + \frac{\partial V}{\partial \sigma}p\left(S,\sigma,t\right) \right]$$

$$(20.31)$$

식 (20.31)의 좌변이 $\mu_V V$와 같으므로 식 (20.31)이 다음이 된다.

$$\mu_V V = rV - \frac{\partial V}{\partial S}rS - \frac{\partial V}{\partial \sigma}\phi\left(S,\sigma,t\right) + \left[\frac{\partial V}{\partial S}\mu S + \frac{\partial V}{\partial \sigma}p\left(S,\sigma,t\right) \right] \quad (20.32)$$

항을 정리하면 다음을 얻는다.

$$\mu_V - r = \frac{1}{V}\left(\frac{\partial V}{\partial S}\mu S + \frac{\partial V}{\partial \sigma}p\left(S,\sigma,t\right) - \frac{\partial V}{\partial S}rS - \frac{\partial V}{\partial \sigma}\phi\left(S,\sigma,t\right) \right)$$
$$= \frac{\partial V}{\partial S}\frac{S}{V}\left(\mu - r\right) + \frac{\partial V}{\partial \sigma}\frac{1}{V}\left(p\left(S,\sigma,t\right) - \phi\left(S,\sigma,t\right)\right)$$

$$(20.33)$$

식 (20.29)에서 주어진 부분 변동성의 정의를 사용하면 식 (20.33)을 다음으로 표현할 수 있다.

$$\mu_V - r = \sigma_{V,S}\frac{\mu - r}{\sigma} + \sigma_{V,\sigma}\frac{p\left(S,\sigma,t\right) - \phi\left(S,\sigma,t\right)}{q\left(S,\sigma,t\right)} \quad (20.34)$$

식의 좌변은 옵션의 초과 기대 수익률이다. 이를 샤프 비율로 표현할 수 있다.

$$\frac{\mu_V - r}{\sigma_V} = \frac{\sigma_{V,S}}{\sigma_V}\left(\frac{\mu - r}{\sigma}\right) + \frac{\sigma_{V,\sigma}}{\sigma_V}\left(\frac{p\left(S,\sigma,t\right) - \phi\left(S,\sigma,t\right)}{q\left(S,\sigma,t\right)}\right) \quad (20.35)$$

식 (20.35)는 무위험 차익 거래가 불가능 할 때 확률 변동성에서 옵션에 대한 가치 평가 방정식은 옵션의 샤프 비율이 주식의 샤프 비율과 변동성의 샤프 비율을 나타내는 두 부분으로 구성되는 것을 보여 준다. 각각의 샤프 비율은 옵션의 변동성에 대한 상대적 기여도에 따라 가중치가 부여된다.

식 (20.26)과 식 (20.35)에 대한 이런 설명에서 ϕ가 확률 변동성에 대해 하는 역할과 무위험 이자율 r이 확률에 따라 움직이는 주가에 대해 하는 역할이 동일한 것을 알 수 있다. BSM 편미분 방정식에서 무위험 이자율 r은 V와 SdV/dS의 계수이고, 위험 중립 세계의 q-측도에서 S의 기댓값과 옵션 V의 기댓값이 시간이 지남에 따라 상승하는 위험 중립 비율을 나타낸다. 식 (20.26)의 확률 변동성 세계에서 r은 다시

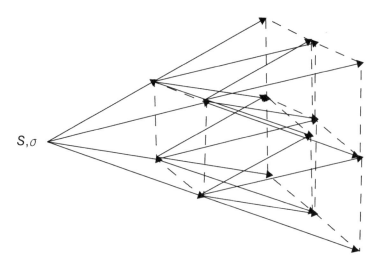

그림 20.2 주가와 변동성의 4차 변동

V와 SdV/dS의 계수이고, ϕ는 $dV/d\sigma$의 계수다. 여기서 ϕ는 옵션과 주식 가치가 무위험 이자율로 증가하도록 제한하는 위험 중립 세계에서 주식의 변동성이 갖는 추세율이다. 변동성 그 자체는 차익 거래가 불가능한 제약 조건이 적용되는 주식이나 채권과 같이 거래할 수 있는 증권이 아니기 때문에 추세율 ϕ는 r과 같지 않다. 대신 ϕ는 옵션에 대한 무차익 제약 조건에 의해 값이 결정되는 매개변수일 뿐이다.

확률 변동성 모델을 시장 옵션 가격에 맞게 보정하려면 ϕ를 선택해 옵션 가격이 q-측도에서 무위험 이자율로 할인된 예상 수익 구조와 같도록 해야 한다. 옵션 U의 시장 가격을 알고, 식 (20.16)에서와 같이 변동성의 거동을 가정한다.

$$d\sigma = p\left(S, \sigma, t\right)dt + q\left(S, \sigma, t\right)dZ_t \tag{20.36}$$

그러면 식 (20.26)에서 얻은 U 값이 시장 가격과 일치하도록 선택한 $p = \phi$로 변동성의 유효 추세율을 보정할 수 있다. 그런 다음 동일한 편미분 방정식을 사용해 다른 모든 옵션을 평가할 수 있다.

그림 20.2는 변동성과 주가가 모두 확률적인 4항 모델을 나타낸다. 옵션을 평가하는 데 4항 모델을 사용할 수 있다. 4항 모델에서 말단 마디점의 옵션의 가치를 무위험으로 할인하고 평균을 구하면 된다. 모델을 보정하고자 변동성의 추세율 ϕ를 조정하면서 시장 가격이 알려진 옵션의 가치를 평가한다. 모델에서 구한 옵션 가치와 시장

가격이 일치할 때까지 반복한다.

일단 모델을 시장에 맞게 조정하면 다른 모든 옵션은 유사한 방식으로 예상 수익 구조를 할인함으로써 위험 중립 평가를 할 수 있다. 실제로, 전체 변동 과정을 보정하고자 하나 이상의 옵션이 필요할 수 있다. 물론 이 모든 것은 변동성에 대한 적절한 모델을 갖고 있다는 가정을 내포한다.

최종 주가와 행사가에만 의존하는 표준 옵션의 최종 수익 구조는 BSM 세계와 동일하지만 주가의 거동은 BSM의 거동과 다르기 때문에 옵션 가격도 다르게 된다. 옵션 수익 구조를 변경하지 않았지만, 옵션을 둘러싼 환경이 바뀌었다.

확률 변동성 모델에 대한 특성해

BSM 방정식의 해가 옵션 수익 구조의 위험 중립 측도에서 할인한 기대 가치인 것처럼 식 (20.26)의 해는 확률 변동성하에서 모든 주가 경로에 대한 수익 구조의 위험 중립 측도에서 할인한 기대 가치다.

$$V = e^{-r(T-t)} \sum_{\text{모든 경로}} p(\text{경로}) \times \text{수익 구조}\Big|_{\text{경로}} \tag{20.37}$$

여기서 V 는 표준 유럽 옵션의 가치이고 $p(\text{경로})$ 는 각 경로에 대한 위험 중립 확률이다.

Hull and White(1987)가 보여 주듯이 각 경로는 최종 주가 S_T 와 해당 경로에 따른 평균 분산으로 특징지을 수 있다. 경로에 따른 평균 분산을 다음으로 정의한다.

$$\overline{\sigma_T^2} = \frac{1}{T} \int_0^T \sigma_t^2 dt \tag{20.38}$$

여기서 적분은 특정 주식 경로를 따라 취해진다. 이제 평균 경로 분산의 제곱근을 경로 변동성 $\overline{\sigma_T}$ 라고 언급한다.

그런 다음 식 (20.37)을 모든 최종 주가와 모든 경로 변동성에 대한 이중 합으로 분해할 수 있다. 따라서 다음이 성립한다.

$$V = e^{-r(T-t)} \sum_{\text{모든 } \overline{\sigma_T}} \sum_{\substack{\text{주어진} \overline{\sigma_T} \text{에서} \\ S_T \text{의 경로}}} p(\overline{\sigma_T}, S_T) \times \text{수익 구조}\Big|_{\text{경로}} \tag{20.39}$$

여기서 $p(\overline{\sigma_T}, S_T)$는 특정 최종 주가와 특정 경로 변동성의 확률이다. 주식 움직임과 변동성 변화가 상관없는 경우($\rho = 0$) 식 (20.39)의 확률은 2개의 독립적인 확률 분포 f와 g로 분해된다.

$$p\left(\overline{\sigma_T}, S_T\right) = f\left(\overline{\sigma_T}\right) \times g\left(S_T\right) \tag{20.40}$$

그러면 식 (20.39)는 다음이 된다.

$$V = e^{-r(T-t)} \sum_{\substack{모든 \ \overline{\sigma_T}}} f\left(\overline{\sigma_T}\right) \sum_{\substack{주어진 \overline{\sigma_T}에서 \\ S_T의 \ 경로}} g\left(S_T\right) \times 수익 \ 구조 \Big|_{경로} \tag{20.41}$$

좀 더 단순화할 수 있다. 0의 상관관계에 대한 식 (20.16)의 이중 브라운 운동에서 고정된 경로 변동성이 주어지면 모든 주가에 대한 수익 구조 합계의 기대 할인 가치는 BSM 공식에 의해 주어진 특정 변동성에 대한 기댓값 V_{BSM}과 같다.

$$V_{\mathrm{BSM}}\left(S, t, K, T, r, \overline{\sigma_T}\right) = e^{-r(T-t)} \sum_{\substack{주어진 \overline{\sigma_T}에서 \\ S_T의 \ 경로}} g\left(S_T\right) \times 수익 \ 구조 \Big|_{경로} \tag{20.42}$$

이것을 식 (20.41)에 대입한다.

$$V = \sum_{\substack{모든 \ \overline{\sigma_T}}} f\left(\overline{\sigma_T}\right) \times V_{\mathrm{BSM}}\left(S, t, K, T, r, \overline{\sigma_T}\right) \tag{20.43}$$

따라서 상관관계가 0이면 표준 유럽 옵션에 대한 확률 변동성 해는 다양한 경로 변동 성에 대한 BSM 해에 가중치를 곱한 후 더한 것이다. 이런 직관적인 결과는 종종 혼합 정리$^{mixing \ theorem}$라고 불리며 Hull and White(1987)에서 처음 발표됐다.

0이 아닌 상관관계에 대해 유사한 공식을 얻을 수 있다면 편리할 것이다. 불행히도 이 경우 공식은 다음 형식을 취한다.

$$V = \mathbb{E}\left[V_{\mathrm{BSM}}\left(S^*\left(\overline{\sigma_T}, \rho\right), K, r, \overline{\sigma_T}^*\left(\rho\right), T\right)\right] \tag{20.44}$$

여기서 별표는 주가와 경로 변동성의 가짜 값을 나타내며, 상관관계에 따라 달라지는 양만큼 실제 값에서 벗어나는 경로 변동성을 나타낸다. 주가가 변하기 때문에 이것은 그렇게 유용하진 않다.

이런 결과에 대한 자세한 내용은 Fouque, Papanicolaou and Sircar(2000)과

Roger Lee, "Implied and Local Volatilities under Stochastic Volatility"(2001)
에서 확인할 수 있다.

연습문제

20-1. $\rho = 0$, $\xi = 0$이고 β가 1에 가깝지만 1보다 작을 때 SABR 모델 근삿값인
식 (20.4)를 다시 한번 더 서술한다.

$$\Sigma\left(S, t, K, T, \alpha, \beta\right) \approx \frac{\alpha}{S^{1-\beta}} \left[1 - \frac{(1-\beta)}{2} \ln\left(K/S\right)\right]$$

식 (20.4)를 사용해 등가격 옵션에 대해 다음이 성립하는 것을 보여라.

$$\frac{\partial \Sigma}{\partial K} = \frac{\partial \Sigma}{\partial S}$$

21장

확률 변동성 모델 III

- 주가와 변동성이 상관없을 때 대칭적인 스마일
- 주가와 변동성이 상관없을 때 가격도 고착
- 변동성의 변동성을 작을 때 가격도의 함수인 스마일

가격도 고착 스마일

BSM 공식은 기초 자산 가격 S와 행사가 K에 동차[homogeneous]다. 주가와 행사가에 임의의 상수를 곱하면 BSM 옵션 가격이 같은 배수로 증가하므로 임의의 상수 α에 대해 다음이 성립한다.

$$C_{\text{BSM}}(\alpha S, \alpha K, \sigma, \tau, r) = \alpha C_{\text{BSM}}(S, K, \sigma, \tau, r) \tag{21.1}$$

α를 $1/S$로 두고 양변에 S를 곱한 후에 다시 정렬하면 다음을 얻는다.

$$C_{\text{BSM}}(S, K, \sigma, \tau, r) = SC_{\text{BSM}}(1, K/S, \sigma, \tau, r) \tag{21.2}$$

변동성 σ가 주가의 함수이면 BSM 공식이 비동차여서 위의 관계식은 성립하지 않는다.

앞에서 유도한 혼합 정리는 기초 자산 주가와 변동성이 상관이 없는 경우 확률 변동성 모델로 계산한 C_{SV}의 가치는 BSM 가격의 경로 변동성 분포 가중 평균이라는 것을 보여 준다. 이제 경로 변동성이 동일한 확률로 높음($\overline{\sigma}_H$) 또는 낮음($\overline{\sigma}_L$)의 두 값중 하나인 간단한 예를 살펴본다. 혼합 정리를 사용하면 다음을 얻는다.

$$C_{SV} = \frac{1}{2} \left[C_{BSM}(S, K, \overline{\sigma}_H) + C_{BSM}(S, K, \overline{\sigma}_L) \right] \tag{21.3}$$

여기서 간결함을 위해서 BSM의 콜옵션 가격에 τ와 r에 대한 의존성을 생략했다. 식 (21.2)의 결과를 사용해 식 (21.3)을 가격도로 표현할 수 있다.

$$\begin{aligned} C_{SV} &= \frac{S}{2} \left[C_{BSM}(1, K/S, \overline{\sigma}_H) + C_{BSM}(1, K/S, \overline{\sigma}_L) \right] \\ &\equiv Sf(K/S) \end{aligned} \tag{21.4}$$

식 (21.4)에서 $f(K/S)$는 K와 S의 별도 함수가 아닌 K/S의 함수다.

확률 변동성 모델을 사용해 옵션을 평가했지만 전통적으로 시장에서는 BSM 모델을 사용해 옵션 가격을 제시한다. 콜옵션에 대한 BSM 내재 변동성 Σ는 확률 변동성 모델에 의해 생성된 옵션 가치 C_{SV}를 BSM 공식을 통해 재현한 변동성이다.

$$C_{SV} \equiv C_{BSM}(S, K, \Sigma) = SC_{BSM}(1, K/S, \Sigma) \tag{21.5}$$

식 (21.4)와 식 (21.5)를 결합해 다음을 얻는다.

$$C_{SV} = Sf(K/S) = SC_{BSM}(1, K/S, \Sigma) \tag{21.6a}$$

$$C_{BSM}(1, K/S, \Sigma) = f(K/S) \tag{21.6b}$$

위의 식에서 상관관계가 0인 확률 변동성에서 생성되는 BSM 내재 변동성은 가격도의 함수여야 하는 것을 알 수 있다.

$$\Sigma = g(K/S) \tag{21.7}$$

앞의 예에서 가능한 변동성 경로는 2개뿐이었지만, 이 결과는 더 일반적인 경우도 성립한다. 상관관계가 0인 확률 변동성 모델에서 미래 변동성의 분포가 변경되지 않은 상태로 유지되면 내재 변동성은 가격도의 함수가 된다. 확률 변동성 모델을 논의하므로 변동성 분포도 독립적으로 변할 수 있지만, 여기서는 변하지 않은 상태로 유지한다고 가정한다.

주가가 움직일 때 스큐와 내재 변동성의 변화 사이의 관계를 찾고자 식 (21.7)을

S와 K에 대해 미분한다.

$$\frac{\partial \Sigma}{\partial S} = -\frac{K}{S^2}g'$$
$$\frac{\partial \Sigma}{\partial K} = \frac{1}{S}g' \tag{21.8}$$

다음 식이 성립하는 것을 알 수 있다.

$$S\frac{\partial \Sigma}{\partial S} + K\frac{\partial \Sigma}{\partial K} = 0 \tag{21.9}$$

이것은 차수가 0인 동차 함수에 대한 오일러 방정식이다. 미래 변동성의 분포가 가능한 한 오래 변하지 않으면 주가 변화에 따라 내재 변동성이 어떻게 변하는지를 결정하는 것은 현재 스큐다.

등가격 또는 등가격에 가까운 $S \approx K$일 때 다음이 성립한다.

$$\frac{\partial \Sigma}{\partial S} \approx -\frac{\partial \Sigma}{\partial K} \tag{21.10}$$

이것은 국소 변동성 모델에서 얻은 결과와 정확히 반대다. 스큐가 음수라면 주가에 대한 내재 변동성의 변화는 양수다. 근사적으로 상관관계가 0이고 등가격일 때 S의 작은 변화가 내재 변동성에 미치는 영향은 동일 크기의 반대 변화 K가 내재 변동성에 미치는 영향으로 상쇄된다. 다시 말해서 등가격 행사가 근처에서 BSM 내재 변동성은 대략 $(S - K)$의 함수다.

$$\Sigma \approx \Sigma(S - K) \tag{21.11}$$

18장에서 다룬 고착 규칙의 관점에서 볼 때 확률 변동성의 스마일은 근사적으로 가격도 고착 규칙을 따른다. 식 (21.11)은 옵션이 등가격에 가까울 때 유효한 식 (21.7)에 대한 선형 근사로 볼 수 있다.

그림 21.1은 미래 변동성 분포가 변하지 않는다는 가정하에 상관관계가 0인 확률 변동성 모델에서 주가 하락이 스마일에 미치는 영향을 개략적으로 보여 준다. 주가가 하락하면 스마일 전체가 하락한다. 등가격 내재 변동성의 경우는 스마일을 따라 올라가며 하락 부분을 완벽하게 상쇄해 등가격 내재 변동성은 그대로 유지된다. 그림 21.1에서 보듯이 주가가 하락하면 스마일은 왼쪽으로 이동한다.

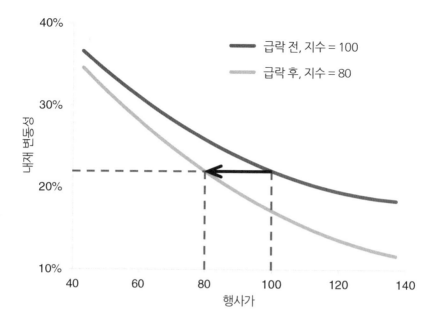

그림 21.1 기초 자산 주가 하락의 영향

대칭 스마일

앞에서 현재와 만기까지 특정 경로의 변동성의 시간 평균을 $\overline{\sigma}_T$로 표기했다. 이것을 경로 변동성(실제로는 경로 분산의 제곱근)이라 한다. 여기서는 표기의 단순화를 위해 하첨자 T를 삭제하고 경로 변동성을 단순히 $\overline{\sigma}$로 나타낸다. 연속 극한에서 가능한 변동성 경로의 수를 늘리면 합계는 적분으로 변환된다. 경로 변동성의 확률 밀도 함수를 $\phi(\overline{\sigma})$로 가정하면 다음이 성립한다.

$$C_{\mathrm{SV}} = \int_0^\infty C_{\mathrm{BSM}}(\overline{\sigma})\phi(\overline{\sigma})d\overline{\sigma} \tag{21.12}$$

변동성의 변동성이 작다고 가정하면 평균 경로 변동성 $\bar{\bar{\sigma}}$을 중심으로 2차항까지 테일러 전개를 할 수 있다.

$$
\begin{aligned}
C_{\mathrm{SV}} &= \int_0^\infty C_{\mathrm{BSM}}(\bar{\bar{\sigma}} + \bar{\sigma} - \bar{\bar{\sigma}})\phi(\bar{\sigma})d\bar{\sigma} \\
&\approx \int_0^\infty \left[C_{\mathrm{BSM}}(\bar{\bar{\sigma}}) + \left.\frac{\partial C_{\mathrm{BSM}}}{\partial \bar{\sigma}}\right|_{\bar{\bar{\sigma}}}(\bar{\sigma} - \bar{\bar{\sigma}}) \right. \\
&\qquad\qquad \left. + \frac{1}{2}\left.\frac{\partial^2 C_{\mathrm{BSM}}}{\partial \bar{\sigma}^2}\right|_{\bar{\bar{\sigma}}}(\bar{\sigma} - \bar{\bar{\sigma}})^2 \right]\phi(\bar{\sigma})d\bar{\sigma} \\
&\approx C_{\mathrm{BSM}}(\bar{\bar{\sigma}}) + 0 + \frac{1}{2}\left.\frac{\partial^2 C_{\mathrm{BSM}}}{\partial \bar{\sigma}^2}\right|_{\bar{\bar{\sigma}}}\mathrm{var}[\bar{\sigma}] \\
&\approx C_{\mathrm{BSM}}(\bar{\bar{\sigma}}) + \frac{1}{2}\left.\frac{\partial^2 C_{\mathrm{BSM}}}{\partial \bar{\sigma}^2}\right|_{\bar{\bar{\sigma}}}\mathrm{var}[\bar{\sigma}]
\end{aligned}
\tag{21.13}
$$

여기서 $\mathrm{var}[\bar{\sigma}]$는 옵션 수명 동안 경로 변동성 $\bar{\sigma}$의 분산이다. 경로 변동성의 분산이 작다고 가정했고 근사 또한 테일러 전개 두 번째 항까지만 했다.

확률 변동성으로 구한 가치 C_{SV}는 옵션 가격을 제시하는 BSM 식을 사용해 BSM 내재 변동성 Σ항으로 표현할 수 있고, 변동성의 변동성이 작기 때문에 Σ와 $\bar{\bar{\sigma}}$ 차이 또한 작다고 가정할 수 있다.

$$
\begin{aligned}
C_{\mathrm{SV}} &= C_{\mathrm{BSM}(\Sigma)} \\
&= C_{\mathrm{BSM}}(\bar{\bar{\sigma}} + \Sigma - \bar{\bar{\sigma}}) \\
&= C_{\mathrm{BSM}}(\bar{\bar{\sigma}}) + \left.\frac{\partial C_{\mathrm{BSM}}}{\partial \bar{\sigma}}\right|_{\bar{\bar{\sigma}}}(\Sigma - \bar{\bar{\sigma}}) + \cdots \\
&\approx C_{\mathrm{BSM}}(\bar{\bar{\sigma}}) + \left.\frac{\partial C_{\mathrm{BSM}}}{\partial \bar{\sigma}}\right|_{\bar{\bar{\sigma}}}(\Sigma - \bar{\bar{\sigma}})
\end{aligned}
\tag{21.14}
$$

마지막 줄에서 경로 변동성의 분산이 작기 때문에 테일러 급수에서 1차 항만 유지했다. 이제 식 (21.13)과 식 (21.14)에서 다음을 얻는다.

$$
\Sigma \approx \bar{\bar{\sigma}} + \frac{\dfrac{1}{2}\left.\dfrac{\partial^2 C_{\mathrm{BSM}}}{\partial \bar{\sigma}^2}\right|_{\bar{\bar{\sigma}}}\mathrm{var}[\bar{\sigma}]}{\left.\dfrac{\partial C_{\mathrm{BSM}}}{\partial \bar{\sigma}}\right|_{\bar{\bar{\sigma}}}}
\tag{21.15}
$$

19장에서 금리와 배당이 0일 때 다음 BSM의 편미분을 계산했다.

$$V = \frac{\partial C_{\text{BSM}}}{\partial \sigma} = \frac{\sqrt{\tau}}{\sqrt{2\pi}} S e^{-\frac{1}{2}d_1^2} \qquad (21.16)$$

$$\frac{\partial^2 C_{\text{BSM}}}{\partial \sigma^2} = V \frac{d_1 d_2}{\sigma} = \frac{V}{\sigma} \left[\left(\frac{1}{v} \ln(S/K) \right)^2 - \frac{v^2}{4} \right] \qquad (21.17)$$

여기서 $v = \sigma\sqrt{\tau}$는 옵션의 잔존 만기 τ에 대한 총 변동성이다. $S = K$일 때 식 (21.17)이 음의 값을 갖는 것에 주의해야 한다. σ를 $\bar{\bar{\sigma}}$로 대체하고 식 (21.17)을 식 (21.15)에 대입한다.

$$\Sigma \approx \bar{\bar{\sigma}} + \frac{1}{2} \text{var}[\bar{\sigma}] \frac{1}{\bar{\bar{\sigma}}} \left[\left(\frac{1}{\bar{\bar{v}}} \ln(S/K) \right)^2 - \frac{\bar{\bar{v}}^2}{4} \right] \qquad (21.18)$$

여기서 $\bar{\bar{v}} = \bar{\bar{\sigma}}\sqrt{\tau}$이다. 식 (21.18)의 우변은 $\ln(K/S)$의 2차 함수이므로 $(\ln(S/K))^2 = (\ln(K/S))^2$ 따라 변하는 포물선 형태의 스마일을 만든다. 가격도 고착 스마일이며 K/S에 의존하는 함수다. 가격도를 $K - S$로 선형 근사하면 스마일은 행사가가 현재 가격에서 멀어짐에 따라 대략 $(K - S)^2$만큼 변한다.

식 (21.18)의 $\bar{\bar{v}}$를 $\bar{\bar{\sigma}}\sqrt{\tau}$로 대체하면 상관관계가 없는 확률 변동성 모델의 내재 변동성에 대한 다음 식을 얻는다.

$$\Sigma \approx \bar{\bar{\sigma}} + \frac{1}{2} \text{var}[\bar{\sigma}] \frac{1}{\bar{\bar{\sigma}}} \left[\frac{1}{\bar{\bar{\sigma}}^2 \tau} (\ln(S/K))^2 - \frac{\bar{\bar{\sigma}}^2 \tau}{4} \right] \qquad (21.19)$$

여기서 다시 강조하건대 $\text{var}[\bar{\sigma}]$는 옵션 만기까지 주식의 경로 변동성의 분산이다.

보기 21.1

질문

SPX$^{\text{S\&P 500}}$의 현재 수준은 2,000이고 변동성이 확률적이며 지수와 변동성간의 상관관계는 0이라 가정한다. 식 (21.19)를 사용해 1년 만기 옵션의 내재 변동성을 등가격, 10% 내가격, 10% 외가격에서 추정하라(가격도는 로그 수익률로 측정한다). 내년까지 평균 경로 변동성은 20%이고 경로 변동성의 변동성은 15%로 가정한다.

정답

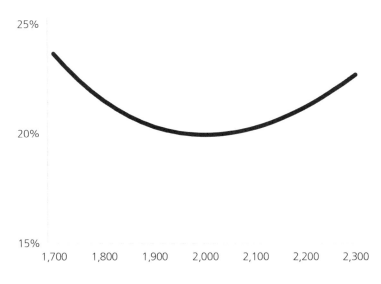

그림 21.2 확률 변동성 스마일, $\rho = 0$

$\tau = 1$, $\overline{\overline{\sigma}} = 20\%$, 경로 변동성의 변동성이 15%이므로 $\mathrm{var}[\overline{\sigma}] = 0.15^2 = 0.0225$ 가 된다.

$\ln(S/K) = 0.00$인 경우다.

$$\Sigma_{\mathrm{ATM}} \approx 0.2 + \frac{1}{2} \times 0.0225 \times \frac{1}{0.2}\left[\left(\frac{1}{0.20} \times 0.00\right)^2 - \frac{0.20^2}{4}\right]$$

$$\approx 0.2 - \frac{1}{2} \times 0.0225 \times \frac{1}{0.2}\left[\frac{0.20^2}{4}\right]$$

$$\approx 0.2\left(1 - \frac{1}{8} \times 0.0225\right)$$

$$\approx 0.1994$$

이는 평균 변동성 20%보다 약간 낮은데 식 (21.17)의 음의 볼록성 때문이다.

10% 내가격과 10% 외가격의 경우 모두 $(\ln(S/K))^2 = 0.10^2$이다.

$$\Sigma_{\pm 10\%} \approx 0.2 + \frac{1}{2} \times 0.0225 \times \frac{1}{0.2}\left[\left(\frac{1}{0.20} \times 0.10\right)^2 - \frac{0.20^2}{4}\right]$$

$$\approx 0.2 + 0.05625[0.24]$$

$$\approx 0.2 + 0.0135$$

$$\approx 0.2135$$

그림 21.2는 이 예제에 대한 전체적인 스마일을 보여 준다.

상태 2개인 확률 경로 변동성

여기서 다시 상태 2개의 확률 변동성 모델인 식 (21.3)을 다시 고려한다.

$$C_{\mathrm{SV}} = \frac{1}{2} \left[C_{\mathrm{BSM}}(S, K, \overline{\sigma}_H) + C_{\mathrm{BSM}}(S, K, \overline{\sigma}_L) \right]$$

식 (21.19)가 정확한 해를 얼마나 잘 근사하는지 확인한다.

$\overline{\sigma}_L = 20\%, \overline{\sigma}_H = 80\%$으로 가정하면 옵션의 수명 동안 경로 변동성의 평균과 분산은 다음이 된다.

$$\mathrm{mean}[\overline{\sigma}] = \frac{1}{2}(0.20 + 0.80) = 0.50$$

$$\mathrm{var}[\overline{\sigma}] = \frac{1}{2}[(0.20 - 0.50)^2 + (0.80 - 0.50)^2] \tag{21.20}$$

$$= (0.30)^2 = 0.09$$

그림 21.3에서 식 (21.3)의 혼합 정리 공식으로 계산한 정확한 값과 식 (21.19) 의 근사식으로 계산한 세 가지 만기에 대한 내재 변동성 스마일을 보여 준다. 세 가지 경우 모두 식 (21.19)가 좋은 근사임을 보여 주고 스마일은 모든 경우 대칭임을 알 수 있다.[1]

스마일의 모양에 대한 잔존 만기의 영향을 보면 장기 스마일은 비교적 평평하고 단기 스마일은 곡률이 더 심하다. 스마일의 곡률 감소를 더 잘 이해하고자 식 (21.19) 를 2차 가격도 항에 초점을 맞춰 다음으로 정리한다.

$$\Sigma \approx \overline{\overline{\sigma}} + \frac{1}{2} \mathrm{var}[\overline{\sigma}] \frac{1}{\overline{\overline{\sigma}}} \left[\frac{1}{\overline{\overline{\sigma}}^2 \tau} \left(\ln\left(S/K \right) \right)^2 - \frac{\overline{\overline{\sigma}}^2 \tau}{4} \right]$$

$$\equiv f(\overline{\overline{\sigma}}, \mathrm{var}[\overline{\sigma}], \tau) + c(\overline{\overline{\sigma}}) \frac{\mathrm{var}[\overline{\sigma}]}{\tau} \left(\ln\left(S/K \right) \right)^2 \tag{21.21}$$

여기서 $c(\overline{\overline{\sigma}})$는 평균 경로 변동성 $\overline{\overline{\sigma}}$의 함수다. 경로 변동성에 대한 두 가지 상태

---

1. 스마일은 정확하게 $\ln(K/S)$을 기준으로 완전한 대칭이다. K에 대해서는 스마일이 거의 대칭이지만 완전한 대칭은 아니다.

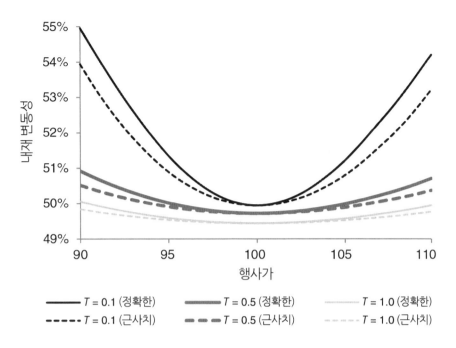

그림 21.3 $\rho = 0$일 때 두 가지 상태 확률 변동성 모델에서의 스마일

만 있는 특별한 경우 $\bar{\sigma}$와 분산 $\mathrm{var}[\bar{\sigma}]$는 τ와 무관하며 잔존 만기가 증가함에 따라 식 (21.21)에서 $(\ln(S/K))^2$의 계수 τ^{-1}만이 스마일의 곡률을 감소시킨다. 실제로 변동성 스마일은 잔존 만기가 증가함에 따라 곡률이 감소하는 경향이 있다. 하지만 여전히 두 가지 상태 모델은 너무 간단하다. 두 가지 상태는 잔존 만기에 관계없이 20%에서 80%의 동일한 범위를 갖는다. 실제로 가능한 변동성 경로의 범위는 잔존 만기가 증가함에 따라 증가할 가능성이 있고 $\bar{\sigma}$와 분산 $\mathrm{var}[\sigma]$도 τ에 따라 변한다. 뒤에서 이것이 스마일의 모양에 어떤 영향을 미치는지 자세히 살펴본다.

마지막으로 잔존 만기가 등가격 내재 변동성에 미치는 영향을 살펴본다. 등가격 내재 변동성은 항상 평균 변동성인 50%보다 삭고 잔존 만기가 증가함에 따라 감소한다. $S = K$인 식 (21.19)에서 왜 이런 일이 발생하는지 알 수 있다. 등가격 변동성은 다음으로 주어진다.

$$\Sigma_{\mathrm{atm}} \approx \bar{\bar{\sigma}} - \frac{1}{8}\mathrm{var}[\sigma]\bar{\bar{\sigma}}\tau \tag{21.22}$$

등가격 내재 변동성은 등가격 행사가 근처에서 BSM 옵션 가격이 음의 볼록성[2]을 갖기 때문에 평균 변동성보다 낮다.

$\tau = 1$, $\mathrm{var}[\overline{\sigma}] = 0.09$, $\overline{\overline{\sigma}} = 0.5$ 일 때 식 (21.22)는 다음이 된다.

$$\Sigma_{\mathrm{atm}} \approx 0.50 - \frac{1}{8} \times 0.09 \times 0.50 \times 1$$

$$\approx 0.50 - 0.005625$$

$$\approx 0.4944$$

이 근삿값 49.44%는 그림 21.3에 표시된 혼합 정리 공식으로 계산한 값과 매우 잘 일치한다.

GBM 확률 변동성

이제 단순한 두 가지 상태를 갖는 경로 변동성 모델을 고수하기보다 확률 순간 변동성에 대한 좀 더 현실적인 모델인 연속 분포를 살펴본다. 변동성 자체가 GBM을 따른다고 가정한다.

$$d\sigma = a\sigma dt + b\sigma dZ \tag{21.23}$$

여기서 a와 b는 변동성의 추세율과 변동성의 변동성을 나타내는 상수다. 현재로서는 주가와 변동성 간의 상관관계는 0으로 계속 가정한다. 식 (21.23)은 Hull and White(1987)의 확률 변동성 모델과 매우 유사하다. 논문에서는 순간 변동성 σ가 아닌 순간 분산 σ^2을 기술하는 확률 미분 방정식을 사용했다.

그림 21.4는 20%의 초기 변동성, $a = 0$, $b = 0.1$인 식 (21.23) 결과로 만기에 따른 스마일을 나타냈다. 식 (21.23)에 따라 변동성을 몬테카를로 시뮬레이션으로 계산했고, 혼합 정리 공식을 사용해 옵션 가치와 내재 BSM 변동성을 결정했다. 스마일은 여전히 $\ln(S/K)$ 대해 대칭이다. 등가격 변동성 수준은 이제 더 이상 잔존 만기에 따라 단조 감소하지 않고, 처음에는 τ가 증가하면 증가하다가 나중에 감소한다. 그리고 스마일의 곡률은 τ에 민감하지 않다.

---

2. 감마가 아닌 볼가를 의미한다. — 옮긴이

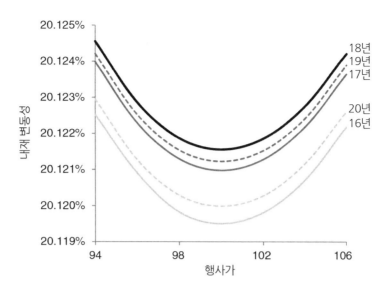

그림 21.4 상관관계 0, $a = 0$, $b = 0.1$일 때 GBM 확률 변동성 모델에서 다양한 만기들의 스마일

GBM 확률 변동성 스마일에 대한 근사식

계산 결과를 분석해 이해하려고 항상 노력해야 한다. 그림 21.3과 달리 그림 21.4에서 변동성이 잔존 만기의 단조 함수가 아닌 이유를 근사적으로 설명하려고 한다. 먼저 등가격 변동성만을 고려하기 위해 식 (21.22)를 다시 서술한다.

$$\Sigma_{\mathrm{atm}} \approx \overline{\overline{\sigma}} \left(1 - \frac{1}{8} \mathrm{var}[\overline{\sigma}]\tau \right) \tag{21.24}$$

여기서 $\overline{\overline{\sigma}}$는 옵션 만기까지의 모든 경로에 대한 경로 변동성의 평균이고 $\mathrm{var}[\overline{\sigma}]$는 모든 경로에 대한 경로 변동성 $\overline{\sigma}$의 분산이다.

순간 변동성 σ의 거동이 식 (21.23)을 따를 때 경로 변동성의 잔존 만기 τ 의존도를 추정하려고 한다. 이토 보조정리로부터 순간 분산 σ^2은 다음 특성을 갖는 확률 미분 방정식을 만족한다.

$$\begin{aligned} \mathrm{drift}[\sigma^2] &= 2a + b^2 \\ \mathrm{vol}[\sigma^2] &= 2b \end{aligned} \tag{21.25}$$

따라서 σ^2의 추세율은 σ에 비해 거의 2배이며 σ^2의 변동성은 정확히 2배다. 추세율

의 추가 항 b^2은 위너 과정 제곱에 대한 이토 보조정리에서 나온 것이다.[3]

이제 혼합 정리 공식과 관련된 경로 분산 $\bar{\sigma}^2$를 생각한다. 경로 분산은 시점 T까지의 순간 분산의 산술 평균이고 순간 분산 σ^2은 그 자체로 기하 브라운 운동을 따른다. 결국 경로 분산을 정확하게 표현하는 수식은 없다. 그럼에도 확률 변수의 산술 평균 값은 평균하지 않은 확률 변수의 약 $1/2$ 추세율과 $1/\sqrt{3}$ 변동성을 갖고 있음을 보일 수 있다. 따라서 $\bar{\sigma}^2$의 추세율과 변동성은 다음으로 근사할 수 있다.

$$
\begin{aligned}
\text{drift}[\bar{\sigma}^2] &\approx a + \frac{1}{2}b^2 \\
\text{vol}[\bar{\sigma}^2] &\approx \frac{2b}{\sqrt{3}}
\end{aligned}
\tag{21.26}
$$

그러나 식 (21.24)는 $\bar{\sigma}^2$의 제곱근($\bar{\sigma}$)을 포함하므로 $\bar{\sigma}$의 추세율과 변동성을 구해야 한다. 경로 변동성 $\bar{\sigma}$의 변동성은 경로 분산의 변동성($b/\sqrt{3}$)의 절반이다. $\bar{\sigma}$의 추세율은 이토 보조정리에 의해 대략 $\bar{\sigma}^2$ 추세율의 절반이다. 더 정확하게는 다음 식으로 주어진다.

$$
\begin{aligned}
\text{drift}[\bar{\sigma}] &\approx \frac{1}{2}\left(a + \frac{1}{2}b^2\right) - \frac{1}{8}\left(\frac{2b}{\sqrt{3}}\right)^2 \\
&\approx \frac{a}{2} + \frac{b^2}{12}
\end{aligned}
\tag{21.27}
$$

따라서 식 (21.24)의 경로 변동성 $\bar{\sigma}$은 시간에 따라 일정하지 않고 순간 변동성 σ가 변하기 때문에 실제로는 다음의 추세율과 변동성을 갖는다.

$$
\begin{aligned}
\text{drift}[\bar{\sigma}] &\approx \frac{a}{2} + \frac{b^2}{12} \\
\text{vol}[\bar{\sigma}] &\approx \frac{b}{\sqrt{3}}
\end{aligned}
\tag{21.28}
$$

τ의 선행 차수까지만 테일러 전개해 표현한 평균 경로 변동성은 잔존 만기 τ에

---

3. 순간 변동성이 $d\sigma = a\sigma dt + b\sigma dZ$를 만족하면 순간 분산은 다음의 GBM을 만족한다.

$$
\begin{aligned}
d\sigma^2 &= 2\sigma d\sigma + \frac{1}{2}2\,(d\sigma)^2 \\
&= 2\sigma(a\sigma dt + b\sigma dZ) + b^2\sigma^2 dt \\
&= (2a + b^2)\sigma^2 dt + 2b\sigma^2 dZ
\end{aligned}
$$

위의 식에서 순간 분산의 추세율과 변동성이 식 (21.25)가 되는 것을 알 수 있다. — 옮긴이

따라 대략적으로 다음과 같이 증가한다.

$$\bar{\bar{\sigma}} \approx \sigma \exp\left\{\left(\frac{a}{2} + \frac{b^2}{12}\right)\tau\right\}$$

$$\approx \sigma\left[1 + \left(\frac{a}{2} + \frac{b^2}{12}\right)\tau + \frac{1}{2}\left(\frac{a}{2} + \frac{b^2}{12}\right)^2\tau^2\right] \tag{21.29}$$

그리고 잔존 만기 τ에 대한 경로 변동성의 총 분산은 다음이 된다.

$$\mathrm{var}[\bar{\sigma}] \approx \frac{b^2}{3}\sigma^2\tau \tag{21.30}$$

이 분산은 브라운 운동의 표준 속성 때문에 잔존 만기에 따라 선형적으로 증가한다. 이 결과를 식 (21.24)에 대입하고 τ에 대한 2차 항까지만 고려하면 다음을 얻는다.

$$\Sigma_{\mathrm{atm}} \approx \bar{\bar{\sigma}}\left(1 - \frac{1}{8}\mathrm{var}[\bar{\sigma}]\tau\right)$$

$$\approx \sigma\left[\begin{array}{l} 1 + \left(\frac{a}{2} + \frac{b^2}{12}\right)\tau \\ + \frac{1}{2}\left(\frac{a}{2} + \frac{b^2}{12}\right)^2\tau^2 \end{array}\right]\left(1 - \frac{1}{8}\frac{b^2}{3}\sigma^2\tau^2\right) \tag{21.31}$$

$$\approx \sigma\left[1 + \left(\frac{a}{2} + \frac{b^2}{12}\right)\tau + \left(\frac{1}{2}\left(\frac{a}{2} + \frac{b^2}{12}\right)^2 - \frac{b^2}{24}\sigma^2\right)\tau^2\right]$$

여기서 테일러 전개를 2차 항까지만 했다.

이제 그림 21.4의 시뮬레이션에 사용한 $a = 0$을 적용하면 다음을 얻는다.

$$\Sigma_{\mathrm{atm}} \approx \sigma\left[1 + \frac{b^2}{12}\tau + \frac{b^2}{24}\left(\frac{b^2}{12} - \sigma^2\right)\tau^2\right] \tag{21.32}$$

이 공식은 τ 대해 선형인 항과 2차 항을 포함한다. 위 식의 괄호 안의 값이 음수이면 2차 항의 계수가 음수가 된다. 따라서 τ가 0에서부터 증가함에 따라 선형 항은 등가격 변동성 수준을 증가시키고, τ가 커져서 음수 2차 항이 선형 항을 압도하게 되는 지점부터는 등가격 변동성이 감소하게 된다. 이것은 그림 21.4에서 관찰되는 움직임을 잘 설명하고 있다.

위의 근사식을 사용하면 등가격의 변동성의 최댓값은 다음에서 발생한다.

$$\tau = 1 \left/ \left(\sigma^2 - \frac{b^2}{12}\right)\right. \tag{21.33}$$

$\sigma = 0.2$이고 $b = 0.1$인 경우 τ 값은 약 25이며, 이는 수치 시뮬레이션에서 등가격 변동성이 약 18.5년에 최댓값에 도달하는 것과 비교하면 그리 멀지 않은 값이다. 수치 근사치를 더 가깝게 일치시키고자 $b = 0.05$로 시뮬레이션을 반복하면 최댓값이 약 21년에서 발생하며 이는 식 (21.33)에 의해 결정된 값에 더 가깝게 된다.[4]

이 근사식을 이용해 등가격 내재 변동성의 수준뿐만 아니라 스마일의 곡률도 알 수 있다. 앞서 언급했듯이 $\mathrm{var}[\overline{\sigma}]$는 τ에 비례할 것으로 예상된다. 가격도의 이차항에 초점을 맞추어 식 (21.19)를 다시 정리하면 다음이 된다.

$$
\begin{aligned}
\Sigma &\approx \overline{\overline{\sigma}} + \frac{1}{2}\mathrm{var}[\overline{\sigma}]\frac{1}{\overline{\overline{\sigma}}}\left[\frac{1}{\overline{\overline{\sigma}}^2\tau}\left(\ln\left(S/K\right)\right)^2 - \frac{\overline{\overline{\sigma}}^2\tau}{4}\right] \\
&\approx \overline{\overline{\sigma}} + \frac{1}{2}\frac{\mathrm{var}[\overline{\sigma}]}{\overline{\overline{\sigma}}^3\tau}\left(\ln\left(S/K\right)\right)^2 - \frac{\mathrm{var}[\overline{\sigma}]\overline{\overline{\sigma}}\tau}{8}
\end{aligned} \tag{21.34}
$$

내재 변동성 함수의 K에 종속된 부분을 τ 선행 차수까지로 정리하면 다음을 얻는다.

$$
\begin{aligned}
\frac{1}{2}\frac{\mathrm{var}[\overline{\sigma}]}{\overline{\overline{\sigma}}^3\tau}\left(\ln\left(S/K\right)\right)^2 &\approx \frac{1}{2}\frac{\frac{b^2}{3}\sigma^2\tau}{\overline{\overline{\sigma}}^3\tau}\left(\ln\left(S/K\right)\right)^2 \\
&\approx \frac{1}{6}\frac{b^2}{\sigma}\left(\ln\left(S/K\right)\right)^2
\end{aligned} \tag{21.35}
$$

따라서 그림 21.4에서 볼 수 있듯이 스마일의 곡률이 잔존 만기와 거의 무관한 것을 알 수 있다.

식 (21.35)를 사용해 스큐의 크기를 계산할 수 있다. $\sigma = 0.2$, $b = 0.1$의 경우 행사가 K에 대한 스마일의 대략적인 변화는 다음과 같다.

$$
\begin{aligned}
\frac{1}{6}\frac{b^2}{\sigma}\left(\ln\left(S/K\right)\right)^2 &= \frac{1}{6}\frac{(0.1)^2}{0.2}\left(\ln\left(S/K\right)\right)^2 \\
&= 0.0083\left(\ln\left(S/K\right)\right)^2 \\
&\approx 0.0083\left(\frac{K-S}{S}\right)^2
\end{aligned} \tag{21.36}
$$

$S = 100$, $K = 100$에서 $S = 100$, $K = 106$으로 값이 변할 경우 위 식에 따르면 내재 변동성은 0.00003만큼 변해야 한다. 그림 21.4에서 $\tau = 16$년에 대한 내재 변동

---

4. $b = 0.05$여도 식 (21.33)의 값은 여전히 25다. — 옮긴이

성은 $K = 100$에서 약 0.20119이고 $K = 106$에서 약 0.20122로 0.00003의 차이로 보여 식 (21.36)의 곡률 정도와 상당히 일치한다. 이 모델에 대한 더 자세한 논의는 Hull and White(1987) 논문을 참고하면 좋다.

브라운 운동을 따르는 변동성을 도입하면 모델이 더 현실적이지만 더 복잡해진다. 19장에서 논의한 바와 같이 변동성이 평균 회귀 성질을 가진다면 실현 변동성의 범위는 초기에는 잔존 만기에 따라 증가하는 경향이 있다가 이후에 안정화된다. 뒤에서는 평균 회귀가 스마일의 형태에 어떻게 영향을 주는지 알아본다. 다시 설명하겠지만 평균 회귀는 변동성의 거동을 보다 더 현실적으로 서술할 뿐만 아니라 단순한 두 가지 상태의 모델에서 보였던 스마일 곡률 감소 특징 또한 갖고 있다.

연습문제

21-1. NDX$^{\text{NASDAQ-100 Index}}$가 현재 $4,000$에서 거래되고 있으며 변동성은 확률적이지만 지수 수준과 상관없다고 가정한다. 향후 6개월 동안 평균 경로 변동성은 20%이고 평균 경로 변동성의 표준 편차는 16%가 될 것으로 예상한다. 6개월 만기 등가격 옵션의 현재 내재 변동성은 얼마인가? NDX가 $4,400$으로 증가하면 행사가 $4,000$인 6개월 옵션의 내재 변동성은 얼마이고, 새로운 6개월 등가격 내재 변동성은 얼마인가? 지수 수준의 증가 전, 지수 수준 증가 후의 스마일을 그래프로 그려라. 이 문제에 답하기 위해 식 (21.19)에 의해 주어진 근사식을 사용하라.

22장

확률 변동성 모델 IV

- 평균 회귀하고 주식과 상관없는 확률 변동성
- 주식과 상관있는 경우에 대한 시뮬레이션
- 확률 변동성의 헤지 비율
- 다양한 스마일을 표현하는 확률 변동성

평균 회귀 속성

앞에서 주가와 상관이 없는 확률 변동성 모델 2개를 설명했다. 2개의 상태 모델에서 변동성은 시간과 관계없이 일정하다. GBM 모델에서 변동성의 범위는 제한 없이 증가한다. 여기서는 변동성이 평균 회귀하는 보다 현실적인 중간 모델을 설명한다.

변동성에 대한 가장 간단한 평균 회귀 모델은 다음과 같다.[1]

$$d\sigma = \alpha(m - \sigma)dt + \beta\sigma dW \qquad (22.1)$$

19장에서 설명한 것처럼 평균 회귀의 반감기는 $1/\alpha$에 비례하고, β는 변동성의 변동

---

1. 19장 앞부분에서 언급한 헤스턴 모델도 평균 회귀 성질을 갖는다. 헤스턴 모델에서 주식의 분산 V는 $dV = \alpha(m - V)dt + \beta\sqrt{V}dW$를 따른다. 헤스턴 모델은 많은 책에서 논의하고 있다(예: Gatheral 2006).

성, m은 장기 변동성이다. 21장에서 상관관계 0인 내재 변동성 근사식을 유도했다.

$$\Sigma \approx \bar{\bar{\sigma}} + \frac{1}{2}\text{var}[\sigma]\frac{1}{\bar{\bar{\sigma}}}\left[\frac{1}{\bar{\bar{\sigma}}^2\tau}\left(\ln\left(\frac{S}{K}\right)\right)^2 - \frac{\bar{\bar{\sigma}}^2\tau}{4}\right] \tag{22.2}$$

평균 회귀하는 변동성의 거동에 대한 약간의 직관과 함께 위의 식을 이용하면 확률 변동성 모델이 생성하는 스마일이 매우 짧은 만기와 매우 긴 만기에서 어떤 거동을 보이는지 이해할 수 있다.

변동성과 경로 변동성

표준 브라운 운동을 따르는 확산 과정은 해당 변수의 분산 또는 가능한 값의 범위가 시간이 지남에 따라 제한 없이 증가한다. 특정 경로의 평균값의 범위도 제한 없이 증가하지만 상대적으로 그렇게 빠르지는 않다. 표준 이항 모델에서 상승을 +1로, 하락을 −1로 생각하면 0에서 시작해 두 단계 후에 +2, 0, 0, −2로 끝나는 4개의 가능한 경로가 있다. 그러나 4개의 경로에서 각 경로의 평균값은 $+1 = (0 + 1 + 2)/3$, $+1/3 = (0 + 1 + 0)/3$, $-1/3 = (0 - 1 + 0)/3$, $-1 = (0 - 1 - 2)/3$다. 경로 평균의 분산은 최종 값의 분산보다 훨씬 작으며 이 경우 거의 절반이다. 평균 회귀를 사용하면 가능한 분산이 훨씬 더 제한된다. 그래서 시뮬레이션을 충분히 많이 실행하면 모든 경로의 평균이 동일한 한계값에 도달하게 된다. 결과적으로 평균 회귀가 있을 때 경로 평균의 분산은 0이다. 변수의 분산과 경로의 분산 간의 이러한 차이는 확률 변동성에 대한 평균 회귀의 영향을 이해하는 데 매우 중요하다.

짧은 만기

$\tau \to 0$ 극한에서 식 (22.2)는 다음이 된다.

$$\lim_{\tau \to 0} \Sigma \approx \bar{\bar{\sigma}} + \frac{1}{2}\text{var}[\sigma]\frac{1}{\bar{\bar{\sigma}}^3\tau}\left(\ln\left(\frac{S}{K}\right)\right)^2 \tag{22.3}$$

여기서 σ는 경로 변동성이고 $\bar{\sigma}$는 평균 경로 변동성이다.

$1/\alpha$보다 훨씬 짧은 만기의 경우 변동성의 평균 회귀 경향은 무시할 수 있고, 식 (22.1)의 변동성의 분산은 $\text{var}[\sigma] \approx \beta\tau$이며 시간에 따라 선형적으로 증가한다. 경로 변동성 $\bar{\sigma}$은 β'로 표시된 다른 계수와 함께 유사한 시간 종속성을 가지므로

$\mathrm{var}[\bar\sigma] \approx \beta'\tau$로 나타낼 수 있다. 이 관계를 식 (22.3)에 대입하면 다음을 얻는다.

$$\lim_{\tau\to 0}\Sigma \approx \bar{\bar\sigma} + \frac{1}{2}\beta'\frac{1}{\bar{\bar\sigma}^3}\left(\ln\left(\frac{S}{K}\right)\right)^2 \tag{22.4}$$

식 (22.4)에서 τ에 대한 의존성은 사라지고 스마일은 $\tau \to 0$인 극한에서 유한 곡률을 갖는 2차 형태가 된다.

긴 만기

$\tau \to \infty$인 극한에서 평균 회귀로 인해 변동성 σ의 분산이 더 이상 증가하지 않는다. 그 결과로 $\tau \to \infty$인 극한에서 식 (22.2)는 다음이 된다.

$$\lim_{\tau\to\infty}\Sigma \approx \bar{\bar\sigma} - \frac{1}{8}\mathrm{var}[\bar\sigma]\bar{\bar\sigma}\tau \tag{22.5}$$

일반적으로 기초 자산 변동성의 거동이 확률적일 때 옵션 만기까지의 평균 경로 변동성 $\bar\sigma$과 경로 변동성 분산 $\mathrm{var}[\bar\sigma]$은 시간에 따라 변한다. 그러나 순간 변동성이 평균 회귀한다면 앞서 언급했듯이 모든 경로는 장기적으로 동일한 경로 변동성을 갖게 되고 경로 변동성의 분산 $\mathrm{var}[\bar\sigma]$은 $\tau \to \infty$인 극한에서 결국엔 0으로 접근한다. $\mathrm{var}[\bar\sigma]$는 $1/\tau$에 비례하는 계수를 갖고 0에 접근하는 것을 보일 수 있으므로, $\mathrm{var}[\bar\sigma] =$ 상수$/\tau$로 표현할 수 있다. 따라서 $\tau \to \infty$일 때 다음을 얻는다.

$$\lim_{\tau\to\infty}\Sigma \approx \bar{\bar\sigma} - \frac{\text{상수}}{8}\bar{\bar\sigma} \tag{22.6}$$

평균 회귀를 하고 상관관계가 0인 확률 변동성 모델은 긴 만기에서 가격도와 무관한 내재 변동성 함수로 귀결된다. 만기가 길어질수록 점차 스마일이 없어진다.

식 (22.6)의 수정 항이 음수인 이유는 무엇인가? 확률 변동성이 비확률적 경우의 내재 변동성보다 낮은 이유는 무엇인가? 그 이유는 $\tau \to \infty$일 때 옵션 가격 $C_{\mathrm{BSM}}(\sigma)$이 σ에 대해 오목^{concave} 함수이고 오목 함수 값의 평균은 평균의 오목 함수 값보다 작다.[2]

---

2. X가 확률 변수이고, f가 볼록 함수이면 $f(\mathbb{E}\,X) \leq \mathbb{E}\,f(X)$를 만족한다. 이것을 옌센 부등식(Jensen's inequality)이라 한다. g가 오목 함수이면 $-g$가 볼록 함수가 되며 옌센 부등식을 사용하면 $g(\mathbb{E}\,X) \geq \mathbb{E}\,g(X)$를 만족한다. — 옮긴이

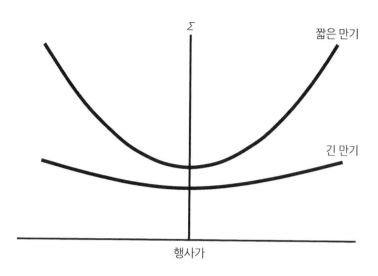

그림 22.1 $\rho = 0$일 때 확률 변동성 모델이 생성하는 스마일

상관관계 0인 평균 회귀 모델의 스마일

상관관계가 0인 경우 앞의 결과들에서 그림 22.1의 패턴을 따르는 확률 변동성 스마일을 기대할 수 있고 정성적으로 다음과 같이 이해할 수 있다. 단기적으로 높은 변동성의 폭발은 상승과 하락 양방향으로 기초 자산이 거의 점프와 같은 움직임을 가능하게 하고, 높은 행사가 또는 낮은 행사가에서 더 높은 내재 변동성에 기여하는 두꺼운 꼬리를 유도한다. 그러나 장기적으로는 평균 회귀로 인해 모든 경로는 동일한 경로 변동성을 갖게 되고 따라서 장기 스큐는 평평해진다.

평균 회귀는 GBM보다 변동성의 변화를 더 현실적으로 설명하고 실제 시장에서 흔히 볼 수 있는 스마일의 곡률 감소 또한 내포하고 있다.

그림 22.2는 몬테카를로 시뮬레이션으로 계산한 옵션 가격에 대응하는 BSM 내재 변동성의 스마일을 보여 준다. 몬테카를로 시뮬레이션의 경우 변동성은 식 (22.1)에 따라 전개되며 주가와 변동성 사이에는 상관관계가 0인 것으로 가정한다. 초기 변동성(20%), 잔존 만기(0.25년), 장기 변동성 m(20%)은 모든 경우 동일하며 평균 회귀 속도 α만 0에서 100까지 변한다.

평균 회귀 속도 α가 증가함에 따라 스마일이 평평해진다. α가 더 크면 변동성이

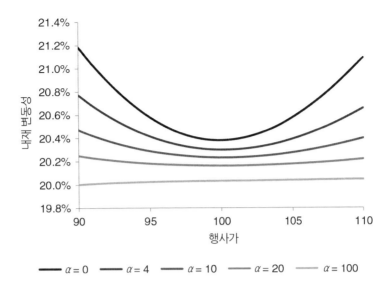

그림 22.2 $\rho = 0$과 다양한 평균 회귀 속도에 따른 확률 변동성 모델이 생성하는 스마일

더 빨리 장기 평균 20%로 돌아가서 변동성의 극단적인 값이 발생할 가능성이 줄어들어 더 평평한 스마일을 생성한다.

보기 22.1

질문

NKY$^{\text{Nikkei 225 Index}}$가 현재 16,000이고 장기 평균 경로 변동성이 20%이며 var[$\overline{\sigma}$]을 다음으로 가정한다.

$$\text{var}[\overline{\sigma}] = e^{-5\tau}0.06\tau + (1 - e^{-5\tau})\frac{0.01}{\tau}$$

0.1년, 0.25년, 1년 만기의 경우 지수와 변동성 간의 상관관계가 0이라고 가정하고 90 100 행사가 스큐를 계산하라. 이 문제에서 스큐는 10% 외가격 풋옵션의 내재 변동성에서 등가격 풋옵션의 내재 변동성을 뺀 값을 의미하고, 10%는 로그 수익률 10%를 의미한다. 이런 스큐 정의 방법은 폭넓게 사용되는 것은 아니지만 문제 계산을 쉽게 만든다.

정답

경로 변동성의 분산 $\text{var}[\overline{\sigma}]$에 대한 식은 순간 변동성이 평균 회귀했을 때 예상한 것처럼 동작한다. τ가 작을 때 분산은 τ에 비례하고 τ가 크면 τ에 반비례한다. 0.1년, 0.25년 및 1년 만기의 경우

$$\text{var}[\overline{\sigma}]_{0.10} = e^{-5 \times 0.10} \times 0.06 \times 0.10$$
$$+ (1 - e^{-5 \times 0.10})\frac{0.01}{0.10} = 0.0430$$

$$\text{var}[\overline{\sigma}]_{0.25} = e^{-5 \times 0.25} \times 0.06 \times 0.25$$
$$+ (1 - e^{-5 \times 0.25})\frac{0.01}{0.25} = 0.0328$$

$$\text{var}[\overline{\sigma}]_{1.00} = e^{-5 \times 1.00} \times 0.06 \times 1.00$$
$$+ (1 - e^{-5 \times 1.00})\frac{0.01}{1.00} = 0.0103$$

10% 외가격 풋옵션은 $\ln(K/S) = -10\%$에 해당한다. 10% 외가격 풋옵션에 대해 $\ln(S/K) = -0.10$을 식 (22.2)에 대입한다.

$$\text{스큐} = \Sigma_{10\%} - \Sigma\text{atm}$$
$$= \left(\overline{\overline{\sigma}} + \frac{1}{2}\text{var}[\overline{\sigma}]\frac{1}{\overline{\overline{\sigma}}} \left[\frac{1}{\overline{\overline{\sigma}}^2 \tau} (0.10)^2 - \frac{\overline{\overline{\sigma}}^2 \tau}{4} \right] \right)$$
$$- \left(\overline{\overline{\sigma}} - \frac{1}{2}\text{var}[\overline{\sigma}]\frac{1}{\overline{\overline{\sigma}}} \left[\frac{\overline{\overline{\sigma}}^2 \tau}{4} \right] \right)$$
$$\approx \frac{1}{2}\text{var}[\overline{\sigma}]\frac{1}{\overline{\overline{\sigma}}} \left[\frac{1}{\overline{\overline{\sigma}}^2 \tau} (0.10)^2 \right]$$
$$\approx \frac{1}{200}\text{var}[\overline{\sigma}]\frac{1}{\overline{\overline{\sigma}}^3 \tau}$$

$\overline{\overline{\sigma}} = 20\%$를 이용한다.

$$\text{스큐} \approx \frac{1}{200}\text{var}[\overline{\sigma}]\frac{1}{0.20^3 \tau}$$
$$\approx \frac{5}{8}\text{var}[\overline{\sigma}]\frac{1}{\tau}$$

주어진 만기 3개에 대해 스큐를 계산할 수 있다.

$$\text{스큐}_{0.10} \approx \frac{5}{8} \times 0.0430 \times \frac{1}{0.10} = 0.27$$

$$\text{스큐}_{0.25} \approx \frac{5}{8} \times 0.0328 \times \frac{1}{0.25} = 0.08$$

$$\text{스큐}_{1.00} \approx \frac{5}{8} \times 0.0103 \times \frac{1}{1.00} = 0.01$$

즉 행사가가 10% 낮은 곳에서 단기 만기의 경우 내재 변동성이 크게 증가하고 3개월 만기의 경우 약간 증가하며 1년 만기의 경우 거의 증가하지 않는다.

NKY 지수의 현재 수준은 가격도 고착 성질로 인해 영향이 없다. 잔존 만기가 길어질수록 스큐가 작아지며 곡률이 줄어들지만, 지수 수준의 변화는 90–100 행사가 스큐에 영향을 미치지 않는다.

상관관계의 영향

확률 변동성 모델에서 주가와 변동성 사이에 상관이 없을 때 대칭 스마일이 생성되는 것을 봤다. 일부 통화 옵션 시장에서는 대칭 스마일이 발견되지만 일반적으로 스마일은 비대칭일 수 있다. 앞에서 설명했듯이 주가지수 옵션 시장은 음의 스큐가 뚜렷하게 나타난다. 확률 변동성 모델에서 이런 스마일을 생성하려면 0이 아닌 상관관계를 도입해야 한다.

주가와 변동성의 상관관계가 0이 아니어도 스마일은 여전히 $[\ln(K/S)]^2$에 비례하는 항을 가지며, 이것은 그 자체로 스마일을 볼록하고 대칭적으로 만든다. 하지만 0이 아닌 상관관계는 스마일에 $\ln(K/S)$에 대한 선형, 즉 비대칭성을 도입한다. 상관관계가 음이면 주가가 하락할 때 변동성이 증가할 가능성이 더 커지고 스큐가 음이 된다. 상관관계가 양이면 그 반대가 성립한다.

이것을 확인하고자 상관관계가 −1인 경우를 생각한다. 그러면 주식과 변동성은 동시에 반대로 움직이며 음의 스큐를 갖는 국소 변동성 모델이 된다. 상관관계가 −1에서 시작해 증가하고 변동성이 더 이상 주가의 결정적인 함수가 아닐 때 변동성의 변동성은 음의 스큐에 볼록성을 추가한다. 그림 22.3은 평균 회귀가 0인 특수한 경우에 스마일에 대한 상관관계의 효과를 보여 준다. 평균 회귀가 활성화되면 스큐의 모양은 비슷하지만 변동성 범위가 더 압축된다. 따라서 확률 변동성 모델을 사용해 주가지수 시장에서 관찰되는 음의 스큐를 생성하려면 주가와 변동성 사이에 음의 상관관계가

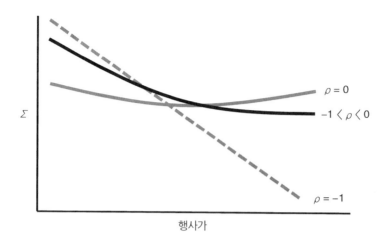

그림 22.3 평균 회귀 경향이 0인 확률 변동성 모델에서 상관계수에 따른 스마일

필요하다.

그림 22.4의 3 × 3으로 배열된 9개의 그래프는 몬테카를로 시뮬레이션을 통해 계산했고 평균 회귀, 상관관계, 잔존 만기가 스마일에 미치는 효과를 보여 준다. 모든 그래프에서 초기 변동성은 20%, 장기 변동성 m은 20%, 변동성의 변동성은 50%, 주식과 변동성의 상관관계는 −30%를 사용했다. 표를 수평 방향으로는 식 (22.1)의 평균 회귀 속도 α가 0에서 3, 6으로 증가하고 수직 방향으로는 잔존 만기가 0.25년에서 1년, 4년으로 증가한다. 패턴은 분명하다. 잔존 만기와 평균 회귀 속도가 증가함에 따라 음의 스큐는 20%의 변동성을 향해 평평해진다.

그림 22.5는 식 (22.1)의 장기 변동성 m이 40%로 설정된 것을 제외하고 그림 22.4와 같은 조건이다. 스큐는 여전히 음수이지만 이제 잔존 만기와 평균 회귀 강도가 증가함에 따라 음의 스큐는 약 40% 근처의 평평한 스큐로 접근한다.

이런 확장된 BSM 모델은 변동성의 확률적 특성과 주가와의 상관관계에 의존해 스큐를 생성한다. 이 때문에 주가지수 옵션 시장에서 나타나는 가파른 단기 스큐를 만드는 것은 매우 어렵다. 식 (22.1)은 연속적인 확산을 설명하기 때문에 짧은 만기에서 변동성은 초깃값으로부터 상당히 멀리 확산될 수 없다. 만기가 짧을 때 스큐가 가파른 것을 설명하려면 변동성의 변동성이 매우 높아야 하고, 만기가 길 때 스큐가 평평해지기 위해서는 매우 빠른 평균 회귀 속도가 필요하다. 이 주제에 대한 자세한

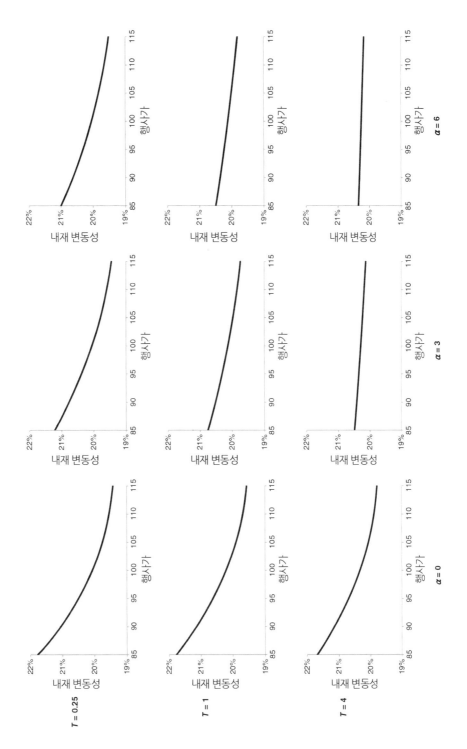

그림 22.4 잔존 만기와 평균 회귀 속도(장기 변동성 = 20%)에 따른 평균 회귀 확률 변동성 모델이 생성하는 스마일

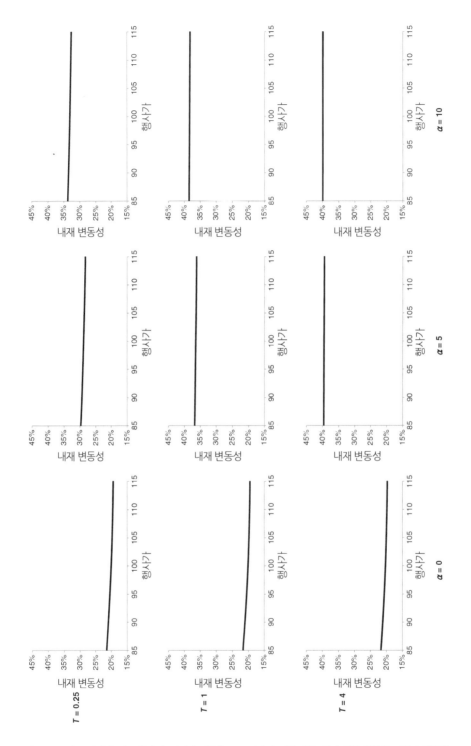

그림 22.5 잔존 만기와 평균 회귀 속도(장기 변동성 = 40%)에 따른 평균 회귀 확률 변동성 모델이 생성하는 스마일

내용은 Fouque, Papanicolaou and Sircar(2000)를 참고하면 좋다.

이와는 대조적으로 국소 변동성 스큐로 시작하는 확장 국소 변동성 모델은 이런 형태를 설명하는 데 더 좋다. 뒤에서 설명하겠지만, 주가 점프는 가파른 단기 스큐를 생성하는 또 다른 방법이다.

헤지 비율

지금까지 국소 변동성과 확률 변동성을 살펴봤다. 음의 스큐가 관측되는 지수 변동성 스마일로 두 모델을 보정하면, 각각은 다른 변동성 거동와 다른 선도 스큐를 생성할 것이다. 또한 두 모델이 동일한 초기 표준 옵션 가격을 생성하더라도 각 모델은 다른 헤지 비율을 갖게 된다.

- BSM: 스큐가 없고 내재 변동성은 주가과 무관하며 적절한 델타는 BSM 델타다.

- 국소 변동성: 스큐가 음인 경우 주가가 상승하면 고정된 K에 대한 내재 변동성은 감소한다. 결국 적절한 헤지 비율은 BSM 델타보다 작다.

- 확률 변동성: 확장된 BSM 확률 변동성 모델에서 내재 변동성은 K/S와 순간 확률 변동성 자체의 함수다. 스큐가 음이면 주가 상승에 따라 고정된 K에 대한 내재 변동성은 상승한다. 결과적으로 헤지 비율은 BSM 헤지 비율보다 크다. 이는 국소 변동성 모델과 반대 결과다.

동일한 스큐에 대해서 국소 변동성 모델과 확률 변동성 모델이 계산한 헤지 비율이 다른 것은 이상하게 보일 수 있다. 하지만 확률 변동성 모델에서 변동성이 정의에 따라서 확률적이기 때문에 모델에는 주식과 변동성에 대한 두 가지 헤지 비율이 있는 것에 주의해야 한다. 순산 변농성이 변하면 주가가 고정돼 있어도 옵션 가격과 주식 헤지 비율이 변할 수 있다. 이제 주식 가격의 변화만 헤지하고 변동성의 변화는 헤지하지 않는 방법으로 최적의 헤지를 하면서 이 두 모델의 결과를 경험적으로 어떻게 받아들일 수 있는지 논의할 것이다.

최적 헤지 비율

국소 변동성 모델에서는 Δ개수의 주식 포지션을 취해 옵션을 헤지한다. 확률 변동성 모델에서 옵션의 주식과 변동성에 대한 노출을 계산할 수 있고 이 두 확률 변수에 대한 헤지 비율을 구할 수 있다.[3]

불행하게도 옵션의 변동성 노출을 헤지하는 것은 어렵고 비용이 많이 든다. 왜냐하면 첫 번째 옵션의 변동성 노출을 상쇄하고자 두 번째 옵션을 거래해야 하고 옵션은 일반적으로 주식보다 유동성이 적고 거래 비용이 더 많이 들기 때문이다. 변동성을 헤지할 수 없고 오로지 주식으로만 헤지하는 경우에 최적의 헤지 비율을 구해본다. 앞에서와 같이 최적이란 손익 변동성을 최소화하는 헤지 비율을 의미한다. 스큐가 음수일 때 확률 변동성 모델에서 오로지 주식으로만 수행한 최적의 헤지가 BSM 헤지 비율보다 작고 따라서 국소 변동성 결과와 정성적으로 일치하는 것을 경험적으로 보일 것이다.

확률 내재 변동성 모델을 다음으로 가정한다.

$$\frac{dS}{S} = \mu dt + \Sigma dZ$$

$$d\Sigma = pdt + qdW \tag{22.7}$$

$$dZ dW = \rho dt$$

단순화를 위해 옵션의 내재 변동성과 주식의 실현 변동성이 같다고 가정한다.

주식으로만 이뤄진 헤지 포트폴리오는 콜옵션 매수와 Δ개수의 주식 매도로 구성한다.

$$\pi = C_{\text{BSM}} - \Delta S \tag{22.8}$$

여기서 $C_{\text{BSM}} = C_{\text{BSM}}(S, t, K, T, r, \Sigma)$은 BSM 공식과 내재 변동성 Σ로 표현된 콜옵션의 시장 가격을 나타낸다. 다음 순간에 S와 Σ의 변화로 인해 포트폴리오 가치는

---

3. 이 절은 앤드류 매티친(Andrew Matytsin)의 출간되지 않은 세미나 내용을 기반으로 한다.

변한다.

$$d\pi = \left(\frac{\partial C_{\text{BSM}}}{\partial S} - \Delta \right) dS + \frac{\partial C_{\text{BSM}}}{\partial \Sigma} d\Sigma$$

$$= (\Delta_{\text{BSM}} - \Delta) dS + V_{\text{BSM}} d\Sigma \tag{22.9}$$

여기서 내재 변동성 Σ는 BSM 옵션 가격이 시장 가격과 일치하도록 보장해 준다. 그리고 변동성 움직임을 헤지하는 것이 아니라 주가 움직임만 헤지하고 있는 것에 주의해야 한다.

이 포트폴리오의 순간 분산은 $\text{var}[\pi]dt = (d\pi)^2$이다.

$$\text{var}[\pi] = (\Delta_{\text{BSM}} - \Delta)^2 (\Sigma S)^2 + V_{\text{BSM}}^2 q^2$$

$$+ 2(\Delta_{\text{BSM}} - \Delta) V_{\text{BSM}} \Sigma S q \rho \tag{22.10}$$

손익 분산을 최소화하는 Δ의 값은 다음을 만족한다.

$$\frac{\partial \text{var}[\pi]}{\partial \Delta} = -2(\Delta_{\text{BSM}} - \Delta)(\Sigma S)^2 - 2V_{\text{BSM}} \Sigma S q \rho = 0 \tag{22.11}$$

위의 식에서 값을 계산할 수 있다.

$$\Delta = \Delta_{\text{BSM}} + \rho \frac{V_{\text{BSM}} q}{\Sigma S} \tag{22.12}$$

Δ에 대한 $\text{var}[\pi]$의 2차 미분인 $2(\Sigma S)^2$은 항상 양수이므로 이 Δ 값은 분산을 최소화하는 것을 알 수 있다.

식 (22.12)에서 확장된 BSM 확률 변동성 모델의 최적 헤지 비율은 주가와 변동성간의 상관관계에 의존한다. q와 V_{BSM}이 양수이기에 ρ가 음수이면 스큐는 음수이고 최적의 헤지 비율은 Δ_{BSM}보다 작으며 이는 국소 변동성 모델과 일치한다. ρ가 양수이면 그 반대다. 마지막으로 ρ가 0이면 스마일은 대칭이고 최적의 헤지 비율은 BSM 헤지 비율이 된다.

맺음말

확률 변동성 모델은 몇 가지 확률 변수로 다양한 스마일을 생성할 수 있다. 모든 옵션 시장에서 확률 변동성의 일부 요소가 관찰되지만 이것이 스큐의 유일한 원인은 아닐 것이다. 이런 확률 변동성 모델은 변동성의 변동성이 스마일을 지배하는 통화 옵션 시장에 대해서 매우 합리적이다. 이와 대조적으로 주가지수 옵션 시장은 확장된 BSM 확률 변동성 모델로는 설명하기 어려운 가파른 단기 스큐를 갖는다. 이런 시장의 경우 확률 국소 변동성 모델 또는 점프 확산 모델이 더 적합할 수 있다. 점프 확산 모델은 23장에서 자세히 설명한다.

변동성의 확률 거동에 대한 세부 사항은 이해하기 어렵고, 거동에 대한 모델링은 아직 검증할 수 없는 많은 가정을 포함한다.

참고 자료

- Wilmott, Paul. *Derivatives: The Theory and Practice of Financial Engineering.* New York: John Wiley & Sons, 1998.

- Chapter 2 of Fouque, Jean-Pierre, George Papanicolaou, and Ronnie Sircar. *Derivatives in Financial Markets with Stochastic Volatility.* Cambridge: Cambridge University Press, 2000.

- Lewis, Alan. *Option Valuation under Stochastic Volatility.* Newport Beach, CA: Finance Press, 2000.

- Hull, John, and Alan White. "The Pricing of Options on Assets with Stochastic Volatilities." *Journal of Finance 42*, no. 2 (1987): 281-300.

- Gatheral, Jim. *The Volatility Surface: A Practitioner's Guide.* Hoboken, NJ: John Wiley & Sons, 2006.

- Heston, Steven. "A Closed-Form Solution for Options with Stochastic Volatility with Applications to Bond and Currency Options." *Review of Financial Studies 6*, no. 2 (1993): 327-343.

Wilmott(1998)이 아마도 참고하기 가장 쉬울 것이다. Gatheral(2006)은 확률 변동성 모델의 자세한 세부 사항을 압축해 제시하고 있다.

연습문제

22–1. SPX$^{\text{S\&P 500}}$가 현재 2,000이고 1년 등가격 내재 변동성은 현재 16%이며 Σ의 작은 변화는 다음 식을 따른다.

$$d\Sigma = 0.25dW$$

여기서 W는 표준 브라운 운동이다. 내재 변동성과 SPX 간의 상관관계가 −40%이고 무위험 이자율과 배당이 모두 0으로 가정한다. 1년 등가격 옵션에 대해 주식으로만 수행한 최적의 주식 헤지 비율은 얼마인가? BSM 헤지 비율과 어떻게 다른가?

22–2. SX5E$^{\text{Euro Stoxx 50 Index}}$이 현재 3,000이고 경로 변동성의 장기 평균이 모든 범위에서 25%이며 var$[\bar{\sigma}]$는 다음으로 가정한다.

$$\text{var}[\bar{\sigma}] = e^{-4\tau}0.08\tau + (1 - e^{-4\tau})\frac{0.02}{\tau}$$

0.1년, 0.25년, 1년 만기의 경우 대해 지수와 변동성 간의 상관관계가 0이라고 가정하고 식 (22.2)를 사용해 90–100 행사가 스큐를 대략적으로 추정하라. 이 문제에서 90–100 행사가 스큐는 10% 외가격 풋의 내재 변동성에서 등가격 풋의 내재 변동성을 뺀 것을 의미하고 10%는 로그 수익률의 10%를 의미한다.

23장

점프 확산 모델 I

- 단기 스큐
- 점프 모델링
- 점프가 있는 주가 분포
- 점프의 푸아송 분포
- 점프 모델의 옵션 가격

점프 개요

점프 모델에 관심을 갖는 이유는 무엇일까? 현실에서 점프를 관찰할 수 있기 때문이다. 대부분의 증권 가격은 시간이 지남에 따라 연속적으로 확산되지 않는다. 증권 가격의 움직임은 도중에 간간이 점프가 발생한다. 주식과 지수는 분명히 점프한다. 통화는 때때로 점프한다. 원자재 가격도 점프한다.

점프를 정상적인 확산과 구분하는 특성은 무엇일까? 점프에 대한 정확하고 보편적으로 받아들여지는 정의는 없지만, 일반적으로 규모, 기간, 빈도를 고려한다. 점프는 매우 짧은 기간 동안 발생하는 큰 수익이다. 매우 짧은 기간이라는 말은 거의 항상 하루 사이를 의미하며, 큰이라는 말은 그 기간 동안의 예상 표준편차인 $\sigma\sqrt{t}$에 비해 큰 변화를 의미한다. 주가지수 시장에서 정말 큰 점프는 거의 일어나지 않지만(빈도는 보통 몇 년에 한 번 정도), 점프가 발생하면 경제와 금융, 특히 심리에 큰 영향을 미친다.

주가지수 시장에서 지수는 대부분 음수의 점프를 하지만 개별 주식의 점프는 양수와 음수 모두 나타난다.

변동성 스마일의 관점에서 점프는 주가지수 시장에서 관찰되는 지속적으로 가파른 단기 음의 스큐를 생성하는 쉬운 방법이다. 사실 이런 지속적인 스큐는 1987년의 점프 (급락) 직후에 처음 나타났다. 이 절의 마지막 부분에서 점프 모델에 나타나는 스마일의 정성적 특징에 대해 논의할 것이다.

안타깝게도 (이론적인 관점에서) 점프는 지금까지 설명한 모든 모델링의 기반인 무차익 거래를 기반으로 하는 위험 중립 가격 결정과 일치하지 않는다. 이런 이유는 기초 자산이 가질 수 있는 다양한 크기의 점프에 대해 옵션을 즉시 헤지할 수 없기 때문이다. 위험 중립 가격 결정에 대한 대안(개인의 주관적인 위험 허용도에 의존하는 경제모델)은 상세한 행동 모델링을 요구하므로 매력적이지 않다. 이를 피하고자 대부분의 점프 확산 모델$^{\text{jump-diffusion model}}$은 설득력 있는 타당한 이유 없이 단순히 위험 중립 가격 결정을 가정한다.

점프를 모델링하는 것이 어려울 수 있지만, 자산가격에서 점프는 있었고 앞으로도 있을 것이다. 점프를 완전히 헤지할 수 없더라도 여전히 점프가 옵션 가격과 변동성 스마일에 어떻게 영향을 미치는지 이해할 필요가 있다.

점프로 인한 스큐

현재 $t = 0$과 만기 $t = T$ 사이에 주가지수가 $J\%$의 단일 점프를 가질 확률을 p로 가정한다. 현재로서는 이 기간 동안 점프가 1번 또는 0번만 있을 수 있다고 가정한다. 점프가 없으면 변동성은 σ_0가 된다. 그림 23.1은 만기에 따른 주식의 확률 분포를 개략적으로 보여 준다.

주식의 최종 확률 분포에는 두 가지 기여가 있는데 확산과 점프다. 로그 정규 확산을 하는 만기 주가의 표준편차는 $\sigma_0 \sqrt{\tau}$여서 $\tau = T - t$에 따라서 증가한다. 그러나 점프의 표준편차는 항상 같다. 만기가 짧은 경우 확률 분포에 대한 점프의 기여는 확산 분포 위에 매우 중요한 꼬리^{tail} 또는 혹^{bump}을 구성한다. 만기가 길수록 확산 표준편차의 상대적 크기가 증가해 점프의 기여는 상대적으로 미약해진다. 옵션을 평가할 때

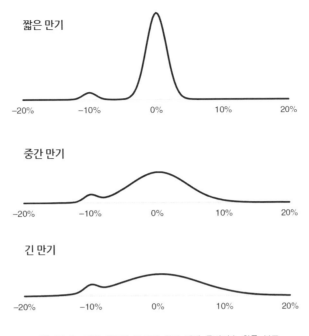

그림 23.1 단일 점프와 확산에 의한 만기 주가지수 확률 분포

점프의 효과는 짧은 만기일에 훨씬 더 중요할 것이다. 그리고 연속 확률 분포의 폭이 점프 기여도를 완전히 뒤덮는 매우 긴 만기에 대해서는 무시할 수 있을 것이다.

그림 23.2는 그림 23.1과 같은 분포에서 생성한 내재 변동성 곡면을 보여 준다. 단순성을 위해 확산 변동성은 기간 구조가 없다고 가정한다(즉 σ_0은 시간과 무관함). 스마일은 짧은 잔존 만기 동안 높은 스큐를 갖지만, 긴 잔존 만기 동안 거의 평평하다. 이는 지수 옵션에 대해 특히 짧은 만기에서 비현실적인 변동성 곡면이 아니며, 확산 변동성에 기간 구조를 통합함으로써 보다 현실적으로 변동성 곡면을 만들 수 있다.

보기 23.1

질문

시장에 점프가 -10%로 한 번 있고 점프 확률은 5%이며, 양수 또는 음수에 관계 없이 다른 크기의 점프 확률이 0이라고 믿는 매우 단순한 세상을 상상한다. 한 달 동안 예상되는 시장의 변동성은 얼마일까? 1년 이상은? 점프 확률은 잔존 만기에 영향을 받지 않는다고 가정한다. 점프가 없는 경우 확산의 평균과 변동성은 각각 0%와 16%다.

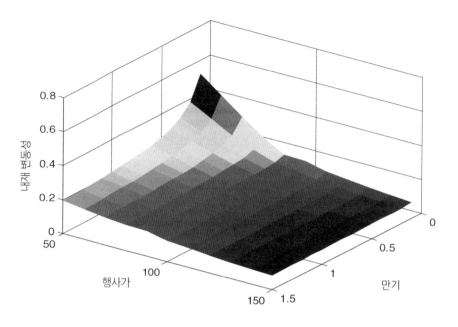

그림 23.2 점프로 인한 내재 변동성 곡면

정답

먼저 정상적인 확산에서 대략적으로 일일 표준편차는 $1\% = 16\%/\sqrt{256}$ 이다. 점프가 하루 발생한다고 가정할 때 -10% 점프는 -10 표준편차 만큼 이동한 것을 나타낸다. 이것은 매우 큰 점프이다!

점프의 확률을 p 로, 점프의 크기를 J 로 나타낼 때 점프 과정$^{\text{jump process}}$만으로 인한 기대 수익률은 $pJ = 0.05 \times -0.10 = -0.005$, 즉 0.5% 다. 점프 과정의 분산은 다음과 같다.

$$\mathrm{Var[점프]} = p(J - pJ)^2 + (1 - p)(0 - pJ)^2$$
$$= p(1 - p)J^2$$

현재와 만기 사이의 전체 실현된 분산은 단순히 점프의 기여도와 확산의 기여도를 합한 것이다. 확산 과정의 변동성을 σ 로 표시하고, 점프 확산 과정의 변동성을 Σ 로 표시하면 다음 식이 성립한다.

$$\tau\Sigma^2 = p(1 - p)J^2 + \tau\sigma_0^2$$

그러므로 점프 확산 과정의 분산은 다음과 같다.

$$\Sigma^2 = \frac{1}{\tau}\,p(1-p)J^2 + \sigma_0^2$$

$$\Sigma = \sqrt{\frac{1}{\tau}\,p(1-p)J^2 + \sigma_0^2}$$

1개월 동안에 점프 확산 과정의 변동성은 다음으로 주어진다.

$$\Sigma = \sqrt{\frac{1}{\frac{1}{12}} \times 0.05 \times 0.95 \times (-0.10)^2 + 0.16^2}$$

$$= 0.1769$$

1년 동안에 점프 확산 과정의 변동성은 다음과 같다.

$$\Sigma = \sqrt{\frac{1}{1} \times 0.05 \times 0.95 \times (-0.10)^2 + 0.16^2}$$

$$= 0.1615$$

점프는 1개월 변동성에 큰 영향을 미치지만, 1년 변동성에는 거의 영향을 미치지 않는다.

이 보기에서 설명한 모델은 매우 조잡하지만 점프가 단기 변동성에 더 큰 영향을 미칠 수 있는 이유를 알 수 있다. 어떻게 이 문제의 가정을 약간 변경해 보다 현실적인 모델을 만들고 이런 특징들을 유지할 수 있는지 상상하는 것은 어렵지 않다.

이 문제에서 단 한 번의 점프만 있을 수 있고, 점프가 발생할 확률은 잔존 만기에 관계없이 동일하다고 가정했다. 실제로 점프는 여러 번 있을 수 있고, 더 오래 기다릴수록 점프를 볼 가능성이 높아진다. 다음 절에서 이런 특징들이 있는 모델을 살펴보자.

순수 점프 모델링

지금까지는 순수 확산 과정$^{\text{pure diffusion processes}}$을 모델링하는 데 집중했다. 이제 점프와 확산을 더 현실적으로 혼합하기 위해서 먼저 순수 점프 과정$^{\text{pure jump processes}}$을 살펴본

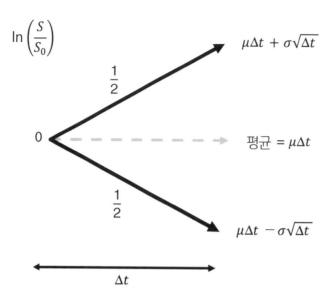

그림 23.3 확산 과정만 있는 이항 모델

다.[1]

주식의 점프: 보정과 보충

그림 23.3은 시간 Δt 동안 주가 S의 로그 수익률 확산 과정을 이산화한 이항 모델 근사를 보여 준다.

상승과 하락의 확률은 한정돼 있고, 움직임 자체는 $\sqrt{\Delta t}$ 정도의 크기다. 시간 Δt 동안 $\ln(S/S_0)$의 총 분산은 $\sigma^2\Delta t$이고, 추세율은 $\mu\Delta t$이다. 이에 대응하는 연속 시간 과정은 $d\ln(S) = \mu dt + \sigma dZ$ 또는 다음과 같다.

$$\frac{dS}{S} = \left(\mu + \frac{1}{2}\sigma^2\right)dt + \sigma dZ \tag{23.1}$$

무위험 이자율이 r인 위험 중립 세계에서는 확산 과정을 보정해 $\mu = r - \frac{1}{2}\sigma^2$가 된다.

점프 과정은 기본적으로 확산 과정과 다르다. 그림 23.4는 분기 중 하나에서 점 프가 발생하는 이항 모델을 보여 준다. 차수 Δt 정도로 점프 확률은 작지만, 점프 J

---

1. 이 절은 Černý(2009)의 점프에 대한 분석을 기반으로 한다.

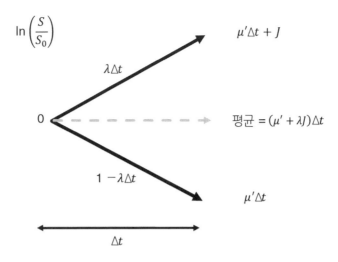

그림 23.4 로그 수익률에 대한 점프 이항 모델

는 클 수 있다. 이것은 확산이 없는 순수 점프 모델이다. $J = 0$으로 설정하면 이항 모델의 위와 아래 마디점 모두 동일한 추세율 μ'를 갖는다. 이 모델에서 간격 Δt가 길수록 점프가 발생할 확률 $\lambda \Delta t$가 높아진다.

이 과정에 대해서 $\ln(S/S_0)$의 평균과 분산을 계산한다. 평균은 다음으로 주어진다.

$$
\begin{aligned}
\mathbb{E}\left[\ln\left(\frac{S}{S_0}\right)\right] &= \lambda \Delta t (\mu' \Delta t + J) + (1 - \lambda \Delta t)\mu' \Delta t \\
&= (\mu' + \lambda J)\Delta t
\end{aligned}
\tag{23.2}
$$

분산은 다음과 같다.

$$
\begin{aligned}
\operatorname{var}\left[\ln\left(\frac{S}{S_0}\right)\right] &= \lambda \Delta t [\mu' \Delta t + J - (\mu' + \lambda J)\Delta t]^2 \\
&\quad + (1 - \lambda \Delta t)[\mu' \Delta t - (\mu' + \lambda J)\Delta t]^2 \\
&= \lambda \Delta t [J(1 - \lambda \Delta t)]^2 + (1 - \lambda \Delta t)[-\lambda J \Delta t]^2 \\
&= J^2 \lambda \Delta t (1 - \lambda \Delta t)^2 + J^2 (1 - \lambda \Delta t)(\lambda \Delta t)^2 \\
&= J^2 \lambda \Delta t (1 - \lambda \Delta t)(1 - \lambda \Delta t + \lambda \Delta t) \\
&= J^2 \lambda \Delta t (1 - \lambda \Delta t)
\end{aligned}
\tag{23.3}
$$

$\Delta t \to 0$의 극한에서 다음이 성립한다.

$$\lim_{\Delta t \to 0} \text{var} \left[\ln \left(\frac{S}{S_0} \right) \right] = J^2 \lambda \Delta t \tag{23.4}$$

결국 이 과정의 추세율은 $\mu = (\mu' + \lambda J)$이고 관찰된 변동성은 $\sigma = J\sqrt{\lambda}$이다.

만약에 로그 추세율 μ와 변동성 σ을 갖는 증권을 관찰하면 순수 점프 모델의 매개변수를 다음으로 보정할 수 있다.

$$J = \frac{\sigma}{\sqrt{\lambda}}$$
$$\mu' = \mu - \lambda J \tag{23.5}$$
$$= \mu - \sqrt{\lambda}\sigma$$

μ와 σ가 주어지면 이 두 방정식은 3개의 매개변수 J, μ', λ에 대한 제약 조건이 된다. J의 값을 자유롭게 선택하면 λ 결정할 수 있고, 그 반대도 가능하다. 그림 23.4의 과정을 계속 반복하면 추세율 μ와 변동성 σ를 갖는 증권을 모방할 수 있다.

J가 주어지면 단위 시간당 점프가 발생할 확률 λ가 유일한 미지수가 된다. 점프가 양수이면 μ'은 μ보다 작다. 또, 점프가 음수이면 μ'은 μ보다 크다. 각각의 경우 점프를 보충하고자 μ'을 조정해 가중 평균 수익이 μ와 같도록 해야 한다. 점프가 크거나 점프 확률이 높을수록 더 큰 조정이 필요하다.

앞의 그림과 식은 로그 수익률 $\ln(S/S_0)$에 대한 것이다. 가격 S의 거동은 어떻게 될까? 확산 과정과 마찬가지로 주가의 추세율과 변동성에 맞게 점프 모델을 보정해야 한다. 이것은 확산 과정에서 이토 수정 항$^{\text{Itô correction term}}$인 $\sigma^2/2$에 해당한다. 이제 보겠지만 점프에 대한 유사한 항이 필요하다.

그림 23.5는 주가 S에 대한 점프만 있는 이항 모델을 보여 준다. 짧은 시간 Δt 이후의 기대 주가는 다음이 된다.

$$\mathbb{E}[S] = \lambda \Delta t S e^{\mu' \Delta t + J} + (1 - \lambda \Delta t) S e^{\mu' \Delta t}$$
$$= S e^{\mu' \Delta t} \left[1 + \lambda \left(e^J - 1 \right) \Delta t \right] \tag{23.6}$$
$$\approx S e^{\left(\mu' + \lambda \left(e^J - 1 \right) \right) \Delta t}$$

여기서 식의 마지막 줄에서 지수 함수에 대한 1차 테일러 급수를 사용했다. 위험 중립

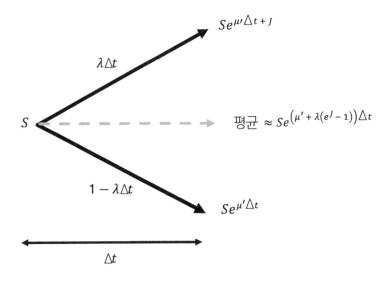

그림 23.5 주가에 대한 점프 이항 모델

가격 결정을 적용하고 주식의 성장률을 r로 설정하면 $r = \mu' + \lambda(e^J - 1)$이므로 연속 시간 과정에서 다음을 선택해야 한다.

$$\mu' = r - \lambda(e^J - 1) \tag{23.7}$$

무위험 이자율과 일치하도록 모델의 추세율을 보정해 점프를 보충해야 한다.

$\Delta t \to 0$인 극한에서 다음과 같은 연속 시간에 대한 식은 그림 23.4의 과정을 설명할 수 있다.

$$d\ln(S) = \mu'dt + Jdq \tag{23.8}$$

여기서 dq는 점프 또는 푸아송 과정$^{\text{Poisson process}}$이다. 그림 23.6은 순수 푸아송 과정의 이항 모델에 대한 표현을 보여 준다. 1은 점프가 있음에 해당하고, 0은 점프가 없음에 해당한다.

여기서 dq는 1이 될 확률이 λdt이고 0이 될 확률이 $(1 - \lambda dt)$이다. dq의 기댓값은 $\mathbb{E}[dq] = \lambda dt$으로 주어진다.

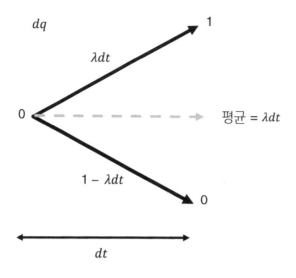

그림 23.6 푸아송 과정 이항 모델

점프의 푸아송 분포

앞에서와 같이 λ는 단위 시간당 점프가 발생할 확률이다. 점프의 횟수를 한 번으로 제한하지 않고 모든 기간에 점프가 여러 번 있을 수 있다고 가정한다. 짧은 간격 Δt 동안 점프가 발생하지 않을 확률은 $(1 - \lambda\Delta t)$이고, 점프가 독립적으로 발생한다고 가정하면 두 간격 동안 점프가 발생하지 않을 확률은 $(1 - \lambda\Delta t)^2$이다. 일반적으로 N 구간에서 한 번도 점프가 발생하지 않을 확률은 $(1 - \lambda\Delta t)^N$이다.

$t = 0$과 $t = T$ 사이에 점프가 n번 발생할 확률을 $P(n, T)$로 정의한다. 여기서 $dt = T/N$이다. 그러면 동일 구간에서 점프가 발생하지 않을 확률은 $P(0, T)$이다.

$$P(0, T) = (1 - \lambda dt)^N$$
$$= \left(1 - \frac{\lambda T}{N}\right)^N \tag{23.9}$$

고정된 T에 대해 $N \to \infty$인 극한을 취하면 $dt \to 0$이고 지수 함수의 정의에서 다음을 얻는다.

$$\lim_{N \to \infty} P(0, T) = e^{-\lambda T} \tag{23.10}$$

더 일반적으로 $P(n, T)$는 다음으로 표현된다.

$$P(n, T) = \frac{N!}{n!(N-n)!} (\lambda dt)^n (1 - \lambda dt)^{N-n} \tag{23.11}$$

이제 고정된 T에 대해 $N \to \infty$이므로 $P(n, T)$가 푸아송 분포 확률 함수로 수렴한다.[2]

$$\lim_{N \to \infty} P(n, T) = \frac{(\lambda T)^n}{n!} e^{-\lambda T} \tag{23.12}$$

참고로, 모든 가능한 점프의 확률을 합한 결과는 1이 된다.

$$\sum_{n=0}^{\infty} P(n, T) = 1 \tag{23.13}$$

점프 수는 0에서부터 무한대까지 있을 수 있고, 모든 가능한 결과의 확률이 1이 되는 것과 일치한다.

$t = 0$과 $t = T$ 사이의 평균 점프 횟수가 λT라는 것을 쉽게 보일 수 있으며, 이는 λ가 단위 시간당 점프가 발생할 확률이라는 개념과 일치한다. 또한 $t = 0$과 $t = T$ 사이 점프 횟수의 분산도 λT임을 보일 수 있다.[3]

보기 23.2

질문

점프가 푸아송 과정을 따르고, 연간 4번의 점프가 발생한다고 가정한다. 3개월 동안 얼마나 많은 점프가 발생할 것으로 예상하는가? 3개월 동안 점프가 발생하지 않을 확률은 얼마일까? 정확히 한 번 점프가 발생할 확률은 얼마일까?

---

2. 계승(factorial)에 대해 스털링 공식(Stirling's formula) $n! \sim \sqrt{2\pi n}(n/e)^n$을 사용하면 된다. — 옮긴이

3. 먼저 $\mathbb{E}(n)$을 계산한다.

$$\mathbb{E}(n) = \sum_{n=0}^{\infty} nP(n, T) = \sum_{n=0}^{\infty} n \frac{(\lambda T)^n}{n!} e^{-\lambda T} = e^{-\lambda T} \lambda T \sum_{n=1}^{\infty} \frac{(\lambda T)^{n-1}}{(n-1)!} = \lambda T$$

같은 방법으로 $\mathbb{E}(n^2)$을 계산하면 $(\lambda T)^2 + \lambda T$를 얻는다. 최종적으로 점프 횟수의 분산 $\mathsf{var}(n) = (\lambda T)^2 + \lambda T - (\lambda T)^2 = \lambda T$가 된다. — 옮긴이

이 절의 표기법을 사용하면 $\lambda = 4/\text{Year}$이고 $T = 1/4\text{Year}$이다. 예상 점프 수는 정확히 한 번이다.

$$\mu = \lambda T = \frac{4}{\text{Year}} \times \frac{1}{4}\text{Year} = 1$$

식 (23.12)를 사용해 n번 점프가 발생할 확률은 다음과 같다.

$$P\left(n, \frac{1}{4}\right) = \frac{\left(4 \times \frac{1}{4}\right)^n}{n!} e^{-4 \times \frac{1}{4}}$$

$$= \frac{1}{n!} 0.3679$$

점프가 발생하지 않을 확률은 다음과 같다.

$$P\left(0, \frac{1}{4}\right) = \frac{1}{0!} e^{-4 \times \frac{1}{4}}$$

$$= 0.3679$$

정확히 한 번 점프가 발생할 확률은 다음과 같다.

$$P\left(1, \frac{1}{4}\right) = \frac{1}{1!} e^{-4 \times \frac{1}{4}}$$

$$= 0.3679$$

흥미롭게도 3개월 동안 예상되는 점프 개수는 1이지만, 1번의 점프를 관찰하는 것과 마찬가지로 0번의 점프를 관찰할 가능성도 있다. 각 결과의 확률은 36.79%다.

순수 점프 모델에서 위험 중립 평가

순수 점프 모델에서 위험 중립 평가를 가정하면 표준 유럽형 옵션을 쉽게 평가할 수 있다. 옵션의 현재 가치는 0번에서 무한번 점프에 이르는 모든 가능한 시나리오에서 발생하는 수익 구조를 무위험 이자율로 할인한 확률 가중치의 합이다. 예로서, 행사가가 K이고 만기가 T인 유럽형 콜옵션의 가치는 다음이 된다.

$$C = e^{-rT} \sum_{n=0}^{\infty} \frac{(\lambda T)^n}{n!} e^{-\lambda T} \times \max \left[S_0 e^{\mu' T + nJ} - K, 0 \right] \tag{23.14}$$

위험 중립성의 요구에서 $\mu' = r - \lambda(e^J - 1)$가 된다.

앞서 언급했듯이 점프가 가능한 경우 위험 중립 가격 결정을 가정하는 것은 유효하지 않을 수 있다. 위험 중립 가정을 받아들인다 해도 현재 모델은 여전히 너무 단순하다. 24장에서 보다 현실적인 점프 확산 모델을 설명한다.

연습문제

23–1. 점프가 푸아송 과정을 따르고 연간 평균 다섯 번의 점프가 발생한다고 가정한다. 1년 동안 두 번 이상의 점프가 발생할 확률은 얼마일까?

23–2. 주식 JMP에 대한 점프는 푸아송 과정을 따른다. 주어진 날에 단 한 번만 점프할 확률은 1.6%다. 연간 점프 빈도는 얼마일까? 1년을 256영업일로 가정한다. 힌트: 1차 테일러 확장을 사용해야 할 수도 있다.

24장

점프 확산 모델 II

- 머튼의 방정식
- 점프 확산의 삼항 모델
- 보정 추세율
- 콜옵션 평가
- 스마일에 영향
- 근사식

점프와 확산

여기서는 기초 자산 주식에 점프와 확산이 모두 있을 때 옵션 평가 방법에 대해 설명한다. BSM 공식을 도출하는 데 사용한 것과 유사한 방식으로 콜옵션과 주식 매도 포지션을 결합해 무위험 포트폴리오를 구성하려고 한다. 기초 주식이 알려진 크기로 한정된 수의 점프만 있는 경우 주식과 나른 옵션을 사용해 옵션을 완벽하게 순간 헤지할 수 있다. 점프가 푸아송 과정을 따르는 경우 가능한 점프가 무한히 많아서 완벽하게 헤지를 할 수 없고 헤지된 포트폴리오의 손익 변동을 최소화만 할 수 있다.

머튼의 점프 확산 모델

머튼은 1976년에 점프 확산 모델을 도입했다(Merton 1976). 머튼은 다음과 같이 BSM 주가 전개에 점프항 Jdq를 추가해 GBM과 푸아송 점프를 결합했다.

$$\frac{dS}{S} = \mu dt + \sigma dZ + Jdq \tag{24.1}$$

여기서 다음을 만족한다.

$$\mathbb{E}[dq] = \lambda dt$$
$$\text{var}[dq] = \lambda dt \tag{24.2}$$

점프 J의 크기가 고정돼 있다고 가정하는 것으로 시작해 나중에 점프 크기를 정규 분포로 일반화한다.

점프를 바라보는 한 가지 방법은 무작위 배당으로 간주하는 것이다. 주주에게 현금 지급을 하는 표준 배당과 달리 점프로 인한 지급금은 주가에 바로 영향을 미친다. 그러나 점프와 배당 모두 주식의 기대 수익률을 변경한다. 앞으로 보게 되겠지만 위험 중립 가치 평가에서 둘 다 주식의 위험 중립 추세율에 대한 조정을 필요하게 한다.[1]

점프 확산 과정에서 옵션 평가를 위한 편미분 방정식을 유도할 수 있다. $C(S,t)$는 시점 t에서의 콜옵션의 가치를 나타낸다. 옵션을 매수하고 n주를 매도하는 일반적인 헤지 포트폴리오를 구성한다.

$$\pi = C - nS \tag{24.3}$$

---

1. 이 책에서는 계속해서 배당을 연속 배당으로 가정하고 설명했지만, 여기서는 보다 현실적인 이산 배당을 의미한다. 배당은 배당 결정일에 주식을 소유하고 있는 주주에게 배당 지급일에 현금 배당을 하는 것이 일반적이다. 무차익 거래 원칙으로 배당 결정일에 주가는 배당에 해당하는 만큼 배당락이 발생한다. 이것을 일종의 점프로 볼 수 있다. 배당 결정일 전에 지급하는 배당이 미리 결정되는 외국은 배당락은 크기가 정해진 점프이고, 한국은 배당이 결정되지 있지 않기 때문에 배당락은 크기가 알 수 없는 점프다. 보다 정교한 모델링을 하려면 배당락의 크기를 확률 변수로 봐야 하지만 현업에서는 예상 배당을 사용하는 것이 일반적이다. — 옮긴이

옵션의 변동분은 다음과 같다.

$$dC = \left(\frac{\partial C}{\partial t} + \frac{1}{2} \frac{\partial^2 C}{\partial S^2} \sigma^2 S^2 \right) dt + \frac{\partial C}{\partial S} (\mu S dt + \sigma S dZ)$$
$$+ \left[C(S + JS, t) - C(S, t) \right] dq \tag{24.4}$$

그리고 주식의 변동분이다.

$$ndS = nS(\mu dt + \sigma dZ + J dq)$$
$$= n(\mu S dt + \sigma S dZ) + (nJS)dq \tag{24.5}$$

따라서 포토폴리오의 변동분을 구할 수 있다.

$$d\pi = dC - ndS$$
$$= \left(\frac{\partial C}{\partial t} + \frac{1}{2} \frac{\partial^2 C}{\partial S^2} \sigma^2 S^2 \right) dt$$
$$+ \left(\frac{\partial C}{\partial S} - n \right) (\mu S dt + \sigma S dZ)$$
$$+ \left[C(S + JS, t) - C(S, t) - nJS \right] dq \tag{24.6}$$

$n = \partial C/\partial S$로 선택해도 모든 위험을 제거할 수는 없다. 다만 주가의 확산에 의한 위험만을 제거할 수 있다. 이런 경우 헤지 포트폴리오의 가치 변화는 다음이 된다.

$$d\pi = \left(\frac{\partial C}{\partial t} + \frac{1}{2} \frac{\partial^2 C}{\partial S^2} \sigma^2 S^2 \right) dt$$
$$+ \left[C(S + JS, t) - C(S, t) - \frac{\partial C}{\partial S} JS \right] dq \tag{24.7}$$

부분적으로 헤지된 포트폴리오는 dq에 의존하므로 여전히 위험이 남아 있다.

남아 있는 점프 위험을 제거할 방법이 있을까? 점프 확산 모델의 지지자들은 점프가 각 회사 고유의 특성이고 시장과 관련이 없다고 주장하는 것을 좋아한다. 이 경우 점프는 분산 가능^{diversifiable}하며 분산 가능한 위험은 보상되지 않는다는 것을 2장에서 언급했다. 따라서 모든 점프 크기에 대한 평균은 다음 식으로 이어진다.

$$\mathbb{E}[d\pi] = r\pi dt$$

$$= \left(\frac{\partial C}{\partial t} + \frac{1}{2}\frac{\partial^2 C}{\partial S^2}\sigma^2 S^2 \right) dt$$

$$+ \mathbb{E}\left[C(S + JS, t) - C(S, t) - \frac{\partial C}{\partial S}JS \right] \mathbb{E}[dq] \qquad (24.8)$$

$$= r\left(C - S\frac{\partial C}{\partial S} \right) dt$$

이 주장이 그다지 설득력이 없다. 시장 전체의 급락은 많은 주식이 동시에 같은 방향으로 점프한 결과이며 실제로 분산화는 불가능하다. 점프 위험은 분산될 수 없으며 점프에 민감한 포트폴리오에서 무위험 수익을 기대하는 것은 다소 회의적이다. 이런 생각에도 식 (24.8)에서 계속 진행한다. 식 (24.2)에서 푸아송 과정의 평균을 사용하면 다음을 얻는다.

$$\left(\frac{\partial C}{\partial t} + \frac{1}{2}\frac{\partial^2 C}{\partial S^2}\sigma^2 S^2 \right) dt + \mathbb{E}\left[C(S + JS, t) - C(S, t) - \frac{\partial C}{\partial S}JS \right] \lambda dt$$

$$= r\left(C - S\frac{\partial C}{\partial S} \right) dt \qquad (24.9)$$

최종식을 얻는다.

$$\frac{\partial C}{\partial t} + \frac{1}{2}\frac{\partial^2 C}{\partial S^2}\sigma^2 S^2 + r\left(S\frac{\partial C}{\partial S} - C \right)$$

$$+ \mathbb{E}\left[C(S + JS, t) - C(S, t) - \frac{\partial C}{\partial S}JS \right] \lambda = 0 \qquad (24.10)$$

이 식은 만기 수익 구조 $C_T = \max[S_T - K, 0]$을 갖는 표준 콜옵션의 편미분 방정식이다. 표준 풋옵션에 대해서도 유사한 식을 유도할 수 있다. $\lambda = 0$이면 이 방정식은 BSM 방정식이 된다. 위험 중립 세계에서 콜옵션의 가치를 만기 수익 구조의 기대할인 가치로 계산해 위 방정식의 해를 구할 수 있다. 위험 중립 가치 평가를 사용할 수 있다고 가정하지만 앞에서 언급했듯이 점프 확산 모델에서 위험 중립 가치 평가의 정당성은 근거가 부족하다.

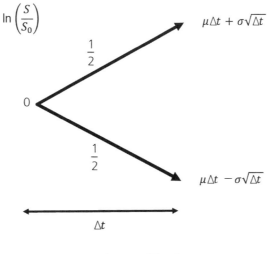

$$\ln\left(\frac{S}{S_0}\right)$$

$$\frac{1}{2}$$

$$\mu\Delta t + \sigma\sqrt{\Delta t}$$

$$0$$

$$\frac{1}{2}$$

$$\mu\Delta t - \sigma\sqrt{\Delta t}$$

$$\Delta t$$

그림 24.1 이항 모델

삼항 점프 확산 모델

이전의 장에서 봤듯이 확산은 그림 24.1과 같이 이항 형태로 모델링할 수 있고, 로그 수익률의 변동성 σ는 $\sigma^2/2$ 이토 항을 주가 S의 추세율에 추가한다. 이를 보정하려면 로그 정규 확산의 순수 위험 중립 추세율이 $\mu = r - \sigma^2/2$이어야 한다. 여기서 r은 무위험 이자율이다.

그림 24.1의 모델에 점프를 표현하는 세 번째 가지를 추가해 그림 24.2처럼 삼항 모델을 구성할 수 있다. Δt 시간 후 기대 로그 수익률은 다음과 같다.

$$
\begin{aligned}
\mathbb{E}\left[\ln\left(\frac{S}{S_0}\right)\right] &= \frac{1}{2}(1 - \lambda\Delta t)\left(\mu\Delta t + \sigma\sqrt{\Delta t}\right) \\
&\quad + \frac{1}{2}(1 - \lambda\Delta t)\left(\mu\Delta t - \sigma\sqrt{\Delta t}\right) \\
&\quad + \lambda\Delta t(\mu\Delta t + J) \\
&= (\mu + J\lambda)\Delta t
\end{aligned}
\tag{24.11}
$$

따라서 점프 확산 과정의 유효 추세율은 다음으로 주어진다.

$$\mu_{\mathrm{JD}} = \mu + J\lambda \tag{24.12}$$

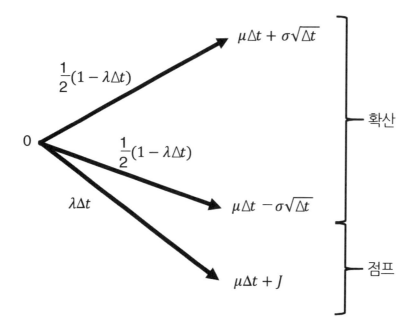

그림 24.2 점프 한 번이 있는 삼항 모델

점프 확산 과정의 분산 또한 계산할 수 있다.

$$\text{var}\left[\ln\left(\frac{S}{S_0}\right)\right] = \frac{(1-\lambda\Delta t)}{2}\left(\sigma\sqrt{\Delta t} - J\lambda\Delta t\right)^2$$
$$+ \frac{(1-\lambda\Delta t)}{2}\left(\sigma\sqrt{\Delta t} + J\lambda\Delta t\right)^2 \qquad (24.13)$$
$$+ \lambda\Delta t\left(J(1-\lambda\Delta t)\right)^2$$
$$= (1-\lambda\Delta t)(\sigma^2 + J^2\lambda)\Delta t$$

$\Delta t \to 0$일 때 점프 확산 과정의 분산은 다음이 된다.

$$\sigma_{\text{JD}}^2 = \sigma^2 + J^2\lambda \qquad (24.14)$$

식 (24.12)과 식 (24.14)는 직관과 일치한다. 주가 확산에 점프를 추가하면 추세율은 (점프의 기대 크기인) $J\lambda$만큼, 분산은 $J^2\lambda$만큼 수정된다. 추세율과 분산 모두 점프 J와 단위 시간당 점프 확률 λ의 영향을 받는다.

보기 24.1

질문

$\mu = 1\%, \sigma = 20\%$인 그림 24.2 삼항 모델을 사용한다. $J = -5\%$이고 $\lambda = 8\%$이면 μ_{JD}와 σ_{JD}의 값은 얼마인가? $J\lambda$을 일정하게 유지하고 J를 -10%로 변경하면 μ_{JD}와 σ_{JD}는 어떻게 변하는가?

정답

$J = -5\%, \lambda = 8\%$인 식 (24.12)과 식 (24.14)의 값은 다음과 같다.

$$\mu_{\text{JD}} = \mu + J\lambda$$
$$= 0.01 - 0.05 \times 0.08 = 0.006 = 0.6\%$$
$$\sigma_{\text{JD}} = \sqrt{\sigma^2 + J^2\lambda}$$
$$= \sqrt{0.2^2 + (-0.05)^2 \times 0.08} = 0.2005 = 20.05\%$$

$J\lambda$를 일정하게 유지하면서 J를 -10%로 변경하면 λ가 4%로 변경된다. 이때 식 (24.12)과 식 (24.14)의 값은 다음과 같다.

$$\mu_{\text{JD}} = \mu + J\lambda$$
$$= 1\% - 10\% \times 4\% = 0.6\%$$
$$\sigma_{\text{JD}} = \sqrt{\sigma^2 + J^2\lambda}$$
$$= \sqrt{0.2^2 + (-0.1)^2 \times 0.04} = 0.2010 = 20.10\%$$

$J\lambda$가 일정할 때 μ_{JD}는 그대로 유지되는데, σ_{JD}는 적은 빈도지만 큰 점프로 인해 증가한다.

점프 확산 변동성은 점프가 없는 확산 변동성과 크게 다르지 않음을 주목하자.[2] 나중에 짧은 만기일 때 점프가 변동성 스마일에 의미 있는 영향을 미칠 수 있다는 것을 보게 될 것이다. 하지만 의미 있는 영향을 미치려면 지수 시장의 역사적 움직임에서 추정한 크기보다 훨씬 더 큰 규모의 점프 크기와 확률이 필요하다.

---

2. 일반적인 특성으로 보기 어렵다. 보기에서 사용한 값이 작은 것이기에 나온 결론에 불과하다. 저자도 언급했듯이

보정 확산 과정

주식의 기대 가치가 무위험 이자율만큼 증가하도록, 즉 $\mathbb{E}[dS] = Srdt$가 성립하도록 하려면 확산과 점프 매개변수를 어떻게 보정해야 하는가?

먼저 그림 24.2 점프 확산 과정에서 주식의 성장률을 계산한다.

$$\mathbb{E}[S/S_0] = \frac{(1-\lambda\Delta t)}{2}e^{\mu\Delta t + \sigma\sqrt{\Delta t}} + \frac{(1-\lambda\Delta t)}{2}e^{\mu\Delta t - \sigma\sqrt{\Delta t}} + \lambda\Delta t e^{\mu\Delta t + J}$$

$$= e^{\mu\Delta t}\left[\frac{(1-\lambda\Delta t)}{2}\left(e^{\sigma\sqrt{\Delta t}} + e^{-\sigma\sqrt{\Delta t}}\right) + \lambda\Delta t e^J\right] \tag{24.15}$$

테일러 전개해 Δt 차수로 정리하면 다음을 얻는다.

$$\mathbb{E}[S/S_0] = e^{\left(\mu + \frac{\sigma^2}{2} + \lambda(e^J - 1)\right)\Delta t} + \text{고차 항} \tag{24.16}$$

주식의 기대 가치가 무위험 이자율로 증가하기를 원한다면 다음 관계가 성립해야 한다.

$$r = \mu + \frac{\sigma^2}{2} + \lambda(e^J - 1) \tag{24.17}$$

따라서 식 (24.1)의 점프 확산 과정에서 위험 중립적 성장을 구현하려면 확산 과정의 추세율은 다음이 돼야 한다.

$$\mu_{\text{JD}} = r - \frac{\sigma^2}{2} - \lambda(e^J - 1) \tag{24.18}$$

식 (24.18)에서 $\sigma^2/2$ 항은 순수 확산 변동성에 의해 생성된 추가 수익률을 보정하는 것이다. $\lambda(e^J - 1)$은 23장에서 봤듯이 점프로 인한 추가 수익률을 보정하는 것이다. 즉 확산 변동성과 점프의 영향을 모두 보정하고자 추세율을 수정해야 한다.

단기 스큐에 영향을 미치려면 점프 크기와 확률이 더 큰 값을 가져야 한다. — 옮긴이

점프 확산 모델에서 콜옵션 가치 평가

여기서는 점프 확산 모델에서 표준 콜옵션의 가치에 대한 공식을 유도한다. 먼저 점프의 크기를 J로 고정한다. 위험 중립 가치 평가를 가정하면 콜옵션의 가치는 옵션의 기대 미래 가치를 무위험 이자율로 할인한 현재 가치다.

$$C_{\text{JD}} = e^{-r\tau} \, \mathbb{E}[\max(S_T - K, 0)] \tag{24.19}$$

여기서 r은 무위험 이자율, K는 행사가, τ는 잔존 만기, S_T는 만기 시점 주가다. 또한 S_T를 다음으로 표현할 수 있다.

$$S_T = Se^{\mu_{\text{JD}}\tau + Jq + \sigma\sqrt{\tau}Z} \tag{24.20}$$

여기서 μ_{JD}는 위험 중립성을 구현하고자 도입했고 식 (24.18)과 같다. 여기서는 동일한 고정 크기 점프 J를 가정하고 있는 것에 주의해야 한다.

식 (24.19)의 기댓값은 모든 가능한 S_T에 대한 $(S_T - K)$의 확률 가중 평균이다. 점프는 시작 시점과 만기 시점 사이에 무작위로 발생하지만 점프는 주가의 백분율이기 때문에 최종 주가의 분포를 계산할 때는 만기 전 점프 횟수만 중요하고 발생 시점은 중요하지 않다. 그림 24.3은 점프 확산 과정의 몬테카를로 시뮬레이션 결과다. 최종 주가의 분포는 점프 횟수만큼 이동하는 일련의 확산 과정이다. 점프 횟수가 증가할수록 해당 횟수의 확률은 줄어들고 있다.

그림 24.3에서 확인할 수 있듯이 모든 확산 경로를 점프 횟수로 그룹화해 S_T에 대한 모든 값을 고려할 수 있다.

$$C_{\text{JD}} = e^{-r\tau} \sum_{n=0}^{\infty} \frac{(\lambda\tau)^n}{n!} e^{-\lambda\tau} \, \mathbb{E}[\max(S_T^n - K, 0)] \tag{24.21}$$

여기서 S_T^n는 n개의 점프를 하면서 확산 과정을 거친 최종 주가를 말한다.

점프 효과는 단순히 로그 정규 확산 분포를 이동시키는 것이다. 위험 중립 세계에서 초기 가격 S에서 시작해 n개의 점프를 겪은 주식의 기대 수익률은 다음이 된다.

$$\mu_n = r - \frac{\sigma^2}{2} - \lambda(e^J - 1) + \frac{nJ}{\tau} \tag{24.22}$$

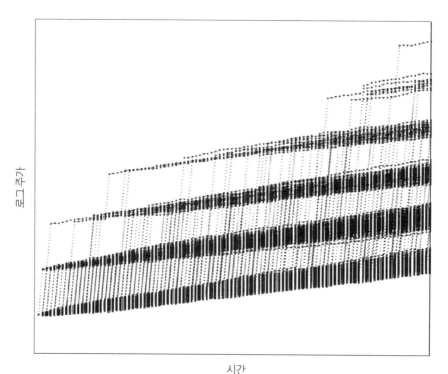

그림 24.3 점프 확산 모델에서 로그 주가의 시뮬레이션

여기서 식의 마지막 항은 n개의 점프에 해당하는 추세율을 식 (24.18)의 μ_{JD} 에 추가한 것이다. 마지막 항을 τ 로 나누었는데, 이는 n개의 점프에 의한 분포의 이동은 점프가 발생한 시점과는 상관없지만 추세율은 정의상 단위 시간당 이동이기 때문이다.

S_T 는 n개의 점프에 의해 이동한 평균을 가진 로그 정규 분포를 따르므로 식 (24.21)의 기댓값을 BSM 옵션 공식으로 표현할 수 있다.[3]

$$\mathbb{E}[\max(S_T^n - K, 0)] = e^{r_n \tau} C_{\mathrm{BSM}}(S, K, \tau, \sigma, r_n) \tag{24.23}$$

여기서 $C_{\mathrm{BSM}}(S, K, \tau, \sigma, r_n)$ 은 행사가 K, 변동성 σ, 할인율이 r_n 인 콜옵션에 대한

---

3. 추세율뿐만 아니라 변동성 또한 식 (24.14)와 유사하게 보정해야 하는데, 이에 관한 언급은 없다. 저자는 아마 보기 1.1의 끝에 언급한 점프 확산의 변동성은 점프가 없는 확산 변동성과 크게 다르지 않다는 것을 가정하고 있는 것 같다. 하지만 논리적인 근거는 미약해 보인다. 참고로 이산 배당을 갖는 경우에 BSM 공식을 사용하려면 배당락을 고려한 선도 가격뿐만 아니라 변동성도 조정해야 한다. 이에 대한 자세한 논의는 추정호(2021), 『금융공학의 변동성 입문』에 나와 있다. — 옮긴이

BSM 공식이고 r_n은 다음으로 주어진다.

$$r_n \equiv \mu_n + \frac{\sigma^2}{2} \ = r - \lambda(e^J - 1) + \frac{nJ}{\tau} \tag{24.24}$$

식 (24.23)과 식 (24.24)의 r_n에는 더 이상 $\sigma^2/2$항을 포함하지 않는다. 대신에 BSM 공식의 $N(d_{1,2})$에서 $\sigma^2/2$항을 포함하고 있다.

식 (24.23), (24.24)를 식 (24.21)에 대입한다.

$$C_{\mathrm{JD}} = e^{-r\tau} \sum_{n=0}^{\infty} \frac{(\lambda\tau)^n}{n!} e^{-\lambda\tau} e^{r_n\tau} C_{\mathrm{BSM}}(S, K, \tau, \sigma, r_n)$$

$$= e^{-r\tau} \sum_{n=0}^{\infty} \frac{(\lambda\tau)^n}{n!} e^{-\lambda\tau} e^{\left(r - \lambda(e^J - 1) + \frac{nJ}{\tau}\right)\tau} C_{\mathrm{BSM}}(S, K, \tau, \sigma, r_n) \tag{24.25}$$

$$= e^{-\lambda e^J \tau} \sum_{n=0}^{\infty} \frac{(\lambda\tau e^J)^n}{n!} C_{\mathrm{BSM}}\left(S, K, \tau, \sigma, r - \lambda(e^J - 1) + \frac{nJ}{\tau}\right)$$

$\overline{\lambda} = \lambda e^J$를 이용해 위의 식을 다시 표현하면 다음을 얻는다.

$$C_{\mathrm{JD}} = e^{-\overline{\lambda}\tau} \sum_{n=0}^{\infty} \frac{(\overline{\lambda}\tau)^n}{n!} C_{\mathrm{BSM}}\left(S, K, \tau, \sigma, r - \lambda(e^J - 1) + \frac{nJ}{\tau}\right) \tag{24.26}$$

혼합 공식

점프 확산 모델에서 옵션 가치는 확률 $\overline{\lambda}$을 갖는 푸아송 분포에 의해 결정되는 가중치로 BSM 옵션 가치를 가중 평균한 것이다. 이 때문에 $\overline{\lambda}$를 유효 점프 확률로 부른다. 식 (24.26)은 20장에서 도출한 확률 변동성 모델에 대해 얻은 결과인 Hull and White(1987)의 혼합 공식과 유사한 혼합 공식이다. 확률 변동성 모델의 경우 혼합 공식에 도달하고자 주가와 변동성이 상관없다고 가정해야 했다. 점프 확산의 경우 위험 중립 평가를 정당화하고자 점프가 분산 가능한 위험이라는 의심스러운 가정을 해야 했다.

혼합 공식은 유럽형 콜옵션과 풋옵션에 동일하게 적용된다. 풋옵션 가치를 계산하려면 식 (24.26)의 우변에 있는 C_{BSM}을 동일한 매개변수를 사용해 BSM 공식을 기반으로 하는 풋옵션 가치인 P_{BSM}으로 대체하면 된다.

보기 24.2

질문

현재 $100에 거래되고 있는 JMP 주식에 대한 만기 1개월 행사가 $110 콜옵션의 가치를 구하라. 때때로 JMP의 주가는 점프를 하기도 한다. 점프는 평균적으로 3개월에 한 번 발생하고 점프가 발생하면 로그 주가가 10% 상승한다. 점프가 없는 경우 확산 변동성은 20%이다. 무위험 이자율과 배당은 0으로 가정한다.

정답

식 (24.26)을 다음으로 표현할 수 있다.

$$C_{\mathrm{JD}} = \sum_{n=0}^{\infty} e^{-\bar{\lambda}\tau} \frac{(\bar{\lambda}\tau)^n}{n!} C_{\mathrm{BSM}}(S, K, \tau, \sigma, r_n)$$
$$\equiv \sum_{n=0}^{\infty} w_n C_{\mathrm{BSM}}(n)$$

여기서 $r_n = r - \lambda(e^J - 1) + nJ/\tau$다. 배당이 없는 콜옵션 가격에 대한 BSM 공식은 다음으로 주어진다.

$$C(S, K, \tau, \sigma, r_n) = SN(d_1) - Ke^{-r\tau}N(d_2)$$

여기서 $d_{1,2}$는 다음과 같다.

$$d_{1,2} = \frac{\ln(S/K) + (r_n \pm \sigma^2/2)\,\tau}{\sigma\sqrt{\tau}}$$

$\lambda = (1\ \text{점프}/3\ \text{Month}) = (4\ \text{점프}/\text{Year})$이다. $n = 0$이면 다음을 얻는다.

$$r_n = r - \lambda(e^J - 1) + nJ/\tau$$
$$= 0 - 4(e^{0.1} - 1) + \frac{0 \times (0.1)}{1/12}$$
$$= -0.4207$$

그리고

$$d_{1,2} = \frac{\ln\left(\frac{100}{110}\right) + \left(-0.4207 \pm \frac{0.2^2}{2}\right)\frac{1}{12}}{0.2\sqrt{1/12}}$$

$$d_1 = -2.2292, \quad d_2 = -2.2869$$

첫 번째 콜 가격은 다음과 같다.

$$C_{BS}(0) = 100 \times N(-2.2292) - 110 \times e^{0.4207 \times \frac{1}{12}} N(-2.2869)$$

$$= 0.03$$

유효 점프 확률은 다음과 같다.

$$\overline{\lambda} = \lambda e^J = 4 \times e^{0.1} = 4.42$$

$C_{BS}(0)$의 가중치를 구할 수 있다.

$$w_n = e^{-\overline{\lambda}\tau} \frac{(\overline{\lambda}\tau)^n}{n!} = e^{-4.42 \times \frac{1}{12}} \frac{\left(4.42 \times \dfrac{1}{12}\right)^0}{0!} = 0.6918$$

이러한 방식으로 콜옵션 가격과 가중치를 계속 계산할 수 있다. 다음 표에 0에서 네 번의 점프에 대한 값을 제시했다.

n	r_n	$C_{BS}(n)$	w_n	$C_{BS}(n) \times w_n$
0	-0.4207	0.03	0.6918	0.02
1	0.7793	1.11	0.2549	0.28
2	1.9793	7.04	0.0469	0.33
3	3.1793	15.61	0.0058	0.09
4	4.3793	23.63	0.0005	0.01

n이 커질수록 가중치는 급격히 감소하며 $n = 4$ 이상이면 가치가 거의 추가되지 않는다. 네 번의 점프까지 계산하면 점프 확산 콜옵션 가치는 가장 오른쪽 열에 있는 값의 합이다.

$$C_{JD} = \sum_{n=0}^{4} w_n C_{BS}(n)$$

$$= 0.02 + 0.28 + 0.33 + 0.09 + 0.01$$

$$= 0.73$$

1개월 만기 행사가 \$110 콜의 점프 확산 가치는 \$0.73다. 점프가 없으면 가격은 얼마일까? 내재 변동성으로 20%를 사용해 BSM 가격을 계산했다면 $0.12가 나왔을 것이다. 점프 확산 가격은 외가격 콜의 경우 훨씬 더 크다. 양의 점프로 인해 옵션이 내가격으로 만료될 가능성이 더 크기 때문이다.

$n = 4$ 이후에 계산을 중지하는 것이 실용적이다. 나머지 조건을 합산하더라도 무시할 수 있는 가치만큼만 기여하기 때문이다. 한 달 안에 다섯 번 점프할 확률은 1/40,696, 대략 3,000년 중에 한 번이다. 이 정도의 확률이 옵션의 가치에 상당한 영향을 미친다면 모델을 신뢰할 수 없다.

지금까지는 고정된 점프 크기 J를 가정했다. 머튼이 했던 것처럼 평균 μ_J, 표준편차 σ_J인 정규 분포를 따르는 점프로 일반화할 수 있다.

$$J \sim N(\mu_J, \sigma_J^2) \tag{24.27}$$

따라서 다음을 만족한다.

$$\mathbb{E}[e^J] = e^{\mu_J + \frac{1}{2}\sigma_J^2} \tag{24.28}$$

이 점프 분포에 대한 기댓값을 식 (24.26)과 통합하면 두 가지 효과가 있다. 첫째, J는 모든 곳에서 $\mu_J + \sigma_J^2/2$로 대체된다. 둘째, 점프 과정의 분산이 확산 과정의 분산에 추가되므로 σ^2이 $\sigma^2 + n\sigma_J^2/\tau$로 대체된다. 이 추가 항은 n번의 점프에 의해 추가된 분산의 양이다. $n\sigma_J^2$은 현재부터 잔존 만기까지의 점프에 의해 추가된 총 분산인데, σ^2의 의미와 일치하는 것은 연간 분산이기 때문에 추가 항은 τ로 나뉘어 있다. 따라서 점프에 대해 일반화된 공식은 다음과 같다.

$$
\begin{aligned}
C_{\mathrm{JD}} =& e^{-\overline{\lambda}\tau} \sum_{n=0}^{\infty} \frac{(\overline{\lambda}\tau)^n}{n!} C_{\mathrm{BSM}}\left(S, K, \tau, \sqrt{\sigma^2 + \frac{n\sigma_J^2}{\tau}}, \right. \\
& \left. r - \lambda\left(e^{\mu_J + \frac{1}{2}\sigma_J^2} - 1\right) + \frac{n\left(\mu_J + \frac{1}{2}\sigma_J^2\right)}{\tau} \right)
\end{aligned}
\tag{24.29}
$$

여기서 $\overline{\lambda}$는 다음으로 정의한다.

$$\overline{\lambda} = \lambda e^{\mu_J + \frac{1}{2}\sigma_J^2} \tag{24.30}$$

$\mu_J = -\sigma_J^2/2$와 같이 특별한 경우 $\mathbb{E}[e^J] = 1$이 되고 점프는 추세율 변화를 일으키지

않으며 다음과 같은 직관적인 공식을 얻는다.

$$C_{\mathrm{JD}} = e^{-\lambda\tau} \sum_{n=0}^{\infty} \frac{(\lambda\tau)^n}{n!} C_{\mathrm{BSM}}\left(S, K, \tau, \sqrt{\sigma^2 + \frac{n\sigma_J^2}{\tau}}, r\right) \qquad (24.31)$$

이 식은 무한개의 BSM 값을 합산한다. 각각은 동일한 무위험 이자율에 기반하지만 변동성이 다르며 변동성은 점프 수에 따라 다르다.

식 (24.26)에서와 같이 정규 분포 점프에 대한 논리를 표준 유럽 풋옵션에도 적용할 수 있다. 풋옵션의 가치를 계산하려면 동일한 매개변수를 사용해 식 (24.29)과 식 (24.31)에서 BSM 콜옵션을 BSM 풋옵션으로 대체하면 된다.

스마일에 영향

점프 확산 모델은 주가지수 옵션 시장에서 관찰되는 것과 유사한 매우 가파른 단기 스마일을 생성할 수 있다. 이와 대조적으로 확장된 BSM 확률 변동성 모델은 변동성의 변동성이 극도로 크지 않는 한 가파른 단기 스마일을 생성하는 데 어려움이 있다. 점프 확산 모델에서 장기 스마일은 평평해지는 경향이 있다. 매우 긴 만기의 경우 개별 점프가 최종 주가 분포에 미치는 영향은 시간에 따라 선형적으로 증가하는 총 분산의 확산 과정에 의해 압도된다. 평균 회귀 확률 변동성 모델 또한 평평한 장기 스마일을 생성한다.

그림 24.3에서 볼 수 있듯이 확산 과정에 중첩돼 있는 점프의 푸아송 분포는 평균이 이동하고 확률이 감소하는 일련의 BSM 확산 분포를 생성한다. 따라서 고정된 크기의 점프는 그림 24.4와 같이 다중 모드 밀도를 생성하는 경향이 있다. 각 점프의 크기도 확률적(예를 들어 정규 분포를 따름)이면 주식의 전체 분포가 훨씬 더 부드러워진다. 다른 모든 조건이 동일할 때 점프 빈노가 클수록 순수한 확산 분포와의 차이가 증가하고 더 가파른 스마일이 생성된다. 또한 작은 점프의 빈도가 클수록 수익률 분포가 더 부드러워진다.

Andersen and Andreasen(2000)은 S&P 500 스큐에 점프 확산 모델을 적용해 약 17.7%의 확산 변동성, 점프 빈도 $\lambda = 0.089$ 점프/Year, 예상 점프 크기 45%, 점프 크기의 분산은 4.7%로 추정했다. 점프 크기와 점프 확률은 실제 시장과 비교할

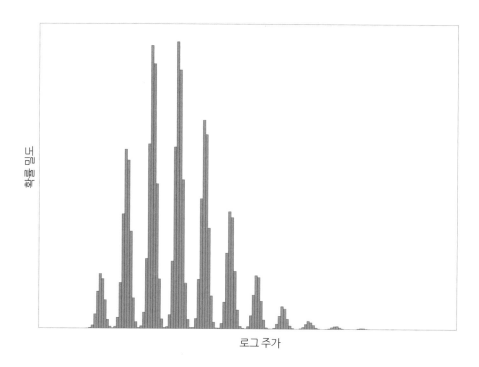

그림 24.4 다중 모드 확률 밀도 함수

때 과도해 보인다. S&P 500 역사상 최악이었던 1987년 블랙먼데이에도 하루 손실은 −20%였다. 이는 옵션 매수자가 급락을 보호하고자 많은 위험 프리미엄을 지불하고 있음을 말해 준다.

간단한 근사식

점프에 대한 간단한 혼합 모델이 주가지수 변동성 스마일의 중요한 특징을 어떻게 서술하는 지 알아보려 한다. 그림 24.5의 점프 확산 과정에서 시작한다. 작은 확률 p로 발생하는 J는 큰 순간 상승(양의 점프)을 나타내고, 큰 확률 $(1 − p)$로 발생하는 M은 작은 크기의 하락을 나타낸다. J와 M은 위험 중립성에 의해 연관돼 있으며, J가 상당히 크면 M은 매우 작으므로 점프로 간주하지 않는다. 위로 J만큼 점프하거나 아래로 M만큼 이동한 후, 주식은 변동성 σ로 순수한 확산을 하고 더 이상 점프하지 않는다고 가정하고 추가로 무위험 이자율을 0으로 가정한다.

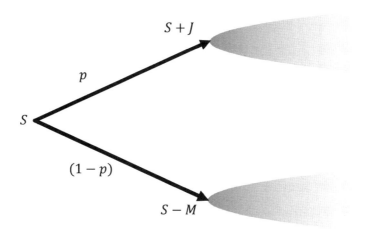

그림 24.5 간단한 점프 확산 모델

이 간단한 모델에서는 한 번의 점프만 가능하다. 이것은 다중 점프 또는 다양한 크기의 점프 가능성을 무시하기 때문에 전체적으로 단순하지만 옵션 가치에 대한 점프의 정성적 영향을 매우 명확하게 볼 수 있다.

현재 주가 S가 주어지면 $r = 0$일 때 위험 중립성은 다음을 의미한다.

$$S = p(S + J) + (1 - p)(S - M) \tag{24.32}$$

수식을 정리하면 다음 관계를 얻는다.

$$M = \frac{p}{1 - p} J \tag{24.33}$$

작은 p에 대해 근사할 수 있다.

$$M \approx pJ \tag{24.34}$$

M은 J보다 훨씬 작다. 여기서 J는 (앞에서와 달리) 주가 그 자체의 점프를 나타내므로 점프 후 주가는 S에서 $S + J$가 된다.

앞서 유도한 점프 확산 혼합 공식을 이용하면 BSM 콜옵션 가치를 혼합해 점프 확산 모델에서 콜옵션 가치를 표현할 수 있다. 이 단순화된 모델에는 두 가지 가능한 상태만 있기 때문에 무한개의 BSM 가치를 혼합하는 대신에 혼합 공식은 두 가격의 가중 평균으로 이뤄진다. $C_{\mathrm{BSM}}(S, \sigma)$가 행사가 K, 잔존 만기 τ, 내재 변동성 σ인 콜옵션의 BSM 가치를 나타내는 경우 주가가 S일 때 혼합 공식은 다음과 같다.

$$C_{\text{JD}} = p \times C_{\text{BSM}}(S + J, \sigma) + (1 - p)C_{\text{BSM}}(S - M, \sigma)$$
$$\approx p \times C_{\text{BSM}}(S + J, \sigma) + (1 - p)C_{\text{BSM}}(S - pJ, \sigma)$$

(24.35)

더 유용한 근사식을 구하고자 차원이 없는 숫자 3개 p, $\sigma\sqrt{\tau}$, J/S가 다음과 같은 조건을 만족한다고 가정한다.[4]

$$p \ll \sigma\sqrt{\tau} \ll \frac{J}{S}$$

(24.36)

즉 점프의 크기 J는 매우 크고, 점프의 확률 p는 매우 작은 경우를 고려하고 있다. 여기서 작은 확률은 옵션의 만기까지 수익률의 확산 표준편차 $\sigma\sqrt{\tau}$보다 작은 것을 의미한다. 큰 점프는 옵션의 만기까지 수익률의 확산 표준편차 $\sigma\sqrt{\tau}$보다 J/S가 큰 것을 의미한다. 이런 가정을 사용해 p에 대한 1차의 근사식을 구한다.

이런 가정에서 식 (24.35)를 다시 살펴본다. 먼저 초기 주가를 $K \approx S$인 등가격으로 가정한다. $J/S \gg \sigma\sqrt{\tau}$이므로 양의 점프 J는 콜옵션을 내가격으로 만든다. 혼합 공식의 첫 번째 콜옵션의 가격인 $C_{\text{BSM}}(S + J, \sigma)$은 선도 계약의 가치로 근사할 수 있다.

$$C(S + J, \sigma) \approx S + J - Ke^{-r\tau}$$
$$\approx S + J - K$$

(24.37)

마지막 식은 $r = 0$이라는 가정에 의존한다. 콜옵션을 선도 계약으로 근사할 수 있는 것은 점프 J가 양수로 가정했기 때문이다. 그래서 지금 구하고자 하는 점프 확산 모델에서 콜옵션 가치와 스마일에 관한 근사식은 점프가 음인 경우에는 유효하지 않다. 음의 점프가 있는 경우 풋옵션에 대해서는 비슷한 분석을 그다지 어렵지 않게 반복할 수 있다.

식 (24.37)을 식 (24.35)에 대입한다.

$$C_{\text{JD}} = p \times (S + J - K) + (1 - p)C_{\text{BSM}}(S - pJ, \sigma)$$

(24.38)

---

4. $M \approx pJ$가 작다는 조건에서 $p \ll S/J$를 가정해야 한다. 그러나 S/J와 $\sigma\sqrt{\tau}$ 사이의 가정은 없다.
— 옮긴이

pJ가 작기 때문에 혼합 공식의 두 번째 항인 $C_{\mathrm{BSM}}(S - pJ, \sigma)$는 등가격에 가까운 옵션을 나타낸다. 등가격에 가까운 콜옵션의 경우 $C_{\mathrm{BSM}}(S, \sigma) \sim S\sigma\sqrt{\tau}$이고, 따라서 식 (24.38)에 있는 $pC_{\mathrm{BSM}}(S - pJ, \sigma)$ 항은 $pS\sigma\sqrt{\tau}$ 크기 정도이고 이는 첫 번째 항인 pS에 비해 훨씬 작다. pC_{BSM}을 무시하면 작은 pJ에 대한 $C_{\mathrm{BSM}}(S - pJ, \sigma)$항을 1차까지 테일러 전개해 근사할 수 있다.

$$
\begin{aligned}
C_{\mathrm{JD}} &\approx p \times (S + J - K) + C_{\mathrm{BSM}}(S - pJ, \sigma) \\
&\approx p \times (S - K + J) + C_{\mathrm{BSM}}(S, \sigma) - pJ\frac{\partial C_{\mathrm{BSM}}}{\partial S} \\
&\approx C_{\mathrm{BSM}}(S, \sigma) + p \times \left[S - K + J(1 - \frac{\partial C_{\mathrm{BSM}}}{\partial S}) \right] \\
&\approx C_{\mathrm{BSM}}(S, \sigma) + p \times [S - K + J(1 - N(d_1))]
\end{aligned}
\tag{24.39}
$$

등가격 주의에서 다음이 성립한다.

$$
N(d_1) \approx \frac{1}{2} + \frac{1}{\sqrt{2\pi}} \frac{1}{\sigma\sqrt{\tau}} \ln\left(\frac{S}{K}\right)
\tag{24.40}
$$

이를 식 (24.39)에 대입한다.

$$
\begin{aligned}
C_{\mathrm{JD}} &\approx C_{\mathrm{BSM}}(S, \sigma) \\
&\quad + p \times \left[(S - K) + J\left(\frac{1}{2} - \frac{1}{\sqrt{2\pi}} \frac{1}{\sigma\sqrt{\tau}} \ln\left(\frac{S}{K}\right)\right) \right]
\end{aligned}
\tag{24.41}
$$

등가격 주위에서 식 (24.41)의 $(S - K)$ 항은 J에 비해 무시할 수 있는 크기이다. $\ln(S/K)$도 단독으로 생각하면 작으나 $J/\sigma\sqrt{\tau}$가 곱해지며 식 (24.36)의 가정에 따라서 큰 값을 갖는다. 그러므로 이 항은 유지해야 한다. 정리하면 $\sigma\sqrt{\tau}$가 작고 J와 K가 비슷한 크기이면 다음이 성립한다.

$$
\begin{aligned}
\frac{J}{\sigma\sqrt{\tau}} \ln\left(\frac{S}{K}\right) &= \frac{J}{\sigma\sqrt{\tau}} \ln\left(1 + \frac{S - K}{K}\right) \\
&\approx \frac{J}{K}\left(\frac{S - K}{\sigma\sqrt{\tau}}\right) \\
&\approx O\left(\frac{S - K}{\sigma\sqrt{\tau}}\right) \gg S - K
\end{aligned}
\tag{24.42}
$$

그러므로 다음 근사식을 얻을 수 있다.

$$C_{\mathrm{JD}} \approx C_{\mathrm{BSM}}(S, \sigma) + pJ \left(\frac{1}{2} - \frac{1}{\sqrt{2\pi}} \frac{1}{\sigma\sqrt{\tau}} \ln\left(\frac{S}{K}\right) \right) \tag{24.43}$$

이것은 양의 점프가 단 한 번 가능하고 $p \ll \sigma\sqrt{\tau} \ll J/S$인 경우 등가격 주위에서 점프 확산 모델에서 콜옵션 가치에 대한 근사 공식이다.

점프 확산 모델에서 옵션 가치를 해석하고자 BSM 모델을 사용하면 $C_{\mathrm{BSM}}(S, \Sigma) = C_{\mathrm{JD}}$인 BSM 내재 변동성 Σ을 이용할 수 있다. 내재 변동성과 실제 확산 변동성의 관계식을 구하고자 다음 근사식을 사용할 수 있다.

$$\begin{aligned} C_{\mathrm{JD}} &= C_{\mathrm{BSM}}(S, \Sigma) \\ &= C_{\mathrm{BSM}}(S, \sigma + \Sigma - \sigma) \\ &\approx C_{\mathrm{BSM}}(S, \sigma) + \frac{\partial C_{\mathrm{BSM}}}{\partial \sigma}(\Sigma - \sigma) \end{aligned} \tag{24.44}$$

식 (24.43)과 식 (24.44)를 비교하면 다음을 알 수 있다.

$$\Sigma \approx \sigma + \frac{pJ \left(\dfrac{1}{2} - \dfrac{1}{\sqrt{2\pi}} \dfrac{1}{\sigma\sqrt{\tau}} \ln\left(\dfrac{S}{K}\right) \right)}{\dfrac{\partial C_{\mathrm{BSM}}}{\partial \sigma}}$$

등가격 옵션의 경우에 다음이 성립한다.

$$\frac{\partial C_{\mathrm{BSM}}}{\partial \sigma} = S\sqrt{\tau}N'(d_1) \approx \frac{S\sqrt{\tau}}{\sqrt{2\pi}} \tag{24.45}$$

결국 다음 식을 얻는다.

$$\begin{aligned} \Sigma &\approx \sigma + pJ\frac{\sqrt{2\pi}}{S\sqrt{\tau}} \left(\frac{1}{2} - \frac{1}{\sqrt{2\pi}} \frac{1}{\sigma\sqrt{\tau}} \ln\left(\frac{S}{K}\right) \right) \\ &\approx \sigma + \frac{pJ}{S\sqrt{\tau}} \left(\sqrt{\frac{\pi}{2}} + \frac{1}{\sigma\sqrt{\tau}} \ln\left(\frac{K}{S}\right) \right) \end{aligned} \tag{24.46}$$

등가격 옵션에 대한 위의 근사식에서 점프 확산 스마일이 $\ln(K/S)$의 선형임을 알 수 있다. BSM 내재 변동성은 행사가가 증가하면 증가한다. 점프를 양의 큰 값 J로 가정한 결과다.

짧은 만기와 큰 만기 모두에 대해 위 식을 조금 더 살펴본다. 머튼 모델에서 n 번 점프의 유효 확률은 다음과 같다.

$$p(n) = e^{-\bar{\lambda}\tau} \frac{(\bar{\lambda}\tau)^n}{n!} \tag{24.47}$$

식 (24.47)에서 한 번 점프의 유효 확률 p는 $p = \bar{\lambda}\tau e^{-\bar{\lambda}\tau}$ 이다. λ가 단위 시간당 점프할 확률이면 $\bar{\lambda} = \lambda(1 + J)$가 된다.[5] p에 대한 이 식을 식 (24.46)에 대입한다.

$$
\begin{aligned}
\Sigma &\approx \sigma + \frac{\bar{\lambda}\sqrt{\tau}e^{-\bar{\lambda}\tau}J}{S} \left(\sqrt{\frac{\pi}{2}} + \frac{1}{\sigma\sqrt{\tau}} \ln\left(\frac{K}{S}\right) \right) \\
&\approx \sigma + \bar{\lambda}e^{-\bar{\lambda}\tau}\frac{J}{S} \left(\sqrt{\frac{\pi\tau}{2}} + \frac{1}{\sigma} \ln\left(\frac{K}{S}\right) \right)
\end{aligned}
\tag{24.48}
$$

짧은 만기의 경우 $\tau \to 0$이고 내재 변동성 스마일은 다음과 같다.

$$\Sigma(K, S) \approx \sigma + \bar{\lambda}\frac{J}{S}\frac{1}{\sigma} \ln\left(\frac{K}{S}\right) \tag{24.49}$$

이 스마일은 짧은 만기에도 사라지지 않는다. 기울기는 점프 퍼센트와 점프 확률에 비례하며 $\ln(K/S)$에 선형이다. 예상 점프가 클수록 스큐가 커진다. 이 모델은 단기 주가지수 스큐를 정성적으로 설명하는 데 적합하다.

만기가 긴 경우 식 (24.36)의 가정이 유효하지 않을 수 있다. 그럼에도 계산을 해 보면 $\tau \to \infty$일 때 식 (24.48)의 $e^{-\bar{\lambda}\tau}$ 항은 0이 돼 $\ln(K/S)$ 계수는 사라진다. 따라서 장기 스마일은 평평하다.

지금까지 분석에 따르면 비대칭 점프는 가파른 단기 스큐와 평평한 장기 스큐를 생성한다. 그림 24.6은 점프 빈도 $\lambda = 0.1$번/Year, 점프 크기 40%, 확산 변동성 10%를 기반으로 잔존 만기 0.1년의 옵션에 대해, 점프 크기가 고정된 점프 확산 모델에서 생성된 스마일을 보여 준다.

---

5. $\bar{\lambda}$의 정의는 식 (24.26)의 앞 줄에서 $\bar{\lambda} = \lambda e^J$로 주어진다. 하지만 J의 정의가 다르다. 여기서 J는 점프로 인한 주가의 크기이고 앞에서는 주가 수익률의 크기다. 결국 $\bar{\lambda}$의 정의 식에 사용해야 하는 주가 수익률의 점프 크기는 $\ln(1 + J)$다. — 옮긴이

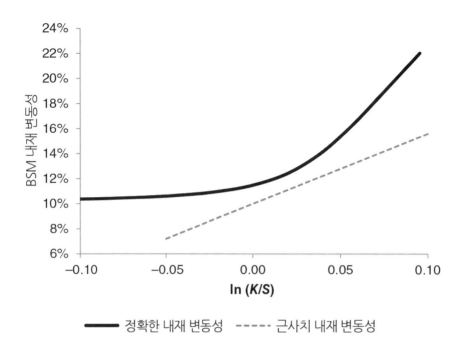

정확한 내재 변동성 ----- 근사치 내재 변동성

그림 24.6 양의 점프에 대한 점프 확산 스마일

식 (24.48)을 사용하면 스마일의 근사적으로 구할 수 있다.

$$\Sigma \approx \sigma + \frac{\overline{\lambda}\sqrt{\tau}e^{-\overline{\lambda}\tau}J}{S}\left(\sqrt{\frac{\pi}{2}} + \frac{1}{\sigma\sqrt{\tau}}\ln\left(\frac{K}{S}\right)\right)$$

$$\approx 0.102 + 0.56 \times \ln\left(\frac{K}{S}\right)$$

(24.50)

이 식은 등가격 근처에서 좋은 근삿값을 제공한다.

추가 사항

머튼의 점프 확산 모델은 점프를 정상적인 확산에 내포돼야 하는 비정상적인 시장 사건으로 간주한다. 시장에는 정상과 비정상이라는 두 가지 행동 체제가 있다는 견해는 맨델브로트^{Mandelbrot}와 스탠리^{Stanley}와 같은 경제 물리학^{econophysics} 연구자들은 좋지 않은 것으로 간주한다. 그들의 견해는 정상과 비정상 모델이 혼합된 것보다 단일 모델이 모든 사건을 잘 설명해야 한다는 것이다.

24-1. HSI^{Hang Seng Index}에서 만기가 2주 남은 행사가 24,000인 풋옵션의 가치를 추정하라. HSI는 현재 25,000에 거래되며 때때로 점프한다고 가정한다. 점프가 발생하면 지수의 로그가 항상 10%씩 떨어지고 이러한 점프는 연간 평균 다섯 번 발생한다고 가정한다. 점프가 없는 경우 확산 변동성은 20%이다. 무위험 이자율이 2%이고 배당을 0으로 가정한다. 풋옵션의 가치를 계산하라. 점프가 없는 확산 변동성이 여전히 20%라면 풋옵션의 BSM 가치는 얼마인가?

24-2. 앞의 문제를 반복해 풀어라. 다만 점프의 크기가 고정된 것이 아니라 점프의 크기가 평균 −10%, 표준편차 −5% 정규 분포를 따른다고 가정한다.

24-3. IBM 주식의 만기가 1주일 남은 옵션 거래에 관심이 있다. IBM이 현재 $100에 거래되고 있다고 가정한다. 다음 주에 주가가 15% 상승할 확률이 10%라고 생각한다. 점프가 없으면 확산 변동성은 20%(즉 연간 20%)일 것이다. 식 (24.46)을 이용해 행사가 $80에서 $120까지에 대한 대략적인 BSM 내재 변동성 스마일을 그려라.

나가면서

이런 법칙에는 논리적 경로가 없다. 경험에 대해 공감적 이해에 의존하는 직관만
이 법칙에 도달할 수 있다.

— 앨버트 아인슈타인^{Albert Einstein}

1994년에 연구자들이 변동성 스마일을 설명하려고 시도할 때 많은 사람은 블랙-숄즈-머튼 모델을 대체할 수 있는 더 나은 모델을 만들려고 했다. 그런데 다양한 모델이 개발됐지만 각각의 모델은 그 나름대로 그리고 적절한 상황에서 변동성 스마일의 일부 측면만을 설명할 수 있다.

어떤 독자들은 하나의 완벽한 모델이 없다는 것에 실망스럽다고 생각할지도 모른다. 그러나 실망할 필요는 없다. 책 첫머리에서 말했듯이 금융 시장은 인간의 행동을 반영하고 인간은 엄격한 규칙을 따르지 않는다. 따라서 금융 모델은 불완전할 수밖에 없다.

경세가 변화하고, 시장 참여자가 경험을 통해 배우고, 새로운 기술이 등장함에 따라 새로운 시장과 금융상품이 만들어진다. 이런 변화는 시장을 더 잘 이해하려는 우리 자신의 시도에 의해 일부 주도된다. 모델은 기존 시장의 거래 패턴을 변경할 뿐만 아니라 이전에는 상상할 수 없었던 새로운 시장에서 거래를 가능케 한다. 따라서 새롭고 개선된 모델은 새로운 시장을 만들고 새로운 시장은 새로운 모델로 끝없이 이어진다.

실망하기보다는 금융 공학의 도전이 심오하고 고무적이라는 것을 알아야 한다. 세심한 관찰, 노력, 상식, 시장 참여자들과 그들이 야기하는 현상에 대해 공감적인 이해를 하지 않고 모델링하는 것은 불가능하다. 재미있고 흥미진진한 도전을 받아들이는 것이 금융 공학자의 사명이다. 앞으로 나가서 모델을 만들자.

부록 A

BSM 모델의 유용한 미분

옵션 민감도를 이해하고자 종종 BSM 방정식의 미분을 사용한다. 여기에 유용한 결과 몇 개를 제시한다. BSM 모델의 확장도 BSM 결과에 대한 수정을 계산하려고 BSM 함수의 미분을 사용하는 경우가 많다.

배당을 지급하지 않는 주식의 콜옵션 가격에 대한 BSM 해는 다음과 같다.

$$C(S, K, \tau, \sigma, r) = SN(d_1) - Ke^{-r\tau}N(d_2)$$

$$d_1 = \frac{\ln(S_F/K) + \sigma^2\tau/2}{\sigma\sqrt{\tau}}$$

$$d_2 = \frac{\ln(S_F/K) - \sigma^2\tau/2}{\sigma\sqrt{\tau}}$$

$$S_F = e^{r\tau}S$$

$$N(x) = \frac{1}{\sqrt{2\pi}} \int_{-\infty}^{x} e^{-y^2/2} dy$$

유용한 도함수는 다음과 같다.

- $$N'(x) = \frac{1}{\sqrt{2\pi}} e^{-x^2/2}$$

- $$KN'(d_2) = S_F N'(d_1)$$

- $$\frac{\partial d_{1,2}}{\partial K} = \frac{-1}{K\sigma\sqrt{\tau}}$$

- $$\frac{\partial d_{1,2}}{\partial \sigma} = \frac{-1}{\sigma^2 \sqrt{\tau}} \ln \left(S_F / K \right) \pm \frac{1}{2} \sqrt{\tau}$$

- $$\frac{\partial C}{\partial \sigma} = \frac{1}{\sqrt{2\pi}} S e^{-d_1^2 \sqrt{\tau}/2}$$

- $$\frac{\partial C}{\partial S} = N(d_1)$$

- $$\frac{\partial C}{\partial K} = -e^{-r\tau} N(d_2)$$

부록 B

역방향 이토 적분

표준 적분

역방향 이토 적분[1] 또는 다른 종류의 확률 적분에 대해 알아보기 전에 리만 적분[Riemann integral]으로 불리는 표준 적분을 먼저 검토한다. 표준 적분의 경우 적분은 곡선 아래의 면적을 찾는 것이다. 예로서, 그림 B.1의 함수 $f(x) = -x^2 + 10x$를 $0 \leq x \leq 10$ 구간에서 생각한다.

곡선 아래의 면적을 구하고자 적분을 한다.

$$
\begin{aligned}
A &= \int_0^{10} f(x)dx \\
&= \int_0^{10} (-x^2 + 10x)dx \\
&= \left[-\frac{1}{3}x^3 + 5x^2 \right]_0^{10} \\
&= 166.67
\end{aligned}
$$

함수의 적분에 대한 닫힌 해가 없는 경우 수치 적분을 사용해 적분을 근사할 수 있다. 가장 단순하고 널리 사용되는 수치 방법은 일련의 직사각형을 사용해 적분을 근사하는 것이다. 여기서 각 직사각형은 동일한 너비를 가지며 직사각형의 높이는 중간점에서

---

1. 이 부록은 컬럼비아 대학의 워드 위트(Ward Whitt)가 작성한 강의 노트 "A Quick Introduction to Stochastic Calculus"의 일부를 소개하는 것이다.

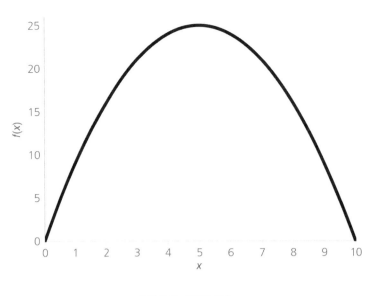

그림 B.1 간단한 함수

함수의 높이에 의해 결정된다. 그림 B.2는 10개의 직사각형을 사용해 근사한 결과를 보여 준다.

n개의 직사각형 $A_M(n)$을 기반으로 하는 중간점 수치 근사는 다음과 같이 쓸 수 있다.

$$A_M(n) = \sum_{i=0}^{n-1}(x_{i+1} - x_i)f((x_{i+1} - x_i)/2) \tag{B.1}$$

예에서 $n = 10$이고 x는 $x_0 = 0$, $x_1 = 1$, ..., $x_{10} = 10$이다. $n = 10$일 때 중간점 근사의 합은 167.5인데 꽤 잘 근사됐지만 완벽하지는 않다.

n을 늘리고 각 사각형의 너비를 줄여 더 많은 사각형을 추가하면 근삿값이 향상된다. $n \to \infty$인 극한에서 각 직사각형의 너비는 0이 되고 근삿값은 적분의 실제 값으로 수렴한다.

$$\lim_{n\to\infty} A_M(n) = A \tag{B.2}$$

중간점 대신 각 사각형의 시작 부분 함수값을 사용해 계산하면 어떻게 될까? 앞으로 순방향 접근법^{forward approach}이라고 부를 이 방법은 그림 B.3에 나와 있다.

$$A_F(n) = \sum_{i=0}^{n-1} (x_{i+1} - x_i) f(x_i) \tag{B.3}$$

10개의 직사각형으로 순방향 수치 적분은 값을 계산하면 165다.

마지막으로 그림 B.4에 묘사된 것처럼 역방향 접근법^{backward approach}이라고 부르는 방법으로 모든 직사각형의 끝에서 함수값을 계산할 수 있다. 역방향 수치 적분도 165의 결과를 생성한다.

$n \to \infty$일 때 중간점 방법과 마찬가지로 순방향과 역방향 수치 적분은 모두 실제 적분으로 수렴한다. 사실 간격 내에서 임의의 점(예: 시작 가장자리에서 10% 또는 임의로 선택한 점)을 선택하더라도 근삿값은 결국 수렴한다. 각 직사각형의 너비가 작아질수록 간격의 시작, 끝, 중간, 기타 모든 점이 수렴한다. 극한에서 어떤 점을 선택했는지는 중요하지 않다.

확률 적분

확률 적분에서도 연속의 경우를 근사하고자 적분을 더 미세한 부분으로 나누는 수치

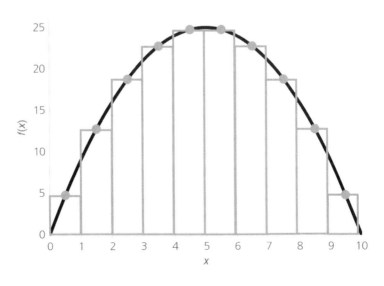

그림 B.2 중간점 수치 적분

그림 B.3 순방향 수치 적분

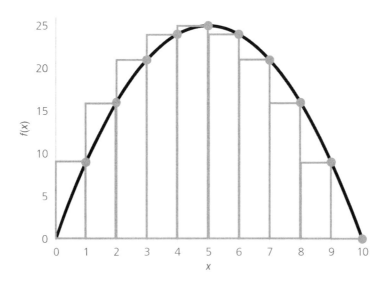

그림 B.4 역방향 수치 적분

적분을 사용할 수 있다. 놀랍게도 리만 적분과 달리 직사각형 내에서 함수를 계산하는 위치가 중요하다는 것이 밝혀졌다. 중간점, 순방향 및 역방향 접근 방식은 동일한 결과로 수렴되지 않으며 실제로 수렴할 고유한 연속 버전의 값이 없다. 브라운 운동의 경우에 순방향 수치 적분은 이토 적분으로 수렴하고, 역방향 수치 적분은 역방향 이토 적분으로 수렴하고, 중간점 수치 적분은 피스크-스트라토노비치^{Fisk-Stratonovich} 적분으로 수렴한다. 그 이유를 알아본다.

시간 t에서 표준 브라운 운동 따르는 $B(t)$는 다음 특성을 갖는다.

$$B(t_0) = 0 \tag{B.4a}$$

$$\mathbb{E}[dB(t)] = 0 \tag{B.4b}$$

$$\mathbb{E}[dB(t)^2] = dt \tag{B.4c}$$

순방향 접근법

다음의 연속 확률 이토 적분의 근삿값을 구하려고 한다.

$$\int_0^t B(s)dB(s)$$

이토 적분은 순방향 접근 방식을 사용한 합으로 근사할 수 있다.

$$A_F(n) = \sum_{i=0}^{n-1} [B(t_{i+1}) - B(t_i)]B(t_i) \tag{B.5}$$

여기서 $t_0 = 0$이고 $t_n = t$이다. 자명해 보이겠지만, 각 항을 다음으로 다시 표현할 수 있다.

$$[B(t_{i+1}) - B(t_i)]B(t_i) = \\ \frac{1}{2}\left[B(t_{i+1})^2 - B(t_i)^2\right] - \frac{1}{2}\left[B(t_{i+1}) - B(t_i)\right]^2 \tag{B.6}$$

식 (B.5)에 대입하고 정리한다.

$$A_F(n) = \frac{1}{2}\sum_{i=0}^{n-1}\left[B(t_{i+1})^2 - B(t_i)^2\right] - \frac{1}{2}\sum_{i=0}^{n-1}\left[B(t_{i+1}) - B(t_i)\right]^2 \tag{B.7}$$

우변의 첫 번째 합은 대부분의 항이 서로 상쇄된다.

$$A_F(n) = \frac{1}{2} \left[B(t_n)^2 - B(t_0)^2 \right] - \frac{1}{2} \sum_{i=0}^{n-1} \left[B(t_{i+1}) - B(t_i) \right]^2$$

$$= \frac{1}{2} B(t)^2 - \frac{1}{2} \sum_{i=0}^{n-1} \left[B(t_{i+1}) - B(t_i) \right]^2 \tag{B.8}$$

$n \to \infty$ 극한에서 n이 증가하면 각 직사각형의 너비가 감소해 다음을 얻는다.

$$\lim_{n \to \infty} \mathbb{E} \left[\left[B(t_{i+1}) - B(t_i) \right]^2 \right] = \mathbb{E} \left[dB(t)^2 \right]$$

$$= dt = t_{i+1} - t_i \tag{B.9}$$

식 (B.8)의 나머지 합계는 다음이 된다.

$$\lim_{n \to \infty} \sum_{i=0}^{n-1} \left[B(t_{i+1}) - B(t_i) \right]^2 = \sum_{i=0}^{n-1} \left[t_{i+1} - t_i \right] \tag{B.10}$$

이전과 마찬가지로 합의 대부분의 항이 상쇄돼 사라진다.

$$\lim_{n \to \infty} \sum_{i=0}^{n-1} \left[B(t_{i+1}) - B(t_i) \right]^2 = t_n - t_0 = t \tag{B.11}$$

이 결과를 식 (B.8)에 대입한다.

$$\lim_{n \to \infty} A_F(n) = \frac{1}{2} B(t)^2 - \frac{1}{2} t \tag{B.12}$$

결국 이토 적분의 결과는 다음과 같다.

$$\int_0^t B(s) dB(s) = \frac{1}{2} B(t)^2 - \frac{1}{2} t \tag{B.13}$$

이 책에서 따로 언급하지 않으면 이토 적분 또는 표준 이토 적분은 여기서 설명한 순방향 접근 방식을 기반으로 하는 이토 적분을 의미한다.

역방향 접근법

다음으로 역방향 근사법을 사용하면 어떤 일이 발생하는지 알아본다. 극한에서는 역방향 이토 적분을 다음으로 표시한다.

$$\int_0^t B(s) [dB(s)]_b \tag{B.14}$$

역방향 근사는 다음과 같다.

$$A_B(n) = \sum_{i=0}^{n-1} [B(t_{i+1}) - B(t_i)]B(t_{i+1}) \tag{B.15}$$

각 항을 다시 표현할 수 있다.

$$[B(t_{i+1}) - B(t_i)]B(t_{i+1}) =$$
$$[B(t_{i+1}) - B(t_i)]B(t_i) + [B(t_{i+1}) - B(t_i)]^2 \tag{B.16}$$

우변의 첫 번째 항은 순방향 접근법 식 (B.5)의 합에 있는 항과 같다. 따라서 다음이
성립한다.

$$A_B(n) = A_F + \sum_{i=0}^{n-1} [B(t_{i+1}) - B(t_i)]^2 \tag{B.17}$$

식 (B.11)을 사용하고 극한으로 보낸다.

$$\lim_{n \to \infty} A_B(n) = \lim_{n \to \infty} A_F + t$$
$$= \frac{1}{2}B(t)^2 - \frac{1}{2}t + t \tag{B.18}$$
$$= \frac{1}{2}B(t)^2 + \frac{1}{2}t$$

결국 역방향 이토 적분의 결과는 다음이 된다.

$$\int_0^t B(s)[dB(s)]_b = \frac{1}{2}B(t)^2 + \frac{1}{2}t \tag{B.19}$$

이 결과는 표준 이토 적분과 거의 동일하며 최종 항의 부호만 변경됐다.

증명은 생략하지만 중간점 근사를 사용하면 어떤 일이 일어날지 상상하는 것이
어렵지 않다. 최종 결과는 정확히 표준과 역방향 이토 적분의 중간값이 $B(t)^2/2$이다.
이 확률 적분은 피스크-스트라토노비치$^{\text{Fisk-Stratonovich}}$ 적분으로 알려져 있다.

적분 변환과 부분 적분

여기서는 확률 변수를 포함한 부분 적분 공식을 발견적 방법으로 유도한다.

먼저 비확률 변수에 대한 함수의 부분 적분을 검토한다. $f(x)$와 $g(x)$라는 2개의

함수가 있는 경우 다음이 성립한다.

$$
\begin{aligned}
d(fg) &= f(x+dx)g(x+dx) - f(x)g(x) \\
&= (f+df)(g+dg) - fg \\
&= fdg + gdf + df \cdot dg
\end{aligned}
\tag{B.20}
$$

x가 비확률 변수이고 $f(x)$와 $g(x)$가 비확률적이면 $df \cdot dg$는 dx^2 차수이고 dx보다 훨씬 작으므로 $dx \to 0$인 극한에서 무시할 수 있다. 이 경우 함수 곱에 대한 미분 규칙을 얻는다.

$$
d(fg) = fdg + gdf
\tag{B.21}
$$

이 식의 양변을 적분한다.

$$
\int d(fg) = \int fdg + \int gdf
\tag{B.22}
$$

x에 대해 a에서 b까지 정적분을 재정렬한다.

$$
\int_a^b fdg = \left[fg \right]_a^b - \int_a^b gdf
\tag{B.23}
$$

이것이 부분 적분에 대한 일반식이다.

f와 g가 브라운 운동을 따르는 확률 변수 x의 함수라면 식 (B.20)의 df와 dg는 브라운 운동의 제곱근 성질에 의해 각각 $\sqrt{dx}$ 차수다. 따라서 $df \cdot dg$는 dx 차수이고 브라운 운동의 추세율 dx와 비교했을 때 무시할 수 없는 항이 돼서 이전의 비확률 변수 경우와 다르게 된다.

그림 B.5는 $f(x+dx)g(x+dx)$와 $f(x)g(x)$ 사이의 전미분 $d(fg)$를 개략적으로 보여 준다. 개략도와 식 (B.20)으로부터 다음을 알 수 있다.

$$
d(fg) = fdg + gdf + dfdg
$$

이것은 영역 $A + B + C$에 대응한다. 앞서 설명했듯이 영역 B는 $dx \to 0$ 극한에서 무시할 수 없다.

$d(fg)$의 우변을 분해하는 한 가지 방법은 $(f+df)dg + gdf$로 쓰는 것이다. 이

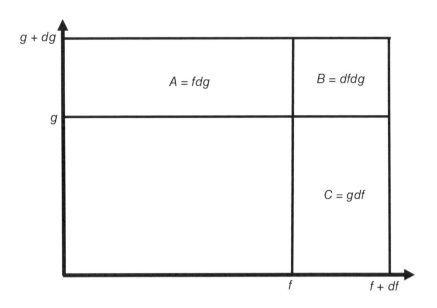

그림 B.5 확률 부분 적분의 개략도

경우 $(f + df)$는 변화 dg가 발생한 후 함수 $f(x)$의 크기이므로 $(f + df)dg$는 확률 적분의 역방향 항이며 이전에 쓰였듯이 $f[dg]_B$로 표기한다. 이에 대응해 gdf 항은 확률 적분에서 순방향 항인데 g는 변화 df 발생하기 전의 크기이기 때문이다. 그러므로 발견적으로 다음으로 쓸 수 있다.

$$d(fg) = gdf + (f + df)dg = gdf + f[dg]_B \tag{B.24}$$

다른 방법으로, $d(fg)$의 우변을 $(g + dg)df + fdg$으로 표현하면 다음을 얻는다.

$$d(fg) = fdg + g[df]_B \tag{B.25}$$

식 (B.25)를 재정렬한다.

$$fdg = d(fg) - g[df]_B \tag{B.26}$$

x에 대해 a에서 b까지 정적분을 취하면 다음의 부분 적분 공식을 얻을 수 있다.

$$\int_a^b fdg = \left[fg\right]_a^b - \int_a^b g[df]_B \tag{B.27}$$

여기서 좌변의 적분은 순방향 확률 적분이고 우변의 적분은 역방향 확률 적분이다.

부록 C

분산 스와프의 조각 선형 복제

4장에서 수익 구조가 다음으로 주어지는 파생 상품 계약을 복제해 분산을 복제하는 방법을 설명했다.

$$\pi(S_T, S_0, T, T) = \frac{2}{T} \left[\left(\frac{S_T - S_0}{S_0} \right) - \ln \left(\frac{S_T}{S_0} \right) \right] \tag{C.1}$$

여기서 T는 분산 스와프 만기까지의 시간, S_T는 만기 시점의 주가, S_0는 시간 $t = 0$에서의 초기 주가다. 그림 C.1의 부드러운 곡선은 $S_T = S_0$에서 복제 포트폴리오의 수익 구조가 0이 되는 수익 구조 함수를 나타낸다.

시간 $t = 0$에서 파생 상품 계약의 초기 가치는 분산 스와프의 가치를 개시 시점에 0으로 만드는 분산 σ_K^2 값과 동일하다. 식 C.1은 4장의 식 (4.41)이다. 무위험 이자율 r은 작고, 따라서 rT는 무시할 수 있다고 가정한다.

여기서는 유한한 개수의 옵션을 포함하는 포트폴리오로 수익 구조 $\pi(S_T, S_0, T, T)$를 대략적으로 복제하는 방법을 보여 준다. 따라서 옵션 포트폴리오의 초기 가치는 분산 스와프의 시장 가격과 비슷하다.

3장에서, $S(T) = 0$에서 시작해 $S(T)$가 증가하는 방향으로, 각 변곡점에서 필요에 따라 무위험 채권, 주식, 콜옵션, 풋옵션을 추가해 조각 선형 수익 구조 함수의 수익 구조를 어떻게 복제할 수 있는지 설명했다. 여기에서도 동일한 접근 방식을 사용할 수 있지만, 중앙에서 바깥쪽으로 작업하는 것이 더 쉽다. 그럼에도 기본 아이디어는 동일하다.

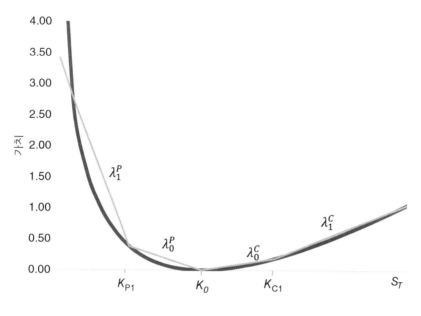

그림 C.1 분산 스와프의 조각 선형 복제

연속적으로 높은 행사가 $K_0, K_{1c}, K_{2c}, \cdots$ 을 갖는 콜옵션과 연속적으로 낮은 행사가 $K_0, K_{1p}, K_{2p}, \cdots$ 을 갖는 풋옵션을 거래할 수 있고, $K_0 = S_0$ 로 가정한다.

그다음, 앞에서 정의한 행사가에서 기울기가 끊어진 일련의 구간별 선형 조각들로 그림 C.1의 부드러운 곡선의 결과를 근사할 수 있다. 그림 C.1의 매개변수 $\lambda_i^{c,p}$ 는 근사 과정에서 연속된 선의 기울기 크기를 나타내므로 양수다.

K_0 의 오른쪽에 있는 첫 번째 조각이 행사가 K_0 인 λ_0^c 개의 콜옵션 수익 구조에 해당한다고 보는 것은 그리 어렵지 않다. 오른쪽 두 번째 조각은 행사가 K_{1c} 인 $\lambda_1^c - \lambda_0^c$ 개의 콜옵션 수익 구조에 해당하며, 첫 번째 콜옵션의 수익 구조가 더해질 때 올바른 기울기를 생성한다. 마찬가지로 K_0 의 왼쪽에 있는 첫 번째 조각은 행사가 K_0 인 λ_0^p 개의 풋옵션 수익 구조에 해당한다. 왼쪽 두 번째 조각은 행사가 K_{1p} 인 $\lambda_1^p - \lambda_0^p$ 개의 풋옵션 수익 구조에 해당하며, 첫 번째 풋옵션의 수익 구조가 더해질 때 올바른 기울기를 생성한다. 근사에서 더 많은 조각을 사용할수록 선형 근사는 실제 함수를 더 가깝게 복제한다.

분산 스와프의 대략적인 시장 가격은 시간 $t = 0$ 에서 복제 포트폴리오의 가치에 의해 주어지며, 이는 단순히 다음의 옵션 가치의 합이다.

$$V(0) = \cdots + (\lambda_2^p - \lambda_1^p)P(K_{2p}) + (\lambda_1^p - \lambda_0^p)C(K_{1p}) + \lambda_0^p P(K_0)$$
$$+ \lambda_0^c C(K_0) + (\lambda_1^c - \lambda_0^c)C(K_{1c}) + (\lambda_2^c - \lambda_1^c)C(K_{2c}) + \cdots \tag{C.2}$$

여기서 $C(K)$와 $P(K)$는 각각 시간 $t = 0$일 때 행사가 K인 표준 콜옵션과 풋옵션의 가격을 나타낸다. 식 (C.2)는 4장의 식 (4.42)다.

해답

2장

2-1. 이 문제의 정보는 다음 표에 요약돼 있다.

	S_1	S_2
A	$9	$11
B	−$5	$5
목표	$100	$100

정답은 A를 10개 매수하고, B를 2개 매도하는 것이다.

	S_1	S_2
$10 \times$ A	$90	$100
$-2 \times$ B	$10	−$10
$10 \times$ A $-2 \times$ B	$100	$100

2-2. 무위험 이자율로 차입할 수 있기 때문에 포트폴리오 P의 샤프 비율은 ABC 주식의 샤프 비율과 같다. 식 (2.2)를 사용하면 다음을 얻는다.

$$\lambda_p = \frac{\mu_p - r}{\sigma_p} = \frac{\mu_{\mathrm{ABC}} - r}{\sigma_{\mathrm{ABC}}} = \lambda_{\mathrm{ABC}}$$

위의 식을 정리하면 다음을 얻는다.

$$\mu_p = \lambda_{\text{ABC}}\,\sigma_p + r$$
$$= 0.60 \times 10\% + 2\%$$
$$= 8\%$$

2–3. 시장이 10% 상승하면 HSI의 $200 포지션은 $220의 가치가 있다. 그러나 순 장부 가치는 $120로, $220에서 대출 $100를 뺀 것이다.

다른 식으로 보면 이는 초기 $100에 레버리지된 HSI 포지션에서 $20 이익을 더한 것이다. 포트폴리오는 이제 1.83배($220/$120 = 1.83)만 레버리지된다. 포 트폴리오를 2배 레버리지를 유지하려면 추가로 $20를 차입하고 $20만큼 HSI 를 매수한다. 일정한 수준의 레버리지를 유지하는 것은 일종의 동적 복제다.

3장

3–1. 식 (3.5)와 풋–콜 패리티를 사용해 행사가 L인 풋옵션을 매수하고 행사가 U인 풋옵션을 매도하고 일정량의 무위험 채권 $Ue^{-r(T-t)}$을 매수하면 다시 칼라를 만들 수 있다.

$$\text{칼라} = S + P_L(S,t) - C_U(S,t)$$
$$= S + P_L(S,t) - [P_U(S,t) + S - Ue^{-r(T-t)}]$$
$$= P_L(S,t) - P_U(S,t) + Ue^{-r(T-t)}$$

3–2. 버터플라이 수익 구조는 행사가 $10인 콜옵션 1개를 매수하고, 행사가 $20인 콜옵션 2개를 매도하고, 행사가 $30인 콜옵션 1개를 매수하면 얻을 수 있다. 식 (3.7)에서 y 절편과 초기 기울기가 모두 0이므로 무위험 채권과 기초 자산 주식은 필요하지 않다. 기울기는 $+1$, -1, 0이 되며 각 행사가에서 콜옵션으로 $+1$, -2, $+1$만큼 기울기를 변경하면 된다.

3–3. 각 풋옵션의 -0.40 델타에 헤지하려면 0.40주를 매수해야 한다. 옵션이 100개 있으므로 총 40주를 사야 한다.

식 (3.12)는 콜옵션과 풋옵션 모두에 성립한다. 주가가 1% 오르면 dS는 \$1이고 1% 내리면 dS는 $-\$1$이고 둘 다 dS^2는 1이다. 각 헤지 옵션에 대해 나음이 성립한다.

$$
\begin{aligned}
dV(S,t) &= \Theta\, dt + \frac{1}{2}\Gamma\, dS^2 \\
&= -7.3\,\frac{1}{365} + \frac{1}{2}\,0.04 \cdot 1 \\
&= -0.02 + 0.02 \\
&= 0
\end{aligned}
$$

시간 감소와 볼록성으로 인해 전체 가치는 1% 이동에 대해 하루 동안 완벽하게 상쇄된다. 전체 포지션에 대해서 계산하면 $100 \times \$0 = \$0$다.

델타 헤지된 이 포지션은 주가가 1% 오르거나 내릴 때 손익이 발생하지 않는다.

3-4. 주식이 4% 상승하면 dS는 \$4이고 dS^2는 16이다.

$$
\begin{aligned}
dV(S,t) &= \Theta\, dt + \frac{1}{2}\Gamma\, dS^2 \\
&= -7.3\,\frac{1}{365} + \frac{1}{2}\,0.04 \cdot 16 \\
&= -0.02 + 0.32 \\
&= 0.3
\end{aligned}
$$

100개 풋옵션의 전체 포지션에 대해 수익은 $100 \times \$0.30 = \$30$다. 주가가 4% 상승하면 포지션은 수익 \$30를 얻는다.

3-5. 어떤 회사가 \$10,000어치의 구글 주식을 공매도하고 있는데 주당 \$500이므로 개수는 20주다. 이 20주는 콜옵션 100개에 대한 델타 헤지된 포지션이므로 각 콜옵션의 델타는 $20/100=0.20$이어야 한다. 이자율이 0이라 가정하고 풋-콜 패리티와 식 (3.4)를 사용하면 다음을 얻는다.

$$
\begin{aligned}
C(S,t) &= P(S,t) + S - Ke^{-r(T-t)} \\
&= P(S,t) + S - K
\end{aligned}
$$

행사가와 만기가 같은 풋옵션 1개를 매수하고, 주식 1주를 매수하고, $550만큼의 명목 금액을 갖는 무위험 할인채권를 매도하면 콜옵션 1개를 대체할 수 있다. 콜옵션 100개를 대체하려면 풋옵션 100개를 매수하고 $50,000어치의 구글 주식을 매수하고 명목 금액 $55,000을 갖는 무위험 채권을 매도해야 한다. 구글 주식을 $50,000어치 구매하면 초기 공매도 포지션을 제외하면 $40,000어치의 구글 주식이 남는다. 개수로 80주가 된다. 풋옵션 1개의 델타는 $-80/100 = -0.80$이어야 한다.

배당이 0인 경우 동일한 행사가와 만기를 갖는 콜옵션과 풋옵션에 대해서 풋-콜 패리티 $C(S,t) = P(S,t) + S - Ke^{-r(T-t)}$가 성립한다. 이 식을 주가 S에 대해 미분하면 $\Delta_C = \Delta_P + 1$을 얻는다. 현재 예에서는 $0.20 = -0.80 + 1$이다. 이것은 배당이 없는 주식에 대한 유럽형 옵션의 경우만 성립하고 배당이 있는 경우는 공식을 수정해야 한다.

3-6. 함수 그래프에서 조각별 선형 수익 구조 함수의 기울기 λ은 다음과 같다.

S	$V(S)$	λ	기울기 변화
0	20	-1.00	
10	10	0.00	1.00
20	10	1.00	1.00
30	20		
40	30		

식 (3.7)로부터 명목 금액 $20($y$ 절편과 무위험 이자율 0% 기준)인 무위험 채권을 구매하고 기초 자산 주식 1주를 매도하고(λ_0 기준), 기울기 변화를 구현하고자 행사가 10인 콜옵션 1개와 행사가 20인 콜옵션 1개를 매수한다. 최종 비용은 가격에 개수를 곱하면 얻을 수 있다.

3-7. 유사하게 수익을 복제할 수 있는데 $10 가치의 무위험 채권을 매수, 행사가 10인 풋옵션 1개 매수, 행사가 20인 콜옵션 1개 매수하면 된다. 풋-콜 패리티를

	개수	가격	비용
채권	20.00	1.00	20.00
주식	−1.00	20.00	−20.00
$C(10)$	1.00	10.09	10.09
$C(20)$	1.00	3.17	3.17
			13.26

사용해 풋옵션의 가격을 결정할 수 있다.

$$P(S,t) = C(S,t) - S + Ke^{-r(T-t)}$$

$$= 10.09 - 20 + 10$$

$$= 0.09$$

	개수	가격	비용
채권	10.00	1.00	10.00
주식	0.00	20.00	0.00
$P(10)$	1.00	0.09	0.09
$C(20)$	1.00	3.17	3.17
			13.26

새로운 포트폴리오를 구축하는 비용은 이전과 동일한 $13.26다. 서로 다른 상품으로 구성했지만 두 포트폴리오는 모두 만기에 동일한 수익 구조를 갖는다. 일물일가 법칙에서 같은 현재 가치(포트폴리오를 구축하기 위한 비용)를 가져야 한다.

4장

4–1. 식 (4.2)와 식 (4.3)을 이용해 콜옵션의 가격과 베가를 결정할 수 있다. 내재 변동성이 20%일 때 가격은 ¥845.58이고 베가는 ¥4,231.42이다. 내재 변동성이 21%로 증가하면 가격이 ¥42.31 = ¥4,231.42 × 1% 상승해 ¥887.89이 될 것

으로 기대할 수 있다. 내재 변동성이 21%일 때 실제 콜옵션의 가격은 ¥887.78
이다.

4-2. 분산 스와프의 명목 금액을 얻으려면 변동성 스와프의 명목 금액을 인도 변동
성의 2배로 나눠 줘야 한다.

$$N_{\text{var}} = \frac{1}{2\sigma_K} N_{\text{vol}}$$
$$N_{\text{var}} = \frac{1}{2 \times 0.25} 1,000,000$$
$$N_{\text{var}} = 2,000,000$$

분산 스와프의 명목 금액은 €2,000,000이어야 한다. 헤지 포지션의 수익 구조
는 다음과 같다.

$$\pi = N_{\text{vol}}(\sigma_R - \sigma_K) - N_{\text{var}}(\sigma_R^2 - \sigma_K^2)$$

다음은 실현 변동성이 24%일 때의 결과다.

$$\pi = 1,000,000(0.24 - 0.25) - 2,000,000(0.24^2 - 0.25^2)$$
$$\pi = -10,000 - (-9,800) = -200$$

실현 변동성이 30%일 때 결과는 다음이다.

$$\pi = 1,000,000(0.30 - 0.25) - 2,000,000(0.30^2 - 0.25^2)$$
$$\pi = 50,000 - (55,000) = -5,000$$

실현 변동성이 24%이면 회사는 €200, 실현 변동성이 30%이면 €5,000의 손
실이 발생한다. 실현 변동성이 행사가보다 높거나 낮으면 헤지 포지션은 손실을
입는다.

4-3. 이자율과 배당을 0으로 가정했기에 $v = 0.15 \times 0.25^{1/2} = 0.075$이고 식 (4.3)
에 사용할 수 있다. 표는 각 옵션에 대한 κ 값과 제한된 수의 기초 자산 가격에
대한 가중 평균 포트폴리오를 보여 주고, 그림은 훨씬 더 많은 기초 자산 가격
기준으로 그린 것이다. 가중 평균 그래프를 보면 행사가 주변에서 매우 안정적인
영역을 보여 주지만 옵션 적용 범위를 넘어서는 80 이하와 120 이상에서는 매우

불안정하다.

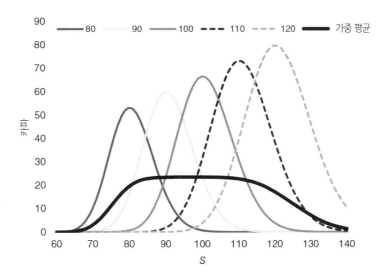

K	W_t	S								
		60	70	80	90	100	110	120	130	140
80	0.29	0.03	10.19	53.15	16.43	0.71	0.01	0.00	0.00	0.00
90	0.23	0.00	0.19	16.43	59.80	23.50	1.84	0.04	0.00	0.00
100	0.19	0.00	0.00	0.71	23.50	66.44	31.08	3.79	0.17	0.00
110	0.16	0.00	0.00	0.01	1.84	31.08	73.09	38.95	6.65	0.47
120	0.13	0.00	0.00	0.00	0.04	3.79	38.95	79.73	46.96	10.42
W_t avg	1.00	0.01	3.04	19.57	23.42	23.48	22.72	17.19	7.20	1.43

표 A4.1 5개 옵션에 대한 카파

4-4. $r = 0$, $T = 1$로 설정하고 식 (4.39)에서 시작한다.

$$\pi(S_0, S^*, 0, T) = \frac{2}{T}\left[rT - (e^{rT} - 1) + e^{rT}\int_0^{S^*} \frac{1}{K^2}P(K)dK \right.$$

$$\left. + e^{rT}\int_{S^*}^{\infty} \frac{1}{K^2}C(K)dK \right]$$

$$\pi(S_0, S^*, 0, 1) = 2\left[\int_0^{S^*} \frac{1}{K^2}P(K)dK + \int_{S^*}^{\infty} \frac{1}{K^2}C(K)dK \right]$$

$S^* = 10$과 문제에서 주어진 2차 다항식 옵션 가격을 넣어 전개하면 다음을 얻는다.

$$\pi(10, 10, 0, 1) = 2\left[\int_5^{10} \frac{1}{K^2}\left(\frac{1}{20}K^2 - 0.5K + 1.25 \right)dK \right.$$

$$\left. + \int_{10}^{15} \frac{1}{K^2}\left(\frac{1}{20}K^2 - 1.5K + 11.25 \right)dK \right]$$

$$= \frac{1}{10}\left[\int_5^{10}\left(1 - 10\frac{1}{K} + 25\frac{1}{K^2} \right)dK \right.$$

$$\left. + \int_{10}^{15}\left(1 - 30\frac{1}{K} + 225\frac{1}{K^2} \right)dK \right]$$

$$= \frac{1}{10}\left[K - 10\ln K - 25\frac{1}{K} \right]_5^{10}$$

$$+ \frac{1}{10}\left[K - 30\ln K - 225\frac{1}{K} \right]_{10}^{15}$$

$$= \frac{1}{10}\left[\left(10 - 10\ln 10 - \frac{25}{10} \right) - \left(5 - 10\ln 5 - \frac{25}{5} \right) \right.$$

$$\left. + \left(15 - 30\ln 15 - \frac{225}{15} \right) - \left(10 - 30\ln 10 - \frac{225}{10} \right) \right]$$

$$= \frac{1}{10}\left(20 + 20\ln 2 - 30\ln 3 \right)$$

$$= 2 + 2\ln 2 - 3\ln 3$$

$$\approx 0.0905$$

분산 스와프의 가격은 약 0.0905이고, 분산 스와프의 공정 행사가는 약 30%이다.

4-5. 식 (4.42)를 사용해 분산 스와프의 시장 가격을 근사할 수 있다. 식 (4.41)을 사용해 각 행사가 K_i에서 복제 포트폴리오의 값 $\pi(K_i)$를 우선 계산한다. 다음으로 조각 선형 함수에 대한 기울기 λ_i의 절댓값을 계산한다. 그런 다음 기울기를 사용해 옵션에 대한 가중치를 계산한다.

예를 들어 행사가 \$350인 사용 가능한 첫 번째 옵션의 경우 \$300에서 \$350 사이 구간에서 복제 포트폴리오의 기울기가 계산된다. 다음은 행사가 \$300에 대한 계산이다.

$$\pi(K) = \frac{2}{T}\left[\left(\frac{S_T - S^*}{S_0}\right) - \ln\left(\frac{S_T}{S_0}\right)\right]$$
$$\pi(300) = \frac{2}{0.5}\left[\left(\frac{300 - 500}{500}\right) - \ln\left(\frac{300}{500}\right)\right]$$
$$= 4\left[-\frac{2}{5} - \ln\left(\frac{3}{5}\right)\right]$$
$$= 0.433$$

마찬가지로 \$350의 행사가에 대해 계산할 수 있다.

$$\pi(350) = 0.227$$

첫 번째 기울기는 다음으로 주어진다.

$$\lambda_i = \left|\frac{\pi(K_i) - \pi(K_{i-1})}{K_i - K_{i-1}}\right|$$
$$\lambda_1 = \left|\frac{0.227 - 0.443}{350 - 300}\right| = 0.004332$$

같은 방법으로 두 번째 기울기를 구할 수 있고 값은 0.002683이다. 따라서 첫 번째 가중치를 결정할 수 있다.

$$w_1 = \lambda_1 - \lambda_2$$
$$= 0.004332 - 0.002683$$
$$= 0.001650$$

각 행사가에서 이 과정을 반복하고 식 (4.42)를 사용해 가중치를 계산하면 다음을 얻는다.

K_i	$\pi(K_i)$	λ_i	w_i	C_i	P_i	$w_i \times O_i$
300	0.443					
350	0.227	0.004332	0.001650		5.81	0.0096
400	0.093	0.002683	0.001260		15.41	0.0194
450	0.021	0.001423	0.000994		32.06	0.0319
500	0.000	0.000429	0.000429		56.23	0.0241
500	0.000	0.000375	0.000375	56.23		0.0211
550	0.019	0.001039	0.000664	37.34		0.0248
600	0.071	0.001597	0.000557	24.15		0.0135
650	0.151	0.002071	0.000475	15.30		0.0073
700	0.254					
					분산	0.1516
					변동성	0.3893

계산된 공정 분산 스와프 가치는 $(38.93\%)^2$이다. 이것은 실제 변동성인 40% 보다 작다. 이 문제에서는 사용된 행사가 범위가 좁기 때문에 공정 분산 가치가 과소 평가됐다.

4–6. 앞의 문제에서 했던 계산을 반복하면 다음 표를 얻는다.

K_i	$\pi(K_i)$	λ_i	w_i	C_i	P_i	$w_i \times O_i$
200	1.265					
250	0.773	0.009851	0.003266		0.23	0.0008
300	0.443	0.006586	0.002254		1.53	0.0034
350	0.227	0.004332	0.001650		5.81	0.0096
400	0.093	0.002683	0.001260		15.41	0.0194
450	0.021	0.001423	0.000994		32.06	0.0319
500	0.000	0.000429	0.000429		56.23	0.0241
500	0.000	0.000375	0.000375	56.23		0.0211
550	0.019	0.001039	0.000664	37.34		0.0248
600	0.071	0.001597	0.000557	24.15		0.0135
650	0.151	0.002071	0.000475	15.30		0.0073
700	0.254	0.002481	0.000409	9.53		0.0039
750	0.378	0.002837	0.000356	5.85		0.0021
800	0.520					
					분산	0.1618
					변동성	0.4022

계산된 공정 분산 스와프 가치는 $(40.22\%)^2$ 이다. 여기서는 인도 변동성이 실제 변동성인 40%보다 크나. 이 문제에서는 분산 스와프의 수익을 항상 과대평가하는 조각 선형 방법의 상향 편향의 영향이, 제한된 옵션 범위로 인한 하향 편향하는 영향보다 크다.

5장

5-1. BSM 모델에서 콜옵션과 주식은 같은 샤프 비율을 갖는 식 (5.10)을 만족한다.

$$\frac{(\mu_C - r)}{\sigma_C} = \frac{(\mu_S - r)}{\sigma_S}$$

재배열하면 다음을 얻는다.

$$\begin{aligned}
\mu_C &= (\mu_S - r)\frac{\sigma_C}{\sigma_S} + r \\
&= (\mu_S - r)\frac{S}{C}\frac{|\Delta|\sigma_S}{\sigma_S} + r \\
&= (\mu_S - r)\frac{S}{C}|\Delta| + r \\
&= (12\% - 2\%)\frac{25000}{2500}|0.6| + 2\% \\
&= 62\%
\end{aligned}$$

옵션의 기대 수익률은 62%다.

이 결과는 Δ를 상수로 취급할 수 있는 dt 동안에 대해서만 유효하다. 1년 동안 만기까지의 시간과 기초 자산 가격이 변함에 따라 옵션의 Δ도 변한다. 옵션은 레버리지가 있어서 예상 수익은 매우 높을 수 있다. 레버리지는 $|\Delta|(S/C)$와 동일하며 이 경우 6배 레버리지다. 옵션의 변동성과 초과 수익률이 모두 기초 자산 지수의 6배인지 확인해야 한다.

5-2. 초기에 콜옵션의 가치는 $5.64(내재 변동성과 잔존 만기 0.5년 기준)이고 $6.16(내재 변동성과 XYZ 가격 변동, 잔존 만기 0.496년 기준)로 증가한다. 옵션의 이익은 $0.52다. 동시에 XYZ를 $53.52만큼 매도한다(실현 변동성으로 계산한 0.5352의 델타 기준). XYZ가 $101로 증가하면 주식 포지션은 $0.54만큼 손실이 난다. 전체 헤지 포지션의 순이익은 $0.02 손실이다.

5-3. 무위험 이자율이 0이므로 헤지 P&L의 가치와 헤지 P&L의 현재 가치는 동일하다. 그 가치는 BSM 공식에서 실현 변동성을 사용한 옵션 가치와 내재 변동성을 사용한 옵션 가치의 차액과 동일하다. 즉 $V(S, \tau, \sigma_R) - V(S, \tau, \Sigma)$ 이다. 앞에서 $V(S, \tau, \Sigma) = \$5.64$ 로 계산했다. 마찬가지로 실현 변동성 25%를 사용한 옵션의 가격은 $V(S, \tau, \sigma_R) = \$7.04$ 다. 최종 P&L은 $\$7.04 - \$5.64 = \$1.41$ 다(답은 반올림 때문에 $1.40가 아니다).

5-4. P&L의 변화는 다음과 같다.

$$
\begin{aligned}
d\text{P\&L} &= dV_I - \Delta_h dS - \Delta_h SDdt \\
&\quad + [(\Delta_h S - V_h) + (V_h - V_I)]rdt \\
&= (dV_h - dV_h) + dV_I - \Delta_h dS - \Delta_h SDdt \\
&\quad + \Delta_h Srdt - V_h rdt + (V_h - V_I)rdt \\
&= dV_h - \Delta_h dS + \Delta_h(r - D)Sdt - V_h rdt \\
&\quad + (dV_I - dV_h) + (V_h - V_I)rdt
\end{aligned}
$$

이토 보조정리에서 다음을 얻는다.[2]

$$
(dV_h - \Delta_h dS) = \left(\Theta_h + \frac{1}{2}\Gamma_h S^2 \sigma_R^2 \right) dt
$$

이것을 P&L 식에 대입한다.

$$
\begin{aligned}
d\text{P\&L} &= \left(\Theta_h + \frac{1}{2}\Gamma_h S^2 \sigma_R^2 \right) dt + \Delta_h(r - D)Sdt - V_h rdt \\
&\quad + (dV_I - dV_h) + (V_h - V_I)rdt \\
&= \left(\Theta_h + \Delta_h(r - D)S + \frac{1}{2}\Gamma_h S^2 \sigma_R^2 - V_h r \right) dt \\
&\quad + (dV_I - dV_h) + (V_h - V_I)rdt
\end{aligned}
$$

헤지 변동성을 사용한 BSM 해는 다음을 만족한다.

$$
\Theta_h + \Delta_h(r - D)S + \frac{1}{2}\Gamma_h S^2 \sigma_h^2 - rV_h = 0
$$

---

2. σ_h 와 σ_R 의 사용에 주의해야 한다. — 옮긴이

따라서 P&L이 다음과 같이 변형된다.

$$dP\&L = \frac{1}{2}\Gamma_h S^2 \left(\sigma_R^2 - \sigma_h^2\right) dt + (dV_I - dV_h) + (V_h - V_I)rdt$$

$$= \frac{1}{2}\Gamma_h S^2 \left(\sigma_R^2 - \sigma_h^2\right) dt + e^{rt}d[e^{-rt}(V_I - V_h)]$$

현재 가치는 다음이 된다.

$$dPV[P\&L] = e^{-r(t-t_0)}\frac{1}{2}\Gamma_h S^2 \left(\sigma_R^2 - \sigma_h^2\right) dt$$
$$+ e^{rt_0}d\left[e^{-rt}(V_I - V_h)\right]$$

옵션의 만기까지 적분하면 최종 결과를 얻는다.

$$PV[P\&L](I,H) = V_h - V_I + \frac{1}{2}\int_{t_0}^{T} e^{-r(t-t_0)}\Gamma_h S^2 \left(\sigma_R^2 - \sigma_h^2\right) dt$$

헤지 변동성 σ_h를 실현 변동성 σ_R 또는 내재 변동성 Σ을 사용하면 이 결과는 이전 결과와 동일하게 된다.

6장

6-1. 4장에서 이자율과 배당이 0일 때 유럽형 콜옵션 가격은 다음과 같다.

$$C(S, K, v) = SN(d_1) - KN(d_2)$$
$$d_{1,2} = \frac{1}{v}\ln\left(\frac{S}{K}\right) \pm \frac{v}{2}$$

여기서 $v = \sigma\sqrt{\tau}$이다.

$$v = 0.20\sqrt{\frac{1}{4}} = 0.10$$

따라서

$$d_{1,2} = \frac{1}{0.1}\ln\left(\frac{2000}{2000}\right) \pm \frac{0.1}{2}$$
$$= \pm 0.05$$

그러므로 콜의 가격을 구할 수 있다.

$$C(S, K, v) = 2000 \times N(0.05) - 2000 \times N(-0.05)$$

$$= 2000 \times 0.52 - 2000 \times 0.48$$

$$= 1039.88 - 960.12$$

$$= 79.76$$

헤지 오차를 계산하고자 먼저 식 (6.15)으로 콜의 베가를 계산한다.

$$\frac{\partial C}{\partial \sigma} = \frac{S\sqrt{\tau}}{\sqrt{2\pi}} e^{-\frac{1}{2}d_1^2}$$

$$= \frac{2000\sqrt{\frac{1}{4}}}{\sqrt{2\pi}} e^{-\frac{1}{2}0.05^2}$$

$$= \frac{1000}{\sqrt{2\pi}} 0.999$$

$$= 398.44$$

따라서 내재 변동성이 1% 변경되면 콜 가격이 약 $4만큼 변한다. 이제 식 (6.12)를 사용해 헤지 오차의 표준편차를 구할 수 있다.

$$\sigma_{\text{HE}} \approx \sqrt{\frac{\pi}{4}} \frac{\sigma}{\sqrt{n}} \frac{\partial C}{\partial \sigma}$$

$$\approx \sqrt{\frac{\pi}{4}} \frac{0.20}{\sqrt{n}} 398.44$$

$$\approx 70.62 \frac{1}{\sqrt{n}}$$

매월 21 영업일을 가정하면 매주, 매일, 하루에 네 번의 재조정은 만기가 3개월이면 각각 63/5=12.6, 63, 63×4=252번 재조정하는 것이다. 헤지 오차의 표준편차는 다음으로 주어진다.

$$\sigma_{\text{HE}}(12.6) \approx 19.90$$

$$\sigma_{\text{HE}}(63) \approx 8.90$$

$$\sigma_{\text{HE}}(252) \approx 4.45$$

콜옵션 가격의 백분율로 표현하면 헤지 오차의 표준편차는 24.95%, 11.16%, 5.58%가 된다.

$$\frac{19.90}{79.76} \approx 24.95\%$$

$$\frac{8.90}{79.76} \approx 11.16\%$$

$$\frac{4.45}{79.76} \approx 5.58\%$$

6–2. 식 (6.18)은 헤지 오차의 표준편차에 대한 근사식이다.

$$\frac{\sigma_{\text{HE}}}{C} \approx \sqrt{\frac{\pi}{4n}} \approx \frac{0.89}{\sqrt{n}}$$

12.6, 63, 252번 재조정하는 경우 다음을 얻는다.

$$\frac{\sigma_{\text{HE}}}{C}(12.6) \approx 25.07\%$$

$$\frac{\sigma_{\text{HE}}}{C}(63) \approx 11.21\%$$

$$\frac{\sigma_{\text{HE}}}{C}(252) \approx 5.61\%$$

이 결과는 이전 문제의 결과와 크게 차이가 없다. 식 (6.18)은 옵션이 등가격일 때 헤지 오차의 표준편차에 대한 좋은 근사가 되는 것을 알 수 있다.

6–3. 이자율과 배당이 0일 때 유럽형 콜옵션의 BSM 가격은 다음과 같다.

$$C(S, K, v) = SN(d_1) - KN(d_2)$$

$$d_{1,2} = \frac{1}{v} \ln\left(\frac{S}{K}\right) \pm \frac{v}{2}$$

옵션이 등가격이면 $S = K$이므로 $d1 = v/2, d2 = -v/2$이 된다.

$$C(S, S, v) = S\left[N\left(\frac{v}{2}\right) - N\left(-\frac{v}{2}\right)\right]$$

$$= S\left[2N\left(\frac{v}{2}\right) - 1\right]$$

마지막 줄에서 정규 분포가 만족하는 $N(-x) = [1 - N(x)]$를 사용했다. x가 작은 경우 다음 근사식이 성립한다.

$$N(x) \approx N(0) + N'(0)x$$
$$\approx \frac{1}{2} + \frac{1}{\sqrt{2\pi}}x$$

위의 식에 $x = v/2$을 대입한다.

$$N(v/2) \approx \frac{1}{2}\left(1 + \frac{v}{\sqrt{2\pi}}\right)$$

따라서 다음을 얻을 수 있다.

$$C(S,S,v) \approx \frac{Sv}{\sqrt{2\pi}} = \frac{S\sigma\sqrt{\tau}}{\sqrt{2\pi}}$$

또는 다음 근사식을 사용하기도 한다.

$$C(S,S,v) \approx 0.4 S\sigma\sqrt{\tau}$$

7장

7-1. 4장에서 이자율과 배당이 0인 경우 유럽형 콜옵션의 가격은 다음과 같다.

$$C(S,K,v) = SN(d_1) - KN(d_2)$$
$$d_{1,2} = \frac{1}{v}\ln(S/K) \pm \frac{v}{2}$$

여기서 $v = \sigma\sqrt{\tau}$이다. v의 값은 다음과 같다.

$$v = 0.20\sqrt{\frac{1}{4}}$$
$$= 0.10$$

그리고 d_{12}의 값은 다음과 같다.

$$d_{12} = \frac{1}{0.10}\ln\left(\frac{2000}{2000}\right) \pm \frac{1}{2}0.10$$
$$= \pm 0.05$$

콜옵션의 가격을 구할 수 있다.

$$C(S, K, v) = 2000 \times N(0.05) - 2000 \times N(-0.05)$$

$$= 2000 \times 0.52 - 2000 \times 0.48$$

$$= 1039.88 - 960.12$$

$$= 79.76$$

거래 비용이 없는 경우 만기 3개월 등가격 콜옵션의 BSM 가격은 $79.76다.

거래 비용이 1pb이고 매일 재조정을 하는 경우 식 (7.19)를 사용해 다음을 얻는다.

$$\tilde{\sigma} \approx \sigma - k\sqrt{\frac{2}{\pi dt}}$$

$$= 0.20 - 0.0001\sqrt{\frac{2}{\pi}\frac{256}{1}}$$

$$= 0.20 - 0.0001 \times 12.77$$

$$= 0.20 - 0.0013$$

$$= 0.1987$$

BSM 공식에 대입하면 조정된 옵션 가격을 구할 수 있다.

$$\tilde{d}_{1,2} = \pm 0.04968$$

그리고 $\tilde{C}(S, K, v)$는 다음이 된다.

$$\tilde{C}(S, K, v) = 2000 \times N(0.04968) - 2000 \times N(-0.04968)$$

$$= 2000 \times 0.52 - 2000 \times 0.48$$

$$= 1039.62 - 960.38$$

$$= 79.25$$

매일 재조정을 할 때 조정된 가격은 $79.25다. 식 (7.19)의 가정에 기초해, 콜옵션의 가치는 거래 비용이 없을 때보다 $0.51 즉 0.64% 저렴하다.

내재 변동성에 대한 조정은 잔존 만기에 의존하지 않고, 재조정 빈도에만 의존하지만 옵션 가격에 미치는 영향은 잔존 만기에 따라 달라진다. 다른 모든 조건이 동일하다면 잔존 만기가 더 긴 옵션의 경우 가격 조정이 더 커진다.

7-2. 거래 비용이 없는 경우 만기 3개월 등가격 콜옵션의 BSM 가격은 $79.76다. 거래 비용이 1pb이고 매일 재조정을 하는 경우 식 (7.19)를 사용해 다음을 얻는다. 거래 비용이 없는 경우 콜옵션의 가격은 여전히 $79.76다.

거래 비용이 1pb이고 매일 재조정 하는 경우 옵션 매도 포지션에 대해 식 (7.19)를 사용하면 다음과 같다.

$$\widetilde{\sigma} \approx \sigma + k\sqrt{\frac{2}{\pi dt}}$$
$$= 0.20 + 0.0001\sqrt{\frac{2}{\pi}\frac{256}{1}}$$
$$= 0.20 + 0.0001 \times 12.77$$
$$= 0.20 + 0.0013$$
$$= 0.2013$$

BSM 공식에 대입하면 다음을 얻는다.

$$\widetilde{d}_{1,2} = \pm 0.0503$$

그리고 $\widetilde{C}(S, K, v)$는 다음과 같다.

$$\widetilde{C}(S, K, v) = 2000 \times N(0.0503) - 2000 \times N(-0.0503)$$
$$= 2000 \times 0.52 - 2000 \times 0.48$$
$$= 1040.13 - 959.87$$
$$= 80.26$$

매일 재조정을 할 때 수정된 가격은 $80.26다. 매도 옵션 포지션의 경우 거래 비용을 보전하고자 대략 $0.50 즉 0.64%를 더 청구해야 한다. 식 (7.19)의 내재 변동성에 대한 조정이 매수 포지션과 매도 포지션에 대해 대칭적일지라도 BSM 방정식은 변동성 변화에 대해 대칭이 아니다. 매수 포지션과 매도 포지션의 가격 조정은 비슷할 수 있지만, 동일하지는 않다.

매수하려는 거래자와 매도하려는 거래자의 조정 가격 차이는 $80.26 − $79.25 = $1.01다. 이는 중간 가격의 1.28%로, 딘 1bp의 거래 비용으로 인해 발생하는 자명하지 않은 매수-매도 스프레드다.

7-3. 거래 비용이 없는 경우 만기가 3개월이고 행사가 2,200인 콜옵션의 BSM 가격은 다음과 같다.

$$C(S, K, v) = 2000 \times N(-0.90) - 2000 \times N(-1.00)$$
$$= 2000 \times 0.1832 - 2200 \times 0.1579$$
$$= 366.47 - 347.39$$
$$= 19.08$$

내재 변동성에 대한 조정은 옵션의 가격도^{moneyness}에 의존하지 않으므로 문제 7−1과 동일하다. 즉 $\tilde{\sigma} \approx 19.87\%$다. BSM 공식에 대입하면 다음을 얻는다.

$$C(S, K, v) = 2000 \times N(-0.91) - 2000 \times N(-1.01)$$
$$= 2000 \times 0.1815 - 2200 \times 0.1565$$
$$= 363.06 - 344.32$$
$$= 18.74$$

조정되지 않은 가격과 조정된 가격의 차이는 $0.34 또는 1.77%다. 문제 7−1과 비교해 조정된 값의 금액은 너 작지만 백분율은 더 크다.

8장

8-1. 무위험 이자율이 0이기 때문에 콜옵션의 가격은 다음이 된다.

$$C(S, K, v) = SN(d_1) - KN(d_2)$$
$$d_1 = \frac{1}{v} \ln(S/K) + \frac{v}{2}$$
$$d_2 = \frac{1}{v} \ln(S/K) - \frac{v}{2}$$

$v = 0.10$인 경우 $d_{1,2}$는 다음 값을 갖는다.

$$d_1 = \frac{1}{0.10} \ln \left(\frac{S}{K} \right) + \frac{0.10}{2} = -0.4379$$

$$d_2 = \frac{1}{0.10} \ln \left(\frac{S}{K} \right) - \frac{0.10}{2} = -0.5379$$

콜옵션이 만기에 내가격이 될 위험 중립 확률은 다음과 같다.

$$N(d_2) = 0.30$$

콜옵션의 델타는 다음과 같다.

$$N(d_1) = 0.33$$

이 경우 델타는 위험 중립 확률과 정확히 같지 않지만 매우 좋은 근사 방법이다.

8-2. 무위험 이자율이 0이 아니기 때문에 콜옵션의 가격은 다음이 된다.

$$C(S, K, \tau, \sigma, r) = SN(d_1) - Ke^{-r\tau}N(d_2)$$

$$d_1 = \frac{\ln (S/K) + \left(r + \sigma^2/2 \right) \tau}{\sigma\sqrt{\tau}}$$

$$d_2 = \frac{\ln (S/K) + \left(r - \sigma^2/2 \right) \tau}{\sigma\sqrt{\tau}}$$

$\sigma = 20\%$이고, $\tau = 1, r = 2.0\%$이면 $d_{1,2}$는 다음이 된다.

$$d_1 = \frac{\ln \left(\frac{2000}{2100} \right) + \left(0.02 + \frac{0.20^2}{2} \right) 1}{0.20\sqrt{1}} = -0.0440$$

$$d_2 = \frac{\ln \left(\frac{2000}{2100} \right) + \left(0.02 - \frac{0.20^2}{2} \right) 1}{0.20\sqrt{1}} = -0.2440$$

내재 변동성이 더 크기 때문에 d_1과 d_2의 차이가 앞의 문제보다 더 크다.

콜옵션이 만기에 내가격이 될 위험 중립 확률은 다음과 같다.

$$N(d_2) = 0.40$$

콜옵션의 델타는 다음과 같다.

$$N(d_1) = 0.48$$

이 경우 델타 0.48은 만기에 내가격이 될 위험 중립 확률 40%에 가깝지만, 앞의 문제보다는 오차가 더 심하다.

8–3. 식 (8.9)에서 시작한다.

$$\Delta \approx \Delta_{\text{ATM}} - \frac{1}{\sqrt{2\pi}} \frac{J}{v}$$

$$\frac{1}{\sqrt{2\pi}} \frac{J}{v} \approx \Delta_{\text{ATM}} - \Delta$$

$$J \approx v\sqrt{2\pi} \left(\Delta_{\text{ATM}} - \Delta \right)$$

보기의 경우와 같이 내재 변동성 20%인 1년 만기 등가격 콜옵션의 델타는 대략 0.54라는 것을 알고 있다. 이 옵션의 경우 $v = \sigma\sqrt{\tau} = 0.2 \times \sqrt{1} = 0.20$이다. 따라서 다음이 성립한다.

$$J \approx 0.20 \times \sqrt{2\pi}(0.54 - 0.34)$$

$$J \approx 0.20 \times 2.5 \times 0.20$$

$$J \approx 0.10$$

등가격에서 대략 10%의 행사가를 높여서 행사가를 4,400으로 결정하면 된다. 정확한 BSM 공식을 사용해 계산하면 4,400 콜옵션의 델타가 0.35임을 알 수 있다. 델타 0.34를 얻으려면 행사가가 4,430에 정도가 돼야 한다.

8–4. 콜옵션의 델타는 각각 0.6, 0.58, 0.43, 0.32다. 만약 델타에 따른 내재 변동성 그래프를 그린다면 거의 선형 관계임을 알 수 있다(이 경우 행사가에 따른 내재 변동성도 거의 선형이지만, 델타에 따른 내재 변동성의 선형 관계가 약간 더 좋다). 이 관계를 다음으로 나타낼 수 있다.

$$\Sigma = \alpha + \beta\Delta$$

첫 콜옵션과 마지막 콜옵션을 사용하면 기울기를 구할 수 있다.

$$\beta = \frac{0.172 - 0.200}{0.32 - 0.60} = \frac{-0.028}{-0.28} = 0.10$$

그리고 첫 콜옵션을 사용해 절편을 구한다.

$$\alpha = 0.20 - 0.10 \times 0.60 = 0.20 - 0.06 = 0.14$$

따라서 델타와 내재 변동성의 관계식은 다음이 된다.

$$\Sigma = 0.14 + 0.10\Delta$$

델타를 대입해 원래의 내재 변동성이 재현되는지 확인하면 선형 근사의 정확도를 측정할 수 있다.

8-5. 미래의 연간 변동성이 20%라면 제곱근 규칙을 사용해 3개월 동안 +1 표준 편차는 다음과 같다.

$$0.20\sqrt{\frac{1}{4}} = 0.10 = 10\%$$

현재 S&P 500이 2,000인 경우 +1 표준 편차 이동은 행사가 2,200이 된다.

이자율과 배당률이 0이기에 콜옵션의 BSM 델타는 다음이 된다.

$$\Delta = \frac{\partial C}{\partial S} = N(d_1)$$

여기서 d_1은 다음과 같다.

$$d_1 = \frac{1}{v} \ln\left(S/K\right) + \frac{v}{2}$$

3개월 콜옵션에 대해서 $v = \sigma\sqrt{\tau} = 0.20\sqrt{\frac{1}{4}} = 0.10$이고 d_1은 다음 값을 갖는다.

$$d_1 = \frac{1}{0.10} \ln\left(\frac{2000}{2200}\right) + \frac{0.10}{2}$$

$$= -1.0031$$

BSM 델타를 구할 수 있다.

$$\Delta = N(-1.0031)$$

$$= 0.18$$

1년 콜옵션에 대해서 +1 표준 편차 이동에 해당하는 행사가는 2,400이고 d_1은 다음과 같다.

$$d_1 = \frac{1}{0.20}\ln\left(\frac{2000}{2400}\right) + \frac{0.20}{2}$$

$$= -1.0116$$

그리고 BSM 델타는 다음과 같다.

$$\Delta = N(-1.0116)$$

$$= 0.21$$

행사가는 매우 다르지만, 델타는 매우 유사하다. 미래 변동성이 일정하다고 가정하면 동일한 행사 확률을 갖는 행사가에 대한 BSM 델타는 유사할 것이다. 이것이 내재 변동성을 델타 함수의 그래프로 그리는 것이 편리한 이유 중 하나다.

8-6. 행사가 $110 콜옵션의 내재 변동성을 계산하기 위해서 행사가 $110 콜옵션의 델타를 구해야 한다. 하지만 델타를 계산하기 위해서 내재 변동성을 알아야 한다. 이것이 델타의 함수로 내재 변동성을 표현할 때 발생하는 순환성 문제다.

이 문제를 해결하려면 시행착오$^{trial\ and\ error}$ 방법을 사용하거나 최적화 함수를 사용해야 한다. 교육적인 목적으로 여기서는 시행착오 방법을 사용한다. 서로 다른 델타의 값들을 선택하고, 이에 해당하는 행사가 계산을 시도한다. 이렇게 하려면 먼저 행사가를 델타의 함수로 표현해야 한디. 콜옵션의 BSM 델타에 대한 식에 역^{inverse}을 취하면 다음을 얻는다.

$$\Delta = N(d_1)$$

$$N^{-1}(\Delta) = d_1$$

식을 다시 정리하면 다음을 얻는다.

$$N^{-1}(\Delta) = \frac{1}{v}\ln{(S/K)} + \frac{1}{2}v$$

$$\ln{(S/K)} = v\left(N^{-1}(\Delta) - \frac{1}{2}v\right)$$

$$\frac{S}{K} = \exp\left[v\left(N^{-1}(\Delta) - v/2\right)\right]$$

$$K = S\exp\left[-v\left(N^{-1}(\Delta) - v/2\right)\right]$$

이 경우는 1년 만기 콜옵션을 다루기에 $v = \Sigma$여서 K는 다음이 된다.

$$K = S\exp\left[-\Sigma\left(N^{-1}(\Delta) - \Sigma/2\right)\right]$$

Σ는 델타의 함수이기 때문에 K는 Δ(와 현재 주가)의 명시적 함수다.

관심 있는 행사가가 외가격이 아니므로 델타를 0.50으로 선택하는 것은 좋은 출발점이다. 델타가 0.50인 경우 내재 변동성은 다음과 같다.

$$\Sigma = 0.20 + 0.30\Delta$$

$$= 0.20 + 0.30 \times 0.50$$

$$= 0.35$$

$N^{-1}(0.5) = 0$을 행사가에 대한 식에 대입하면 다음을 얻는다.

$$K = S\exp\left[-\Sigma\left(N^{-1}(\Delta) - \Sigma/2\right)\right]$$

$$= 100\exp\left[-0.35\left(N^{-1}(-0.50) - 0.35/2\right)\right]$$

$$= 106.32$$

따라서 델타가 0.50인 행사가는 \$106.32에 해당한다. 그러므로 \$110 콜옵션의 델타는 0.50보다 작아야 한다. 그래서 $\Delta = 0.40$을 시도한다.

$$\Sigma = 0.20 + 0.30\Delta$$

$$= 0.32$$

그리고 K는 다음과 같다.

$$K = 100 \exp \left[-0.32 \left(N^{-1}(0.40) - 0.32/2 \right) \right]$$

$$= 114.14$$

$\Delta = 0.50$은 너무 높고, $\Delta = 0.40$은 너무 낮다. 다음 시도로서 중간값인 0.45를 시도할 수 있다. 또는 조금 더 멋지게 하고 싶으면 다음과 같이 처음에 시도한 2개 값을 이용해 보간할 수 있다.

$$\Delta_{\text{new}} = 0.50 \left(\frac{114.14 - 110}{114.14 - 106.32} \right) + 0.40 \left(\frac{110 - 106.32}{114.14 - 106.32} \right)$$

$$= 0.50 \times 0.52 + 0.40 \times 0.48$$

$$= 0.4529$$

이것을 공식에 대입하면 새로운 Δ는 행사가 \$110.09에 해당한다.

이 과정을 반복해 이제 0.50과 0.4529 사이를 보간하면 0.4541의 새로운 시도 델타를 얻는다. 이를 대입하면 다음과 같은 내재 변동성을 얻는다.

$$\Sigma = 0.020 + 0.30\Delta$$

$$= 0.020 + 0.30 \times 0.4541$$

$$= 0.3362$$

그리고 K는 다음과 같다.

$$K = 100 \exp \left[-0.3362 \left(N^{-1}(0.4541) - 0.3362/2 \right) \right]$$

$$= 110.00$$

원하는 행사가를 구했다. 행사가가 \$110인 콜옵션에 대한 내재 변동성은 대략 33.62%다.

9장

9–1. 등가격 콜옵션의 가격은 \$7.97다. 내재 변동성 20.00%, 21.00%, 21.25%에 대해 행사가 \$101의 콜옵션 가격은 각각 \$7.52, \$7.91, \$8.01다.

식 (9.15)에서 행사가 1% 증가할 때 내재 변동성 증가의 상한은 약 1.25% 였다. 내재 변동성이 변하지 않을 때 $101 콜 가격은 예상대로 등가격 콜 가격 보다 낮다. 변동성이 1% 증가하더라도 $101 가격은 등가격보다 여전히 낮다. 그 러나 내재 변동성을 1.25% 증가시키면 $101 콜 가격은 약간 높아진다. 무위험 차익 거래 불가능의 원칙으로 행사가가 높은 콜은 행사가가 낮은 콜보다 가격이 낮아야 한다. 따라서 21.25%의 내재 변동성은 너무 높다. 이 문제에서 정확한 상한 내재 변동성은 21.13%이고, 식 (9.15)에서 제안된 근삿값보다 약간 작다.

9-2. 등가격 풋옵션의 가격은 $7.97다. 내재 변동성이 20.00%, 18.75%, 18.50%인 경우 행사가 $101인 풋옵션의 가격은 각각 $8.52, $8.02, $7.92다.

내재 변동성이 일정하게 유지되면 예상대로 행사가가 증가함에 따라 풋 가 격이 상승한다. 내재 변동성이 1.25% 감소하면 가격은 등가격 풋옵션보다 조금 높다. 내재 변동성을 1.50% 낮추면 $101 행사가 풋옵션 가격이 등가격 풋옵션 보다 낮아져 차익 거래 제약 조건을 위반한다. 이 문제에서 정확한 하한 경계는 1.38% 감소이고, 식 (9.15)에서 제안한 근삿값보다 약간 작다.

9-3. 등가격 콜옵션과 식 (9.15)를 사용해 상한 경계를 $26.25\% = 20.00\% + 6.25\%$ 로 추측할 수 있다.

$$d\sigma \leq 1.25/\sqrt{\tau}dK/K = 1.25 \times 5\% = 6.25\%$$

세 콜의 BSM 가격을 계산하면 등가격 콜 가격 $159.31에 비해 2,100 행사가 에서 $167.73의 가격을 생성하는 26.25% 내재 변동성이 너무 높다는 것을 알 수 있다. 몇 번의 시행 착오를 통해 25.19%의 내재 변동성이 등가격 콜 가격 바로 아래인 $159.29의 콜 가격을 생성한다는 것을 알 수 있다.

K	σ	C
2,000	20.00%	159.31
2,200	15.00%	50.00
2,100	26.25%	167.73
2,100	25.19%	159.29

25.19%를 사용하면 등가격 콜이 2,100 콜보다 가격이 높다. 25.19%을 내재 변동성으로 사용하는 것은 기울기 규칙을 위반하지 않지만, 곡률 규칙을 위반한 다. 가격의 변화에서 이 위반을 확인할 수 있다. 행사가 2,000에서 2,100까지 콜 가격은 $-\$0.02 = \$159.29 - \$159.31$로 변하지만 2,100에서 2,200까지는 $-\$109.29 = \$50.00 - \$159.29$로 변한다. 식 (9.9)에 따르면 곡률은 0보다 크 거나 같아야 하고 이는 변화량의 변화가 양수가 돼야 한다. 25.19%를 사용해 버터플라이 스프레드 가격을 계산하면 문제를 더 명확하게 볼 수 있다.

$$\pi_B = C(K - dK) - 2C(K) + C(K + dK)$$

$$= 159.31 - 2 \times 159.29 + 50$$

$$= -109.26$$

무위험 차익 거래 불가능 원칙에 따라 버터플라이 스프레드는 음수 값을 가질 수 없다.

곡률 규칙에 부합하는 내재 변동성 상한선을 찾고자 음이 아닌 버터플라이 스프레드 가격을 만드는 가장 높은 내재 변동성을 찾아보자. 18.29%의 변동성 은 2,100 콜에 대해 $104.64의 가격을 생성한다. 이것은 버터플라이 스프레드 가격을 $0.04로 만들기에 괜찮다. 18.30%의 변동성은 버터플라이 스프레드 음 수 가격을 생성하므로 18.29%를 내재 변동성의 상한선으로 정할 수 있다.

10장

10-1. 이 문제에서 주어진 선형 모델은 행사가 범위가 $1,700 \le K \le 2,100$에서 콜옵 션 가격에 대한 합리적인 근삿값을 제공한다. 이 모델에서 조심해야 할 것이 두 가지 있다. 첫 번째는 모델을 너무 멀리 확장하려고 하면 매우 불합리한 가격이 생성되기 시작한다. $K = 2,239$ 이상에서는 모델이 실제로 음의 콜옵션 가격을 생성하기 시작한다.

또 다른 문제는 버터플라이 스프레드 가격과 관련이 있다. 콜옵션 가격이 행사가에 선형인 경우 곡률이 0이 되고, 이는 곧 버터플라이 스프레드 가치를 항상 0이 되게 한다. 행사가 1,800, 1,900, 2,000인 콜 3개의 가격은 각각

325, 251, 177이었고 버터플라이 스프레드의 가격은 $325 - 2 \times 251 + 177 = 0$ 이다.

무차익 관점에서 버터플라이 스프레드 하한 가격은 0이어서 기술적으로 가능하고 10장에서 논의된 제한 사항을 위반하지 않지만 이는 매우 드문 경우다. 11장에서 살펴보겠지만 버터플라이 스프레드의 가격은 만기 시점에 주식이 $(K - dK)$와 $(K + dK)$ 사이에 끝나는 경우 \$1를 지불하는 유가 증권의 시장 가격과 관련이 있다. 버터플라이 스프레드의 가격이 0이라는 것은 만기 시점에 기초 자산 지수가 $(K - dK)$와 $(K + dK)$ 사이에 있을 확률이 0이라고 인식한다는 것을 의미한다. S&P 500 콜 가격 함수가 1,700부터 2,100 사이에서 선형이라면 이것은 11개월이 지난 시점에 S&P 500 지수가 1,700에서 2,100 사이에 놓일 확률이 없다는 것을 의미한다. 이것이 진실일 것 같지 않다.

11장

11–1. 식 (11.3)을 사용하면 의사 확률을 계산할 수 있다.

$$\mathbb{P}[\text{NDX} < 4000] = \$0.28 \times e^{0.05} = 29.44\%$$

$$\mathbb{P}[4000 \leq \text{NDX} \leq 4500] = \$0.51 \times e^{0.05} = 53.61\%$$

$$\mathbb{P}[\text{NDX} > 4500] = \$0.02 \times e^{0.05} = 21.03\%$$

증권 3개는 실세상의 모든 가능한 상태를 포함한다. NDX가 4,000 이하이거나 또는 4,000에서 4,500 사이이거나 4,500 이상이다. 다른 가능성은 없다. 그러나 의사 확률의 합은 100%가 아닌 104.08%다. 증권 가격은 올바르게 평가되고 있지 않다.

증권 3개를 모두 \$0.99에 매도하고, \$0.99를 무위험 이자율로 투자한다. 1년 후에 투자한 \$0.99는 \$1.04가 된다. 매도한 증권 3개를 매수하고자 \$1를 사용한다(하나는 \$1, 나머지 2개는 \$0가 될 것이다). 그러면 차액 \$0.04는 차익 거래의 이익이 된다.

11–2.

$$V(S,t) = \frac{pV(K,T)}{(1+r)^{\frac{1}{2}}}$$

$$p = \frac{V(S,t)}{V(K,T)}(1+r)^{\frac{1}{2}}$$
$$= \frac{1.00}{10.30}(1.0609)^{\frac{1}{2}}$$
$$= \frac{1.00}{10.30}(1.03)$$
$$= \frac{1.03}{10.30}$$
$$= 10\%$$

11–3. 식 (11.6)을 사용한다.

$$V(S,t) = e^{-r(T-t)}\int_{10}^{12} f(K)V(K,T)\,dK$$

$$= e^{-0.04\times1}\int_{10}^{12}(-75+20K-K^2)\frac{1}{200}(K-10)^3\,dK$$

$$= \frac{e^{-0.04\times1}}{200}\int_{10}^{12}(75000-42500K+9250K^2$$
$$- 975^3 + 50K^4 - K^5)\,dK$$

$$= \frac{e^{-0.04\times1}}{200}\left[75000K - 21250K^2 + \frac{9250}{3}K^3\right.$$
$$\left.- \frac{975}{4}K^4 + 10K^5 - \frac{1}{6}K^6\right]_{10}^{12}$$

$$= \frac{e^{-0.04\times1}}{200}(104256 - 104167)$$

$$= 0.43$$

현재 공정가은 $0.43다.

11–4. 연간 복리 무위험 이자율을 r로 표시하자. 식 11.14과 같이 브리덴–리첸베르거 공식을 사용하면, 위험 중립 확률 밀도는 다음과 같다.

$$\rho(S,t,K,T) = (1+r)^2\left(\frac{20}{21^2}e^{-K/21}\right)$$

모든 수익 구조에 대한 확률 밀도를 알고 있기 때문에 세상의 모든 상태에서 $1를 지불하는 무위험 채권을 평가할 수 있다. 일정한 수익 구조에 대한 위험 중립 확률 밀도를 적분하면 가치 B를 얻는다.

$$\begin{aligned}
B &= \frac{1}{(1+r)^2} \int_0^\infty 1 \cdot \rho(S, t, K, T) dK \\
&= \frac{1}{(1+r)^2} \int_0^\infty (1+r)^2 \left(\frac{20}{21^2} e^{-K/21} \right) \\
&= \frac{20}{21^2} \int_0^\infty e^{-K/21} dK \\
&= \frac{20}{21}
\end{aligned}$$

따라서 2년 만기 무이표채는 $1를 $(1+r)^2$로 할인한 값으로 20/21이 되는 것을 알았으므로 무위험 이자율 $r = 2.47\%$가 된다.

12장

12-1. 구성된 포트폴리오는 18.69 BRL의 가치가 있다. 포트폴리오는 2개의 특정 시점에만 옵션이 소멸되기 때문에 경계를 따라 언제든지 소멸 가능한 경계 옵션의 가격보다 상당히 높다. 복제 포트폴리오의 구성 요소는 다음 표에 기술돼 있다.

개수	유형	행사가	만기 T	가치, $t = 0$		가치, $t = 6$개월	
				$S = 6,000$	$S = 5,000$	$S = 6,000$	$S = 5,000$
1.00	콜	5,500	1년	1,182.67	605.41	926.80	373.39
−1.37	콜	6,000	1년	−1,306.34	−630.99	−926.80	−331.74
0.18	콜	6,000	6개월	123.68	44.27	0.00	0.00
포트폴리오				0.00	18.69	0.00	41.65

12-2. 생성-소멸 패리티를 사용해 상승생성 콜옵션에 대한 복제 포트폴리오를 구성할 수 있다. 다른 모든 것이 동일할 경우 상승생성 콜옵션의 가격은 표준 콜옵션의 가격에서 상승소멸 콜옵션을 뺀 가격과 같아야 한다. 표준 콜옵션을 매수하고

상승소멸 콜옵션을 위한 복제 포트폴리오를 매도함으로써 상승생성 콜옵션에 대한 복제 포트폴리오를 구성할 수 있다. 이전 문제의 결과를 사용하면 다음을 얻는다.

개수	유형	행사가	만기 T	가치, $t = 0$		가치, $t = 6$개월	
				$S = 6,000$	$S = 5000$	$S = 6,000$	$S = 5,000$
1.37	콜	6,000	1년	1,306.34	630.99	926.80	331.74
-0.18	콜	6,000	6개월	-123.68	-44.27	0.00	0.00
포트폴리오				1,182.67	586.72	926.80	331.74

표준 콜옵션은 원래 복제 포트폴리오의 첫 번째 콜옵션에 의해 완벽하게 상쇄돼 새 복제 포트폴리오에 옵션 2개만 남는다.

$t = 0, t = 6$개월일 때 상승소멸 복제 포트폴리오의 가치는 경계에서 0이므로 상승생성 복제 포트폴리오는 $t = 0$에서 1,182.67 BRL, $t = 6$개월에서 926.80 BRL인 경계 위에서의 표준 콜옵션의 가치와 같다. BSM 공식 사용해 이를 확인할 수 있다. 이 복제 포트폴리오의 현재 가치는 586.72 BRL이다. 이 가치에 이전 문제의 상승소멸 콜옵션 가치 18.69 BRL을 더하면 행사가와 만기가 동일한 표준 콜옵션의 가치인 605.41 BRL과 같다.

12-3. 현재 시간을 $t = 0$이라고 하고 T를 옵션의 만기로 표시한다. 행사가 1,900이고 만기 $T = 12$개월인 유럽형 풋옵션 매수 포지션이 경계에 닿지 않은 경우 만기 시의 이익을 일치시킨다.

그런 다음 만기부터 역방향으로 진행해 경계를 따라 수익 구조를 일치시킨다. 만기 2개월 전 지수가 1,600일 때 만기 1년 행사가 1,900 풋옵션의 가치는 $309.91다. 이를 상쇄하려면 만기 $T = 12$개월이고 행사가 1,600인 풋옵션을 매도해야 한다. 만기 2개월 전 이 풋옵션은 경계에서 $52.10의 가치가 있다. 5.78 = $300.91/$52.10개수의 풋옵션을 매도함으로써 $t = 10$개월에 경계에서 $0 가치의 포트폴리오를 얻는다.

다음으로 $t = 8$개월 시점에 경계 위에서 처음 두 풋옵션은 $-$119.38의 가치가 있다. 이 가치를 상쇄하려면 $T = 10$개월 행사가 1,600인 풋옵션을 매수해야 한다. 이런 풋옵션의 가치는 $52.50이므로 2.29 = 119.38/52.50개수의 풋옵션이 필요하다.

이러한 방식으로 계속하면 표와 같은 정적 복제 포트폴리오가 완성된다. BSM을 기반으로 하는 이 포트폴리오는 $24.60의 가치가 있으며 경계에 닿는 순간 소멸되는 실제 하락소멸 풋옵션의 가치 $20.22보다 약간 더 비싸다. 이 포트폴리오는 문제에 기술된 제약 조건을 모두 충족한다. 특히 $t = 0, 2, 4, 6, 8, 10$개월 시점에 $S = 1,600$에서 그 값이 0임을 확인할 수 있다.

				가치, $t = 0$	
개수	유형	행사가	만기 T	$S = 2,000$	$S = 1,600$
1.00	풋	1,900	1년	110.39	337.60
-5.78	풋	1,600	1년	-136.98	-736.05
2.29	풋	1,600	10개월	39.99	266.64
0.74	풋	1,600	8개월	8.55	77.40
0.35	풋	1,600	6개월	2.19	32.02
0.21	풋	1,600	4개월	0.43	15.27
0.14	풋	1,600	2개월	0.02	7.12
포트폴리오				24.60	0.00

12–4. 식 (12.4)는 다음과 같다.

$$N'\left(\frac{\ln\left(B/2S\right) + \sigma^2\tau/2}{\sigma\sqrt{\tau}}\right) - \alpha N'\left(\frac{\ln\left(S/B\right) + \sigma^2\tau/2}{\sigma\sqrt{\tau}}\right) = 0$$

2개의 새로운 변수 x 및 y를 정의하며 시작한다.

$$x = \frac{\ln\left(B/S\right) + \sigma^2\tau/2}{\sigma\sqrt{\tau}}, \qquad y = \frac{\ln\left(S/B\right) + \sigma^2\tau/2}{\sigma\sqrt{\tau}}$$

x 및 y와 식 (12.4)를 이용하면 다음과 같다.

$$\frac{1}{\sqrt{2\pi}}e^{-\frac{1}{2}x^2} - \alpha\frac{1}{\sqrt{2\pi}}e^{-\frac{1}{2}y^2} = 0$$

$\alpha = e^\beta$ 로 쓰면

$$e^{-\frac{1}{2}y^2 + \beta} = e^{-\frac{1}{2}x^2}$$

$$-\frac{1}{2}y^2 + \beta = -\frac{1}{2}x^2$$

$$\beta = \frac{1}{2}(y^2 - x^2)$$

x와 y를 대입하면 다음을 얻는다.

$$\beta = \frac{1}{2\sigma^2\tau}\left[\left(\ln(S/B)^2 + \ln(S/B)\,\sigma^2\tau + \sigma^4\tau^2\right)\right.$$

$$\left. - \left(\ln(B/S)^2 + \ln(B/S)\,\sigma^2\tau + \sigma^4\tau^2\right)\right]$$

$$= \frac{1}{2\sigma^2\tau}\left[\ln(S/B)^2 - \ln(B/S)^2 + \ln(S/B)\,\sigma^2\tau - \ln(B/S)\,\sigma^2\tau\right]$$

$$= \frac{1}{2}\left[\ln(S/B) - \ln(B/S)\right]$$

$$= \ln(S/B)$$

$\alpha = e^\beta$ 이므로 최종 결과를 얻는다.

$$\alpha = \frac{S}{B}$$

13장

13–1. 식 (13.6), 식 (13.7), 식 (13.8)을 사용해 매개변수를 결정할 수 있다.

$$u = \sigma\sqrt{dt} = 0.2\sqrt{\frac{1}{256}} = \frac{0.2}{16} = 0.0125$$

$$d = -\sigma\sqrt{dt} = -u = -0.0125$$

$$p = \frac{1}{2} + \frac{1}{2}\frac{\mu}{\sigma}\sqrt{dt} = \frac{1}{2} + \frac{1}{2}\frac{0.1}{0.2}\sqrt{\frac{1}{256}}$$

$$= \frac{1}{2} + \frac{1}{2}\frac{1}{32} = 0.516$$

현재 주가가 \$75라면 첫 번째 단계 이후 주가가 \$75.94 = \$75 × $e^{0.0125}$ 가 될 확률은 51.6%이고, 주가가 \$74.07 = \$75 × $e^{-0.0125}$ 가 될 확률은 48.4%다.

두 번째 단계 이후 주가가 \$76.90 = \$75.94 × $e^{0.0125}$ 가 될 확률은 26.6% 이고, 주가가 \$75 = \$75.94 × $e^{-0.0125}$ = \$74.07 × $e^{0.0125}$ 가 될 확률은 50.0% 이고, 주가가 \$73.15 = \$74.07 × $e^{-0.0125}$ 가 될 확률은 23.5%다. 확률을 합하면 100.1%가 되는 것처럼 보이지만, 이는 반올림으로 인한 것일 뿐이다. 실제로 주가는 이 세 마디점 중 하나에서 끝나야 하며, 확률의 합은 정확히 100%가 된다. 이 이항 모델은 닫혀 있다. 즉 처음 마디점에서 위로 올라간 후 내려온 마디점과 내려간 후 올라온 마디점의 주가는 동일하다. 또한 처음 마디점에서 위로 올라간 후 내려온 마디점과 내려간 후 올라온 마디점은 초기 가격인 \$75로 돌아온다. 이것은 CRR 모델의 중요한 특징이다.

13-2. 식 (13.13)을 사용한다.

$$u = \mu dt + \sigma \sqrt{dt} = 0.1 \frac{1}{256} + 0.2 \sqrt{\frac{1}{256}}$$

$$= 0.0004 + 0.0125 = 0.0129$$

$$d = \mu dt - \sigma \sqrt{dt} = 0.1 \frac{1}{256} - 0.2 \sqrt{\frac{1}{256}}$$

$$= 0.0004 - 0.0125 = -0.0121$$

JR 방식에서 $q = (1 - q) = 1/2$이다. 현재 주가가 \$75이면 첫 번째 단계 이후 주식이 \$75.97 = \$75 × $e^{0.0129}$ 가 될 확률은 50%이고, 주가가 \$74.10 = \$75 × $e^{-0.0121}$ 가 될 확률은 50%다.

두 번째 단계 이후 주가가 \$76.96 = \$75.97 × $e^{0.0129}$ 가 될 확률은 25%이고, 주가가 \$75.06 = \$75.97 × $e^{-0.0129}$ = \$74.10 × $e^{0.0129}$ 가 될 확률은 25% 이고, 주가가 \$73.21 = \$74.10 × $e^{-0.0121}$ 가 될 확률은 25%다. CRR 모델과 마찬가지로 이항 모델은 닫히지만, 이 경우 중앙 마디점의 가격은 초기 가격과 동일하지 않다.

13-3. 만기 3개월인 무위험 채권의 가격은 다음과 같다.

$$B = e^{-0.25 \times 0.04} \, \$2,100 = \$2,079.10$$

SPX의 가격을 무위험 채권으로 환산한다.

$$S_B = \frac{S}{B} = \frac{2000}{2079.10} = 0.96$$

$v = \sigma\sqrt{\tau} = 0.16\sqrt{0.25} = 0.08$이며 d_1과 d_2를 계산한다.

$$
\begin{aligned}
d_{1,2} &= \frac{1}{v}\ln(S_B) \pm \frac{v}{2} \\
&= \frac{1}{0.08}\ln(0.96) \pm \frac{0.08}{2} \\
&= -0.48 \pm 0.04
\end{aligned}
$$

마지막으로 콜옵션의 가치를 계산한다.

$$
\begin{aligned}
C_B(S_B, v, r, \tau) &= S_B N(d_1) - N(d_2) \\
&= 0.96 \times N(-0.44) - N(-0.52) \\
&= 0.96 \times 0.33 - 0.30 \\
&= 0.0159
\end{aligned}
$$

콜옵션은 행사가와 동일한 액면가를 갖는 무위험 채권의 1.59%의 가치가 있다. C_B에 채권의 가격을 곱하면 $0.0159 \times \$2,079.10 = \$33.02$를 얻는다. 이것을 표준 BSM 가격과 비교할 수 있다.

13-4. $v = \sigma\sqrt{\tau} = 0.16\sqrt{0.25} = 0.08$이고, 식 (13.43)을 사용해 다음을 얻을 수 있다

$$
\begin{aligned}
d_{1,2} &= \frac{1}{v}\ln\left(\frac{Se^{-b\tau}}{K}\right) \pm \frac{v}{2} \\
&= \frac{1}{0.08}\ln\left(\frac{2000e^{-0.04 \times 0.25}}{2100}\right) \pm \frac{0.08}{2} \\
&= -0.73 \pm 0.04
\end{aligned}
$$

그러면 콜옵션의 가치는 다음과 같다.

$$C_B(S, K, v, b, \tau) = Se^{-b\tau}N(d_1) - KN(d_2)$$

$$= 2000 \times e^{-0.04 \times 0.25}N(-0.69) - 2100 \times N(-0.77)$$

$$= 2000 \times 0.99 \times 0.24 - 2100 \times 0.22$$

$$= \$21.95$$

13–5. 이 문제를 해결하려면 앞의 두 문제에 사용된 기술을 결합해야 한다. 배당이 없는 유럽형 옵션의 가치에 대한 식 (13.39)로부터 다음으로 표현된다.

$$C_B(S_B, v, r, \tau) = S_B N(d_1) - N(d_2)$$

$$d_{1,2} = \frac{1}{v}\ln(S_B) \pm \frac{v}{2}$$

여기서 $B = Ke^{-r\tau}$이고 $S_B = S/B$이다. 배당이 0이 아니어서 S의 $e^{-b\tau}$ 주에 대한 옵션의 가치를 평가하는 것과 같으므로 이전 방정식에서 S_B를 $e^{-b\tau}S_B$로 대체해야 한다. 그러면 콜옵션의 가치는 다음이 된다.

$$C_B(S_B, v, r, b, \tau) = e^{-b\tau}S_B N(d_1) - N(d_2)$$

$$d_{1,2} = \frac{1}{v}\ln\left(e^{-b\tau}S_B\right) \pm \frac{v}{2} = \frac{1}{v}\left[\ln(S_B) - b\tau \pm \frac{1}{2}v^2\right]$$

연습문제 13–3과 같이 만기 3개월 무위험 채권의 가격은 $\$2,079.10$이고, 채권으로 환산한 SPX의 가격은 0.96, $v = 0.08$이다. 이 값을 식에 대입하면 다음을 얻는다.

$$d_{1,2} = \frac{1}{v}\left[\ln(S_B) - b\tau \pm \frac{1}{2}v^2\right]$$

$$= \frac{1}{0.08}\left[\ln(0.96) - 0.04 \times 0.25 \pm \frac{1}{2}0.08^2\right]$$

따라서 $d_{1,2}$는 다음이 된다.

$$d_1 = -0.57 \quad \text{그리고} \quad d_2 = -0.65$$

이제 콜옵션의 가치를 계산할 수 있다.

$$C_B(S_B, v, r, b, \tau) = e^{-b\tau} S_B N(d_1) - N(d_2)$$

$$= e^{-0.04 \times 0.25} 0.9620 \, N(-0.57) - N(-0.65)$$

$$= e^{-0.04 \times 0.25} 0.9620 \times 0.2844 - 0.2579$$

$$= 0.2708 - 0.2579$$

$$= 0.0130$$

콜옵션의 가치는 무위험 채권 가치의 1.30%다. 이 값에 채권 가치를 곱하면 콜옵션의 가격을 달러로 구할 수 있다.

$$C_B(S_B, v, r, b, \tau) = 0.0130 \times \$2,079.10$$

$$= \$26.93$$

표준 BSM 공식을 사용하면 이것이 정확한 달러 가격인지 확인할 수 있다.

13-6. 가장 먼저 해야 할 일은 연간 선도 이자율을 계산하는 것이다. 1년 무위험 이자율이 5%이고 2년 무위험 이자율이 7.47%이면 다음의 식에 따라 2년차의 선도 이자율은 10%다.

$$(1 + 0.05)(1 + 0.10) = (1 + 0.0747)^2$$

마찬가지로 3년차의 선도 이자율은 15%다.

$$(1 + 0.05)(1 + 0.10)(1 + 0.15) = (1 + 0.0992)^3$$

다음으로 선도 변동성을 계산한다. 2년 동안의 총 분산은 1년차의 분산에 2년차의 선도 분산을 더한 것과 같다. 다음의 식에 따라 2년차의 선도 변동성은 30%다.

$$20.0\%^2 + 30.0\%^2 \approx 2(25.5\%^2)$$

비슷한 방식으로 3년차의 선도 변동성을 계산할 수 있다. 모든 것을 종합하면 다음과 같다.

	1년	2년	3년
무위험 이자율	5.00%	7.47%	9.92%
변동성	20.00%	25.50%	31.10%
선도 이자율	5.00%	10.00%	15.00%
선도 변동성	20.00%	30.00%	40.00%

첫 해에 각각의 시간 구간은 $dt_1 = 0.10$이다. 여기에서 하첨자는 단계가 아니라 연도에 해당한다. 매년 $\sigma_i\sqrt{dt_i}$가 같도록 해야 한다.

$$\sigma_i\sqrt{dt_i} = \sigma_1\sqrt{dt_1}$$
$$dt_i = \frac{\sigma_1^2}{\sigma_i^2}dt_1$$

따라서 다음 식이 성립한다.

$$dt_2 = \frac{0.20^2}{0.30^2}0.10 = 0.044$$
$$dt_3 = \frac{0.20^2}{0.40^2}0.10 = 0.025$$

이로부터 2년을 생성하는 데 대략 23단계, 3년을 생성하는 데 대략 40단계가 필요하다. 불행하게도 이 방법은 구간의 개수가 정수가 되는 것을 보장하지 않는다. 점점 더 작은 시간 간격을 사용하면 반올림 오차는 줄어든다.

$\sigma_i\sqrt{dt_i}$는 매년 같기 때문에 CRR 이항 모델의 위쪽과 아래쪽 매개변수는 모든 단계마다 동일하다. 식 (13.6), 식 (13.7), 식 (13.8)을 사용하면 다음을 얻는다.

$$u = \sigma\sqrt{dt} = 0.2\sqrt{0.10} = 0.0632$$
$$d = -\sigma\sqrt{dt} = -u = -0.0632$$

마지막으로, 식 (13.28)을 사용해 각 연도에 대한 $q-$측도에서의 확률을 계산할 수 있다.

$$q = \frac{e^{rdt} - e^{-\sigma\sqrt{dt}}}{e^{\sigma\sqrt{dt}} - e^{-\sigma\sqrt{dt}}}$$

$$q_1 = \frac{e^{0.05 \times 0.01} - e^{-0.20\sqrt{0.01}}}{e^{0.20\sqrt{0.10}} - e^{-0.20\sqrt{0.10}}} = 0.5238$$

$$q_2 = \frac{e^{0.10 \times 0.04} - e^{-0.30\sqrt{0.04}}}{e^{0.30\sqrt{0.04}} - e^{-0.30\sqrt{0.04}}} = 0.5194$$

$$q_3 = \frac{e^{0.15 \times 0.02} - e^{-0.40\sqrt{0.02}}}{e^{0.40\sqrt{0.02}} - e^{-0.40\sqrt{0.02}}} = 0.5139$$

이 경우 q 값이 매년 변하는 이유는 시간 간격이 변하기 때문만이 아니라 무위험 이자율도 변하기 때문이다.

14장

14–1. 주가에 대한 함수로서 국소 변동성의 그래프는 다음과 같다.

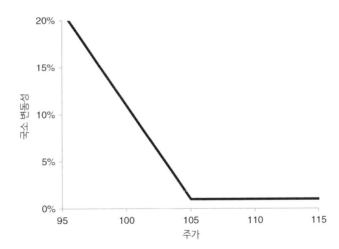

처음 5개 단계의 주가 이항 모델은 다음과 같다.

주가 이항 모델

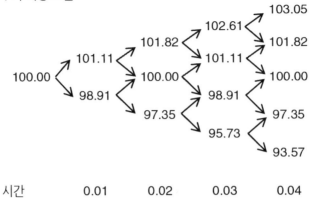

| 시간 | 0.01 | 0.02 | 0.03 | 0.04 |

보기 8.1과 비교할 때[3] 국소 변동성은 더 높게 시작하지만 주가가 상승함에 따라 더 빨리 감소한다. 이런 이유로 다섯 번째 단계에서 가장 높은 마디점은 보기 8.1의 \$103.34에 비해 \$103.05에 불과하다. 마찬가지로 국소 변동성은 가격이 하락함에 따라 더 빠르게 증가하고, 가장 낮은 마디점 \$93.57은 보기 8.1의 \$95.22보다 낮다.

14-2. 네 번의 시간 간격은 다섯 번째 단계로 만든다. 해당 단계에서 행사가보다 높은 가격은 가장 높은 마디점인 \$103.05뿐이다. 이 마디점에서 콜옵션은 \$1.05의 가치가 있다. 이 마디점에 도달할 확률을 찾고자 먼저 $q-$ 측도에서 전이확률 이항 모델을 구성한다.

위험 중립 전환 확률

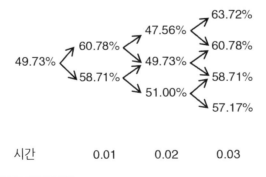

| 시간 | 0.01 | 0.02 | 0.03 |

---

3. 정확히 이야기하면 보기 8.1은 3단계이며 이후 이를 본문에서 5단계로 확장한 내용과 비교해야 한다. — 옮긴이

마지막 시점에서 가장 높은 마디점은 각 기간에서 위로 이동해야만 도달할 수 있다. 가장 높은 마디점에 도달할 누적 확률은 $49.73\% \times 60.78\% \times 47.56\% \times 63.72\% = 9.16\%$ 다.

다른 마디점에 도달할 누적 확률은 필요하지 않지만, 이런 확률을 계산하는 것은 유용한 확인 역할을 할 수 있다. 각 단계에 대한 확률의 합은 최대 100% 가 돼야 한다. 이항 모델의 모든 마디점에 대한 누적 확률은 다음과 같다.

위험 중립 누적 확률

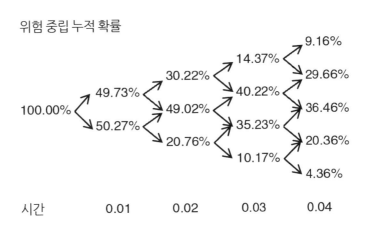

무위험 이자율이 0이기 때문에 옵션의 현재 가치와 미래 가치는 $9.16\% \times \$1.05 = \$0.10$ 으로 동일하다. 이것은 보기 8.1에서 얻은 것과 같은 가격이다. 가장 높은 마디점의 가격이 보기 8.1보다 낮더라도 해당 마디점에 도달할 확률은 더 높다. 소수 자릿수를 몇 자리 더 계산하면 이 문제의 옵션 가격이 실제로 보기 8.1보다 약간 낮다는 것을 알 수 있다(\$0.0966과 \$0.1009). 현재 가격과 행사가 사이의 평균 국소 변동성은 이 문제에서 보기 8.1의 9%와 동일하지만 변화 속도는 2 배 빠르다.

14–3. CRR 모델에서 이항 모델의 중심 마디점은 동일하게 유지되지만, 무위험 이자 율은 중심 이외의 마디점과 전이확률에 영향을 미친다. 주가의 이항 모델은 다 음과 같다.

주가 이항 모델

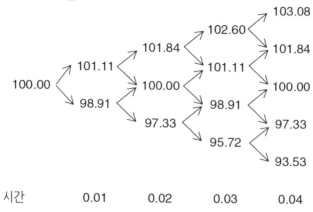

| 시간 | 0.01 | 0.02 | 0.03 | 0.04 |

위험 중립 전이확률은 다음과 같다.

위험 중립 전환 확률

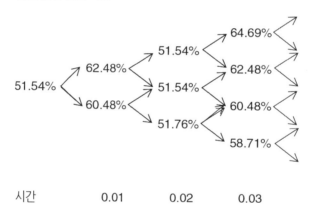

| 시간 | 0.01 | 0.02 | 0.03 |

이전 문제에서와 같이 만기에 주가가 가장 높은 마디점 $103.05만 내가격에 포함될 것이다. 이 마디점에 도달할 확률은 이제 $51.54\% \times 62.48\% \times 51.54\% \times 64.69\% = 10.74\%$다. 옵션의 가치는 마지막 시점에 가장 높은 마디점의 할인된 확률 가중 값이다.

$$C = e^{-4 \times 0.01 \times 0.04} \times 10.74\% \times (103.08 - 102.00)$$

$$= \$0.12$$

이전 문제와 비교해 콜옵션의 가치가 더 높다. 양수의 무위험 이자율 때문에 선도 가격이 이전보다 더 높다. 주가의 기대 가치는 시간이 지남에 따라 상승하고, 가장 높은 마디점에 도달할 확률은 더 높아진다. 이는 무위험 이자율을 높이면 콜옵션을 복제하고자 매도하는 채권의 가치가 떨어지기 때문에 콜옵션의 가치가 높아진다는 사실과 일치한다.

14-4. 처음 2단계는 다음과 같다.

$$u = 0.20 \times 0.10 = 0.02$$

$$d = -u = 0.02$$

두 번째 단계에서 위의 마디점은 $\$200 \times e^u = \$204.04$이고, 아래의 마디점은 $\$200 \times e^d = \$196.04$다. 이런 방식을 계속해 처음 3단계의 이항 모델은 다음과 같다.

주가 이항 모델

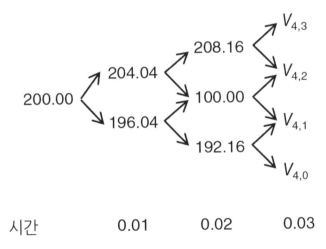

| 시간 | 0.01 | 0.02 | 0.03 |

이제 3단계의 중심 마디점에 대한 최대 국소 변동성 σ_M을 찾아야 한다. σ_M을 증가시키면 $V_{4,2}$는 증가하고 $V_{4,1}$은 감소한다. $V_{4,2}$는 3단계의 가장 높은 마디점 $\$208.16 = \$200 \times e^{2u}$보다 클 수 없다. 만약 크다면 $\$208.16$의 가치를 갖는 마디점은 더 높은 가격을 갖는 2개의 마디점으로 전환할 것이며, 이는 무

위험 차익 거래를 허용할 것이다. 마찬가지로 $V_{4,1}$은 3단계의 가장 낮은 마디점 $192.16 = \$200 \times e^{2d}$ 보다 낮을 수 없다.

$$V_{4,2} = \$200e^{\sigma_M \sqrt{0.01}} \leq \$200 \times e^{2u} = \$208.16$$

$$V_{4,1} = \$200e^{-\sigma_M \sqrt{0.01}} \geq \$200 \times e^{2d} = \$192.16$$

따라서 다음이 성립해야 한다.

$$\sigma_M \sqrt{0.01} \leq 2u$$

$$-\sigma_M \sqrt{0.01} \geq 2d$$

u와 d에 대한 초깃값을 대입하면 위의 두 제약 조건에서 다음을 얻는다.

$$\sigma_M \leq 2 \times 20\% = 40\%$$

3단계의 중심 마디점에 대한 최대 국소 변동성은 40%다.

15장

15-1. 캘린더 스프레드는 만기 1.01년 $1,000 행사가 콜옵션 매수와 만기 1년 $1,000 행사가 콜옵션 매도로 구성한다. 버터플라이 스프레드는 3개의 콜옵션이 포함돼 있으며 만기는 모두 1년이다. 행사가 $1,010 콜옵션 매수 1개, 행사가 $1,000 콜옵션 매도 2개, 행사가 $990 콜옵션 매수 1개이다. 옵션에 대한 BSM 값은 다음과 같다.

S	K	τ	$\Sigma(K)$	d_1	d_2	$C(K, \tau)$
1,000	990	1.00	10.10%	0.1500	0.0490	45.27
1,000	1,000	1.00	10.00%	0.0500	-0.0500	39.88
1,000	1,010	1.00	9.90%	-0.0510	-0.1500	34.88
1,000	1,000	1.01	10.00%	0.0502	-0.0502	40.08

캘린더 스프레드와 버터플라이 스프레드 가치는 다음과 같다.

$$캘린더 = \$45.28 - 2 \times \$39.88 + \$34.88 = \$0.40$$

$$버터플라이 = \$40.08 - \$39.88 = \$0.20$$

듀파이어 식에 필요한 미분의 근사치를 구한다.

$$\frac{\partial C(S, t, K, T)}{\partial T} \approx \frac{캘린더}{dT} = \frac{\$0.2}{0.01} = 19.87$$

$$\frac{\partial^2 C(S, t, K, T)}{\partial K^2} \approx \frac{버터플라이}{dK^2} = \frac{\$0.40}{(\$10)^2} = 0.0040$$

듀파이어 식에서 국소 변동성을 구할 수 있다.

$$\sigma^2(K, T) = \frac{2\dfrac{\partial C(S, t, K, T)}{\partial T}}{K^2 \dfrac{\partial^2 C(S, t, K, T)}{\partial K^2}}$$

$$\sigma^2(1000, 1) = \frac{2 \times 19.87}{1000^2 \times 0.0040}$$

$$= 0.0100$$

위에서 계산한 정확도에 따르면 국소 변동성은 위 결과의 제곱근 10%이다. 등가격 국소 변동성은 등가격 내재 변동성인 10%와 거의 같음을 알 수 있다. 내재 변동성이 행사가만 의존할 때 당연한 결과다.

15-2. 관련된 콜옵션의 정보는 다음과 같다.

S	K	τ	$\Sigma(K)$	d_1	d_2	$C(K, \tau)$
1,000	890	1.00	11.16%	1.0998	0.9881	118.06
1,000	900	1.00	11.05%	1.0086	0.8981	109.53
1,000	910	1.00	10.94%	0.9166	0.8072	101.22
1,000	900	1.01	11.05%	1.0041	0.8931	109.66

캘린더 스프레드와 버터플라이 스프레드 가치는 다음과 같다.

$$캘린더 = \$118.06 - 2 \times \$109.53 + \$101.22 = \$0.22$$

$$버터플라이 = \$109.66 - \$109.53 = \$0.13$$

다음으로 듀파이어 식에 필요한 도함수의 근사치를 구한다.

$$\frac{\partial C(S,t,K,T)}{\partial T} \approx \frac{캘린더}{dT} = \frac{\$0.13}{0.01} = 13.25$$

$$\frac{\partial^2 C(S,t,K,T)}{\partial K^2} \approx \frac{버터플라이}{dK^2} = \frac{\$0.22}{(\$10)^2} = 0.0022$$

듀파이어 식에서 국소 변동성을 구할 수 있다.

$$\sigma^2(K,T) = \frac{2\dfrac{\partial C(S,t,K,T)}{\partial T}}{K^2\dfrac{\partial^2 C(S,t,K,T)}{\partial K^2}}$$

$$\sigma^2(900,1) = \frac{2 \times 13.25}{900^2 \times 0.0022}$$

$$= 0.0149$$

국소 변동성은 위 결과의 제곱근인 12.2%이다. 등가격 국소 변동성과 내재 변동성은 동일했지만 주가 \$900의 국소 변동성(12.2%)은 행사가 \$900의 내재 변동성 11.1%보다 훨씬 높다. 직관적으로 내재 변동성은 국소 변동성의 평균이므로 국소 변동성은 내재 변동성보다 더 빨리 변해야 한다. 이 문제에서 국소 변동성은 거의 2배나 빠르게 변경됐고 이는 2배의 법칙의 또 다른 예다. 또한 11.1%는 10%와 12.2%의 선형 평균값임을 알 수 있다.

15–3. 행사가 \$1,000 근처의 만기 1년 콜 관련 정보는 다음과 같다.

S	K	τ	$\Sigma(K)$	d_1	d_2	$C(K,\tau)$
1,000	990	1.00	15.15%	0.1421	-0.0094	65.21
1,000	1,000	1.00	15.00%	0.0750	-0.0750	59.79
1,000	1,010	1.00	14.85%	0.0073	-0.1413	54.62
1,000	1,000	1.01	15.05%	0.0756	-0.0756	60.28

캘린더 스프레드와 버터플라이 스프레드 가치는 다음과 같다.

$$캘린더 = \$54.62 - 2 \times \$59.79 + \$65.22 = \$0.27$$

$$버터플라이 = \$60.28 - \$59.79 = \$0.50$$

다음으로 듀파이어 식에 필요한 편미분 값들을 근사적으로 구한다.

$$\frac{\partial C(S,t,K,T)}{\partial T} \approx \frac{\text{캘린더}}{dT} = \frac{\$0.50}{0.01} = 49.75$$

$$\frac{\partial^2 C(S,t,K,T)}{\partial K^2} \approx \frac{\text{버터플라이}}{dK^2} = \frac{\$0.27}{(\$10)^2} = 0.0027$$

듀파이어 식에서 국소 변동성을 구할 수 있다.

$$\sigma^2(K,T) = \frac{2\dfrac{\partial C(S,t,K,T)}{\partial T}}{K^2\dfrac{\partial^2 C(S,t,K,T)}{\partial K^2}}$$

$$\sigma^2(1000,1) = \frac{2 \times 49.75}{1000^2 \times 0.0027}$$

$$= 0.0375$$

1년 시점 주가 $1,000일 때 국소 변동성은 위 결과의 제곱근인 19.4%이다.

행사가 $900 근처의 만기 1년 콜 관련 정보는 다음과 같다.

S	K	τ	$\Sigma(K)$	d_1	d_2	$C(K,\tau)$
1,000	890	1.00	16.74%	0.7797	0.6122	132.68
1,000	900	1.00	16.58%	0.7184	0.5527	124.98
1,000	910	1.00	16.41%	0.6567	0.4926	117.47
1,000	900	1.01	16.63%	0.7139	0.5467	125.41

캘린더 스프레드와 버터플라이 스프레드 가치는 다음과 같다.

$$\text{캘린더} = \$117.47 - 2 \times \$124.98 + \$132.68 = \$0.19$$

$$\text{버터플라이} = \$125.41 - \$124.98 = \$0.43$$

다음으로 듀파이어 식에 필요한 편미분을 근사적으로 구할 수 있다.

$$\frac{\partial C(S,t,K,T)}{\partial T} \approx \frac{\text{캘린더}}{dT} = \frac{\$0.43}{0.01} = 42.67$$

$$\frac{\partial^2 C(S,t,K,T)}{\partial K^2} \approx \frac{\text{버터플라이}}{dK^2} = \frac{\$0.19}{(\$10)^2} = 0.0019$$

듀파이어 식에서 국소 변동성을 구할 수 있다.

$$\sigma^2(K, T) = \frac{2\dfrac{\partial C(S, t, K, T)}{\partial T}}{K^2\dfrac{\partial^2 C(S, t, K, T)}{\partial K^2}}$$

$$\sigma^2(900, 1) = \frac{2 \times 42.67}{900^2 \times 0.0019}$$

$$= 0.0562$$

1년 시점 주가 \$900일 때 국소 변동성은 위 결과의 제곱근인 23.7%이다.

행사가 \$1,000일 때의 내재 변동성은 주가 \$1,000일 때의 국소 변동성의 대략적인 평균으로 간주할 수 있다. 만기가 0이고 $S = K = \$1,000$일 때 내재 변동성과 국소 변동성은 모두 10%이다. 1년 만기 $K = \$1,000$의 내재 변동성은 15%이다. $\tau = 0, S = 1,000$과 $\tau = 1, S = 1,000$ 사이의 국소 변동성의 평균으로 15%를 바라본다면 $\tau = 1$에서 국소 변동성은 약 20%로 이전에 계산한 더 정확한 값인 19.4%의 차이가 그리 크지 않다.

마찬가지로 $\tau = 1, K = \$900$에서 내재 변동성을 대략 (1) $\tau = 0, S = \$1,000$에서 10%의 국소 변동성과 (2) $\tau = 1, S = \$900$에서 23.7%의 국소 변동성 평균으로 간주할 수 있다. 평균은 주식의 초깃값에서 행사가까지 취한다. 이 평균$(10\% + 23.7\%)/2 = 16.8\%$는 \$900에 행사된 1년 옵션의 내재 변동성에 대한 추정치이며 문제 15–3의 공식으로 구한 내재 변동성은 16.6%이다. 직관에 의한 추정치가 꽤 인상적이다. 다시 언급하자면 내재 변동성은 시작 시점의 기초 자산 가격과 만기 시점의 행사가 사이의 경로에 있는 국소 변동성의 평균에 의해 잘 근사된다는 것을 알 수 있다.

15–4. $S_{T_1} \leq Ke^{r(T_1-t)}$인 경우 T_1이 만기인 옵션은 0의 가치로 끝나서 T_1 시점에서 캘린더 스프레드의 가치는 0보다 크거나 같은 T_2 만기인 옵션의 가치가 된다.

다음으로 T_1 시점에서 $S_{T_1} \geq Ke^{r(T_1-t)}$인 경우 캘린더 스프레드의 가치 $V(t, T_1, T_2)$를 고려한다. T_1 만기 옵션이 내가격이므로 가치가 0이 아니다.

$$V(T_1, T_1, T_2) = C\left(S_{T_1}, T_1, Ke^{r(T_2-t)}, T_2\right)$$

$$- C\left(S_{T_1}, T_1, Ke^{r(T_1-t)}, T_1\right)$$

T_1 시점에서 $S_{T_1} \geq Ke^{r(T_1-t)}$ 인 경우 T_1 만기 옵션은 내가격으로 만료되므로 다음이 성립한다.

$$V(T_1, T_1, T_2) = C\left(S_{T_1}, T_1, Ke^{r(T_2-t)}, T_2\right) \\ - \left(S_{T_1} - Ke^{r(T_1-t)}\right)$$

여기서 콜옵션이 같은 행사가의 선도 계약보다 항상 가치가 크거나 같다라는 사실을 이용하면 T_2 만기 옵션에 대해 다음 관계가 성립한다.

$$C\left(S_{T_1}, T_1, Ke^{r(T_2-t)}, T_2\right) \geq S_{T_1} - e^{-r(T_2-T_1)}\left(Ke^{r(T_2-t)}\right) \\ \geq S_{T_1} - Ke^{r(T_1-t)}$$

결국 다음을 얻는다.

$$V(T_1, T_1, T_2) \geq \left(S_{T_1} - Ke^{r(T_1-t)}\right) - \left(S_{T_1} - Ke^{r(T_1-t)}\right) \\ \geq 0$$

T_1 시점 이후에는 캘린더 스프레드의 값은 항상 0보다 크거나 같다. 따라서 T_1 이전의 시점에도 동일하게 $V(t, T1, T2)$는 0보다 크거나 같아야 한다. 그렇지 않으면 차익 거래가 발생한다.

15-5. 캘린더 스프레드의 가격을 BSM 내재 변동성으로 표현하고자 한다.

$$V(t, T, T+dT) = C\left(S, t, Ke^{r(T+dT-t)}, T+dT\right) \\ - C\left(S, t, Ke^{r(T-t)}, T\right)$$

$dT \to 0$일 때 식의 우변은 T에 대한 미분으로 표현된다.

$$V(t, T, T+dT) = \frac{d}{dT}\left[C\left(S, t, Ke^{r(T-t)}, T\right)\right] dT \\ = \frac{d}{dT}\left[C_{\text{BSM}}\left(S, t, Ke^{r(T-t)}, T, r, \Sigma\left(S, t, Ke^{r(T-t)}, T\right)\right)\right] dT$$

문제에서 정의한 선도 행사가에 대한 총 분산 $v = (T-t)\Sigma^2$을 이용하여 BSM

공식을 다음으로 변형할 수 있다.

$$C_{\text{BSM}}\left(S, t, Ke^{r(T-t)}, T, r, \Sigma\left(S, t, Ke^{r(T-t)}, T\right)\right)$$

$$= f(S, K, v)$$

$$= SN(d_1) - KN(d_2)$$

$$d_{1,2} = \frac{1}{\sqrt{v}}\ln\left(\frac{S}{K}\right) \pm \frac{\sqrt{v}}{2}$$

연쇄 법칙에 따르면 C_{BSM}의 모든 T 종속성은 단일 변수 v에 있으므로 다음을 얻을 수 있다.

$$\frac{dC_{\text{BSM}}}{dT} = \frac{\partial}{\partial v}f(S, K, v)\frac{\partial v}{\partial T}$$

우변의 첫 번째 항은 이전 장들에서 양수로 알려진 BSM 베가에 단순히 비례 항이다. 따라서 $V(t, T, T + dT) \geq 0$이라는 요구 사항은 $\partial v/\partial T \geq 0$이라는 요구 사항과 동일하다.

16장

16–1. 먼저 식 (16.3)을 사용해 내재 변동성을 추정한다.

$$\Sigma(S, K) = \sigma_0 + 2\beta S_0 - \beta(S + K)$$

$$= 0.25 + 2 \times 0.00005 \times 4000 - 0.00005(4000 + 4200)$$

$$= 0.25 + 0.00005(8000 - 8200)$$

$$= 0.25 - 0.00005(200)$$

$$= 0.25 - 0.01$$

$$= 0.24$$

BSM 델타와 베가를 계산하려면 먼저 d_1을 계산해야 한다.

$$v = \sigma\sqrt{\tau} = 0.24\sqrt{1} = 0.24$$

$$d_1 = \frac{1}{v}\ln\left(\frac{S}{K}\right) + \frac{v}{2}$$

$$= \frac{1}{0.24}\ln\left(\frac{4000}{4200}\right) + \frac{0.24}{2}$$

$$= -0.0833$$

BSM 민감도는 다음과 같다.

$$\Delta_{\text{BSM}} = N(d_1) = 0.47$$

$$V_{\text{BSM}} = \frac{S\sqrt{\tau}}{\sqrt{2\pi}}e^{-\frac{1}{2}d_1^2} = 1590$$

식 (16.6)에 대입하면 헤지 비율을 구할 수 있다.

$$\Delta \approx \Delta_{\text{BSM}} - V_{\text{BSM}}\beta$$

$$\approx 0.47 - 1590 \times 0.00005$$

$$\approx 0.39$$

정확한 헤지 비율은 약 0.39이고 BSM 헤지 비율 0.47보다 상당히 낮다.

16-2. 이 문제를 해결하는 방법은 두 가지다. 첫 번째는 앞의 문제와 동일한 계산을 반복하는 것이다. 풋옵션 행사가는 앞의 문제에서 콜옵션 행사가와 동일하며 내재 변동성은 여전히 동일한 값인 24%이다. 만기와 행사가가 동일한 콜옵션과 풋옵션의 BSM 베가 또한 동일하므로 풋옵션의 BSM 베가도 1,590이다. 유일한 차이점은 BSM 델타다. 풋옵션의 BSM 델타는 다음으로 주어진다.

$$\Delta_{\text{BSM}} = -N(-d_1) = -0.53$$

이것을 콜옵션과 풋옵션 모두에 유효한 식 (16.6)에 대입한다.

$$\Delta \approx \Delta_{\text{BSM}} - V_{\text{BSM}}\beta$$

$$\approx -0.53 - 1590 \times 0.00005$$

$$\approx -0.61$$

정확한 헤지 비율은 약 -0.61이다.

두 번째 방법은 모델 의존성이 없는 풋-콜 패리티를 사용하는 것이다.

$$C - P = S - Ke^{-r\tau}$$

$$\frac{\partial C}{\partial S} - \frac{\partial P}{\partial S} = 1$$

$$\Delta_C - \Delta_P = 1$$

앞의 문제에서 국소 변동성에서 콜옵션의 델타 0.39를 사용해 계산할 수 있다.

$$\Delta_P = \Delta_C - 1$$
$$= 0.39 - 1$$
$$= -0.61$$

첫 번째 방법에서 구한 값과 정확히 같다. 델타를 조정하는 식 (16.6)에서 V_{BSM} 항이 콜옵션과 풋옵션 모두에 대해 동일하기 때문에 풋-콜 패리티 관계가 유지된다.

18장

18-1. 현재 등가격 내재 변동성은 다음과 같이 찾을 수 있다.

$$\Sigma(K) = 0.25 - 0.00005(K - 4000)$$
$$= 0.25 - 0.00005(4000 - 4000)$$
$$= 0.25$$

NDX 수준이 10% 증가하면 지수 수준이 4,400이 되며 등가격 내재 변동성은 다음과 같다.

$$\Sigma(K) = 0.25 - 0.00005(4400 - 4000)$$
$$= 0.25 - 0.00005(400)$$
$$= 0.25 - 0.02$$
$$= 0.23$$

마찬가지로 NDX의 수준이 10% 감소해 3,600인 경우

$$\Sigma(K) = 0.25 - 0.00005(3600 - 4000)$$
$$= 0.25 - 0.00005(-400)$$
$$= 0.25 + 0.02$$
$$= 0.27$$

행사가 고착 규칙을 사용하면 내재 변동성을 계산하기 위해 잔존 만기나 지수 수준을 알 필요가 없다.

18–2. $S = K = 1,000$일 때 Σ_{ATM}에 대해 식을 푸는 것으로 시작한다.

$$\Sigma_{\text{ATM}} = 0.18 - 0.02 \frac{\ln(K/S)}{\Sigma\sqrt{\tau}}$$
$$= 0.18$$

Σ_{ATM}은 $S = K = 1,000$일 때 만기가 1년 또는 3개월인 옵션 모두 18%이다.

다른 행사가의 경우 2차 방정식을 사용해 Σ를 풀어야 한다.

$$\Sigma = 0.18 - 0.02 \frac{\ln(K/S)}{\Sigma\sqrt{\tau}}$$
$$\Sigma^2 = 0.18\Sigma - 0.02 \frac{\ln(K/S)}{\sqrt{\tau}}$$
$$\Sigma^2 - 0.18\Sigma + 0.02 \frac{\ln(K/S)}{\sqrt{\tau}} = 0$$

위의 2차 방정식에서 Σ를 구할 수 있다.

$$\Sigma = \frac{0.18 \pm \sqrt{0.18^2 - 4 \times 0.02 \frac{\ln(K/S)}{\sqrt{\tau}}}}{2}$$
$$= 0.09 \pm \frac{1}{2}\sqrt{0.18^2 - 0.08 \frac{\ln(K/S)}{\sqrt{\tau}}}$$

잔존 만기가 1년이고 900 행사가의 경우 다음을 얻는다.

$$\Sigma =0.09 \pm \frac{1}{2}\sqrt{0.18^2 - 0.08\frac{\ln{(900/1000)}}{\sqrt{1}}}$$

$$=0.09 + 0.1010$$

$$=0.1910$$

여기서 스큐의 부호를 고려해 양수의 제곱근을 사용한다.

마찬가지로 잔존 만기 3개월 900 행사가의 경우 다음을 얻는다.

$$\Sigma =0.09 \pm \frac{1}{2}\sqrt{0.18^2 - 0.08\frac{\ln{(900/1000)}}{\sqrt{0.25}}}$$

$$=0.09 + 0.1110$$

$$=0.2010$$

여기에 사용한 델타 고착 규칙의 경우 내재 변동성은 행사가의 동일한 하락에 대해 더 짧은 만기에서 더 빠르게 증가한다. 이것은 표준편차에 대한 더 큰 비율을 의미한다.

18-3. 등가격 식은 여전히 동일하고 이 문제에서는 행사가가 1,000이 아닌 900을 사용한다. 행사가가 900인 옵션의 내재 변동성은 잔존 만기와 관계없이 18%이다. 잔존 만기가 1년이고 1,000 행사가의 경우 다음을 얻는다.

$$\Sigma =0.09 \pm \frac{1}{2}\sqrt{0.18^2 - 0.08\frac{\ln{(1000/900)}}{\sqrt{1}}}$$

$$=0.09 + 0.0774$$

$$=0.1674$$

잔존 만기가 3개월이고 1,000 행사가의 경우 다음을 얻는다.

$$\Sigma =0.09 \pm \frac{1}{2}\sqrt{0.18^2 - 0.08\frac{\ln{(1000/900)}}{\sqrt{0.25}}}$$

$$=0.09 + 0.0623$$

$$=0.1523$$

다음 표에는 이 문제와 앞의 문제의 결과가 요약돼 있다.

		Σ	
K	τ	$S = 1,000$	$S = 900$
1,000	1.00	18.00%	16.74%
900	1.00	19.10%	18.00%
1,000	0.25	18.00%	15.23%
900	0.25	20.10%	18.00%

예상한 것과는 달리 내재 변동성 곡면은 지수가 하락했을 때 위로 이동하지 않고 아래로 이동했다. 음의 스큐인 상황에서 델타 고착 규칙의 특성이다.

19장

19–1. 시계열 모델을 다음으로 변형한다.

$$\sigma_{t+1} = \sigma_t + 0.4(20\% - \sigma_t) + \epsilon_t$$

$\sigma_0 = 16\%$, $\epsilon_0 = +3\%$, $\epsilon_1 = -3\%$를 사용하면 다음을 알 수 있다.

$$\sigma_1 = \sigma_0 + 0.4(20\% - \sigma_0) + \epsilon_0$$
$$= 16\% + 0.4(20\% - 16\%) + 3\%$$
$$= 16\% + 1.6\% + 3\%$$
$$= 20.6\%$$

그런 다음 이 값을 시계열 모델에 다시 대입한다.

$$\sigma_2 = \sigma_1 + 0.4(20\% - \sigma_1) + \epsilon_1$$
$$= 20.6\% + 0.4(20\% - 20.6\%) - 3\%$$
$$= 20.6\% - 0.24\% - 3\%$$
$$= 17.36\%$$

홍미롭게도 이 문제에서 첫 번째 쇼크는 변동성이 장기 평균을 초과하게 만든다.

쇼크가 반대가 되면 σ_1이다.

$$\sigma_1 = \sigma_0 + 0.4(20\% - \sigma_0) + \epsilon_0$$
$$= 16\% + 0.4(20\% - 16\%) - 3\%$$
$$= 16\% + 1.6\% - 3\%$$
$$= 14.6\%$$

그리고 σ_2는 다음의 값이다.

$$\sigma_2 = \sigma_1 + 0.4(20\% - \sigma_1) + \epsilon_1$$
$$= 14.6\% + 0.4(20\% - 14.6\%) + 3\%$$
$$= 14.6\% + 2.16\% + 3\%$$
$$= 19.76\%$$

쇼크가 반대 순서이면 먼저 평균에서 멀어지고 다시 평균으로 돌아간다. 보기 19.1의 문제에서 대칭의 쇼크가 반드시 쇼크가 없는 것과 동일한 결과를 생성하지는 않는다는 것을 알았다. 이 문제의 결과에서 쇼크의 순서도 최종 변동성에 영향을 준다.

19-2. 평균 회귀 매개변수가 0.1이고 $\epsilon_0 = +3\%$, $\epsilon_1 = -3\%$인 경우 σ_1은 다음과 같다.

$$\sigma_1 = \sigma_0 + 0.1(20\% - \sigma_0) + \epsilon_0$$
$$= 16\% + 0.1(20\% - 16\%) + 3\%$$
$$= 16\% + 0.4\% + 3\%$$
$$= 19.4\%$$

그리고 이 값을 시계열 모델에 다시 대입한다.

$$\sigma_2 = \sigma_1 + 0.1(20\% - \sigma_1) + \epsilon_1$$

$$= 19.4\% + 0.1(20\% - 19.4\%) - 3\%$$

$$= 19.4\% + 0.06\% - 3\%$$

$$= 16.46\%$$

$\epsilon_0 = -3\%$ 이고 $\epsilon_1 = +3\%$ 로 쇼크가 반대가 되면 σ_1 은 다음과 같다.

$$\sigma_1 = \sigma_0 + 0.1(20\% - \sigma_0) + \epsilon_0$$

$$= 16\% + 0.1(20\% - 16\%) - 3\%$$

$$= 16\% + 0.4\% - 3\%$$

$$= 13.4\%$$

그리고 σ_2 는 다음과 같다.

$$\sigma_2 = \sigma_1 + 0.1(20\% - \sigma_1) + \epsilon_1$$

$$= 13.4\% + 0.1(20\% - 13.4\%) + 3\%$$

$$= 13.4\% + 0.66\% + 3\%$$

$$= 17.06\%$$

앞의 문제와 마찬가지로 쇼크의 순서가 중요하다. 이전 문제와 달리 평균 회귀 매개변수가 더 낮기 때문에(0.4 대비 0.1) 변동성은 장기 평균인 20%까지 이동 하지 않고 초깃값인 16%에 가깝게 유지된다.

19–3. 반감기 공식을 나타내는 식 (19.14)는 다음과 같다.

$$t = \frac{1}{\alpha} \ln(2)$$

$\alpha = 0.4$일 때 반감기는 다음과 같다.

$$t(0.4) = \frac{1}{0.4}\ln(2)$$
$$= 2.5 \times 0.69$$
$$= 1.73$$

$\alpha = 0.1$일 때 반감기는 다음과 같다.

$$t(0.1) = \frac{1}{0.1}\ln(2)$$
$$= 10.0 \times 0.69$$
$$= 6.93$$

반감기는 각각 1.73과 6.93이다. α를 4로 나누면 반감기가 4배로 증가한다.

$\alpha = 0.4$이고 장기 평균이 20%인 보기 19.1의 평균 회귀 관련 문제에서, 쇼크가 없을 때 변동성은 24.00%에서 22.40%로 이동한 다음 21.44%로 이동했다. 첫 번째 단계와 두 번째 단계 사이의 어느 지점에서 중간 지점인 22% = 0.5(24% - 20%)를 통과했으며, 반감기는 1.73와 일치한다.

19-4. 배당과 무위험 이자율을 0으로 가정하면 유럽형 콜옵션의 가격은 다음과 같다.

$$C(S, K, \sigma, \tau) = SN(d_1) - KN(d_2)$$
$$d_{1,2} = \frac{1}{v}\ln(S/K) \pm \frac{v}{2}$$

여기서 $v = \sigma\sqrt{\tau}$이다.

SPX의 현재 수준(2,000)과 변동성(20%)을 기준으로 행사가 2,000이고 만기가 1.01년인 유럽형 콜옵션의 가격은 다음과 같다.

$$C(2000, 2000, 0.20, 1.01) = 2000N(0.1005) - 2000N(-0.1005)$$
$$= 160.10$$

첫 번째 시간 간격 이후 4개의 마디점은 다음과 같다.

$$C(1900, 2000, 0.15, 1.00) = 1900N(-0.2670) - 2000N(-0.4170)$$
$$= 73.32$$

$$C(2100, 2000, 0.15, 1.00) = 2100N(0.4003) - 2000N(0.2503)$$

$$= 178.97$$

$$C(1900, 2000, 0.25, 1.00) = 1900N(-0.08002) - 2000N(-0.3302)$$

$$= 148.03$$

$$C(2100, 2000, 0.25, 1.00) = 2100N(0.3202) - 2000N(0.0702)$$

$$= 257.78$$

무위험 이자율이 0이기 때문에 옵션의 현재 가치를 네 가지 가능한 결과의 가중 평균으로 계산한다. 4항 모델에서 콜옵션의 가치는 다음과 같다.

$$0.1 \times \$73.32 + 0.4 \times \$178.97 + 0.4 \times \$148.03 + 0.1 \times \$257.78 = \$163.91$$

이 가치는 확률 변동성이 없는 BSM 가치보다 크다.

20장

20–1. 식 (20.4)가 근사식이 아니라 정확한 식으로 가정한다.

$$\Sigma = \alpha S^{\beta-1} \left[1 + \frac{(\beta-1)}{2} \ln(K/S) \right]$$

$$= \alpha S^{\beta-1} + \frac{\alpha}{2}(\beta-1)S^{\beta-1}\ln(K) - \frac{\alpha}{2}(\beta-1)S^{\beta-1}\ln(S)$$

이제 K에 대해 미분하면 다음이 된다.

$$\frac{\partial \Sigma}{\partial K} = \frac{\alpha}{2}(\beta - 1)S^{\beta-1}\frac{1}{K}$$

등가격 옵션에서 $K = S$이므로 다음을 얻는다.

$$\frac{\partial \Sigma}{\partial K} = \frac{\alpha}{2}(\beta - 1)S^{\beta-2}$$

이제 S에 대해 미분한다.

$$\frac{\partial \Sigma}{\partial S} = \alpha(\beta-1)S^{\beta-2} + \frac{\alpha}{2}(\beta-1)^2 S^{\beta-2}\ln(K)$$

$$- \frac{\alpha}{2}(\beta-1)^2 S^{\beta-2}\ln(S) - \frac{\alpha}{2}(\beta-1)S^{\beta-2}$$

$$= \frac{\alpha}{2}(\beta - 1)S^{\beta-2} + \frac{\alpha}{2}(\beta - 1)^2 S^{\beta-2} \ln (K/S)$$

$K = S$인 등가격 옵션에서 마지막 항은 0이다. 따라서 다음을 얻는다.

$$\frac{\partial \Sigma}{\partial S} = \frac{\alpha}{2}(\beta - 1)S^{\beta-2}$$

이는 K에 대한 미분과 동일해 증명이 끝난다. 등가격 옵션의 경우 식 (20.4)가 주어지면 다음이 성립한다.

$$\frac{\partial \Sigma}{\partial K} = \frac{\partial \Sigma}{\partial S} = \frac{\alpha}{2}(\beta - 1)S^{\beta-2}$$

21장

21-1. 식 (21.19)는 다음과 같다.

$$\Sigma \approx \bar{\bar{\sigma}} + \frac{1}{2}\mathrm{var}[\bar{\sigma}]\frac{1}{\bar{\bar{\sigma}}}\left[\frac{1}{\bar{\bar{\sigma}}^2 \tau}\left(\ln (S/K)\right)^2 - \frac{\bar{\bar{\sigma}}^2 \tau}{4}\right]$$

초기에 $S = 4{,}000, K = 4{,}000, \bar{\bar{\sigma}} = 20\%, \tau = 0.5$다. 경로 변동성의 표준편차는 16%이므로 $\mathrm{var}[\bar{\sigma}] = 0.16^2 = 0.0256$이다. 초기 등가격 내재 변동성은 다음으로 주어진다.

$$\Sigma \approx 0.2 + \frac{1}{2} \times 0.0256 \times$$
$$\frac{1}{0.2}\left[\frac{1}{0.2^2 \times 0.5}\left(\ln\left(\frac{4000}{4000}\right)\right)^2 - \frac{0.2^2 \times 0.5}{4}\right]$$
$$\approx 0.2 + \frac{1}{2} \times 0.0256 \times \frac{1}{0.2}\left[-\frac{0.2^2 \times 0.5}{4}\right]$$
$$\approx 0.2 - \frac{1}{8} \times 0.0256 \times 0.1$$
$$\approx 0.2 - 0.0003$$
$$\approx 0.1997$$

NDX가 4,400으로 증가하면 행사가 4,000인 6개월 만기 옵션 내재 변동성은 다음으로 주어진다.

$$\Sigma \approx 0.2 + \frac{1}{2} \times 0.0256 \times$$

$$\frac{1}{0.2}\left[\frac{1}{0.2^2 \times 0.5}\left(\ln\left(\frac{4400}{4000}\right)\right)^2 - \frac{0.2^2 \times 0.5}{4}\right]$$

$$\approx 0.2 + 0.064[0.4542 - 0.005]$$

$$\approx 0.2 + 0.0287$$

$$\approx 0.2287$$

새로운 6개월 등가격 내재 변동성의 경우 S/K는 문제의 첫 부분과 동일하고 다른 모든 매개변수가 동일하므로 등가격 내재 변동성은 전과 같이 19.97%이다. 이것은 가격도 고착의 한 예다. 지수 변동 전후의 스마일은 다음 그림과 같다.

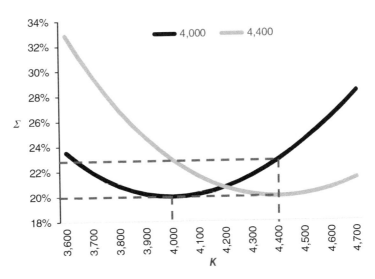

22장

22–1. 무위험 이자율과 배당이 0일 때 BSM 헤지 비율은 다음으로 주어진다.

$$\Delta_{\mathrm{BSM}} = N(d_1)$$

등가격 $S = K$일 때 다음이 성립한다.

$$d_1 = \frac{1}{\Sigma\sqrt{\tau}}\ln\left(\frac{S}{K}\right) + \frac{1}{2}\Sigma\sqrt{\tau} \qquad = \frac{1}{2}\times 0.16\times\sqrt{1}$$

$$= 0.08$$

따라서 BSM 헤지 비율은 $N(0.08) = 0.53$이다. 확률 변동성에서 주식으로만 수행한 최적의 주식 헤지 비율은 근사적으로 식 (22.12)다.

$$\Delta = \Delta_{\mathrm{BSM}} + \rho\frac{V_{\mathrm{BSM}}q}{\Sigma S}$$

무위험 이자율과 배당이 0일 때 다음을 얻는다.

$$V_{\mathrm{BSM}} = \frac{\partial C_{\mathrm{BSM}}}{\partial \sigma} = \frac{\sqrt{\tau}}{\sqrt{2\pi}}Se^{-\frac{1}{2}d_1^2}$$

주어진 변동성 가정에서 $q = 0.25$와 $\rho = -40\%$임을 알 수 있다.

$$\Delta = \Delta_{\mathrm{BSM}} + \rho\frac{\sqrt{\tau}}{\sqrt{2\pi}}Se^{-\frac{1}{2}d_1^2}\frac{q}{\Sigma}$$

$$= 0.53 - 0.4\frac{\sqrt{1}}{\sqrt{2\pi}}Se^{-\frac{1}{2}0.08^2}\frac{0.25}{0.16}$$

$$= 0.53 - \frac{5}{8}\frac{1}{\sqrt{2\pi}}e^{-0.0032}$$

$$= 0.53 - 0.25$$

$$= 0.28$$

주식으로만 수행한 최적의 주식 헤지 비율은 0.28이고 이는 BSM 헤지 비율인 0.53에 비해 현저히 낮다. 이것은 변동성이 확률적이며 지수 수준과 내재 변동성이 음의 상관관계가 있기 때문이다.

22–2. 이 문제는 본문의 예제와 유사하다. 경로 변동성의 분산에 대한 식 $\mathrm{var}[\bar{\sigma}]$은

순간 변동성이 평균 회귀 성질이 있는 경우 예상한 대로 동작한다. τ가 작을 때 경로 변동성의 분산은 τ에 비례하고, τ가 클 때 경로 변동성의 분산 τ에 반비례한다. 0.1년, 0.25년, 1년 만기에 대해 경로 변동성의 분산을 계사하면 다음이 된다.

$$\text{var}[\overline{\sigma}]_{0.10} = e^{-4 \times 0.10} 0.08 \times 0.10$$
$$+ (1 - e^{-4 \times 0.10}) \frac{0.02}{0.10} = 0.0713$$

$$\text{var}[\overline{\sigma}]_{0.25} = e^{-4 \times 0.25} 0.08 \times 0.25$$
$$+ (1 - e^{-4 \times 0.25}) \frac{0.02}{0.25} = 0.0579$$

$$\text{var}[\overline{\sigma}]_{1.00} = e^{-4 \times 1.00} 0.08 \times 1.00$$
$$+ (1 - e^{-4 \times 1.00}) \frac{0.02}{1.00} = 0.0211$$

10% 외가격 풋옵션은 $\ln(K/S) = -10\%$ 또는 $\ln(S/K) = 10\%$에 해당한다. 식 (22.2)를 사용하면 다음을 얻을 수 있다.

$$
\begin{aligned}
\text{스큐} &= \Sigma_{10\%} - \Sigma\text{atm} \\
&= \left(\overline{\overline{\sigma}} + \frac{1}{2}\text{var}[\overline{\sigma}]\frac{1}{\overline{\overline{\sigma}}} \left[\frac{1}{\overline{\overline{\sigma}}^2 \tau} (0.10)^2 - \frac{\overline{\overline{\sigma}}^2 \tau}{4} \right] \right) \\
&\quad - \left(\overline{\overline{\sigma}} - \frac{1}{2}\text{var}[\overline{\sigma}]\frac{1}{\overline{\overline{\sigma}}} \left[\frac{\overline{\overline{\sigma}}^2 \tau}{4} \right] \right) \\
&\approx \frac{1}{2}\text{var}[\upsilon]\frac{1}{\overline{\overline{\sigma}}} \left[\frac{1}{\overline{\overline{\sigma}}^2 \tau} (0.10)^2 \right] \\
&\approx \frac{1}{200}\text{var}[\overline{\sigma}]\frac{1}{\overline{\overline{\sigma}}^3 \tau}
\end{aligned}
$$

위의 식에 $\overline{\overline{\sigma}} = 25\%$을 대입한다.

$$
\begin{aligned}
\text{스큐} &\approx \frac{1}{200}\text{var}[\overline{\sigma}]\frac{1}{0.25^3 \tau} \\
&\approx \frac{8}{25}\text{var}[\overline{\sigma}]\frac{1}{\tau}
\end{aligned}
$$

옵션 만기 3개에 대한 스큐는 다음과 같다.

$$\text{스큐}_{0.10} \approx \frac{8}{25} \times 0.0713 \times \frac{1}{0.10} = 0.23 = 23 \text{ 변동성 포인트}$$

$$\text{스큐}_{0.25} \approx \frac{8}{25} \times 0.0579 \times \frac{1}{0.25} = 0.07 = 7 \text{ 변동성 포인트}$$

$$\text{스큐}_{1.00} \approx \frac{8}{25} \times 0.0211 \times \frac{1}{1.00} = 0.01 = 1 \text{ 변동성 포인트}$$

즉 행사가가 10% 하락할 경우 단기 만기의 경우 내재 변동성이 크게 증가하고 3개월 만기의 경우 약간 증가하며 1년 만기의 경우 거의 증가하지 않는다. 행사가 고착 특성으로 SX5E 지수의 현재 수준은 계산과 관련이 없다. 잔존 만기가 길어질수록 스큐는 완만해지지만, 지수 수준의 변화는 90-100 행사가 스큐에 영향을 미치지 않는다.

23장

23-1. 두 번 이상 점프할 확률을 계산하려면 두 번 점프할 확률, 세 번 점프할 확률, 네 번 점프할 확률, ⋯ 최대 무한 번 점프할 확률까지 계산하고, 모든 값을 더해야 한다고 생각하기 쉽다. 두 번 이상 점프할 확률을 계산하는 더 쉬운 방법은 점프를 0번, 한 번 또는 두 번 이상으로 구분하는 것이다. 이를 수식으로 나타내면 다음이 된다.

$$P[n = 0] + P[n = 1] + P[n \geq 2] = 1$$

$$P[n \geq 2] = 1 - P[n = 0] - P[n = 1]$$

$\lambda = 5/\text{Year}$와 $T = 1\text{Year}$를 식 (23.12)에 대입하면 다음을 얻는다.

$$P(n, T) = \frac{(\lambda T)^n}{n!} e^{-\lambda T}$$
$$= \frac{(5)^n}{n!} e^{-5}$$

이제 $P(n \geq 2, 1)$을 계산할 수 있다.

$$P(n \geq 2, 1) = 1 - P(0, 1) - P(1, 1)$$
$$= 1 - \frac{(5)^0}{0!}e^{-5} - \frac{(5)^1}{1!}e^{-5}$$
$$= 1 - (1 + 5)e^{-5}$$
$$= 1 - 6e^{-5}$$
$$= 1 - 0.0404$$
$$= 0.9596$$

1년에 두 번 이상 점프할 확률은 95.96%다.

23-2. 주어진 날에 정확히 한 번 점프할 확률은 1.6%다. 푸아송 과정에서 n번의 점프 확률은 다음과 같다.

$$P(n, T) = \frac{(\lambda T)^n}{n!}e^{-\lambda T}$$

$p = P(1, T)$이고 $z = \lambda T$로 정의하면 정확히 한 번 점프할 확률은 다음과 같다.

$$p = \lambda T e^{-\lambda T} = z e^{-z}$$

z에 대해 식을 수치적으로 풀 수 있지만, z가 작으면 다음으로 근사할 수 있다.

$$p \approx z(1 - z)$$
$$z^2 - z + p \approx 0$$

이차 방정식 근의 공식으로 z를 얻는다.

$$z = \frac{1 \pm \sqrt{1 - 4 \cdot 1 \cdot p}}{2} = \frac{1 \pm \sqrt{1 - 4p}}{2}$$

$p = 1.6\%$를 대입하면 z는 0.9837 또는 0.0163이 된다. 두 번째 해가 작은 점

프 확률에 해당한다. 확률 식에 다시 대입해 확인할 수 있다.

$$ze^{-z} = p$$

$$0.0163e^{-0.0163} = 0.0160 = 1.6\%$$

$T = 1\text{Day}$일 때 $z = 0.0163$이다.

$$\lambda T = 0.0163 = \frac{0.0163}{\text{Day}}(1\text{Day})$$

점프의 일일 빈도는 하루에 0.0163번이다. 일일 빈도에서 연간 빈도 x를 얻으려면 일일 빈도에 연간 일수를 곱하면 된다.

$$x = 0.0163 \times 256 = 4.16$$

점프의 연간 빈도는 4.16번이다.

　　1.6%에 256을 곱하면 4.10이 되고, 이것은 4.16에 매우 가깝다. 테일러 확장이 p의 작은 값에 대한 좋은 근삿값인 것처럼 단일 점프의 확률은 p가 작을 때 일일 빈도에 대한 좋은 근삿값이다. 따라서 하루에 한 번 점프할 확률에 연간 일수를 곱하는 것도 p가 작을 때 연간 빈도에 대한 좋은 근삿값이 된다.

24장

24-1. 점프의 크기가 고정돼 있기 때문에 식 (24.26)을 사용해 BSM 콜옵션 C_{BSM}을 BSM 풋옵션 P_{BSM}으로 바꿀 수 있다. 이전과 마찬가지로 공식을 가중 평균 합계로 표현한다.

$$P_{\text{JD}} = e^{-\bar{\lambda}\tau} \sum_{n=0}^{\infty} \frac{(\bar{\lambda}\tau)^n}{n!} P_{\text{BSM}}\left(S, K, \tau, \sigma, r - \lambda(e^J - 1) + \frac{nJ}{\tau}\right)$$

$$= \sum_{n=0}^{\infty} w_n P_{\text{BSM}}(n)$$

여기서

$$w_n = e^{-\bar{\lambda}\tau} \frac{(\bar{\lambda}\tau)^n}{n!}$$

$$P_{\text{BSM}} = P_{\text{BSM}}(S, K, \tau, \sigma, r_n)$$

$$r_n = r - \lambda(e^J - 1) + \frac{nJ}{\tau}$$

각 변수는 $S = 25,000$, $K = 24,000$, $\tau = 2/52$, $\sigma = 20\%$, $r = 2\%$, $\lambda = 5/\text{Year}$, $J = -10\%$다.

풋옵션 가격에 대한 BSM 공식은 다음과 같다.

$$P(S, K, \tau, \sigma, r) = Ke^{-r\tau}N(-d_2) - SN(-d_1)$$

여기서

$$d_{1,2} = \frac{\ln\left(\dfrac{S}{K}\right) + \left(r \pm \dfrac{\sigma^2}{2}\right)\tau}{\sigma\sqrt{\tau}}$$

추세율 조정 풋옵션의 값과 $n = 0, 1, \ldots, 6$에 해당하는 가중치는 다음과 같다.

n	r_n	$P_{\text{BS}}(n)$	w_n	$P_{\text{BS}}(n) \times w_n$
0	0.4958	26.22	0.8403	22.03
1	−2.1042	1,102.91	0.1462	161.26
2	−4.7042	3,760.00	0.0127	47.83
3	−7.3042	6,784.67	0.0007	5.01
4	−9.9042	10,127.49	0.0000	0.33
5	−12.5042	13,821.88	0.0000	0.02
6	−15.1042	17,904.82	0.0000	0.00

한 번 점프하면 지수가 행사가를 훨씬 넘어서서 풋옵션의 가치가 크게 증가한다. 한 번의 섬프 후 풋옵션은 선도 계약과 크게 다르지 않다. 각 추가 점프는 풋옵션의 가치를 더 증가시키지만 가중치는 빠르게 감소한다. 네 번의 점프 이후는 확률이 극히 낮고 여섯 번을 넘으면 부가가치가 거의 없다. 0번에서 여섯 번의 점프에 대한 값을 더하면 236.47이다.

점프가 없는 주어진 확산 변동성으로 풋옵션의 BSM 가치는 71.22이다. 점프는 풋옵션의 가치를 상당히 높여 준다.

24-2. 점프가 정규 분포를 따르므로 식 (24.29)를 사용해 BSM 콜옵션 C_{BSM}을 BSM 풋옵션 P_{BSM}으로 바꿀 수 있다. 이전과 마찬가지로 공식을 가중 평균 합계로

표현한다.

$$P_{\mathrm{JD}} = e^{-\overline{\lambda}\tau} \sum_{n=0}^{\infty} \frac{(\overline{\lambda}\tau)^n}{n!} P_{\mathrm{BSM}}\left(S, K, \tau, \sqrt{\sigma^2 + \frac{n\sigma_J^2}{\tau}}, \right.$$

$$\left. r - \lambda\left(e^{\mu_J + \frac{1}{2}\sigma_J^2} - 1\right) + \frac{n\left(\mu_J + \frac{1}{2}\sigma_J^2\right)}{\tau} \right)$$

$$= \sum_{n=0}^{\infty} w_n P_{\mathrm{BSM}}(n)$$

여기서

$$w_n = e^{-\overline{\lambda}\tau} \frac{(\overline{\lambda}\tau)^n}{n!}$$

$$P_{\mathrm{BSM}} = P_{\mathrm{BM}}(S, K, \tau, \sigma^*, r^*)$$

$$\sigma^* = \sqrt{\sigma^2 + \frac{n\sigma_J^2}{\tau}}$$

$$r^* = r - \lambda\left(e^{\mu_J + \frac{1}{2}\sigma_J^2} - 1\right) + \frac{n\left(\mu_J + \frac{1}{2}\sigma_J^2\right)}{\tau}$$

각 변수는 $S = 25{,}000$, $K = 24{,}000$, $\tau = 2/52$, $\sigma = 20\%$, $r = 2\%$, $\lambda = 5/\text{Year}$, $\mu_J = -10\%$, $\sigma_J = 5\%$다.

추세율 조정 풋의 값과 $n = 0, 1, \ldots, 6$에 해당하는 가중치는 다음과 같다.

n	σ^*	r^*	P_{BSM}	w_n	$P_{\mathrm{BSM}} \times w_n$
0	0.2000	0.4902	26.56	0.8401	22.31
1	0.3240	−2.0773	1,262.87	0.1464	184.84
2	0.4123	−4.6448	3,733.55	0.0128	47.60
3	0.4848	−7.2123	6,678.15	0.0007	4.95
4	0.5477	−9.7798	9,960.69	0.0000	0.32
5	0.6042	−12.3473	13,588.51	0.0000	0.02
6	0.6557	−14.9148	17,593.52	0.0000	0.00

표의 마지막 열에 있는 가치의 합은 260.04로 이전 문제의 가치보다 약간 높다.

24-3. 식 (24.46)을 사용한다.

$$\Sigma \approx \sigma + \frac{pJ}{S\sqrt{\tau}}\left(\sqrt{\frac{\pi}{2}} + \frac{1}{\sigma\sqrt{\tau}} \ln\left(\frac{K}{S}\right) \right)$$

각 변수는 $S = 100$, $p = 10\%$, $J = 15\%$, $\tau = 1/52$, $\sigma = 20\%$다.

$$\Sigma \approx \left(\sigma + \frac{pJ}{S} \sqrt{\frac{\pi}{2\tau}} \right) + \frac{pJ}{S\sigma\tau} \ln \left(\frac{K}{S} \right)$$

$$\approx \left(0.2 + \frac{0.1 \times 0.15}{100} \sqrt{26\pi} \right) + \frac{0.1 \times 0.15 \times 52}{100 \times 0.2} \ln \left(\frac{K}{100} \right)$$

$$\approx 0.2014 + 0.039 \times \ln \left(\frac{K}{100} \right)$$

다음 그림은 변동성 스마일을 나타낸다. 잠재적인 점프가 양수이기 때문에 더 높은 행사가는 더 높은 BSM 내재 변동성을 가지며 스마일은 양의 기울기를 갖는다.

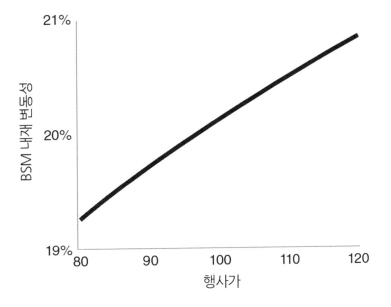

점프가 양수가 아니라 음수이면 변동성 스마일이 음의 기울기를 가질 것으로 예상된다. 불행히도 J의 음수 값에 대해 식 (24.46)을 사용할 수는 없다. 식을 유도할 때 식 (24.37)에서 큰 양의 점프가 콜옵션을 선도 계약과 동일하게 만들 것이라고 가정했기 때문이다. 음수 점프가 있을 때의 변동성 스마일을 설명하고자 점프 후 선도 계약의 매도 포지션에 가까운 가치를 갖게 될 풋옵션에, 식 (24.37)을 유도할 때 사용한 방식을 유사하게 적용할 수 있다.

참고문헌

Ahmad, Riaz, and Paul Wilmott. 2005. "Which Free Lunch Would You Like Today Sir?: Delta Hedging, Volatility, Arbitrage and Optimal Portfolios." Wilmott (November).

Andersen, Leif, and Jesper Andreasen. 2000. "Jump-Diffusion Processes: Volatility Smile Fitting and Numerical Methods for Option Pricing." Review of Derivatives Research 4 (3): 231–262.

Birru, Justin, and Stephen Figlewski. 2012. "Anatomy of a Meltdown: The Risk Neutral Density for the S&P 500 in the Fall of 2008." Journal of Financial Markets 15, no. 2.

Black, Fischer, Emanuel Derman, and William Toy. 1990. "A One-Factor Model of Interest Rates and Its Application to Treasury Bond Options."Financial Analysts Journal 46, no. 1 (January-February): 33–39.

Black, Fischer, and Myron Scholes. 1973. "The Pricing of Options and Corporate Liabilities." Journal of Political Economy 81:637–654.

Brace, Alan, Dariusz Gatarek, and Marek Musiela. 1997. "The Market Model of Intcrest Rate Dynamics." Mathematical Finance 7 (2): 127–154.

Breeden, D. T., and R. H. Litzenberger. 1978. "Prices of Statc-Contingent Claims Implicit in Options Prices." Journal of Business 51, no. 4 (October): 621–651.

Carr, Peter. 1999. "Frequently Asked Questions in Option Pricing Theory." Courant Institute, New York University. www.math.nyu.edu/research/carrp/ papers/ pdf/faq2.pdf.

Carr, Peter, Katrina Ellis, and Vishal Gupta. 1998. "Static Hedging of Exotic Options." Journal of Exotic Options 53 (3): 1165–1190.

Carr, Peter, and Dilip Madan. 1998. "Towards a Theory of Volatility Trading." In Volatility: New Estimation Techniques for Pricing Derivatives, edited by Robert Jarrow, 417-427. London: Risk Books.

Černý, Ales. 2009. Mathematical Techniques in Finance: Tools for Incomplete Markets. 2nd ed. Princeton, NJ: Princeton University Press.

Cox, John. 1975. "Notes on Option Pricing I: Constant Elasticity of Diffusions." Working paper, Stanford University.

Cox, John, J. E. Ingersoll, and Stephen Ross. 1985. "A Theory of the Term Structure of Interest Rates." Econometrica 53:385–407.

Cox, John, and Stephen Ross. 1976. "The Valuation of Options for Alternative Stochastic Processes." Journal of Financial Economics 3 (1-2): 145–166.

Cox, John, Stephen Ross, and Mark Rubinstein. 1979. "Option Pricing: A Simplified Approach." Journal of Financial Economics 7: 229–263.

Crepey, Stephane. 2004. "Delta-Hedging Vega Risk?" Quantitative Finance 4 (October): 559–579.

Demeterfi, Kresimir, Emanuel Derman, Michael Kamal, and Joseph Zou. 1999. "A Guide to Volatility and Variance Swaps." Journal of Derivatives 4:9–32.

Derman, Emanuel, Deniz Ergener, and Iraj Kani. 1994. "Forever Hedged." Risk 7, no. 9 (September): 139–145.

Derman, Emanuel, Deniz Ergener, and Iraj Kani. 1995. "Static Options Replication." Journal of Derivatives (Summer): 78–95.

Derman, Emanuel, and Iraj Kani. 1994. "Riding on a Smile."Risk 7, no. 2 (February): 32–39.

Derman, Emanuel, and Iraj Kani. 1998. "Stochastic Implied Trees: Arbitrage Pricing with Stochastic Term and Strike Structure of Volatility." International Journal of Theoretical and Applied Finance 01:61.

Derman, Emanuel, Iraj Kani, and Joseph Z. Zou. 1996. "The Local Volatility Surface." Financial Analysts Journal (July-August): 25–36.

Fengler, Matthias R. 2012. "Option Data and Modeling BSM Implied Volatility." In Handbook of Computational Finance, edited by Jin-Chuan Duan, Wolfgang Karl Härdle, and James E. Gentle, 117-142. Berlin: Springer-Verlag.

Foresi, Silverio, and Liuren Wu. 2005. "Crash-O-Phobia: A Domestic Fear or Worldwide Concern?" Journal of Derivatives 13 (2): 8–21.

Fouque, Jean-Pierre, George Papanicolaou, and Ronnie Sircar. 2000. Derivatives in Financial Markets with Stochastic Volatility. Cambridge, UK: Cambridge University Press.

Gabaix, Xavier, Parameswaran Gopikrishnan, Vasiliki Plerou, and H. Eugene Stanley. 2003. "Understanding the Cubit and Half-Cubic Laws of Financial Fluctuations." Physica A 324:1–5.

Gatheral, Jim. 2011. The Volatility Surface: A Practitioner's Guide. Hoboken, NJ: John Wiley & Sons.

Hagan, Patrick S., Deep Kumar, Andrew S. Lesniewski, and Diana E. Woodward. 2002. "Managing Smile Risk." Wilmott 1 (January): 84–108.

Heath, David, Robert Jarrow, and Andrew Morton. 1990. "Bond Pricing and the Term Structure of Interest Rates: A Discrete Time Approximation." Journal of Financial and Quantitative Analysis 25:419–440.

Heston, Steven. 1993. "A Closed-Form Solution for Options with Stochastic Volatility with Applications to Bond and Currency Options." Review of Financial Studies 6 (2): 327–343.

Hodges, Hardy M. 1996. "Arbitrage Bounds on the Implied Volatility Strike and Term Structures of European Style Options." Journal of Derivatives (Summer): 23–35.

Hoggard, T., A. E. Whalley, and Paul Wilmott. 1994. "Hedging Option Portfolios in the Presence of Transaction Costs." Advances in Futures and Options Research 7:21–35.

Hull, John, and Alan White. 1987. "The Pricing of Options on Assets with Stochastic Volatilities." Journal of Finance 42 (2): 281–300.

JPMorgan Chase & Co. 2013. Report of JPMorgan Chase & Co. Management Task Force Regarding 2012 CIO Losses. www.jpmorganchase.com.

Kamal, Michael, and Jim Gatheral. 2010. "Implied Volatility Surface." In Encyclopedia of Quantitative Finance, edited by Rama Cont, 926-931. Hoboken, NJ: John Wiley & Sons.

Keynes, John Maynard. 1936. The General Theory of Employment, Interest and Money. London: Macmillan.

Lee, Roger. 2001. "Implied and Local Volatilities under Stochastic Volatility." International Journal of Theoretical and Applied Finance 4 (1): 45–89.

Leland, Hayne E. 1985. "Option Pricing and Replication with Transaction Costs." Journal of Finance 40:1283–1301.

Lewis, Alan. 2000. Option Valuation under Stochastic Volatility. Newport Beach, CA: Finance Press.

Malz, Allan M. 1997. "Option-Implied Probability Distributions and Currency Excess Returns." Federal Reserve Bank of New York, Staff Reports. Available at www.ny.frb.org.

Mandelbrot, Benoit. 2004. The (Mis)Behavior of Markets: A Fractal View of Risk, Ruin, and Reward. New York: Basic Books.

Merton, Robert C. 1973. "Theory of Rational Option Pricing." Bell Journal of Economics and Management Science 4 (Spring): 141–183.

Merton, Robert C. 1976. "Options Pricing When Underlying Stock Returns Are Discontinuous." Journal of Financial Economics 3:125–144.

Miller, Michael B. 2014. Mathematics and Statistics for Financial Risk Management. 2nd ed. Hoboken, NJ: John Wiley & Sons.

Neuberger, Anthony. 1994. "The Log Contract: A New Instrument to Hedge Volatility." Journal of Portfolio Management 20, no. 2 (Winter): 74–80.

Ross, Stephen. 1976. "The Arbitrage Theory of Capital Asset Pricing." Journal of Economic Theory 13 (3): 341–360.

Ross, Stephen. 1987. "Finance." In The New Palgrave Dictionary of Economics, vol. 2, edited by J. Eatwell, M. Milgate, and P. Newman, 322–336. London: Macmillan.

Schonbucher, Philipp. 1999. "A Market Model for Stochastic Implied Volatility." Philosophical Transactions of the Royal Society A 357 (1758): 2071–2092.

Wilmott, Paul. 1998. Derivatives: The Theory and Practice of Financial Engineering. New York: John Wiley & Sons.

찾아보기

【 기호 】

p-measure 260
p-측도 260
1-요인 단기 금리 기간 구조 모델 . 341
1987년 급락 25, 26, 28
2배의 법칙 294, 325
4항 모델 370

【 A 】

ABM 169
absolute valuaton 33
actual volatility 25
Albert Einstein 461
Alphabet Inc. 166, 262
Amazon.com 271
American University of Paris . . . 10
AMZN 271
analogy 36
Andrew Lo 36
Andrew Matytsin 418
annual compounding yield 168
annualization 85
annualized 53
Apple Inc 43
APT 49

arbitrage 36
Arbitrage Pricing Theory 49
Arithmetic Brownian Motion . . 169
Arrow-Debreu securities 208
Asian option 333
At-The-Money 107
ATM 107, 114, 345
attractiveness 31
axiom 26

【 B 】

backward approach 467
backward Itô integral 118
barrier option 236
basis 209
basis point 158
basis risk 236
basket 53
Battery Park 30
biased 105
bid-ask spread 39
bid-ask spreads 111
binomial model 259
binomial option valuation model 22
binomial tree 44

Black Monday 24

Black-Derman-Toy 10

Black-Scholes partial differential equa-
tion 240

Black-Scholes-Merton model 23

Black-Scholes-Merton option valua-
tion model 21

Bovespa Index 258

Breeden-Litzenberger 214

Bruno Dupire 13

BSM 모델 23

bump 424

BusinessWeek 10

butterfly 78

butterfly spread 188

【 C 】

calibration 197

call option 26, 61

call spread 187

Capital Asset Pricing Model 46

CAPM 35, 46

cash rebate 67

CBOE 107

CDO 21

CEV 199

chain rule 202

Chicago Board Options Exchange 107

coarse 276

collar 63

Collateralized Debt Obligation . 21

Columbia University 10, 11

complete 209

complete differential 123

complete set 208

concave 409

Constant Elasticity of Variance 199

continuous compounding yield . 169

convexity 70

correlation 48

Cox 199

Cox-Ross-Rubinstein 261

credit default swap 89

CRR 261

cumulative normal distribution . 82

【 D 】

danger 41

DdeltaDsigma 358

delivery 67

delta 71

delta-hedged portfolio 72

deterministically 197

diffusion 33, 361

dilution 48

dimensionless 53

Dirac delta function 223

distribution 223

diversifiable 439

diversification 48, 54

down-and-out 67

down-and-out call 240

dragon 28

drift 113

dummy variable 219

Dupire 299

duration 272

DvegaDspot 358

dynamic replication 38, 68

【 E 】

econophysics 458

efficiency 40

Efficient Market Hypothesis 40

electrostatics 240

Elie Ayache 13

Emanuel Derman 10

EMH 40

enterprise value 43

ETF 59

Eugene Fama 40

Euro Stoxx 50 Index 108, 193, 327, 421

European 61

Exchange Traded Fund 59

exotic option 67

exposure 56

extrapolate 30

extrapolation 169

Exxon Mobil 166, 180

【 F 】

fair value 88

fat tail 24, 99

fat tails 46

Faust 8

Financial District 31

financial engineering 22

Fischer Black 5, 13, 38

Fisk-Stratonovich 469, 471

Fokker-Planck 305

Foreign eXchange 180

formalism 357

Fortress Investment Group 10

forward 294

forward approach 467

forward Itô integral 118

forward moneyness 166

forward price 84, 114

forward rate 174

forward stock price 68

framework 40

frequency 42

frequentist 42

fudamental analysis 40

FX 180

【 G 】

gamma 71

GBM 24

Geometric Brownian Motion 24

GOOG 109, 166, 262

Google Inc. 109

Greeks 114

【 H 】

half-life 362

Hang Seng Index 59, 130, 459

Heath-Jarrow-Morton 196

Heaviside function 223

hedge 23, 48

Heston model 368

heuristics 23

Hillel 35

history-dependent 42

HJM 196

hockey-stick 93

homogeneous 391

HSI 59, 130, 459

Hull-White 356

hysteresis 42

【 I 】

IBOV 258

idiosyncratic 57

implied 30

implied distribution 207

implied forward interest rate . . . 76

implied value 75

implied volatility 24, 31, 75

in-out parity 257

indicator function 223

infinitesimal 139

interpolate 30, 105

interpolation 169

intrinsic value 123

invariance principle 346

invariant 346

inverse 501

Iraj Kani 13

irrational exuberance 347

Itô correction term 430

Itô's lemma 100

ITM 67

Itô's lemma 112

【 J 】

J. W. von Goethe 8

Jarrowr-Rudd 263

Jesse Cole 13

Jim Gatheral 13

Joe Zou 13

John Maynard Keynes 27

Joo-Hyung (David) Park 11

JR 263

jump process 426

jump-diffusion model 424

jump-diffusion models 341

【 K 】

kappa 107

Keynes 43

kink 70

Knightian uncertainty 41

knock-in put 239

knockout barrier 237

【 L 】

law 27

law of one price 36

leverage 50

linear 240

local volatility 197, 281

log contract 94

lookback 328

【 M 】

Mandelbrot 458

market 55

market factor 56

market friction 179

market implied future volatility161

market-neutral stock 56

mean-reverting 361

Mephistopheles 8

method of images 240

Michael B. Miller 10

Michael Kamal 139

Microsoft 115

midtown 41

Mike Kamal 13

mixing theorem 388

model auditor 23

modeling 26

moneyness 497

Monte Carlo simulation . . 118, 133

Mpemba effect 42

MSFT 115

must 37

Myron Scholes 38

【 N 】

NASDAQ-100 Index . 337, 354, 405

Nassim Taleb 13

NDX 233, 337, 354, 405

negatively skewed distribution . . 46

neoclassical finance 46

Nikkei 225 Index 108, 411

NKY 108, 411

node 262

non-European options 161

normal distribution 45

Northstar Risk Corp 10

notional amount 64

notional variance 85

notional vega 84

numeraire 269

【 O 】

OAS 32

one-factor short-rate term structure
models 341

Option Adjusted Spread 32

Ornstein-Uhlenbeck processes . 362

OTM 79

out barrier 67

Out-of-The-Money 79

【 P 】

P&L 69

parameter 39

Park Avenue 30

Paul Dirac 26

Paul Krugman 22

Paul Volcker 22

Paul Wilmott 13

payoff 36

PDF 190, 211

PER 32

per unit of risk 52

perturbation 356

Peter Carr 13

piecewise-linear 65

Poisson process 431

population standard deviation .. 85

postulate 26

preference 40

preminum 30

price 29

Price Earnings Ratio 32

Probability Density Function .. 190

Profit & Loss 69

project 43

pseudo-probability 209

pseudo-random 42

pure diffusion processes 427

pure jump processes 427

put option 26, 61

put-call parity 62

【 Q 】

quadrinomial model 370

quant 21

【 R 】

random 37

real-world probability 260

realized interest rate 76

realized value 75

rebate 257

reductive 28

reflection principle 240

relative valuation 32

replication 35

Riemann integral 465

risk 41

risk premium 168

risk reversal 168

risk-adjusted performance 52

risk-neutral probability 167

riskless rate 46

Robert Merton 38

Ross 199

RTY 354

rule of two 294

Russell 2000 Index 354

Rutgers Business School 10

【 S 】

S&P 500 .... 396, 421

S&P 500 .... 145, 159, 258, 279

S&P 500 Index 372

S&P 500 지수 48

SABR 356

salespeople 31

sample standard deviation 85

scale 32

Sebastien Bossu 13

semantics 26

Sharpe ratio 51

Sharpe-Lintner-Mossin 57

shock 366

should 37

sideways 294

skew 25, 99, 165

smile 25

smirk 25

smooth 70, 215

SOP 109

SOP Corp. 109

span 209

SPX . . 145, 159, 258, 279, 372, 396, 421

square feet 30

Standard & Poor's 500 Index . . . 48

Stanley 458

state-contingent claim 208

state-contingent securities 208

state-price securities 208

static replication 38, 61

stationarity 341

Stephen Ross 22, 57

sticky delta rule 346

sticky implied tree 351

sticky local volatility rule 346

sticky moneyness rule 347

sticky strike rule 346

stochastic alpha, beta, rho 356

stochastic calculus 310

stock option 38

strike 24

strong static replication 236

surface 164

swaption 181

SX5E 108, 193, 327, 421

syntax 26

【 T 】

tail 424

tangible 27

Taylor expansion 99

Taylor series expansion 70

term structure 164

theorem 27

theory of risk-neutral valuation . 22

theta 71

Tim Leung 13

time to maturity 24

total derivative 204

total variance 171

total volatility 82

Tremblant Capital 10

trial and error 501

true random 42

【 U 】

uncertainty 41

underlier 25, 61

University of Oxford 10

University of Toronto 11

up-and-in put 238

up-down model 46

upward sloping 341

utility function 40

【 V 】

value 29

vanilla 61

vanna 355, 358

vanna-volga model 196

variance swap 85

variance vega 82

Vasicek 370

vega 82

VOD 179

Vodafone 179

volatility of volatility 89, 356

volatility smile 21, 64

volatility swap 84

volga 355, 358

【 W 】

Wal-Mart Stores Inc. 279

Wall Street 30

weak static replication 237

Wiener process 112

William Sharpe 52

WMT 279

worth 29

【 X 】

XOM 166

【 Y 】

yield curve 164

Yield To Maturity 32

YTM 32

【 Z 】

zero coupon bond 124

Zero-Interest-Rate Policy 186

ZIRP 186

【 ㄱ 】

가격 29

가격도 391, 497

가격도 고착 391

가격도 고착 규칙 347

假變數 219

가변수 219

가치 29

감마 71

값어치 29

강형 정적 복제 236

개인 선호 40

거래 비용 147

거래비용 133

검은 월요일 24

경계 옵션 236, 328

경제 물리학 458

경험칙 345

계량화 32

계산 통화 269

故 13

곡면 164

공리 26

공리적 접근법 28

공정가 88

공준 26

과학 27

국소 변동성 197, 281, 299, 325, 339,
          345

국소 변동성 고착 345

국소 변동성 고착 규칙 346

국소 변동성 모델 195

국소 변동성 스큐 373

그릭 114

금융 27

금융 공학 21, 22

금융 과학 21

금융 모델 21, 39

금융 모델링 29

금융 위기 21

기간 구조 164

기본 분석 40

기업 가치 43

기저 209

기초 자산 25, 61

기하 브라운 운동 24

기하학 26

꼬리 424

【 ㄴ 】

나스닥-100 지수 233

나이트 불확실성 41

내가격 67

내삽 169

내삽 보간 30

내재 30

내재 변동성 . 24, 25, 31, 61, 75, 161,
    281, 299, 325

내재 분포 207

내재 선도 이자율 76

내재 이항 모델 고착 351

내재가치 123

내재값 75

노출 56

누적 정규 분포 82

뉘른베르크의 변명 22

뉴턴 역학 28

뉴턴의 법칙 27

【 ㄷ 】

단기 스큐 423

당위 37

델타 71

델타 고착 345

델타 고착 규칙 346

델타 헤지된 포트폴리오 72

동적 복제 38, 61, 68, 235

동차 391

두꺼운 꼬리 24, 46, 99

듀레이션 272

듀파이어 299

듀파이어 식 299

등가격 107, 114, 345

디델타디시그마 358

디랙 델타 함수 223

디베가디스팟 358

【 ㄹ 】

런던 고래 사건 28

레버리지 50

로그 계약 81, 94, 97

로버트 머튼 38

룩백 328

리만 적분 465

리스크 41

리스크 리버설 168

【 ㅁ 】

마디점 262

마일런 숄즈....................38

매개변수.....................39

매수-매도 스프레드.........111

맥스웰 방정식..................27

맨델브로트...................458

머튼 부등식..................185

머튼의 방정식................437

명목 금액....................64

명목 베가....................84

명목 분산....................85

모기지 시장...................22

모델 감사인...................23

모델링.......................26

모집단 표준 편차..............85

몬테카를로 시뮬레이션.....118, 133

무위험 이자율.................46

무위험 차익 거래..............36

무위험 포트폴리오............111

무이표채....................124

무작위.......................37

무차원.......................53

무한소.....................139

물리학.......................27

미적분학....................28

【 ㅂ 】

바나....................355, 358

바나-볼가 모델..............196

바닐라.......................61

바스켓......................53

바시체크....................370

반감기.....................362

반사 원리...................240

발견적 방법...................23

방 안의 코끼리................41

배터리 파크...................30

버터플라이....................78

버터플라이 스프레드 .. 188, 207, 299

법칙.....................27, 37

베가.........................82

베이시스 위험................236

베이시스 포인트..............158

변동성.......................81

변동성 스마일........21, 64, 339

변동성 스와프.............81, 84

변동성의 변동성...............89

보간.......................105

보정.......................197

보정 추세율.................437

복제..................35, 37, 61

복제 오류.....................81

복제 포트폴리오..............235

볼가....................355, 358

볼록성..............61, 70, 373

부채 담보부 증권...............21

분산....................48, 54

분산 가능...................439

분산 베가....................82

분산 스와프..............81, 85

분포.......................223

불변 원리...................346

불변량.....................346

불확실성.....................41

브라운 운동..................28

브리덴-리첸베르거 214
블랙-숄즈 편미분 방정식 240
블랙-숄즈-머튼 방정식 111
블랙-숄즈-머튼 옵션 가격 공식 . 111
블랙-숄즈-머튼 옵션 평가 모델 . . 21
비유럽형 옵션 161
비이성적 과열 347
빈도주의 42

【 ㅅ 】
사영 43
산술 브라운 운동 169
삼항 모델 437
상관관계 48
상대 가치 평가 32
상승생성 풋옵션 238
상장지수펀드 59
상태-가격 증권 208
상태-조건부 증권 208
상태-조건부 청구권 208
생성 209
생성 풋옵션 239
생성-소멸 패리티 257
샤프 비율 51, 52
샤프-린트너-모신 57
선도 가격 84, 114
선도 가격도 166
선도 계약 67
선도 스큐 339
선도 이자율 174
선도 주가 68
섭동 356

세타 71
소멸 경계 67, 237
쇼크 366
수익 구조 36
수익 구조 37, 67
수익률 곡선 164
수학 27
순방향 이토 적분 118
순방향 접근법 467
순수 변동성 81
순수 점프 과정 427
순수 확산 과정 427
스마일 25, 161, 195, 437
스왑션 181
스큐 161, 165
스큐의 부등식 185
스탠리 458
스티븐 로스 22, 57
시뮬레이션 28, 407
시장 55
시장 내재 미래 변동성 161
시장 마찰 179
시장 요인 56
시장 중립 주식 56
시행착오 501
신고전주의 금융 46
신용 구조화 상품 22
신용 디폴트 스와프 89
실세계 확률 260
실제 변동성 25
실현 변동성 61
실현 분산 99

실현 이자율 76
실현값 75

【ㅇ】

아시아 옵션 333
앞방향 294
애로-드브루 증권 208
앤드류 로 36
앤드류 매티친 418
앨버트 아인슈타인 461
약형 정적 복제 235, 237
역방향 이토 적분 118
역방향 접근법 467
역학 원리 27
연간 복리 수익률 168
연속 델타 헤지 61
연속 복리 수익률 169
연속 헤지 133
연환산 53, 85
열역학의 법칙 27
영상법 240
옆방향 294
오른슈타인-울렌벡 과정 362
오목 함수 409
옵션 가격 423
옵션 평가 21
옵션 평가 이론 23
옵션 헤지 61, 111
완전 209
완전 미분 123
완전 집합 208
왜도 99

외가격 79
외삽 169
외삽 보간 30
외환 180
우상향 341
위너 과정 112
위험 41
위험 단위당 52
위험 조정 성과 52
위험 중립 가치 평가 355
위험 중립 평가 이론 22
위험 중립 확률 167, 209
위험 중립 확률 밀도 함수 190
위험 프리미엄 168
윌리엄 샤프 52
유럽형 61
유럽형 옵션 61
유진 파마 40
유클리드 공리 26
유효 변동성 147
음 왜도 분포 46
음펨바 효과 42
의사 무작위 42
의사 확률 209
이력 현상 42
이산 헤지 133
이색 옵션 61, 67, 207, 325
이토 보조정리 112
이토 수정 항 430
이항 모델 44, 46, 259, 281
이항 옵션 평가 모델 22
引渡 67

인도 67
일관성 339
一物一價 36
일물일가 법칙 . . . . 35 – 37

【 ㅈ 】
자로우–러드 263
자본자산 가격 결정 모델 46
잔존 만기 24
재보정 339
전기 공학 27
前進 76
전진 76
절대 가치 평가 33
점프 과정 426
점프 모델 423
점프 모델링 423
점프 확산 437
점프 확산 모델 195, 341, 424
정규 분포 45
정상성 341
정적 복제 38, 61
정적 포트폴리오 235
정전기학 240
제약 조건 185
조각 선형 65
존 메이너드 케인스 27
주가 81
주가지수 옵션 시장 25
주식 옵션 38
주식 위험 모델 35
주짓수 대응 41

지시 함수 223
직관 32
진성 무작위 42

【 ㅊ 】
차익 거래 36
차익 거래 가격 결정 이론 49
총 도함수 204
총 변동성 82
총 분산 171
추가 보상 257
추세율 113

【 ㅋ 】
카파 107
칼라 63
캘린더 스프레드 299
케인즈 43
콕스–로스–루빈스타인 261
콜 스프레드 187
콜옵션 61
퀀트 21

【 ㅌ 】
테일러 급수 전개 70
테일러 전개 99
통화 옵션 시장 25

【 ㅍ 】
파생 상품 복제 35
파생 상품 증권 23
파크 애비뉴 30
편향 105
평균 회귀 361, 407

평균 회귀 성질 355
포커르-플랑크 305
폴 디랙 26
폴 볼커 22
폴 크루그먼 22
표본 표준 편차 85
푸아송 과정 431
푸아송 분포 423
풋-콜 패리티 62
풋옵션 61
프레임워크 40
플라톤 세계 23
피셔 블랙 5, 38
피스크-스트라토노비치 469, 471

【 ㅎ 】
하락소멸 67
하락소멸 콜옵션 240
하키 스틱 93
항생지수 59
행사가 24
행사가 고착 345
행사가 고착 규칙 346
힐-화이트 356
헤비사이드 함수 223
헤스턴 모델 368
헤지 48
헤지 비율 325, 339, 407
헤지 빈도 133
헤지 손익 111
헤지 오차 133
헤지 포트폴리오 235

현금 보상 67
호가 스프레드 39
혹 424
혼합 공식 373
혼합 정리 388
화학 27
확률 BSM 변동성 355
확률 과정 28
확률 국소 변동성 355
확률 국소 변동성 모델 373
확률 미적분 310
확률 밀도 함수 207, 211
확률 변동성 81, 373, 407
확률 변동성 모델 195
확률론 28
확률적 손익 133
확산 361
환원 28, 37
효용 함수 40
효율 시장 가설 40
효율성 40
後進 76
후진 76
희석 48
힐렐 35
힐베르트 공간 27

변동성 스마일

발 행 | 2023년 3월 31일

옮긴이 | 추 정 호 · 주 명 식 · 손 정 복
지은이 | 이매뉴얼 더만 · 마이클 밀러 · 박주형

펴낸이 | 권 성 준
편집장 | 황 영 주
편 집 | 김 진 아
        임 지 원
디자인 | 윤 서 빈

에이콘출판주식회사
서울특별시 양천구 국회대로 287 (목동)
전화 02-2653-7600, 팩스 02-2653-0433
www.acornpub.co.kr / editor@acornpub.co.kr

한국어판 ⓒ 에이콘출판주식회사, 2023, Printed in Korea.
ISBN 979-11-6175-735-3
http://www.acornpub.co.kr/book/volatility-smile

책값은 뒤표지에 있습니다.